KB019243

조례 만들기 비법

법제관이 풀어주는 자치입법 해설

오용식 · 이상수

(주)초이스디자인

지방자치의 핵심은 자치입법이다.
이 책은 주민과 공무원들이 스스로 조례를 만들 수 있는 길을
지방자치법 조문을 나침반 삼아 명쾌하게 안내하고 있다.

- 지방자치법학회 최철호 회장 -

• • •

조례는 지방행정의 혈관이다.
저자는 30년 가까운 법제업무 경험을 통해 좋은 조례, 나쁜 조례,
이상한 조례에 관한 이야기를
이보다 더 쉬울 수 없게 술술 풀어낸다.

- 법제처 방극봉 국장 -

• • •

지방정부 공무원이라면 누구나 조례입법 전문가가 될 필요가 있다.
그것이 법치행정의 시작이다.
이 책은 지방자치단체의 쟁점분야별로 어떻게 조례를 만들고
집행해야 하는지 사례를 통해 알기 쉽게 설명한다.

- 원광대 로스쿨 김성원 교수 -

추천사

지방자치단체 공무원과 주민을 위해 법제관이 풀어주는 조례입법 지침서

법제처장 **이 완 규**

법제처에서 함께 일하는 이상수 법제심의관이 바쁜 업무 중에도 틈틈이 준비하여 자치단체 공무원과 주민들에게 쉽게 풀어주는 자치입법 해설 책을 냈다. 이 책은 대한민국 정부의 법제업무를 총괄하고, 법령심사 및 법령해석과 자치법규 의견제시 업무 등을 담당하는 법제처에서의 오랜 법제경험과 자치단체 파견경험을 통해 우러나온 자치입법 이야기를 알기 쉽게 설명하고 있는 점에 특색이 있다.

정부는 '대한민국 어디서나 살기 좋은 지방시대'를 실현하기 위해 최선을 다하고 있다. 이는 지방정부의 경쟁력이 곧 국가 경쟁력이고 국가의 성장을 이끌어 가는 원천 동력이기 때문이다. 지방자치단체는 지역의 특수성을 살펴 주민이 필요로 하는 것을 제공하기 위하여 중앙정부보다 앞서 적극적이고 창의적으로 주민을 지원하는 정책을 시행할 수 있다. '마을택시조례', '온종일돌봄조례' 등과 같은 좋은 사례는 다른 지방자치단체는 물론 중앙정부까지 확산되어 지방자치단체의 정책이 국민 전체의 삶을 바꾸어 나가기도 한다.

이처럼 조례 등 자치법규를 잘 만들고 집행하기 위해서는 자치입법에 대한 지식과 능력이 매우 중요하다. 이 책은 전국 243개 지방자치단체의 공무원과 주민들을 위한 책이다. 이 책을 토대로 만들어진 좋은 자치입법이 널리 확산되고, 지방자치단체 간에 선의의 입법경쟁이 되어 주민들이 미소 지울 수 있는 정책이 많이 생겨나길 바란다.

우리 헌법은 지방자치단체가 자치에 관한 규정을 제정할 수 있도록 자치입법권을 보장하고 있다. 이를 위해 법제처는 지방자치단체가 자치법규를 만들고 집행하는 모든 과정을 지원하고 있다. 자치법규를 제·개정하거나 해석하는데 의문이 있다면 법제처의 '자치법규 의견제시' 제도를, 자치법규를 만드는 과정에 어려움이 있다면 '자치법규 입법컨설팅' 제도를 활용할 수 있다.

이 책은 법제처의 자치법규심의위원으로도 활동하는 이상수 법제심의관의 지방자치제도와 자치입법에 관한 연구와 노력의 결실이다. 이 책이 지방자치단체 공무원들과 주민들이 스스로 조례 등 자치법규를 만들고 집행하는데 큰 도움이 될 것으로 기대된다. 또한 조례의 실질적인 입법업무를 하는 지방자치단체 의회 담당자들도 꼭 읽어 보기를 추천한다.

머리말

글을 쓴다는 것은 '자기가 지핀 불에 스스로 몸을 태우는 다비식' 이라고 누군가 표현했듯이 쉽지 않은 작업이다. 더욱이 법에 관한 책을 낸다는 것, 특히 종전에 없던 주제인 '자치입법'에 관해 책을 쓴다는 것은 그 분야를 제대로 알아야만 쓸 수 있는 매우 어려운 작업이다. 사실 이 책은 2013년 오용식 법제관이 쓴 초판에 후배가 숟가락만 얹은 개정판 성격이다. 초판을 보면서 술술 읽어지고, 쉽게 이해되는 게 기분이 참 좋았다. 읽을수록 이 책을 그 냥 묵히는 게 안타까웠고, 그래서 더 열심히 작업을 한 것 같다.

이 책은 초판에서 예로 들었던 많은 사례, 특히 조례가 지난 10년에 걸쳐 제·개정되어 해당 부분을 개편하고, 30년 만에 전부개정된 지방자치법에 맞게 관련 조문을 수정하면서 추가된 내용을 반영하여 새롭게 만든 것이다.

본격적인 지방자치가 시작된 지 30년이 지났지만 여전히 지방자치와 지방분권을 얘기한다. 지방자치는 지방의 사무를 지방이 스스로의 권한과 책임으로 수행한다는 것이다. 그렇다면, 실제 지방의 일은 누가하는가? 바로 공무원이다. 17개 광역자치단체, 즉 도청과 시청 및 교육청, 그리고 226개의 시·군·구청의 공무원, 나아가 동사무소와 면사무소 공무원들이 지방의 일을 하는 것이다.

PREFACE

이 책은 바로 이들이 자신이 맡은 일을 하면서 궁금한 사항을 찾아보고 잘 해낼 수 있도록 도움을 주기 위해 만든 책이다. 또한 지방공무원들과 주민들의 삶과 직결되는 행위규범인 조례를 만드는 지방의회 의원님과 의회공무원들에게도 이 책이 충분히 도움이 되고 꼭 필요한 지침서가 될 것이라고 믿는다.

이 책은 반드시 제1장부터 읽을 필요는 없다. 일을 하면서 궁금한 사항이 있으면 그 부분을 먼저 보는 게 도움이 될 수 있다. 어느 순간 이 책을 다 읽고 나면 자신도 모르게 법제관과 같은 수준에 오른 자신을 발견할 수 있게 될 것이다. 그 순간까지 이 책이 함께 하기를 바란다.

끝으로 이 책이 다시 빛을 보게 허락해 주신 오용식 법제관님과 처음부터 출판까지 아낌없이 지원해 주신 오경식 부장님께 감사드린다. 또한 함께 토론하며 의견을 주신 김은영 법제관님과 방극봉 국장님께 고마운 마음을 전한다. 아울러 아낌없는 응원과 지도편달을 해 주시는 김성원 교수님께도 이 자리를 빌려 감사의 말씀을 올립니다.

2023. 10.
세종특별자치시에서
이상수

차 례

CHAPTER

1 자치입법의 입안기준

CHAPTER

2 사무의 구분과 자치법규

CONTENTS

차 례

CONTENTS

CHAPTER

5 공공시설 및 사용료 수수료 분담금

차 례

CONTENTS

차 례

CHAPTER

8 소송사무와 자치법규

CHAPTER

9 자치법규의 부칙

CONTENTS

CHAPTER

10 지방교육자치의 특례

차 례

CHAPTER

11 자치법규의 통제와 그 규율범위

CHAPTER

12 특별지방자치단체

APPENDIX

부록 자치입법의 절차와 방법

법제관이
풀어주는
자치입법 해설

자치입법의 입안기준

CHAPTER

1 자치입법의 입안기준

- 자치입법에 일반적으로 적용될 입안기준은 없다. 대부분의 지방공무원들은 중앙에서 입안기준을 마련해줄 것을 기대하고 있으나, 자치입법권의 보장 차원에서 지방자치단체 스스로 마련하는 것이 바람직하다.

- 입안기준은 아니지만, 지방자치단체는 '자치법규 입법에 관한 조례', '법제사무처리 규칙', '의회법제사무처리 지침' 등을 통해 입안기준의 중요한 기준을 정립해 가고 있다.

- 자치법규의 제명(題名)은 사람의 얼굴에 해당하는 만큼 그 내용을 정확하게 알아볼 수 있도록 간략하게 규정하되, 해당 제명의 맨 앞에는 그 지방자치단체의 명칭을 기재한다.

- 자치법규는 누구나 이해하기 쉽게 표준말과 평범한 용어를 사용하며, 법제처의 알기 쉬운 법령정비기준에 따라 작성되어야 한다.

- 자치법규의 기본체계는 조·항·호·목이며, 조문의 수가 많으면 장·절·관·항 또는 편으로 묶어서 규정할 수 있다.

- 자치법규를 개정하는 경우 조문의 이동은 하지 않는 것이 좋고, 일괄개정 방식도 가급적 삼가야 한다.

- 「저작권법」을 접할 때마다 아쉬움을 느낀다. 이 법 제7조 제1호는 헌법을 비롯하여 법률과 조약 및 명령, 그리고 자치법규에 해당하는 조례와 규칙은 저작권의 대상이 되지 않는 것으로 되어 있다. 아깝다, 적어도 자치법규만은 이 규정에서 뺐으면 좋았을 텐데… 하는 아쉬움을 가끔 느낀다.

저작권법

제7조(보호받지 못하는 저작물) 다음 각 호의 어느 하나에 해당하는 것은 이 법에 의한 보호를 받지 못한다.

1. 헌법·법률·조약·명령·조례 및 규칙
2. 국가 또는 지방자치단체의 고시·공고·훈령 그 밖에 이와 유사한 것
3. 법원의 판결·결정·명령 및 심판이나 행정심판절차 그 밖에 이와 유사한 절차에 의한 의결·결정 등
4. 국가 또는 지방자치단체가 작성한 것으로서 제1호 내지 제3호에 규정된 것의 편집물 또는 번역물
5. 사실의 전달에 불과한 시사보도

- 자치법규에 있어서는 어느 지방자치단체에서 조례안을 입법예고하거나 제정하면 이곳 저곳에서 '베끼기'식 입법이 속출한다. 문제는 그 적법성이나 적합성 여부는 검토하지 않고 '우리도 따라하자'는 식으로 추진하는 경우가 많다.
  다른 지방자치단체에 입법례가 있으면 밀어붙이기도 좋다. 지방의회가 집행부를 상대로 조례안의 입법을 압박하는데 있어서 "A 지방자치단체는 제정·시행하고 있는데, 우리 시의 집행부는 복지부동하고 있다."는 식으로 대응하기 좋기 때문이다.

- 다른 지방자치단체에서 이미 시행하는 조례라고 반드시 적법성과 적정성이 확보된 것은 아니다. 오히려 특정 지방자치단체에서 처음 마련한 것이라면 오류와 시행착오가 없을 수 없다. 실제로 도저히 정상적이라고 할 수 없는 자치법규가 '선례'로 둔갑하여 전국 방방곡곡에 퍼지는 모습을 보면, 치명적인 바이러스가 군중에 확산되는 것 같은 경악을 느낄 때가 많다. 잘못된 선례는 지적하고 바로잡아야 하는데도 이를 무조건 따르고 있는 것이 자치입법의 부끄러운 현실이고 우리의 모습이다.

"자치입법에 적용될 입안기준이 없다고?"

- 실무상 접하는 많은 지방 공무원들은 '전문가의 의견' 보다는 규정을 더욱 중시하는 것 같다는 인상을 받았다.
- 그도 그럴 것이 책임 있는 전문가라는 사람이 공문을 발급해주지 않는 한, 특정인의 말만 듣고 업무를 추진하다가는 된통 당하거나 혼쭐나기 십상이기 때문이 아닌가 싶다.
- 자치입법 분야도 예외는 아니다. 지방 공무원의 당초 질문 자체가 "마땅히 기준을 찾을 수 없어서 법제관에게 질문을 드린다."고 하고서는 막상 자문을 해주면 결국에는 "법제관이 지금까지 설명한 내용은 어디에 근거가 있느냐"고 한다. 근거 규정이나 기준이 있었다면 애초에 질문을 했을까?
- 현재 자치입법에 적용 가능한 입안기준은 없다고 보아야 한다. 이렇게 말하면 대부분은 의외라는 듯이 황당해 한다. 그리고 따지듯이 묻는다. 그렇다면, 법제처가 지방 공무원을 대상으로 '순회교육'까지 하고, 자치입법에 대한 각종 매뉴얼을 발간하는 것은 무엇인가? 그것들이 모두 입안기준이 아니었단 말인가?
- 법제처의 법제업무에 관한 근거규정은 대통령령인 「법제업무 운영규정」이다. 이 규정 제29조의2 및 제29조의3은 "법제처장은 지방자치단체가 자치법규를 정비하려는 경우 그 요청에 따라 필요한 정비지원을 할 수 있고, 필요한 인력 등을 지원할 수 있으며, 자치법규의 법적합성을 확보하고, 지방자치단체 공무원의 전문성을 높이는 데 도움을 주기 위하여 법제교육 등 필요한 법제지원을 하여야 한다."고 되어 있다. 다만, 이 규정에 따르더라도 입안기준과 같은 표준을 제정할 수는 없고, 오로지 '지원'의 측면에서 가능한 조치이다.
- 법제처는 이 규정에 따라 순회교육을 비롯한 각종 자치입법 교육 및 자료집 발간·배포 등을 하고 있다. 몇 가지 책자를 소개하면, 자치법규입안 길라잡이, 자치법규 중요쟁점 해설집, 한줄딱깔센 자치법규Q&A 등이 있다.
- 국가 또는 국가기관 등이 지방자치단체의 자치입법에 적용될 입안기준을 마련하는 것은 바람직하지 않다.

법제업무 운영규정

제29조의2(법제교육) ① 법제처장은 중앙행정기관 및 지방자치단체 소속 공무원 등이 법령 입안·해석, 자치법규 입안·해석, 법령정비 등 법제업무를 효율적으로 수행할 수 있도록 법제전문성 향상을 위한 법제교육을 실시하여야 한다.

② 중앙행정기관의 장 또는 지방자치단체의 장 등은 소속 공무원 등의 법제전문성 향상 등을 위하여 법제교육이 필요하다고 인정하는 경우에는 법제처장에게 법제교육을 요청할 수 있고, 법제처장은 필요한 법제교육을 지원할 수 있다.

제29조의3(자치입법 지원) ① 법제처장은 지방자치단체가 자치법규를 정비하려는 경우 그 요청에 따라 필요한 정비지원을 할 수 있다.

② 법제처장은 지방자치단체의 장이 요청하면 자치입법 지원에 필요한 인력 등을 지원할 수 있다.

③ 법제처장은 우수한 자치입법 활동을 한 지방자치단체 또는 공무원에 대하여 표창을 수여하거나 포상금을 지급할 수 있다.

④ 중앙행정기관의 장은 지방자치단체의 자치입법과 관련하여 법제처장에게 다음 각 호의 법제지원을 요청할 수 있다. 이 경우 법제처장은 법령의 입법취지 등을 고려하여 법제지원을 해야 한다.

1. 소관 법령의 시행을 위한 자치법규를 지방자치단체가 제때 마련할 수 있도록 중앙행정기관의 장이 그 자치법규 입안에 관한 지침을 통보하려는 경우 해당 지침에 대한 자문 등
2. 지방자치단체의 자치입법 또는 자치입법안에 관한 조언·권고·지도 등을 위하여 필요한 경우 해당 자치입법 또는 자치입법안에 관한 자문 등

⑤ 법제처장은 제1항부터 제4항까지의 규정에 따른 사항 외에 자치법규의 법적합성을 확보하고, 지방자치단체 공무원의 전문성을 높이는 데 도움을 주기 위하여 지방자치단체에 필요한 법제지원을 해야 한다.

⑥ 법제처장은 지방자치단체에 제1항에 따른 정비지원, 제5항에 따른 법제지원을 하려는 경우 필요하면 법령 소관 중앙행정기관의 장에게 의견조회 등 협조를 요청할 수 있다.

- 헌법 제117조 제1항은 "지방자치단체는 주민의 복리에 관한 사무를 처리하고 재산을 관리하며, 법령의 범위에서 자치에 관한 규정을 제정할 수 있다."고 되어 있는데, 자치에 관한 규정인 자치법규의 제정권한이 지방자치단체에 있기 때문에 국가기관 등이 그 입안기준을 마련하는 것은 헌법 취지에 부합되지 않을 소지가 있다.

- 자치입법에 적용될 입안기준은 해당 지방자치단체가 직접 마련하는 것이 바람직하다.

『자치입법 입안기준』을 마련한다면…

- 자치입법과 달리 법령에 적용될 입안기준은 마련되어 있다.

  법제처가 마련하여 시행하고 있는 『법령 입안·심사 기준』은 총리령인 「법제업무 운영규정 시행규칙」 제2조를 근거로 한다. 즉, 명시적으로 법령 입안 시에 적용될 입안기준을 마련하라는 규정은 없으나 입법의 필요성, 입법 내용의 정당성 및 법적합성, 입법 내용의 통일성 및 조화성, 표현의 명료성 및 평이성 등 법령 입안 시 유의사항을 근거로 『법령 입안·심사 기준』을 제정 및 시행하고 있다. 물론, 『법령 입안·심사 기준』은 정부의 법령에 대한 입법을 총괄하는 법제처의 기준으로서 국회와 법원·헌법재판소 등 다른 헌법기관에는 적용되지 않는다.

법제업무 운영규정 시행규칙

제2조(법령 입안 시 유의사항) 법령안의 입법을 추진하려는 중앙행정기관의 장(이하 "법령안 주관기관의 장"이라 한다)은 법령 입안 시 「행정기본법」(이하 "법"이라 한다) 제38조 제1항 및 제2항에 따라 법령안이 다음 각 호의 요건을 갖추도록 유의하여야 한다.

1. 입법의 필요성
   가. 새로운 입법조치가 필요한 것으로서 그 내용이 명확히 구체화될 수 있는 것이어야 하며, 그 시행의 효과와 시행에 따른 문제점에 대한 면밀한 분석·검토를 기초로 할 것
   나. 입법 내용이 그 적용 대상이 되는 일반 국민의 준수를 기대할 수 있는 강제적 규범으로서의 실효성을 가질 것
2. 입법 내용의 정당성 및 법적합성
   가. 헌법의 이념을 구체화하고, 정의와 공평을 실현하는 내용으로서 개인의 지위 존중과 공공복리의 요청이 조화를 이루고, 권한행사의 절차와 방법이 공정하여 부당하게 국민의 자유와 권리를 제한하는 일이 없어야 하며, 국민생활에 급격한 변화를 주지 아니하도록 하는 등 사회질서의 안정성과 예측가능성을 보장할 것
   나. 헌법과 상위법에 모순되거나 저촉되지 아니하도록 하고, 하위법령과 관련하여 위임 근거를 명확히 할 것
3. 입법 내용의 통일성 및 조화성
   가. 다른 법령(조약을 포함한다. 이하 이 목에서 같다)과의 조화와 균형이 유지되도록 하고 법령 상호간에 중복되거나 상충되는 내용이 없을 것
   나. 입법 내용이 해당 법령의 소관 사항에 적합할 것
4. 표현의 명료성 및 평이성
   가. 입법 내용의 의미가 확실하게 이해될 수 있고 입법 의도가 오해되지 아니하도록 정확히 표현할 것
   나. 적용 대상이 되는 누구에게나 쉽게 이해될 수 있도록 알기 쉬운 용어를 사용하고, 전체 내용을 쉽게 파악할 수 있도록 조문을 배열할 것

- 자치입법에 적용될 지방자치단체의 『자치입법 입안기준』을 마련한다면 어떤 모습이어야 할까?

- 우선, 광역 자치단체와 기초 자치단체를 구분하지 않고 모든 지방자치단체가 입안기준을 마련하는 것이 합당하다. 「지방자치법」 제2조 제1항은 지방자치단체를 광역과 기초 두 가지로 구분하고, 제3조 제1항에 따라 지방자치단체는 법인으로서 각각 독립성을 갖기 때문에 광역 자치단체의 입안기준을 기초 자치단체에 직접 적용할 수는 없다.

- 그리고 지방자치단체 전체, 즉 집행부와 의회에 공통적으로 적용되려면 조례에서 직접 입안기준의 마련 근거를 두되, 반드시 집행부와 의회에 동일한 입안기준을 적용할 필요는 없다. 물론, 『법령 입안·심사 기준』이 행정부에만 적용되는 것과 같이 지방자치단체의 집행부에만 적용되는 입안기준이라면 굳이 조례에 근거 규정을 둘 필요는 없다. 지방자치단체의 장의 규칙 또는 훈령·예규 등 행정규칙으로 규정해도 무방하다.

- 자치법규는 「지방자치법」에 따른 조례(제28조), 규칙(제29조), 의회규칙(제52조) 및 회의규칙(제83조)과 「지방교육자치에 관한 법률」 에 따른 교육규칙(제25조)을 포함하여 5가지 유형이 있다. 조례와 규칙, 그리고 교육규칙의 입안기준은 집행부 중심으로 정하는 것이 바람직한 반면, 의회규칙과 회의규칙의 입안기준은 의회 중심으로 정하는 것이 바람직하다.

지방자치법

제28조(조례) 지방자치단체는 법령의 범위 안에서 그 사무에 관하여 조례를 제정할 수 있다. 다만, 주민의 권리 제한 또는 의무 부과에 관한 사항이나 벌칙을 정할 때에는 법률의 위임이 있어야 한다.

제29조(규칙) 지방자치단체의 장은 법령이나 조례가 위임한 범위에서 그 권한에 속하는 사무에 관하여 규칙을 제정할 수 있다.

제52조(의회규칙) 지방의회는 내부운영에 관하여 이 법에서 정한 것 외에 필요한 사항을 규칙으로 정할 수 있다.

제83조(회의규칙) 지방의회는 회의의 운영에 관하여 이 법에서 정한 것 외에 필요한 사항은 회의규칙으로 정한다.

지방교육자치에 관한 법률

제25조(교육규칙의 제정) ① 교육감은 법령 또는 조례의 범위 안에서 그 권한에 속하는 사무에 관하여 교육규칙을 제정할 수 있다.

- 조례에 대해서 집행부 중심으로 입안기준을 정하도록 한 것은, 조례안을 의회에서 발의하는 경우도 많지만 집행부의 조례안 발의를 허용한 만큼 집행부에 입안기준 마련의 책무를 부여하는 것이 행정적으로 합당하기 때문이다. 훈령·예규 등 행정규칙에 대해서는 집행부와 의회 모두 자체적으로 입안기준을 정해도 무방하다.

집행부의 『자치입법 입안기준』을 대신하는 현행 규정

- 입안기준은 아니지만 자치법규에는 『자치입법 입안기준』을 대신할 만한 규정들이 있다.

- 지방자치단체는 '자치법규 입법에 관한 조례'를 두고 있는데, 주로 조례와 규칙의 입안절차를 중심으로 규정하고 있어 입안기준과 직접적인 관련이 적다. 예를 들어, 아래의 '자치법규 입법에 관한 조례'는 제2장에서 입법예고에 관하여, 제4장에서는 자치법규의 공포 및 시행에 관하여 각각 규정하고 있다. 입안기준보다는 입안의 방법과 절차 중심으로 규정하고 있음을 알 수 있다.

○○도 자치법규 입법에 관한 조례

제1장 총칙

제1조(목적) 이 조례는 「지방자치법」에 따라 ○○도지사가 발의하는 자치법규의 입안 절차 및 법제업무에 관하여 필요한 사항을 규정함으로써 자치법규의 실효성을 높여 효율적인 정책 수행을 도모하고 도민의 참여 활성화와 권익증진에 이바지함을 목적으로 한다.

제2조(정의) 이 조례에서 "자치법규"란 ○○도의 조례와 규칙을 말한다.

제3조(자치법규 입안의 기준) 자치법규의 입안은 「대한민국헌법」과 법령 및 이 조례에서 정한 절차에 따라 이루어져야 하며, 적극적인 ○○도민(이하 "도민"이라 한다)의 의견 수렴과 관련 부서 간에 충분한 협의를 거쳐 책임 있게 추진되어야 한다.

- 다만, 위 조례 제3조는 '자치법규 입안의 기준'이라는 제목으로 "자치법규의 입안은 「대한민국헌법」과 법령 및 이 조례에서 정한 절차에 따라 이루어져야 하며, 적극적인 도민의 의견 수렴과 관련 부서 간에 충분한 협의를 거쳐 책임 있게 추진되어야 한다."고 하여 자치법규 입안의 원칙을 천명하고 있다. 해당 지방자치단체에 있어서는 이 규정이 『자치입법 입안기준』을 대신할 수 있는 핵심이 될 수 있다. 물론, 이 규정을 근거로 하여 별도의 『자치입법 입안기준』을 마련하는 것도 기대할 수 있다.

- 위 조례 제3조를 근거로 하여 해당 지방자치단체는 내부규정을 두고 있는데, 아래의 사례와 같은 '법제사무처리 규정'이라는 이름의 훈령이 그것이다. 특별히 '입안기준'이라는 이름은 없으나, 현행 자치법규 체제에서는 이 규정이 『자치입법 입안기준』을 대신하고 있다고 말할 수 있다.

○○도 법제사무처리 규정

제1장 총칙

제1조(목적) 이 규정은 ○○도의 법제사무를 능률적으로 처리하기 위하여 조례·규칙·훈령·예규의 입안 및 처리절차, 보고 및 의견조회, 공포·발령 및 원본관리 등에 필요한 사항을 규정함을 목적으로 한다.

- '법제사무처리 규정'에는 어떤 내용을 담고 있을까? 대부분의 지방자치단체가 비슷한 내용을 담고 있는데, 「○○도 법제사무처리 규정」을 중심으로 살펴보기로 한다.

- 먼저, 제2조의 정의규정에서 조례와 규칙, 훈령, 예규 등 집행부가 발의 또는 제정하는 주요 자치법규의 뜻을 정의하고 있어 흥미롭다. 「지방자치법」 등 상위규정의 취지를 살려 용어의 정의규정을 둔 것으로 보이며, 특히 훈령·예규 등 행정규칙은 대통령령인 「행정업무의 운영 및 혁신에 관한 규정」 등 관련 내용을 종합하여 규정한 것으로 실무상 매우 중요한 근거가 될 것으로 기대된다.

○○도 법제사무처리 규정

제1장 총칙

제2조(정의) 이 규정에서 사용하는 용어의 정의는 다음 각 호와 같다.

1. "조례"란 헌법이 보장한 자치입법권에 따라 ○○도(이하 "도"라 한다)가 법령의 범위에서 자기 권한에 속하는 사무를 ○○도의회(이하 "도의회"라 한다)의 의결로 정립한 규범을 말한다.
2. "규칙"이란 ○○도지사(이하 "도지사"라 한다)가 법령 또는 조례의 범위에서 그의 권한에 속하는 사무를 직권으로 정립한 규범을 말하며, 도의회가 정하는 의회규칙과 도교육감이 정하는 교육규칙은 제외한다.
3. "훈령"이란 윗 기관이 아랫 기관에 또는 도지사가 그 소속 공무원에게 장기간에 걸쳐 그 권한의 행사를 일반적으로 지시하기 위하여 하는 명령을 말하며, 이를 「규정」으로 표기한다.
4. "예규"란 행정사무의 통일을 위하여 반복적 행정사무의 처리기준을 제시하는 법규문서 외의 문서를 말하며, 이를 「지침」으로 표기한다.

(이하 생략)

- 제3조에서는 '입안 시 유의사항'이라는 제목으로 자치법규 및 행정규칙을 입안하는데 중요한 사항을 규정하고 있다. 첫째, 자치법규 및 행정규칙을 입안하려는 때에는 해당 사무를 담당하는 소관 부서의 장이 초안을 작성하도록 함으로써 '담당부서 작성 → 법제부서 심사'의 원칙을 따르고 있다. 둘째, 자치법규 및 행정규칙은 한글로 작성하되 맞춤법과 띄어쓰기를 정확히 하고 『알기 쉬운 법령 정비기준』에 맞추며, 그 제명은 한글맞춤법에 따라 띄어 쓰고 제명의 첫 글자 앞과 끝 글자 뒤에 낫표(「 」)를 사용하게 하는 등 법제처의 『법령 입안기준』에 부합되도록 하였다. 법령과 자치법규 등의 차이가 있으나, 입안기준의 주요내용이 일치하도록 배려한 것이다. 그밖에 입법예고, 성별영향분석평가, 규제심사, 부패영향평가 및 국어책임관의 감수 등을 거치고, 시·군의 행정 및 재정 등에 영향을 미치는 사무 등의 경우에는 시장·군수의 의견을 조회하여 반영여부를 검토한 다음 해당 지방자치단체의 조례규칙 심의회의 심의를 거치도록 입법절차를 확인하고 있다.

○○도 법제사무처리 규정

제1장 총칙

제3조(입안시 유의사항) ① 자치법규등을 입안하려는 때에는 해당 사무를 담당하는 소관 부서의 장이 초안을 작성한다.

② 자치법규등은 한글로 작성하되 맞춤법과 띄어쓰기를 정확히 하고, 「알기 쉬운 법령 정비기준」에 따라 누구나 이해하기 쉽게 표준말과 평범한 용어를 사용하여야 한다.

③ 자치법규등의 제명은 한글맞춤법에 따라 띄어 쓰고, 제명의 첫 글자 앞과 끝 글자 뒤에 낫표(「 」)를 사용한다.

④ 발의안은 별지 제1호서식의 자치법규 등 입안시 검토사항에 따라 상위 법령과의 관계, 제정·개정의 타당성 등을 충분히 검토한 후에 작성하되 자치법규등이 시행된 후에 발생할 수 있는 문제점을 충분히 예측하여 신중하게 작성하여야 한다.

⑤ 발의안을 작성하기 전에 필요한 때에는 소관 부서의 장이 판단하여 그 방침이 경미한 사안은 소관 실·국·본부장의, 중요한 사항은 도지사의 결재를 받아야 한다.

⑥ 중앙행정기관 등에서 보내 온 표준안이 있는 경우에는 이를 참고문서로 한다.

⑦ 중앙행정기관의 승인 또는 허가가 필요한 사항이 있는 경우에는 이를 선행하되, 승인신청은 소관 실·국·본부장 등의 전결로 처리할 수 있다.

⑧ 조례나 규칙을 제정·개정·폐지하려는 때에는「○○도 자치법규 입법에 관한 조례」에 따라 입법예고를 하여야 한다.

⑨ 조례나 규칙을 제정·개정하려는 때에는 「○○도 성별영향평가 조례」에 따라 성별영향평가를 실시하여야 한다.

⑩ 자치법규등을 제정·개정하려는 때에는 다음 각 호의 절차를 거쳐야 한다.
1. 「○○도 규제개혁위원회 운영 조례」에 따른 규제 심사
2. 「○○도 자치법규 등 부패영향평가에 관한 규칙」에 따른 부패영향평가
3. 「○○도 국어 바르게 쓰기 조례」에 따른 국어책임관의 감수(監修)
⑪ 제정·개정·폐지하려는 조례나 규칙이 다음 각 호의 어느 하나에 해당하는 경우에는 시장·군수의 의견을 조회하고, 그 결과를 발의안과 함께 자치행정과장에게 통보하여야 한다. 다만, 법령위임사항을 규정하는 경우에는 생략할 수 있다.
1. 시·군의 행정 및 재정 등에 영향을 미치는 사무의 신설·변경·폐지에 관한 사항
2. 시·군이 수행하는 사무에 대한 도의 지도 및 감독에 관한 사항
3. 그밖에 해당 조례 및 규칙의 소관 부서의 장이 시장·군수의 의견을 반영할 필요가 있다고 판단하는 사항
⑫ 자치행정과장은 제11항에 따라 통보받은 시장·군수의 의견을 검토한 후 그 결과를 소관 부서의 장에게 통보하여야 하며, 소관 부서의 장은 검토결과를 발의안에 반영하도록 노력하여야 한다.
⑬ 제정·개정 또는 폐지하려는 때에는 도 조례규칙심의회의 심의를 거쳐야 한다.
⑭ 자치법규등을 제정·개정 또는 폐지하려는 때에는 작성된 발의안을 관계 부서의 장에게 보내어 의견을 조회하고, 관계 부서의 의견을 발의안에 반영하여야 한다.
⑮ 소관 부서로부터 의견조회를 요구받은 관계 부서에서는 요구서를 접수한 날부터 5일 이내에 「○○도 자치법규 입법에 관한 조례 시행규칙」 별지 제3호서식의 자치법규안 검토의견 통보서에 따라 의견을 제출하여야 한다.

- 다음으로, 본칙의 제6조 및 제7조에서는 조례와 규칙의 '규율범위'에 대해서 각각 규정하고 있는데, 자치법규의 입안 과정에서 특히 논란이 많은 자치법규의 규율범위와 관련한 가이드라인을 설정한 것으로 보인다. 물론, 이 규정에 위반하여 입안을 하였다고 해서 그 자체로 위법한 것은 아니지만, 지방자치단체의 장이 마련한 입안지침을 스스로 위반한 것으로 관련 부서는 입안지침에 맞게 잘못된 부분을 시정하여야 할 의무가 있다고 할 것이다.

○○도 법제사무처리 규정

제2장 자치법규등의 입안 및 처리절차

제6조(조례의 규율범위) ① 조례는 고유사무와 국가에서 도에 위임한 사무에 한정하여 정할 수 있다.
② 조례로 규정할 수 있는 사항은 다음 각 호와 같다.
1. 주민의 권리 제한 또는 의무의 부과에 관한 사항이나 벌칙에 관한 법률 위임사항

2. 비용부담 및 예산수반사항
3. 도의회의 권한에 속하는 사항
4. 행정기구 및 자문기관의 설치, 소속직원의 임면에 관한 사항
5. 도의 구역·조직·행정관리 등에 관한 사항
6. 공공시설의 설치 및 그 관리에 관한 사항
7. 특별회계에 관한 사항
8. 지방세·사용료·수수료·분담금 등의 부과 및 징수에 관한 사항
9. 과태료의 부과·징수에 관한 사항
10. 그 밖에 개별 법령 등에서 조례로 정하도록 규정한 사항

제7조(규칙의 규율범위) ① 규칙은 도지사의 고유사무와 국가가 도지사에게 위임한 사무, 국가위임사무의 재위임 사무를 정하여야 한다.
② 규칙으로 규정할 수 있는 사항은 다음 각 호와 같다.
1. 사무의 집행절차에 관한 사항
2. 기관의 내부적인 관계에 관한 사항
3. 법령 또는 조례의 세부집행에 관한 사항
4. 법령 또는 조례에서 규칙으로 정하도록 규정한 사항
5. 그 밖에 개별 법령 등에서 규칙으로 정하도록 규정한 사항

- 참고로, 위 규정에 따른 조례와 규칙의 규율범위를 살펴보면, 조례는 지방자치단체의 고유사무와 국가에서 위임한 단체위임사무에 한정하여 정하되, (1) 주민의 권리 제한 또는 의무의 부과에 관한 사항이나 벌칙에 관한 법률 위임사항 (2) 비용부담 및 예산수반사항 (3) 의회의 권한에 속하는 사항 (4) 행정기구 및 자문기관의 설치, 소속 직원의 임면에 관한 사항 (5) 해당 지방자치단체의 구역·조직·행정관리 등에 관한 사항 (6) 공공시설의 설치 및 그 관리에 관한 사항 (7) 특별회계에 관한 사항 (8) 지방세·사용료·수수료·분담금 등의 부과 및 징수에 관한 사항 (9) 과태료의 부과·징수에 관한 사항 (10) 그 밖에 개별 법령 등에서 조례로 정하도록 규정한 사항 등이 이에 해당한다.

- 반면에 규칙은 지방자치단체의 장의 고유사무와 국가가 그에게 위임한 기관위임사무의 재위임 사무를 정하되, (1) 사무의 집행절차에 관한 사항 (2) 집행부의 내부적인 관계에 관한 사항 (3) 법령 또는 조례의 세부집행에 관한 사항 (4) 법령 또는 조례에서 규칙으로 정하도록 규정한 사항 (5) 그 밖에 개별 법령 등에서 규칙으로 정하도록 규정한 사항 등이 이에 해당한다.

지방의회의 『자치입법 입안기준』을 대신하는 현행 규정

- 한편, 지방의회에 있어서 『자치입법 입안기준』을 대신할 수 있는 규정을 찾기는 쉽지 않다. 대부분의 지방의회는 집행부가 마련한 '자치법규 입법에 관한 조례' 및 '법제사무처리 규정'에서 규정하는 입안기준의 예에 따라서 입법하는 것이 관행처럼 되어 있다.
- 일부 지방자치단체의 의회에서는 '의회법제사무처리 지침'을 제정하여 운영하고 있는데, 주로 지방의원이 발의하는 조례안의 입법예고에 대한 특례 규정 외에는 특별한 의미를 찾아볼 수 없다.
- 또한 이 의회 지침은 자치법규 및 의회규칙과 훈령·예규 등을 대상으로 하고 있으나, 자치법규와 의회규칙의 입안에 대해서는 집행부의 '법제사무처리 규정'의 예에 따르도록 하고, 훈령·예규 등에 대한 발령방법 등을 규정하고 있는 실정이다.

○○도 의회 법제사무처리 지침

제1장 총칙

제1조(목적) 이 지침은 도의회 의원 발의로 제·개정 또는 폐지하는 자치법규안의 입법예고, 도의회 규칙(이하 "의회규칙"이라 한다)의 공포 사무와 도의회 훈령·예규의 작성 및 발령 사무를 처리함에 있어 필요한 기준과 절차를 정함을 목적으로 한다.

제2조(준용) 도의회 법제사무 처리에 관하여 이 지침에서 정하지 아니한 사항은 「○○도 법제사무처리 규정」과 「○○도의회 입법지원사무처리 규정」의 예에 따른다.

- 의회규칙의 공포는 해당 지방의회의 의장 명의로 한다. 그리고 의회규칙은 해당 지방자치단체의 공보(公報)에 게재함을 원칙으로 하고, 관련 홈페이지나 인터넷을 통하여 홍보할 수 있다. 지방의회도 행정규칙에 해당하는 훈령 및 예규를 발령할 수 있으며, 이와 같은 지방의회의 행정규칙의 발령은 의장의 명의로 한다.

○○도 의회 법제사무처리 지침

제3장 의회규칙의 공포

제7조(공포명의) ① 의회규칙의 공포는 의회 의장(이하 "의장"이라 한다) 명의로 한다.

② 입법정책담당관이 의회규칙의 공포안에 대하여 의장의 결재를 받을 때에는 공포문에 의장의 서명을 동시에 받는다.

제8조(공포문의 작성) 의회규칙의 공포문은 별지 제2호서식에 따라 작성한다.
제9조(공포방법) 의회규칙은 도보에 게재함을 원칙으로 하고, 아울러 의회 홈페이지나 기타 인터넷을 통하여 홍보할 수 있다.

제4장 도의회 훈령 및 예규

제12조(훈령·예규의 표기) ① 훈령은 「규정」으로 표기한다.
② 예규는 「지침」으로 표기한다.
제13조(발령명의) ① 훈령 및 예규의 발령은 의장 명의로 한다.
② 각 담당관이 훈령 및 예규의 발령안에 대하여 의장의 결재를 받을 때에는 발령문에 의장의 서명을 동시에 받는다.

- 한편, 대부분의 지방의회 '법제사무처리 지침'에는 지방의원이 발의하는 자치법규, 즉 조례의 제·개정안에 대한 입법예고에 대하여 규정하면서 그 입법예고의 기간을 해당 지방자치단체의 공보에 게재된 날부터 기산하여 '5일 이상'으로 규정하고 있다. 이처럼 지방의원이 발의하는 입법예고에 대해서만 입법예고의 최소기한을 '5일'로 규정하는 것이 합당한가?

○○도 의회 법제사무처리 지침

제2장 자치법규안의 입법예고

제3조(입법예고방법) ① 의원이 발의하는 자치법규안의 입법예고는 도보에 게재함을 원칙으로 하고, 아울러 의회 홈페이지나 기타 인터넷을 통하여 홍보할 수 있다.
② 입법정책담당관은 필요한 경우 자치법규안에 대하여 입법예고와 병행하여 시·군이나 관계 기관·단체에 의견을 조회할 수 있다.
제4조(입법예고기간) 자치법규안에 대한 입법예고기간은 도보에 게재된 날부터 기산하여 5일 이상으로 한다.

- 입법예고는 「행정절차법」에 근거 규정이 있다.
같은 법 제43조에서는 입법예고기간은 예고할 때 정하되, 특별한 사정이 없으면 법령은 40일, 자치법규는 20일 이상으로 하도록 하고 있다. 그런데, 같은 법 제41조 제1항에서도 명시적으로 규정하고 있듯이 입법예고는 원칙적으로 행정청이 하는 것이고, 「행정절차법」 제2조 제1호에 따르면 행정청은 행정에 관한 의사를 결정하여 표시하는 국가 또는 지방자치단체의 기관이기 때문에 지방의원은 이에 해당하지 않는다. 「행정절차법」의 목적도 행정의 공정성·투명성 및 신뢰성 확보에 있는 만큼, 국회 또는 지방의회까지 이 법의 준수를 강제할 수 없다.

행정절차법

제1조(목적) 이 법은 행정절차에 관한 공통적인 사항을 규정하여 국민의 행정 참여를 도모함으로써 행정의 공정성·투명성 및 신뢰성을 확보하고 국민의 권익을 보호함을 목적으로 한다.

제2조(정의) 이 법에서 사용하는 용어의 뜻은 다음과 같다.

1. "행정청"이란 다음 각 목의 자를 말한다.
   가. 행정에 관한 의사를 결정하여 표시하는 국가 또는 지방자치단체의 기관
   나. 그 밖에 법령 또는 자치법규(이하 "법령등"이라 한다)에 따라 행정권한을 가지고 있거나 위임 또는 위탁받은 공공단체 또는 그 기관이나 사인(私人)

제41조(행정상 입법예고) ① 법령등을 제정·개정 또는 폐지(이하 "입법"이라 한다)하려는 경우에는 해당 입법안을 마련한 행정청은 이를 예고하여야 한다. 다만, 다음 각 호의 어느 하나에 해당하는 경우에는 예고를 하지 아니할 수 있다.

1. (이하 각 호 생략)

제43조(예고기간) 입법예고기간은 예고할 때 정하되, 특별한 사정이 없으면 40일(자치법규는 20일) 이상으로 한다.

- 따라서 지방의원이 발의하는 조례의 제·개정안에 대한 입법예고는 원칙적으로 「행정절차법」상의 입법예고의 대상이 되지 않는다.

- 한편, 「지방자치법」에서는 이처럼 지방의원이 발의하는 입법예고의 법적공백을 막기 위해 제77조 제1항에서 "지방의회는 심사대상인 조례안에 대하여 5일 이상의 기간을 정하여 그 취지, 주요 내용, 전문을 공보나 인터넷 홈페이지 등에 게재하는 방법으로 예고할 수 있다."고 규정하고 있다.

○○도 의회 법제사무처리 지침

제77조(조례안 예고) ① 지방의회는 심사대상인 조례안에 대하여 5일 이상의 기간을 정하여 그 취지, 주요 내용, 전문을 공보나 인터넷 홈페이지 등에 게재하는 방법으로 예고할 수 있다.

② 조례안 예고의 방법, 절차, 그 밖에 필요한 사항은 회의규칙으로 정한다.

- 여기서 '심사대상인 조례안'이 무엇을 뜻하는지 분명하지는 않지만, 지방의원 또는 상임위원회가 발의하는 조례안이 이에 해당하는 것은 분명하다. 지방자치단체의 장이 발의하는 조례안에 대해서는 「행정절차법」에 따라 입법예고를 하기 때문에 반드시 '심사대상인 조례안'에 해당하지는 않지만, 집행부가 입법예고를 하지 않거나 입법예고가 적합하게 진행되지 않았다고 인정되는 조례안에 대해서는 지방의회가 다시 입법예고를 하게 하거나 재입법예고를 할 수 있다는 취지로 해석되어야 할 것이다.

- 지방의회가 '법제사무처리 지침'으로 입법예고의 기간을 5일로 정하고 있는 것은 「지방자치법」 제77조에 따른 최소한도의 시한을 준수하겠다는 것인데, 여기서 '5일'의 기간 설정이 타당한 것인지, 왜 지방의회가 하는 입법예고만 5일이어야 하는지에 대해서 설명하기가 쉽지 않다. 「지방자치법」 제77조 제2항에서는 조례안 예고의 방법 등에 관한 사항을 회의규칙으로 정하도록 하고 있는데, 입법예고는 주민의 이해관계와 밀접한 관련이 있는 조례의 제·개정안에 대한 의견제출 기회로서 이처럼 중요한 사항은 가급적 조례로 정하는 것이 바람직하다고 생각한다.

- 참고로, 지방자치단체의 집행부가 하는 입법예고에 있어서는 다음의 사례에서 보는 것과 같이 입법예고의 취지와 함께 조례에서 20일간의 입법예고 기간을 직접 규정하고 있다. 과거에는 별도로 '입법예고에 관한 조례'를 둔 경우가 많았는데, 최근에는 입법예고를 자치입법의 절차로 보아 '자치법규 입법에 관한 조례'에서 일괄적으로 규정하고 있는 추세이다.

○○도 자치법규 입법에 관한 조례

제4조(입법예고 대상) ① 자치법규를 제정·개정 또는 폐지하려는 실·국·본부의 장(이하 "주관 실·국장"이라 한다)은 도민의 권리·의무 또는 일상생활과 밀접한 관련이 있는 자치법규안에 대해서는 그 취지 및 주요 내용을 미리 입법예고하여 도민의 의사를 수렴·반영함으로써 도민의 자치입법에 대한 참여기회가 확대되도록 하여야 한다.

② 입법예고기간은 예고할 때 정하되, 특별한 사정이 없는 한 20일 이상으로 한다.

자치입법의 입안에 필요한 가이드라인

- 지금까지 살펴본 것과 같이, 일부 규정을 제외하고 『자치입법의 입안기준』을 마련한 지방자치단체는 없다. 그리고 자치입법권의 시각에서 보더라도, 외부에서 그 기준을 정립하는 것보다는 해당 지방자치단체 스스로 이를 마련하는 것이 바람직하다.

- 다만, 『자치입법의 입안기준』은 아니더라도 자치입법의 입안에 있어서 공통적으로 참고가 될 만한 기본사양으로서 가이드라인이 있지 않을까?

- 앞서 각 지방자치단체의 집행부에서 '입안 시 유의사항'이라는 제목으로 자치법규 및 행정규칙을 입안하는데 있어서 (1) 한글로 작성하되 맞춤법과 띄어쓰기를 정확히 하고 『알기 쉬운 법령 정비기준』에 맞추며, (2) 그 제명은 한글맞춤법에 따라 띄어 쓰고 제명의 첫 글자 앞과 끝 글자 뒤에 낫표(「 」)를 사용하게 하는 등의 주의사항을 살펴본 적이 있는데, 비록 『자치입법 입안기준』은 아니지만 이를 자치입법의 입안에 필요한 가이드라인으로 이름 짓고 이에 대하여 살펴보려고 한다.

- 사실 이 책 전체가 자치입법의 입안에 필요한 가이드라인이라고 부를 수 있다. 다만, 제1강에서는 자치입법의 모든 분야에 공통적으로 적용되는 법제 일반 및 주요 원칙을 중심으로 간단하게 살펴보기로 한다.

자치 조례 vs. 위임 조례

- 자치 조례와 위임 조례는 법정 용어는 아니지만, 실무상 너무나 많이 쓰고 있어서 통상적인 용어가 되었다. 조례를 제정하게 된 연유가 스스로 알아서(自治) 한 것인지, 아니면 상위법령이나 상급 행정기관이 시켜서(委任) 한 것이지 여부에 따라 구분하는 것으로 보인다.

- 자치 조례와 위임 조례는 그 제정 이유나 제정 절차 및 내용, 사후관리 등에 있어서 큰 차이가 있다. 이에 대해서는 제2강 이후에서 살펴보기로 한다. 다만, 이 곳 입안기준 관련 강의에서는 자치 조례와 위임 조례를 구별하는 것과 관련하여 한 가지만 생각해보고 넘어가려고 한다.

- 많은 사람들이 조례의 제1조를 보고서 이 조례가 자치 조례인지, 아니면 위임 조례인지 예단하는 습관이 있다. 즉, 제1조의 목적 규정에 상위법령 등의 위임에 따라 이 조례를 만든

것이라는 취지가 포함되어 있다면 위임 조례이고, 반대로 상위법령 등의 위임을 받은 취지가 들어있지 않다면 자치 조례에 해당한다는 것이다.

- 예를 들어, 아래의 '장사(葬事) 등에 관한 조례'는 상위법령인 「장사 등에 관한 법률」에서 지방자치단체의 조례로 정하라고 한 부분 등에 대해 규정하고 있기 때문에 위임 조례에 해당하고, 반면에 '4차 산업혁명 촉진에 관한 조례'는 상위법령의 위임이 없는 상황에서 해당 지방자치단체 스스로 지원 필요성을 깨달아 조례를 제정한 것이기 때문에 자치 조례에 해당한다는 거다.

○○광역시 장사 등에 관한 조례

제1조(목적) 이 조례는 「장사 등에 관한 법률」 제13조에 따라 ○○광역시가 설치한 장사시설의 사용 및 관리·운영에 필요한 사항을 규정함을 목적으로 한다.

○○도 4차 산업혁명 촉진에 관한 조례

제1조(목적) 이 조례는 ○○도 4차 산업혁명 발전을 견인하고 산업경쟁력을 강화함으로써 혁신성장을 통한 지역경제의 지속 발전과 도민의 삶의 질 향상에 이바지함을 목적으로 한다.

- 그렇지만, 이와 같은 판별 원칙이 그대로 적용되지 않는 경우도 상당히 많다는 점에 주의해야 한다.

- 아래 '국가보훈대상자 등 예우 및 지원에 관한 조례'의 제1조는 "이 조례는 「국가보훈 기본법」 등 국가보훈관계 법령에서 정하고 있는 국가보훈대상자 등에 대한 예우와 지원에 관하여 필요한 사항을 규정함을 목적으로 한다."고 되어 있어 위임 조례인 듯 보이지만, 실상은 자치 조례이다. 거의 대부분의 지방자치단체가 이와 같은 보훈조례를 두고 있지만, 보훈 사무는 대표적인 국가사무이고, 「국가보훈 기본법」 등 상위법령에서 지방자치단체에 보훈 조례를 제정할 것을 규정하지도 않으며, 보훈처 등 국가기관에서 이를 지시한 적도 없다.

○○도 국가보훈 대상자 등 예우 및 지원에 관한 조례

제1조(목적) 이 조례는 「국가보훈 기본법」 등 국가보훈 관계법령에서 정하고 있는 국가보훈 대상자 등에 대한 예우와 지원에 관하여 필요한 사항을 규정함을 목적으로 한다.

- 또한, '낙안읍성 관리 운영 조례'의 경우에도 제1조 중 "「문화재보호법」 제48조 및 제49조에 따라 사적 제302호로 지정된 낙안읍성"이라는 문구 때문에 위임 조례인 것 같은 인상을 받지만, 실상은 자치 조례이다. 낙안읍성이 「문화재보호법」 제48조 및 제49조에 따라 사적 제302호로 지정된 사실을 확인하는 내용이지, 「문화재보호법」 등 상위법령에서 이 조례를 만들 것을 규정한 바가 없다.

○○시 낙안읍성 관리 운영 조례

제1조(목적) 이 조례는 「문화재보호법」 제48조 및 제49조에 따라 사적 제302호로 지정된 낙안읍성의 공개, 관람료 및 시설 사용료의 징수·사용, 전통 문화유산의 전승·보존 등에 관한 사항을 규정함을 목적으로 한다.

자치법규의 목적 규정

- 조례나 규칙 등 자치법규의 제1조는 해당 자치법규의 눈(目)에 해당한다고 할 수 있다. 해당 조례나 규칙에서 제일 먼저 접하기 때문이다.
- 일반적으로 자치법규를 입안하는 과정에서 제1조의 목적 규정을 만들 때에는 가급적 해당 자치법규는 어떤 내용을 담고 있으며, 그 자치법규를 실행하면 어떤 효과가 있는지, 아울러 조례의 경우 그것이 자치 조례에 해당하는지 아니면 위임 조례에 해당하는지 여부 정도는 분명하게 규정하는 것이 바람직하다.
- 참고로, 제1조의 목적 규정을 비롯하여 자치법규의 해당 조문을 규정하는데 주의할 사항을 살펴보면 다음과 같다.
- 예를 들어, 조례의 목적 규정은 "이 조례는 …(중략)… 목적으로 한다."와 같이 일반적으로 '이 조례는'으로 시작해서 '목적으로 한다.'로 끝나는 경우가 많고, 항·호·목의 구분이 없이 한 문장으로 만들며, '「정부조직법」(이하 "법"이라 한다)'와 같은 약칭 등을 하지 않는 것이 원칙이다.
- 특히, 제1조의 목적 규정은 입안기준에 있어서 '입법의 필요성'에 해당한다는 점을 주의해야 한다. 제1조를 만드는 이유 중에 하나는 이 조례를 만들게 된 이유와 그 필요성을 강조하는 것이다. 이와 같은 '입법의 필요성'을 가장 잘 나타낼 수 있는 방법은 '내용+효과'를 기술하는

것이 아닐까 생각한다. 즉, 이 조례는 어떤 내용의 정책을 담고 있으며, 그 정책을 실현하면 어떤 효과가 있는지를 기술하는 것이다. 이와 같은 제1조의 목적 규정 입안기법을 개인적으로는 'What + Effect'라고 부르고 있다.

- 아래의 조례에서 「새마을운동조직 육성법」 시행에 있어서 지역 발전을 위해 헌신·봉사하는 새마을운동조직과 새마을사업 지원에 관한 세부사항을 규정하다는 것이 이 조례의 'What'에 해당한다면, 새마을정신을 계승·발전시키고 해당 지방자치단체의 발전을 도모하는 것은 이 조례의 'Effect'에 해당한다고 할 수 있다.

○○도 새마을운동조직 지원 조례

제1조(목적) 이 조례는 「새마을운동조직 육성법」 시행에 있어서 지역 발전을 위해 헌신·봉사하는 새마을운동조직과 새마을사업 지원에 관한 세부사항을 규정함으로써 ○○도에 새마을정신을 계승·발전시키고 도정발전을 도모하는데 그 목적이 있다.

- 한편, 규칙인 자치법규 중에서 조례의 시행을 위한 '시행규칙'의 경우에는 별도의 제정 목적을 서술하는 대신, 조례에서 위임된 사항과 그 시행에 필요한 것을 규정하려고 제정되었다는 의미로 규정하면 된다.

○○광역시 장사 등에 관한 조례

제1조(목적) 이 조례는 ○○시의 우수한 농특산물에 대하여 ○○시장이 그 품질을 인증하고 공동상표를 사용할 수 있도록 사용권을 부여함으로써 소비자의 신뢰확보와 국내외 경쟁력을 향상시켜 ○○시 농특산물의 판매촉진을 위하여 상표 사용 및 관리와 지원에 필요한 사항을 규정함을 목적으로 한다.

○○시 농특산물 공동상표 관리조례 시행규칙

제1조(목적) 이 규칙은 「○○시 농특산물 공동상표 관리조례」에서 위임된 사항과 그 시행에 관하여 필요한 사항을 규정함을 목적으로 한다.

- 반면에, 조례인 자치법규가 없는 상황에서 지방자치단체의 장이 「지방자치법」 제29조에 따라 그 권한에 속하는 사무에 관하여 규칙을 제정하는 경우에는 제1조 목적 규정은 다음의 사례와 같이 관련 자치법규의 제정 취지를 잘 설명하면 된다.

○○○도 비위공직자의 의원면직 처리제한에 관한 규칙

제1조(목적) 이 규칙은 재직 중 비위를 저지른 공무원이 형사벌이나 징계처분을 회피하기 위하여 의원면직을 하는 사례를 방지함으로써 공직기강을 확립하고 깨끗한 공직사회를 구현함을 목적으로 한다.

자치법규의 정의 규정

- 의외로 지방 공무원들이 자치입법에 있어서 정의 규정을 입안하는데 어려움을 호소한다.
- 정의 규정은 자치법규 중에서 쓰고 있는 단어나 용어의 뜻을 명확하게 정하는 규정을 말한다. 개념상 중요한 용어이거나 일반적으로 쓰는 단어 또는 용어의 의미와 다른 뜻으로 사용되는 경우 해당 자치법규에서 그 의미를 명확하게 함으로써 자치법규를 해석하고 적용할 때 나타날 수 있는 의문점을 없애고 법적 분쟁을 미리 예방하기 위해 두는 것으로 생각할 수 있다.
- 이처럼 쉽게 이해될 듯하지만, 실제 자치입법에서 정의 규정을 만드는 것이 그리 녹록치는 않다. 막연한 생각이 들고 어떤 단어나 용어를 어떻게 규정하여야 할지 막막하다.
- 주의할 것은 단어 또는 용어의 뜻을 명확히 한다는 것이 반드시 그 단어나 용어를 설명(explain)한다는 것이 아니라는 점이다.
  아래의 '장수노인 예우 및 지원조례' 제2조의 정의 규정을 보면, 제1호에서 '장수노인'에 대한 용어의 뜻을 설명하고 있는데, 해당 규정을 보면, 노인이나 장수노인의 의미를 설명하는 것보다는 장수노인에 해당하는 적용 범위(boundary)와 깊은 관련이 있음을 알 수 있다.

○○광역시 장수노인 예우 및 지원조례

제1조(목적) 이 조례는 장수노인에 대한 예우 및 지원에 관한 시책을 발굴 추진함으로써 노후생활의 안녕과 장수를 기원하고 경로효친의 사회적 분위기를 조성하는 데 필요한 사항을 규정함을 목적으로 한다.

제2조(정의) 이 조례에서 사용하는 용어의 뜻은 다음과 같다.

1. "장수노인"이란 주민등록상 90세 이상인 자를 말한다.
2. "장수축하금"이란 이 조례에 따라 지급되는 사회보장적 금전을 말한다.
3. "장수시민증"이란 이 조례에 따라 수여하는 증서 또는 증패를 말한다.

- 예를 들어 어느 자치법규에서 노인에 대한 용어의 정의를 하는 경우 "노인이란 머리에 흰 머리가 50% 이상을 차지하고, 이마에 주름살이 4개 이상이 있으며, 치아의 과반수가 빠져있는 사람을 말한다."와 같이 그 생물학적 특성이나 의미를 설명하는 것보다는, "노인이란 65세 이상으로서 ○○시에 주민등록을 두고 있는 사람을 말한다."와 같이 해당 자치법규의 적용 대상이 되는 노인의 범위를 규정하는 것이 정의 규정을 둔 취지에 부합된다.
  따라서 단어나 용어의 의미를 설명(explain)하려 하지 말고, 그 단어나 용어의 범위를 한정(define)하는 것이 바람직하다.

- 한편, 용어의 정의에서 쓰는 낱말은 해당 자치법규의 적용 및 해석에 있어서 직접적인 영향을 미치기 때문에 낱말의 선택에 각별한 주의가 필요하다.
  예를 들어, 아래의 '장수노인 예우 및 지원조례' 제2조 제2호에서는 장수축하금을 '사회보장적 금전'으로 규정하고 있는데, 이 규정에서 '사회보장적'이라는 말은 의료보험이나 사회보험과 같은 각종 보험 가입의 부담 없이 시혜적인 정책으로 지급한다는 뜻이고, '금전'이라는 것은 돈 이외의 현물을 지급하지 않겠다는 것을 우회적으로 표현한 것으로 보아야 한다. 따라서 위 규정에 따라 돈이 없다는 이유로 쌀이나 밀가루 또는 백화점 상품권 같은 '금품'으로 대신 지급할 수 없다.

○○광역시 장수노인 예우 및 지원조례

제2조(정의) 이 조례에서 사용하는 용어의 뜻은 다음과 같다.
  2. "장수축하금"이란 이 조례에 따라 지급되는 사회보장적 금전을 말한다.

- 상위법령이나 상위의 자치법규에서 위임한 사항을 정하거나 그 시행에 필요한 사항을 정하는 조례 또는 규칙 등은 상위법령이나 상위의 자치법규에서 사용하고 있는 용어의 정의가 해당 조례 또는 규칙 등 자치법규에도 그대로 적용되므로 하위의 자치법규에서 다시 중복해서 용어의 정의 규정을 둘 필요가 없다.
  종전에는 시행규칙에서 "이 규칙에서 사용하는 용어의 정의는 조례에서 정하는 바에 따른다."는 취지로 하위 규정에서 별도의 정의 규정을 두기도 했으나, 이런 규정도 둘 필요가 없다.

자치법규의 얼굴, 제명(題名)

(1) 자치법규에서도 법령과 마찬가지로 제목이라고 하지 않고 '이름(name)'으로 부르는데, 이를 한자로 표기하여 제명(題名)이라고 한다.

- 그 정확한 연유를 알 수는 없으나, 법령이나 자치법규를 포함한 모든 법규는 제목(title)이라고 하지 않고 이름(name)이라고 부른다. 우리나라뿐만 아니라 대부분의 국가에서 이렇게 부르고 있다.

- 우리나라 법제의 뿌리에 있어서 '로마법 → 독일법(혹은 프랑스법) → 일본법 → 한국법'이라는 도식이 적용되는 것으로 본다면, 이처럼 법령이나 자치법규를 제목이 아니라 이름으로 부르는 것도 로마법에서 연혁을 찾을 수 있지 않을까?

- 고대 로마에 있어서 법은 인간이 만든다는 생각이 깊이 박혀 있었던 것 같다. 법은 사람들의 종교나 지적 관심이 달라도 함께 살아가는 데 필요한 공통된 약속이며, 따라서 보편 제국을 만든 로마인에게 법만큼 어울리는 창조물도 없다. 황제가 죽어도 신격화했던 만큼, 최고의 창조물인 법에게도 인격 또는 신격에 맞는 이름(nomen, nominis)을 지어주었던 것으로 보이고, 이와 같은 로마법적인 전통이 독일과 프랑스 및 일본을 거쳐 우리에게 계승된 것이라고 생각한다.

- 사람이 탄생하듯이 법규는 제정되고, 사람이 성장하듯이 법규는 개정되며, 사람이 사망하듯이 법규는 폐지된다. 이처럼 사람의 생애주기와 법규의 그것이 유사하다는 이유로 '이름'으로 부르는 것 같다.

- 최근에는 자치법규에서 이름이라는 용어를 쓰는 경우는 거의 없고, 이를 한자어로 표기해서 제명(題名)으로 표기하고 있다.

(2) 자치법규도 제명 띄어쓰기를 하며, 제명의 앞뒤에 낫표(「 」)를 붙인다.

- 2006년도 이전에는 자치법규의 제명에 대해 띄어쓰기를 하지 않고 붙여 썼다. 물론, 법령도 예외는 아니었다. 예를 들어, '○○광역시정부조직법의개정에따른○○광역시공무원행동강령등의일괄정비에관한규칙'의 제명을 가진 자치법규를 생각해보면, 그 이름이 긴 것은 그만두더라도 우선 띄어쓰기가 되어 있지 않아 눈에 큰 부담을 줄 뿐만 아니라 읽기도 쉽지 않다.

- 이처럼 법령이나 자치법규의 본문은 띄어쓰기를 하면서 제명에 대해 띄어쓰기를 하지 않고 붙여 썼던 것은 왜일까? 다른 이유가 있을 수 있지만, 자치법규는 제목이 아니라 이름이기 때문에 띄어 쓰지 않은 것이다. 국어에서 이름은 보통명사가 아닌 고유명사에 해당하고, 고유명사는 한 단어에 해당하기 때문에 길고 짧은 것을 떠나 모두 붙여 쓰기 때문이다.

- 자치법규의 제명을 붙여 썼던 데에는 국어학적인 이유 외에 입법에 있어서의 필요성도 작용했던 듯하다. 즉, 우리나라의 법령이나 자치법규에는 관형 어구를 쓰는 경우가 많은데, 특히 '~에 관한 법률'이나 '~에 관한 조례'와 같은 유형이 문제가 된다.
  예를 들어 "자연보호에 관한 조례를 읽었다."는 것과 "자연보호에관한조례를 읽었다."는 문장은 다른 의미가 되는데, 앞의 것은 일반명사로서 자연보호에 관한 (복수의) 조례를 읽었다는 뜻이 되는 반면, 뒤의 것은 고유명사로서 자연보호에관한조례의 이름을 가진 특정 조례를 읽었다는 뜻이 된다. 이처럼 띄어쓰기에 따라 지칭이 다르게 된다.

- 그런데, 자치법규의 제명을 붙여 쓰는 것은 너무나 불편하고 실제 언어사용과 너무나 동떨어져 있으며, 잘못하다간 소위 "아버지 가방에 들어가다"는 상황이 초래될 수 있다. 그래서 법령이나 자치법규를 포함한 모든 법규의 제명도 띄어쓰기를 한다.

- 자치법규의 제명에 띄어쓰기를 적용하면 '○○광역시정부조직법의개정에따른○○광역시공무원행동강령등의일괄정비에관한규칙'는 '○○광역시 정부조직법의 개정에 따른 ○○광역시 공무원 행동강령 등의 일괄정비에 관한 규칙'으로 바뀐다. 이렇게 다시 쓰면 읽는데 불편을 더는데 도움이 되지만, 뭔가 부족함이 있다.

- 바로 제명을 붙여 써야 했던 두 번째 사유가 문제가 된다. 즉, 종전에는 자연보호에 관한 조례는 일반명사이고, 자연보호에관한조례는 고유명사로서의 구별이 가능했으나, 이제 모든 제명을 띄어쓰기하는 관계로 더 이상 이 구별이 의미를 갖지 못하게 된 것이다. 이러한 소용으로 인해 자치법규의 제명 앞뒤에 낫표(「 」)를 붙이게 된 것이다. 자연보호에 관한 조례는 일반명사가 되지만, 「자연보호에 관한 조례」는 고유명사가 되는 것이다.

- 최종적으로 자치법규의 제명에 띄어쓰기 및 낫표(「 」)를 적용하면 '○○광역시정부조직법의개정에따른○○광역시공무원행동강령등의일괄정비에관한규칙'는 「○○광역시 정부조직법의 개정에 따른 ○○광역시 공무원 행동강령 등의 일괄정비에 관한 규칙」이 된다.

(3) 자치법규의 제명 맨 앞에는 해당 지방자치단체의 명칭을 붙인다.

- 우리나라의 지방자치는 지역적 관할 범위를 특정하고 있다(지방자치법 제3조, 제5조). 따라서 지방자치단체가 자치법규를 제정 및 시행하는 경우 해당 자치법규가 적용되는 관할 범위를 적시하지 않으면 혼동이 예상되므로 자치법규의 제명 앞에는 그 지방자치단체의 명칭을 기재하여야 한다.

- 아래와 같이 출산장려금을 준다는 조례를 제정하였는데, 그 조례의 출처가 불분명하다면 출산장려금 정책에 관심을 가진 많은 국민들의 입장에서는 "어느 지방자치단체에서 시행하느냐"고 확인해야 하는 불편이 있을 뿐만 아니라 전국적인 차원의 자치법규 관리에도 차질이 우려된다. 성(family name)을 붙이지 않는 이름은 불완전하듯이 온전한 자치입법을 위해서는 자치법규의 제명에 해당 지방자치단체의 명칭을 정확히 붙이는 것부터 시작되어야 한다.

○○시 출산장려금 지원에 관한 조례

제1조(목적) 이 조례는 출산율 저하에 따른 노동력 감소와 인구 노령화 등 사회문제에 적극 대처하고, 출산을 장려하기 위하여 신생아 출산가정에 대한 출산장려금을 지원하는데 필요한 사항을 규정함을 목적으로 한다.

제3조(지원대상자의 범위) ① 출산장려금 지원대상자는 신생아의 출생일을 기준으로 90일 전부터 신청일 현재까지 계속하여 관내에 주민등록을 두고 거주하는 신생아의 부 또는 모로 한다. 이 경우 신생아는 주민등록상 부 또는 모와 동일 세대원이어야 한다.

- 지방자치단체의 명칭에 있어서 주의할 점은 (1) 기초 자치단체의 명칭은 상급 광역 자치단체와 아무런 관련이 없기 때문에 '수원시'와 같이 해당 지방자치단체의 이름만 붙여야 하며 '경기도 수원시'와 같이 일반적인 호칭을 사용할 수 없고, (2) 반면에 광역시와 특별시의 경우 '서울특별시 강남구' 또는 '부산광역시 북구'와 같이 기초 자치단체의 이름 앞에 반드시 광역 자치단체의 이름도 함께 기재해야 한다는 것이다.

- 한편, 지방의회 및 지방교육청의 경우 지방자치단체를 구성하는 기관에 해당하기 때문에 해당 지방자치단체의 명칭만 기재해야 함에도 불구하고 관행적으로 자치법규의 제명에 '○○의회' 또는 '○○교육청'과 같은 기관 명칭을 기재하는 경우가 많은데, 이는 잘못된 것으로 해당 지방자치단체의 정확한 명칭으로 바꾸어 기재하는 것이 바람직하다.

예를 들어, 「○○도의회 간행물편찬위원회 조례」는 「○○도 의회 간행물편찬위원회 조례」로, 「○○도교육청 행정기구 설치조례」는 「○○도 교육청의 행정기구 설치 조례」로 각각 변경하는 것이 정확하다. 자칫 ○○도의 조례가 아니라 ○○도의회 및 ○○도교육청의 조례라고 오인할 수 있기 때문이다.

○○도의회 간행물편찬위원회 조례

제1조(목적) 이 조례는 ○○도의회에 ○○도의회 간행물편찬위원회를 두고, ○○도의회에서 발행하는 간행물의 편찬과 위원회의 운영에 관한 사항을 정함을 목적으로 한다.

○○도교육청 행정기구 설치조례

제1조(목적) 이 조례는 「지방교육자치에 관한 법률」 제30조부터 제34조까지, 「지방교육행정기관의 행정기구와 정원기준 등에 관한 규정」 제7조, 제8조와 제12조에 따라 ○○도교육청에 두는 행정기구와 분장사무를 규정함을 목적으로 한다.

- 자치법규의 제명에 해당 지방자치단체의 명칭을 잘못 기재하여 의도하지 않은 '웃음'을 주는 경우도 적지 않다. 아래의 조례 제명은 「○○도립학교 설치 조례」로 되어 있는데, 해당 자치법규의 제명에 띄어쓰기를 적용하면 「○○도 립학교 설치 조례」가 된다. 생각하지 않았던 '립학교'라는 용어가 나오게 되어 "립(lip ; rib) 학교가 무엇일까?"라는 웃지 못할 고민을 하게 된다. 자치법규의 제명 원칙에 따르면 「○○도 도립학교 설치 조례」 정도가 될 것이다.

○○도립학교 설치 조례

제1조(목적) 이 조례는 「교육기본법」 제11조에 따라 ○○도가 설치하는 각급학교에 관하여 규정함을 목적으로 한다.

(4) 규율하는 자치법규가 중복되는 경우 기본 자치법규와 특별 자치법규의 관계를 나타낼 수 있는 제명을 붙인다.

- 자치법규는 조례 상호간 또는 규칙 상호간의 효력 관계가 동등하다. 다만, 해당 자치법규의 제정 목적 및 규율하는 내용에 따라 독자적인 효력을 갖게 된다. 특히, 동일한 사항을 규율하는 자치법규가 둘 이상인 경우에는 일반법과 특별법의 관계와 유사하게 일반 자치법규와 특별 자치법규의 관계가 형성되기도 한다.

- 여기서, 중복되는 자치법규가 있는 경우 내용상 해당 규율 분야에 대한 전반적이고 기본적인 방향을 정하는 것을 '~~기본조례'와 같은 이름을 붙이는 것이 일반적이다.

- 현행 자치법규에서 '~~기본조례'와 같은 유형을 가장 쉽게 접할 수 있는 분야는 지방세 분야, 환경 분야, 여성·청소년 분야 등이다. 예를 들면, 지방세 관련 개별 법령에 대한 「지방세기본법」, 환경 관련 개별 법령에 대한 「환경정책기본법」, 그 밖에 여성에 대한 폭력이나 청소년 관련 개별 법령에 대한 「여성폭력방지기본법」 및 「청소년기본법」 등의 관계와 비슷하다고 할 것이다.

- 자치법규에서 '~~기본조례'와 같이 기본 자치법규로 이름 짓는 것은 향후 다양하고 복잡하며 중첩화가 예상되는 자치법규에 있어서 체계적인 관리를 위한 효과적이고 선제적인 대응 방안의 하나가 될 것이다.

- 한편, 자치법규에서 '~~기본조례'와 같이 기본 자치법규로 되어 있는 경우 그 효력과 관련한 논란이 늘고 있다.
  예를 들어, '주민참여 기본 조례'의 경우 이 조례 제12조에서는 각종 위원회의 위원 구성은 공개모집 또는 공개적인 추천의 방식에 따라야 하고, 원칙적으로 공무원의 수가 3분의 1을 넘을 수 없도록 되어 있다. 그리고 같은 조례 제21조는 "주민참여는 다른 법령이나 조례에서 정한 특별한 규정이 있는 경우를 제외하고는 이 조례에서 정하는 바에 따른다."고 되어 있기 때문에 위원 구성에 대해 특별한 규정이 없으면 모든 위원회의 구성 방법에 이 규정이 적용되어야 하는지 논란이 되는 경우가 많다.

서울특별시 ○○구 주민참여 기본 조례

제1조(목적) 이 조례는 서울특별시 ○○구 주민의 구정 참여 활성화를 위하여 주민참여의 기본사항을 정함으로써, 주민과 구가 협력하여 참여자치를 통한 삶의 질을 향상시키고 행정의 민주성과 투명성을 높여 지역공동체 발전을 도모하는 것을 목적으로 한다.

제12조(위원회의 주민참여) ① 구에 설치된 각종 위원회의 위원 구성은 법령이나 조례에서 정한 경우를 제외하고는 공모나 추천 등 공개적인 절차에 따라 참여가 보장되어야 한다.

② 제1항에 따른 위원을 구성할 때에는 여성, 장애인, 다문화가정, 그 밖의 소외계층 등의 주민참여가 보장되어야 한다. 다만, 법령 및 다른 조례에서 정한 자격기준과 특별히 전문성을 필요로 하는 경우에는 예외로 한다.

③ 위원회 구성 시 법령과 다른 조례에서 정한 경우를 제외하고는 공무원의 수가 3분의 1을 초과하지 않도록 한다.

④ 위원회는 소관정책의 계획 수립부터 평가까지 다양한 주민의견을 통합하고 조정해야 한다.

제21조(다른 법령과의 관계) 주민참여는 다른 법령이나 조례에서 정한 특별한 규정이 있는 경우를 제외하고는 이 조례에서 정하는 바에 따른다.

- 자치법규에 있어서는 일반법 vs. 특별법과 같이 법규의 효력에 따라 일반 자치법규와 특별 자치법규로 구별하는 것보다는, 어떤 사안에 대한 개략적인 방향정립 또는 특정 분야에 대한 자치법규가 중복하여 규정하고 있어서 그 법규의 체계를 정비하려는 취지로 '~~기본조례'와 같은 이름을 붙이는 것이 대부분이다.

- 따라서 어떤 조례가 '~~기본조례'로 되어 있고, 심지어 다른 조례와의 관계 규정 등을 별도로 두어서 다른 조례보다 우선하여 적용할 것을 명시하는 경우에도 상위법령의 근거 또는 자치법규의 내용 등에 따라 해당 자치법규의 적용 관계가 달라질 수 있기 때문에, 내용과 제명에서 '~~기본조례'와 같은 이름을 갖고 있다고 해서 다른 조례 등의 자치법규를 구속하거나 반드시 효력이 우선한다고 할 수는 없다.
  위 사례의 조례에서도 주민참여와 관련한 주요 정책의 방향을 제시한 것으로 보아야 할 것이며, 위 조례 제21조의 규정이 있다고 해서 제12조의 규정을 다른 위원회의 구성에 있어서 강제적으로 적용하게 할 수는 없다.

자치법규에 있어서 날짜의 계산

- 자치입법에서 날짜의 계산이 가장 많이 쓰이는 곳은 부칙의 시행일 규정이다.

- 대부분의 자치법규를 제정 또는 개정하는 경우 그 부칙에서 시행일에 관한 규정을 둔다. 만일 시행일에 관하여 "공포한 날부터 20일이 지나면 효력을 발생한다."고 되어 있으면 언제부터 시행하는 것일까?

- 날짜를 계산하기 위해서는 달력이 필요하다. 아래의 그림은 어느 해의 1월 달력인데, 이 달력을 기준으로 날짜를 함께 계산해보기로 하자.
  만일 1월 7일 공포한 자치법규가 있는데, 해당 자치법규의 부칙에서 그 시행일에 관하여 "공포한 날부터 20일이 지나면 효력을 발생한다."고 규정되어 있는 것으로 가정하고 이 자치법규의 시행일이 언제인지 산정해보기로 한다. 미리 마음속에 시행일을 생각해두고 나중에 답을 맞춰보는 것도 재미있을 것이다(^^).

- '행정에 관한 기간의 계산'에 관하여는「행정기본법」제6조에서 규정하고, 제7조는 '법령등 시행일의 기간 계산'을 규정하고 있다.
  제6조 제1항은 "행정에 관한 기간의 계산에 관하여는 이 법 또는 다른 법령 등에 특별한 규정이 있는 경우를 제외하고는 민법을 준용한다"고 규정하고 있으므로, 행정기본법이나 개별법에 특별한 규정이 없으면 민법을 적용하면 된다.

제1장 총칙

제2절 기간의 계산

제6조(행정에 관한 기간의 계산) ① 행정에 관한 기간의 계산에 관하여는 이 법 또는 다른 법령 등에 특별한 규정이 있는 경우를 제외하고는 민법을 준용한다.

② 법령등 또는 처분에서 국민의 권익을 제한하거나 의무를 부과하는 경우 권익이 제한되거나 의무가 지속되는 기간의 계산은 다음 각 호의 기준에 따른다. 다만, 다음 각 호의 기준에 따르는 것이 국민에게 불리한 경우에는 그러하지 아니하다.

1. 기간을 일, 주, 월 또는 연으로 정한 경우에는 기간의 첫날을 산입한다.
2. 기간의 말일이 토요일 또는 공휴일인 경우에도 기간은 그 날로 만료한다.

제7조(법령 등 시행일의 기간 계산) 법령등(훈령·예규·고시·지침 등을 포함한다. 이하 이 조에서 같다)의 시행일을 정하거나 계산할 때에는 다음 각 호의 기준에 따른다.

1. 법령등을 공포한 날부터 시행하는 경우에는 공포한 날을 시행일로 한다.
2. 법령등을 공포한 날부터 일정 기간이 경과한 날부터 시행하는 경우 법령등을 공포한 날을 첫날에 산입하지 아니한다.
3. 법령등을 공포한 날부터 일정 기간이 경과한 날부터 시행하는 경우 그 기간의 말일이 토요일 또는 공휴일인 때에는 그 말일로 기간이 만료한다.

- 민법 제6장은 기간에 관하여 규정하고 있는데, 제155조는 "기간의 계산은 법령, 재판상의 처분 또는 법률행위에 다른 정한 바가 없으면 본장의 규정에 의한다."고 되어 있으므로 행정기본법이나 개별법에 특별한 규정이 없으면 민법의 이 규정을 적용하면 된다.

제6장 기간

제155조(본장의 적용범위) 기간의 계산은 법령, 재판상의 처분 또는 법률행위에 다른 정한 바가 없으면 본장의 규정에 의한다.

제156조(기간의 기산점) 기간을 시, 분, 초로 정한 때에는 즉시로부터 기산한다.

제157조(기간의 기산점) 기간을 일, 주, 월 또는 연으로 정한 때에는 기간의 초일은 산입하지 아니한다. 그러나 그 기간이 오전 영시로부터 시작하는 때에는 그러하지 아니하다.

제159조(기간의 만료점) 기간을 일, 주, 월 또는 연으로 정한 때에는 기간말일의 종료로 기간이 만료한다.

제160조(역에 의한 계산) ① 기간을 주, 월 또는 연으로 정한 때에는 역에 의하여 계산한다.
② 주, 월 또는 연의 처음으로부터 기간을 기산하지 아니하는 때에는 최후의 주, 월 또는 연에서 그 기산일에 해당한 날의 전일로 기간이 만료한다.
③ 월 또는 연으로 정한 경우에 최종의 월에 해당일이 없는 때에는 그 월의 말일로 기간이 만료한다.

제161조(공휴일 등과 기간의 만료점) 기간의 말일이 토요일 또는 공휴일에 해당한 때에는 기간은 그 익일로 만료한다.

- 위 사례를 「행정기본법」 제7조에 따라 기간계산을 하면, 공포된 날은 1월 7일이고, '초일불산입 원칙'에 따라 초일인 1월 7일은 산입하지 않으며 그 다음 날인 1월 8일부터 기산(起算)하게 된다. 따라서 20일이 되는 날은 1월 27일이 된다.

- 그런데 이 사례의 시행일은 "공포한 날부터 20일이 지나면"으로 되어 있는데, 20일이 지난다는 의미는 경과(經過; pass)한다는 뜻으로 해당 날짜의 24시가 지난다는 것이다. 따라서 그 다음날인 1월 28일이 된다.

- 이제 계산이 마무리된 것일까? 「민법」 제161조는 "기간의 말일이 토요일 또는 공휴일에 해당한 때에는 기간은 그 익일로 만료한다."고 되어 있다. 여기서 1월 28일이 공휴일이라면 이 규정에 따라 이 자치법규의 시행일은 1월 29일이 될 것이다.

- 하지만 「행정기본법」제7조 제3호에서는 "법령등을 공포한 날부터 일정 기간이 경과한 날부터 시행하는 경우 그 기간의 말일이 토요일 또는 공휴일인 때에는 그 말일로 기간이 만료한다"고 규정하고 있다.

- 민법 제161조는 법률행위에 있어 효력발생 여부를 확정하기 어렵기 때문에 특례 규정을 둔 것인데, 법령이나 자치법규는 공휴일이나 토요일이라고 해서 효력이 발생해서는 안 될 만한 까닭이 없다. 일요일이나 토요일에도 법령이나 자치법규는 시행되어야 한다.
  따라서 상당수 법령이나 자치법규는 일부러 그 시행일을 1월 1일로 정하기도 한다. 현행 「관공서 공휴일에 관한 규정」에 따르면 1월 1일도 공휴일이다.

- 따라서 「행정기본법」 제7조에서 초일불산입 원칙과 말일이 공휴일인 경우도 산입하는 원칙을 명확하게 규정하여 그 간의 논란을 해결한 것이다. 결국, 이 사안의 자치법규 부칙에서 시행일을 "공포한 날부터 20일이 지나면 효력을 발생한다."고 규정하고 있으므로, 그 날이 공휴일에 해당하더라도 그 시행일은 1월 28일이 되는 것이다.

시행일에 관한 "아주 희한한 관행"

- 자치입법 관련 실무를 접하다 보면 다양한 유형의 일들을 겪게 되는데, 그 중에서 가장 인상 깊은 것은 시행일에 관한 것이었다.

- 어느 날, 기초 자치단체의 과장님께서 다급한 목소리로 전화를 해서 대뜸 "큰일 났습니다."고 하는 것이었다.
  내용인 즉, 그 지방자치단체에서 농민들을 위해 '농기계임대사업 설치 및 운영 조례'를 제정했는데, 조례가 공포되자마자 어떻게 알았는지 농민들의 문의가 빗발친다는 것이었다. 여기까지 듣고 나서는 뭐가 문제인지 가늠하기도 어려운 상황이었는데, "아직 시행하려면 1년이나 남았는데 농민들이 너무 성급하게 농기계를 임대하겠다고 해서 난감하다."는 것이 그 과장님의 하소연이었다.

- '농기계임대사업 설치 및 운영 조례'를 보면, 2012년 7월 27일 조례 제1097호로 공포되었고, 부칙 제1조에 따라 2012년 7월 27일부터 시행하는 것을 알 수 있다. 그런데, 상식적으로 생각해도 농기계임대사업을 하려면 농기계 구매대금을 비롯한 상당한 예산과 조직 및 인력, 임대계약 체결 등 각종 시스템을 갖춰야 할 것은 당연하다.

○○시 농기계임대사업 설치 및 운영 조례

제1조(목적) 이 조례는 「농업기계화촉진법」 제8조의2와 「지방자치법」 제136조 및 제139조에 따라 농기계의 효율적인 이용으로 농업의 생산성 향상과 경영개선을 위하여 ○○시 농기계임대사업 운영에 필요한 사항을 규정함을 목적으로 한다.

부칙(2012.07.27. 조례 제1097호)

제1조(시행일) 이 조례는 공포한 날부터 시행한다.

- 따라서 해당 시청의 과장님은 아직 준비도 되지 않은 상황에서 농민들이 농기계를 임대하겠다는 것이 어처구니없으며, 이런 민원을 어떻게 해결했으면 좋겠냐는 것이다.

- 대부분의 지방자치단체의 자치법규는 그 시행일이 '공포한 날'로 되어있다. 상위법령의 시행에 따라 조례나 규칙을 제·개정하는 경우 상위법령과 시행일을 맞추기 위해 간혹 시행일을 특정하는 경우가 있지만, 그마저도 이미 상위법령의 시행일이 지난 경우가 대부분이어서 실제로는 이런 경우에도 시행일은 '공포한 날'이 대부분이다.

- 누가 언제부터 이런 좋지 못한 관행을 만든 것인지 알 수 없으나, 자치법규의 시행일을 무조건 '공포한 날'부터 하는 것은 문제가 있다.
  자치법규가 제정됨으로써 제도의 변화가 있는 경우에는 주민들이 충분히 이해하고 적응할 수 있도록 일정한 유예가 필요할 뿐만 아니라, 집행부의 입장에서도 시행규칙이나 훈령을 마련하고, 해당 정책수행에 필요한 예산이나 인력과 조직 등을 갖추어야 하기 때문에 공포한 날부터 당장 시행하는 것은 불가능하다.

- 이론적으로 자치법규를 공포한 날부터 시행하게 되면, 공보에 게재된 내용을 확인하는 것은 당일 9시 전후라고 할 수 있는데 반해, 오히려 해당 자치법규의 시행은 당일 영시부터 적용하게 된다. 결국 정확하게 말하면 '공포한 날'부터 시행하는 것은 법규를 소급하는 문제가 있다고 할 수 있다. 아주 시급한 경우가 아니면 '공포한 날'부터 시행하도록 규정하는 것은 바람직하지 않다.

- 특히, 조례는 해당 지방자치단체가 입법하는 자치법규 중 최고의 효력을 갖는 것으로 국가에 있어서 법률과 같다고 할 수 있는데, 공보에 실린 조례공포문에는 '공포한 날'부터 시행하는 것으로 되어 있음에도 불구하고, 실상은 1년이나 6개월 이후 또는 적정한 준비가 되어 있을 때부터 시행하겠다는 태도는 적법성 여부와 관계없이 지방자치의 부끄러움이 아닐 수 없다. 법규란 약속인데, 언제부터 시행하는지 규정과 관계없이 "우리가 알아서 적당한 시기에 시행하겠다."는 것은 현대 법치주의에서 상상할 수 없는 일이기 때문이다.

『알기 쉬운 법령정비기준』 '알·법'

- 자치입법에 있어서도 『알기 쉬운 법령정비기준』에 따라 누구나 이해하기 쉽게 표준말과 평범한 용어를 사용하여야 한다. 즉, 법제처가 주관이 되어 시행하는 '알·법 기준'에 맞게 하여야 한다.

- 법령에 있어서 알·법 기준을 적용한 것은 『법령 입안·심사 기준』 중에서 '표현의 명료성 및 평이성' 원칙과 깊은 관련이 있다. 즉, 법령은 그 입법 내용의 의미가 확실하게 이해될 수 있고 입법의 의도가 오해되지 않도록 정확하게 표현되어야 한다. 또한, 그 적용 대상이 되는 누구에게나 쉽게 이해될 수 있도록 알기 쉬운 용어를 사용하고, 전체 내용을 쉽게 파악할 수 있도록 조문을 배열하여야 한다. 자치법규에 있어서도 마찬가지이다.

- 자치입법에 적용할 수 있는 알·법 기준이 별도로 있는 것은 아니고, 법제처가 운영하고 있는

『알기 쉬운 법령정비기준』을 그대로 적용하면 된다. 수년간 법제전문가와 한글전문가 공동으로 마련한 기준인 만큼, 특별한 경우가 아니면 이 기준에 따르는 것이 국가 법령과 자치법규의 통일성 차원에서도 바람직하다. 현행 『알기 쉬운 법령정비기준』은 법제처 홈페이지에서 쉽게 찾을 수 있으니 참고하기 바란다.

- 알·법 기준의 내용이나 적용 문제와는 별개로 알·법 기준에 맞춰 자치법규를 입안해야 하는 이유에 대해 생각해볼 필요가 있다. 다음의 사례로써 그 필요성을 대신하고자 한다.

- 여담이지만, 법제처에 대한 국정감사마다 단골 메뉴가 하나 있었다. 바로 '법령용어 순화 사업'이라는 것이었는데, 그 사업이 제대로 이뤄지고 있는지 확인하는 차원에서 법제사법위원회 소속 국회의원이 법제처장에게 묻고 답변하는 방식으로 진행되었던 기억이 난다.
  예를 들어, 어느 해 국정감사장에서 모 의원이 법제처장에게 낸 문제를 소개하면, 다음과 같은 8개의 문항이었던 것 같다.

문 : 다음의 단어를 각각 읽고 그 뜻을 말하시오.
1. 掌理 2. 索道 3. 蒙利 4. 呼唱 5. 奔馬 6. 精勵 7. 貯置 8. 決潰

- 위 8개 문항에 쓰인 한자어는 당시 실제 법령에서 사용되던 것으로, 우리나라의 법령에 쓰이고 있는 용어가 얼마나 어렵고 실제 생활과 단절된 것인지 여실히 보여준 사례였다고 생각한다. 참고로, 위 질문에 대한 옳은 답변은 다음과 같다.

1. **장리** : 일을 맡아 처리함
2. **삭도** : 공중에 로프를 가설하고 여기에 운반 기구(차량)를 걸어 동력 또는 운반 기구의 자체 무게를 이용하여 운전하는 것
3. **몽리** : 저수지, 보(洑) 따위의 수리 시설로 물을 받음
4. **호창** : 큰 소리로 부름
5. **분마** : 흥분하여 뛰는 말
6. **정려** : 열심히 일함
7. **저치** : 저축하여 둠
8. **결궤** : 둑이 무너짐

'조·항·호·목'과 '장·절·관·항'

- 자치법규의 기본이 되는 것은 조(條 ; article)이다. 예외적으로 2개 이상의 조문으로 구분할 필요가 없거나 폐지 조례의 경우와 같이 자치법규의 내용이 매우 간단하여 '조'로 구별할 필요가 없으면 그 내용만 표시할 수 있다.

- 하나의 조문에 여러 가지 내용을 규정할 필요가 있거나 세분하여 규정할 필요가 있으면 조문을 항(項 ; paragraph)이나 호(號 ; subparagraph)로 구분한다.
  항은 반드시 서술형의 완성된 문장으로 하고, 호는 단어나 어절의 형식으로 하거나 "…할 것" 등과 같은 표현방식을 사용하며, "…한다."와 같은 표현방식은 원칙적으로 사용하지 않는다. 다만, 호에 후단이나 단서를 붙이는 경우에는 "…한다."와 같은 표현방식을 사용해도 무방하다. 호는 1. 2. 3. 4.와 같이 아라비아 숫자로 표시하고, 항은 ① ② ③ ④와 같이 동그라미 안에 아라비아 숫자를 넣어서 표시한다.

- '호'를 세분하여 정하거나 열거할 필요가 있으면 목(目 ; item)으로 나누어 규정한다.
  목은 가. 나. 다. 라. 등과 같이 한글 자모를 이용하여 표시하고, 그 표현하는 방법은 호의 경우와 같다. 목을 세분하여 정하거나 열거할 필요가 있는 경우에는 1) 2) 3) 4) 등의 반 괄호 숫자를 사용하고 반 괄호 숫자를 다시 세분하여 정하거나 열거할 필요가 있는 경우에는 가) 나) 다) 라) 등의 반 괄호 한글 자모를 사용한다.

아래의 밑줄 친 부분을 개정하는 경우의 개정문

제40조(1가구 1주택의 범위) 법 제81조 제3항 각 호 외의 부분에서 "대통령령으로 정하는 1가구 1주택"이란 취득일 현재 세대별 주민등록표에 기재되어 있는 세대주와 그 가족(동거인은 제외한다)으로 구성된 1가구(세대주의 배우자와 미혼인 30세 미만의 직계비속은 같은 세대별 주민등록표에 기재되어 있지 아니하더라도 같은 가구에 속한 것으로 본다)가 다음 각 호의 구분에 따른 지역에 1개의 주택을 소유하는 것을 말한다.

1. 법 제81조 제3항 제1호 가목의 감면대상자의 경우 : 다음 각 목의 지역
   가. 법 제81조 제1항에 따른 이전공공기관(이하 이 조에서 "이전공공기관"이라 한다)이 「공공기관 지방이전에 따른 혁신도시 건설 및 지원에 관한 특별법」 제31조에 따른 공동혁신도시로 이전하는 경우 : 그 혁신도시를 공동으로 건설한 광역시·도 또는 특별자치도 내
   나. 가목 외의 경우 : 다음의 구분에 따른 지역
      1) 2012년 6월 30일까지 : 이전공공기관의 소재지 특별시·광역시·도·특별자치도 또는

「신행정수도 후속대책을 위한 연기·공주지역 행정중심복합도시 건설을 위한 특별법」 제2조 제1호에 따른 예정지역(이하 이 조에서 "예정지역"이라 한다) 내

2) 2012년 7월 1일 이후 : 이전공공기관의 소재지 특별시·광역시·특별자치시·도 또는 특별자치도 내

- 앞서 살펴본 조·항·호·목의 기본이 되는 것은 하나의 문장 또는 단어나 어절인 경우에 적용된다. 동일한 조·항·호·목 안에서 2개 이상의 문장 또는 단어나 어절로 구분되는 경우에는 구분되는 문장 또는 단어나 어절마다 별도의 이름을 붙일 필요가 있다.

- 문장 상호간의 연결이 역접에 해당하는 경우에는 '본문 + 단서'로, 문장 상호간의 연결이 순접에 해당하는 경우에는 '전단 + 후단'으로 구분하여 부른다. 단서는 역접의 뜻을 가진 문장이고, 전단은 앞의 문장, 후단은 뒤의 문장이라는 뜻이다.

- 사례를 들면, 「지방자치법」 제28조는 두 문장이 역접의 관계에 있기 때문에 밑줄 없는 부분은 '제28조 본문'이 되고, 밑줄이 있는 부분은 '제28조 단서'라고 부른다. 반면, 제63조는 두 문장이 순접의 관계에 있기 때문에 밑줄 없는 부분은 '제63조 전단'이 되고, 밑줄이 있는 부분은 '제63조 후단'이 된다.

지방자치법

제28조(조례) 지방자치단체는 법령의 범위 안에서 그 사무에 관하여 조례를 제정할 수 있다. <u>다만, 주민의 권리 제한 또는 의무 부과에 관한 사항이나 벌칙을 정할 때에는 법률의 위임이 있어야 한다.</u>

제63조(의장 등을 선거할 때의 의장 직무 대행) 제57조 제1항, 제60조 또는 제61조 제1항에 따른 선거(이하 이 조에서 "의장등의 선거"라 한다)를 실시하는 경우에 의장의 직무를 수행할 자가 없으면 출석의원 중 최다선의원이, 최다선의원이 2명 이상인 경우에는 그 중 연장자가 그 직무를 대행한다. <u>이 경우 직무를 대행하는 의원이 정당한 사유 없이 의장등의 선거를 실시할 직무를 이행하지 아니할 때에는 다음 순위의 의원이 그 직무를 대행한다.</u>

- 한편, 「지방자치법」 제13조 제2항에서 보는 것과 같이 항과 호가 구분되어 있는 2개 이상의 문장인 경우에는 이를 '제13조 제2항 단서'로 부르는 것이 바람직하지 않다. 왜냐하면 '제13조 제2항 단서'라는 뜻에는 제1호 이하의 규정도 포함되는 것으로 해석될 여지가 있기 때문이다. 좀 더 정확하게 구분하기 위해서 '제13조 제2항 각 호 외의 부분 단서'와 같이 부른다.

지방자치법

제13조(지방자치단체의 사무범위) ② 제1항에 따른 지방자치단체의 사무를 예시하면 다음 각 호와 같다. 다만, 법률에 이와 다른 규정이 있으면 그러하지 아니하다.

1. 지방자치단체의 구역, 조직, 행정관리 등
   가. 관할 구역 안 행정구역의 명칭·위치 및 구역의 조정

(이하 생략)

- 자치법규의 조문에는 그 조문이 무엇에 관하여 규정하고 있는지를 쉽게 알 수 있도록 조문의 내용을 요약하여 조문 순서를 표시하는 '제○조' 다음에 연이어 괄호를 만들어 조문의 제목(title)을 붙인다. 한 조문에서 여러 가지 사항을 규정하는 경우에는 그 중에서 핵심적인 내용을 쉽게 파악할 수 있도록 대표성이 있는 단어나 어절을 이용하여 제목을 정하고 "(…등)"이라고 표시하기도 한다.

- 자치법규의 조문에서 규정하는 내용은 원칙적으로 서술적인 문장으로 표시한다. 그러나 자치법규의 내용을 간명하고 알기 쉽게 규정하기 위하여 산식, 표 또는 그림으로 표시할 수 있으며, 규정 내용이 기술적·전문적이거나 길고 복잡한 경우에는 부칙 다음에 별표나 별지서식을 만들어 규정할 수도 있다.

- 자치법규의 조문 수가 많은 경우 해당 자치법규를 쉽게 이해할 수 있도록 그 규정의 내용이나 성질 등에 따라 몇 개의 장(章 ; chapter)으로 나누어 규정할 수 있다.

- 법령은 조문이 30개 이상인 경우에 장별 구분을 하는 점을 고려할 때, 자치법규는 조문이 15개 이상인 경우에 장별 구분을 하는 것이 바람직하다고 본다. 다만, 조문의 숫자보다는 그 내용이나 성질에 따라 총칙·위원회·보칙 및 벌칙 등과 같이 그 표제를 붙일 필요가 있는 경우에 장별 구분을 하는 것이 더욱 긴요하다.

- 하나의 장에 속해 있는 조문의 수가 많으면 다시 절(節), 관(款), 항(項)의 순서로 그 정도에 따라 좀 더 세분할 수 있다. 그리고 조문의 수가 지나치게 많아 장의 상위 단위로 구분할 필요가 있는 경우에는 편(篇 ; volume)으로 묶을 수 있다.

- 편 또는 장·절·관·항의 구분은 본칙에서만 하고, 부칙에서는 이를 구분하지 않고 조문만 규정한다.

자치법규의 제정·개정 및 폐지의 방식

(1) 자치법규를 개정하면서 조문을 함부로 이동하는 것은 바람직하지 않다.

- 법제실무 차원에서 가장 당황스러운 경우 중에 하나는 '조문불변경(條文不變更)' 원칙과 관련된다.

- 실무자들이 자치법규를 개정하는 모습을 지켜보면, 조문을 추가하려는 경우 소위 '내리고 신설하는 방식'을 너무 선호한다는 점에 놀라지 않을 수 없다. 즉, 예를 들어 제10조와 제11조 사이에 조문 1개를 추가하려는 경우에는 어김없이 제11조를 제12조로 '내리고' 그 빈 공간에 제11조를 새롭게 '신설하는 방식'을 사용하려고 한다.

- 만일 해당 자치법규의 규정이 100개의 조문으로 되어 있다면 어떻게 할 것인가? 이 경우에도 제100조를 제101조로 이동하고, 제99조는 제100조로 이동하며, 제98조는 제99조로 이동하는 힘겨운 '내리기'를 90번이나 반복해야 할까?

- 소위 '내리고 신설하는 방식'이 갖는 문제점은 단순히 조문의 이동의 어려움에만 있는 것은 아니다. 조례와 조례, 또는 조례와 규칙 등 자치법규 상호간에 관련 규정을 인용하는 경우가 많다. 그럼에도 불구하고 특정 자치법규의 조문에 대해 '내리기'를 자주 하게 되면 인용하고 있는 조문이 불일치할 가능성이 높아진다. 이는 법규로서의 신뢰성이 떨어지는 결과를 낳게 되는 것이다.

- 따라서 자치법규를 개정하는 경우에는 '조문불변경'의 원칙이 반드시 지켜져야만 한다. 기존의 조문은 이동하지 않는 대신 새롭게 추가하려는 조문에는 가지(branch)를 달아, 가지번호(branched number) 방식의 조문을 신설하는 것이다.

- 가지번호 방식에 따라 조문을 신설하는 경우, 아래의 조례 제6조의2 및 제6조의3과 같이 가지번호 방식으로 표기하고 해당 조문의 신설과 관련한 날짜를 병기하는 방식으로 자치법규를 관리하는 것이 바람직하다. 물론, 여기서 병기하도록 한 날짜는 해당 자치법규의 시행일이 아니라 공보에 게시된 날, 즉 공포일이 된다.

○○도 도시계획 조례

제1조(목적) 이 조례는 「국토의 계획 및 이용에 관한 법률」, 같은 법 시행령, 같은 법 시행규칙 및 관계 법령에서 조례로 정하도록 한 사항과 그 시행에 관하여 필요한 사항을 규정함을 목적으로 한다.

제6조(용도지구의 신설) 법 제37조 제3항에 따라 「문화예술진흥법」에 의하여 역사문화자원의 관리·보호와 문화환경 조성을 위하여 문화지구의 지정 또는 변경을 도시관리계획으로 결정할 수 있다.

제6조의2(도시지역 내 지구단위계획구역) ① 영 제46조 제1항에 따라 "도시계획조례로 정하는 기반시설"이란 영 제2조 제1항에 따른 주차장·공공청사·문화시설·체육시설·도서관·연구시설·사회복지시설·공공직업훈련시설·청소년수련시설·종합의료시설·폐기물처리시설을 말한다.

② 영 제46조 제1항 제2호에 따른 공공시설등(공공시설 또는 학교와 제1항에 따른 기반시설을 말한다. 이하 같다)의 설치비용과 부지가액의 산정방법은 다음 각호와 같다.

1. 공공시설등의 설치비용 : 시설설치에 소요되는 재료비, 노무비, 경비 등을 고려하여 산정
2. 부지가액 : 감정평가업자 2명 이상이 평가한 평가액의 산술평균치를 기준으로 산정

③ 제2항의 산정방법 등 그 시행에 필요한 사항은 규칙으로 정한다.

제6조의3(기반시설 취약지역의 기반시설 설치 지원) ① 영 제42조의2제2항 제13호에 따른 "도시계획조례로 정하는 지역"은 다음 각 호의 지역을 말한다.

1. 개발제한구역에서 해제된 집단취락지구
2. 주거환경개선 정비구역(현지개량)
3. 주거환경관리 정비구역
4. 시장·군수가 구도심활성화를 위하여 특별히 필요하다고 인정하는 광역교통의 설치 지역
5. 시장·군수가 해당 시·군의 도시계획조례로 정한 지역
6. 그 밖에 기반시설이 취약하여 지원이 필요하다고 해당 도시계획위원회에서 인정하는 지역

② 영 제42조의2제2항 제15호에 따른 기반시설 설치내용, 기반시설 설치비용에 대한 산정방법 및 구체적인 운영기준 등은 다음 각 호의 구분에 따른다.

1. 도시관리계획의 변경에 따른 구체적 개발계획과 그에 따른 기반시설의 설치 또는 설치를 위한 비용 제공 등 내용 : 입안권자와 제안자가 사전에 협의하여 수립
2. 기반시설 설치비용 및 이에 상응하는 부지가액의 산정방법 : 제6조의 2제2항 및 제3항을 적용

③ 영 제42조의2제2항 제13호에 따른 기반시설 설치비용의 효율적 관리를 위하여 시장·군수는 특별회계나 별도의 기금을 설치할 수 있다.

- 참고로, 가지번호를 붙이는 방식에서 주의할 점은 '1'은 없다는 것이다. 즉, 앞의 사례에서 이 조례 제6조의2 및 제6조의3은 있으나, 제6조의1은 없다. 제6조의1은 제6조와 같기 때문에 두 번째부터 가지번호를 붙이는 것이 관행이다.

(2) 자치법규를 일괄적으로 개정하는 방식은 이미 정착된 것이라 이를 금지할 수는 없으나, 문제가 많기 때문에 가급적 삼가야 한다.

- 자치법규에 있어서는 '일괄개정'이라는 독특한 개정방식이 있다. 누가 그리고 언제부터 이 개정방식을 썼는지 알 수 없으나, 지방행정에 있어서는 이미 일반적인 개정방식으로 자리 잡고 있다.

- 법령은 독립된 개체로서 존재하고 개별적으로 효력을 발휘하며, 개개의 법령마다 내용과 성격이 다르기 때문에 예외적인 경우를 제외하고는 각각의 법령을 제정·개정 또는 폐지한다. 다만, 제정·개정 또는 폐지의 대상이 되는 2개 이상의 법령이 서로 밀접하게 관련되어 있는 경우에는 그 제정·개정 또는 폐지하는 법령의 부칙에서 다른 법령을 개정하거나 폐지할 수 있다.

- 그런데, 자치법규에 있어서는 하나의 자치법규를 제정하는 형식을 취하면서 복수의 자치법규를 개정하는 효과를 갖는 '일괄개정' 자치법규가 적지 않다. 자치법규의 특성상 ① 법령의 개정 등으로 자치법규에서 인용하는 법령의 조문이 실제와 부합하지 않는 경우, ② 정부의 조직개편 등으로 중앙부처 등 행정기관의 이름이 다수 변경되어 실제와 부합되지 않는 경우, ③ 그 밖에 용어의 변경, 자치법규의 제명 띄어쓰기, 『알기 쉬운 법령정비기준』에 따른 법령용어의 순화 등의 사유가 있는 경우에 일괄개정 방식을 사용하는 것 같다. 자치법규 입안과 지방의회 심의 편리성을 고려하면 바람직한 점이 없지 않으나, 개별 자치법규의 특수성을 몰각하고 일괄적으로 개정하는 것은 착한 자치입법이라고 할 수 없다.

- 좀 더 구체적으로 일괄개정 방식의 자치법규를 들여다보자.
  아래의 사례는 새로운 정부의 출범에 따라 변경된 중앙행정기관의 명칭 등을 일괄정비하기 위하여 제정된 조례로서 2013년 8월에 공포 및 시행된 것이다. 이 조례는 모두 33개의 조문으로 되어 있는데, 각각의 조문이 한 개의 조례를 개정하는 것으로 되어 있다. 따라서 하나의 조례를 제정함으로써 33개의 조례를 개정하는 효과를 보이고 있다.

○○도 조례 중 중앙행정기관 명칭 등 일괄정비 조례

제1조(「○○도 주민감사청구 조례」의 개정) ○○도 주민감사청구 조례 일부를 다음과 같이 개정한다.
제2조 제1항 중 "행정안전부장관"을 "안전행정부장관"으로 한다.

제2조(「○○도 의안의 비용 추계에 관한 조례」의 개정) ○○도 의안의 비용 추계에 관한 조례 일부를 다음과 같이 개정한다.
제4조 제7항 중 "행정안전부"를 "안전행정부"로 한다.

제3조(「○○도 개인정보 보호 조례」의 개정) ○○도 개인정보 보호 조례 일부를 다음과 같이 개정한다.
제5조 제1항 중 "행정안전부장관"을 "안전행정부장관"으로, "한다."를 "하고,"로 하고, 같은 조 제3항 중 "행정안전부장관"을 "안전행정부장관"으로 한다.
제4조(「○○도 정보화 조례」의 개정) ○○도 정보화 조례 일부를 다음과 같이 개정한다.
제4조 제4항 중 "행정안전부장관"을 "미래창조과학부장관"으로 한다.
제5조 제2항 중 "국가정보화전략위원회에"를 "미래창조과학부장관에게"로 한다.
제6조 제2항 중 "위원장은"을 "위원장"으로 한다.
제11조 제1항 중 "행정안전부장관"을 "안전행정부장관"으로 한다.
제18조 중 "행정안전부장관"을 "미래창조과학부장관"으로 한다.

- 각 조문에서는 해당 조례의 개정에 대한 주문을 먼저 쓰고, 다음 줄에서부터 개정문을 적시하는 방식을 취하고 있다. 실상에 있어서는 33개의 개정조례를 하나의 조례로 묶은 것이다.

- 33개의 조례 개정안을 만드는 것이 귀찮아서 그런지, 아니면 안건 인쇄에 소요되는 비용을 절감하기 위한 발상인지는 알 수 없으나 지나치게 편리성만을 추구한 나머지 법적 안정성을 해하고 절차를 소홀히 한 면이 있음을 지적하지 않을 수 없다. 33개의 조례안은 모두 저마다의 상임위원회가 있는데, 위 '일괄개정 조례안'은 다른 상임위원회의 의견을 무시하고 하나의 위원회가 대표해서 심의한다.

- 내용과 효력의 측면에서도 문제가 있다. 해당 일괄개정 조례가 공포 및 시행되면 그 효력으로써 다른 조례를 개정하는 효과가 발생하는 것인데, 그렇다면 조례를 직접 개정하지 않고서 조례 제정으로 모든 조례를 개정 또는 폐지할 수 있다는 위험한 발상을 초래할 우려가 있다. 결코 바람직한 개정방식이라 할 수 없다.

- 우리나라 법령 및 자치법규 제·개정에 관한 일반원칙인 '흡수개정방식'에도 어긋난다. 즉, 이렇게 만들어진 일괄개정 조례는 공포 및 시행과 동시에 다른 조례를 개정하는 효력을 발생시키면서 그 규정이 종전의 규정에 흡수되어 없어지지 않고 그 개정 조문들을 담고서 영원히 잔존하게 된다.

- 그리고 일괄개정 조례를 다시 개정할 수 있는지도 문제다.
  기왕에 정착되어 있는 상황이기 때문에 전면 금지하는 것은 어렵더라도 가급적 일괄개정 방식을 삼가고, 자치법규 개정의 일반원칙에 맞게 개별 자치법규를 개정하는 것이 합당하다고 생각한다.

(3) 흡수 개정방식 vs. 증보 개정방식

- 자치법규를 개정하는 방식에는 그 개정대상의 범위에 따라 자치법규의 일부만을 개정하는 일부개정방식과 전부를 개정하는 전부개정방식이 있다. 그리고 일부개정 방식에는 개정의 대상이 되는 기존 법규와 새로운 개정 법규의 관계를 중심으로 개정된 내용이 기존 법규의 내용에 흡수되는 흡수개정방식과 개정된 법규가 독립적으로 존재하는 증보개정방식으로 구분된다.

- 흡수개정방식은 기존 법규의 일부를 추가·수정·삭제하는 내용의 개정된 법규가 공포 및 시행되자마자 그 개정내용이 기존 법규의 내용에 흡수되는 것을 말한다.
  예를 들어, 특정 조문을 개정하는 경우 그 개정 내용이 기존의 법규에 적용되어 기존의 법규를 삭제·변경하거나 기존의 법규에 내용을 신설하는 효과를 갖게 된다. 이와 같은 흡수개정방식을 가제(加除)의 방식이라고도 한다.

- 흡수개정방식에서 현행 자치법규는 제정 당시부터 현재까지 해당 자치법규의 제정 및 개정된 사항이 화학적으로 반응을 일으켜 조화로운 기능을 발휘하고 있기 때문에 해당 규정의 연혁(沿革 ; history)을 주의 깊게 살펴볼 필요가 있다.

- 아래 '수수료 징수 조례'의 제3조와 같이 흡수개정방식을 채택하고 있는 경우에는 각각의 조문뿐만 아니라 세부적인 규정마다 그 연혁을 기재하여 관리하는 것이 좋다.
  이처럼 연혁 관리가 확실하면, 해당 자치법규집만 보더라도 시점마다 적용해야 할 법규를 가늠할 수 있기 때문에 더욱 중요하다.

- 예를 들어, 이 조례 제3조 제2항에 따라 2통 이상을 발급하는 경우의 수수료 징수방법이 1통마다 1건 및 1명마다 1건을 기준으로 하게 된 것은 2012년 4월의 개정에 따른 것이며, 그 이전에 발급한 각종 증명 등에 대한 수수료 부과기준을 알아보기 위해서는 종전의 연혁 법규를 다시 찾아보고 확인해야만 한다.

○○도 각종 증명 등 수수료 징수 조례

제3조(수수료의 징수) ① 증명등의 수수료는 별표 1과 같다. [신설 2012.4.4.]
② 같은 종류의 증명등을 2통 이상 발급(수리·등록을 포함한다. 이하 같다)할 경우에는 1통마다 1건으로 하여 수수료를 징수하고, 여러 사람을 나란히 적어 증명등을 발급할 경우에는 1명마다 1건으로 하여 수수료를 징수한다. [신설 2012.4.4.]

> ③ 1통에 여러 건의 증명등을 동시에 발급할 경우에는 1건마다 수수료를 계산하여 합한 금액을 징수한다. [신설 2012.4.4.]
> ④ 수수료는 도의 수입증지로 징수한다. 다만, 납부의 편의를 위하여 「여신전문금융업법」 제2조 제3항에 따른 신용카드 등으로 징수할 수 있으며, 부득이한 사유가 있는 경우에는 현금으로 징수할 수 있다. 〈개정 2011.6.2., 2012.4.4.〉
> ⑤ 증명등의 사무를 시장·군수가 위임받아 처리할 때에는 해당 시·군의 수입증지로 징수한다. 다만, 납부의 편의를 위하여 신용카드 등으로 징수할 수 있으며, 부득이한 사유가 있는 경우에는 현금으로 징수할 수 있다. [단서개정 2012.4.4.]
> ⑥ 제4항 및 제5항에도 불구하고 「전자정부법」 제7조에 따라 전자적으로 민원처리를 하는 경우에는 정보통신망을 이용하여 전자화폐·전자결제 등의 방법으로 수수료를 징수할 수 있다. [신설 2012.4.4.]

- 한편, 증보개정방식은 미국 등 영미법계에서 주로 채택하고 있는 일부개정방식으로 기존 법규의 일부를 추가·수정·삭제하는 개정된 법규가 성립 및 시행된 후에도 기존의 법규에 흡수되지 않고 형식상 독립적으로 별개의 법규로 존재한다. 다만, 기존의 법규를 내용적으로 수정하는 효과가 있을 뿐이다.

- 우리나라는 자치법규의 개정방식도 법령의 경우와 마찬가지로 원칙적으로 흡수개정방식을 채택하고 있다.

- 다만, 부칙의 경우에는 해당 부칙의 규정이 사라지거나 흡수되어 없어지는 것이 아니라 계속 잔존하면서 그 부칙 규정이 제정되던 당시의 법규 개정 내용에 효력을 미치는 것으로서 증보개정방식에 따르고 있음을 알 수 있다.

- 따라서 자치법규의 본칙은 현재의 규정만 개정할 수 있는데 반해, 부칙의 경우 종전의 부칙까지 소급해서 개정할 수 있는 것이다.

(4) 일부개정 vs. 전부개정

- 자치법규를 조금씩 개정하는 것보다는 깔끔하게 새로 쓰듯이 전체를 개정하는 것을 선호하는 경우가 많다. 하지만, 전부개정과 같이 전면적인 변화를 초래하는 경우에는 해당 조례와 관련이 있는 주민이나 이해관계인을 불안하게 하고, 행정상의 혼선 등이 우려되기 때문에 좀 더 신중한 선택이 요구된다.

- 일반적으로 자치법규를 개정할 때 일부개정방식을 택할 것인지 또는 전부개정방식을 택할 것인지는 주로 개정의 대상이 되는 부분의 양과 해당 법규의 정비 필요성 등에 따라 결정되는 것이 보통이다. 일반적으로 ① 기존 조문의 3분의 2 이상을 개정하는 경우, ② 제정 또는 전부개정 된 후 장기간이 지나 법규의 문장이나 그 용어와 규제의 방식 등이 전체적으로 보아 현실과 맞지 않는 경우, ③ 해당 자치법규의 핵심이 되는 부분을 근본적으로 개정함과 아울러 상당한 부분에 걸쳐 이와 관련된 사항을 정비할 필요가 있는 경우 등에는 전부개정의 방식을 따른다.

- 전부개정과 일부개정의 방식 및 절차 등에 대해서는 이 책의 부록 중 '자치입법의 절차와 방법' 부분을 참고하기 바란다.

- 한편, 자치법규를 전부개정하는 경우에는 폐지·제정의 방식과 마찬가지로 특별한 규정이 없는 한 종전의 부칙 규정까지 모두 실효되는 것으로 보기 때문에 전부개정의 방식으로 개정하는 경우에는 종전의 부칙을 모두 검토해서 필요한 경우에는 해당 자치법규의 부칙에 다시 규정하는 조치를 해야 한다.

- 이와 관련해서 대법원은 법률의 전부개정으로 종전의 법률의 부칙은 원칙적으로 효력을 상실하지만, 특별한 사정이 있는 경우에는 효력을 상실하지 않는 것으로 보는데 반해, 헌법재판소는 해당 법률이 전부개정 되었음에도 특별한 사정이 있어 부칙이 실효되지 않은 것으로 해석하는 것은 헌법상의 권력분립원칙과 조세법률주의 원칙에 위배되어 헌법에 위반된다고 판단하였다.

법인세등 부과처분 취소 : 대법원 2008.11.27, 선고, 2006두19419 판결

개정 법률이 전부개정인 경우에는 기존 법률을 폐지하고 새로운 법률을 제정하는 것과 마찬가지여서 종전의 본칙은 물론, 부칙 규정도 모두 소멸하는 것으로 보아야 하므로 종전의 법률 부칙의 경과규정도 실효된다고 보는 것이 원칙이지만, 특별한 사정이 있는 경우에는 그 효력이 상실되지 않는다고 보아야 한다. 여기에서 말하는 '특별한 사정'은 전부개정된 법률에서 종전의 법률 부칙의 경과규정에 관하여 계속 적용한다는 별도의 규정을 둔 경우뿐만 아니라, 그러한 규정을 두지 않았다고 하더라도 종전의 경과규정이 실효되지 않고 계속 적용된다고 보아야 할 만한 예외적인 사정이 있는 경우도 포함한다. 이 경우 예외적인 '특별한 사정'이 있는지 여부를 판단함에 있어서는 종전 경과규정의 입법 경위 및 취지, 전부개정된 법령의 입법 취지 및 전반적 체계, 종전의 경과규정이 실효된다고 볼 경우 법률상 공백상태가 발생하는지 여부, 기타 제반 사정 등을 종합적으로 고려하여 개별적·구체적으로 판단하여야 한다.

구 조세감면규제법 부칙 제23조 위헌소원 : 헌법재판소 2012.5.31.선고, 2009헌바123 판결

형벌조항이나 조세법의 해석에 있어서는 헌법상의 죄형법정주의, 조세법률주의의 원칙상 엄격하게 법문을 해석하여야 하고 합리적인 이유 없이 확장해석하거나 유추해석할 수는 없는바, '유효한' 법률조항의 불명확한 의미를 논리적·체계적 해석을 통해 합리적으로 보충하는 데에서 더 나아가, 해석을 통하여 전혀 새로운 법률상의 근거를 만들어 내거나, 기존에는 존재하였으나 실효되어 더 이상 존재한다고 볼 수 없는 법률조항을 여전히 '유효한' 것으로 해석한다면, 이는 법률해석의 한계를 벗어나 '법률의 부존재'로 말미암아 형벌의 부과나 과세의 근거가 될 수 없는 것을 법률해석을 통하여 창설해 내는 일종의 '입법행위'로서 헌법상의 권력분립원칙, 죄형법정주의, 조세법률주의의 원칙에 반한다.

이 사건 부칙조항은 과세근거조항이자 주식상장기한을 대통령령에 위임하는 근거조항이므로 이 사건 전부개정법의 시행에도 불구하고 존속하려면 반드시 위 전부개정법에 그 적용이나 시행의 유예에 관한 명문의 근거가 있었어야 할 것이나, 입법자의 실수 기타의 이유로 이 사건 부칙조항이 전부개정법에 반영되지 못한 이상, 위 전부개정법 시행 이후에는 전부개정법률의 일반적 효력에 의하여 더 이상 유효하지 않게 된 것으로 보아야 한다. 비록 이 사건 전부개정법이 시행된 1994. 1. 1. 이후 제정된 조세감면규제법(조세특례제한법) 시행령들에서 이 사건 부칙조항을 위임근거로 명시한 후 주식상장기한을 연장해 왔고, 조세특례제한법 중 개정법률(2002. 12. 11. 법률 제6762호로 개정된 것)에서 이 사건 부칙조항의 문구를 변경하는 입법을 한 사실이 있으나, 이는 이미 실효된 이 사건 부칙조항을 위임의 근거 또는 변경대상으로 한 것으로서 아무런 의미가 없을 뿐만 아니라, 이 사건 부칙조항과 같은 내용의 과세근거조항을 재입법한 것으로 볼 수도 없다. … (중략) …

따라서, 이 사건 전부개정법의 시행에도 불구하고 이 사건 부칙조항이 실효되지 않은 것으로 해석하는 것은 헌법상의 권력분립원칙과 조세법률주의의 원칙에 위배되어 헌법에 위반된다.

자치법규와 행정규칙

- 조례나 규칙에서 "~에 대하여는 시장이 따로 정한다."는 문구와 관련해서 따로 정한다는 것이 무슨 의미인지 궁금하다는 질문을 받는 경우가 많다. 해당 지방자치단체의 장에게 포괄적인 업무처리와 절차·기준 등에 관한 규율을 할 수 있는 재량권을 부여한 것이라고 설명해도 고개를 갸웃하는 경우가 있는데, 직설적으로 훈령·예규 등 행정규칙을 정하라는 뜻이라고 하면 대부분 수긍이 간다는 표시를 한다.

- 아래의 조례 제8조는 경관사업추진협의체의 구성 및 운영에 관한 주요 내용을 조례에서 규정하되, 나머지 세부적인 사항은 굳이 자치법규에서 규정할 필요가 없기 때문에 해당 협의체의 구성 및 운영에 관한 권한을 가진 도지사에게 관련 규정을 만들라는 뜻으로 이해할 수 있다.

○○도 경관 조례

제8조(경관사업추진협의체의 구성 및 운영) ① 법 제14조 제3항에 따라 경관사업추진협의체의 구성은 경관사업을 시행하고자 하는 대상지역의 주민 및 지방자치단체의원, 시민단체, 도시 및 경관관련 전문가 등으로 위원장 1명을 포함하여 10명 이상 20명 이내의 위원으로 구성한다.

② 경관사업추진협의체 위원장 및 부위원장은 협의체위원 중에서 서로 뽑는다.

③ 위원장은 경관사업추진협의체 업무를 총괄하며, 위원장이 부득이한 사정으로 그 직무를 수행하지 못하는 때에는 부위원장이 그 직무를 대행한다.

④ 위원장 및 부위원장이 모두 부득이한 사정으로 그 직무를 수행하지 못하는 때에는 위원장이 사전에 지명한 위원이 그 직무를 대행한다.

⑤ 경관사업추진협의체 업무 및 그 밖의 사항에 대하여는 도지사가 따로 정한다.

- 행정규칙이란 상급 행정기관이 하급 행정기관에 대하여 그 조직이나 업무처리와 관련한 기준·절차 및 방식 등을 발령의 형식으로 제정한 규정이라고 할 수 있다. 여기서 상급 행정기관이란 상급자를 말하고 하급 행정기관이란 하급자를 말한다고 생각해도 좋다. 즉, 지방자치단체의 장이 그 보조기관 등 하급 행정기관이 해당 사무를 처리할 수 있는 가이드라인을 정하는 것이라고 할 수 있다.

- 그렇다면 어떤 경우에 조례나 규칙 등 자치법규에서 직접 규정하고, 어떤 경우에는 행정규칙으로 정하도록 위임하는 것일까?

- 먼저, 조례와 규칙의 규율범위는 분명하다. 뒤에서 설명하겠지만, 조례는 지방자치단체의 사무에 관하여, 규칙은 지방자치단체의 장의 권한에 속하는 사무에 관하여 규율하는 것이 원칙이다. 행정규칙의 규율대상도 규칙과 마찬가지로 지방자치단체의 장의 권한에 속하는 사무가 대상인 것은 분명하다. 다만, 그 사무 자체를 규율하는 것이 아니고, 사무에 대한 업무처리와 관련한 기준·절차 및 방식 등을 규율한다고 할 것이다. 즉, 규칙의 규율범위 중에서도 사무 처리에 관한 기준 등 좀 더 세부적인 사항을 정하는 것으로 볼 수 있다.

- 앞의 조례에서 경관사업추진협의체의 구성 및 운영에 관한 사항을 규칙으로 정하게 할 수도 있으나, 그 규율범위가 하급 행정기관에 대한 업무처리의 지시 수준에 불과하여 지나치게 세부적인 사항에 해당하기 때문에 행정규칙으로 정하게 한 것으로 이해할 수 있다.

- 통상적으로 행정규칙은 자치법규에 포함되지 않지만, 넓은 의미에서 그 범위에 포함시키는 경우가 있기 때문에 주의해야 한다. 예를 들어 훈령과 같은 행정규칙은 조례규칙심의회의 심의

대상으로 하고, 그 발령도 자치법규의 공포에 준하여 공보에 게재하는 방식을 채택하는 사례가 있는데, 이 경우에는 훈령은 비록 행정규칙이지만 자치법규의 범위에 포함해서 관리하는 것으로 이해하여야 한다.

- 중앙행정기관의 행정규칙과 관련해서는 법규성의 문제에 대해 학설과 판례 등에 있어서 그동안 많은 논쟁이 있어 왔는데, 2021. 3. 23. 제정된 행정기본법 제2조 제1호 가목의 3)에서 "법령 등의 위임을 받아 중앙행정기관의 장이 정한 훈령·예규 및 고시 등 행정규칙"을 "법령"에 포함하여 규정하였다. 이는 소위 법령보충적 행정규칙을 명시적으로 규정한 것이다.

- 행정규칙의 법규성에 관하여는 **행정법 규범체계의 정립**과 관련된 중요한 문제이기 때문에 최고의 관심사항이 아닐 수 없다. 이와 관련된 사항은 개별 행정작용에 대한 **사법적(司法的) 판단**과 관련하여 항상 제기되는 문제이기 때문에 계속 관심을 가질 필요가 있다고 하겠다.

행정기본법

제2조(정의) 이 법에서 사용하는 용어의 뜻은 다음과 같다.
1. "법령등"이란 다음 각 목의 것을 말한다.
가. 법령 : 다음의 어느 하나에 해당하는 것
1) 법률 및 대통령령·총리령·부령
2) 국회규칙·대법원규칙·헌법재판소규칙·중앙선거관리위원회규칙 및 감사원규칙
3) 1) 또는 2)의 위임을 받아 중앙행정기관(「정부조직법」 및 그 밖의 법률에 따라 설치된 중앙행정기관을 말한다. 이하 같다)의 장이 정한 훈령·예규 및 고시 등 행정규칙
나. 자치법규 : 지방자치단체의 조례 및 규칙

- 반면에 자치입법에 있어서 행정규칙은 매우 조용한 분위기이다. 중앙행정기관의 행정규칙은 법률이나 시행령 또는 시행규칙을 근거로 발령되지만, 지방자치단체의 경우에는 법령에서 위임하는 경우는 많지 않고 조례 또는 규칙에 근거해서 발의하는 것이 대부분이기 때문에 법규성 관련 논쟁이 거의 없다고 할 수 있다. 그래서 지방자치단체의 행정규칙에 관한 쟁점도 많지 않다.

- 지방자치단체의 행정규칙에는 훈령과 예규, 지시와 일일명령, 고시 및 공고 등이 있다. 대통령령인「행정 효율과 협업 촉진에 관한 규정」제4조에서 '공문서'에 관하여 규정하고 있다.

행정 효율과 협업 촉진에 관한 규정

제2조(적용범위) 중앙행정기관(대통령 직속기관과 국무총리 직속기관을 포함한다. 이하 같다)과 그 소속기관, 지방자치단체의 기관과 군(軍)의 기관(이하 "행정기관"이라 한다)의 행정업무 운영에 관하여 다른 법령에 특별한 규정이 있는 경우를 제외하고는 이 영에서 정하는 바에 따른다.

제4조(공문서의 종류) 공문서(이하 "문서"라 한다)의 종류는 다음 각 호의 구분에 따른다.

1. 법규문서 : 헌법·법률·대통령령·총리령·부령·조례·규칙(이하 "법령"이라 한다) 등에 관한 문서
2. 지시문서 : 훈령·지시·예규·일일명령 등 행정기관이 그 하급기관이나 소속 공무원에 대하여 일정한 사항을 지시하는 문서
3. 공고문서 : 고시·공고 등 행정기관이 일정한 사항을 일반에게 알리는 문서
4. 비치문서 : 행정기관이 일정한 사항을 기록하여 행정기관 내부에 비치하면서 업무에 활용하는 대장, 카드 등의 문서
5. 민원문서 : 민원인이 행정기관에 허가, 인가, 그 밖의 처분 등 특정한 행위를 요구하는 문서와 그에 대한 처리문서
6. 일반문서 : 제1호부터 제5호까지의 문서에 속하지 아니하는 모든 문서

제6조(문서의 성립 및 효력 발생) ① 문서는 결재권자가 해당 문서에 서명(전자이미지서명, 전자문자서명 및 행정전자서명을 포함한다. 이하 같다)의 방식으로 결재함으로써 성립한다.

② 문서는 수신자에게 도달(전자문서의 경우는 수신자가 관리하거나 지정한 전자적 시스템 등에 입력되는 것을 말한다)됨으로써 효력을 발생한다.

③ 제2항에도 불구하고 공고문서는 그 문서에서 효력발생 시기를 구체적으로 밝히고 있지 않으면 그 고시 또는 공고 등이 있은 날부터 5일이 경과한 때에 효력이 발생한다.

- 훈령은 상급 행정기관이 하급 행정기관에 대하여 장기간에 걸쳐 그 권한의 행사를 일반적으로 지시하기 위하여 발하는 명령이다. 행정실무에서는 이를 「규정」으로 표기한다. 훈령은 행정기관을 구성하는 개인의 변동에 관계없이 효력을 갖는데 반해, 상관의 부하 공무원에 대한 명령에 해당하는 직무명령은 해당 상관이 교체되면 원칙적으로 효력을 상실한다는 점에 차이가 있다. 또한, 훈령은 반복적인 행정사무의 처리 기준을 제시하는 문서인 예규와 구별된다. 예규는 행정실무에서 「지침」으로 표기한다.

- 일반적으로 훈령을 위반한 행위는 하급 행정기관에 해당하는 공무원의 직무상 의무위반으로 징계사유에 그치며, 훈령에 위반하여도 위법의 문제가 생기지는 않는 것이 원칙이다. 훈령을 포함한 행정규칙은 자치법규와 달리 발령의 방식으로 제정 또는 개정된다. 발령의 구체적인 내용은 지방자치단체마다 차이가 있으나, 일반적으로 기안 → 심사 → 결재(확정)의 절차를 거쳐 발령하며, 훈령의 발령은 통상적으로 공보에의 게재에 의한다. 예규의 경우 발령의 형식이

발령한 날 또는 특정 일자를 기재하는 것과 차이가 있다. 훈령의 제정 또는 개정을 조례규칙심의위원회에 상정하는 지방자치단체가 있기는 하지만, 그렇지 않는 경우도 상당히 많다.

- 예규는 원래 법규문서 외의 문서라는 뜻으로, 상급 행정기관이 하급 행정기관에 대하여 행정사무의 통일을 기하기 위하여 반복적 행정사무의 처리에 관한 기준을 제시하기 위하여 발하는 명령이다. 예규는 행정사무의 처리 기준을 정한다는 점에서 권한의 행사를 지휘하기 위하여 발하는 훈령과 차이가 있다.

- 지시는 상급 행정기관이 직권 또는 하급 행정기관의 문의에 따라 개별적·구체적으로 발하는 명령으로서 시행문 형식으로 작성하는 것이고, 일일명령이란 당직·출장·시간외근무·휴가 등의 일일업무에 관한 명령으로서 시행문형식 또는 회보형식으로 작성한다.

- 고시와 공고는 '공고문서'의 법정형식으로서 행정기관이 일정한 사항을 일반 주민에게 알리는 행위를 말한다. 고시와 공고는 훈령과 달라 원칙적으로 규정 방식으로 규율하지 않으며 그 소속 공무원이나 주민에게 명령하거나 구속하는 것은 아니다. 다만, 법령 또는 자치법규가 직접 정할 사항을 고시의 방식으로 정하도록 하는 경우에는 예외적으로 규정의 방식으로 규율하며 소속 공무원이나 주민을 구속하는 효력이 있다.
  고시는 일정한 사항을 알리고 별도의 개정 또는 폐지의 절차를 밟지 않으면 계속 효력을 갖지만, 공고는 일정한 사항을 일시적 또는 순간적으로 일반에게 알리는 경우에 사용한다.

법제관이
풀어주는
자치입법 해설

사무의 구분과 자치법규

CHAPTER 2 사무의 구분과 자치법규

- 자치입법의 출발점에서 가장 중요한 것은 그 대상이 되는 사무의 성격에 맞는 자치법규 형식을 선택하는 것이다. 조례는 지방자치단체의 사무를 대상으로 하고, 규칙은 지방자치단체의 장의 사무를 대상으로 한다.
- 지방자치단체는 독자적으로 처리하는 자치사무 외에 국가로부터 위임받아 처리하는 기관위임사무, 그리고 국가가 법률로 지방자치단체에 사무처리를 맡기는 단체위임사무를 수행한다.
- 지방자치단체의 사무는 주민들의 지근거리에서 주민복리에 관한 사무를 처리한다는 원칙에 따라 기초 자치단체에 우선 배분함을 원칙으로 한다. 지방자치단체의 재정적·인적 구성을 위한 존립사무는 광역과 기초 자치단체에 공통적으로 적용한다.
- 단체위임사무는 법률의 규정에 따라 지방자치단체에 위임하되, 반드시 부과권·징수권 등과 같이 구체적인 권한일 필요는 없고 특정한 사무수행을 맡기는 내용이면 충분하다.
- 기관위임사무는 자칫 지방자치단체의 국가기관화 및 지방에 대한 국가의 관여가 우려되는 만큼, 기관위임사무를 폐지하고 자치사무로 전환하거나 법정수탁사무로 전환하자는 의견이 있으나, 현실적으로 국가의 일선행정기관으로서의 역할을 당장 폐지하기는 어렵다.
- 자치사무, 단체위임사무 및 기관위임사무 등 사무의 구분이 어려운 것은 법령에서의 표현과 실제 의미가 일치하지 않기 때문이다.
- 실제 법령에서는 사무의 구분이 애매하게 표현되어 있기 때문에, 그 표현에 구애됨이 없이 전국적으로 통일적인 사무처리가 요구되는 사무인지 여부 등을 고려하여 사무를 구별해야 한다.

좋은 자치법규의 첫걸음 : 적합한 법규형식의 선택

- 중앙이나 지방이나 공무원들은 업무를 하는 데 있어서 법령이 되었든 자치법규가 되었든 간에 규정의 필요성을 절실히 느끼는 때가 많다.
- 그래서 그런지 전국 각지에서 이런저런 내용의 조례 또는 규칙 제정안의 입안을 문의하는 경우가 늘고 있다. 그런데, 그 중에서 상당수는 입안 내용이나 법리적인 문제가 아니라 해당 정책을 담는 그릇부터가 잘못 선택된 것임을 알 수 있다.
- 제2강은 이처럼 정책을 담는 '그릇'의 선정부터 시작하고자 한다.
- 조례가 되었든 규칙이 되었든 또는 훈령·예규 등 행정규칙이 되었든지 그 형식이 중요한 것이 아니라 알맹이에 해당하는 정책이나 내용이 중요한 것이 아니냐고 반박할 수도 있다. 하지만, 아무리 좋은 정책이나 내용을 담고 있더라도 그 내용을 담는 그릇을 잘못 고르게 되면 고생이 이만저만이 아니다. 첫 단추를 잘못 꿴 것과 다르지 않다.
- 막상 마음을 다잡고 자치법규 입안을 시작했지만, 입안 과정에서 이곳저곳으로부터 질타를 받게 되는 것은 그만두고 자치입법 진행 자체가 더뎌지며, 잘못하면 처음부터 다시 절차를 밟아야 하는 고난을 겪게 된다.
- 그래서 요즘에는 자치법규 강의를 하거나 자치법규에 관심 있는 분들을 만나면 자치법규를 잘 입안하기 위해서는 그 정책이나 내용도 중요하지만 우선 그 법규 형식을 잘 골라야 한다고 누누이 역설하고 다닌다.

'공무원 로스쿨' 조례 vs. '공무원 로스쿨' 규칙?

- 어느 기초 자치단체의 시장이 소속 공무원에 대한 법제 지식 함양이 중요하다고 인식하고 소속 공무원들을 대상으로 '로스쿨' 제도를 운영하겠다는 의지를 표명했다고 했을 때 조례의 형식으로 추진하는 것이 적합할까, 아니면 규칙 또는 행정규칙의 형식으로 입안하는 것이 바람직할까?

- 무엇보다, '공무원 로스쿨'이 어떤 제도인지 살펴볼 필요가 있는데, 지방공무원들의 법제 전문성을 높이기 위해서 소속 지방공무원을 대상으로 법제교육을 하겠다는 것으로, 일반적으로 로스쿨이라고 알려진 법학전문대학원과는 전혀 다르다. 공무원 로스쿨 제도를 도입하는 경우 로스쿨의 명칭을 사용하더라도 「법학전문대학원 설치·운영에 관한 법률」 제45조에 따라 3년 이하의 징역 또는 3천만원 이하의 벌금에 처해질 것인지 여부는 불분명하지만, 실제로 상당수 기초 자치단체에서 이처럼 소속 지방공무원의 법제 역량 강화 차원에서 '공무원 로스쿨' 제도를 운영하고 있다.

- 결국, 공무원 로스쿨 제도는 지방공무원에 대한 직무교육으로 볼 수 있을 것이다. 따라서 이와 같은 '○○시 공무원 로스쿨' 제도를 운영하면서 관련 규정을 만든다면 조례보다는 규칙의 법규형식이 적합하다.

- 또한 청렴을 강조하는 지방자치단체가 소속 공무원에게 청렴한 공직생활을 강조하기 위한 방침이나 관련 정책을 정하는 규정을 마련하는 경우 해당 법규는 조례보다는 규칙이 적합하다.

- 이처럼 정책이나 내용을 법규화하기 위해서 그 그릇을 선택하는 경우 어떤 것은 조례가 적합하고, 어떤 것은 규칙 또는 행정규칙이 적합할 수 있는데, 그 판정기준은 무엇일까?

- 가장 중요한 판정기준은 조례 또는 규칙 등 자치법규의 제정 대상이 되는 사무의 성격에 따른 구별이라고 할 것이다.

- 정책의 내용이 중요하거나 지방자치단체의 장이나 지방의회가 비중을 두고 있는 사안이라고 해서 조례로 정하는 것은 아니다. 무엇보다 법규화를 하려는 대상 사무가 어떤 성격을 갖고 있는지가 중요한 것이다.

- 간단히 이야기하면, 조례에는 조례라는 그릇에 담길 자격이 있는 사무만을 대상으로 하고, 규칙은 규칙이라는 그릇에 담길 자격이 있는 사무만을 그 대상으로 한다.

- 「지방자치법」 제28조 제1항 본문은 "지방자치단체는 법령의 범위에서 그 사무에 관하여 조례를 제정할 수 있다"고 되어 있다. 그리고 제29조에 따르면 지방자치단체의 장은 법령 또는 조례의 범위에서 그 권한에 속하는 사무에 관하여 규칙을 제정할 수 있다.

지방자치법

제28조(조례) ① 지방자치단체는 법령의 범위에서 그 사무에 관하여 조례를 제정할 수 있다. 다만, 주민의 권리 제한 또는 의무 부과에 관한 사항이나 벌칙을 정할 때에는 법률의 위임이 있어야 한다.
② 법령에서 조례로 정하도록 위임한 사항은 그 법령의 하위 법령에서 그 위임의 내용과 범위를 제한하거나 직접 규정할 수 없다.

제29조(규칙) 지방자치단체의 장은 법령 또는 조례의 범위에서 그 권한에 속하는 사무에 관하여 규칙을 제정할 수 있다.

- 조례는 지방자치단체가 '그 사무에 관하여' 제정하는 것으로서 여기서 그 사무란 지방자치단체의 사무를 말한다. 반면에, 규칙은 지방자치단체의 장이 '그 권한에 속하는 사무에 관하여' 제정하는 것으로서 지방자치단체의 장의 권한에 속하는 사무만을 대상으로 한다.

- 이 기준에서 볼 때, '공무원 로스쿨' 사례와 같이 소속 지방공무원에 대한 법제역량 강화를 위한 전문교육이나 소속 지방공무원에 대한 감사 사무는 본질에 있어서 지방자치단체의 사무로 볼 수 없고, 지방자치단체의 장의 권한에 속하는 사무라고 보아야 한다.

- 따라서 지방자치단체가 소속 지방공무원에 대한 교육훈련과 복무 등에 관한 사항을 규정화하는 경우 그 사무가 해당 지방자치단체의 장의 권한에 속하는 사무에 해당하기 때문에 조례가 아닌 규칙으로 정하는 것이 합당하다는 것이다.

- 실제로 대부분의 지방자치단체가 소속 지방공무원의 교육훈련 및 감사 관련 사무에 대한 규정은 조례가 아닌 규칙으로 정하고 있다.

- 그런데, 예외적인 경우도 있다. 예를 들어, 일부 광역 자치단체의 경우 '지방공무원 교육훈련 조례'를 제정해서 지방공무원 교육훈련을 운영하고 있다. 그 내용을 보면, 지방공무원 능력발전을 위한 위탁교육훈련을 받게 하면서 그 비용의 지급과 반납, 의무위반에 대한 조치 등을 포함하고 있어 조례로 규정한 것으로 보인다.

○○남도 공무원 교육훈련 조례

제1조(목적) 이 조례는 「지방공무원 교육훈련법」(이하 "법"이라 한다) 제19조 및 같은 법 시행령 제35조, 「소방공무원법」 제20조에 따라 ○○남도 소속 공무원의 위탁교육훈련에 필요한 사항을 정함을 목적으로 한다.

제2조(정의) 이 조례에서 사용하는 용어의 뜻은 다음 각 호와 같다.

1. "국내 위탁교육훈련"이란 ○○남도지사(이하"도지사"라 한다)가 ○○남도 공무원(이하 "공무원"이라 한다)을 중앙행정기관 또는 다른 지방자치단체 공무원 교육훈련기관이나 국내의 교육 또는 연수기관에 위탁하여 교육훈련을 받게 함을 말한다.
2. "국외 위탁교육훈련"이란 도지사가 공무원을 국외의 교육훈련기관에 파견하거나 위탁하여 일정한 기간 교육훈련을 받게 함을 말한다.

제6조(위탁교육비 지급 정지 및 반납) ① 도지사는 제5조에 따른 위탁교육훈련 경비를 지급받은 공무원이 다음 각 호의 어느 하나에 해당하는 때에는 그 지급을 일정기간 정지하거나 이미 지급된 경비의 전부 또는 일부를 반납하여야 한다.

1. 정학, 휴학, 퇴학, 또는 제적처분을 받은 때
2. 재학 중 비리 등으로 징계처분을 받은 때

② 도지사는 위탁교육비 지급 정지 및 반납에 필요한 기준 및 방법 등에 관한 사항은 규칙으로 정한다.

제7조(의무위반 등에 대한 조치) ① 도지사는 위탁교육훈련 중이거나 이수한 공무원이 법 시행령 제35조의 의무위반 등에 해당하는 자는 이미 지급한 경비의 전부 또는 일부를 반납하여야 한다.

② 제1항의 위탁교육비 환수는 법 시행령 제35조 별표 2의 반납액 산정 기준에 따라 지방세 징수 절차에 따른다.

- 위 조례는 제명과 내용이 상이한 경우로서 제명을 '위탁교육'에 관한 사항을 포함하는 것으로 바꾸어 제명과 내용이 어느 정도 일치되도록 할 필요가 있어 보인다.

자치입법에서 사무의 의미

- 지방자치단체는 고유사무를 독자적으로 처리한다. 즉, 원칙적으로 국가의 존립에 관한 사무를 제외하고는 주민들의 바로 곁에 설치된 지방자치단체가 제반 행정사무를 담당하는 것이 주민들에게 이익이 되고 민주적 원리에도 부합되며 행정능률도 높일 수 있다.

- 헌법 제117조 제1항도 "지방자치단체는 주민의 복리에 관한 사무를 처리하고 재산을 관리하며, 법령의 범위 안에서 자치에 관한 규정을 제정할 수 있다."로 규정하여 지방자치단체의 존재 이유를 주민의 복리에 관한 사무의 처리 등으로 명시하고 있다.

- 여기서 말하는 '지방자치단체의 사무'에는 법인격을 갖는 지방자치단체 자체에 속하는 사무와 해당 지방자치단체를 대표하고 그 사무를 총괄하는 집행기관에 해당하는 지방자치단체의 장의 권한에 속하는 사무로 구분할 수 있다.

- 자치입법에 있어서는 지방자치단체의 사무 구분이 가장 중요하고 동시에 자치입법의 출발점이 된다. 조례가 원칙적으로 지방자치단체의 사무를 대상으로 하는 반면, 규칙은 지방자치단체의 장의 권한에 속하는 사무를 대상으로 하고 있기 때문이다.

- 한편, 「지방자치법」 제12조는 헌법 제117조의 취지에 따라 지방자치단체가 사무를 처리함에 있어 유의할 기본원칙을 규정하고 있다. 주민 편의 및 복리증진 노력의무, 조직과 운영의 합리화 의무, 규모의 적정화 의무, 법령 또는 상급 자치단체 조례에 위반한 사무처리 금지 의무 등으로 되어 있다.

지방자치법

제12조(사무처리의 기본원칙) ① 지방자치단체는 그 사무를 처리할 때 주민의 편의와 복리증진을 위하여 노력하여야 한다.
② 지방자치단체는 조직과 운영을 합리적으로 하고 그 규모를 적절하게 유지하여야 한다.
③ 지방자치단체는 법령을 위반하여 사무를 처리할 수 없으며, 시·군 및 자치구는 해당 구역을 관할하는 시·도의 조례를 위반하여 사무를 처리할 수 없다.

- 여기서 말하는 사무처리의 기본원칙은 지방자치단체의 사무뿐만 아니라 지방자치단체의 장의 권한에 속하는 사무를 포함하는 것을 말한다.

- 이 규정 중에서 제3항은 의미상 애매한 부분이 있다. 즉, 이 규정에서는 상급 지방자치단체 조례 준수의무를 규정하고 있는데, 「지방자치법」 제2조 제1항 및 제3조 제1항에 따라 독자성과 독립성이 보장된 지방자치단체에게 상급 지방자치단체의 조례를 준수하도록 의무를 부과하는 것이 합당한지 문제가 될 수 있다.

- 국가 행정의 전체적 통일성 확보를 위해서 지방자치단체로 하여금 법령이나 상급 지방자치단체의 조례를 위반하여 사무를 처리할 수 없도록 할 필요성은 인정된다. 이러한 점에서 「지방자치법」 제12조 제3항은 상급 지방자치단체가 하급 지방자치단체 대하여 지도·감독을 하는 지위에 있다는 인상을 받는다.

- 이 규정을 확대 해석할 경우 지방자치단체의 독립성과 자주성을 인정하는 현행 지방자치제도의 취지에 맞지 않게 된다. 따라서 「지방자치법」 제12조 제3항은 하급 지방자치단체의 모든 사무의 처리에 적용되는 것이 아니라 ① 상급 지방자치단체로부터 위임받은 사무, ② 상급 지방자치단체와 하급 지방자치단체가 공동으로 수행하는 사무, ③ 법령에서 상급 지방자치단체의 조례로 정하도록 규정한 사무와 관련하여 하급 지방자치단체가 상급 지방자치단체의 조례를 위반해서는 안 된다는 취지로 해석되어야 한다.

- 참고로, 「지방자치법」 제185조는 국가 또는 상급 지방자치단체의 지도·감독의 범위를 '위임받아 처리하는 사무'로 제한하고 있다.

지방자치법

제185조(국가사무나 시·도 사무 처리의 지도·감독) ① 지방자치단체나 그 장이 위임받아 처리하는 국가사무에 관하여 시·도에서는 주무부장관, 시·군 및 자치구에서는 1차로 시·도지사, 2차로 주무부장관의 지도·감독을 받는다.
② 시·군 및 자치구나 그 장이 위임받아 처리하는 시·도의 사무에 관하여는 시·도지사의 지도·감독을 받는다.

국가사무

- 국가사무란 국가기관, 즉 입법부·사법부 및 행정부 등 국가기관이 맡아 처리하는 사무라고 할 수 있다. 좁은 의미로는 행정부에 속하는 기관으로서 「정부조직법」 및 관련 법령에 따른 중앙행정기관의 장이 처리하도록 되어 있고, 「정부조직법」 제6조 및 「행정권한의 위임 및 위탁에 관한 규정」에 따라 지방자치단체의 장에게 위임되지 않은 사무를 말한다.

- 넓은 의미의 국가사무에는 「정부조직법」 제6조 및 「행정권한의 위임 및 위탁에 관한 규정」에 따라 지방자치단체의 장이나 공공기관 또는 민간에게 위임 또는 위탁된 사무도 포함된다.

- 국가사무로서 지방자치단체의 장에게 위임된 사무는 「정부조직법」 제6조 및 「행정권한의 위임 및 위탁에 관한 규정」 외에 개별 법령에서 위임하는 방식에 의한다. 법령(정확하게는 법률+대통령령)에서 중앙행정관의 장이 처리하도록 한 사무는 별도의 위임 규정이 없다면, 국가사무로 분류해도 문제가 없다.

- 국가사무의 대표적인 유형은 「지방자치법」 제15조 각 호에서 규정하고 있다. 이 규정에 해당하는 국가사무는 지방자치단체의 사무에 해당하지 않음을 선언함과 동시에, 가급적 해당 사무를 지방자치단체의 장에게 위임하여 처리하지 말고 직접 수행하라는 것으로 이해할 수 있다.

지방자치법

제15조(국가사무의 처리 제한) 지방자치단체는 다음 각 호의 국가사무를 처리할 수 없다. 다만, 법률에 이와 다른 규정이 있는 경우에는 국가사무를 처리할 수 있다.

1. 외교, 국방, 사법(司法), 국세 등 국가의 존립에 필요한 사무
2. 물가정책, 금융정책, 수출입정책 등 전국적으로 통일적 처리를 할 필요가 있는 사무
3. 농산물·임산물·축산물·수산물 및 양곡의 수급조절과 수출입 등 전국적 규모의 사무
4. 국가종합경제개발계획, 국가하천, 국유림, 국토종합개발계획, 지정항만, 고속국도·일반국도, 국립공원 등 전국적 규모나 이와 비슷한 규모의 사무
5. 근로기준, 측량단위 등 전국적으로 기준을 통일하고 조정하여야 할 필요가 있는 사무
6. 우편, 철도 등 전국적 규모나 이와 비슷한 규모의 사무
7. 고도의 기술이 필요한 검사·시험·연구, 항공관리, 기상행정, 원자력개발 등 지방자치단체의 기술과 재정능력으로 감당하기 어려운 사무

- 한편, 「지방자치법」 제115조는 "시·도와 시·군 및 자치구에서 시행하는 국가사무는 시·도지사와 시장·군수 및 자치구의 구청장에게 위임하여 수행하는 것을 원칙으로 한다."고 되어 있는데, 그 의미와 취지가 무엇인지 가늠하기가 쉽지 않다.

지방자치법

제115조(국가사무의 위임) 시·도와 시·군 및 자치구에서 시행하는 국가사무는 시·도지사와 시장·군수 및 자치구의 구청장에게 위임하여 수행하는 것을 원칙으로 한다. 다만, 법령에 다른 규정이 있는 경우에는 그러하지 아니하다.

- 문맥상 자칫 국가사무는 법령에 특별한 규정이 없어도 지방자치단체의 장에게 임의로 위임하여 처리하게 할 수 있다는 취지로 이해할 수 있다.
- 그러나 「정부조직법」 제6조에 따라 국가사무에 대한 권한위임은 명시적인 법령 규정이 없으면 불가능하기 때문에 그 의미하는 것이 전혀 다르다는 것을 알 수 있다.

- 「지방자치법」 제115조는 국가기관이 국가사무를 지역적 관할구역을 담당하고 있는 시·도와 시·군 및 자치구에서 시행하려는 경우에는 '특별한 규정이 없으면' 지방자치단체가 아니라 지방자치단체의 장에게 위임하는 방식, 즉 기관위임사무 방식으로 처리하게 해야 한다는 의미로 해석되어야 한다. 이 규정이 「지방자치법」 제6장 집행기관 중 제3관 '지방자치단체의 장의 권한'에서 규정하고 있는 점을 보아도 이와 같이 해석하는 것이 합당하다.

- 반대해석을 하면, 국가가 지방자치단체의 장이 아닌 지방자치단체에게 사무의 처리를 위임하려면 반드시 법령에서 별도로 규정하여야 한다는 의미가 된다. 즉, 단체위임사무는 반드시 법령에 특별히 규정을 해야 한다는 뜻이 된다. 단체위임사무 부분에서 다시 살펴보기로 한다.

- 일부 자료 및 판례에서는 기관위임사무를 국가사무라고 표현하는 경우가 있는데, 기관위임사무는 당초 국가사무였으나 법령의 명시적인 위임규정에 따라 시·도지사 또는 시장·군수 및 구청장에게 위임된 사무로서 국가사무와 기관위임사무는 구분해야 한다. 국가가 직접 수행하는 사무는 국가사무로, 지방자치단체의 장에게 위임하여 수행하게 하는 사무는 기관위임사무로 구분하여 부르는 것이 바람직하다.

대법원 1995.5.12, 선고, 94추28, 판결

주택의 공급조건·방법·절차 등에 관한 사항은 **건설교통부장관의 고유업무인 국가사무이고** 주택건설촉진법 제50조, 같은 법 시행령 제45조에 의한 권한위임의 경우라도 이는 기관위임사무라 할 것인 바, **국가사무(기관위임사무)는 자치사무와 달리** 헌법 제117조 제1항에 의하여 법령의 범위를 벗어나지 아니하는 범위 내에서 조례로 제정할 수 있는 대상이라고 볼 수 없으므로(대법원 1992.7.28. 선고 92추31 판결; 1994.5.10. 선고 93추144 판결 등 참조), 법령에 의하여 국가사무가 피고에게 위임된 바가 없음에도 주택건설사업승인 대상인 분양을 목적으로 하는 20세대 이상의 공동주택을 대상으로 하여 필요한 사항을 규정한 이 사건 조례안은 지방자치법 제15조 단서, 주택건설촉진법 제1조, 제4조, 제5조, 제32조를 위반한 것으로 그 구체적 조항이 법령에 위반된 여부에 나아가 살펴볼 필요 없이 전체적으로 무효라 하지 않을 수 없다.

- 기관위임사무에 있어서 지방자치단체의 장을 국가기관의 일부로 보는 경우도 있는데, 이 문제는 앞의 경우와는 조금 다르다. 「지방자치법」 제115조에 따른 해석으로 볼 때, 지방자치단체의 장이 법령에 따라 위임된 사무를 처리하는 경우 국가의 일선행정기관의 지위에서 그 기능을 대신한다고 할 것이다. 즉, 「지방자치법」 제115조에 따라 기관위임사무에서는 지방자치단체의 장을 일선 국가기관의 일부로 보지 않을 수 없지만, 그렇다고 해서 해당 사무 자체를 국가사무라고 부르는 것은 바람직하지 않다고 생각한다.

대법원 2009.6.11, 선고, 2008도6530 판결

국가가 본래 그의 사무의 일부를 지방자치단체의 장에게 위임하여 그 사무를 처리하게 하는 기관위임사무의 경우에는 지방자치단체는 국가기관의 일부로 볼 수 있고, 지방자치단체가 그 고유의 자치사무를 처리하는 경우에 지방자치단체는 국가기관의 일부가 아니라 국가기관과는 별도의 독립한 공법인으로서 양벌규정에 의한 처벌대상이 되는 법인에 해당하며(대법원 2005. 11. 10. 선고 2004도2657 판결 등 참조), 법령상 지방자치단체의 장이 처리하도록 하고 있는 사무가 자치사무인지, 기관위임사무에 해당하는지 여부를 판단함에 있어서는 그에 관한 법령의 규정 형식과 취지를 우선 고려하여야 할 것이지만 그 외에도 그 사무의 성질이 전국적으로 통일적인 처리가 요구되는 사무인지 여부나 그에 관한 경비부담과 최종적인 책임귀속의 주체 등도 아울러 고려하여 판단하여야 한다(대법원 2003. 4. 22. 선고 2002두10483 판결 등 참조).

- 국가사무에 대해서는 지방자치단체의 사무가 아니기 때문에 조례 또는 규칙 등 자치법규를 제정할 수 없다고 했는데, 해당 국가사무뿐만 아니라 그 국가사무를 어떻게 수행하고 결정할 것인지 여부에 대한 사무(주민투표 등)도 본질적으로 지방자치단체가 관여할 수 없기 때문에 자치법규의 대상이 될 수 없다.
- 대법은 주민투표는 지방자치단체의 장이 권한을 가지고 결정할 수 있는 사항에 대하여 주민투표에 붙여 주민의 의사를 물어 행정에 반영하려는 데에 있는데, 주민투표의 대상인 '미군부대 이전'은 지방자치단체의 장이 그 권한에 의하여 결정할 수 있는 사항이 아니어서 주민투표의 대상이 될 수 없다고 판시하고 있다.

대법원 2002.4.26, 선고, 2002추23, 판결

지방자치단체의 장은 어떠한 사항이든지 모두 주민투표에 붙일 수 있는 것은 아니고, 지방자치단체의 폐치·분합 또는 주민에게 과도한 부담을 주거나 중대한 영향을 미치는 지방자치단체의 주요 결정사항 등에 한하여 주민투표를 붙일 수 있도록 하여 그 대상을 한정하고 있음을 알 수 있다. 위 규정의 취지는 지방자치단체의 장이 권한을 가지고 결정할 수 있는 사항에 대하여 주민투표에 붙여 주민의 의사를 물어 행정에 반영하려는 데에 있다 할 것이다. 그런데 이 사건 조례안에 의한 주민투표의 대상인 미군부대 이전은 원고가 그 권한에 의하여 결정할 수 있는 사항이 아님이 명백하므로 위 규정에 의한 주민투표의 대상이 될 수 없다 할 것이다.

- 향후 이 책에서는 특별한 언급이 없으면 국가사무는 서술의 대상에서 배제한다. 좁은 의미의 국가사무는 자치법규와 관련이 없기 때문이다.

지방자치단체의 사무 구분

- 지방자치단체의 사무는 어떻게 구분할 수 있으며, 사무의 종류에는 무엇이 있을까?

- 무슨 이유로, 누가, 언제부터 그랬는지 알 수 없으나 지방자치단체의 사무를 세 가지로 구분하는 데 이의를 제기할 사람은 없을 것이다. 지방자치단체는 독자적으로 처리하는 자치사무(고유사무) 외에, 국가로부터 국가사무를 위임받아 처리하는 기관위임사무, 그리고 국가가 지방자치단체에 사무의 처리를 맡기는 단체위임사무 등 세 가지 사무를 처리하고 있다.

- 이와 같이 지방자치단체의 사무를 세 가지로 구분하는 구체적인 구분방법과 분류, 나아가 단체위임사무 무용론(無用論) 등에 대해서는 다양한 목소리가 있다.

- 다양한 목소리에 대해서는 나중에 살펴보기로 하고, 우선 사무의 구분에 대해 「지방자치법」에서 어떻게 규정하고 있는지 확인할 필요가 있다.

- 현행 「지방자치법」 제13조는 지방자치단체의 사무 범위를 규정하고 있는데, 제1항에서는 관할 구역의 자치사무와 함께 법령에 따라 지방자치단체에 속하는 사무, 이른바 단체위임사무를 구분해서 규정하고 있다.

지방자치법

제13조(지방자치단체의 사무 범위) ① 지방자치단체는 관할 구역의 자치사무와 법령에 따라 지방자치단체에 속하는 사무를 처리한다.

- 이 규정에서 단체위임사무의 개념을 "법령에 따라 지방자치단체에 속하는 사무"로 규정하고 있는데, 이처럼 단체위임사무의 경우 법령의 규정이 있어야 한다는 것은 「지방자치법」 제115조의 반대해석을 통해 이미 확인한 적이 있다.

- 결국, 「지방자치법」 제13조 제1항 및 제115조의 규정을 종합하면 지방자치단체의 사무는 ① 관할 구역의 자치사무, ② 법령(정확하게는 법률)에 따라 지방자치단체에 속하는 단체위임사무, ③ 국가사무 중 지방자치단체의 장에게 위임된 기관위임사무 등 세 가지로 구분된다.

지방자치법

제13조(지방자치단체의 사무 범위) ① 지방자치단체는 관할 구역의 자치사무와 법령에 따라 지방자치단체에 속하는 사무를 처리한다.

제115조(국가사무의 위임) 시·도와 시·군 및 자치구에서 시행하는 국가사무는 시·도지사와 시장·군수 및 자치구의 구청장에게 위임하여 수행하는 것을 원칙으로 한다. 다만, 법령에 다른 규정이 있는 경우에는 그러하지 아니하다.

- 이에 따라 지방자치단체의 사무에 대해서는 그 범위를 가늠할 수 있도록 「지방자치법」 제13조 제2항에서 7가지 범주로 구분하여 그 사무를 예시하고 있다. 자치입법에 많은 도움이 될 것이 분명하다.

지방자치법

제13조(지방자치단체의 사무 범위) ② 제1항에 따른 지방자치단체의 사무를 예시하면 다음 각 호와 같다. **다만, 법률에 이와 다른 규정이 있으면 그러하지 아니하다.**

1. 지방자치단체의 구역, 조직, 행정관리 등
   가. 관할 구역 안 행정구역의 명칭·위치 및 구역의 조정
   나. 조례·규칙의 제정·개정·폐지 및 그 운영·관리
   다. 산하(傘下) 행정기관의 조직관리
   라. 산하 행정기관 및 단체의 지도·감독
   마. 소속 공무원의 인사·후생복지 및 교육
   바. 지방세 및 지방세 외 수입의 부과 및 징수
   사. 예산의 편성·집행 및 회계감사와 재산관리
   아. 행정장비관리, 행정전산화 및 행정관리개선
   자. 공유재산(公有財産) 관리
   차. 주민등록 관리
   카. 지방자치단체에 필요한 각종 조사 및 통계의 작성
   〈이하 각목 생략〉
2. 주민의 복지증진
3. 농림·수산·상공업 등 산업 진흥
4. 지역개발과 자연환경보전 및 생활환경시설의 설치·관리
5. 교육·체육·문화·예술의 진흥
6. 지역민방위 및 지방소방
7. 국제교류 및 협력

- 위 규정에 따른 61개의 세부사무가 지방자치단체의 사무에 대한 예시인 것은 확실하지만, ① 순수한 자치사무인지, ② 단체위임사무인지, ③ 아니면 자치사무+단체위임사무인지 확실하지 않다. 개인에 따라 견해도 다르다.

- 우선, 「지방자치법」 제13조 제2항 각호 외의 부분 본문에서 "제1항에 따른 지방자치단체의 사무를 예시하면 다음 각 호와 같다."고 규정하고, 같은 조 제1항에서는 지방자치단체의 사무를 자치사무+단체위임사무로 구분하고 있기 때문에 위 61개 세부사무는 지방자치단체의 자치사무+단체위임사무로 보아야 할 것이다.

- 그런데, 단체위임사무는 개별 법률의 위임 방식으로 규정하고 있기 때문에 위 61개 사무를 자치사무만을 말한다고 보아도 무방하다. 또한 자치사무와 단체위임사무는 실무상 차이점이 거의 없다고 보기 때문에, 최소한 자치입법 분야에 있어서는, 위 61개 사무를 자치사무+단체위임사무로 보든 자치사무만으로 보든 큰 차이는 없다.

- 한편, 「지방자치법」 제13조 제2항 각 호 외의 부분 단서에서는 "법률에 다른 규정이 있으면 그러하지 아니한다."고 되어 있어 개별법에 따라 언제든지 '자치사무+단체위임사무' 또는 자치사무의 범위에서 배제될 수 있다. 여기서 법률의 규정이란 해당 사무를 기관위임사무로 규정하는 것을 말한다고 보아야 한다. 왜냐하면 61개 세부사무의 성격상 이를 국가사무로 하기는 어렵다고 보아야 하기 때문이다.

- 결국, 「지방자치법」 제13조 제2항은 지방자치단체의 자치사무+단체위임사무의 개략적인 윤곽을 그린 것으로서의 의미가 있을 뿐이고, 구체적인 지방자치단체의 사무의 구분은 개별 법령의 규정에 따라 판단되어야 한다.

- 다만, 특정 사무가 「지방자치법」 제13조 제2항 각 호의 61개 세부사무의 범주에 들면 일단 지방자치단체의 자치사무+단체위임사무 또는 자치사무의 범위에 드는 것으로 추정되고, 다른 법률에서 특별히 규정하고 있지 않다면 그 사무에 관한 규정을 마련할 때의 규정 형식은 조례가 적합하다. 이 점에서 「지방자치법」 제13조 제2항은 사무와 자치법규를 가름하는 기능이 있다고 할 수 있다.

지방자치단체의 사무 배분

- 우리 지방자치는 기초 자치단체와 광역 자치단체의 계층적 지방행정체제를 채택하고 있는 관계로 「지방자치법」 제13조에 따른 지방자치단체의 사무 구분만으로는 조례·규칙 등 자치법규라는 적합한 '그릇'을 찾는 데 많이 미흡하다. 사무의 배분까지 이루어져야 적합한 조례·규칙의 선정이 가능하다.

- 이에 대해 「지방자치법」 제14조는 광역 자치단체와 기초 자치단체, 즉 시·도와 시·군·자치구 간의 사무배분기준에 관하여 규정하고 있다.

지방자치법

제14조(지방자치단체의 종류별 사무배분기준) ① 제13조에 따른 지방자치단체의 사무를 지방자치단체의 종류별로 배분하는 기준은 다음 각 호와 같다. **다만, 제13조 제2항 제1호의 사무는 각 지방자치단체에 공통된 사무로 한다.**

1. 시·도
   가. 행정처리 결과가 2개 이상의 시·군 및 자치구에 미치는 광역적 사무
   나. 시·도 단위로 동일한 기준에 따라 처리되어야 할 성질의 사무
   다. 지역적 특성을 살리면서 시·도 단위로 통일성을 유지할 필요가 있는 사무
   라. 국가와 시·군 및 자치구 사이의 연락·조정 등의 사무
   마. 시·군 및 자치구가 독자적으로 처리하기 어려운 사무
   바. 2개 이상의 시·군 및 자치구가 공동으로 설치하는 것이 적당하다고 인정되는 규모의 시설을 설치하고 관리하는 사무
2. 시·군 및 자치구
   제1호에서 시·도가 처리하는 것으로 되어 있는 사무를 제외한 사무. 다만, 인구 50만 이상의 시에 대해서는 도가 처리하는 사무의 일부를 직접 처리하게 할 수 있다.

② 제1항의 배분기준에 따른 지방자치단체의 종류별 사무는 대통령령으로 정한다.

③ 시·도와 시·군 및 자치구는 사무를 처리할 때 서로 겹치지 아니하도록 하여야 하며, 사무가 서로 겹치면 시·군 및 자치구에서 먼저 처리한다.

- 주민들의 곁에서 주민복리에 관한 사무를 처리한다는 지방자치단체의 본질적 임무에 비추어 자치사무+단체위임사무는 기초 자치단체에 배분함이 원칙이다. 이에 따라 「지방자치법」 제14조 제1항 제1호에서 광역 자치단체의 자치사무를 열거하되, 그 밖의 사무는 포괄적으로 기초 자치단체에 배분하는 방식을 취하고 있다.

- 다만, 「지방자치법」 제13조 제2항 제1호 각 호의 사무는 소위 '존립사무'로서 지방자치단체가 하나의 행정주체로서 존립하고 활동할 수 있도록 조직하고 의사결정 및 집행에 필요한 최소한의 물적·인적 기반을 갖추기 위한 사무를 말한다. 따라서 이 사무는 시·도와 시·군·자치구 사이의 사무 배분에 있어 양자 모두에 배분하여야 할 사무에 해당한다.

- 한편, 「지방자치법」 제14조 제1항 제2호 단서에서는 인구 50만 이상의 시(市)에 대해서는 도(道)가 처리할 광역적 자치사무도 일부 처리할 수 있도록 특례를 두고 있는데, 광역 자치단체인 도에 배분된 자치사무를 단지 그 인구 규모가 크다는 이유만으로 기초 자치단체인 시에서 처리하게 한다는 것은 다소 문제가 있다는 의견이 있다. 서울특별시 자치구 등은 인구 50만이 넘는 경우도 있는데, 유독 50만 이상의 시에 대해서만 특례를 인정하는 것은 합당하지 않다는 의견도 있다.

- 개인적으로는, 「지방자치법」 제14조 제1항 제2호 단서 규정 자체가 광역 자치단체인 도에 배분된 사무 중에는 아직도 기초 자치단체에 넘겨야 할 사무가 포함되어 있다는 의미가 내재되어 있는 것은 아닌가 생각된다. 중앙과 기초 자치단체의 중간 지방자치단체로서 도의 기능과 역할에 대한 재검토가 필요한 부분이기도 하다.

- 우리나라가 비록 기초 자치단체와 광역 자치단체의 계층적 지방행정체제를 채택하고 있으나, 「지방자치법」 제2조 제2항에서는 지방자치단체인 자치구는 그 자치권의 범위를 법령으로 정하는 바에 따라 시·군과 다르게 할 수 있다고 되어 있어서 자치구에 대해서는 제한적인 자치권이 인정된다.

지방자치법

제2조(지방자치단체의 종류) ② 지방자치단체인 구(이하 "자치구"라 한다)는 특별시와 광역시의 관할 구역의 구만을 말하며, 자치구의 자치권의 범위는 법령으로 정하는 바에 따라 시·군과 다르게 할 수 있다.

- 따라서 자치구에 대해서는 사무의 배분기준 또한 차별화되지 않을 수 없다. 자치구가 소속되어 있는 특별시 또는 광역시 등 광역 자치단체가 동일 생활권과 인접한 교통망을 이루고 있기 때문에 자치구의 독자적 사무처리가 적절하지 못한 경우가 없지 않다. 같은 기초 자치단체라고 하더라도 시·군에 비해 자치구는 불완전한 자치단체로 볼 수 있다.

* 지방자치단체의 종류별 사무의 세부내용은 「지방자치법 시행령」제10조에서 별표로 구분하여 규정하고 있다.

단체위임사무의 내용

- 단체위임사무의 내용 또는 범위에 관하여는 견해가 갈린다. 「지방자치법」 제13조 제1항 및 제115조의 규정을 종합하여 볼 때, 단체위임사무가 법률의 규정에 따라 지방자치단체에 속하는 사무인 것까지는 앞에서 정리했다. 여기서 '법률에 따라 지방자치단체에 속하는 사무'가 무엇을 뜻하는 것인지에 대해서 이견이 있다.

- 종전의 이론 및 실무상에서는 단체위임사무의 사례로 다음의 세 가지를 들고 있었다. 즉, ① 국가가 직할하천의 점용료 등의 징수를 시·도지사에게 위임한 것(하천법 제37조 제2항), ② 도가 도세 징수사무를 시장·군수에게 위임한 것(지방세징수법 제17조), ③ 지방자치단체가 다른 지방자치단체에 의무교육 학령아동의 일부에 대한 교육사무를 위탁한 것(초·중등교육법 제12조 제3항) 등이 그것이다.

단체위임사무의 사례

하천법

제37조(점용료등의 징수 및 감면) ① 하천관리청은 하천점용허가를 받은 자로부터 토지의 점용료, 그 밖의 하천사용료(이하 "점용료등"이라 한다)를 징수할 수 있다. 다만, 사유(私有)로 되어 있는 하천구역 안에서 제33조 제1항 제1호·제3호부터 제6호까지의 하천점용행위를 하는 경우에는 그러하지 아니하다.
② 제1항에 따른 점용료등의 징수에 관하여 국가하천의 경우 제27조 제5항 단서에 따라 시·도지사가 그 하천을 유지·보수하는 때에는 해당 시·도지사를 그 국가하천의 하천관리청으로 본다.

지방세징수법

제17조(도세 등에 대한 징수의 위임) ① 시장·군수·구청장은 그 시·군·구 내의 특별시세·광역시세·도세(이하 "시·도세"라 한다)를 징수하여 특별시·광역시·도(이하 "시·도"라 한다)에 납입할 의무를 진다. 다만, 특별시장·광역시장·도지사(이하 "시·도지사"라 한다)는 필요한 경우 납세자에게 직접 납세고지서를 발급할 수 있다.
② 제1항의 시·도세 징수의 비용은 시·군·구가 부담하고, 시·도지사는 대통령령으로 정하는 교부율과 교부기준에 따른 시·도의 조례로 정하는 바에 따라 그 처리비용으로 시·군·구에 징수교부금을 교부하여야 한다. 다만, 해당 지방세와 함께 징수하는 시·도세와 「지방세기본법」 제9조에 따른 특별시분 재산세를 해당 지방세의 고지서에 병기하여 징수하는 경우에는 징수교부금을 교부하지 아니한다.

초·중등교육법

제12조(의무교육) ③ 지방자치단체는 지방자치단체가 설립한 초등학교·중학교 및 특수학교에 그 관할 구역의 의무교육대상자를 모두 취학시키기 곤란하면 인접한 지방자치단체와 협의하여 합동으로 초등학교·중학교 또는 특수학교를 설립·경영하거나, 인접한 지방자치단체가 설립한 초등학교·중학교 또는 특수학교나 국립 또는 사립의 초등학교·중학교 또는 특수학교에 일부 의무교육대상자에 대한 교육을 위탁할 수 있다.

- 그런데, 위 세 가지 사례가 진짜 단체위임사무에 해당하는지, 위 세 가지 사례 말고는 단체위임사무가 없는 것인가? 참고로, 위 세 가지 사례는 누가 언제 발굴한 것인지는 알 수 없으나 일부 포털사이트의 '백과사전'에도 기재되어 있다.

- 살펴보면, 위 사례 중에서 첫 번째 사례인 국가가 직할하천의 점용료 등의 징수를 시·도지사에게 위임한 것(하천법 제37조 제2항)은 단체위임사무로 보기 힘들다.

- 물론, 단체위임사무와 기관위임사무를 법문(法文)의 표현만으로 단정할 수는 없으나, 위 「하천법」 제37조 제2항의 규정은 점용료 등의 징수와 관련한 구체적인 집행사무의 처리만을 지방자치단체의 기관인 시·도지사에게 위임한 것으로 이를 단체위임사무로 보는 것은 부당하다. 오히려 기관위임사무가 합당하다.

- 두 번째 사례인 도가 도세 징수사무를 시장·군수에게 위임한 것(지방세징수법 제17조)도 단체위임사무로 보기 어렵다.

- 「지방세징수법」 제17조 제1항은 시장·군수는 그 시·군 안의 도세를 징수하여 도에 납입할 의무를 진다고 하여 구체적인 도세 징수사무의 처리만을 지방자치단체의 기관인 시장·군수에게 위임하고 있으며, 제2항에서는 도세 징수의 비용은 시·군의 부담으로 하되 '도의 조례'로 정하는 바에 따라 그 처리비용으로 시·군에 징수교부금을 교부하도록 하여 기관위임사무의 방식으로 규정하고 있음을 알 수 있다. 사무의 구분과 비용 부담에 대해서는 뒤에서 살펴보기로 한다.

- 세 번째 사례인 지방자치단체가 다른 지방자치단체의 학교에 의무교육 학령아동의 일부에 대한 교육사무를 위탁한 것도 단체위임사무로 보기 힘들다. 소위 공립학교는 지방자치단체가 아니라 교육을 위해 지방자치단체가 설립한 영조물로서 소속기관이다.

- 단체위임사무는 국가 또는 다른 지방자치단체가 지방자치단체에 위임한 사무를 말하기 때문에, 다른 지방자치단체가 지방자치단체의 소속기관에 맡긴 사무는 단체위임사무가 아니다. 굳이 구분하면 사무의 위탁에 해당한다고 보아야 한다. 사무의 위탁에 대해서는 제3강에서 살펴보기로 한다.
- 결국, 단체위임사무의 대표적인 사례로 일컫는 위 세 가지 모두 실상은 단체위임사무에 해당하지 않는 것으로 보아야 한다.
- 단체위임사무는 국가 또는 상급 지방자치단체가 지방자치단체에게 위임한 사무이다.
- 사무의 위임이라고 해서 반드시 사무의 내용이 부과권·징수권 등과 같이 구체적이고 특정한 권한일 필요는 없다고 본다. 단순히 지방자치단체에게 특정 사무를 하도록 맡기는 방식이면 충분하다고 생각한다.
- 「지방자치법」 제13조 제1항에서도 단체위임사무를 구체적인 행정권한 또는 사무의 위임이 아니라 "법령에 따라 지방자치단체에 속하는 사무"로 규정하고 있음을 주의해야 한다. 권한을 넘겨받은 것이 아니라 사무를 나누어가지는 것으로 보아야 한다.
- 이러한 맥락에서 위 첫 번째 사례에 해당하는 「하천법」에서 지방자치단체에게 사무를 맡기는 규정, 즉 단체위임사무와 직접 또는 간접으로 관련이 있을 것 같은(?) 규정들을 찾아서 열거해보면 다음과 같다.

하천법

제3조(국가 등의 책무) ② 지방자치단체는 국가의 시책에 따라 필요한 조치를 하고 그 관할구역의 특성에 맞는 계획을 수립·시행하여야 한다.

제6조(다른 국가사업 등과의 관계) ① 국가 또는 지방자치단체가 이 법에 따라 하천관리청 또는 환경부장관의 허가를 받아야 할 사항에 관한 사업을 하려는 경우 그 사업을 시행하는 행정청은 대통령령으로 정하는 바에 따라 미리 하천관리청 또는 환경부장관과 협의하거나 그 승인을 얻어야 한다.

제10조(하천구역의 결정 등) ⑥ 국가 및 지방자치단체는 제1항에 따라 하천구역으로 된 때에는 국가하천인 경우 「국유재산법」에 따른 국유재산으로, 지방하천인 경우 「공유재산 및 물품 관리법」에 따른 공유재산으로 확보되도록 노력하여야 한다.

제22조(하천관리 자료의 정보화) ② 환경부장관은 제1항에 따른 하천관리 정보체계의 구축을 위하여 중앙행정기관·지방자치단체·정부투자기관 또는 정부출연기관 등 관계 기관의 장에게 필요한 자료의 제출을 요청할 수 있다. 이 경우 자료 제출의 요청을 받은 관계 기관의 장은 특별한 사유가 없으면 그 요청을 따라야 한다.

제30조(하천관리청이 아닌 자의 하천공사) ⑧ 하천관리청이 아닌 자는 하천에 관한 공사를 완료한 때에는 지체 없이 하천관리청에 공사준공보고서를 제출하고 준공인가를 받아야 한다. 이 경우 준공인가 신청을 받은 하천관리청은 관계 중앙행정기관, 지방자치단체 또는 대통령령으로 정하는 정부투자기관의 장에게 준공인가에 필요한 검사를 의뢰할 수 있다.

제61조(지방자치단체의 비용부담) ①환경부장관은 국가가 부담하여야 하는 하천에 관한 비용의 일부를 대통령령으로 정하는 바에 따라 해당 하천공사나 하천의 유지·보수로 이익을 받는 시·도에 부담시킬 수 있다.

② 환경부장관은 시·도지사가 시행하는 하천공사나 하천의 유지·보수로 다른 시·도가 이익을 받는 경우에는 대통령령으로 정하는 바에 따라 해당 하천공사 또는 하천의 유지·보수에 필요한 비용의 일부를 그 이익을 받는 다른 시·도에 부담시킬 수 있다.

③ 제1항 및 제2항에 따라 부담명령을 받은 시·도지사는 해당 하천공사나 하천의 유지·보수로 특히 이익을 받는 시·군·구가 있는 때에는 그 부담금의 전부 또는 일부를 해당 시·군·구에 부담시킬 수 있다.

제66조(수입금의 사용제한) 지방자치단체는 하천에서 생기는 부담금·점용료·사용료 및 변상금, 제85조에 따라 양여받은 폐천부지 등으로 인한 수입금과 그 밖의 수입을 대통령령으로 정하는 기준에 따라 하천의 유지·보수에 관한 비용에 사용하여야 한다.

- 위에서 제시된 규정을 살펴보면, ① 제3조는 국가가 지방자치단체에 특정 권한을 위임한다는 명시적인 규정은 없으나, 국가가 법률로서 지방자치단체로 하여금 국가의 시책에 부합되는 조치의 실시 및 관할 구역의 특성에 맞는 하천관리 계획의 수립·시행 사무를 맡기고 있으므로, 이 규정은 넓은 의미에서 단체위임사무라고 할 수 있으며, ② 제6조는 지방자치단체가 하천관리에 대한 허가사업을 하려면 하천관리청과 미리 협의를 하라는 것으로 사무를 맡기는 것보다는 사무 처리의 가이드라인을 제시한 것이고, ③ 제10조는 지방자치단체로 하여금 지방하천을 공유재산으로 확보하기 위해 노력하라는 것으로 사무의 위임보다는 사무 처리의 방법을 정한 것이며, ④ 제22조는 지방자치단체에 사무를 위임한 것이 아니라 자료제출 요청의 대상으로 규정한 것이고, ⑤ 제30조는 지방자치단체에 사무를 위임한 것이 아니라 지방자치단체에게 준공인가를 의뢰할 수 있는 근거를 둔 것이며, ⑥ 제61조는 비용부담의 주체를 정한 것으로 이 규정 자체만으로 지방자치단체에 사무를 위임하는 것과 관계없고, ⑦ 제66조는 지방자치단체가 수입금을 사용하는 내용을 제한한 것으로 이 또한 지방자치단체에게 사무를 위임한 것과 관련이 없다.

- 결국, 위 사례의 제3조와 같이 지방자치단체에 구체적인 권한을 위임한 것은 아니지만 '국가의 시책에 부합되는 조치의 실시 및 관할 구역의 특성에 맞는 하천관리 계획의 수립·시행'을 하도록 규정한 것은 해당사무가 지방자치단체와도 밀접한 관련이 있어서 법률로써 지방자치단체에

일정한 업무를 부여(위임)한 것으로 볼 수 있으므로 단체위임사무라고 해야 할 것이다. 해당 사무의 분장 또는 사무의 구분을 정한 것이다.

- 만일 위 사례의 제3조와 같은 규정을 단체위임사무라고 하지 않는다면 이 규정은 무엇일까? 지방자치단체가 해도 그만 하지 않아도 그만인 규정이 아닌 것은 분명하다. 분명히 사무의 처리에 대한 지방자치단체의 의무로 규정하고 있기 때문에 단체위임사무로 보는 것이 합당하다.

'단체위임사무 무용론'에 대해서

- 현행 「지방자치법」 제13조 제1항은 "지방자치단체는 …법령에 따라 지방자치단체에 속하는 사무를 처리한다."고 규정하고 있다.

- 일반적으로 위 규정을 단체위임사무의 근거규정으로 해석하고 있으나, 일각에서는 지방자치단체의 사무를 예시하고 있는 「지방자치법」 제13조 제2항 각 호의 규정은 같은 법 제15조에 속하는 국가사무를 포함하고 있지 아니하므로 실질적으로는 지방자치단체의 자치사무를 예시한 것으로 보는 것이 타당하며, 단체위임사무는 제외된다고 해석하고 있다.

- 또한, 「지방자치법」 제13조 제2항 각 호의 규정에 따른 자치사무 외에 별도의 법률 규정에 따라 단체위임사무를 규정하고 있다면 모르되, 현행법에서는 단체위임사무의 입법 사례가 세 가지 사례를 제외하고는 거의 없다는 이유로 단체위임사무의 무용론을 제기하기도 한다.

- 이와 같은 단체위임사무의 무용론은 지방자치단체의 사무의 구분을 위임·위탁의 일반원칙에서 고찰하면 더욱 분명해진다.

- 즉, 단체위임사무란 국가나 지방자치단체가 자신의 업무를 직접 처리하지 않고 다른 지방자치단체에 위임하여 처리하게 하는 사무라고 하며, 이는 사무의 처리에 대한 궁극적인 의무가 지방자치단체에게 있다는 점에서 지방자치단체의 사무가 되지만, 국가는 그 사무를 완전히 지방자치단체에 이양한 것이 아니라 그 처리에 대한 감독권을 유보함으로써 최종적으로 책임을 지고 있다는 점에서 국가사무로서의 성질을 동시에 갖는다고 한다. 따라서 단체위임사무와 기관위임사무는 본질에 있어서 차이가 없다는 것이다.

- 결국, 단체위임사무와 기관위임사무는 역사적인 뿌리가 같고 모두 국가사무에 속하고 있는 점, 단체위임사무도 별도의 사무수행의 주체가 있는 것이 아니라 해당 지방자치단체의 장과 그 소속 공무원이 수행하게 된다는 점, 입법자가 양자의 구분을 분명히 의식하고 있지도 않다는 점 등에서 양자의 구분이 의미를 상실하고 있다는 것이다.

- 논리적으로 볼 때, 단체위임사무는 국가가 지방자치단체에게 위임한다는 점에서 원칙적으로 국가사무에 해당함에도 불구하고 지방자치단체의 사무로 분류되고 있다는 점에서 다소 혼란스러운 부분이 있음을 인정하지 않을 수 없다.

- 그러나 단체위임사무를 국가사무로 보거나 이를 동일시하는 것은 문제가 있다.

- 단체위임사무는 국가사무와 다르다. 국가사무인데 국가가 지방자치단체에 구체적인 권한 범위를 정해서 위임하는 것이 아니라 해당 사무의 성격이 지방자치단체가 할 수 있는 것인데 사무의 구분과 배분이 명확하지 않은 상황에서 국가가 법령으로 지방자치단체가 처리하는 것이 바람직하다고 판단해서 해당 지방자치단체에 맡긴 것으로 보아야 한다. 권한을 넘긴 것이 아니라 전반적인 사무의 처리를 지시한 것으로 보아야 한다.

- 중앙행정기관이 지방자치단체의 장에게 권한을 위임하는 것과 같은 기관-기관의 위임이 아니라 국가가 지방자치단체에 사무를 맡기는 것은 동일하게 볼 수는 없다. 단체위임사무는 국가가 처리하는 것보다는 지방자치단체가 그의 사무로서 처리하는 것이 합당하다고 판단한 것으로, 기관위임사무와 같이 구체적인 권한의 위임과 동일한 시각에서 보는 것은 불합리하다.

- 또한, 앞서 살펴본 것과 같이 단체위임사무를 이와 같은 유연한 시각에서 본다면, 단체위임사무 무용론의 주장 근거와 달리 현행법에는 단체위임사무의 입법 사례가 아주 많다.

- 무엇보다, 단체위임사무는 지방자치단체에 위임된 사무이기 때문에 지방자치단체의 장에게 위임된 사무와 구분해야 할 필요성이 있고, 특히 단체위임사무는 의결기관인 지방의회가 조례 제정 등을 통해 직접 관여할 수 있다는 점에서 단체위임사무를 구별해야 할 실익이 결코 적지 않다.

- 현행 「지방자치법」 제49조 제3항에서도 지방자치단체의 위임사무와 지방자치단체의 장의 위임사무를 구별해서 규정하고 있다는 점도 고려해야 할 것이다.

지방자치법

제49조(행정사무 감사권 및 조사권) ① 지방의회는 매년 1회 그 지방자치단체의 사무에 대하여 시·도에서는 14일의 범위에서, 시·군 및 자치구에서는 9일의 범위에서 감사를 실시하고, 지방자치단체의 사무 중 특정 사안에 관하여 본회의 의결로 본회의나 위원회에서 조사하게 할 수 있다.

② 제1항의 조사를 발의할 때에는 이유를 밝힌 서면으로 하여야 하며, 재적의원 3분의 1 이상의 찬성이 있어야 한다.

③ **지방자치단체 및 그 장이 위임받아 처리하는** 국가사무와 시·도의 사무에 대하여 국회와 시·도의회가 직접 감사하기로 한 사무 외에는 그 감사를 각각 해당 시·도의회와 시·군 및 자치구의회가 할 수 있다. 이 경우 국회와 시·도의회는 그 감사결과에 대하여 그 지방의회에 필요한 자료를 요구할 수 있다.

- 일각에서는 국가사무와 지방자치단체의 사무라는 두 가지 성격을 갖는 단체위임사무를 폐지하는 것이 바람직하다는 의견이 없지 않으나, 현행 법체계에서는 그 구분이 분명할 뿐만 아니라 구분의 필요성도 있으며, 자치사무 및 기관위임사무와 다른 고유한 사무의 영역을 이루고 있다.

기관위임사무의 존치 문제

- 먼저 기관위임사무에 대한 우려와 문제점에 대해 살펴볼 필요가 있다.
- 현재 지방자치단체는 자치사무를 행하는 외에 본래 국가가 처리하여야 하는 국가사무를 위임받아 처리하고 있는데, 이와 같은 기관위임사무의 성격으로 인하여 지방자치단체의 국가기관화(하급 행정기관)를 초래하고 있다는 비판이 없지 않은 실정이다.
- 기관위임사무가 많다는 것은 당연한 귀결로 지방자치단체에 대한 국가 또는 중앙행정기관의 관여 내지 개입이 확대되지 않을 수 없다.
- 이처럼 기관위임사무의 반(反) 자치적 성격으로 인하여 지방자치단체의 자주성을 침해하고 지방자치단체에 대한 광범위하고 포괄적인 국가의 관여를 초래하여 종국적으로 지방자치의 발전을 저해하고 있는 것으로 지적되고 있다.
- 따라서 차제에 기관위임사무를 아예 폐지하고 재정비하여야 한다는 견해가 있다.
- 이에 따른 기관위임사무의 정비방안으로서는 우선 기관위임사무를 폐지하고 그것을 국가의 특별지방행정기관으로 하여금 직접 수행하게 하거나 지방자치단체의 자치사무로 전환하는

방안을 생각할 수 있다.

- 그러나 만일 기관위임사무를 특별지방행정기관을 설치하여 직접 처리하게 한다면 사무처리의 비용이 중복되거나 상대적으로 많이 들 수 있고, 이 경우 지방자치단체는 국가사무의 처리에 있어서 지방적인 특수성을 반영할 여지가 없어진다는 단점도 있다.

- 따라서 기관위임사무의 정비방안으로서 기관위임사무를 폐지하고 가칭 '법정수탁사무'를 신설하는 것이 더욱 현실적이고 바람직하다는 의견도 있다.

- 법정수탁사무란 지방자치단체가 처리하는 사무 중 본래 국가가 행하여야 할 역할에 관련된 것이어서 국가기관 등에 의한 적정한 처리를 확보할 필요가 있는 것으로서 법률 또는 이에 근거한 법령에서 특별히 정하는 것을 말한다. 법정수탁사무는 지방자치단체로 하여금 처리하게 한다는 점에서는 기관위임사무와 같지만, 해당 지방자치단체가 처음부터 자기의 책임으로 그 사무를 처리하게 된다는 점에서 기관위임사무와 다르다고 한다.

- 기관위임사무를 폐지하고 가칭 법정수탁사무를 신설하는 것의 가장 큰 의의는 무엇보다도 국가의 관여를 제한하거나 최소화한다는 점에 있다.

- 법정수탁사무는 기관위임사무와 달리 지방자치단체의 사무이기 때문에 해당 사무를 처리함에 있어서 국가와 지방자치단체간의 관계는 기관위임사무의 경우처럼 상하의 수직적인 관계에 놓이는 것이 아니라 외부적 법률관계에 따른 수평적 관계를 가지게 된다. 따라서 기관위임사무에 대해서 허용되었던 지방자치단체에 대한 국가의 일반적이고 포괄적인 지도·감독권 내지 관여는 인정되지 아니한다.

- 법정수탁사무에 대해서는 개별 법령에서 필요에 따라 국가의 관여를 명시하고, 그 한도 내에서 해당 사무에 대한 관여를 행할 수 있도록 허용한다고 한다. 즉, 개별법령에 명시적인 규정이 없는 한 국가가 관여할 수단이 없음을 의미한다.

- 중요한 것은 법정수탁사무는 지방자치단체의 사무에 속하기 때문에 해당 사무에 대한 지방의회의 조례제정권 등이 인정된다는 점이다. 아울러, 법정수탁사무는 본래 국가가 행하여야 할 사무인 점에서 당해 사무의 처리에 필요한 비용은 전액 국가가 부담하여야 한다.

- 그런데, 「지방자치법」 제115조의 "시·도와 시·군 및 자치구에서 시행하는 국가사무는 시·도지사와 시장·군수 및 자치구의 구청장에게 위임하여 수행하는 것을 원칙으로 한다. 다만, 법령에 다른 규정이 있는 경우에는 그러하지 아니하다."는 규정과 같이 사무의 처리에 있어서

기관위임사무의 존재가 불가피하며, 가장 중요한 사무 처리의 방식이 아닐 수 없다.

- 또한, 「정부조직법」 제3조 제1항에서 "중앙행정기관에는 소관 사무를 수행하기 위하여 필요한 때에는 특히 법률로 정한 경우를 제외하고는 대통령령으로 정하는 바에 따라 지방행정기관을 둘 수 있다."라고 규정하여 특별지방행정기관의 설치를 예상하고 있으면서도 제2항에서 "제1항의 지방행정기관은 업무의 관련성이나 지역적인 특수성에 따라 통합하여 수행함이 효율적이라고 인정되는 경우에는 대통령령으로 정하는 바에 따라 관련되는 다른 중앙행정기관의 소관사무를 통합하여 수행할 수 있다."라고 하여 특별지방행정기관의 설치를 최소화하려는 의지를 나타내고 있으며, 같은 법 제26조 제3항에서 "장관은 소관 사무에 관하여 지방행정의 장을 지휘·감독한다."라고 규정하여 지방자치단체의 장도 국가의 지방행정기관의 지위를 겸한다는 점을 간접적으로 규정하고 있음을 알 수 있다.

정부조직법

제3조(특별지방행정기관의 설치) ① 중앙행정기관에는 소관 사무를 수행하기 위하여 필요한 때에는 특히 법률로 정한 경우를 제외하고는 대통령령으로 정하는 바에 따라 지방행정기관을 둘 수 있다.
② 제1항의 지방행정기관은 업무의 관련성이나 지역적인 특수성에 따라 통합하여 수행함이 효율적이라고 인정되는 경우에는 대통령령으로 정하는 바에 따라 관련되는 다른 중앙행정기관의 소관사무를 통합하여 수행할 수 있다.

제26조(행정각부) ③ 장관은 소관사무에 관하여 지방행정의 장을 지휘·감독한다.

- 따라서 현행 법제에서는 중앙행정기관의 권한의 지방이양이 아무리 진행되더라도 지방자치단체의 장은 국가의 일선행정기관으로서의 지위를 면할 수 없고, 국가는 지방자치단체에 대하여 기관위임사무의 형태로 자신의 사무를 위임하지 않을 수 없다.

- 결국 지방자치제도의 정착과 더불어 국가와 지방자치단체 상호간의 업무수행을 둘러싼 마찰과 갈등의 소지가 높아지고 있는 시점에서 국가사무를 기관위임사무의 형태로 수행하는 것은 충분한 효과를 거둘 수 없다는 인식이 더욱 확산될 것으로 보인다.

- 그럼에도 불구하고 지방이양과 비교할 때 최소한 지방의회의 관여는 배제되므로 국가 입장에서 행정권한의 기관위임이 갖는 효용성은 남아있는 것이며, 기관위임으로도 충분히 대처할 수 없는 경우에는 국가가 특별지방행정기관의 설치 등으로 직접 그 업무를 수행할 수밖에 없을 것이다.

기관위임사무의 구별을 어렵게 하는 법제 현실

- 이제 본격적으로 기관위임사무가 무엇인지, 이를 구별하는 단계가 되었다.
- 기관위임사무는 지방자치단체의 장에게 특정 권한 또는 사무를 맡긴 것이다. 따라서 법령에서 해당 사무의 수행주체를 지방자치단체의 장, 시·도지사 또는 시장·군수·구청장이 수행하도록 되어 있으면 기관위임사무에 해당한다.
- 하지만, 해당 사무가 자치사무와 단체위임사무 또는 기관위임사무 중 어디에 해당하는지 구분하기가 매우 어렵다. 어디서부터 생긴 문제이고, 어떻게 하면 지방자치단체의 사무와 지방자치단체의 장의 사무를 효과적으로 구분할 수 있을까?
- 우선, 해당 법령에서 규정하고 있는 사무수행의 주체가 누구인지에 따라 결정되어야 하는 것은 당연하다. 법령해석에 있어서 문리적 해석 또는 문언적 해석이 우선시되는 것처럼 말이다.
- 따라서 법률에서 사무수행의 주체가 국가·정부, 특정한 부처 또는 특정한 부처의 장(장관)으로 나타나 있으면 일단 그 사무는 국가사무에 해당하고, 다만 해당 법률의 위임 근거와 대통령령의 위임에 따라 지방자치단체의 장에게 위임을 하고 있다면 기관위임사무에 해당한다고 볼 수 있다.
- 예를 들어, 「수산업법」 제40조 제1항에 따른 해양수산부장관의 허가권은 같은 법 제101조 및 시행령 제74조의 규정에 따라 시·도지사에게 위임된 기관위임사무에 해당하는 반면, 같은 법 제58조의 어선의 선복량 제한에 관한 사무는 위임 규정이 없기 때문에 국가사무가 된다.

수산업법

제40조(허가어업) ① 총톤수 10톤 이상의 동력어선(動力漁船) 또는 수산자원을 보호하고 어업조정을 하기 위하여 특히 필요하여 대통령령으로 정하는 총톤수 10톤 미만의 동력어선을 사용하는 어업(이하 "근해어업"이라 한다)을 하려는 자는 어선 또는 어구마다 해양수산부장관의 허가를 받아야 한다.

제58조(어선의 선복량 제한) ① 해양수산부장관은 수산자원의 지속적인 이용과 어업조정을 위하여 필요하면 제40조에 따라 어업의 허가를 받은 어선에 대하여 선복량(船腹量)을 제한할 수 있다.
② 선복량을 제한할 때에는 수산자원의 상태, 현재 그 어업을 경영하는 자의 수, 그 밖의 자연적·사회적 조건 등을 고려하여야 하며, 제95조에 따른 중앙수산조정위원회의 심의를 거쳐야 한다.

제101조(권한의 위임과 위탁) ① 해양수산부장관은 이 법에 따른 권한의 일부를 대통령령으로 정하는 바에 따라 소속 기관의 장 또는 시·도지사에게, 시·도지사는 시장·군수·구청장에게 각각 위임할 수 있다.

수산업법 시행령

제74조(권한의 위임) ① 해양수산부장관은 법 제101조 제1항에 따라 다음 각 호의 권한을 시·도지사에게 위임한다.

1. 법 제40조 제1항에 따른 근해어업의 허가

- 그런데, 법령 중에는 지방자치단체의 사무의 구분에 대해 이와 같은 '국가 → 지방자치단체의 장'의 위임 방식이 아닌 방식이 더 많다. 즉, 아래의 「수산업법」에서 보는 것과 같이 해당 법률에서 처음부터 사무수행의 주체가 지방자치단체, 시·도 또는 시·군·자치구이거나 아니면 지방자치단체의 장, 시·도지사 또는 시장·군수·구청장으로 규정되어 있는 경우가 많다는 것이다.

수산업법

제4조(어장이용개발계획 등) ① 시장(특별자치도의 경우에는 특별자치도지사를 말한다. 이하 같다)·군수·구청장(자치구의 구청장을 말한다. 이하 같다)은 관할 수면을 종합적으로 이용·개발하기 위한 어장이용개발계획(이하 "개발계획"이라 한다)을 세워야 한다.

제28조(보호구역) ① 정치망어업의 어업권을 보호하기 위하여 보호구역을 둔다.

② 제1항의 보호구역에서는 해당 시설물을 훼손하는 행위와 어업권의 행사에 방해가 되는 다음 각 호의 행위를 하여서는 아니 된다. 다만, 어업권자의 동의를 받은 경우에는 예외로 한다.

4. 어업권의 행사에 방해가 되는 시설물을 신축·증축 또는 개축하는 행위. 다만, 국가 또는 지방자치단체가 국방상 필요 등 공익을 목적으로 추진하는 경우에는 그러하지 아니하다.

- 그렇다면, 문리적 또는 문언적 사무의 구분 방식에 따를 경우 해당 법률에서 사무수행의 주체가 지방자치단체, 시·도 또는 시·군·자치구로 규정되어 있으면 지방자치단체의 사무에 해당하고, 반면에 지방자치단체의 장, 시·도지사 또는 시장·군수·구청장으로 규정되어 있으면 지방자치단체의 장에게 위임된 사무인 기관위임사무로 볼 수 있을까?

- 외형상으로만 구분하면, 해당 법률에서 지방자치단체, 시·도 또는 시·군·자치구로 사무수행의 주체를 규정하고 있다면 법률의 취지가 그 사무의 수행을 지방자치단체에 맡긴 것으로 볼 수 있기 때문에 단체위임사무로 보아야 하고, 해당 법률에서 사무수행의 주체를 지방자치단체의 장, 시·도지사 또는 시장·군수·구청장으로 규정하고 있다면 그 사무의 수행을 지방자치단체의 장에게 맡긴 것으로 볼 수 있기 때문에 기관위임사무로 보는 것이 맞다.

- 그런데, 이와 같은 단순 구별방법은 현실과 거리감이 있다.

- 우선, 사무수행의 주체가 지방자치단체, 시·도 또는 시·군·자치구로 규정되어 있는 법률이 많지 않다. 특히, 사무수행의 주체가 '시·도 또는 시·군·자치구'로 규정되어 있는 경우는 거의 없다. 사무수행의 주체에 대해 간혹 '지방자치단체'로 규정되어 있는 경우는 있으나, 나머지 대부분은 사무수행의 주체가 '지방자치단체의 장, 시·도지사 또는 시장·군수·구청장'으로 되어 있다.

- 문제는 사무수행의 주체가 '지방자치단체의 장, 시·도지사 또는 시장·군수·구청장'으로 되어 있는 경우가 모두 기관위임사무는 아니라는 데에 있다. 경우에 따라서는 자치사무 또는 단체위임사무에 해당하는 경우에도 사무수행의 주체를 '지방자치단체의 장, 시·도지사 또는 시장·군수·구청장'으로 규정하고 있다.

사무의 구분이 혼란스러운 이유

- 이처럼 표현상의 문구만으로 사무의 구분을 할 수 없다는 것과 관련, 입법과정에서 법제기관의 무책임성을 지적하지 않을 수 없다.

- 법률의 문언상 표현은 '지방자치단체의 장, 시·도지사 또는 시장·군수·구청장'과 같이 기관위임사무인 것처럼 규정하고서 그 사무를 자치사무 또는 단체위임사무라고 한다면 누가 납득하겠는가?

- 그럴 거면 처음부터 그 사무수행의 주체를 '지방자치단체, 시·도 또는 시·군·자치구'와 같이 단체위임사무인 것처럼 규정하면 되지 않은지 따져 묻고 싶다.

- 국가 또는 지방자치단체의 사무 체계를 정함에 있어서 해당 법령에서 그 사무수행의 주체를 분명하게 표시하고 있다면, 무엇보다 사무의 구분이 쉽고 지방자치단체 공무원들의 고충을 덜 수 있을 것이다.

- 법률에서 특정 사무를 규정하는 과정에서 정책부서와 법제부서가 머리를 맞대어 보면 충분히 해당 사무의 구분이 가능하다. 해당 사무의 예산은 어떻게 조달하고, 그 지휘·감독 및 책임 소재는 어떻게 되는지 따져보면 충분히 사무수행의 주체 및 사무의 구분이 가능하다. 그래서 자치사무나 단체위임사무에 해당한다면 그 사무수행의 주체를 '지방자치단체, 시·도 또는

시·군·자치구'로 규정하고, 기관위임사무에 해당한다면 그 사무수행의 주체를 '지방자치단체의 장, 시·도지사 또는 시장·군수·구청장'으로 규정하면 된다.

- 그런데 입법 현실은 그렇지 못하다. 그래서 담당 사무의 실무자 및 지방공무원들은 사무를 수행하면서도 그 성격과 사무수행의 주체가 누구인지 가늠하지 못하는 경우가 많다.

- 이처럼 표현과 의미가 일치하지 않는 것은 무슨 까닭일까?

- 무엇보다 입법 관련 실무자들의 무관심이 가장 큰 이유라고 여겨진다. 법률의 입안 과정에서 좀 더 세심하게 해당 사무의 성격을 살펴보고 관련 규정에 그 사무수행의 주체를 명확하게 규정한다면 어떨까하는 아쉬움이 있다. 사무수행의 주체가 법률에서부터 명확하게 규정된다면 불필요한 행정낭비를 줄이고 해당 사무수행상의 각종 오류와 혼동이 훨씬 줄 수 있다는 생각을 못하고 있는지도 모른다.

- 하지만, 단순히 입법 관련 관계자들을 나무랄 수 없는 것도 사실이다. 법률의 제정 과정상 충분한 사전검토의 시간이 절대적으로 부족하고, 특히 정책을 책임지는 부서마저 해당 사무의 수행방식이나 예산 조달방식 또는 사무수행의 주체도 결정하지 못하고 입법을 추진하는 경우가 많으며, 오히려 조속한 입법 추진에 치중하는 경우가 많기 때문에 이와 같은 결과를 초래한다고 볼 수 있다.

- 한편, 일부에서는 이와 같이 표현과 의미가 일치하지 않는 입법 방식은 나름 의미가 있으며 불가피한 점이 있다고 주장한다.

- 즉, 법률에서 사무수행의 주체를 '지방자치단체의 장, 시·도지사 또는 시장·군수·구청장'으로 규정하는 것이 사무의 집행권 원리에 부합된다는 것이다. 지방자치단체 안에서 실제로 해당 사무를 처리하는 것은 집행부이기 때문에 사무수행의 주체를 '지방자치단체'와 같이 규정할 수 없고 '지방자치단체의 장'과 같이 규정하는 것이 정확하다는 것이다.

- 법리적인 측면뿐만 아니라 실제 업무상 자치사무 또는 단체위임사무에 해당하는 지방자치단체의 사무와 지방자치단체의 장의 사무에 해당하는 기관위임사무로 구분되어 수행하고 있는 실정을 무시하고 오로지 해당 사무의 집행권이 어디에 있는지 그 소재만을 기준으로 사무수행의 주체를 '지방자치단체의 장'으로 규정한다는 것은 납득하기 힘들다.

- 또한, 사무수행의 주체를 오로지 지방자치단체의 장으로만 도식화하는 것도 문제이다.

- 「지방자치법」은 지방자치단체의 장은 지방자치단체를 대표하고, 그 사무를 총괄한다(제114조)고 되어 있기 때문에 사무의 집행권이 지방자치단체의 장에게 있는 것은 분명하다. 하지만, 지방자치단체는 법인이기 때문에 지방자치단체가 법률행위의 주체가 될 수 있음은 당연하다(제3조 제1항). 기관위임사무와 달리 자치사무 또는 단체위임사무는 그 사무수행의 주체를 지방자치단체의 장으로 한정할 수 없다. 지방자치단체의 사무를 실제 집행하는 것은 집행부이지만, 조례 제정 등의 과정에서는 지방자치단체의 다른 구성원인 주민이나 지방의회 등과 함께 사무수행을 하는 것이지 지방자치단체의 장이 단독으로 조례 제정 등의 사무를 수행할 수는 없다.

- 결국, 이처럼 표현과 의미가 불일치하는 것은 입법 과정에서 충분한 검토가 이뤄지지 못한 것과 함께 사무수행의 주체에 대한 중요성 인식이 부족한 결과가 아닌가 싶다.

- 특히, 과거 지방자치제도가 제대로 정착되지 않던 시기에 제정된 법률을 보면 사무수행의 주체와 법령의 규정 내용이 일치하지 않는 경우가 많았다. 당시에는 거의 대부분이 '시·도지사, 시장·군수·구청장' 등으로 표현되어 있더라도 이는 국가사무를 지역적으로 나누어 처리하는 집행단위를 나타낸 것에 지나지 않는 경우가 종종 있었다. 예컨대, 세법에서 국세청장이라고 표현하지 않고 관할 세무서장이라고 규정한 것과 같은 취지이다.

- 따라서 판례나 실무에서도 법률에서 사무수행의 주체를 시장·군수·구청장으로 규정하였더라도 그 사무의 성질이 국가사무, 즉 전국적으로 통일된 기준에 따라 수행되어야 할 사무라면 이를 국가사무로 보아야 한다는 경우가 적지 않았다.

- 이 시점에서 지방자치단체의 사무구분 기준을 종합적으로 정리해서 대안을 제시하지 않을 수 없다.

제안 1 : 지방자치단체의 사무구분 기준

- 참고로, 자치입법에서 말하는 지방자치단체의 사무구분은 행정학이나 재정학 등 다른 분야와는 다른 특성이 있음을 주의해야 한다. 즉, 자치입법에서의 지방자치단체의 사무 구분은 조례와 규칙 등 자치법규의 제정 범위와 직접 관련이 된다.

- 「지방자치법」 제28조 및 제29조에서는 지방자치단체의 사무에 대해 조례를 제정할 수 있고, 지방자치단체의 장의 사무에 대해서는 규칙을 제정할 수 있다고 되어 있기 때문이다.

지방자치법

제28조(조례) ① 지방자치단체는 법령의 범위에서 그 사무에 관하여 조례를 제정할 수 있다. 다만, 주민의 권리 제한 또는 의무 부과에 관한 사항이나 벌칙을 정할 때에는 법률의 위임이 있어야 한다.

② 법령에서 조례로 정하도록 위임한 사항은 그 법령의 하위 법령에서 그 위임의 내용과 범위를 제한하거나 직접 규정할 수 없다.

제29조(규칙) 지방자치단체의 장은 법령 또는 조례의 범위에서 그 권한에 속하는 사무에 관하여 규칙을 제정할 수 있다.

- 결국, 자치입법에서 지방자치단체의 사무 구분을 위해 치열하게 고민하는 것은 해당 사무에 대한 규정을 마련하는 과정에서 그것을 담는 그릇으로 조례를 사용할 것인지, 규칙을 사용할 것인지를 가늠하는 기준으로서 의미를 갖는 것이다.

- 이제 종합적인 차원에서 각각의 사무마다 어떤 분류기준을 적용할 것인지 생각해보기로 한다.

- 먼저, 지방자치단체의 자치사무에 관해서는 「지방자치법」 제13조 제2항에서 7가지 범주의 61개 세부사무를 규정하고 있는데, 여기에 해당하는 것은 다른 법률에 특별한 규정이 없다면 자치사무에 해당한다고 보아도 무방하다.

지방자치법

제13조(지방자치단체의 사무 범위) ① 지방자치단체는 관할 구역의 자치사무와 법령에 따라 지방자치단체에 속하는 사무를 처리한다.

② 제1항에 따른 지방자치단체의 사무를 예시하면 다음 각 호와 같다. 다만, 법률에 이와 다른 규정이 있으면 그러하지 아니하다.

1. 지방자치단체의 구역, 조직, 행정관리 등
   가. 관할 구역 안 행정구역의 명칭·위치 및 구역의 조정
   나. 조례·규칙의 제정·개정·폐지 및 그 운영·관리
   다. 산하(傘下) 행정기관의 조직관리
   라. 산하 행정기관 및 단체의 지도·감독
   마. 소속 공무원의 인사·후생복지 및 교육
   바. 지방세 및 지방세 외 수입의 부과 및 징수
   사. 예산의 편성·집행 및 회계감사와 재산관리
   아. 행정장비관리, 행정전산화 및 행정관리개선

자. 공유재산(公有財産) 관리
차. 주민등록 관리
카. 지방자치단체에 필요한 각종 조사 및 통계의 작성
2. 주민의 복지증진
가. 주민복지에 관한 사업
나. 사회복지시설의 설치·운영 및 관리
다. 생활이 어려운 사람의 보호 및 지원
라. 노인·아동·장애인·청소년 및 여성의 보호와 복지증진
마. 공공보건의료기관의 설립·운영
바. 감염병과 그 밖의 질병의 예방과 방역
사. 묘지·화장장(火葬場) 및 봉안당의 운영·관리
아. 공중접객업소의 위생을 개선하기 위한 지도
자. 청소, 생활폐기물의 수거 및 처리
차. 지방공기업의 설치 및 운영
3. 농림·수산·상공업 등 산업 진흥
가. 못·늪지·보(洑) 등 농업용수시설의 설치 및 관리
나. 농산물·임산물·축산물·수산물의 생산 및 유통 지원
다. 농업자재의 관리
라. 복합영농의 운영·지도
마. 농업 외 소득사업의 육성·지도
바. 농가 부업의 장려
사. 공유림 관리
아. 소규모 축산 개발사업 및 낙농 진흥사업
자. 가축전염병 예방
차. 지역산업의 육성·지원
카. 소비자 보호 및 저축 장려
타. 중소기업의 육성
파. 지역특화산업의 개발과 육성·지원
하. 우수지역특산품 개발과 관광민예품 개발
4. 지역개발과 자연환경보전 및 생활환경시설의 설치·관리
가. 지역개발사업
나. 지방 토목·건설사업의 시행
다. 도시·군계획사업의 시행
라. 지방도(地方道), 시도(市道)·군도(郡道)·구도(區道)의 신설·개선·보수 및 유지
마. 주거생활환경 개선의 장려 및 지원
바. 농어촌주택 개량 및 취락구조 개선

사. 자연보호활동
아. 지방하천 및 소하천의 관리
자. 상수도·하수도의 설치 및 관리
차. 소규모급수시설의 설치 및 관리
카. 도립공원, 광역시립공원, 군립공원, 시립공원 및 구립공원 등의 지정 및 관리
타. 도시공원 및 공원시설, 녹지, 유원지 등과 그 휴양시설의 설치 및 관리
파. 관광지, 관광단지 및 관광시설의 설치 및 관리
하. 지방 궤도사업의 경영
거. 주차장·교통표지 등 교통편의시설의 설치 및 관리
너. 재해대책의 수립 및 집행
더. 지역경제의 육성 및 지원

5. 교육·체육·문화·예술의 진흥
가. 어린이집·유치원·초등학교·중학교·고등학교 및 이에 준하는 각종 학교의 설치·운영·지도
나. 도서관·운동장·광장·체육관·박물관·공연장·미술관·음악당 등 공공교육·체육·문화시설의 설치 및 관리
다. 지방문화재의 지정·등록·보존 및 관리
라. 지방문화·예술의 진흥
마. 지방문화·예술단체의 육성

6. 지역민방위 및 지방소방
가. 지역 및 직장 민방위조직(의용소방대를 포함한다)의 편성과 운영 및 지도·감독
나. 지역의 화재예방·경계·진압·조사 및 구조·구급

7. 국제교류 및 협력
가. 국제기구·행사·대회의 유치·지원
나. 외국 지방자치단체와의 교류·협력

- 여기서 '다른 법률에 특별한 규정이 있는 경우'란 다른 법률에서 국가사무로 규정하거나 단체위임사무 또는 기관위임사무로 규정하고 있다면 그에 따른다는 의미이다.

- 따라서 「지방자치법」 제13조 제2항 각 호에 해당하는 자치사무에 관하여 규정을 마련한다면 규칙으로 정할 수 없고, 조례의 형식으로 입법해야 한다.

- 두 번째로, 개별 법률에서 사무수행의 주체로 '지방자치단체'를 규정하고 있는 경우에는 단체위임사무로 보는 것이 합당하다고 생각한다. 이미 살펴본 「하천법」 제3조 제2항이 대표적인 사례이다.

하천법

제3조(국가 등의 책무) ② **지방자치단체는** 국가의 시책에 따라 필요한 조치를 하고 그 관할구역의 특성에 맞는 계획을 수립·시행하여야 한다.

- 사무수행의 주체로 '지방자치단체'를 규정하고 있는데도 이와 같은 명백한 문언적 표현을 무시하고 이를 기관위임사무로 볼 명분이나 까닭이 없다. 만에 하나 단체위임사무가 아니라면 입법을 잘못한 것이라고 단정하지 않을 수 없다.

- 경우에 따라서는 「지방자치법」 제13조 제2항은 예시한 것에 불과하므로 자치사무로 볼 여지가 없지 않다. 그러나 사무의 성격상 국가의 시책에 부합되는 조치 및 관할구역의 특성에 맞는 계획의 수립·시행이 본래적인 고유사무인 자치사무에 해당하기 보다는 법률의 규정에 따라 비로소 지방자치단체의 사무로 정해진 단체위임사무에 훨씬 가깝다고 생각한다.

- 예를 들어, 「국가보훈기본법」에서는 지방자치단체로 하여금 국가보훈대상자를 예우하는 기반을 조성하기 위하여 노력하고(제5조 제1항), 국가보훈대상자에게 희생과 공헌의 정도에 상응하는 예우 및 지원을 하며(제18조), 국가보훈대상자의 생활안정과 복지향상 등 예우 및 지원을 위하여 필요한 시책을 마련하여야 한다(제19조)고 되어 있다.

국가보훈기본법

제5조(국가와 지방자치단체의 책무) ① 국가와 지방자치단체는 희생·공헌자의 공훈과 나라사랑정신을 선양하고, 국가보훈대상자를 예우하는 기반을 조성하기 위하여 노력하여야 한다.
② 국가와 지방자치단체는 제2조에 따른 기본이념을 구현하기 위하여 필요한 시책을 수립·시행하여야 한다.
③ 국가와 지방자치단체는 국민 또는 주민의 복지와 관련된 정책을 수립·시행하거나 법령 등을 제정 또는 개정할 때에는 국가보훈대상자를 우선하여 배려하는 등 적극적 조치를 하여야 한다.
④ 국가와 지방자치단체는 국가보훈사업에 필요한 재원(財源) 조성에 노력하여야 한다.

제18조(예우 및 지원의 원칙) 국가와 지방자치단체는 국가보훈대상자에게 희생과 공헌의 정도에 상응하는 예우 및 지원을 한다.

제19조(예우 및 지원) ② 국가와 지방자치단체는 국가보훈대상자의 생활안정과 복지향상 등 예우 및 지원을 위하여 필요한 시책을 마련하여야 한다.

- 이와 같은 지방자치단체의 사무는 지방자치의 시행에 따른 당연한 사무, 즉 자치사무에 해당한다고 할 수 없다. 국가보훈대상자의 예우 및 기반조성 등에 관한 사무를 지방자치단체의 본질적 사무로 볼 수는 없으며, 「지방자치법」 제13조 제2항 각 호에도 관련 사무를 찾아 볼 수 없다. 따라서 「국가보훈기본법」 제5조, 제18조 및 제19조에서 규정하고 있는 지방자치단체의 사무가 국가가 법률 제정을 통해 지방자치단체에 특별히 그 수행 의무를 부과한 사무, 즉 단체위임사무로 보아야 할 것이다.

- 위의 「국가보훈기본법」 제5조·제18조 및 제19조에서 굳이 기관위임사무로 규정하지 않고 단체위임사무로 규정한 것은 해당 사무수행에 적지 않은 예산과 재정이 소요되는 관계로 그 사무의 실시 여부와 지원 대상 및 예산 상황 등을 지방자치단체의 구성원인 지방자치단체의 장과 지방의회 상호간의 협의를 통해 결정하고 이를 수행하게 하려는 것으로 볼 수 있다.

- 따라서 「국가보훈기본법」 제5조·제18조 및 제19조에서 규정하는 단체위임사무에 관한 규정은 규칙으로 정할 수 없고, 조례의 형식으로 입법해야 함은 물론이다.

- 세 번째로, 개별 법률에서 사무수행의 주체가 국가·정부, 특정한 부처 또는 특정한 부처의 장(장관)으로 규정되어 있고 법률의 위임 근거 및 대통령령의 위임 규정에 따라 지방자치단체의 장에게 위임을 하고 있다면 그것은 기관위임사무에 해당한다고 볼 수 있다. 앞서 살펴본 「수산업법」에 따른 위임 규정이 대표적이다.

수산업법

제101조(권한의 위임과 위탁) ① 해양수산부장관은 이 법에 따른 권한의 일부를 대통령령으로 정하는 바에 따라 소속 기관의 장 또는 시·도지사에게, 시·도지사는 시장·군수·구청장에게 각각 위임할 수 있다.

수산업법 시행령

제74조(권한의 위임) ① 해양수산부장관은 법 제101조 제1항에 따라 다음 각 호의 권한을 시·도지사에게 위임한다.

1. 법 제40조 제1항에 따른 근해어업의 허가

2.~4. 〈생 략〉

② 제1항에 따라 위임된 사항을 처리한 시·도지사는 그 처리결과를 매년 12월 31일까지 해양수산부장관에게 보고하여야 한다.

- 당초 국가사무에 해당함에도 불구하고 국가의 사무수행을 위한 보조기관으로서 지방자치단체의 장과 그 조직을 활용한 것이 분명하기 때문이다.

- 기관위임사무에 관하여는 법령에서 특별히 조례로 정하도록 한 경우가 아니면, 원칙적으로 해당 지방자치단체의 장이 규칙의 형식으로 입법해야 한다.

- 마지막으로, 지방자치단체의 사무와 관련해서 개별 법률에서 직접 '지방자치단체의 장, 시·도지사 또는 시장·군수·구청장'으로 규정하고 있는 경우에는 쉽게 판단하기 어렵다.

- 해당 사무수행의 주체가 비록 지방자치단체의 장으로 규정되어 있더라도, 입법 과정에서의 부주의나 잘못된 표기 또는 입법 관행 등으로 인하여 ① 국가사무임에도 불구하고 이를 지역적으로 분담하여 처리하기 위해 단순히 지방자치단체의 장으로 표기한 것인지, 아니면 ② 자치사무 또는 단체위임사무의 집행기관이라는 의미에서 지방자치단체의 장으로 표기한 것인지 쉽게 판단하기 어렵다. 개별 사안마다 이를 검토할 수밖에 없다.

제안 2 : 법률에서 '지방자치단체의 장'으로 규정된 경우

- 법률에서 사무수행의 주체로 지방자치단체의 장을 규정하고 있는 경우에는 그 규정방식과 형태 및 입법 취지 등이 너무나 다양하기 때문에 일반적인 판별 기준을 제시할 수는 없다.

- 다만, 법률에서 사무수행의 주체를 지방자치단체의 장으로 규정한 경우에는 다음과 같은 순서에 따라 사무의 유형을 구별하는 방안을 제시하고자 한다.

- 먼저, 해당 사무를 규정하고 있는 법률의 규정 형식과 취지를 우선 고려해야 할 것이며, 이와 관련해서 ① 사무의 성질이 전국적으로 통일적인 처리가 요구되는 사무인지 여부에 대한 판단이 필요하다.

- 다음으로, ② 해당 사무가 「지방자치법」 제13조 제2항 각 호의 자치사무에 해당하는지 여부, ③ 해당 사무의 수행에 소요되는 경비를 국가가 지급하는지 아니면 지방자치단체가 지급하는지 여부, ④ 해당 사무의 지도·감독의 범위 및 최종적인 책임 귀속 여부 등도 아울러 고려해서 사무의 유형을 판단해야 할 것이다.

- 또한, 개별법에서 사무의 처리를 위해 필요한 사항을 조례로 정하도록 규정하고 있다면

원칙적으로 자치사무 혹은 단체위임사무에 해당한다고 보아도 좋다. 규칙의 경우 지방자치단체의 장이 기관위임사무에 대해서 자기의 권한으로 제정할 수 있기 때문에 굳이 '규칙으로 정한다.'는 규정이 별도로 필요하지 않지만, 해당 사무가 자치사무 또는 단체위임사무라면 관련 규정을 조례의 형식으로 입법해야 한다는 점을 분명히 할 필요가 있기 때문이다.

- 예를 들어, 「수산업법」 제4조 및 제7조에는 어장이용개발계획 및 면허어업에 관하여 규정하고 있는데, 해당 규정에서 그 사무수행의 주체를 단순히 '시장·군수·구청장'과 같은 지방자치단체의 장으로만 규정하고 있어서 그 소관 사무가 기관위임사무에 해당하는지 아니면 자치사무 또는 단체위임사무에 해당하는지 구별이 쉽지 않다.

수산업법

제4조(어장이용개발계획 등) ① 시장(특별자치도의 경우에는 특별자치도지사를 말한다. 이하 같다)·군수·구청장(자치구의 구청장을 말한다. 이하 같다)은 관할 수면을 종합적으로 이용·개발하기 위한 어장이용개발계획(이하 "개발계획"이라 한다)을 세워야 한다.

② 시장·군수·구청장이 개발계획을 세운 때에는 특별시장·광역시장 또는 도지사의 승인을 받아야 한다.

③ 시장·군수·구청장은 개발계획을 세우려면 개발하려는 수면에 대하여 기본조사를 실시하고 사회적·경제적 여건을 고려하여 개발계획을 세우되, 해양수산부장관이 정하는 개발계획기본지침에 따라 특별시장·광역시장·도지사 또는 특별자치도지사(이하 "시·도지사"라 한다)가 지역여건과 특성을 고려하여 정한 개발계획세부지침에 따라야 한다.

④ 시장·군수·구청장은 개발계획을 세우려는 수면이 다른 법령에 따라 어업행위가 제한되거나 금지되고 있는 경우에는 미리 관계 행정기관의 장의 승인을 받거나 협의를 하여야 한다.

⑤ 시장·군수·구청장은 개발계획을 세우려는 경우에는 제95조에 따른 수산조정위원회의 심의를 거쳐야 한다.

⑥·⑦ 〈생 략〉

제7조(면허어업) ① 다음 각 호의 어느 하나에 해당하는 어업을 하려는 자는 시장·군수·구청장의 면허를 받아야 한다.

1. 정치망어업(定置網漁業) : 일정한 수면을 구획하여 대통령령으로 정하는 어구를 일정한 장소에 설치하여 수산동물을 포획하는 어업
2. 마을어업 : 일정한 지역에 거주하는 어업인이 해안에 연접(連接)한 일정 수심 이내의 수면을 구획하여 패류·해조류 또는 정착성(定着性) 수산동물을 관리·조성하여 포획·채취하는 어업

② 시장·군수·구청장은 제1항에 따른 어업면허를 할 때에는 개발계획의 범위에서 하여 야 한다.

③ 제1항 각 호에 따른 어업의 종류와 마을어업 어장의 수심 한계는 대통령령으로 정한다.

> ④ 다음 각 호에 필요한 사항은 해양수산부령으로 정한다.
> 1. 어장의 수심(마을어업은 제외한다), 어장구역의 한계 및 어장 사이의 거
> 2. 어장의 시설방법 또는 포획방법·채취방법
> 3. 어획물에 관한 사항
> 4. 어선·어구 또는 그 사용에 관한 사항
> 5. 해적생물(害敵生物) 구제도구의 종류와 사용방법 등에 관한 사항
> 6. 그 밖에 어업면허에 필요한 사항

- 「수산업법」은 수산업에 관한 기본제도를 정함으로써 수산자원 및 수면의 종합적 이용과 지속가능한 수산업 발전을 도모하고 국민의 삶의 질 향상과 국가경제의 균형있는 발전에 기여함을 목적으로 하고 있으며(제1조), 「지방자치법」 제13조 제2항 제3호의 '농림·수산·상공업 등 산업 진흥' 중 농림업과는 달리 수산업의 경우 같은 호 나목의 '농산물·임산물·축산물·수산물의 생산 및 유통지원'의 규정 외에 별도로 규정을 두고 있지 않는 것을 보면 수산업 관련 사무는 원칙적으로 지방자치단체의 사무로 보지 않고 전국적으로 통일된 절차와 방법에 따라 처리해야 할 필요성이 있다는 것을 반증하고 있다.

- 이러한 점에서 「수산업법」 제4조 및 제7조에 따른 어장이용개발계획 및 면허어업에 관한 사무는 원칙적으로 기관위임사무의 성격을 갖는 것으로 보아야 한다.

- 같은 법 제4조의 어장이용개발계획은 시장·군수·구청장 등 기초 자치단체의 장이 해당 지방자치단체의 여건에 맞게 수립하되, 시·도지사가 수립한 개발계획세부지침에 맞게 수립해서 시·도지사의 승인을 받아야 하며, 수산조정위원회의 심의를 거쳐야 한다.

- 이처럼 시장·군수·구청장의 어장이용개발계획 수립에 대한 사무는 법령에서 정한 바에 따라 전국적으로 통일된 절차와 방법을 거쳐 수행되어야 하는 것으로, 그 비용 지원 및 최종적인 책임 소재가 분명하지는 않지만, 원칙적으로 기관위임사무로 보아야 한다.

- 같은 법 제7조의 면허 어업에 관한 규정에 있어서도 시장·군수·구청장이 어업면허를 하는 경우에는 개발계획의 범위를 벗어날 수 없고, 나아가 어업 면허의 직접적 대상이 되는 어업의 종류와 마을어업 및 협동양식어업 어장 수심 한계 등을 대통령령으로 정하고 있어서 전국적인 통일성을 기하기 위한 기준을 설정하고 있기 때문에 기관위임사무의 성격이 크다.

- 참고로 종전 「수산업법」 제8조 제4항은 (1) 어장의 수심에 대해 해지방자치단체의 조례로 정하도록 하여, (2) 비록 그 범위를 해양수산부령으로 정하고 있더라도 세부적인 어장의 수심은 지방자치단체마다 다르게 정할 수 있고, (3) 어장의 수심은 어업면허 사무와 직접 관련된 것으로서 어장 수심을 충족하지 못하면 면허를 받을 수 없을 것으로 예상되므로 자치사무 또는 단체위임사무에 해당되는 것으로 볼 여지가 있었다.

- 이와 관련해서 단순히 '조례로 정한다.'는 규정이 있다는 이유만으로 해당 사무를 자치사무 또는 단체위임사무로 볼 것은 아니다. 오히려, 「수산업법」 제4조 및 제8조에 따라 원칙적으로 기관위임사무에 해당하지만, 정치망 어업의 면허는 주민의 이해관계와 직접 관련된 것으로 정치망 어업에서 가장 중요한 요소인 어장 수심에 관한 사항을 주민의 대표기관인 지방의회의 관여를 허용하기 위하여 조례로 정하도록 한 것으로 보아야 할 것이다.

- 한편, 「유통산업발전법」은 유통산업의 효율적인 진흥과 균형 있는 발전을 꾀하고, 건전한 상거래질서를 세움으로써 소비자를 보호하고 국민경제의 발전에 이바지함을 목적으로 하고 있다(제1조).

- 「유통산업발전법」 제12조의2 제1항은 특별자치시장·시장·군수·구청장은 건전한 유통질서 확립, 근로자의 건강권 및 대규모점포등과 중소유통업의 상생발전(相生發展)을 위하여 필요하다고 인정하는 경우 대형마트와 준대규모점포에 대하여 영업시간 제한을 명하거나 의무휴업일을 지정하여 의무휴업을 명할 수 있도록 규정하고 있다.

유통산업발전법

제12조의2(대규모점포등에 대한 영업시간의 제한 등) ① 특별자치시장·시장·군수·구청장은 건전한 유통질서 확립, 근로자의 건강권 및 대규모점포등과 중소유통업의 상생발전(相生發展)을 위하여 필요하다고 인정하는 경우 대형마트(대규모점포에 개설된 점포로서 대형마트의 요건을 갖춘 점포를 포함한다)와 준대규모점포에 대하여 다음 각 호의 영업시간 제한을 명하거나 의무휴업일을 지정하여 의무휴업을 명할 수 있다. 다만, 연간 총매출액 중 「농수산물 유통 및 가격안정에 관한 법률」에 따른 농수산물의 매출액 비중이 55퍼센트 이상인 대규모점포등으로서 해당 지방자치단체의 조례로 정하는 대규모점포등에 대하여는 그러하지 아니하다.

1. 영업시간 제한
2. 의무휴업일 지정

② 특별자치시장·시장·군수·구청장은 제1항 제1호에 따라 오전 0시부터 오전 10시까지의 범위에서 영업시간을 제한할 수 있다.

> ③ 특별자치시장·시장·군수·구청장은 제1항 제2호에 따라 매월 이틀을 의무휴업일로 지정하여야 한다. 이 경우 의무휴업일은 공휴일 중에서 지정하되, 이해당사자와 합의를 거쳐 공휴일이 아닌 날을 의무휴업일로 지정할 수 있다.
> ④ 제1항부터 제3항까지의 규정에 따른 영업시간 제한 및 의무휴업일 지정에 필요한 사항은 해당 지방자치단체의 조례로 정한다.

- 「지방자치법」 제13조 제2항에서 구체적으로 유통산업과 관련한 사무를 자치사무로 예시하고 있지 않다고 해서 곧바로 이를 국가사무로 볼 수는 없고, 영업시간의 제한 또는 의무휴업일 지정 사무는 국가가 전국적으로 통일적인 기준이나 절차를 요구하는 것이 아니라, 해당 지방자치단체의 유통산업의 특수성과 주민의 요구사항 등을 종합적으로 고려해서 ① 건전한 유통질서 확립, ② 근로자의 건강권, ③ 대규모점포등과 중소유통업의 상생발전(相生發展)을 위하여 필요하다고 인정하는 경우에 해당 지방자치단체가 스스로 결정해서 시행하도록 하려는 것으로 원칙적으로 자치사무 또는 단체위임사무에 해당한다고 할 것이다.

- 특히, 「유통산업발전법」 제12조의2 제4항은 "… 영업시간 제한 및 의무휴업일 지정에 필요한 사항은 해당 지방자치단체의 조례로 정한다."고 규정함으로써 해당 사무가 자치사무 또는 단체위임사무에 해당함을 방증하고 있다.

최소한의 바람과 관련 판례의 추세

- 결국, 현재로서는 사무의 구별이나 그 기준을 명확히 하는 데는 한계가 있다.

- 법률에서 해당 사무수행의 주체로 지방자치단체의 장을 규정하고 있는 경우에도 그 규정방식과 형태 및 입법 취지 등을 고려해서 사무를 구분할 수밖에 없는데, 입법 과정에서 해당 사무수행의 주체를 명확히 하는 것이 어렵다면 최소한 사무구분의 기준이 되는 간단한 표시만이라도 규정한다면 실무자들에게는 큰 도움이 될 것이다.

- 「유통산업발전법」 제12조의2와 같이 비록 법률에서 해당 사무수행의 주체로 지방자치단체의 장을 규정하고 있더라도 그 사무가 자치사무 또는 단체위임사무라면 같은 조 제4항과 같이 그 세부사항을 조례로 규정할 수 있다는 근거 규정을 둠으로써 해당 법률에 따른 사무를 수행하는 일선 공무원에게 큰 도움을 줄 수 있다.

- 한편, 법률에서 사무수행의 주체로 지방자치단체의 장을 규정하고 있는 경우 그 사무의 판단에 대한 판례의 추세를 요약하여 소개하면 다음과 같다.

[기관위임사무에 해당한다고 본 사례]

판결번호	사무	법령의 규정 형식	판단근거
2004추34	골재채취업 등록 및 골재채취 허가사무 (구 「골재채취법」 제14조, 제22조)	(1) "시장·군수·구청장에게 등록" (2) "시장·군수·구청장의 허가"	• 입법목적 : 골재자원의 효율적인 이용과 국민경제발전에 이바지 • 건설교통부장관은 전국 골재수급기본계획을 5년마다 수립 • 시·도는 골재수급계획을 총괄·조정 • 전국적으로 통일적 처리가 요구
99추30	발전소 주변지역에 대한 지원사업 (구 「발전소주변지역지원에 관한 법률」 제11조)	"시장·군수·구청장은 ~하여야 한다."	• 입법목적 : 지역개발 외에 전원개발의 촉진과 발전소 및 방사성폐기물관리시설의 원활한 운영 도모 • 주변지역에 대한 지원사업은 자치단체별 재정능력에 따른 차등 없이 통일적으로 시행해야 함 • 사업시행에 필요한 경비는 한국전력공사가 출연하여 운영하는 기금에서 충당 • 한국전력공사가 전국의 주변지역에 대한 장기계획 수립
2011추56	교원능력개발평가 (구 「교육공무원법」)	"교육부장관 및 교육감은 교원능력개발평가를 매년 실시할 수 있다"	• 교원능력개발평가 사업을 시행하면서 그 실시 및 평가의 균일성·공정성의 확보를 도모할 필요가 있음 → 교원능력개발평가 사무는 전국적으로 통일적인 실시가 필요한 업무 • 교원능력개발평가 사업은 당초 국가 단위로 추진, 그 경비와 책임 역시 국가가 부담

[자치사무 또는 단체위임사무에 해당한다고 본 사례]

판결번호	사무	법령의 규정 형식	판단근거
2000추29	공유재산 관리 사무 (「공유재산 및 물품관리법」)	"지방자치단체의 장은 소관 공유재산을 관리·처분"	• 「지방자치법」 제9조 제2항 제1호 자목의 '공유재산관리'
2007다 59295	학교용지 부담금 부과 업무 (구 「학교용지 확보에 관한 특례법」 제5조)	"시·도지사는 ~하여야 한다."	• 「지방자치법」 제9조 제2항 제5호 가목의 '학교설치사무'에 해당 • 시·도지사가 재원 조달 • 시·도지사에 최종적인 책임 귀속
2001추57	지역별 가스공급시설의 공사계획 수립·공고나 도시가스 공급조건에 관한 공급규정 승인 (구 「도시가스사업법」 제18조, 제20조)	"시·도지사는 ~하여야 한다."	• 지역특성에 적합하도록 시·도지사에게 도시가스 공급권역 등을 설정·고시할 수 있는 권한 부여 • 가스공급시설의 설치 등이 지자체의 기술과 재정능력으로 감당할 수 없다고 보기 어려움 • 공급규정은 반드시 전국적으로 통일될 필요가 없음 • 산업자원부장관의 장기천연가스수급계획의 수립, 시·도지사에 대한 공급규정 변경 조치 권한, 시·도지사에 대한 지도·감독 권한이 있으나 이로 인하여 해당 사무의 성격이 바뀌는 것은 아님(이는 국가의 지방자치단체에 대한 일반적인 지도·감독 범위에 속함)
94다 45654	호적사무 (구 「호적법」)	"호적에 관한 사무는 시·읍·면의 장이 이를 관장한다."	• 구 「지방자치법」 제9조 제2항 제1호 차목에서 '호적 및 주민등록관리'를 예시 • 호적사무에 드는 비용은 시·읍·;면의 부담 • 「호적법」에 따라 납부하는 수수료·과태료는 서울특별시, 직할시, 시, 읍, 면의 수입

관련 법률의 규정이 없는 경우

- 조례를 제정하려는데 해당 사무의 근거가 되는 법률이 없는 경우가 많다.

- 제정할 조례안의 내용과 직접 관련 되는 법률이 없는 경우에도 사무의 성질이 전국적으로 통일적인 처리가 요구되는 사무인지 판단이 필요하다. 또한, 「지방자치법」 제13조 제2항 각 호의 자치사무에 해당하는지, 소요 경비를 국가가 지급하는지 아니면 해당 자치단체가 지급하는지, 해당 사무의 지도·감독의 범위 및 최종적인 책임 귀속 여부 등도 아울러 고려해서 판단해야 할 것이다.

- 해당 사무의 근거가 되는 법률 규정이 없는 때에는 해당 사무가 「지방자치법」 제13조 제2항 각 호의 자치사무에 해당하는지 여부가 가장 우선적인 판단기준이 될 것이다. 왜냐하면, 법률이 없다면 현재 국가가 수행하는 사무가 아닐 것이고, 따라서 경비부담, 지도감독범위나 책임귀속의 문제도 생길여지가 없기 때문이다.

- 판례에 따르면, 「지방자치법」 제13조 제2항 제2호 라목의 '노인·아동·장애인·청소년 및 여성의 보호와 복지 증진'의 사무를 자치사무의 하나로 예시하면서 지방자치단체 소속 주민의 출산을 적극 장려하도록 하여 인구정책을 보다 전향적으로 실효성 있게 추진하고자 하는 조례 제정의 목적 등을 고려하여 지방자치단체가 세 자녀 이상의 세대에 양육비 등을 지원하는 내용의 사무를 자치사무의 일종으로 판시하고 있다.

〈지방의회조례안재의결무효확인청구 : 대법원 2006.10.12, 선고, 2006추38, 판결〉

지방자치법 제15조(현 제28조)에 의하면 지방자치단체는 그 내용이 주민의 권리의 제한 또는 의무의 부과에 관한 사항이거나 벌칙에 관한 사항이 아닌 한 법률의 위임이 없더라도 그의 사무에 관하여 조례를 제정할 수 있는바, 지방자치단체의 세자녀 이상 세대 양육비 등 지원에 관한 조례안은 저출산 문제의 국가적·사회적 심각성을 십분 감안하여 향후 지방자치단체의 출산을 적극 장려하도록 하여 인구정책을 보다 전향적으로 실효성 있게 추진하고자 세 자녀 이상 세대 중 세 번째 이후 자녀에게 양육비 등을 지원할 수 있도록 하는 것으로서, 위와 같은 사무는 지방자치단체 고유의 자치사무 중 주민의 복지증진에 관한 사무를 규정한 지방자치법 제13조 제2항 제2호 라목에서 예시하고 있는 아동·청소년 및 부녀의 보호와 복지증진에 해당되는 사무이고, 또한 위 조례안에는 주민의 편의 및 복리증진에 관한 내용을 담고 있어 그 제정에 있어서 반드시 법률의 개별적 위임이 따로 필요한 것은 아니다.

- 또 다른 판례는 「지방자치법」 제13조 제2항 제2호 가목의 '주민복지에 관한 사업'의 사무를 자치사무의 하나로 예시하고 있는 점을 들어 해당 지방자치단체 소속 주민에게 통행료를 지원하는 내용의 사무가 자치사무에 해당한다고 보았으며(아래 판례1),

- 행정정보 공개에 관한 조례안이 기관위임사무가 아닌 자치사무 등에 관한 정보만을 그 공개대상으로 하고 있다고 해석되는 이상 반드시 전국적으로 통일된 기준에 따르게 할 것이 아니라 지방자치단체가 각 지역의 고유한 특성을 고려하여 자기 고유사무와 관련된 행정정보의 공개에 관한 사무에 대해서 독자적으로 규율할 수 있다는 점을 근거로 지방자치단체의 고유사무와 관련된 행정정보의 공개 사무를 자치사무라고 판시한 바 있다(아래 판례2).

판례1 : 통행지원조례안재의결무효확인 : 대법원 2008.6.12, 선고, 2007추42, 판결

이 사건 조례안은 인천국제공항고속도로를 이용하는 지역주민에게 통행료를 지원하는 것을 주요 내용으로 하고 있는바, 위와 같이 지역주민에게 통행료를 지원하는 내용의 이 사건 사무는 지방자치법 제9조 제2항 제2호 (가)목에 정한 주민복지에 관한 사업에 해당하여 지방자치단체의 고유의 자치사무라고 할 것이므로, 위 사무가 국가사무임을 전제로 하는 원고의 주장은 이유 없다.

판례2 : 행정정보공개조례안재의결취소 : 대법원 1992.6.23, 선고, 92추17, 판결

행정정보의 공개제도는 이미 오래전부터 세계 각국에서 채택하여 시행되어 오고 있는 실정으로서 우리나라의 경우에도 그와 관련된 입법이 바람직한 것은 부인할 수 없으나(이러한 의미에서 원고도 행정정보공개제도 자체가 위헌, 위법이라는 주장은 하지 않고 있다), 뒤에서 보는 바와 같이 정보공개조례안은 국가위임사무가 아닌 자치사무 등에 관한 정보만을 공개대상으로 하고 있다고 풀이되는 이상 반드시 전국적으로 통일된 기준에 따르게 할 것이 아니라 지방자치단체가 각 지역의 특성을 고려하여 자기 고유사무와 관련된 행정정보의 공개사무에 관하여 독자적으로 규율할 수 있다고 보여지므로 구태여 국가의 입법미비를 들어 이러한 지방자치단체의 자주적인 조례제정권의 행사를 가로막을 수는 없다고 하여야 할 것이다.

사무의 구분과 관련한 몇 가지 현안

(1) 공유재산 관리 사무는 자치사무가 맞나요?

- 공유재산의 관리 문제는 지방행정의 주요 관심이 되어 왔다.

- 「지방자치법」 제13조 제2항 제1호 자목은 '공유재산 관리'를 자치사무의 하나로 규정하고 있는데, 이와 같은 지방자치단체의 사무에 대해 국가의 법령에서 지나친 제한 또는 간섭을 하고 있으며, 심지어 「공유재산 및 물품 관리법」 등에서 자치사무라고 할 수 없을 정도로 공유재산의 관리방식 및 제한 등에 대해 상세한 규정을 두고 있어서 지방자치단체의 자치권을 훼손하고 있다는 문제 제기가 끊이지 않고 있다.

- 특히, 헌법 제117조 제1항에서 "지방자치단체는 주민의 복리에 관한 사무를 처리하고 재산을 관리하며, 법령의 범위 안에서 자치에 관한 규정을 제정할 수 있다."고 규정하고 있기 때문에 「공유재산 및 물품 관리법」이 위헌적 요소가 있다는 주장도 있다.

- 그러나 헌법 제117조 제1항에서 "지방자치단체는 주민의 복리에 관한 사무를 처리하고 재산을 관리하며…"라고 규정한 것이 지방자치단체에 재산관리에 관한 무제한의 재량권을 준 것으로 보기는 어렵고, 그 재산관리와 관련한 무분별하고 낭비적인 사무 처리를 경계하려는 취지도 있기 때문에 위헌이라고 단정하기는 어렵다고 본다.

- 또한, 비록 공유재산의 관리 사무가 지방자치단체의 자치사무에 해당하더라도 「지방자치법」 제13조 제2항 각 호 외의 부분 단서에서 '다른 법률에 특별한 규정이 있는 경우'에는 예외적인 내용을 둘 수 있도록 규정하고 있으며, 이에 따라 국가가 "공유재산 및 물품에 관한 기본적인 사항을 정함으로써 공유재산 및 물품을 적정하게 보호하고 효율적으로 관리·처분하는 것을 목적"으로 「공유재산 및 물품 관리법」을 제정·운용하고 있다고 볼 때, 지방자치단체의 공유재산의 관리 사무는 지방자치단체의 자치사무로서 국가 또는 법령이 간섭할 수 없는 고유한 영역은 아니며, 법 취지에 맞게 법률 또는 시행령 등으로 일정한 규제 또는 제한을 할 수 있다고 할 것이다.

공유재산 및 물품 관리법

제1조(목적) 이 법은 공유재산 및 물품에 관한 기본적인 사항을 정함으로써 공유재산 및 물품을 적정하게 보호하고 효율적으로 관리·처분하는 것을 목적으로 한다.

(2) 위원회 관련 사무는 모두 지방자치단체의 사무인가요?

- 「지방자치법」 제130조 제1항은 "지방자치단체는 그 소관 사무의 범위에서 법령이나 그 지방자치단체의 조례로 정하는 바에 따라 자문기관(소관 사무에 대한 자문에 응하거나 협의, 심의 등을 목적으로 하는 심의회, 위원회 등을 말한다. 이하 같다)을 설치·운영할 수 있다."고 규정하고 있어서 자문기관의 성격을 갖는 위원회는 법령 또는 조례의 규정을 필요로 하고 있다. 실제로, 대부분의 조례에는 자문기관의 성격을 갖는 위원회의 설치 및 운영에 관한 규정을 두고 있다.

지방자치법

제130조(자문기관의 설치 등) ① 지방자치단체는 소관 사무의 범위에서 법령이나 그 지방자치단체의 조례로 정하는 바에 따라 자문기관(소관 사무에 대한 자문에 응하거나 협의, 심의 등을 목적으로 하는 심의회, 위원회 등을 말한다. 이하 같다)을 설치·운영할 수 있다.
② 자문기관은 법령이나 조례에 규정된 기능과 권한을 넘어서 주민의 권리를 제한하거나 의무를 부과하는 내용으로 자문 또는 심의 등을 하여서는 아니 된다.

- 이처럼 지방자치단체의 자문기관 성격을 갖는 위원회 관련 규정이 조례에서 규정되다 보니, 위원회 관련 사무는 모두 자치사무 또는 단체위임사무에 해당하는 것으로 생각하기 쉽다.
- 법령의 근거 없이 지방자치단체의 조례를 통해 설치·운영되는 자문 위원회의 사무는 자치사무 또는 단체위임사무에 해당하는 것이 맞다. 왜냐하면 지방자치법 제130조 제1항의 "소관사무"는 자치사무와 단체위임사무를 말하기 때문이다. 그러나 법령의 규정에 따라 설치·운영하는 위원회의 경우에는 비록 지방자치단체가 설치 및 운영한다고 해도 지방자치단체의 사무로 보기 어려운 점이 있다.
- 예를 들어, 지방자치단체가 설치한 사회복지시설의 위탁자 선정을 위한 '수탁자선정심의위원회의'의 설치 및 운영에 관한 내용을 보자.
- 「지방자치법」 제13조 제2항 제2호 나목은 '사회복지시설의 설치·운영 및 관리'를 자치사무의 예시로 규정하고 있기 때문에 사회복지시설의 설치 및 운영 자체는 자치사무에 해당하므로 이에 필요한 규정은 조례로 정할 수 있다.
- 그런데, 「사회복지사업법」 제34조에서는 "국가 및 지방자치단체가 설치한 사회복지시설에 대한 민간위탁"에 관한 사항을 별도로 규정하고 있고, 같은 법 시행규칙 제21조 제1항은 수탁자를 공개모집하여 수탁자선정위원회를 거치도록 하는 등 민간위탁의 기준 및 방법 등을 비교적 구체적으로 정하고 있다.

- 즉, 지방자치단체가 설치·운영하는 사회복지시설 이용자의 편의성 및 부당한 시설위탁 계약체결 방지 등을 위하여 전국적인 기준을 마련할 필요성이 있다고 판단하고 「사회복지사업법 시행규칙」 제21조 제1항의 규정을 둔 것으로 보이므로, 지방자치단체가 설치·운영하는 사회복지시설에 관한 일반 사무는 자치사무라고 볼 수 있지만 그와 달리 사회복지시설의 민간위탁에 관한 사무는 지방자치법 제13조 제2항 단서에 따라 사회복지사업법령의 일정한 제한을 받는 국가와 지방자치단체의 공동사무라고 보아야 한다.

- 그렇다면, 지방자치단체는 자치사무에 해당하는 사회복지시설의 설치 및 운영 등에 관한 사항은 조례의 형식으로 입법하는 것은 가능하지만, 이와 별개로 「사회복지사업법」 및 그 시행규칙에서 규정하고 있는 사회복지시설에 대한 민간위탁의 기준·기간 및 방법, 수탁자선정심의위원회의 구성 및 운영 등의 기준에 관해서는 위 법령에 위배되지 않는 범위에서만 조례로 정할 수 있다고 볼 수 있다.

사회복지사업법 시행규칙

제21조(시설의 위탁기준 및 방법) ① 법 제34조 제5항에 따라 국가 또는 지방자치단체가 설치한 시설을 위탁하여 운영하려는 경우에는 공개모집에 따라 수탁하는 법인(이하 "수탁자"라 한다)을 선정해야 한다. 다만, 국가 또는 지방자치단체가 사회복지사업을 할 목적으로 설립한 비영리법인에 위탁하여 운영하려는 경우로서 보건복지부장관이 정하는 경우에는 공개모집을 하지 않을 수 있다.

② 제1항에 따른 시설의 수탁자 선정을 위하여 해당 시설을 설치한 국가 또는 지방자치단체(이하 "위탁기관"이라 한다)에 수탁자선정심의위원회(이하 "선정위원회"라 한다)를 둔다.

③ 국가 또는 지방자치단체는 제1항에 따라 수탁자를 선정하려는 경우에는 수탁자의 재정적 능력, 공신력, 사업수행능력, 지역간 균형분포 및 제27조의2에 따른 평가결과(평가를 한 경우에만 해당한다) 등을 종합적으로 고려해야 하며, 제2항에 따른 선정위원회의 심의를 거쳐야 한다.

④ 선정위원회는 위원장 1명을 포함한 9명 이내의 위원으로 구성하고, 위원은 다음 각 호의 어느 하나에 해당하는 사람 중에서 위탁기관의 장이 임명 또는 위촉하며, 위원장은 위원 중에서 위탁기관의 장이 지명한다.

1. 사회복지업무를 담당하는 공무원
2. 사회복지에 관한 학식과 경험이 풍부한 사람
3. 공익단체에서 추천한 사람
4. 그 밖에 법률전문가 등 선정위원회 참여가 필요하다고 위탁기관의 장이 인정하는 사람

⑤ 선정위원회는 재적위원 과반수의 출석으로 개의하고 출석위원 과반수의 찬성으로 의결한다.

⑥ 제4항 및 제5항에서 규정한 사항 외에 선정위원회의 운영에 관하여 필요한 사항은 위탁기관의 장이 정한다.

(3) 정부의 지침이 있는 사무는 모두 기관위임사무인가요?

- 일반적으로 기관위임사무와 자치사무 또는 단체위임사무를 구분할 때 국가 또는 중앙정부의 해당 사무에 대한 지도·감독 등 관여의 정도를 그 기준의 하나로 삼는 경우가 많다.

- 해당 사무에 대한 지도·감독 등 관여의 정도를 판단하는 중요한 근거로는 해당 사무 수행에 대한 '지침'과 같은 훈령·예규·고시 형식의 행정규칙이 있다. 그렇다면 정부의 지침 등 행정규칙에 따라 시행되는 사무는 모두 기관위임사무일까?

- 예를 들어, 환경부고시인 「탄소포인트제 운영에 관한 규정」은 「대기환경보전법」 제81조를 근거로 하여 제정·시행되고 있으며, 이 규정에서는 탄소포인트제도 참여자에게 지원금을 제공하면서 이를 국가와 지방자치단체가 50:50의 비율로 부담하도록 하고 있다.

- 그렇다면 '탄소포인트제' 운영에 관한 사무는 기관위임사무일까, 아니면 자치사무 또는 단체위임사무에 해당할까?

- 「대기환경보전법」 제81조 제1항 제7호는 국가 또는 지방자치단체는 대기환경을 개선하기 위하여 환경부장관이 필요하다고 인정하는 사업을 추진하는 지방자치단체나 사업자에게 필요한 재정적·기술적 지원을 할 수 있도록 되어 있다.

대기환경보전법

제81조(재정적·기술적 지원) ① 국가 또는 지방자치단체는 대기환경개선을 위하여 다음 각 호의 사업을 추진하는 지방자치단체나 사업자 등에게 필요한 재정적·기술적 지원을 할 수 있다.

1. 제11조에 따른 종합계획의 수립 및 시행을 위하여 필요한 사업
2. 제32조 제1항 및 제4항에 따른 측정기기 부착 및 운영·관리
3. 제16조 제6항에 따른 특별대책지역에서의 엄격한 배출허용기준과 특별배출허용기준의 준수 확보에 필요한 사업

3의2. 제38조의2에 따라 대기오염물질의 비산배출을 줄이기 위한 사업
3의3. 휘발성유기화합물함유기준에 적합한 도료에 관한 연구와 기술개발
4. 제32조에 따른 측정기기의 부착 및 측정결과를 전산망에 전송하는 사업
5. 제63조에 따른 정밀검사 기술개발과 연구
6. 제75조의2에 따른 친환경연료의 보급 확대와 기반구축 등에 필요한 사업
7. 그밖에 대기환경을 개선하기 위하여 환경부장관이 필요하다고 인정하는 사업

- 위 규정에 따르면, 법률에서 지방자치단체에 재정적 지원 사무를 부과하면서 그 사업의 내용을 환경부장관이 정하도록 규정하는 방식을 사용하고 있음을 알 수 있다. 이 법률 규정에 따라 제정한 것이 환경부고시인 「탄소포인트제 운영에 관한 규정」이다.

- 따라서 '탄소포인트제' 운영에 관한 사무는 지방자치단체의 사무에 해당하며, 다만 그 제도의 운영 방법을 고시로 정하도록 한 법률의 취지에 따라 행정규칙에 해당하는 '지침'을 제정해서 운영하고 있을 뿐이다.

- 결국, 정부의 각종 행정규칙에 따라 사업을 수행하고 있다는 이유만으로 해당 사무가 기관위임사무라고 단정할 수는 없으며, 해당 사무의 법률상 근거 및 그 운영 방법 등을 자세히 검토할 필요가 있다.

- '탄소포인트제'와 같이 해당 사무에 소요되는 비용을 국가와 지방자치단체가 50:50의 비율로 부담하고 있다면 자치사무 또는 단체위임사무와 같이 지방자치단체의 사무에 해당할 가능성이 크며, 이 경우 가급적 관련 규정을 조례로 정하는 것이 바람직하다고 할 것이다.

(4) 지방자치단체의 장의 권한을 조례로써 위탁하는 것이 가능한가요?

- 「지방자치법」 제29조는 "지방자치단체의 장은 법령 또는 조례의 범위에서 그 권한에 속하는 사무에 관하여 규칙을 제정할 수 있다."고 규정하고 있어서 지방자치단체의 장의 권한에 속하는 사무는 원칙적으로 규칙으로 정하는 것이 합당하다.

지방자치법

제29조(규칙) 지방자치단체의 장은 법령 또는 조례의 범위에서 **그 권한에 속하는 사무**에 관하여 규칙을 제정할 수 있다.

- 한편, 「지방자치법」 제117조 제2항은 "지방자치단체의 장은 조례나 규칙으로 정하는 바에 따라 그 권한에 속하는 사무의 일부를 관할 지방자치단체나 공공단체 또는 그 기관(사업소·출장소를 포함한다)에 위임하거나 위탁할 수 있다."고 규정하고 있다.

- 여기서 「지방자치법」 제117조 제2항의 내용은 ① 광역 자치단체가 그 사무의 일부를 그 소속 기초 자치단체 또는 그 기관에 그 사무의 처리와 관련하여 권한을 위임하는 경우, ② 광역 또는

기초 자치단체가 그 사무의 일부를 관할 지방공기업·지방공사 등 공공단체 또는 그 기관에 그 사무의 처리와 관련하여 권한을 위탁하는 경우로 나누어 볼 수 있다.

- 그렇다면, ③ 광역 자치단체가 기초 자치단체 소속 공공단체 또는 그 기관에 위탁하는 경우, ④ 기초 자치단체가 광역 자치단체 소속 공공단체 또는 그 기관에 위탁하는 경우도 가능할까?

- 여기서 ③과 ④의 경우에는 「지방자치법」 제117조 제3항에 따라 해당 지방자치단체가 사무의 민간위탁 방식 등에 따라 위탁을 하는 것은 가능하지만, 「지방자치법」 제117조 제2항에 따른 권한의 위탁은 어렵다고 보아야 할 것이다.

지방자치법

제117조(사무의 위임 등) ② 지방자치단체의 장은 조례나 규칙으로 정하는 바에 따라 그 권한에 속하는 사무의 일부를 관할 지방자치단체나 공공단체 또는 그 기관(사업소·출장소를 포함한다)에 위임하거나 위탁할 수 있다.

③ 지방자치단체의 장은 조례나 규칙으로 정하는 바에 따라 그 권한에 속하는 사무 중 조사·검사·검정·관리업무 등 주민의 권리·의무와 직접 관련되지 아니하는 사무를 법인·단체 또는 그 기관이나 개인에게 위탁할 수 있다.

- 따라서 「지방자치법」 제117조 제2항은 위탁과 관련하여 ②의 경우, 즉 광역 또는 기초 자치단체가 그 사무의 일부를 관할 지방공기업·지방공사 등 공공단체 또는 그 기관에 그 사무의 처리와 관련하여 권한을 위탁하는 경우에만 적용된다고 보아야 할 것이다.

- 그런데, 아래의 「지방의료원의 설립 및 운영에 관한 법률」 제26조 제2항은 "이 법에 따른 지방자치단체의 장의 권한은 지방의료원의 목적수행을 위하여 필요한 경우에는 조례로 정하는 바에 따라 그 일부를 원장에게 위탁할 수 있다."고 규정함으로써 지방자치단체의 장의 권한 위탁에 관해서 규칙이 아닌 조례로 정하도록 규정하고 있다.

지방의료원의 설립 및 운영에 관한 법률

제1조(목적) 이 법은 지방의료원의 설립·운영 및 지원에 관한 사항을 정함으로써 지역주민의 건강 증진과 지역보건의료의 발전에 이바지함을 목적으로 한다.

제26조(권한 및 운영의 위임·위탁) ① 이 법에 따른 보건복지부장관의 권한은 대통령령으로 정하는 바에 따라 그 일부를 지방자치단체의 장에게 위임할 수 있다.

> ② 이 법에 따른 지방자치단체의 장의 권한은 지방의료원의 목적수행을 위하여 필요한 경우에는 조례로 정하는 바에 따라 그 일부를 원장에게 위탁할 수 있다.

- 지방자치단체의 장이 그 권한을 위임 또는 위탁하는 사항은 「지방자치법」 제29조의 '지방자치단체의 장의 권한에 속하는 사무'에 해당하기 때문에 「지방의료원의 설립 및 운영에 관한 법률」 제26조 제2항이 이 규정과 상충되는 것이 아닌지 문제된다.

- 그런데 「지방의료원의 설립 및 운영에 관한 법률」 제26조 제2항과 같이 지방자치단체의 장의 권한을 조례로써 지방의료원의 원장에게 위탁하려면 「지방자치법」 제117조 제2항에 따라 광역 또는 기초 자치단체의 장이 그 사무의 일부를 관할 지방공기업·지방공사 등 공공단체 또는 그 기관에 그 사무의 처리와 관련하여 권한을 위탁하는 방식이 조례로 가능해야만 한다.

- 일반적으로 「지방자치법」 제117조 제2항에 따른 권한의 위탁은 위탁 대상이 되는 권한 또는 사무의 성격이 자치사무 또는 단체위임사무인 경우에는 조례로 정하고, 기관위임사무인 경우에는 규칙으로 정하는 것이 원칙이다. 그런데, 「지방의료원의 설립 및 운영에 관한 법률」 제6조부터 제25조까지 규정된 지방자치단체의 장의 권한은 모두 지방의료원에 대한 정관 변경 인가(제6조) 등 지방의료원을 대상으로 하고 있어서 권한의 위탁이 불가능하다.

- 그렇다면 같은 법 제26조 제1항에 따라 보건복지부장관으로부터 위임받은 권한을 다시 위탁해야 한다는 것인데, 이처럼 기관위임사무를 위탁하는 경우에는 「지방자치법」 제117조 제2항에 따라 조례가 아닌 규칙으로 정하는 것이 합당하다.

- 결국, 「지방의료원의 설립 및 운영에 관한 법률」 제26조 제2항과 같이 지방자치단체의 장의 권한에 속하는 사항을 규칙이 아닌 조례로 정하도록 하는 입법은 지방자치단체의 사무와 자치법규에 관한 일반원칙에 어긋날 소지가 있다. 또한, 지방자치단체의 장의 고유한 집행권에 대해서는 주민의 대표기관인 지방의회의 관여가 필요하지 않기 때문에 바람직하지 않다.

- 관련 규정을 삭제하거나 조례가 아닌 규칙으로 정하도록 하는 것이 바람직하다.

자치사무·단체위임사무 및 기관위임사무에 대한 정리

- 지방자치단체의 사무인 자치사무·단체위임사무와 지방자치단체의 장의 사무인 기관위임사무는 어떻게 구분되며 어떠한 차이점이 있을까?

- 실무에서는 사무의 구분과 별개로 사무별로 어떤 차이점이 있는지 막연하지 않을 수 없다.

- 다소 장황하고 지루한 부분이 있더라도 그 동안의 이론과 실무를 종합하여 세 가지 사무를 구분해서 정리해 본다.

(1) 자치사무

- 자치사무란 지방자치단체의 존립 목적이 되는 지방적 복리사무를 말하며, 이는 고유사무라고도 불리어진다.

- 지방자치는 그 지역의 사무를 독자적으로 처리하기 위한 것이므로, 지방자치단체는 국가 또는 다른 지방자치단체의 전권에 속하는 사무를 제외하고는 이른바 전권한성(全權限性)의 원칙으로부터 지방주민의 복리에 관한 공공사무를 포괄적으로 처리할 수 있다고 할 것이며, 이러한 자치사무가 지방자치단체에 존재의미를 부여한다고 할 수 있다.

- 한편, 자치사무는 헌법상 보장된 자기책임성의 원칙에 따라 사무의 수행여부와 수행방법에 관하여 지방자치단체의 재량이 인정되는 것이 원칙이지만(隨意事務), 법률상 해당 사무의 수행의무가 부과되어 있는 경우도 있다(必要事務). 즉, 자치사무는 의무적 자치사무와 임의적 자치사무로 구분되는데, 전자를 필요사무라고 하고 후자를 수의사무라고도 한다.

- 필요사무 또는 의무적 자치사무는 「교육기본법」 및 「초·중등교육법」에 따른 초등학교의 설치·운영, 「감염병의 예방 및 관리에 관한 법률」에 따른 예방접종, 「소방기본법」에 따른 소방업무 등과 같이 통상 법령으로 정해지며, 그것은 지방자치단체의 본연의 사무의 최소한이라 할 수 있다.

- 다만, 필요사무와 수의사무의 구분은 고정적인 것이 아니라 정치·경제·사회·문화의 발전에 따라 가변적인 것이다. 그리고 필요사무로 할 것인지 여부는 입법자의 입법재량이며, 그 입법재량의 행사에는 국가와 지방자치단체 사이의 "보충성의 원칙"이 기본적인 기준의 하나가 될 수 있다.

- 사무의 귀속주체와 비용의 부담주체는 결부되어야 한다는 이른바 견련성(牽聯性)의 원칙에 따라 지방자치단체는 자치사무의 수행에 필요한 비용을 스스로 부담할 의무를 진다.

- 이에 따라 「지방자치법」 제158조 본문에서는 "지방자치단체는 자치사무 수행에 필요한 경비와 위임된 사무에 필요한 경비를 지출할 의무를 진다."고 규정하고 있으며, 또한 같은 취지로 「지방재정법」 제20조에서는 "지방자치단체의 관할구역 자치사무에 필요한 경비는 그 지방자치단체가 전액을 부담한다."고 규정하고 있다.

지방자치법

제158조(경비의 지출) 지방자치단체는 자치사무 수행에 필요한 경비와 위임된 사무에 필요한 경비를 지출할 의무를 진다. 다만, 국가사무나 지방자치단체사무를 위임할 때에는 사무를 위임한 국가나 지방자치단체에서 그 경비를 부담하여야 한다.

지방재정법

제20조(자치사무에 관한 경비) 지방자치단체의 관할구역 자치사무에 필요한 경비는 그 지방자치단체가 전액을 부담한다.

- 따라서 지방자치단체가 충분한 재정력을 확보하는 것은 바로 주민을 위한 복지 관련 자치사무 수행의 전제요건이 된다고 할 수 있으며, 지방자치단체의 비용부담의 한계가 지방자치단체가 수행할 수 있는 자치사무의 한계가 될 수 있다.

- 현재 각 지방자치단체의 재정 자립도가 현저히 낮고, 특히 그 격차가 크다는 점을 직시한다면 지방자치단체의 재정 자립도를 높일 수 있는 근본적인 대책을 마련하는 것은 실질적인 지방자치의 실현을 위해 무엇보다 중요하고 또한 시급한 과제라고 할 것이다.

- 자치사무는 지방자치단체 자신의 사무이므로 지방의회는 당연히 자치사무에 관여할 수 있다. 지방의회는 「지방자치법」 제28조의 조례 제정권에 근거하여 자치사무를 조례로 규율할 수 있다. 또한, 지방의회는 그 의결로 안건의 심의와 관련된 서류의 제출을 해당 지방자치단체의 장에게 요구할 수 있을 뿐만 아니라(제48조) 자치사무를 감사하거나 그 사무 중 특정사안에 관하여 지방의회의 의결로 조사할 수 있으며, 지방자치단체의 장이나 관계공무원의 출석·답변을 요구할 수도 있다(제49조 및 제51조).

지방자치법

제48조(서류제출요구) ① 본회의나 위원회는 그 의결로 안건의 심의와 직접 관련된 서류의 제출을 해당 지방자치단체의 장에게 요구할 수 있다.

제49조(행정사무 감사권 및 조사권) ① 지방의회는 매년 1회 그 지방자치단체의 사무에 대하여 시·도에서는 14일의 범위에서, 시·군 및 자치구에서는 9일의 범위에서 감사를 실시하고, 지방자치단체의 사무 중 특정 사안에 관하여 본회의 의결로 본회의나 위원회에서 조사하게 할 수 있다.

제51조(행정사무처리상황의 보고와 질문응답) ① 지방자치단체의 장이나 관계 공무원은 지방의회나 그 위원회에 출석하여 행정사무의 처리상황을 보고하거나 의견을 진술하고 질문에 답변할 수 있다.
② 지방자치단체의 장이나 관계 공무원은 지방의회나 그 위원회가 요구하면 출석·답변하여야 한다. 다만, 특별한 이유가 있으면 지방자치단체의 장은 관계 공무원에게 출석·답변하게 할 수 있다.

- 자치사무에 대한 국가 또는 상급 지방자치단체의 감독권이 미치는 범위는 적법성통제, 즉 법규감독(法規監督)만이 허용된다.

- 「지방자치법」 제188조 제1항에서는 지방자치단체의 사무에 관한 지방자치단체의 장의 명령이나 처분이 법령에 위반되거나 현저히 부당하여 공익을 해친다고 인정되면 시·도에 대하여는 주무부장관이, 시·군 및 자치구에 대하여는 시·도지사가 기간을 정하여 서면으로 시정할 것을 명하고, 그 기간에 이행하지 아니하면 이를 취소하거나 정지할 수 있다고 규정하고 있다.

- 제2항 내지 제4항에 따르면, 시·군 및 자치구에 대해 시·도지사가 시정명령을 하지 않으면 주무부장관은 시정명령을 하도록 명할 수 있고, 시·도지사가 이에 따르지 않으면 주무부장관이 직접 7일 이내 기간을 정해 시장·군수 및 구청장에게 시정을 명하고, 미이행시 직접 이를 취소하거나 정지할 수 있다. 또한 시·도지사가 한 시정명령을 이행하지 않은데 따른 취소·정지를 하지 않으면 주무부장관은 시·도지사에게 이를 취소하거나 정지할 것을 명하고, 기간 내 미이행 시 직접 취소하거나 정지할 수 있다.

- 제5항 및 제6항에 따르면, 자치사무에 관한 명령이나 처분에 대한 주무부장관 또는 시·도지사의 시정명령, 취소 또는 정지는 법령을 위반한 것에 한정한다. 또한, 지방자치단체의 장은 자치사무에 관한 명령이나 처분의 취소 또는 정지에 대하여 이의가 있으면 그 취소처분 또는 정지처분을 통보받은 날부터 15일 이내에 대법원에 소를 제기할 수 있다.

- 또한, 행정안전부장관이나 시·도지사가 지방자치단체의 자치사무에 관하여 보고를 받거나 서류·장부 또는 회계를 감사할 수 있지만, 이 경우에도 감사는 법령 위반사항에 대해서만 한다.(제190조)

지방자치법

제188조(위법·부당한 명령이나 처분의 시정) ① 지방자치단체의 사무에 관한 지방자치단체의 장(제103조 제2항에 따른 사무의 경우에는 지방의회의 의장을 말한다. 이하 이 조에서 같다)의 명령이나 처분이 법령에 위반되거나 현저히 부당하여 공익을 해친다고 인정되면 시·도에 대하여는 주무부장관이, 시·군 및 자치구에 대하여는 시·도지사가 기간을 정하여 서면으로 시정할 것을 명하고, 그 기간에 이행하지 아니하면 이를 취소하거나 정지할 수 있다.

② 주무부장관은 지방자치단체의 사무에 관한 시장·군수 및 자치구의 구청장의 명령이나 처분이 법령에 위반되거나 현저히 부당하여 공익을 해침에도 불구하고 시·도지사가 제1항에 따른 시정명령을 하지 아니하면 시·도지사에게 기간을 정하여 시정명령을 하도록 명할 수 있다.

③ 주무부장관은 시·도지사가 제2항에 따른 기간에 시정명령을 하지 아니하면 제2항에 따른 기간이 지난 날부터 7일 이내에 직접 시장·군수 및 자치구의 구청장에게 기간을 정하여 서면으로 시정할 것을 명하고, 그 기간에 이행하지 아니하면 주무부장관이 시장·군수 및 자치구의 구청장의 명령이나 처분을 취소하거나 정지할 수 있다.

④ 주무부장관은 시·도지사가 시장·군수 및 자치구의 구청장에게 제1항에 따라 시정명령을 하였으나 이를 이행하지 아니한 데 따른 취소·정지를 하지 아니하는 경우에는 시·도지사에게 기간을 정하여 시장·군수 및 자치구의 구청장의 명령이나 처분을 취소하거나 정지할 것을 명하고, 그 기간에 이행하지 아니하면 주무부장관이 이를 직접 취소하거나 정지할 수 있다.

⑤ 제1항부터 제4항까지의 규정에 따른 자치사무에 관한 명령이나 처분에 대한 주무부장관 또는 시·도지사의 시정명령, 취소 또는 정지는 법령을 위반한 것에 한정한다.

⑥ 지방자치단체의 장은 제1항에 따른 자치사무에 관한 명령이나 처분의 취소 또는 정지에 대하여 이의가 있으면 그 취소처분 또는 정지처분을 통보받은 날부터 15일 이내에 대법원에 소를 제기할 수 있다.

- 다만, 지방자치단체는 자치사무라 하더라도 아무런 제약 없이 행할 수 있는 것은 아니고, 헌법 제117조의 취지에 비추어 볼 때 '법령의 범위에서' 행할 수 있을 뿐이다. 즉, 지방자치단체의 자치사무에 대해서는 적법성통제만을 행할 수 있는 것이 원칙이기는 하지만, 예외적으로는 개별 법률에서 자치사무에 대한 합목적성의 통제를 위해 필요한 규정을 둘 수도 있다.

- 예를 들어, 「도로법」 제21조 제2항은 "행정청(특별시장·광역시장·특별자치시장·도지사·특별자치도지사·시장·군수 또는 자치구의 구청장)이 도로 노선을 지정·변경 또는 폐지하려면 국토교통부령으로 정하는 바에 따라 특별시도·광역시도, 지방도, 시도(특별자치시장이 노선을 지정한 것에 한함)에 관하여는 국토교통부장관, 시도·군도 또는 구도에 관하여는 특별시장·광역시장 또는 도지사의 승인을 받아야 한다."고 되어 있는데, 도로의 노선을 인정·폐지 또는 변경하는 것은 지방자치단체의 자치사무에 해당하지만, 감독관청의 승인을 받도록 함으로써 합목적성에 입각한 통제를 하고 있다.

도로법

제21조(도로 노선의 변경과 폐지) ② 행정청이 도로 노선을 지정·변경 또는 폐지하려면 국토교통부령으로 정하는 바에 따라 특별시도·광역시도, 지방도, 시도(특별자치시장이 노선을 지정한 것으로 한정한다)에 관하여는 국토교통부장관, 시도(특별자치시장이 노선을 지정한 것은 제외한다)·군도 또는 구도에 관하여는 특별시장·광역시장 또는 도지사의 승인을 받아야 한다.

(2) 단체위임사무

- 단체위임사무란 국가 또는 다른 지방자치단체로부터 해당 지방자치단체에 위임된 사무를 말하며, 이러한 의미에서 국가기관 또는 다른 지방자치단체의 장이 지방자치단체의 장에게 위임하여 처리하게 하는 사무인 기관위임사무와 구별된다.
- 단체위임사무는 국가나 광역 자치단체의 경제(경비의 절약)를 위한 것일 뿐만 아니라, 효율성(지역사정에 정통한 자에 의한 지방행정)과 합목적성(시민근접행정) 등을 근거로 한다.
- 단체위임사무의 경우 수임 지방자치단체는 자신의 책임 하에 해당 사무를 수행할 의무를 지기 때문에 단체위임사무의 위임에는 개별 법률상의 법적 근거를 요한다.
- 「지방자치법」 제49조 제3항 전단에서 "지방자치단체 및 그 장이 위임받아 처리하는 국가사무와 시·도의 사무에 대하여 국회와 시·도의회가 직접 감사하기로 한 사무 외에는 그 감사를 각각 해당 시·도의회와 시·군 및 자치구의회가 할 수 있다."는 규정과, 제185조 제1항에서 "지방자치단체나 그 장이 위임받아 처리하는 국가사무에 관하여 시·도에서는 주무부장관의, 시·군 및 자치구에서는 1차로 시·도지사의, 2차로 주무부장관의 지도·감독을 받는다."는 규정 등에서 단체위임사무의 근거를 두고 있다.

지방자치법

제49조(행정사무 감사권 및 조사권) ③ 지방자치단체 및 그 장이 위임받아 처리하는 국가사무와 시·도의 사무에 대하여 국회와 시·도의회가 직접 감사하기로 한 사무 외에는 그 감사를 각각 해당 시·도의회와 시·군 및 자치구의회가 할 수 있다. 이 경우 국회와 시·도의회는 그 감사결과에 대하여 그 지방의회에 필요한 자료를 요구할 수 있다.

제185조(국가사무나 시·도사무 처리의 지도·감독) ① 지방자치단체나 그 장이 위임받아 처리하는 국가사무에 관하여 시·도에서는 주무부장관의, 시·군 및 자치구에서는 1차로 시·도지사의, 2차로주무부장관의 지도·감독을 받는다.
② 시·군 및 자치구나 그 장이 위임받아 처리하는 시·도의 사무에 관하여는 시·도지사의 지도·감독을 받는다.

- 단체위임사무의 경우에는 국가는 지방자치단체에 대하여 일정 사무를 부여함과 아울러 그 사무의 수행을 개별적이고도 전문적인 지시에 따라 행하도록 하는 권한을 유보해 둘 수도 있다(지시의 유보).

- 위임되는 사무의 수행에 비용이 소요되는 경우 비용부담이 따라야 함은 당연하다. 이에 「지방자치법」 제158조 단서에서 "국가사무 또는 지방자치단체사무를 위임하는 때에는 이를 위임한 국가 또는 지방자치단체에서 그 경비를 부담하여야 한다."고 규정하고 있으며, 또한 「지방재정법」 제21조 제2항에서도 "국가가 스스로 하여야 할 사무를 지방자치단체나 그 기관에 위임하여 수행하는 경우 그 경비는 국가가 전부를 그 지방자치단체에 교부하여야 한다."고 규정하고 있다.

지방자치법

제158조(경비의 지출) 지방자치단체는 그 자치사무의 수행에 필요한 경비와 위임된 사무에 관하여 필요한 경비를 지출할 의무를 진다. 다만, 국가사무나 지방자치단체사무를 위임할 때에는 이를 위임한 국가나 지방자치단체에서 그 경비를 부담하여야 한다.

지방재정법

제21조(부담금과 교부금) ① 지방자치단체나 그 기관이 법령에 따라 처리하여야 할 사무로서 국가와 지방자치단체 간에 이해관계가 있는 경우에는 원활한 사무 처리를 위하여 국가에서 부담하지 아니하면 아니 되는 경비는 국가가 그 전부 또는 일부를 부담한다.
② 국가가 스스로 하여야 할 사무를 지방자치단체나 그 기관에 위임하여 수행하는 경우 그 경비는 국가가 전부를 그 지방자치단체에 교부하여야 한다.

- 한편, 단체위임사무의 수행에 있어서 「국가배상법」 제2조 또는 제5조에 따른 손해가 발생한 경우 그 배상책임의 주체는 우선 해당 지방자치단체가 공무원의 선임·감독자 내지 영조물의 설치·관리자로서 배상책임을 부담한다. 또한, 그 단체위임사무의 위임기관으로서의 국가 또는 다른 지방자치단체도 「지방자치법」 제158조 단서의 규정에 따른 비용부담자로서 그 배상책임을 면할 수 없다.

- 단체위임사무는 자치사무는 아니지만, 역시 해당 지방자치단체의 사무이기 때문에 지방의회는 단체위임사무에 관여한다. 지방의회는 「지방자치법」 제28조의 조례제정권에 근거하여 조례로 규율할 수 있고, 안건의 심의와 관련된 서류의 제출을 해당 지방자치단체의 장에게 요구할 수 있을 뿐만 아니라(제48조), 단체위임사무와 관련하여 해당 지방자치단체의 사무를 감사하거나 특정 사안에 관하여 지방의회의 의결로 조사할 수 있으며, 또한 지방자치단체의 장이나 관계공무원의 출석·답변을 요구할 수도 있다(제49조 및 제51조). 이 부분에서 자치사무와 차이점이 없다.

(3) 기관위임사무

- 기관위임사무란 국가 또는 다른 지방자치단체의 장이 해당 지방자치단체의 장에게 위임하여 처리하게 하는 사무를 말한다. 이 경우 수임기관은 그가 소속하는 지방자치단체와는 관련 없이, 국가행정조직 또는 위임지방자치단체의 장의 조직의 한 부분으로 간주되며, 국가 또는 위임 지방자치단체의 장의 감독 하에 놓일 뿐이다.

- 요컨대, 기관위임사무는 수임기관이 속한 지방자치단체의 사무가 아니라 위임자의 사무이며, 기관위임에 있어서 수임기관은 확장된 국가의 팔(als verlngerter Arm des Staats)로 이해되고 있다.

- 법령상 지방자치단체의 장이 처리하도록 규정하고 있는 사무가 기관위임사무에 해당하는지 여부를 판단할 때 그에 관한 법령의 규정 형식과 취지를 우선 고려하여야 하나, 그 외에도 사무의 성질이 전국적으로 통일적인 처리가 요구되는 사무인지 여부나 그에 관한 경비부담과 최종적인 책임귀속의 주체 등도 고려하여 판단하여야 한다.

- 기관위임사무에 있어서 수임기관은 해당 사무의 수행의무를 지기 때문에 일정한 사무를 기관위임을 하고자 하는 경우에는 법적 근거를 요한다. 기관위임사무의 일반법적 근거로는 「지방자치법」 제115조 및 제116조가 있다.

지방자치법

제115조(국가사무의 위임) 시·도와 시·군 및 자치구에서 시행하는 국가사무는 시·도지사와 시장·군수 및 자치구의 구청장에게 위임하여 수행하는 것을 원칙으로 한다. 다만, 법령에 다른 규정이 있는 경우에는 그러하지 아니하다.

제116조(사무의 관리 및 집행권) 지방자치단체의 장은 그 지방자치단체의 사무와 법령에 따라 그 지방자치단체의 장에게 위임된 사무를 관리하고 집행한다.

- 기관위임사무의 처리에 소요되는 경비는 그 전액을 위임기관인 국가 또는 광역 자치단체가 부담하는 것이 원칙이다.
- 또한, 시·도의 사무위임에 수반하는 경비부담과 관련하여 「지방재정법」 제28조에서는 "시·도나 시·도지사가 시·군 및 자치구 또는 시장·군수·자치구의 구청장에게 그 사무를 집행하게 할 때에는 시·도는 그 사무 집행에 드는 경비를 부담하여야 한다."고 규정하고 있다.

지방재정법

제28조(시·도의 사무위임에 수반하는 경비 부담) 시·도나 시·도지사가 시·군 및 자치구 또는 시장·군수·자치구의 구청장에게 그 사무를 집행하게 할 때에는 시·도는 그 사무 집행에 드는 경비를 부담하여야 한다.

- 기관위임사무의 수행과 관련하여 직무상 불법행위가 발생한 경우, 해당 사무의 귀속주체는 위임기관이므로 국가 또는 위임지방자치단체가 배상책임을 져야 하는 것은 당연하다. 다만, 수임자가 속한 지방자치단체가 비용의 일부를 부담한 경우에는 비용부담자로서 배상책임자가 될 수 있다.
- 지방자치단체의 자치사무는 집행기관의 전속적 권한에 속하는 사항을 제외하고는 지방의회의 의결, 사무감사 및 조사, 회계감사 등에 의한 관여가 인정되는 반면, 기관위임사무는 지방자치단체의 사무가 아니기 때문에 지방의회가 관여할 수 없는 것이 원칙이다. 따라서 기관위임사무에 대해서는 다른 법률에 특별한 규정이 없는 한 조례로 정할 수 없다.

- 다만, 행정사무의 감사에 대해서는 「지방자치법」 제49조 제3항에서 "지방자치단체 및 그 장이 위임받아 처리하는 국가사무와 시·도의 사무에 대하여 국회와 시·도의회가 직접 감사하기로 한 사무 외에는 그 감사를 각각 해당 시·도의회와 시·군 및 자치구의회가 할 수 있다."고 특례를 두고 있다.

- 따라서 기관위임사무에 대해서도 국회와 시·도의회가 직접 감사하기로 한 사무를 제외하고는 지방의회가 감사를 행할 수 있다.

지방자치법

제49조(행정사무 감사권 및 조사권) ③ 지방자치단체 및 그 장이 위임받아 처리하는 국가사무와 시·도의 사무에 대하여 국회와 시·도의회가 직접 감사하기로 한 사무 외에는 그 감사를 각각 해당 시·도의회와 시·군 및 자치구의회가 할 수 있다. 이 경우 국회와 시·도의회는 그 감사결과에 대하여 그 지방의회에 필요한 자료를 요구할 수 있다.

- 기관위임사무는 국가 또는 위임지방자치단체의 사무에 속하기 때문에 국가나 위임지방자치단체는 수임기관인 지방자치단체의 장에 대하여 지시권을 가지며 광범위한 감독권을 갖는다. 즉, 기관위임사무에 대해서는 합법성 감독은 물론 합목적성 감독도 허용된다(제185조).

- 또한, 기관위임사무의 관리 및 집행을 명백히 게을리하고 있다고 인정되면 감독관청은 직무이행명령을 할 수 있고, 기간 내에 이행하지 않을 때에는 대집행을 할 수 있다(제189조 제1항·제2항). 주무부장관은 시장·군수 및 자치구의 구청장이 국가위임사무의 집행을 게을리하고 있다고 인정됨에도 감독관청인 시·도지사가 이행명령을 하지 않은 경우 시·도지사에게 기간을 정하여 이행명령을 하도록 명할 수 있고, 기간 내에 이행명령을 하지 아니하면 기간이 지난 날부터 7일 이내에 직접 시장·군수 및 자치구의 구청장에게 기간을 정하여 이행명령을 하고, 그 기간 내에 이행하지 아니하면 주무부장관이 직접 대집행 등을 할 수 있다(제189조 제3항·4항).

- 다만, 지방자치단체의 장은 직무이행명령에 대하여 이의가 있는 때에는 15일 이내에 대법원에 제소할 수 있고, 이 경우 집행정지신청을 할 수 있다(제189조 제6항).

경비부담 관련 현안 1 : 행정심판 처리에 드는 경비

- 행정심판은 행정청의 위법·부당한 처분 그 밖에 공권력의 행사·불행사 등으로 인한 국민의 권리 또는 이익을 침해받은 국민이 행정기관에 제기하는 권리구제 제도로서 헌법에 근거를 두고 있다(행정심판법 제1조).

- 「행정심판법」 제6조 제3항은 (1) 시·도 소속 행정청 (2) 시·도의 관할구역에 있는 시·군·자치구의 장, 소속 행정청 또는 시·군·자치구의 의회 (3) 시·도의 관할구역에 있는 둘 이상의 지방자치단체·공공법인 등이 공동으로 설립한 행정청의 처분 또는 부작위에 대한 심판청구에 대하여는 시·도지사 소속으로 두는 행정심판위원회에서 심리·재결한다고 규정하고 있다.

행정심판법

제6조(행정심판위원회의 설치) ③ 다음 각 호의 행정청의 처분 또는 부작위에 대한 심판청구에 대하여는 시·도지사 소속으로 두는 행정심판위원회에서 심리·재결한다.

1. 시·도 소속 행정청
2. 시·도의 관할구역에 있는 시·군·자치구의 장, 소속 행정청 또는 시·군·자치구의 의회(의장, 위원회의 위원장, 사무국장, 사무과장 등 의회 소속 모든 행정청을 포함한다)
3. 시·도의 관할구역에 있는 둘 이상의 지방자치단체(시·군·자치구를 말한다)·공공법인 등이 공동으로 설립한 행정청

- 이 규정에 따라 시·도 행정심판위원회가 운영되고 있는데, 이 행정심판위원회의 심리·재결의 대상이 되는 처분 또는 부작위 관련 사무가 국가사무의 기관위임 확대에 따라 크게 증가하고 있는 추세이다.

- 문제는 행정심판 청구건수의 폭증으로 「행정심판법」에 따른 재결기간인 60일 이내 처리율이 급격히 떨어지고 있으며, 심지어 예외적인 처리기간 연장일인 90일 이내 처리 비율도 마찬가지라고 한다.

행정심판법

제45조(재결 기간) ① 재결은 제23조에 따라 피청구인 또는 위원회가 심판청구서를 받은 날부터 60일 이내에 하여야 한다. 다만, 부득이한 사정이 있는 경우에는 위원장이 직권으로 30일을 연장할 수 있다.
② 위원장은 제1항 단서에 따라 재결 기간을 연장할 경우에는 재결 기간이 끝나기 7일 전까지 당사자에게 알려야 한다.

- 더구나 시·도 행정심판위원회의 경우 행정심판 관련 사무를 담당하는 공무원이 몇 명 되지 않을 뿐만 아니라, 행정심판 관련 사무의 담당자가 순환보직 대상 일반직 지방공무원인 관계로 담당자의 고충은 더욱 크다. 따라서 변호사나 법학 관련 석·박사 등 관련 분야 전문가 충원이 시급한 상황이다.

- 하지만, 최근의 열악한 지방재정의 상황에서 지방자치단체의 비용 부담으로 전문가 충원 등을 기대하기는 어렵다.

- 이러한 시점에서 행정심판 사건의 처리와 관련한 사무가 국가의 위임에 따른 것으로 그 비용의 전부 또는 일부를 국가가 부담하여야 한다는 주장이 나오고 있다.

- 현행 「지방재정법」 제21조 제2항은 "국가가 스스로 하여야 할 사무를 지방자치단체나 그 기관에 위임하여 수행하는 경우 그 경비는 국가가 전부를 그 지방자치단체에 교부하여야 한다."고 규정하고 있기 때문이다.

지방재정법

제21조(부담금과 교부금) ① 지방자치단체나 그 기관이 법령에 따라 처리하여야 할 사무로서 국가와 지방자치단체 간에 이해관계가 있는 경우에는 원활한 사무처리를 위하여 국가에서 부담하지 아니하면 아니 되는 경비는 국가가 그 전부 또는 일부를 부담한다.

② 국가가 스스로 하여야 할 사무를 지방자치단체나 그 기관에 위임하여 수행하는 경우 그 경비는 국가가 전부를 그 지방자치단체에 교부하여야 한다.

- 여기서 '국가가 스스로 하여야 할 사무를 지방자치단체나 그 기관에 위임하여 수행하는 경우'의 의미가 분명하지는 않지만, 최소한 시·도 소속 행정청 등이 수행하는 사무가 기관위임사무에 해당하면 국가가 그 사무에 소요되는 비용의 전부 또는 일부를 교부해야 하는 것은 분명하다.

- 즉, 행정심판 사건의 처리와 관련한 사무에 소요되는 비용을 국가가 부담하도록 하기 위해서는 해당 사무가 국가사무 또는 기관위임사무이어야 한다.

- 지방자치단체의 장이 처리하고 있는 사무가 기관위임사무에 해당하는지 여부를 판단함에 있어서는 그에 관한 법규의 규정 형식과 취지를 우선 고려하여야 할 것이지만, 그 외에도 그 사무의 성질이 전국적으로 통일적인 처리가 요구되는 사무인지 여부나 그에 관한 경비부담과 최종적인 책임귀속의 주체 등도 아울러 고려하여 판단하여야 할 것이다.

- 「행정심판법」 제6조 제3항은 시·군·자치구의 장 등의 처분 또는 부작위에 대한 심판청구에 대하여는 시·도 행정심판위원회에서 심리·재결한다고 규정하고 있어서 법규의 규정 형식만으로는 시·도의 자체적인 사무라고 볼 여지가 없지 않다.

- 그러나 「지방자치법」 제15조 제1호에서 '사법' 관련 사무를 국가사무로 명시하고 있고, 행정심판은 헌법 제107조 제3항에 따라 재판의 전심절차로서 사법절차가 준용되므로 다른 법률에 특별한 규정이 없는 한 원칙적으로 국가사무라 할 것이다.

- 또한, 「행정심판법」에서는 행정심판위원회의 구성과 운영과 관련하여 행정심판위원회의 구성(제7조), 위원의 임기 및 신분보장 등(제9조), 위원의 제척·기피·회피(제10조) 등 관련 규정뿐만 아니라 당사자와 관계인(제13조~제22조), 심리 및 재결 등 행정심판 관련 사무의 처리절차 및 방법(제32조~제51조)을 상세하게 규정하고 있어서 전국적으로 통일적인 처리가 요구되는 사무가 아닐 수 없다.

- 결국, (1) 행정심판 사건의 처리 관련 사무는 원칙적으로 국가사무인 점, (2) 「행정심판법」에 따른 행정심판위원회의 구성·운영을 비롯한 행정심판 처리와 방법 등 관련 사무의 성질이 지방자치단체별로 상이한 것으로 볼 수 없는 점, (3) 시·도행정심판위원회 소관 사건은 주로 시장·군수·구청장의 처분 또는 부작위를 대상으로 하고 있어서 해당 행정심판의 청구 원인이 행정심판업무를 수행하는 시·도 등 해당 지방자치단체에 있다고 볼 수 없는 점, (4) 「행정심판법」 제60조에 따라 국가의 중앙행정심판위원회가 행정심판 운영 관련 조사 및 지도 등을 하도록 되어 있는 점 등에 비추어 볼 때, 행정심판 사건의 처리에 관한 사무는 전국적으로 통일적인 처리가 요구되는 사무로서 국가사무라 할 것이다.

- 「행정심판법」에서 시·도지사 소속으로 두는 행정심판위원회에서 관련 사무의 처리를 규정한 것은 해당 사무가 행정심판 청구자의 편의 및 행정심판 관련 사무 수행의 능률성 등을 위해 광역 자치단체의 조직과 인력을 활용할 필요성이 있는 사무라는 점을 감안하여 시·도지사에게 위임된 기관위임사무에 해당한다고 할 것이다.

- 따라서 「지방재정법」 제21조 제2항에 따라 국가는 스스로 하여야 할 행정심판 사건 관련 처리 사무를 지방자치단체나 그 기관에 위임하여 수행하게 하고 있기 때문에 그에 소요되는 경비 전부를 그 지방자치단체에 교부하여야 한다고 생각한다.

참고 : 국가하천 편입토지 보상금 지급 관련 소송비용의 부담 주체 : 법제처 11-0007, 2011.3.3, 경기도

「지방자치법」 제11조 제4호에서 국가하천 관련 사무를 국가사무로 규정하고 있고, 「하천법」 제8조 제1항에서 국가하천은 국토해양부장관이 관리한다고 규정하고 있는바, 국가하천 관련 사무는 「하천법」 등 관계 법률에 특별한 규정이 없는 한 원칙적으로 국가사무라 할 것이고, 국가하천에 편입된 토지에 대한 보상업무가 지방자치단체별로 다른 것도 아닙니다. 또한, 「하천법」 제59조에 따르면 하천에 관한 비용은 같은 법 또는 다른 법률에 특별한 규정이 있는 경우를 제외하고는 국가하천에 관한 것은 국고의 부담으로 하도록 하고 있고, 하천편입토지보상법 제4조에서도 국가하천의 경우 손실 보상금을 국고에서 부담하도록 하고 있으며, 같은 법 시행령 제5조에 따르면 시·도지사는 매년 국가하천과 지방하천으로 구분한 해당 연도의 보상계획을 수립하여 국토해양부장관에게 보고하도록 하고 있고, 같은 법 제3조에 따르면 보상청구권의 소멸시효를 2013년 12월 31일에 만료된다고 규정하고 있으며, 같은 법상 시·도지사의 보상 관련 사무의 내용을 보면 하천별 편입토지조서의 작성 및 공고(시행령 제2조 제7항), 보상청구의 접수(시행령 제3조 제8항), 보상대상자의 결정(시행령 제4조) 등입니다.
위에서 살펴본 바와 같이 국가하천 관련 사무는 원칙적으로 국가사무인 점, 하천편입토지보상법에 따른 국가하천 편입토지에 대한 보상금 지급사무가 지방자치단체별로 상이한 것으로 볼 수 없는 점, 국가하천의 편입토지에 대한 손실 보상금 재원을 국고로 하고 있는 점, 국토해양부장관이 매년 보상계획을 보고받는 점, 국가하천 편입토지에 대한 보상금 지급 사무는 한시적인 성격의 사무인 점 등에 비추어 볼 때, 하천편입토지보상법에 따른 국가하천 편입토지에 대한 보상금 지급 사무는 전국적으로 통일적인 처리가 요구되는 사무로서 중앙행정기관인 국토해양부장관의 고유 업무인 국가사무라 할 것이고, 하천편입토지보상법에서 보상업무 주체를 시·도지사로 규정한 것은 해당 사무가 보상청구권자의 편의, 행정수행의 능률성 등을 위해 지방자치단체의 조직과 인력을 활용할 필요성이 있는 사무라는 점을 감안하여 시·도지사에게 위임된 기관위임사무에 해당한다고 할 것입니다.

경비부담 관련 현안 2 : 자치사무 수행에 드는 경비

- 최근 지방자치단체에서 자치사무를 대상으로 하는 조례 제정이 늘고 있다.
- 조례의 제정은 좋지만, 해당 사무의 집행을 위해서는 적지 않은 돈이 든다. 따라서 비용 조달의 차원에서 일부 광역자치단체에서는 조례 제정을 통해 소속 기초자치단체와 비용을 분담하도록 규정하는 경우가 늘고 있다.
- 이에 대해서 「지방자치법」 제158조 본문에서는 "지방자치단체는 자치사무의 수행에 필요한 경비와 위임된 사무에 필요한 경비를 지출할 의무를 진다."고 규정하고 있으며, 또한 같은 취지로 「지방재정법」 제20조에서는 "지방자치단체의 관할구역 자치사무에 필요한 경비는 그 지방자치단체가 전액을 부담한다."고 규정하고 있다.

지방자치법

제158조(경비의 지출) 지방자치단체는 자치사무 수행에 필요한 경비와 위임된 사무에 필요한 경비를 지출할 의무를 진다. 다만, 국가사무나 지방자치단체사무를 위임할 때에는 사무를 위임한 국가나 지방자치단체에서 그 경비를 부담하여야 한다.

지방재정법

제20조(자치사무에 관한 경비) 지방자치단체의 관할구역 자치사무에 필요한 경비는 그 지방자치단체가 전액을 부담한다.

- 따라서 광역 자치단체가 자신의 자치사무의 수행을 위하여 조례를 제정하는 경우 원칙적으로 해당 사무의 처리에 필요한 경비를 다른 지방자치단체 또는 소속 시·군·자치구 등 기초 자치단체에 부담시켜서는 아니된다.

- 다만, 아래의 '무역항 국제항로 활성화 지원 조례'의 대상이 되는 사무가 해당 광역 자치단체의 자치사무인 것은 맞지만, 이 조례는 광역 자치단체 관할구역 전체를 대상으로 하는 것이 아니라 물류거점 항만 조성에 직접 관련된 두 곳의 항구 도시만이 대상이 된다. 또한, 해당 보조금의 지원이 그 지역의 국제항로 활성화에 직접 쓰이게 되므로 해당 지역 개발과 밀접하게 관련되어 있다.

○○도 무역항 국제항로 활성화 지원 조례

제1조(목적) 이 조례는 우리도의 국가관리무역항 및 지방관리무역항을 환동해권 물류거점항만으로 조기 육성하여 지역경제 활성화에 기여하고자 무역항을 이용하는 화주 및 해상운송기업·항만하역기업·국제물류주선기업에 대한 재정적 지원사항을 규정함을 목적으로 한다.

제7조(지원예산 확보) ① 도지사와 무역항 소재 시장은 매년 필요한 예산을 분담하여 확보해야 한다.
② 제1항 규정에 따른 도비와 시비의 분담비율은 규칙으로 정한다.

- 이처럼 해당 광역 자치단체의 특정 구역만을 대상으로 하는 자치사무에 있어서 해당 사무의 수행에 필요한 경비의 일부를 관할 기초 자치단체에 부담시키는 것은 가능하다.

- 이 경우 「지방자치법」 제158조 본문 및 「지방재정법」 제20조에 어떻게 적용시킬 것인지 문제가 된다.

- 생각하건대 위 '무역항 국제항로 활성화 지원 조례'는 해당 광역 자치단체의 자치사무를 대상으로 하는 것이 아니다. 아래와 같이 「지방자치법」 제14조 제1항 제1호 가목에 따라 '행정처리 결과가 2개 이상의 시·군 및 자치구에 미치는 광역적 사무'에 해당되어 해당 광역 자치단체의 조례로 정한 것이라고 볼 수 있다.

지방자치법

제14조(지방자치단체의 종류별 사무배분기준) ① 제13조에 따른 지방자치단체의 사무를 지방자치단체의 종류별로 배분하는 기준은 다음 각 호와 같다. 다만, 제13조 제2항 제1호의 사무는 각 지방자치단체에 공통된 사무로 한다.

1. 시·도
   가. 행정처리 결과가 2개 이상의 시·군 및 자치구에 미치는 광역적 사무
   나. 시·도 단위로 동일한 기준에 따라 처리되어야 할 성질의 사무
   다. 지역적 특성을 살리면서 시·도 단위로 통일성을 유지할 필요가 있는 사무
   라. 국가와 시·군 및 자치구 사이의 연락·조정 등의 사무
   마. 시·군 및 자치구가 독자적으로 처리하기 어려운 사무
   바. 2개 이상의 시·군 및 자치구가 공동으로 설치하는 것이 적당하다고 인정되는 규모의 시설을 설치하고 관리하는 사무
2. 시·군 및 자치구
   제1호에서 시·도가 처리하는 것으로 되어 있는 사무를 제외한 사무. 다만, 인구 50만 이상의 시에 대해서는 도가 처리하는 사무의 일부를 직접 처리하게 할 수 있다.

- 따라서 실질적으로 해당 기초 자치단체의 자치사무이기도 하기 때문에 일정 부분의 비용 부담을 시키는 것은 가능하다고 할 것이다.

- 다만, '무역항 국제항로 활성화 지원 조례' 제7조 제2항과 같이 광역 자치단체와 기초 자치단체 상호간의 비용부담 비율을 일방적으로 광역 자치단체의 규칙으로 정하게 하는 것은 문제가 있다. 기초 자치단체의 재정상의 독립성을 지나치게 제한하고 있다고 본다.

- 가급적이면 "도지사와 해당 시장이 협의하여 정한다."와 같이 협상을 통해 결정하도록 하는 것이 바람직하다.

법제관이 풀어주는
자치입법 해설

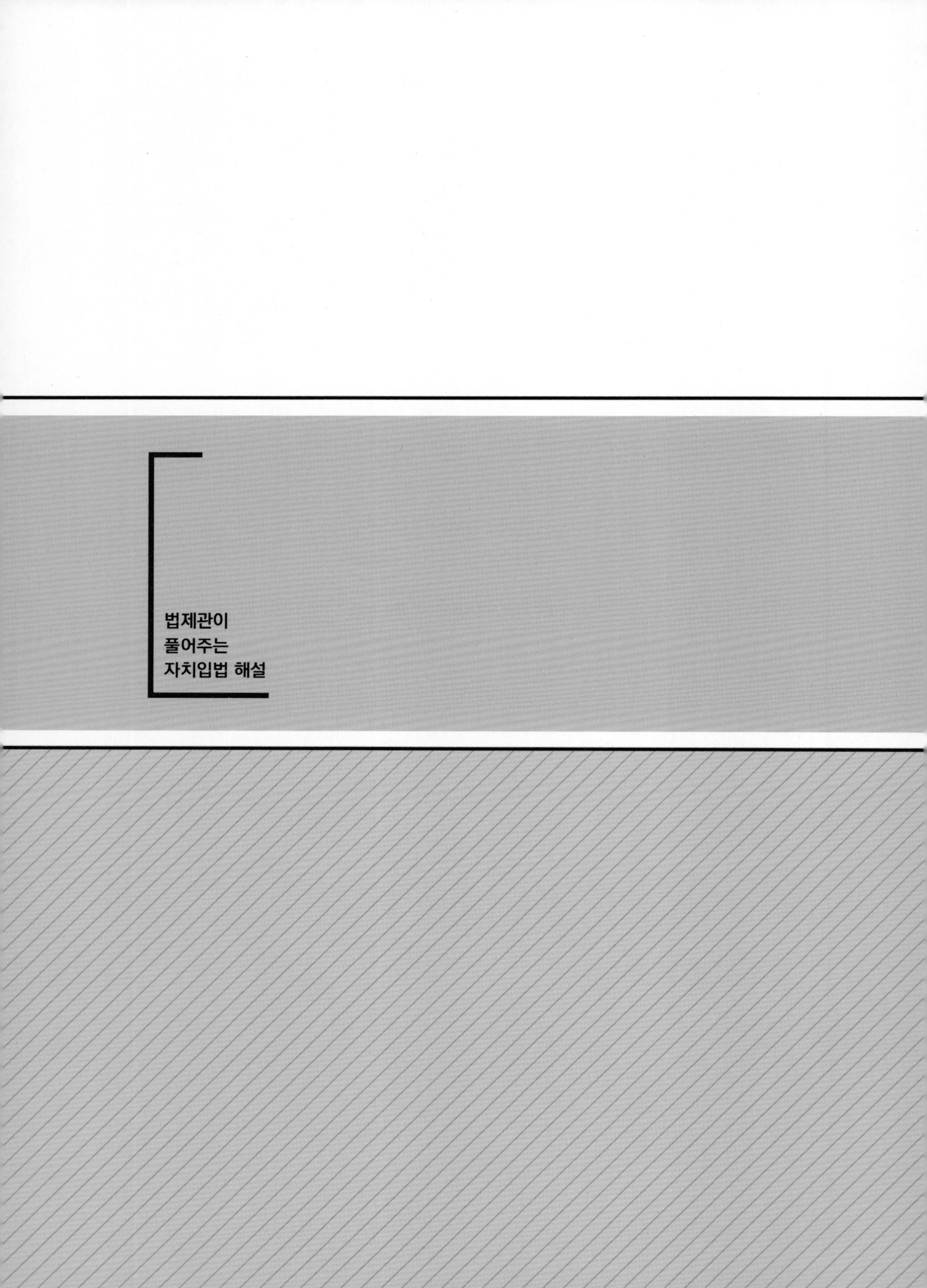
법제관이
풀어주는
자치입법 해설

위임·위탁 및 대행과 자치법규

CHAPTER 3 위임·위탁 및 대행과 자치법규

- 최근 자치입법에서는 대행이라는 용어를 지나칠 정도로 많이 사용하고 있는데, 사무를 누군가에게 맡기는 경우 그 권한과 책임 소재가 누구에게 있는지 신중하게 생각해서 결정해야 한다.
- 위임과 위탁은 권한 또는 사무의 일부를 다른 행정기관 등에 넘겨서 처리하는 방법으로, 이 때 권한을 맡은 수임기관·수탁기관은 자신의 명의와 책임으로 이를 행사하게 된다.
- 반면에, 대행은 당초 행정기관의 권한이 대행기관으로 이전되지 않고 해당 행정기관이 권한을 잃지 않으며, 대행기관은 단지 업무수행기관으로서 해당 행정기관의 명의와 책임으로 사무를 처리한다.
- 지방자치단체의 장의 궐위 등으로 권한대행자가 있는 경우에는 해당 권한대행자가 조례 등 자치법규의 공포권을 행사하는 것이 가능하나, 출장·휴가 등 일시적인 사유로 부재중인 경우에는 그 직무를 대리하는 자가 공포권을 행사하는 것은 바람직하지 않다. 조례 등 자치법규의 공포권은 집행부의 수장 자격으로 행사하는 것이어서 정치적 상징성이 강하기 때문에 가급적 지방자치단체의 장이 직접 행사해야 한다.
- 자치입법에서 위임 규정을 입안하는 경우에는 (1) 해당 사무가 자치사무·단체위임사무인 경우에는 '사무위임 조례'로, (2) 해당 사무가 기관위임사무인 경우에는 '사무위임 규칙'으로 각각 정하거나, (3) 개별 조례에서 직접 위임 규정을 두는 방법도 가능하다.
- 위탁 규정을 입안하는 경우에는 해당 조례에서 직접 규정하고 있으나, '사무위탁 조례'를 제정한 경우도 많으며, 민간위탁에 대해서는 '사무의 민간위탁 조례'를 제정하거나 '사무위탁 조례'와 통합하여 운영하기도 한다.

"대행이 대세라는데…"

- 자치입법에도 유행이라는 것이 있다. 전국적으로 새로운 유형 또는 추세를 반영하는 조례나 규칙 또는 특정한 입안방법이 널리 확산되는 경향이 뚜렷하다. 대부분의 경우 특정 지방자치단체에서 제정한 조례가 좋은 평가를 받으면 유사한 조례가 다른 지방자치단체에도 확산되는 경향을 보인다.

- 언제부터인지 알 수 없으나, 자치입법에 있어서도 '대행(代行)'이 대세를 이루고 있는 것이 아닌가 싶을 정도로 대행제도가 자치입법 곳곳에서 사용되고 있음을 알 수 있다.

- 아래의 사례는 자치법규에서 흔히 접하는 '대행'에 관한 입법례이다.

사례 1 : ○○군 농업발전기금 설치 및 운용 조례

제1조(목적) 이 조례의 목적은 농업발전기금을 설치하고 이를 효율적으로 관리·운용하는 데 필요한 사항을 규정하여 농업인 및 영농법인을 지원하고 ○○군 농업의 생산성 및 경쟁력을 제고 시키는 데에 있다.

제13조(융자업무 대행) ① 기금에 의한 융자금은 효율적인 관리와 채권확보 및 안정성 유지를 위하여 집행·관리에 관한 일체의 사항을 **금융기관이 대행**하도록 할 수 있다.

② 군수는 제1항에 따라 융자업무를 대행시키고자 할 때에는 해당 **금융기관과 대행계약**을 체결하여야 하며, 대행계약 체결시에는 일정 비율의 수수료를 지급할 수 있다.

사례 2 : ○○도의회 간행물편찬위원회 조례

제1조(목적) 이 조례는 ○○도의회에 간행물편찬위원회를 두고, ○○도의회에서 발행하는 간행물의 편찬과 위원회의 운영에 관한 사항을 정함을 목적으로 한다.

제6조(위원장 등의 직무) ① 위원장은 위원회의 사무를 총괄하며, 위원회를 대표한다.

② 위원장이 회의에 출석하지 못하는 경우에는 **부위원장이 그 직무를 대행하며,** 위원장이나 부위원장이 모두 사고가 있는 경우에는 **위원장이 미리 지명하는 위원이 그 직무를 대행**한다.

사례 3 : ○○군 지역사회 안전을 위한 민간단체 육성 및 지원에 관한 조례

제1조(목적) 이 조례는 범죄예방 활동을 수행하는 민간단체의 육성 및 활동을 지원하고 범죄로부터 아동·청소년을 보호함으로써 지역사회의 안전과 복지증진에 기여함을 목적으로 한다.

제5조(위원회 설치) ① 범죄예방 및 사후 대응 체계 구축의 효율적인 추진을 위하여 ○○군지역사회 안전위원회(이하 "위원회"라 한다)를 둔다.
② 위원회의 기능은 ○○군지방청소년육성위원회에서 이를 대행한다.

사례 4 : ○○도 개발공사 설치 및 관리·운영조례

제1조(목적) 이 조례는 「지방자치법」 제163조 및 「지방공기업법」 제49조에 따라 ○○도 개발공사를 설치하고 그 효율적인 관리·운영에 필요한 사항을 규정한다.

제20조(대행사업의 비용부담) ① 공사는 국가, 지방자치단체 또는 그 밖의 위탁자의 사업을 대행할 수 있으며, 이 경우 상호 위탁계약에 따른다.
② 공사는 제1항에 따른 사업을 대행함에 있어 특히 필요한 경우에는 도지사의 승인을 얻어 그 사업의 일부를 제3자로 하여금 시행하게 할 수 있다.
③ 제1항 및 제2항에 따른 비용의 부담에 관하여는 「지방공기업법 시행령」 제63조에 따르고 그 이외의 필요한 사항은 위탁자와 수탁자가 협의하여 정한다.

- 순서에 상관없이 대표적인 대행제도의 입법 유형을 4가지로 선별해보았는데, 어떤 내용인지 살펴보기로 하자.

- 먼저, 사례 1의 조례 제13조에 따르면 군(郡)에서 농업발전기금을 설치·하되, 기금의 융자는 효율적인 관리와 채권확보 및 안전성 유지를 위하여 금융기관이 대행하도록 하고 있으며, 군이 금융기관에 대행시키려는 경우에는 해당 금융기관과 대행계약을 체결하도록 하고 있다.

- 여기서의 대행제도는 행정기관이 그 사무의 전문성 또는 특수성을 고려하여 해당 사무의 처리에 적합한 자가 대신 수행하게 하는 것을 말한다.

- 사례 2의 조례 제6조는 위원회의 운영과 관련하여 위원장이 회의에 출석하지 못하는 경우 부위원장이 그 직무를 대행하고, 위원장과 부위원장이 모두 사고가 있으면 위원장이 미리 지명한 위원이 그 직무를 대행한다고 되어 있다.

- 여기서의 대행제도는 일종의 '직무대리'와 유사한 것으로, 어떤 행정기관 또는 그 구성원이 출장·휴가 등 특별한 사유가 발생한 경우 그 직무를 다른 행정기관이나 그 구성원이 대신하는 것을 말한다. 대부분의 위원회 관련 조례에서는 위원회의 운영과 관련하여 이와 같은 규정을 두고 있다.

- 사례 3의 조례 제5조는 위원회의 운영과 관련하여 '청소년육성위원회'가 지역사회안전위원회의 기능을 대행한다고 되어 있다.

- 여기서의 대행제도는 특정 행정기관 또는 조직 등이 다른 행정기관 또는 조직의 기능이나 역할을 대신한다는 뜻으로, 다른 조직의 기능을 "대신한다."는 의미를 분명히 나타내는 표현으로 다른 법적인 의미는 없다. 최근 대부분의 지방자치단체는 위원회의 무분별한 남발을 억제하기 위해서 유사한 기능을 가진 위원회의 통합 또는 대행을 실시하여 위원회 증설을 억제하고 있다. 위원회의 대행에 대해서는 제6강에서 다시 공부하기로 한다.

- 사례 4의 조례 제20조는 도(道)의 개발공사로 하여금 국가·지방자치단체 또는 위탁자의 사업을 대행할 수 있도록 하면서(제1항), 사업을 대행함에 있어서 필요한 경우 제3자로 하여금 시행하게 하고(제2항), 같은 조 제3항에서는 비용부담에 관하여는 위탁자와 수탁자가 협의하여 정하도록 하고 있다.

- 여기서의 대행제도는 무엇인지 가늠하기 힘들다. 아마 위탁과 대행의 차이를 잘 모르고 입안한 것이 아닌가 싶다. 대행·시행 및 위탁자·수탁자 등이 마구 혼동되어 규정되어 있다.

중요한 것은 사무를 맡기는 것과 그 책임 소재

- 중요한 문제는 조례 등 자치법규에서 대행제도가 외형상 제대로 규정되어 있다고 해도 그 제도를 시행하는 공무원이나 대행기관 등이 대행제도의 법리적인 문제를 제대로 파악하지 못하는 경우가 많다는 것이다.

- 뒤에서 다시 살펴보겠지만, 위임 또는 위탁과 달리 대행제도는 그 권한과 책임이 대행을 받는 자에게 넘어가지 않고 대행을 준 행정기관에 그대로 남게 된다.

- 따라서 위 사례 1의 조례에서 해당 군(郡)의 담당부서와 공무원은 기금의 운영에 대해 금융기관에게 대행하게 했더라도 그에 대한 최종적인 권한과 책임은 계속 지게 된다. 이는 만일 융자 사무와 관련하여 금융기관에서 문제를 일으키더라도 그에 대한 최종 권한과 책임은 해당 금융기관이 아니라 담당 공무원에게 있다는 이야기가 된다.

- 좀 더 쉽고 단순한 사례를 들어보자.

- 대부분의 지방자치단체는 소속 직원을 대상으로 하는 어린이집을 설치·운영하고 있다. 종전에는 어린이집 설치·운영을 소속 공무원에 관한 사무로 보아 규칙 또는 훈령 등 내부규정을 제정하여 운영하였는데, 최근에는 「지방자치법」 제161조에 따른 공공시설에 해당하는 것으로

보아 조례로 규정하는 추세이다. 이처럼 어린이집 설치·운영에 관한 사항을 조례로 규정하는 것은 바람직하다.

- 어린이집의 설치·운영에 관한 사항을 조례로 정하는 경우 그 운영에 대해서는 전문기관 등에 위탁하는 것이 원칙이다. 대부분의 조례에서도 위탁 방식으로 규정하고 있다. 그런데, 어느 지방자치단체에서 다음과 같이 대행 방식으로 조례안을 입안한 경우가 있었다. 담당자는 위탁이라는 용어보다는 대행이 대세이므로 대행이 좋아 보여 대행하는 쪽으로 검토하였다는 것이다.

○○시청 직장어린이집 설치 및 운영 조례

제1조(목적) 이 조례는 ○○시에 근무하고 있는 공무원 자녀의 보육 및 보호자의 경제적·사회적 활동을 원활하게 하기 위하여 「영유아보육법」 제14조에 따라 ○○시청 직장 어린이집의 설치 및 운영에 관한 사항을 규정함을 목적으로 한다.

제6조(운영) ① 시장은 어린이집을 운영할 능력이 있다고 인정하는 법인 또는 단체에 대행하여 운영하게 할 수 있다.

- 단순한 용어의 차이 같지만, 위탁과 대행은 확연한 차이가 있다. 만일 해당 어린이집에서 사건사고 등 불미스러운 사고가 발생하면 위탁의 경우와 달리 대행을 한 경우에는 해당 시청 및 담당 공무원들이 직접적인 책임을 질 수도 있다고 알려줬더니 언제 그랬냐는 듯이 위탁으로 바꾸는 모습을 본 적이 있다.

- 제2강에서 사무의 구분에 대해서 공부하였다. 자치사무·단체위임사무 또는 기관위임사무로 구분한 사무를 다른 기관 또는 단체·사람에게 어떻게 맡겨 처리하느냐 하는 문제는 위임·위탁 및 대행의 몫이 된다.

- 사무의 구분도 중요하지만, 이를 실제 집행하는 방법은 더욱 중요하다. 행정의 영역에서 행정기관뿐만 아니라 민간의 역할이 점점 커지고 있기 때문이다.

위임과 위탁

- 행정기관이 법령이나 조례에 따라 부여받은 권한을 자신이 아닌 다른 기관 또는 단체·사람에게 넘겨주거나 대신 수행하게 하는 경우가 있는데, 그 권한의 이관방식과 책임소재 등에 따라 통상 위임·위탁 및 대행으로 나눌 수 있다.

- 먼저, 위임과 위탁은 권한을 부여받은 행정기관이 그 권한의 일부를 다른 행정기관 등에 넘겨서 그 업무를 수행하게 하는 것으로, 이 때 권한을 맡은 수임기관·수탁기관은 자신의 명의와 책임으로 그 권한을 행사하게 된다.

- 권한의 이관방식에 있어서 그 권한이 다른 행정기관 등에 이전된다는 점에서 권한이 이전되지 않는 대행과 차이가 있다.

- 즉, 대행이란 행정기관이 상대방에게 그 권한을 넘겨주지 않고 자신이 그 권한과 책임을 보유하면서 그 업무의 수행만을 맡기는 것이다.

- 결국, 위임과 위탁이 있는 경우 그 수임기관·수탁기관에게 권한과 책임이 넘어가게 되므로 해당 사무와 관련한 행정심판이나 쟁송에서 책임자(피고, 피청구인 등)는 수임기관·수탁기관이 되며, 반면에 대행에 있어서는 책임이 넘어가지 않기 때문에 책임자는 대행하게 한 행정기관이 된다.

- 위임과 위탁은 다른 행정기관 등에게 그 권한을 맡긴다는 점에서는 공통점이 있으나, 그 권한을 맡기는 방식과 대상 등에 있어서 차이가 있다. '위임'이란 행정기관의 권한 중 일부를 그의 지휘·감독을 받는 하부기관, 즉 보조기관 또는 하급행정기관 등에게 맡겨 그의 권한과 책임으로 사무를 수행하게 하는 것인 반면, '위탁'이란 행정기관의 권한 중 일부를 지휘·감독 관계가 없는 다른 행정기관 등에게 맡겨 그의 권한과 책임으로 사무를 수행하게 하는 것이다.

- 위임의 대상이 되는 하부기관은 「정부조직법」과 「지방자치법」 등 관련 법령에 따라 판별하게 되는데, 예를 들어 (1) 기획재정부와 그 소속 행정기관인 국세청·관세청·특허청·조달청의 관계, (2) 지방자치단체의 장과 그 보조기관, 소속기관(직속기관·사업소·출장소·합의제행정기관·자문기관), 하부행정기관(일반구의 장과 읍·면·동장 등) 등의 관계가 이에 해당한다.
- 반면에 위탁은 상하관계의 행정기관이 아닌 기관, 즉 동급의 행정기관이나 자기의 지휘·감독을 받지 않는 하부기관 등에 대해 적용된다. 예를 들어, (1) 행정안전부장관이 기획재정부장관에게 그 권한의 일부를 맡기는 경우,

(2) 광역 자치단체의 장이 다른 광역 자치단체의 장에게 그 권한의 일부를 맡기는 경우, (3) 기초 자치단체의 장이 다른 기초 자치단체의 장에게 그 권한의 일부를 맡기는 경우 등은 전자의 경우에 해당하고, (4) 행정안전부장관이 기획재정부장관 소속 국세청장에게 그 권한의 일부를 맡기거나 (5) 광역 자치단체의 장이 그 관할구역 밖의 다른 기초 자치단체의 장에게 그 권한의 일부를 맡기는 경우는 후자의 경우에 해당한다.

- 시·도지사 등 광역 자치단체의 장과 시·도교육감은 동급의 자치단체의 장에 해당하기 때문에 '위탁'의 경우에 해당한다. 그러나 「지방자치법」과 「지방교육자치에 관한 법률」에서는 시·도지사와 시·도교육감 상호간의 '위탁'에 대해 별도로 규정하고 있지 않다. 참고로 「유아교육법 시행령」 제34조 제3항에서는 교육감이 어린이집에서 공통과정을 제공받는 유아에 대한 비용 지원에 관한 업무(누리과정업무)를 시·도지사에게 위탁한다고 규정하고 있다.
- 「지방교육자치에 관한 법률」 제26조 제2항에서는 교육감은 교육규칙이 정하는 바에 따라 그 권한에 속하는 사무의 일부를 해당 지방자치단체의 장과 협의하여 구·출장소 또는 읍·면·동(특별시·광역시 및 시의 동을 말한다)의 장에게 위임할 수 있도록 규정하고 있다. 이 경우 교육감은 해당 사무의 집행에 관하여 구·출장소 또는 읍·면·동의 장을 지휘·감독할 수 있음은 당연하다.
- 반면 시·도지사 등 일반 광역 자치단체의 장이 교육감 소속 보조기관, 소속교육기관 또는 하급교육행정기관에 그 권한의 일부를 위임할 수 있도록 한 규정은 없는 점에 차이가 있다.

- 한편, 중앙행정기관이 그 권한의 일부를 지방자치단체의 장에게 맡기는 경우 위임이 적합한지 위탁이 적합한지 애매하다고 생각할 수 있다.
- 즉, 「정부조직법」 제34조 제1항에 따라 지방자치제도 및 지방자치단체의 사무지원 등은 행정안전부장관이 관장하도록 되어 있어 행정안전부장관은 지방자치단체의 장에 대해 상급기관으로서의 지위가 있기 때문에 행정권한의 위임관계가 성립될 수 있으나, 그 밖의 중앙행정기관은 지방자치단체의 장에 대해 직속 상급기관이 아니기 때문에 위탁관계가 적합한 것이 아닌지 의문이 들 수 있다.
- 하지만, 지방자치단체는 위임사무를 수행할 대는 국가사무의 집행기관으로서 일반종합행정을 수행하는 일선 행정기관의 역할을 수행하고 있기 때문에 중앙행정기관의 하부기관으로 보는 것이 합당하다.
- 「지방자치법」 제115조에서도 시·도와 시·군 및 자치구에서 시행하는 국가사무는 법령에 다른 규정이 없으면 시·도지사와 시장·군수 및 자치구의 구청장에게 위임하여 수행하도록 규정함으로써 중앙행정기관 등 국가기관이 모든 지방자치단체의 장에게 권한을 위임할 수 있는 근거를 두고 있다.

- 위임 및 위탁에 관한 일반규정은 「지방자치법」 제117조 제1항과 제2항이다. 위임에 관한 일반 자치법규로는 지방자치단체별로 '사무위임 조례' 및 '사무위임 규칙'을 두고 있으며, 개별 조례마다 위임 관련 규정을 별도로 두는 경우도 있다. 이 경우 개별 조례의 위임규정은 '사무위임 조례'에 대해 특별법적 성격을 가진다.

- 한편, 행정기관에 대한 위임과 달리 위탁에 관하여는 개별 조례로 위탁 규정을 두는 경우가 많았으나 최근에는 '사무위탁 조례'를 제정하여 운영하는 경우도 늘어나고 있다. 아래의 '사무위탁 조례'에서는 행정기관에 대한 위탁과 민간위탁을 함께 규정하고 있다.

○○도 사무위탁 조례

제1조(목적) 이 조례는 「지방자치법」 제117조·제168조와「행정권한의 위임 및 위탁에 관한 규정」에 따라 경기도지사의 권한에 속하는 사무 중 일부를 다른 행정기관의 장이나 지방자치단체가 아닌 법인·단체·개인에게 위탁하여 민간의 자율적인 행정참여 기회를 확대하고 행정의 간소화와 능률을 높이고자 한다.

제2조(정의) 이 조례에서 사용하는 용어의 뜻은 다음과 같다.

1. "위탁"이란 각종 법령에 규정된 경기도지사(이하 "도지사"라 한다)의 권한 중 일부를 다른 행정기관의 장(시·도지사를 포함한다. 이하 같다)에게 맡겨 그의 권한과 책임하에 행사하도록 하는 것을 말한다.
2. "민간위탁"이란 각종 법령이나 조례에 규정된 도지사의 사무 중 일부를 지방자치단체가 아닌 법인·단체(공공기관 포함) 또는 그 기관이나 개인에 맡겨 그의 명의와 책임하에 행사하도록 하는 것을 말한다.

- 그런데 위탁과 구분되는 것으로 '민간위탁'이 있다.

- 민간위탁이란 행정기관의 사무 중 일부를 법인·단체 또는 그 기관이나 개인에게 맡겨 그의 명의와 책임 아래 행사하도록 한 것이다. 맡기는 대상 기관이 국가 또는 지방자치단체의 행정기관이 아니라 지방자치단체가 아닌 법인·단체 또는 그 기관이나 개인, 즉 민간인에 해당한다는 점에서 다르고 맡기는 대상도 행정권한이 아니라 사무로 제한된다는 점에서 차이가 있다.

- 민간위탁의 대상이 되는 사무는 지방자치단체의 장의 권한에 속하는 사무 중 조사·검사·검정·관리업무 등 주민의 권리·의무와 직접 관련되지 아니하는 사무에 한정된다.

- 민간위탁에 관한 일반규정은 「지방자치법」 제117조 제3항이다. 민간위탁에 관한 일반 자치법규로는 해당 지방자치단체별로 '사무 민간위탁 조례'를 두고 있다. 그 밖에 개별 조례 등에서 위탁에 관한 특례 규정을 두고 있는데, 이는 '사무 민간위탁 조례'에 대해 특별법의 위치에 있다고 볼 수 있다.

대행(代行)

- 대행(代行)의 글자 그대로의 의미는 '대신하는 것'이라고 할 수 있다. 본인의 법률행위를 대신 수행한다는 의미에서 「민법」상의 대리(代理)와 유사하다.
- 법률용어로서 대행이 우리 법제에 포함된 것은 그리 오래되지 않는다.
- 종전에도 권한대행(權限代行)이라는 용어는 있어 왔다. 권한대행은 공법상 개념으로 어떤 행정기관 또는 그 구성원이 궐위 등 특별한 사유가 발생한 경우 그 권한을 다른 행정기관이나 그 구성원이 대신 행사하는 것을 말한다. 반면에 대행은 궐위 등 특별한 사유를 요건으로 하지 않으며, 다른 행정기관이나 그 구성원이 본인을 대신하는 것이 아니고 사무 처리에 적합한 자가 대신 수행하는 것을 말한다.
- 필자는 우리나라 법제에서 대행이 도입된 유래 중 하나를 「도로교통법」으로 기억하고 있다.
- 1990년 8월 1일 개정된 「도로교통법」 제31조의2에서 경찰서장과 시장 등은 차(車)의 이동·보관 및 반환업무의 전부 또는 일부를 일정한 조건을 갖춘 법인 등에게 대행할 수 있도록 규정했다.

도로교통법 : 1990.8.1. 개정된 것

제31조의2(車의 이동 및 보관업무등의 대행) ① 경찰서장 또는 시장등은 제31조의 규정에 의하여 이동하도록 한 차의 이동·보관 및 반환업무의 전부 또는 일부를 필요한 인력·시설·장비등 자격요건을 갖춘 법인·단체 또는 개인(이하 "법인등"이라 한다)으로 하여금 대행하게 할 수 있다.

② 경찰서장 또는 시장등은 제1항의 규정에 의하여 차의 이동·보관 및 반환업무를 대행하게 하는 경우에는 당해 업무의 수행에 관하여 필요한 조치를 명할 수 있다.

③ 제1항의 규정에 의하여 차의 이동·보관 및 반환업무를 대행하는 법인등이 갖추어야 할 인력·시설·장비등 자격요건 그밖의 필요한 사항은 대통령령으로 정한다.

④ 제1항의 규정에 의하여 차의 이동·보관 및 반환업무를 대행하는 법인등의 담당 임원 및 직원은 형법 제129조 내지 제132조의 적용에 있어서 이를 공무원으로 본다.

도로교통법 : 현행

제36조(차의 견인 및 보관업무 등의 대행) ① 경찰서장이나 시장등은 제35조에 따라 견인하도록 한 차의 견인·보관 및 반환 업무의 전부 또는 일부를 그에 필요한 인력·시설·장비 등 자격요건을 갖춘 법인·단체 또는 개인(이하 "법인등"이라 한다)으로 하여금 대행하게 할 수 있다.

② 제1항에 따라 차의 견인·보관 및 반환 업무를 대행하는 법인등이 갖추어야 하는 인력·시설 및 장비 등의 요건과 그 밖에 업무의 대행에 필요한 사항은 대통령령으로 정한다.

③ 경찰서장이나 시장등은 제1항에 따라 차의 견인·보관 및 반환 업무를 대행하게 하는 경우에는 그 업무의 수행에 필요한 조치와 교육을 명할 수 있다.

④ 제1항에 따라 차의 견인·보관 및 반환 업무를 대행하는 법인등의 담당 임원 및 직원은 「형법」 제129조부터 제132조까지의 규정을 적용할 때에는 공무원으로 본다.

- 현재는 관련 규정의 제목이 '차의 견인 및 보관업무 등의 대행'으로 변경되어 있음을 알 수 있다.

- 당초 도로상에서 차량의 견인·보관 및 반환과 같은 사무를 행정기관이 직접 수행하기 곤란한 점이 있어서 그 사무를 민간에 맡기되, 민간위탁과 같이 그 명의와 책임을 함께 넘기는 경우 사후관리 등 책임 소재가 불분명하고 업무처리가 수월하지 않을 것을 고려해서 그 명의와 책임은 행정기관이 계속 보유하고 업무처리만을 맡기는 방식을 채택한 취지로 보인다. 이 경우 대행하는 법인·단체 또는 사람은 대행을 준 행정기관의 손과 발의 역할을 하는 것으로 이해된다.

- 최근에는 대행제도가 행정법에서의 지정제도와 함께 계측·검측·검사, 확인 등 행정조사 관련 분야, 교육·훈련분야, 보험사무분야, 사용료·요금 등의 부과·징수 등 활용범위가 더욱 넓어지고 많아지는 추세이다.

위임·위탁·민간위탁 및 대행의 차이점

- 행정권한 또는 사무가 위임·위탁 또는 민간위탁 된 경우 행정기관의 해당 사무에 대한 권한은 수임기관 또는 수탁기관에 이전되고, 위임기관 또는 위탁기관은 그 사무 처리의 권한을 잃게 되며, 수임기관 또는 수탁기관이 그 명의와 책임으로 그 권한을 행사하고, 행정심판·행정소송에서 수임기관 또는 수탁기관이 피청구인 또는 피고가 된다.

- 반면에, 대행의 경우 행정기관의 권한은 대행기관으로 이전되지 않고, 해당 행정기관은 그 사무 처리의 권한을 잃지 않으며, 대행기관은 행정기관의 업무수행기관으로서 해당 행정기관의 명의와 책임으로 사무를 처리하며, 행정심판·행정소송의 경우에도 해당 행정기관이 직접 피청구인 또는 피고가 된다.

- 한편, 권한 또는 사무를 위임·위탁·민간위탁하거나 대행하게 한 행정기관은 수임기관·수탁기관 또는 대행기관에 대한 지도·감독권을 행사할 수 있고, 그 범위는 합법성뿐만 아니라 합목적성에까지 미친다. 판례도 같은 취지로 판시하고 있다.

읍·면위임조례중개정조례안의결무효확인 : 대법원 1996.12.23, 선고, 96추114, 판결

지방자치법은 행정의 통일적 수행을 기하기 위하여 군수에게 읍·면장에 대한 일반적 지휘·감독권을 부여함으로써 군수와 읍·면장은 상급 행정관청과 하급 행정관청의 관계에 있어 상명하복의 기관계층체를 구성하는 것이고, 지방자치법이 상급 지방자치단체의 장에게 하급 지방자치단체의 장의 위임사무 처리에 대한 지휘·감독권을 규정하면서 하급 지방자치단체의 장의 자치사무 이외의 사무처리에 관한 위법하거나 현저히 부당한 명령·처분에 대하여 취소·정지권을 부여하고 있는 점에 비추어 볼 때, 동일한 지방자치단체 내에서 상급 행정청이 하급 행정청에 사무를 위임한 경우에도 위임행정청의 지휘·감독권의 범위는 그 사무처리에 관한 처분의 합법성뿐만 아니라 합목적성의 확보에까지 미친다.

- 위임·위탁 또는 민간위탁에 대해서는 「정부조직법」 제6조와 「행정권한의 위임 및 위탁에 관한 규정」, 「지방자치법」 제117조에서 규정하고 있다. 지방자치단체에서는 위 법령의 범위에서 위임과 위탁에 관한 '사무위임 조례' 및 '사무위임 규칙', 그리고 '사무 위탁 조례' 및 '사무 민간위탁 조례' 등 자치법규를 제정해서 세부적인 절차와 방식을 규정하고 있다.

- 하지만, 대행에 대해서는 총괄적 규정이 거의 없고 개별 법령 또는 자치법규에서 필요한 경우에 규정하고 있어서 일관되고 체계적인 관리 및 운영이 아쉬운 실정이다.
- 다만 일부 자치단체에서 '사무의 공공기관 위탁·대행에 관한 조례'를 제정하여 공공기관에 대한 위탁이나 대행에 관하여 규정하고 있다. 정의규정을 보면, 위탁과 대행을 잘 구분하고 있음을 알 수 있다.
- 위탁과 대행은 외관이 거의 비슷하다는 점에서 혼동이 될 수 있다. 국가는 물론 지방자치단체에서도 대행과 관련한 사무 및 정책이 확대되고 있는 점에서 관련 법규를 마련하는 것이 바람직하다. 별도의 법령을 새로 마련하는 것보다는 현행 「정부조직법」에 관련 근거를 두고, 구체적인 내용은 「행정권한의 위임 및 위탁에 관한 규정」 및 「지방자치법」에 세부내용을 추가하는 것이 바람직할 것으로 생각한다.

○○○ 사무의 공공기관 위탁 및 대행에 관한 조례

제1조(목적) 이 조례는 「지방자치법」 제117조 제2항에 따라 ○○시장의 권한에 속하는 사무의 일부를 공공기관에 위탁 및 대행하는 경우 그 위탁 및 대행 사무의 범위, 비용부담의 방법·절차, 관리기준 등 그 밖에 필요한 사항을 정하여 행정의 능률성과 책임성을 높이는데 이바지함을 목적으로 한다.

제2조(정의) 이 조례에서 사용하는 용어의 뜻은 다음과 같다.

1. "공공기관"이란 「공공기관의 운영에 관한 법률」 제4조에 따른 공공기관과 「지방재정법」 제17조 제2항에 따른 공공기관을 말한다.
2. "위탁"이란 법령 또는 조례 등이 정하는 바에 따라 남원시장(이하 "시장"이라 한다)의 권한에 속하는 사무의 일부를 공공기관에 맡겨 그의 명의와 책임 아래 행사하도록 하는 것을 말한다.
3. "대행"이란 시장의 권한에 속하는 사무의 일부를 공공기관이 행하게 하되, 시장의 명의로 그 사무를 수행하고, 책임도 시장에게 귀속되는 것을 말한다.

제5조(위탁 및 대행 심의위원회 설치) 시장은 위탁 및 대행을 하려는 사무의 적정성, 필요성 및 타당성 등을 심의하기 위하여 소관부서에 ○○시 공공기관 위탁 및 대행 심의위원회(이하 "위원회"라 한다)를 둔다.

권한대행·직무대리·권한이양 그리고 내부위임

- 혼동의 가능성이 있는 것을 중심으로 유사한 개념을 살펴보기로 하자.
- 대표적인 권한대행의 사례로 대통령의 권한대행 규정이 있다. 대통령이 궐위되거나 사고로 직무를 수행할 수 없을 때는 제1차적으로 국무총리가 그 권한을 대행하고, 제2차적으로는 법률에 정한 국무위원의 순위로 그 권한을 대행한다(헌법 제71조).
- 또한,「지방자치법」 제124조는 지방자치단체의 장이 궐위되거나 공소 제기된 후 구금상태에 있는 경우, 의료기관에 60일 이상 계속하여 입원한 경우 또는 지방자치단체의 장 선거에 입후보하면 부단체장이 권한을 대행하도록 되어 있다.

지방자치법

제124조(지방자치단체의 장의 권한대행 등) ① 지방자치단체의 장이 다음 각 호의 어느 하나에 해당되면 부지사·부시장·부군수·부구청장(이하 이 조에서 "부단체장"이라 한다)이 그 권한을 대행한다.
1. 궐위된 경우
2. 공소 제기된 후 구금상태에 있는 경우
3. 「의료법」에 따른 의료기관에 60일 이상 계속하여 입원한 경우

② 지방자치단체의 장이 그 직을 가지고 그 지방자치단체의 장 선거에 입후보하면 예비후보자 또는 후보자로 등록한 날부터 선거일까지 부단체장이 그 지방자치단체의 장의 권한을 대행한다.

- 「지방자치법」 제124조 제1항에는 당초 '금고 이상의 형을 선고받고 그 형이 확정되지 아니한 경우'에도 지방자치단체의 장의 권한대행이 가능하도록 되어 있었으나, 헌법재판소에서 헌법 불합치로 결정(2010헌마418)되어 삭제되었다.

지방자치법 제111조(현 제124조) 제1항 제3호 위헌확인 : 전원재판부 2010헌마418, 2010.9.2.

헌법 제27조 제4항은 "형사피고인은 유죄의 판결이 확정될 때까지는 무죄로 추정된다."고 선언함으로써, 공소가 제기된 피고인이 비록 1심이나 2심에서 유죄판결을 선고받았더라도 그 유죄판결이 확정되기 전까지는 원칙적으로 죄가 없는 자에 준하여 취급해야 함은 물론, 유죄임을 전제로 하여 해당 피고인에 대하여 유형·무형의 일체의 불이익을 가하지 못하도록 하고 있다. 그런데 이 사건 법률조항은 '금고 이상의 형이 선고되었다 .'는 사실 자체에 주민의 신뢰가 훼손되고 자치단체장으로서 직무의 전념성이 해쳐질 것이라는 부정적 의미를 부여한 후, 그러한 판결이 선고되었다는 사실만을 유일한 요건으로 하여, 형이 확정될 때까지의 불확정한 기간 동안 자치단체장으로서의 직무를 정지시키는 불이익을 가하고 있으며, 그와 같이 불이익을 가함에 있어 필요최소한에 그치도록 엄격한 요건을 설정하지도 않았으므로, 무죄추정의 원칙에 위배된다.

- 권한대행은 그 사유가 발생하면 헌법 또는 법률에 규정된 자가 당연히 대행자가 되고 그 직무범위도 대통령 및 지방자치단체의 장의 권한 전반에 걸치는 것이 원칙이다.
- 지방자치단체의 장의 권한대행자는 지방자치단체의 장과 동일한 권한과 책임을 보유한다. 다만, 서명 등에 있어서 권한대행자는 지방자치단체의 장의 권한대행자임을 표기하고 대행자 자신의 서명을 해야 한다.

행정업무의 효율적 운영에 관한 규정 시행규칙

제1조(목적) 이 조례는 「장사 등에 관한 법률」 제13조에 따라 ○○광역시가 설치한 장사시설의 사용 및 관리·운영에 필요한 사항을 규정함을 목적으로 한다.

(예시) ○○군수 권 한 대 행 (또는 직무대리) 부 군 수 ○ ○ ○

- 다음은 직무의 대리이다.
- 현행 「지방자치법」 제124조 제3항은 지방자치단체의 장이 출장·휴가 등 일시적 사유로 직무를 수행할 수 없으면 부단체장이 그 직무를 대리한다고 규정하고 있다.

지방자치법

제124조(지방자치단체의 장의 권한대행 등) ③ 지방자치단체의 장이 출장·휴가 등 일시적 사유로 직무를 수행할 수 없으면 부단체장이 그 직무를 대리한다.

- 위 규정은 지방자치단체의 장이 출장·휴가 등 일시적 사유로 직무를 수행할 수 없는 경우 부단체장이 그 사무를 지속적으로 처리할 수 있게 하려는 것이다.
- 대리(代理)는 사법상의 법률행위의 하나로서 대리인이 본인을 대신하여 어떤 행위를 하고 그 효과를 본인에게 귀속시키는 것으로, 행정법에서는 권한대행에서처럼 지방자치단체의 장의 궐위 등으로 인한 장기간의 공백상태가 아닌 일시적인 사무공백을 「민법」상의 대리와 같은 사무 처리 방식으로 메꾸게 하려는 취지로 규정한 것으로 보인다.

- 따라서 권한대행과는 달리 권한을 대신하는 것이 아니라 직무를 대신하는 것으로 규정하고 있다. 직무 대리자는 적극적인 권한 행사 및 사무의 처리는 곤란하고 통상적인 업무의 지속성을 유지하는 차원에서 사무를 처리하여야 할 것이다. 왜냐하면 지방자치단체의 장의 직무 대리자는 지방자치단체의 장과 동일한 권한과 책임을 보유한다고 볼 수 없기 때문이다.

- 이 경우 서명 등에 있어서 직무 대리자는 지방자치단체의 장이 아니라 지방자치단체의 장의 직무 대리자임을 표기하고, 본인에 해당하는 지방자치단체의 장의 성명과 함께 그를 대리한다는 뜻으로 대리인 자신의 서명을 함께 병기해야 한다.

행정업무의 효율적 운영에 관한 규정 시행규칙

제10조(발신 명의) 행정기관의 장의 권한을 대행하거나 직무를 대리하는 사람이 발신 명의와 함께 본인의 성명을 적는 경우에는 다음 예시와 같이 "권한대행" 또는 "직무대리"의 표시를 하고 그 직위를 적어야 한다.

(예시) ○○군수 권 한 대 행 (또는 직무대리)
부 군 수 ○ ○ ○

- 다음은 권한의 이양이다.

- 권한의 이양은 정확한 개념 정의가 쉽지 않다. '이양(移讓)'이란 본래 권한을 가지고 있던 주체의 실질적인 간섭 또는 감독 하에 놓였던 것을 해제하는 것을 뜻하는데, 행정학에서는 권한의 이양을 정책결정권 및 운영권한을 다른 기관 또는 하부기관에 넘기는 것을 의미하기도 한다. 분권화, 탈집중화, 위임 등의 개념을 포괄하는 뜻으로 사용되기도 한다. 실무행정법에서는 행정권한의 위임 또는 위탁과 같이 그 권한의 일부를 맡기는 것이 아니라 하부기관에게 그 권한을 완전하게 넘겨주는 것을 의미한다.

- 일반적으로 권한을 '지방 이양'하는 경우 관계 법령 등에서 해당 행정권한의 외형적·실질적인 행사권자가 중앙행정기관에서 지방자치단체 또는 지방자치단체의 장으로 직접 표기되는 것을 볼 수 있다. 권한이 이양되면, 행정권한 위임의 경우와 달리 해당 행정권한이 완전하게 상대방에게 이전되어 권한 이양을 한 행정기관은 해당 행정권한뿐만 아니라 원칙적으로 그 지도·감독권 등을 갖지 않고 이양을 받은 행정기관의 고유한 행정권한이 되는 차이점이 있다.

- 한편, 행정권한의 지방 이양에 있어서는 법적인 문제보다는 사실상의 운영 문제와 직접 관련된 경우도 있다.

- 택지개발지구 지정권한을 시·도지사에게 전면 이양해 달라는 내용의 '택지개발촉진법 개정안'을 국토교통부에 건의했다는 언론보도를 접한 적이 있는데, 법적으로 택지개발지구 지정권한이 시·도지사에게 있는지 여부와 관계없이 앞으로는 국가 또는 중앙행정기관의 지도·감독권 없이 시·도지사가 자율적으로 택지개발지구 지정권한을 행사할 수 있도록 법령을 개정해달라는 것으로 이해할 수 있다.

> • 「택지개발 촉진법」에 따르면 시·도지사가 택지개발지구를 지정할 수 있으나, LH공사가 시행하는 100만㎡ 이상 택지개발지구는 예외적으로 국토교통부장관이 직접 지구 지정하도록 규정되어 있다. 시·도지사가 지정권한을 갖더라도 일정한 경우에는 국토부장관과 협의하거나 그 승인이 필요하다.
>
> → 이 상황에서 권한을 이양해달라는 본래적 의미는 택지개발지구 지정은 100만 ㎡ 이상 또는 이하 여부를 불문하고 시·도지사가 중앙정부의 간섭 없이 자율적으로 지정할 수 있게 해달라는 것으로 이해할 수 있다.

- 이제 내부위임에 대해서 살펴볼 차례인데, 내부위임은 중요한 사항이 많기 때문에 별도의 소제목을 붙여 살펴보기로 한다.

내부위임에 대해서

- 내부위임은 실무상 '사무전결' 또는 '위임전결'이라고 부르는 경우가 많다.

- 내부위임은 행정기관이 보조기관(line) 또는 보좌기관(staff)이나 해당 업무를 담당하는 공무원에게 비교적 경미한 사항의 결정권을 넘겨주는 것으로, 해당 행정기관의 내부에서 행정권한과 관련된 결정권을 넘겨주기 때문에 내부위임이라고 부르는 것으로 보인다.

- 내부위임으로 처리되었더라도 외부에 하는 처분 등 대외적인 행정행위는 본래 권한을 가진 행정기관의 명의와 책임으로 하게 된다.

- 해당 행정권한의 명의 및 책임이 변경되지 않는 점에서 행정권한의 위임·위탁과 구분되며, 행정기관 내부에서의 결정권 이전이라는 점에서 대행과도 구분된다.

- 일각에서는 내부위임을 「지방자치법」 제124조 제3항에 따른 직무의 대리의 일종으로 보는 시각이 있으나, 직무의 대리는 출장·휴가 등 일시적 사유로 직무를 수행할 수 없는 경우에 그 직무를 넘겨주는 것인데 비해, 내부위임은 사무 처리의 편의를 위하여 상시적으로 그 권한을 이전하는 것이라는 점에 차이가 있다.

- 내부위임은 행정기관 내부에서의 행정권한 관련 결정권의 위임이라는 점에서 내부위임이라고 부르지만, 실상에 있어서는 행정권한의 위임과 별개의 제도에 해당하기 때문에 적절한 용어로 보기 어려운 점이 있다.

- 행정권한의 결정권을 내려주는 행위는 내부위임이고, 내부위임에 따라 보조기관 등이 결정권을 보유하는 있는 점에서는 위임전결이라고 볼 수 있다. 필자는 다소 의미가 불분명하더라도, 내부위임이 위임·위탁 등과 다르다는 점을 강조해서 '위임전결'이라고 부르는 것이 합당하다고 본다.

- 내부위임 관련 근거 법령인 「행정 업무의 운영 및 혁신에 관한 규정」 제10조 제2항에서도 위임전결로 표현하고 있다.

행정 효율과 협업 촉진에 관한 규정

제10조(문서의 결재) ① 문서는 해당 행정기관의 장의 결재를 받아야 한다. 다만, 보조기관 또는 보좌기관의 명의로 발신하는 문서는 그 보조기관 또는 보좌기관의 결재를 받아야 한다.
② 행정기관의 장은 업무의 내용에 따라 보조기관 또는 보좌기관이나 해당 업무를 담당하는 공무원으로 하여금 위임전결하게 할 수 있으며, 그 위임전결 사항은 해당 기관의 장이 훈령이나 지방자치단체의 규칙으로 정한다.
③ 제1항이나 제2항에 따라 결재할 수 있는 사람이 휴가, 출장, 그 밖의 사유로 결재할 수 없을 때에는 그 직무를 대리하는 사람이 대결하고 내용이 중요한 문서는 사후에 보고하여야 한다.

- 「행정 업무의 운영 및 혁신에 관한 규정」 제10조 제2항에서는 위임전결 사항은 지방자치단체의 규칙으로 정하도록 되어 있으며, 이 규정에 따라 지방자치단체에서는 「○○도 사무전결처리 규칙」 또는 「○○시 사무전결처리 규칙」 등과 같이 규칙을 제정·운영하고 있다.

○○도 사무전결처리 규칙

제4조(사무전결의 기준) 도지사의 결재를 받아야 하는 사무와 부지사, 실·국장 등, 과장 등 및 담당 등의 전결사무 기준은 다음 각 호와 같다.

1. 도지사 결재사항
   가. 기관의 존립 및 운영에 관한 기본목표의 설정
   나. 새로운 정책과 주요시책사업의 기본방향에 관한 의사결정
   다. ○○도의회 및 대외기관에 대한 주요의사결정
   라. 공공기관 등에 대한 주요승인사항(임원 임·면 등)
   마. 국제교류 및 국제협력 사업에 관한 주요의사결정
2. 부지사 전결사항
   가. 분야별 도정운영 목표설정
   나. 장기적 정책·목표·방침에 관한 세부계획 수립
   다. 실·국·본부간 업무조정
3. 실·국장 등 전결사항
   가. 도정 방침사항의 구체적인 이행계획 수립·시행
   나. 주요업무계획 집행 총괄
   다. 업무처리의 목표와 기준설정
   라. ○○도의 사업소(3급 이상) 지도·감독
   마. 과단위의 업무수행에 대한 조정·감독
   바. 주요 인·허가 사항의 합법성 검토

- 용어 등을 일치시키는 차원에서 위 규칙들의 제명은 「○○도 위임전결처리 규칙」 또는 「○○시 위임전결처리 규칙」과 같이 개정하는 것이 바람직하다고 생각한다.

- 한편, 특별시·광역시가 아닌 50만 이상의 인구를 가진 대도시로서 일반 구가 설치되어 있는 경우에는 해당 지방자치단체의 규칙이 아닌 훈령 등 행정규칙의 형식으로 「○○시 구의 위임전결처리 규정」을 제정하여 운영한다. 이 경우 반드시 지방자치단체의 규칙으로 정할 필요는 없기 때문이다.

- 「행정 업무의 운영 및 혁신에 관한 규정」 제10조 제2항에서도 훈령으로 위임전결을 정할 수 있도록 되어 있다.

행정 업무의 운영 및 혁신에 관한 규정

제10조(문서의 결재) ② 행정기관의 장은 업무의 내용에 따라 보조기관 또는 보좌기관이나 해당 업무를 담당하는 공무원으로 하여금 위임전결하게 할 수 있으며, 그 위임전결 사항은 해당 기관의 장이 훈령이나 지방자치단체의 규칙으로 정한다.

- 그런데, 앞 사례의 '사무전결처리 규칙' 제4조는 도지사의 결재를 받아야 하는 사무와 부지사, 실·국장 등, 과장 등 및 담당의 전결사무 기준을 각 호로 규정하고, 동시에 이 규칙 제5조에서는 각각의 보조기관 및 보좌기관의 전결사항을 별표 1부터 별표 6까지 다시 구분하여 규정하고 있다.

○○도 사무전결처리 규칙

제5조(전결사항 등) ① 행정(1)부지사와 행정(2)부지사 및 경제부지사 담당 공통적인 단위사무에 대한 결재 및 전결 처리 사항은 별표 1과 같다.
② 도지사 보좌 및 직속기관 소관 결재 및 전결 처리 사항은 별표 2와 같다.
③ 행정(1)부지사 담당 각종 단위사무에 대한 결재 및 전결 처리 사항은 별표 3과 같다. ④ 행정(2)부지사 담당 각종 단위사무에 대한 결재 및 전결 처리 사항은 별표 4와 같다.
⑤ 경제부지사 담당 각종 단위사무에 대한 결재 및 전결 처리 사항은 별표 5와 같다.
⑥ 소속기관의 공통적인 단위사무에 대한 결재 및 전결 처리 사항은 별표 6과 같다.
⑦ 소속기관의 각종 단위사무에 대한 결재 및 전결 처리 사항은 별표 7과 같다.
⑧ 합의제 행정기관 소관 결재 및 전결 처리 사항은 별표 8과 같다.
⑨ 별표에 열거되지 아니한 사항은 제4조에 따라 사무전결의 기준을 고려하되, 그와 유사한 사항보다 경미한 사항은 그 전결권자가 전결하고, 중요한 사항은 그 중요성에 따라 도지사와 부지사 또는 실·국장 등의 지시를 받아 전결권자를 결정한다.
⑩ 별표에 규정된 전결사항으로서 그에 덧붙어 따르는 업무의 처리는 차하급 결재권자의 전결로써 시행할 수 있다.

- 이처럼 이 규칙의 별표에서 위임전결의 구체적인 대상이 되는 행정권한을 다시 세부적으로 규정하는 것은, 비록 이 규칙 제4조와 제5조의 규정이 다소 중복될 소지가 있더라도 바람직한 입법으로 볼 수 있다.

- 즉, 이 규칙 제4조의 각 호에서 규정하고 있는 구체적인 위임전결사항에서 누락된 행정권한 및 사무가 있는 경우 또는 비전형적인 사무의 처리에 있어서 그 행정권한의 결정권이 누구에게

있는지 가늠하기 불분명한 경우를 보완하여 사무 또는 권한의 구분 기준을 명확하게 하기 위한 것이기 때문이다.

- 결국, 위임전결 규정에 해당하는 '사무전결처리 규칙'을 볼 때에는 이 규칙 제4조의 각 호에서 규정하고 있는 구체적인 위임전결사항 및 이 규칙 별표에서 규정하고 있는 사무 또는 권한의 구분기준을 함께 보아야 한다.

지방자치단체장의 부재 시 조례 공포권의 행사 문제

- 지방자치단체의 장이 출장·휴가 등으로 부재인 경우 누가 조례안을 공포해야 하는가? 자치입법 관련 실무자에게 가장 많이 받는 질문 중 하나였다.
- 「지방자치법」 제32조 제2항에서는 지방자치단체의 장은 의회 의결을 거친 조례안을 이송 받으면 20일 이내에 공포하여야 한다고 규정하고 있다.

지방자치법

제32조(조례와 규칙의 제정 절차 등) ① 조례안이 지방의회에서 의결되면 지방의회의 의장은 의결된 날부터 5일 이내에 그 지방자치단체의 장에게 이송하여야 한다.
② 지방자치단체의 장은 제1항의 조례안을 이송 받으면 20일 이내에 공포하여야 한다.

- 조례의 공포를 위해서는 많은 절차가 소요된다. 조례안에 대해 지방의회의 의결이 있으면 지방의회에서 이송된 날부터 5일 이내에 시·도지사는 안전행정부장관에게 그 내용을 보고하고, 시장·군수 및 자치구의 구청장은 시·도지사에게 보고하여야 한다.(법 제35조)
- 「지방자치법 시행령」 제28조에 따르면 이와 같은 행정절차 외에 해당 지방지치단체의 관련 부서의 의견을 듣고 재의요구 사안에 해당하는지 여부를 검토한 후 조례안을 공포하려는 경우 해당 조례의 공포안을 만들어 '조례·규칙심의회'에서 심의·의결하는 절차도 밟아야 한다.
- 의결된 조례안에 대해 20일의 기한 안에 이와 같은 모든 절차를 밟기 어렵다는 하소연도 있지만, 이 기간 동안 해당 지방자치단체의 장이 궐위되거나 휴가 또는 출장 등이 있는 경우 문제는 더욱 복잡해진다.

- 지방자치단체의 장이 궐위되거나 휴가 또는 출장 등으로 부재하여 20일 안에 자치법규의 공포가 어려운 경우 권한의 대행, 권한의 대리 또는 위임전결 등으로 공포를 대신하게 할 수 있을까?

- 지방자치단체의 조례 및 규칙은 해당 지방자치단체의 장이 공포한다. 조례의 경우 「지방자치법」 제32조 제2항에서 명시적으로 규정하고 있고, 규칙의 경우 명시적인 규정은 없으나 「지방자치법 시행령」 제29조 제2항을 근거로 지방자치단체의 장에게 공포권이 있는 것으로 본다.

지방자치법 시행령

제29조(조례와 규칙의 공포 절차) ① 조례와 규칙의 공포문에는 전문(全文)을 붙여야 한다.
② **조례와 규칙의 공포문 전문에는 제정·개정 및 폐지하는 뜻을 적어 지방자치단체의 장이 서명한 후 직인을 찍고** 그 일자를 기록한다. 이 경우 조례 공포문 전문에는 지방의회의 의결을 받은 사실을 적어야 한다.

- 자치법규의 공포(公布)란 자치법규를 해당 지방자치단체 소속 주민 등에게 알리기 위한 행위를 말한다. 법령과 마찬가지로 자치법규도 공포하여야 시행할 수 있으며, 따라서 공포는 자치법규의 효력발생 요건의 하나가 된다.

- 법령의 공포에 관한 내용은 「법령 등 공포에 관한 법률」 제5조에서 규정하고 있는데, 같은 조 제1항은 "… 대통령이 서명한 후 대통령인을 찍고 그 공포일을 명기하여 국무총리와 관계 국무위원이 부서한다."고 규정하고 있다.

법령 등 공포에 관한 법률

제5조(법률) ① 법률 공포문의 전문에는 국회의 의결을 받은 사실을 적고, 대통령이 서명한 후 대통령인을 찍고 그 공포일을 명기하여 국무총리와 관계 국무위원이 부서한다.
② 「대한민국헌법」 제53조 제6항에 따라 국회의장이 공포하는 법률의 공포문 전문에는 국회의 의결을 받은 사실과 「대한민국헌법」 제53조 제6항에 따라 공포한다는 뜻을 적고, 국회의장이 서명한 후 국회의장인(國會議長印)을 찍고 그 공포일을 명기하여야 한다.

- 위 규정은 자치법규의 공포에 관한 내용을 규정하고 있는 「지방자치법 시행령」 제29조 제2항과 유사함을 알 수 있다.

- 위 두 규정을 비교했을 때 대통령의 법률 공포권과 지방자치단체의 장의 조례·규칙의 공포권은 유사한 성격을 갖는 것으로 이해할 수 있다. 집행부를 대표하는 기관으로서 대통령과 지방자치단체의 장은 국가와 지방자치단체의 대표적인 법규인 법령 및 자치법규의 공포권을 부여받는데, 이 권한은 통치행위와 유사한 성격을 갖는 권한이다.

- 그렇다면, 지방자치단체의 장이 부재중인 경우 다른 사람이 대신 공포할 수 있을까? 규칙의 경우 공포의 시한에 대해 별도로 규정하는 바가 없기 때문에 문제될 소지가 없지만, 조례안을 공포하는 경우는 시한이 촉박한 경우가 많기 때문에 조례안을 대상으로 생각해보자.

- 먼저, 해당 지방자치단체의 장의 부재가 앞서 살펴 본 「지방자치법」 제124조 제1항 및 제2항에 해당하는 경우, 즉 지방자치단체의 장의 궐위나 공소 제기 후 구금상태, 선거에 입후보 등으로 부단체장이 권한대행자가 된 경우에는 권한대행자가 공포하면 된다. 권한대행자는 지방자치단체의 장의 권한과 책임을 온전히 떠맡기 때문에 특별히 문제될 소지가 없다.

- 문제는 해당 지방자치단체의 장의 부재가 「지방자치법」 제124조 제3항에 해당하는 경우이다. 즉, 지방자치단체의 장이 출장·휴가 등 일시적 사유로 직무를 수행할 수 없어 부단체장이 그 직무를 대리하는 경우이다. 이처럼 일시적인 부재 기간에 부단체장인 직무 대리자가 조례안을 공포할 수 있는지 문제가 된다는 것이다.

- 참고로, 대통령의 경우에는 헌법 제71조에서 “대통령이 궐위되거나 사고로 인하여 직무를 수행할 수 없을 때에는 국무총리, 법률이 정한 국무위원의 순서로 그 권한을 대행한다”라고 규정하고 있을 뿐 ‘직무대리’에 관하여는 별도의 규정이 없다.

- 조례안의 공포는 법령 등의 공포와 마찬가지로 해당 지방자치단체의 장의 통치행위와 유사한 성격을 갖는 권한으로 보아야 할 것이며, 따라서 직무 대리의 대상이 될 수 없다고 생각한다.

- 의회의 의결을 거친 조례안은 그 공포 여부에 대한 판단 및 공포의 결과로 인해 해당 주민에게 미치는 영향이 매우 크다. 또한, 역사적으로 법령이나 조례 등의 공포행위는 집행부의 수장으로서 상징적인 권한행사에 해당하므로 이를 다른 사람이 대리하게 하는 것은 바람직하지 않은 면이 있다.

- 한편, 앞서 살펴본 것처럼 「지방자치법」 제124조 제3항에 따른 직무 대리자는 권한대행자의 경우와 달리 적극적으로 변화를 수반하는 정책결정 등의 권한행사는 제한되고 가급적 현상유지 차원의 소극적인 범위에서의 사무 처리로 한정되어야 할 것이므로, 조례안에 대한 재의요구 여부 및 공포 여부의 결정을 대외적으로 표시하는 공포행위는 해당 지방자치단체의 장에게 주어진 고유한 권한으로서 이를 부단체장이 수행하는 것은 적합하지 않다고 본다.

- 이에 대해서 일각에서는 「지방자치법」 제124조 제3항에서 특별히 대리권을 제한하고 있지 않기 때문에 대리의 범위에 포함된다고 주장한다. 특히, 조례안 공포의 시한을 고려할 때 해당 지방자치단체의 장의 부재기간을 그냥 도과할 경우 법적 공백이나 조례안의 불확정적 상태가 문제되기 때문에 공포 행위의 대리를 허용하여야 한다고 한다.

- 그러나 「지방자치법」 제32조 제2항을 위반해서 20일 이내에 조례안을 공포하지 않더라도 크게 문제되지는 않는다. 같은 법 제32조 제5항은 지방자치단체의 장이 제2항의 기간에 공포하지 아니하거나 재의요구를 하지 아니한 경우 그 조례안은 조례로서 확정된다고 규정하고 있다. 따라서 20일 이내에 공포를 하지 않으면 그 조례안이 확정되고 단지 공포 시한이 며칠 지연될 뿐이다.

지방자치법

제32조(조례와 규칙의 제정 절차 등) ⑤ 지방자치단체의 장이 제2항의 기간에 공포하지 아니하거나 재의요구를 하지 아니할 때에도 그 조례안은 조례로서 확정된다.
⑥ 지방자치단체의 장은 제4항과 제5항에 따라 확정된 조례를 지체 없이 공포하여야 한다. 이 경우 제5항에 따라 조례가 확정된 후 또는 제4항에 따른 확정조례가 지방자치단체의 장에게 이송된 후 5일 이내에 지방자치단체의 장이 공포하지 아니하면 지방의회의 의장이 이를 공포한다.

- 또한, 같은 조 제6항 전단에서는 지방자치단체의 장은 제5항에 따라 확정된 조례를 지체 없이 공포하여야 한다고 되어 있기 때문에 출장·휴가 등 부재사유가 해소된 후 공포하면 된다. 해당 지방자치단체의 장이 지나치게 장기간 부재 중인 경우 같은 법 제32조 제6항 후단에 따라 지방의회의 의장이 이를 공포할 수도 있다.

- 따라서 조례안의 공포와 같이 중대하고 재의요구 여부에 대한 판단이 필요하며 정치적 상징성이 있는 사무를 직무 대리자가 대신하는 것은 바람직하지 않다고 생각한다.

- 다만, 2017년 경기도에서 조례안 공포, 재의요구, 확정된 조례의 공포 및 지방의회 의결의

재의요구가 부단체장의 직무대리 범위에 포함되는지에 관하여 해석요청한 사안에 대해 법제처는 아래와 같이 직무대리 범위에 포함될 수 있다고 해석했다.

- 2017년 3월 경기도에서 조례안 공포, 재의요구, 확정된 조례의 공포 및 지방의회 의결의 재의요구가 부단체장의 직무대리 범위에 포함되는지를 당시 행정자치부에 문의하였고, 행정자치부로부터 조례안 공포 등이 모두 부단체장의 직무대리 범위에 포함된다는 답변을 받자, 법제처에 법령해석을 요청했으며, 법제처는 위 모든 사항이 직무대리 범위에 포함될 수 있다는 해석을 했다.(법제처 17-0082, 2017. 3. 2., 법령해석 참조)

다른 지방자치단체나 그 장에게 위임 또는 위탁

- 「지방자치법」 제117조 제2항은 지방자치단체의 장은 조례나 규칙으로 정하는 바에 따라 그 권한에 속하는 사무의 일부를 관할 지방자치단체나 공공단체 또는 그 기관(사업소·출장소를 포함한다)에 위임하거나 위탁할 수 있다고 규정하고 있다. 또한, 같은 법 제168조 제1항은 지방자치단체나 그 장은 소관 사무의 일부를 다른 지방자치단체나 그 장에게 위탁하여 처리하게 할 수 있다.

지방자치법

제117조(사무의 위임 등) ① 지방자치단체의 장은 조례나 규칙으로 정하는 바에 따라 그 권한에 속하는 사무의 일부를 보조기관, 소속 행정기관 또는 하부행정기관에 위임할 수 있다.
② 지방자치단체의 장은 조례나 규칙으로 정하는 바에 따라 그 권한에 속하는 사무의 일부를 관할 지방자치단체나 공공단체 또는 그 기관(사업소·출장소를 포함한다)에 위임하거나 위탁할 수 있다.
③ 지방자치단체의 장은 조례나 규칙으로 정하는 바에 따라 그 권한에 속하는 사무 중 조사·검사·검정·관리업무 등 주민의 권리·의무와 직접 관련되지 아니하는 사무를 법인·단체 또는 그 기관이나 개인에게 위탁할 수 있다.

제168조(사무의 위탁) ① 지방자치단체나 그 장은 소관 사무의 일부를 다른 지방자치단체나 그 장에게 위탁하여 처리하게 할 수 있다.
② 지방자치단체나 그 장은 제1항에 따라 사무를 위탁하려면 관계 지방자치단체와의 협의에 따라 규약을 정하여 고시하여야 한다.

- 여기서 「지방자치법」 제117조 제2항과 제168조는 어떤 관계가 있는지 문제가 된다.

- 먼저, 지방자치단체의 독립성을 생각하지 않을 수 없다. 「지방자치법」 제2조는 지방자치단체를 광역 자치단체와 기초 자치단체 두 가지 유형으로 구분하고, 제3조 제1항은 지방자치단체는 법인으로 한다고 규정하고 있다.

- 지방자치단체는 법인으로서 광역 자치단체이든 기초 자치단체이든 독립된 법인격으로서 존재한다. 다만, (1) 광역 자치단체로부터 위임받은 사무, (2) 광역 자치단체와 기초 자치단체가 공동으로 수행하는 사무, (3) 법령에서 광역 자치단체의 자치법규로 정하도록 규정한 사무 등에 있어서는 광역 자치단체가 기초 자치단체를 지도·감독할 수 있을 뿐이다.

- 이와 같은 지방자치단체의 독립성에서 볼 때, 「지방자치법」 제117조 제2항은 (1) 광역 자치단체의 장이 그 사무의 일부를 관할 기초 자치단체 또는 그 기관에게 그 사무의 처리와 관련하여 권한을 위임하는 경우 (2) 광역 또는 기초 자치단체의 장이 그 사무의 일부를 관할하는 자기 소속 지방공기업·공사 등 공공단체 또는 그 기관에게 그 사무의 처리와 관련하여 권한을 위탁하는 경우를 우선 생각할 수 있다.

- 추가적으로 (3) 광역 자치단체의 장이 기초 자치단체 소속 공공단체 또는 그 기관에게 위탁하는 경우, (4) 기초 자치단체의 장이 광역 자치단체 소속 공공단체 또는 그 기관에게 위탁하는 경우도 가능할까?

- 규정의 내용과 취지상 위 (3)과 (4)의 경우 「지방자치법」 제117조 제3항에 따라 해당 지방자치단체의 장이 사무의 민간위탁 방식 등에 따라 위탁을 하는 것은 가능하지만, 제117조 제2항에 따른 권한의 위탁은 어렵다고 보아야 할 것이다. 광역 자치단체와 기초 자치단체 소속 공공단체, 기초 자치단체와 광역 자치단체 소속 공공단체는 소관 사무에 있어서 권한을 위탁하여 수행하도록 할 정도의 밀접한 관련성이 없기 때문에 제117조 제2항이 적용될 여지가 없다고 보아야 한다.

- 한편, 「지방자치법」 제168조는 제117조 제2항의 '그 권한에 속하는 사무의 일부를 관할하는'과 같은 제한 규정이 없이 단순히 '지방자치단체나 그 장은 소관 사무의 일부를 다른 지방자치단체나 그 장에게 위탁하여 처리하게 할 수 있다.'고 규정하고 있다.

- 이와 같은 규정의 취지는, 광역 자치단체가 다른 광역 자치단체나 다른 광역 자치단체 소속 기초 자치단체 및 해당 광역 자치단체 소속의 기초 자치단체 등 모든 지방자치단체에 대해

사무의 위탁을 할 수 있도록 규정하고 있다고 보아야 한다. 물론, 기초 자치단체도 그 상급 광역 자치단체는 물론, 다른 광역 자치단체 및 그 소속 기초 자치단체에 대해서도 사무의 위탁을 할 수 있도록 규정한 것이다.

- 다만, 「지방자치법」 제168조 제1항에 따라 사무의 일부를 위탁하는 경우에는 지방자치단체의 장은 관계 지방자치단체와의 협의에 따라 규약을 정하여 고시하여야 하고, 위탁을 변경하거나 해지하려는 경우에도 미리 협의하여 그 사실을 고시하여야 한다(제2항 및 제4항).

- 결국, (1) 지방자치단체의 장이 그 권한을 관할하는 지방자치단체 및 공공단체 등에게 위임 또는 위탁하는 경우에는 「지방자치법」 제117조 제2항이 적용되고, (2) 지방자치단체의 장이 그 권한에 속하는 사무 중 주민의 권리·의무와 직접 관련되지 아니하는 사무를 민간위탁을 하는 경우에는 제117조 제3항이 적용되며, (3) 지방자치단체 또는 그 장이 소관 사무의 처리를 다른 지방자치단체에 위탁하는 경우에는 제168조가 적용된다는 점을 주의해야 한다.

- 무엇보다, 「지방자치법」 제117조는 지방자치단체의 장의 권한에 속하는 사무를 대상으로 하지만, 제168조는 지방자치단체 또는 그 장의 소관 사무를 대상으로 하는 것에 차이점이 있다.

- 여기까지 정리한 것을 토대로 하여, 이제 구체적으로 위임·위탁 및 민간위탁에 관한 자치입법상의 입안 방법에 대해 공부하기로 한다.

위임 규정을 입법화하는 방법

- 행정권한을 위임하려는 경우 일반적으로 해당 법률에서 '대통령령으로 정하는 바에 따라 위임할 수 있다.'는 근거 규정을 두고 시행령(대통령령)에서 위임의 대상 기관 및 위임을 하려는 행정권한을 세부적으로 규정한다.

- 따라서 중앙행정기관의 권한 및 그 위임 사항을 확인하기 위해서 각각의 법률과 시행령을 함께 확인하면 된다.

- 지방자치단체의 경우에는 지방자치단체의 장의 권한 및 그 위임 여부 등을 찾아보기 위해서는 우선 '사무위임 조례'와 '사무위임 규칙'을 봐야 한다. 여기서 우선이라고 한 것은 예외적인 경우가 있다는 것이다.

- 「지방자치법」 제117조 제1항은 지방자치단체의 장은 조례나 규칙으로 정하는 바에 따라 그 권한에 속하는 사무의 일부를 보조기관, 소속 행정기관 또는 하부행정기관에 위임할 수 있도록 하고 있는데, 여기서 지방자치단체의 장의 권한의 위임을 입법화하는 방법을 조례 또는 규칙으로 한정하고 있음을 알 수 있다.

지방자치법

제117조(사무의 위임 등) ① 지방자치단체의 장은 조례나 규칙으로 정하는 바에 따라 그 권한에 속하는 사무의 일부를 보조기관, 소속 행정기관 또는 하부행정기관에 위임할 수 있다.

- 그렇다면 어떤 위임은 조례로 정하고 어떤 위임은 규칙으로 정하는 것일까? 위 규정만 보아서는 위임 규정을 어떤 형식으로 입안해야 하는지 알기 어렵다.

- 「지방자치법」 제28조 및 제29조의 해석에 따르면, 자치사무 또는 단체위임사무를 위임하는 경우에는 조례로 정하여야 하고 기관위임사무에 대해서는 규칙으로 정하여야 하며, 개별 법령에서 특별한 규정이 없는 한 훈령 등 행정규칙으로 위임 규정을 두는 것은 불가능하다.

지방자치법

제28조(조례) ① 지방자치단체는 법령의 범위에서 그 사무에 관하여 조례를 제정할 수 있다. 다만, 주민의 권리 제한 또는 의무 부과에 관한 사항이나 벌칙을 정할 때에는 법률의 위임이 있어야 한다.
제29조(규칙) 지방자치단체의 장은 법령 또는 조례의 범위에서 그 권한에 속하는 사무에 관하여 규칙을 제정할 수 있다.

- 위 규정의 취지에 따라 각 지방자치단체의 '사무위임 조례'에서는 자치사무와 단체위임사무를, 그리고 '사무위임 규칙'에서는 기관위임사무를 각각 위임하고 있다. 위 해석에 따르면 위임 규정을 입법화하는 방법이 간결한 것처럼 보인다. 그렇지만, 입법실무에 있어서는 복잡한 문제가 있다.

- 먼저, 사무의 구분이 어렵다는 문제점이 있다. 위임 규정의 입법화를 위해서는 먼저 자치사무, 단체위임사무 및 기관위임사무를 명확하게 구분해서 각각 '사무위임 조례' 또는 '사무위임 규칙'에서 위임 규정을 두면 되지만, 현실에 있어서는 사무의 구분이 쉽지 않다. 이에 대해서는 이미 제2강에서 살펴보았기 때문에 자세한 설명은 생략한다.

- 실제 그 운용실태를 점검해보면 예상치 못한 결과를 얻게 될 것이다. 즉, 지방자치단체의 '사무위임 조례'에서는 자치사무 또는 단체위임사무만을 위임하고, '사무위임 규칙'에서는 기관위임사무만을 위임하는 것과 전혀 다른 결과를 얻게 될 것이 분명하기 때문이다.

- 예를 들어 아래의 「○○도 사무위임 조례」는 행정능률의 향상 및 행정사무의 간소화와 행정기관의 권한과 책임을 일치시키기 위하여 각종 법령에 규정된 ○○도지사의 권한 중 일부는 하부기관 등에게 위임하고 있는데, 이 조례에 따라 위임되는 '○○도지사의 권한'을 찬찬히 살펴보면 대부분이 자치사무 또는 단체위임사무에 해당하지 않음을 쉽게 알 수 있다. 그 세부내용은 다음에 다시 살펴보기로 한다.

○○도 사무위임 조례

제1조(목적) 이 조례는 「지방자치법」 제117조에 따라 행정능률의 향상 및 행정사무의 간소화와 행정기관의 권한과 책임을 일치시키기 위하여 각종 법령에 규정된 ○○도지사의 권한 중 소속기관의 장, 시장·군수 및 ○○경제자유구역청장에게 위임할 사항을 규정함을 목적으로 한다.

- 또한, 위 조례의 별표에서는 과·담당관 별로 도지사의 권한을 하부기관 및 시장·군수 등에게 각각 위임하고 있는데, 대부분의 권한이 법령에서 시·도지사에게 개별적으로 위임된 것으로, 이와 같은 시·도지사의 위임 대상이 되는 사무가 자치사무 또는 단체위임사무에 해당하지 않음은 분명하다.

- 아울러, 같은 지방자치단체의 「○○도 사무위임 규칙」은 행정능률의 향상 및 주민편의 도모와 행정기관의 권한과 책임을 일치시키기 위하여 중앙행정기관의 장으로부터 도지사가 위임받은 사무 중 일부를 시장·군수 등에게 재위임하는 것으로 되어 있다. 즉, 이 지방자치단체의 기관위임사무에 대해 재위임하려는 것임을 분명히 하고 있다.

○○도 사무위임 규칙

제1조(목적) 이 규칙은 「행정권한의 위임 및 위탁에 관한 규정」제4조에 따라 행정능률의 향상 및 주민편의도모와 행정기관의 권한과 책임을 일치시키기 위하여 중앙행정기관의 장으로부터 ○○도지사가 위임받은 사무 중 시장·군수, 소속행정기관의 장 및 경기경제자유구역청장에게 재위임할 사항을 규정함을 목적으로 한다.

- 위 규칙에서도 마찬가지이다. 즉, 위 규칙의 별표 1부터 별표 3까지에서 기관위임사무를 재위임하는 것으로 되어 있는데, 해당 사무가 반드시 기관위임사무로 볼 수 없는 경우가 많다. 이에 대해서도 다음에 다시 살펴보기로 한다.

- 대부분의 지방자치단체가 마찬가지이지만, 이처럼 '사무위임 조례'에서는 자치사무 또는 위임사무만을 위임하고, '사무위임 규칙'에서는 기관위임사무만을 위임한다는 원칙이 실무상으로 잘 지켜지지 않으면 어떻게 될까?

- 이와 관련해서 대법원은 조례로 위임하여야 할 사항을 규칙으로 위임한 경우 그 하자가 비록 중대하다고 하더라도 객관적으로 명백하다고 할 수는 없기 때문에 당연 무효의 사유는 아니라고 판시하고 있다.

택시운전자격취소처분취소 : 대법원 2002.12.10, 선고, 2001두4566, 판결

… (전략) 피고의 선행처분은 앞서 본 바와 같이 결과적으로 서울특별시 조례에 의한 적법한 위임 없이 행하여진 것으로서 그 하자가 중대하다고 할 것이나, 위 법률 제33조의4 제3항 소정의 택시운전자격 취소·정지 등은 국가사무로서 그 권한이 교통부장관에게 있었고 교통부장관은 이 권한을 시·도지사에게 위임한다고 규정하고 있었으며, 서울특별시사무위임규칙(1998. 3. 10. 규칙 2902호) 제3조 [별표] 제25호는 서울특별시장이 위 법률 제33조의4 제3항 소정의 택시운전자격 취소·정지 등에 관한 권한을 구청장 또는 사업소장에게 재위임한다고 규정하고 있어서 원고가 위 1998. 4. 28.자 위반행위를 하였을 당시에는 구청장인 피고가 원고에 대하여 택시운전자격정지처분을 할 적법한 권한이 있었는데, 피고가 선행처분을 함에 있어서 그 처분 당시가 아닌 위반행위 당시에 시행되던 규정에 의하여 선행처분을 할 권한이 피고에게 있다고 오인할 여지가 없지 아니하였고, 현행법상 시·도지사는 지방자치단체의 사무와 국가의 기관위임사무를 함께 관장하고 있어 행위의 외관상 양자의 구분이 쉽지 아니하였던 점 등에 비추어 보면, 선행처분에 있어서의 하자가 비록 중대하다고 할지라도 그것이 객관적으로 명백하다고 할 수는 없으므로 이는 결국 당연무효 사유는 아니라고 봄이 상당하다 할 것이다.

- 위 판례의 배경이 되는 사실관계는 매우 복잡한데, 위 사건을 시간 순서로 재구성하면 (1) 「서울특별시 사무위임규칙」 제3조 [별표] 제25호에 따라 서울특별시장의 택시운전자격 취소·정지 등에 관한 권한이 구청장(피고)에게 재위임되었고, (2) 피고는 1998. 7. 20. 원고에게 30일간의 택시운전자격정지처분(선행처분)을 하였으며, (3) 그 후 피고가 1998. 12. 29. 원고에게 정지처분 기간 중 운전업무에 종사하였다는 이유로 택시운전자격취소처분(본처분)을 하였으며, (4) 서울특별시장이 1999. 3. 15. 「서울특별시 사무위임조례」 일부개정으로 일반·개인택시운전자격의 효력정지 처분 및 취소에 관한 사무 권한을 구청장에게 위임하였고,

(5) 이에 따라 피고가 1999. 12. 29. 다시 원고에 대하여 택시운전자격취소처분(이 사건 처분)을 하였다.

- 이에 대해서 하급법원은 "선행처분 당시인 1998. 7. 20.에는 서울특별시가 자치사무인 택시운전자격 취소·정지에 관한 권한을 구청장에게 위임한다는 내용의 조례를 마련하지 않고 「서울특별시 사무위임규칙」으로 재위임하고 있으므로 구청장인 피고가 위 권한을 행사할 근거가 없었다"고 판시하고, 따라서 선행처분은 권한 없는 자에 의하여 행하여진 것으로서 위법하고 그 하자가 중대하고 명백한 것이어서 선행처분은 당연무효라고 판시한 반면,
- 대법원은 "현행법상 시·도지사는 지방자치단체의 사무와 국가의 기관위임사무를 함께 관장하고 있어 행위의 외관상 양자의 구분이 쉽지 아니하였던 점 등에 비추어 보면, 선행처분에 있어서의 하자가 비록 중대하다고 할지라도 그것이 객관적으로 명백하다고 할 수는 없으므로 이는 결국 당연무효 사유는 아니라고 봄이 상당하다"는 취지로 판시하고 있음을 알 수 있다.
- 우선, 하급심 법원이 택시운전자격 취소·정지에 관한 권한을 자치사무로 본 것은 문제가 있다. 대법원에서도 하급심 법원의 판단이 잘못되었음을 지적하고 있다. 즉, 택시운전자격의 취소정지권한은 기관위임사무에 해당한다.
- 다만, 대법원은 택시운전자격 취소·정지에 관한 권한이 기관위임사무임에도 불구하고 나중에 서울특별시장이 1999. 3. 15. 「서울특별시 사무위임조례」 일부개정으로 일반·개인택시운전자격의 효력정지 처분 및 취소에 관한 사무 권한을 구청장에게 위임한 것에 대하여는 엄격한 판단을 유보하고 있다. 즉, 기관위임사무를 조례에서 위임한 해당 위임조례의 유효·무효에 대하여 판단을 보류한 채 "지방자치단체의 사무와 국가의 기관위임사무를 함께 관장하고 있어 행위의 외관상 양자의 구분이 쉽지 아니하였던 점"이라는 이유로 당연무효는 아니라고 판시하고 있다.
- 대법원은 기관위임사무인 택시운전자격 취소·정지에 관한 권한을 하급법원도 자치사무라고 판단할 정도로 지방자치단체의 사무의 구분이 쉽지 않은 상황에서 잘못된 사무의 구분에 따라 해당 지방자치단체의 '사무위임 조례' 및 '사무위임 규칙'에서 위임 및 재위임을 잘못 규정하고 있더라도 위 규정에 따른 행정행위를 당연무효라고 할 수는 없다고 판단한 것으로 이해할 수 있다.
- 이와 같은 권한의 위임과 관련하여 법적인 문제는 계속 발생할 수 있다. 따라서 사무의 구분에 따라 '사무위임 조례' 및 '사무위임 규칙'에 제대로 배분되어 위임 또는 재위임이 이루어지고 있는지에 대하여 세심하게 연구하고 개선하는 노력이 필요하다.

- 한편, 개별 조례에서 지방자치단체의 장의 권한을 직접 위임하는 규정을 두는 경우가 있는가 하면, 개별 조례에서 규정하지 않고 '사무위임 조례'에서 위임 규정을 두는 경우도 있다.

○○도 도시 및 주거환경정비 조례

제1조(목적) 이 조례는 「도시 및 주거환경정비법」, 같은 법 시행령 및 같은 법 시행규칙에서 위임된 사항과 그 시행에 필요한 사항을 규정함을 목적으로 한다.

제56조(권한의 위임) 도지사는 법 제4조 제4항에 따른 정비구역의 경미한 변경지정의 권한을 시장·군수에게 위임한다.

- 이는 결국, 지방자치단체의 장의 권한이 최종적으로 누구에게 위임되어 있는지를 확인하기 위해서는 해당 지방자치단체의 '사무위임 조례' 및 '사무위임 규칙'에서 위임 및 재위임 사항을 확인해야할 뿐만 아니라, 개별 조례에서 직접 위임하는 경우도 있기 때문에 개별 조례를 확인하여야 하는 문제가 있다.

개별 조례에서 위임 규정을 둔 경우

- 많은 지방자치단체에서 '행정권한의 위임' 관련 규정을 두는 방식은 3원화되어 있다. '사무위임 조례' 또는 '사무위임 규칙'에서 위임 규정을 두는 것과 개별 조례에서 위임 규정을 두는 것이다.

- 이처럼 위임 규정을 두는 방식이 일원화되지 못하고 세 갈래로 나뉘어 있어서 공무원들이 해당 사무의 위임관계를 제대로 파악하지 못할 우려가 있으며, 자칫 권한 없는 자가 행정권한을 행사함으로써 법적인 문제가 발생할 소지가 있다.

- 특히, 주민의 입장에서는 조례·규칙 등 자치법규를 통해 사무의 권한이 누구에게 주어져 있는지 확인하게 되는데, 그 위임 방식이 여러 갈래로 나뉘어 있다면 이를 확인하기가 쉽지 않을 것은 자명하다.

- 더욱이 '사무위임 조례' 또는 '사무위임 규칙' 외에 개별 조례에서 행정권한의 위임 관련 규정을 둔 경우에도 그 표현 방식이 제각각이어서 의미하는 바를 정확하게 파악하기가 어려운 경우도 있다.

- 먼저, 개별 조례에서 위임 규정을 두는 경우부터 살펴보기로 한다. 아래 사례의 법령과 조례는 개정되었지만 설명을 위해 종전 입법례를 그대로 두었다.

- 아래의 사례 1 조례는 「도시 및 주거환경정비법」 등의 위임 및 시행에 필요한 사항을 정하고 있는데, 이 조례의 목적 규정만 보더라도 '도시 및 주거환경정비 조례'는 전형적인 위임조례에 해당함을 알 수 있다. 이 조례 제56조에서는 「도시 및 주거환경정비법」 제4조 제4항에 따른 정비구역의 지정 또는 변경지정권을 시장·군수에게 위임하는 것으로 되어 있다.

사례 1 : 도시 및 주거환경정비 조례

제1조(목적) 이 조례는 「도시 및 주거환경정비법」, 같은 법 시행령 및 같은 법 시행규칙에서 위임된 사항과 그 시행에 필요한 사항을 규정함을 목적으로 한다.

제56조(권한의 위임) 도지사는 법 제4조 제4항에 따른 정비구역의 경미한 변경지정의 권한을 시장·군수에게 위임한다.

도시 및 주거환경정비법

제4조(정비계획의 수립 및 정비구역의 지정) ④ 시·도지사 또는 대도시의 시장은 정비구역을 지정 또는 변경지정하고자 하는 경우에는 대통령령이 정하는 바에 따라 지방도시계획위원회의 심의를 거쳐 지정 또는 변경지정하여야 한다. 다만, 제1항 단서에 따른 경미한 사항을 변경하고자 하는 경우에는 지방도시계획위원회의 심의를 거치지 아니할 수 있다.

- 그런데, 「도시 및 주거환경정비법」 제4조 제4항의 권한을 규칙이 아니라 조례로써 시장·군수에게 위임했다는 것은 해당 사무가 기관위임사무가 아니라 지방자치단체의 사무에 해당한다는 뜻이다. 「지방자치법」 제117조 제1항에 따라 자치사무·단체위임사무는 조례로 정하고 기관위임사무의 권한 위임은 규칙으로 정해야 하기 때문이다.

- 한편, 「도시 및 주거환경정비법」 제4조 제4항은 정비구역의 지정 또는 변경지정 권한을 시·도지사가 행사하는 것으로 되어 있는데, 이 규정만 보아서는 해당 사무가 지방자치단체의 사무인지 기관위임사무인지 구분하기 쉽지 않은 점이 있다.

- 주거환경정비는 주민들의 주거 복지와 직접 관련되어 있고 정비구역의 지정 또는 변경지정은 해당 지방자치단체가 직접 결정하는 것이 합당하며, 「지방자치법」 제13조 제2항 제4호 다목·마목에서도 관련 사무를 자치사무로 예시하고 있기 때문에 지방자치단체의 사무에 해당한다고 보아야 한다.

지방자치법

제13조(지방자치단체의 사무범위) ② 제1항에 따른 지방자치단체의 사무를 예시하면 다음 각 호와 같다. 다만, 법률에 이와 다른 규정이 있으면 그러하지 아니하다.

4. 지역개발과 자연환경보전 및 생활환경시설의 설치·관리
   다. 도시·군계획사업의 시행
   마. 주거생활환경 개선의 장려 및 지원

- 결국, 사례 1의 '도시 및 주거환경정비 조례'는 '사무위임 조례'와 별개로 규정하고 있어서 쉽게 찾기가 어려운 단점이 있으나, 사무의 구분에서부터 조례의 위임 규정까지 만족스럽게 규정하고 있음을 알 수 있다. 물론, 이 경우 이 조례에서 해당 위임의 대상이 되는 권한을 특정하지 않고 규칙으로 위임하고, 규칙에서 위임의 대상 권한을 특정해도 된다.

- 아래의 사례 2의 '의용소방대 설치 조례' 제33조에서는 도지사가 의용소방대 운영상 필요한 권한의 일부를 소방서장에게 위임할 수 있다고 규정하고 있다.

사례 2 : 의용소방대 설치 및 운영 조례

제1조(목적) 이 조례는 「의용소방대 설치 및 운영에 관한 법률」과 같은 법률 시행규칙에서 위임된 사항 및 그 시행에 필요한 사항을 규정함을 목적으로 한다.

제33조(권한위임) 도지사는 의용소방대의 운영상 필요한 권한의 일부를 본부장 또는 소방서장에게 위임할 수 있다.

- 우선, 위 조례에 따른 의용소방대의 운영에 관한 사무는 지방자치단체의 사무에 해당하는 것은 분명하다. 「의용소방대 설치 및 운영에 관한 법률」에 따라 지방소방에 관한 사무가 광역자치단체의 사무로 되었고, 「지방자치법」 제13조 제2항 제6호에서도 관련 사무를 지방자치단체의 사무로 규정하고 있다.

지방자치법

제13조(지방자치단체의 사무범위) ② 제1항에 따른 지방자치단체의 사무를 예시하면 다음 각 호와 같다. 다만, 법률에 이와 다른 규정이 있으면 그러하지 아니하다.

6. 지역민방위 및 지방소방
   가. 지역 및 직장 민방위조직(의용소방대를 포함한다)의 편성과 운영 및 지도·감독
   나. 지역의 화재예방·경계·진압·조사 및 구조·구급

- 그런데, 위 '의용소방대 설치 조례' 제33조의 위임 규정은 구체적인 위임 대상이 무엇인지 알 수 없다. 행정권한의 위임을 조례로 정하라는 것은 특정 권한을 하부 행정기관에게 위임하라는 것인데, 위 제33조의 규정은 그 권한을 특정하지도 않았고 도지사가 자의적으로 권한을 위임할 수 있다고 선언하고 있는 것처럼 보인다. 이 조례의 시행규칙에도 위임의 대상이 되는 권한을 특정하고 있지 않다.

- 위 사례의 조례에 따르면 조례에서 권한위임 규정을 두고 있으나 위임의 대상이 되는 권한이 특정되어 있지 않아 권한의 승계가 불분명하고 자칫 자의적으로 운영될 소지가 있으며, 결국 훈령·예규 등 행정규칙에 따라 위임 내용이 구체화될 수밖에 없어 실질적으로 조례에 따른 권한 위임이 아니라 행정규칙에 따른 권한위임이 된다.

- 「지방자치법」 제117조 제1항의 규정 취지상 반드시 조례 또는 규칙으로 정하도록 되어 있기 때문에 자치법규가 아닌 행정규칙으로 권한을 위임하는 것은 불가능하다. 행정권한이 누구에게 부여되어 있고 이를 누구에게 위임하였는지는 주민과의 관계에서도 매우 중요한 사항이므로 주민들이 알 수 있도록 조례 또는 규칙으로 규정하여야 한다.

- 대법원도 도지사가 석유판매업의 허가취소에 관한 권한을 조례에서 시장·군수에게 위임하지 않고 훈령인 '권한업무처리지침' 형식으로 위임하였다면, 시장·군수가 지침에 따라 도지사의 이름으로 허가취소 권한을 사실상 행사하는 것은 별론으로 하고 자기의 이름으로 그 권한을 행사할 수는 없다고 판시하였다.

- 참고로 아래 1989년 판례 당시 지방자치법 제95조에서는 "지방자치단체의 장은 조례가 정하는 바에 의하여 ~~위임 또는 위탁할 수 있다"고 규정하고 있었다.

〈석유판매업허가취소처분취소 : 대법원 1989.9.12, 선고, 89누671, 판결〉

행정권한의 위임은 행정관청이 법률에 따라 특정한 권한을 다른 행정관청에 이전하여 수임관청의 권한으로 행사하도록 하는 것이어서 권한의 법적인 귀속을 변경하는 것임에 대하여, 행정권한의 내부위임은 행정관청의 내부적인 사무처리의 편의를 도모하기 위하여 그의 보조기관 또는 하급행정관청으로 하여금 그의 권한을 사실상 행하도록 하는데 그치는 것이므로, 권한위임의 경우에는 수임관청이 자기의 이름으로 그 권한을 행사할 수 있지만, 내부위임의 경우에는 수임관청은 위임관청의 이름으로만 그 권한을 행사할 수 있을 뿐 자기의 이름으로는 그 권한을 행사할 수 없는 것이다. 그리고 행정권한의 위임이 위와 같이 권한의 법적인 귀속을 변경하는 것인 만큼 법률이 위임을 허용하고 있는 경우에 한하여만 인정된다고 보아야 할 것이다(당원 1986.12.9. 선고 86누569 판결; 1987.5.26. 선고 86누757 판결; 1989.3.14. 선고 88누10985 판결 등 참조).

- 결국, 사례 2의 '의용소방대 설치 조례' 제33조와 같이 개별 조례에서 권한위임 규정을 두더라도 위임되는 권한을 특정하지 않으면 권한 위임이 발생하지 않으며, 이 규정을 근거로 행정규칙이나 내부결재의 방식으로 위임할 수도 없고, 그런 경우에는 단지 내부위임의 효과만 있는 것으로 보아야 할 것이다.

- 다음의 사례 3부터 사례 5까지의 조례를 보면, 위임뿐만 아니라 위탁까지 포괄적으로 가능하도록 규정하고 있는데, 위임의 대상이 되는 권한이 특정되어 있지 않아 해당 규정 자체는 아무런 의미가 없다.

사례 3 : 환경보전기금 설치 및 운용 조례

제1조(목적) 이 조례는 「지방자치법」 제142조 제2항 및 「○○도 환경기본 조례」 제21조 제2항에 따라 ○○도 환경보전기금의 설치·운용에 대하여 필요한 사항을 규정함을 목적으로 한다.

제13조(권한의 위임·위탁) 도지사는 필요한 경우에 이 조례에 따른 권한의 일부를 시장·군수에게 위임하거나 금융기관에 위탁할 수 있다.

사례 4 : 도자문화산업 진흥 조례

제1조(목적) 이 조례는 「문화산업진흥 기본법」 제3조에 따라 경기도 도자문화산업의 진흥을 위하여 필요한 정책을 수립하고, 이를 효율적으로 시행함으로써 도자문화의 저변확대와 지역경제 활성화에 이바지하는 것을 목적으로 한다.

제11조(권한의 위임·위탁) 도지사는 이 조례에 의한 권한의 일부를 규칙이 정하는 바에 따라 시장·군수에게 위임하거나 경기도 한국도자재단에 위탁할 수 있다.

사례 5 : 문화콘텐츠산업 진흥 조례

제1조(목적) 이 조례는 「문화산업진흥 기본법」 제3조에 따라 경기도 문화콘텐츠산업의 육성 및 지원에 필요한 사항을 정하여 문화콘텐츠산업 발전의 기반을 조성하고 경쟁력을 강화함으로써 주민의 문화적 삶의 질 향상과 지역경제 활성화에 이바지함을 목적으로 한다.

제20조(권한의 위임·위탁) 도지사는 이 조례에 의한 권한의 일부를 시장·군수에게 위임하거나 재단법인 경기콘텐츠진흥원에 위탁할 수 있다.

- (1) 사례 3에서는 필요한 경우 도지사로 하여금 시장·군수에 대한 권한의 위임 및 금융기관에 대한 사무의 위탁을 할 수 있다고만 규정하고 있으며, (2) 사례 4에서는 도지사의 시장·군수에 대한 권한의 위임 및 관련 재단에 대한 사무의 위탁을 규칙으로 정하도록 되어 있다. (3) 사례 5는 도지사로 하여금 시장·군수에 대한 권한의 위임 및 특정 재단에 대한 사무의 위탁을 할 수 있다고만 규정하고 있다.

- 위 세 가지 사례에서는 위임의 대상을 포함한 명시적인 위임 규정이 없고 단지 '필요한 경우' '조례나 규칙으로 정하는 바에 따라' '위임 또는 위탁할 수 있다' 등과 같이 위임·위탁을 할 수 있는 근거만을 규정하고 있음을 알 수 있다. 또한, 위 세 가지 조례의 경우 그 시행규칙을 비롯한 다른 어떤 규정에서도 구체적인 위임 규정을 두고 있지 않다.

- 위 사례들에서 위임 또는 위탁의 근거만을 규정하고 필요한 경우 지침 등을 통해 위임 또는 위탁을 하고 있다면, 이는 「지방자치법」 제117조 제1항·제2항에 위반되어 무효로 보아야 한다.

'사무위임 조례' 및 '사무위임 규칙'

- 이제 위임의 유형 중 '사무위임 조례' 및 '사무위임 규칙'의 실태를 살펴보기로 한다.

- 입법적인 시각에서 볼 때, 개별 조례에서 행정권한의 위임 규정을 두는 것에 비해 '사무위임 조례' 및 '사무위임 규칙'으로 두는 것에 장점이 있다. 후자의 경우 해당 사무를 담당하는 공무원뿐만 아니라 주민 누구나 알기 쉽고 찾아보기 쉽도록 위임 사항을 일괄하여 규정하고 있기 때문이다.

- 위임에 관한 전형적인 입법은 "개별조례에서 위임근거 규정 → 사무위임조례에서 구체적 위임대상과 방식"을 두는 것이라고 할 수 있다.

- 아래의 '자연환경보전 조례'는 대표적인 지방자치단체의 사무를 대상으로 하고 있으며, 이 조례 제13조에 따른 생태·경관보전지역의 관리계획 수립의 사무를 시장·군수에게 위임하려는 경우 해당 조례 제33조와 같이 위임할 수 있는 근거 규정을 두고 '사무위임 조례'에서 구체적인 권한의 위임 규정을 두는 방식을 취하고 있음을 알 수 있다.

○○도 자연환경보전 조례

제1조(목적) 이 조례는 ○○도의 자연환경을 인위적인 훼손으로부터 보호하고, 생물다양성을 보전함으로써 주민과 그의 후손이 쾌적한 자연환경에서 여유있고 건강한 생활을 영위할 수 있도록 하기 위하여 「자연환경보전법」 및 「야생생물 보호 및 관리에 관한 법률」에서 위임된 사항을 규정함을 목적으로 한다.

제13조(생태·경관보전지역의 관리계획) 도지사는 생태·경관보전지역에 대하여 해당 지역을 관할하는 시장·군수의 의견을 듣고도 환경정책위원회의 심의를 거쳐 다음 각 호의 사항이 포함된 관리계획을 수립·시행 하여야 한다.

1. 자연생태·자연경관과 생물다양성의 보전·관리
2. 생태·경관보전지역 주민의 삶의 질 향상과 이해관계인의 이익보호
3. 자연자산의 관리와 생태계보전을 통해 지역사회의 발전에 이바지하도록 하는 사항
4. 그 밖에 생태·경관보전지역관리계획의 수립·시행에 필요한 사항으로서 도지사가 정하는 사항

제33조(권한의 위임) 이 조례에 따른 도지사의 권한은 그 일부를 시장·군수에게 위임할 수 있다.

〈 ○○도 사무위임 조례 : 별표 〉

소관부서	일련번호	위임사무명	근거법규
환경정책과	7	• 생태·경관보전지역 관리계획의 시행 (수립은 제외한다)	「○○도 자연환경보전 조례」 제13조
	8	• 중지명령, 원상회복명령	같은 조례 제16조
	9	• 표지	같은 조례 제17조
	10	• 토지매수	같은 조례 제18조
	11	• 주민지원 및 필요한 조치	같은 조례 제19조
	12	• 과태료의 부과·징수	같은 조례 제34조

- 한편, 이와 같이 '사무위임 조례' 및 '사무위임 규칙'에서 위임 관련 규정을 두는 경우에는 해당 행정권한의 구성 요소가 되는 개별 처분 및 관련 행정행위를 구체적으로 규정하는 것이 바람직하다.

- 예를 들어, 특정 업종의 허가 관련 행정권한의 경우 단순히 "○○업의 허가 관련"과 같이 규정할 경우 세부적인 권한의 위임 범위가 불분명하기 때문에 "○○업의 허가" 또는 "○○업 허가의

취소" 등과 같이 해당 행정권한의 구체적인 처분 또는 행정행위를 세분하여 규정하는 것이 논란의 소지를 없애는 데 도움이 된다.

- 아래의 사례는 「토양환경보전법」에 따른 '토양정밀조사' 관련 권한의 위임을 '사무위임 조례'에서 입법화한 것이다. 토양정밀조사에 관한 사무를 (1) 토양정밀조사 실시 (2) 토지 등의 수용 및 사용 (3) 타인 토지에의 출입 등 (4) 손실보상 (5) 토양오염방지조치명령 등 (6) 과태료 부과·징수 등으로 세분화하고 있음을 알 수 있다. 행정권한의 위임은 이처럼 세부적인 권한 또는 행정행위까지 구분하여 입안하는 것이 바람직하다.

〈 ○○도 사무위임 조례 : 별표 〉

소관부서	일련번호	위임사무명	근거법규
환경정책과		○ 토양정밀조사에 관한 다음 사무	
	1	• 토양정밀조사 실시	「토양환경보전법」 제5조 제4항
	2	• 토지 등의 수용 및 사용	같은 법 제7조
	3	• 타인 토지에의 출입 등	같은 법 제8조
	4	• 손실보상	같은 법 제9조
	5	• 토양오염방지조치명령 등	같은 법 제15조 제1항·제3항
	6	• 과태료 부과·징수 등	같은 법 제32조

- 마지막으로, 기관위임사무를 위임하는 '사무위임 규칙'에서 위임 규정을 입법하는 방식은 비교적 단순하다. 법령에서 위임받은 권한을 '사무위임 규칙'의 별표 규정에서 시장·군수 등에게 위임하는 내용을 열거하는 것이다.

- 아래의 별표는 어느 광역 자치단체의 '사무위임 규칙' 중 일부인데, 개별 법률 및 그 시행령에서 위임받은 기관위임사무를 다시 시장·군수에게 재위임하고 있음을 알 수 있다.

시장·군수에게 위임하는 사무(제2조 제1항 관련)

소관 부서	일련 번호	위임사무명	근거법규
경 제 정책과		○ 부정경쟁방지에 관한 다음 사무	
	1	• 부정경쟁행위 등의 조사	「부정경쟁방지 및 영업비밀보호에 관한 법률」 제7조 제1항 (같은 법 시행령 제4조 제1항 제1호)
	2	• 위반행위의 시정권고	같은 법 제8조 (같은 법 시행령 제4조 제1항 제2호)
	3	• 의견청취	같은 법 제9조 (같은 법 시행령 제4조 제1항 제3호)
	4	• 시정권고의 이행여부 확인	같은 법 시행령 제2조 (같은 법 시행령 제4조 제1항 제2호)
	5	• 과태료의 부과·징수와 이의제기의 수리 및 법원에의 통보	같은 법 제20조 (같은 법 시행령 제4조 제1항 제4호)
		○ 물가안정에 관한 다음 사무	
	6	• 가격표시 명령 및 지정 권한 (소매가격표시 점포지점권에 한한다)	「물가안정에 관한 법률」 제3조 (같은 법 시행령 제25조 제2호)
	7	• 보고, 검사 및 자료제출 명령 등 (숙박 및 음식점업, 보관 및 창고업, 부동산임대업 기타 서비스업에 한한다)	같은 법 제16조 제1항 (같은 법 시행령 제25조 제3호)
	8	• 과태료의 부과·징수 (공산품·석유류·액화석유가스 판매사업자에 한한다)	같은 법 제29조 (같은 법 시행령 제25조 제3호)
		○ 공산품 안전관리에 관한 다음 사무	
	9	• 개선·수거·파기명령 등	「품질경영 및 공산품 안전 관리법」 제31조
	10	• 공산품의 보고 및 검사 등 [신설 2012.5.3.]	같은 법 제32조
	11	• 과태료 부과·징수 등 [신설 2012.5.3.]	같은 법 제36조
		○ 원산지 표시에 관한 다음 사무	
	12	• 수입 물품(공산품)에 대한 원산지 표시 검사 (국내 유통 중인 물품에 한한다)	「대외무역법」 제33조 제5항 (같은 법 시행령 제91조 제3항 제3호)
	13	• 시정조치명령 및 과징금 부과 (국내 유통 중인 물품에 한정한다) [신설 2012.5.3.]	같은 법 제33조 제6항 (같은 법 시행령 제58조, 제59조, 제91조 제3항 제4호)

소관 부서	일련 번호	위임사무명	근거법규
	14	• 과태료의 부과·징수 (공산품)	같은 법 제59조 제2항 제2호·제3호, 제3항 (같은 법 시행령 제91조 제3항 제5호)
기 업 정책과		○ 산업집적 활성화 및 공장 설립에 관한 다음 사무	
	1	• 과태료의 부과·징수와 이의제기의 수리 및 법원에의 통보	「산업집적활성화 및 공장설립에 관한 법률」 제55조(같은 법 시행령 제59조 제1항)

- 각 자치단체에서는 현재 '사무위임 조례'와 '사무위임 규칙'에서 규정하고 있는 위임 관련 규정에 어떤 문제가 있으며 어떻게 개선되어야 하는지, 특히 사무의 성질에 맞게 '사무위임 조례'와 '사무위임 규칙'이 적합하게 규정되어 있는지에 대한 실증적인 연구가 필요하다고 할 것이다.

위탁 규정을 입법화하는 방법

- 「지방자치법」에서 위탁은 (1) 지방자치단체의 장이 그 권한에 속하는 사무의 일부를 소관 공공단체 또는 그 기관에게 사무의 처리를 위탁하는 경우(제117조 제2항) (2) 지방자치단체의 장이 그 권한에 속하는 사무 중 조사·검사·검정·관리업무 등 주민의 권리·의무와 직접 관련되지 아니하는 사무를 법인·단체 또는 그 기관이나 개인에게 위탁하는 경우(제117조 제3항) (3) 지방자치단체나 그 장이 소관 사무의 일부를 다른 지방자치단체나 그 장에게 위탁하는 경우(제168조) 등 세 가지로 나눌 수 있다.

- 첫 번째 위탁의 경우는 「지방자치법」 제117조 제2항에서 "지방자치단체의 장은 조례나 규칙으로 정하는 바에 따라 그 권한에 속하는 사무의 일부를 관할 공공단체 또는 그 기관(사업소·출장소를 포함한다)에 위탁할 수 있다."고 되어 있는데, 어떤 경우에 조례로 정하고 어떤 경우에는 규칙으로 정하는지가 문제된다.

- 이에 대해서는 '위임'의 경우와 동일하다고 보아야 한다. 즉, 「지방자치법」 제28조 및 제29조의 규정 취지를 반영해서 자치사무나 단체위임사무를 공공단체 또는 그 기관에게 위탁하는 경우에는 조례로, 기관위임사무를 위탁하는 경우에는 규칙으로 각각 정하면 된다.

- 그런데, 실무에서 지방자치단체의 장이 기관위임사무를 위탁하여 처리하는 경우의 입법례를 찾아보기 힘들다. 공공단체 등에 대한 위탁은 대부분이 자치사무 또는 단체위임사무이며, 기관위임사무는 적합하지 않은 경우가 많기 때문이다.

- 기관위임사무를 위탁하려면 위임기관의 승인을 받아야 하고, 기관위임사무로 지방자치단체의 장에게 위임한 것을 다시 위탁한다는 것은 차라리 처음부터 그 기관에 위탁을 하는 것이 바람직하기 때문이다.

- 한편, 첫 번째 유형에서 위탁의 대상이 되는 '공공단체'란 무엇일까?

- 통상 공공단체의 개념에는 지방자치단체, 공공조합(公共組合), 영조물법인(營造物法人) 등이 포함되며, 그 밖에 공법상의 법인을 들 수 있다.

- 사무의 위탁에 맞게 재구성하면, 「지방자치법」 제176조에 따른 지방자치단체조합, 「지방공기업법」에 따른 지방공기업(공사·공단) 및 「지방자치단체출연 연구원의 설립 및 운영에 관한 법률」에 따른 지방연구원 등 각종 영조물법인, 그 밖에 지방자치단체가 출연한 재단법인 등 비영리법인 등이 공공단체에 해당한다고 할 수 있다.

- 이와 같은 공공단체의 경우 그 설립 및 운영에 관한 조례를 제정하게 되는데, 이러한 조례에서 사무의 위탁에 관한 내용을 포함하는 경우가 많다.

- 아래의 '항만공사 설립 및 운영 조례' 제19조 제1항 각 호에서는 해당 항만공사의 사업 범위를 규정하고 있다. 그 중에서 제5호에서는 (1) 국·공유재산의 관리와 운영 (2) ○○항 홍보관의 관리와 운영 (3) ○○항 항만안내선 운영 (4) 그 밖의 ○○항 개발 및 활성화와 관련된 업무 등 4가지의 위탁업무를 규정하고 있다. 이처럼 사업의 내용에 위탁업무를 포함시키는 방식으로 공공단체 등에 대한 위탁을 규정하는 것이 일반적인 입법방식이다.

○○항만공사의 설립 및 운영조례

제1조(목적) 이 조례는 「지방공기업법」 제49조와 제50조에 따라 설립된 ○○항만공사의 운영에 관하여 필요한 사항을 규정함을 목적으로 한다.

제19조(사업) ① 공사는 다음 각 호에 해당하는 사업을 시행한다.

1. ○○항의 부두개발과 관리·운영
2. ○○항 배후지의 개발, 관리와 운영

3. 항만물류시설의 조성, 관리, 임대와 운영
4. 항만활성화에 기여할 수 있는 외자와 민자유치, 그와 관련된 투자업무
5. 다음 각 목의 업무에 대하여 국가 또는 지방자치단체가 대행시키거나 위탁한 업무
가. 공유재산의 관리와 운영
나. ○○항 홍보관의 관리와 운영
다. ○○항 항만안내선 운영
라. 그 밖의 ○○항 개발 및 활성화와 관련된 업무
6. 삭제
7. ○○항과 관련하여 중앙정부 협조·건의 등 도지사가 필요하다고 인정하는 사업

- 한편, 아래의 '농림진흥재단 설립 및 운영 조례' 제5조에서는 해당 재단의 사업 범위가 명시적으로 규정되어 있는데, 같은 조 각 호의 사업에는 위탁에 관한 내용이 없다.

농림진흥재단 설립 및 운영 조례

제1조(목적) 이 조례는 재단법인 농림진흥재단의 설립·지원에 관하여 필요한 사항을 규정함을 목적으로 한다.
제5조(사업) 농림진흥재단은 다음 각호의 사업을 수행한다.
1. 농림특산물 소득 및 유통사업의 추진
2. 푸른경기 1억그루 나무심기운동 전개
3. 공원·녹지의 보전·조성 및 관리 지원
4. 조경수의 식재·관리 기술인력의 육성·지도
5. 녹화사업의 교육·홍보·체험프로그램운영
6. 공원·녹지 등의 부지확보·조성을 위한 모금운동 전개
7. 그밖에 재단의 목적사업 수행을 위하여 필요하다고 인정하는 사업

- 이처럼 재단법인의 설립·지원에 관한 사항을 규정하고 있는 조례에서 사무의 위탁에 관한 내용이 없는 경우에도 개별 조례에서 규정하는 바에 따라 사무의 위탁을 할 수 있다. 농림진흥재단의 설립 근거 조례에 위탁 사무에 관한 내용이 없더라도 아래의 '농업발전기금 설치 및 운용 조례' 제14조와 같이 개별 조례의 위탁 규정에 따라 해당 공공단체에 대하여 사무를 위탁할 수 있음은 당연하다.

○○도 농업발전기금 설치 및 운용 조례

제1조(목적) 이 조례는 ○○도 안에서 농업인 및 농수산물 가공산업을 지원하여 농업전문 인력을 육성하고, 농업의 경쟁력을 강화하기 위하여 ○○도 농업발전기금 설치 및 운용에 관하여 필요한 사항을 규정함을 목적으로 한다.

제14조(기금관리사무의 위탁) ① 도지사는 기금 관리에 관한 사무 중 다음 각 호의 사무를 관련 기관 또는 단체 등에 위탁 관리할 수 있다.

1. 기금의 수입·지출 및 안전보관
2. 융자금의 대출·상환관리

② 융자금의 운용관리에 관한 사무를 위탁한 경우에는 도지사가 정하는 바에 따라 위탁수수료 등 필요한 경비를 지출할 수 있다.

- 두 번째 유형은 소위 '민간위탁'으로서 지방자치단체의 장은 조례나 규칙으로 정하는 바에 따라 그 권한에 속하는 사무 중 조사·검사·검정·관리업무 등 주민의 권리·의무와 직접 관련되지 아니하는 사무를 민간에게 위탁할 수 있다.

- 민간위탁에 관한 사항을 어떤 경우에 조례로 정하고, 어떤 경우에는 규칙으로 정하는지는 앞서 살펴본 것과 동일하다. 즉, 「지방자치법」 제28조 및 제29조의 취지에 따라 자치사무나 단체위임사무를 민간에 위탁하는 경우에는 조례로, 기관위임사무를 민간에 위탁하는 경우에는 규칙으로 각각 정하면 된다.

- 민간위탁에 대해서는 지방자치단체마다 '사무 민간위탁 조례'를 두고 별도로 관리·운영하거나 '사무 위탁 조례'를 두어 첫 번째 유형의 위탁과 두 번째 유형의 위탁을 함께 적용하기도 하는데 이 경우에는 대부분 위탁절차 등에 관하여 규정하고 있다. '사무 민간위탁조례'의 세부내용과 입법에 관하여는 다시 살펴보기로 한다.

- 세 번째 유형의 위탁은 지방자치단체나 그 장이 소관 사무의 일부를 다른 지방자치단체나 그 장에게 위탁하여 처리하게 하는 경우에 사용하는 것이다.

- 세 번째 유형의 위탁은 앞의 두 가지 유형과 달리 조례나 규칙 등 자치법규가 아닌 해당 지방자치단체 상호간 협의를 통해 '규약'의 방식을 취한다(법 제168조 제2항). 세 번째 유형은 권한의 이전이 아닌 사무의 처리를 부탁하는 것으로서 법규가 아닌 합의 유형의 '규약'으로 이를 대신하게 한 것으로 보인다.

- 세 번째 유형의 위탁으로 사무가 위탁된 경우 위탁된 사무의 관리와 처리에 관한 조례나 규칙은 규약에 다르게 정해진 경우 외에는 사무를 위탁받은 지방자치단체에 대해서도 적용한다(법 제168조 제5항).

'사무 민간위탁 조례'의 내용 및 적용

(1) 조례의 이름에 대해서

- 대부분의 자치단체가 '사무 민간위탁 조례'를 두고 있다. 민간 분야의 행정참여에 적극 대응하고 민간의 능력을 효과적으로 운영하려는 취지로 보인다.
- 그런데, '사무 민간위탁 조례'의 이름이 다소 다르다. 광역 자치단체에서는 「○○도 사무위탁 조례」 형식으로, 기초 자치단체에서는 「○○시 사무 민간위탁 조례」 형식으로 운영되고 있다.
- 일부 기초 자치단체에서는 사무의 민간위탁을 촉진한다는 의미를 강조하기 위해 「○○시 사무의 민간위탁 촉진 및 관리 조례」 형식으로 운영하는 곳도 있다.
- 이처럼 '사무 민간위탁 조례'의 이름에 있어서 다소 차이점이 있는 것은, 광역 자치단체의 경우 사무의 '민간위탁' 외에 다른 지방자치단체의 장 등 행정기관에 대한 사무위탁을 함께 규정하기 위해서 '사무위탁'으로 규정한 것이고, 반면에 기초 자치단체의 경우 행정기관에 대한 '위탁'은 배제하고 순수한 의미의 '민간위탁'만을 규정하려는 것으로 이해된다.
- 행정기관에 대한 '위탁'과 순수한 '민간위탁'을 함께 규정하고 있는 광역 자치단체의 입법방식이 바람직할까?
- 앞서 살펴본 것처럼 광역 자치단체의 경우 위탁을 할 수 있는 경우는 총 3가지 유형이 있고, 그 중에서 다른 지방자치단체의 장 등 행정기관에 대한 위탁은 세 번째 유형에 해당하며, 「지방자치법」 제168조에 따라 지방자치단체나 그 장이 소관 사무의 일부를 다른 지방자치단체나 그 장에게 위탁하여 처리하게 하는 행정기관에 대한 '위탁'의 경우에는 「지방자치법」에서 이를 위한 별도의 입법 방식을 규정하고 있지 않다. 합의를 통한 규약에서 정하면 된다.
- 결국, 행정기관에 대한 '위탁'의 경우에는 조례 등에서 굳이 규정할 필요가 없으며, 오히려 이를 조례에 규정할 경우 업무수행에 있어서 오해를 일으킬 우려가 있다.

● 아래 사례는 어느 광역 자치단체의 '사무위탁 조례'인데, 이 조례 제2조에서는 행정기관에 대한 '위탁' 및 '민간위탁'으로 구분하고, 행정기관에 대한 위탁(제2장) 및 민간위탁(제3장)을 별도로 규정하고 있음을 알 수 있다.

○○도 사무위탁 조례

제1조(목적) 이 조례는 「지방자치법」 제117조·제168조와 「행정권한의 위임 및 위탁에 관한 규정」에 따라 ○○도지사의 권한에 속하는 사무 중 일부를 **다른 행정기관의 장이나 지방자치단체가 아닌 법인·단체·개인에게 위탁**하여 민간의 자율적인 행정참여 기회를 확대하고 행정의 간소화와 능률을 높이고자 한다.

제2조(정의) 이 조례에서 사용하는 용어의 뜻은 다음과 같다.

1. **"위탁"이란 각종 법령에 규정된 ○○도지사(이하 "도지사"라 한다)의 권한 중 일부를 다른 행정기관의 장(시·도지사를 포함한다. 이하 같다)에게 맡겨 그의 권한과 책임하에 행사하도록 하는 것을 말한다.**
2. "민간위탁"이란 각종 법령에 규정된 도지사의 사무 중 일부를 지방자치단체가 아닌 법인·단체 또는 그 기관이나 개인에 맡겨 그의 명의와 책임하에 행사하도록 하는 것을 말한다.

제2장 위탁

제6조(위탁의 기준 등) ① 도지사는 허가·인가·등록 등 민원에 관한 사무, 정책의 구체화에 따른 집행사무와 일상적으로 반복되는 단순사무로서 도지사가 직접 시행하여야 할 사무를 제외한 그 권한의 일부(이하 "행정권한"이라 한다)를 다른 행정기관의 장에게 위탁할 수 있다.

② 도지사는 행정권한을 위탁하고자 하는 경우 위탁하기 전에 수탁기관의 수탁능력여부를 점검하고, 필요한 인력과 예산을 이관하여야 한다.

③ 도지사는 행정권한을 위탁하기 전에 수탁기관에 대하여 수탁사무의 처리에 필요한 교육을 실시하여야 하며, 사무처리지침을 시달하여야 한다.

제7조(지휘·감독) 도지사는 수탁기관의 수탁사무처리를 지휘·감독하고, 그 처리가 위법 또는 부당하다고 인정되면 위탁사무를 취소하거나 정지시킬 수 있다.

제8조(위탁에 따른 감사) 도지사는 위탁사무처리의 적정성을 확보하기 위하여 필요한 때에는 수탁기관의 수탁사무 처리상황에 대하여 수시로 감사할 수 있다.

제3장 민간위탁 〈이하 생략〉

● 이 조례와 같이 행정기관에 대한 '위탁'과 '민간위탁'을 동시에 규정하고 있는 경우 제2장의 위탁이 무엇을 근거로 마련된 것인지 애매하다. 이러한 위탁은 「지방자치법」 제168조에 따라 '규약'으로 정해 고시하면 되기 때문이다. 제168조 제5항의 "사무가 위탁된 경우 위탁된

사무의 관리와 처리에 관한 조례나 규칙은 규약에 다르게 정해진 경우 외에는 사무를 위탁받은 지방자치단체에 대해서도 적용한다."라고 규정하고 있으므로, 위 '사무위탁 조례' 제2장에 따른 규정은 '규약'으로 정하지 않은 사항에 적용된다고 생각된다.

(2) 적용범위

- 대부분의 '사무 민간위탁 조례'는 적용범위 관련 규정을 두고 "민간위탁 사무에 관하여는 다른 법령 또는 조례에 특별한 규정이 없는 한 이 조례가 정하는 바에 따른다."고 규정하고 있다.

- '사무 민간위탁 조례'가 민간위탁에 관한 일반 자치법규에 해당한다는 의미로 이해할 수 있다. 따라서 '사무 민간위탁 조례'에서 위탁기간이 3년 이내로 제한되어 있는데, 그 기간을 5년으로 설정하고 싶다면 별도의 조례에서 특례 규정을 두어야 한다.

(3) 민간위탁의 선정기준과 그 대상

- 대부분의 조례에서 (1) 단순 사실행위인 행정작용 (2) 공익성보다 능률성이 현저히 요청되는 사무 (3) 특수한 전문지식 및 기술을 요하는 사무 (4) 그 밖에 시설관리 등 단순 행정관리 사무 등을 민간위탁의 선정 기준으로 제시하고 있다. 이는 「행정권한의 위임 및 위탁에 관한 규정」 제11조 제1항의 '민간위탁의 기준'과 거의 같다.

- 일부 조례에서는 이와 같은 선정 기준의 설정 외에 ① 노인·장애인·여성·청소년·아동 등 복지를 위한 시설 운영에 관한 사무 ② 환경기초시설 운영에 관한 사무 ③ 체육·주민편익시설 관련 운영에 관한 사무 등을 민간위탁의 선정기준으로 열거하는 경우도 있는데, 이는 앞에서 정하고 있는 민간위탁기준에 포함될 수 있는 내용으로서 반드시 따로 규정할 필요는 없다.

(4) 지방의회의 사전 통제

- '사무 민간위탁 조례'에서 지방자치단체의 장이 사무를 민간위탁하려는 때에는 기관위임 사무는 위임기관의 승인을 받아야 하고, 자치사무는 해당 지방의회의 동의를 받도록 하는 조례가 있다.

○○군 사무의 민간위탁 기본조례

제1조(목적) 이 조례는 「지방자치법」 제117조, 「행정권한의 위임 및 위탁에 관한 규정」에 따라 ○○군수의 권한에 속하는 사무 중 일부를 법인·단체 또는 그 기관이나 개인에게 위탁할 사무의 범위와 절차를 정하여, 민간의 자율적인 행정참여 기회를 확대하고 사무의 간소화로 인한 행정능률 향상을 도모함을 목적으로 한다.

제4조(민간위탁 대상사무의 기준 등) ① 법령 및 조례에서 규정한 군수의 소관사무 중 조사·검사·검정·관리업무 등 군민의 권리·의무와 직접 관계되지 아니하는 다음의 사무를 민간위탁 할 수 있다.

1. 단순 사실행위인 행정작용
2. 공익성보다 능률성이 현저히 요청되는 사무
3. 특수한 전문지식 및 기술이 필요한 사무
4. 그 밖에 시설관리 등 단순 행정관리 사무

② 군수는 제1항 각 호에 해당되는 사무에 대하여 민간위탁의 필요성 및 타당성 등을 정기적·종합적으로 판단하여 필요할 때에는 민간위탁을 할 수 있다.

③ 군수는 사무를 민간위탁 할 경우 국가위임사무는 관계 장관의 승인을, ○○도 위임사무는 ○○도지사의 승인을 받아야 하고, 자치사무는 ○○군의회의 동의를 얻어야 한다.

- 위임사무에 대해 위탁을 하려는 경우 당초 위임기관의 승인을 받도록 한 것은 「지방자치법」 제117조 제4항에 부합된다.

- 하지만, 자치사무에 대해 지방의회의 사전 동의를 받도록 하는 것은 민간위탁에 관한 「지방자치법」 제117조의 규정 취지를 벗어나 지방자치단체의 장의 위탁에 관한 권한을 지나치게 제한하는 것이 아닌지 문제된다.

- 즉, 민간위탁에 관한 근거규정인 「지방자치법」 제117조 제3항은 "지방자치단체의 장은 조례나 규칙으로 정하는 바에 따라 그 권한에 속하는 사무 중 조사·검사·검정·관리업무 등 주민의 권리·의무와 직접 관련되지 아니하는 사무를 법인·단체 또는 그 기관이나 개인에게 위탁할 수 있다."고 규정하고 있어 사무의 민간위탁이 지방자치단체의 장의 고유한 집행권한으로 되어 있음에도 불구하고 자치법규에서 의회의 동의를 받게 함으로써 지방자치단체의 장의 집행권을 제한하는 것은 '집행부-의회간의 견제와 균형의 원리'에 어긋날 소지가 있다.

- 그런데 대법원은 지방자치단체 사무의 민간위탁에 관하여 지방의회의 사전 동의를 받도록 한 조례에 대하여 지방자치단체의 장의 민간위탁에 대한 일방적인 독주를 제어하여 민간위탁의 남용을 방지하고 그 효율성과 공정성을 담보하기 위한 장치에 불과하고

민간위탁의 권한을 지방자치단체의 장으로부터 박탈하려는 것이 아니므로 지방자치단체의 장의 집행권한을 본질적으로 침해하는 것은 아니라고 판시하였다.

조례안재의결무효확인 : 대법원 2009.12.24, 선고, 2009추121, 판결

'순천시 지방공기업단지 조성 및 분양에 관한 조례 일부개정 조례안' 등이 지방자치단체 사무의 민간위탁에 관하여 지방의회의 사전 동의를 받도록 한 것은 지방자치단체장의 민간위탁에 대한 일방적인 독주를 제어하여 민간위탁의 남용을 방지하고 그 효율성과 공정성을 담보하기 위한 장치에 불과하고, 민간위탁 권한을 지방자치단체장으로부터 박탈하려는 것이 아니므로, 지방자치단체장의 집행권한을 본질적으로 침해하는 것으로 볼 수 없다.

- 이와 같은 대법원의 판시에는 수긍하기 어려운 점이 있다.

- 일반적으로 지방자치단체의 집행부와 의회는 견제와 균형의 원리가 적용되어 지방의회와 지방자치단체의 장 상호간에 전속적인 권한을 침해하는 내용을 규정할 수는 없다는 한계가 주어진다. 지방자치단체의 장의 행정권한 또는 사무는 법령 또는 조례·규칙 등 자치법규에 따라 부여된 것으로서 해당 권한 또는 사무를 어떠한 방식으로 집행하고 실현시킬 것인지는 집행부에게 부여된 고유한 방식이 아닐 수 없다.

- 물론, 권한 또는 사무의 집행과 실현이 위법하거나 부당한 경우 주민을 대표한 지방의회의 행정감사 등을 통해 사후적으로 책임을 묻는 것은 별론으로 하고, 집행부의 집행과 실현의 방법을 지방의회가 사전적으로 통제하는 것은 이와 같은 견제와 균형의 원리에 부합되지 않는다. 또한, 자치사무의 경우로 그 대상을 한정하였다고는 하지만, 자치사무가 집행부의 권한이나 사무로 확정되었다는 것은 해당 사무가 「지방자치법」 제28조에 따라 지방의회의 의결을 거친 조례로써 확정이 된 것으로서 이미 주민 대표기관의 의사로써 집행부에게 권한이나 사무를 맡긴 상황에서 그 집행 또는 실현의 방법에 대해 사전적으로 통제하는 것은 「지방자치법」의 이념에 부합되지 않는 점이 있다.

- 또한, 「지방자치법」 제117조 제3항의 규정 취지가 지방자치단체의 장이 합리적으로 판단하여 민간위탁을 실시할 수 있도록 한 것으로, 이 규정을 위반하여 지방의회가 집행부에 대하여 사전적 통제를 하는 것은 바람직하지 않다.

- 판례는 이와 같은 사전 동의에 대해 '자치단체장의 민간위탁에 대한 일방적인 독주를 제어하여 민간위탁의 남용을 방지하고 그 효율성과 공정성을 담보하기 위한 장치'로 평가하고 있으나,

사무의 민간위탁은 새로운 권한 부여가 아니라 이미 법령과 자치법규에 따라 부여받은 지방자치단체의 장의 권한을 구체적으로 집행하고 실현하는 방법에 불과하며, 사무의 민간위탁은 지나친 남발에 따른 우려보다는 지방의회의 사전 동의에 따른 경직성과 비효율에 대한 우려가 더욱 크다.

- 특히, 민간위탁은 다른 사무와 달리 지방의회의 의결을 거친 '사무 민간위탁 조례'에서 공모절차와 선정위원회의 심사 및 사후감독 등을 규정하여 투명성과 효율성이 담보되었다고 볼 수 있다. 아울러, 이와 같은 지방의회의 사전 동의로 인해 민간위탁이 불가피한 사무에 대해 사무위탁을 포기하고 대신 행정기관이 직접 수행하게 될 경우의 문제점 등에 대해서도 심각하게 고민하지 않을 수 없다. 참고로 정부가 수행하는 국가사무의 민간위탁에 관하여는 국회 동의제도가 없다.

(5) 민간위탁의 변경 또는 취소와 지방의회의 통제

- 한편, 이와 같은 민간위탁에 있어서 지방의회의 사전 동의에 더해서 일부 지방자치단체에서는 '사무 민간위탁 조례'에서 지방자치단체의 장이 동일 수탁자에게 위탁사무를 다시 위탁하거나 기간을 연장하는 등 기존 위탁계약의 중요한 사항을 변경하고자 할 때에도 지방의회의 동의를 다시 받도록 하는 경우가 있다.

서울특별시 ○○구 사무의 민간위탁에 관한 조례

제4조(민간위탁 대상사무의 기준 등) ③ 구청장은 사무를 민간위탁하고자 할 때는 국가 위임사무는 관계장관의 승인을 받아야 하고 자치사무는 서울특별시 ○○구의회(이하 "의회"라 한다)의 동의를 받아야 한다. 이 경우 자치사무에 있어서 동일한 수탁자에게 재위탁 또는 기간연장 등 당초 동의 받은 내용 중 중요한 사항을 변경할 때에는 위탁기간 만료일 3개월 전에 의회의 동의를 받아야 한다.

제10조(협약체결 등) ③ 구청장은 위탁기간을 연장하여 재협약하고자 하는 경우에는 위탁기간 만료 30일전까지 민간위탁 사무 처리에 대한 평가를 실시하여 수탁기관의 적정여부를 판단해야 한다.

○○시 사무의 민간위탁에 관한 조례

제4조(민간위탁 대상사무의 기준 등) ③ 시장은 사무를 민간위탁하고자 할 때는 국가위임사무는 관계장관의 승인을 받아야 하고 자치사무는 의정부시의회의 동의를 얻어야 한다. 또한, 자치사무에 있어서 동일한 수탁자에게 재위탁 또는 기간연장 등 당초 동의 받은 내용에 변동이 있을 시에는 위탁기간 만료일 3월 전에 ○○시의회의 동의를 얻어야 한다.

- 이에 대해 대법원은 조례에서 지방의회의 동의를 다시 받도록 한 목적은 민간위탁에 관한 지방의회의 적절한 견제기능이 최초의 민간위탁 당시뿐만 아니라 그 이후에도 지속적으로 이루어질 수 있도록 하는 데에 있으므로, 지방자치단체의 장의 집행권한을 본질적으로 침해하는 것으로 볼 수 없다고 판시하였다. 나아가 재위탁 등에 관하여 지방의회의 동의를 받아야 하는 기한이나 수탁기관의 적정 여부를 판단할 기한의 설정이 다소 부적절하다는 점만으로 지방자치단체의 장의 집행권한을 본질적으로 침해한다고 할 수 없다고 판시하였다.

조례안 재의결 무효확인 : 대법원 2011.2.10, 선고, 2010추11, 판결

조례안이 지방자치단체 사무의 민간위탁에 관하여 지방의회의 사전 동의를 받도록 한 것은 지방자치단체장의 민간위탁에 대한 일방적인 독주를 제어하여 민간위탁의 남용을 방지하고 그 효율성과 공정성을 담보하기 위한 장치에 불과하고, 민간위탁의 권한을 지방자치단체장으로부터 박탈하려는 것이 아니므로, 지방자치단체장의 집행권한을 본질적으로 침해하는 것으로 볼 수 없다. 또한 지방자치단체장이 동일 수탁자에게 위탁사무를 재위탁하거나 기간연장 등 기존 위탁계약의 중요한 사항을 변경하고자 할 때 지방의회의 동의를 받도록 한 목적은 민간위탁에 관한 지방의회의 적절한 견제기능이 최초의 민간위탁 시뿐만 아니라 그 이후에도 지속적으로 이루어질 수 있도록 하는 데 있으므로, 이에 관한 이 사건 조례안 역시 지방자치단체장의 집행권한을 본질적으로 침해하는 것으로 볼 수 없다.

나아가 재위탁 등에 관하여 지방의회의 동의를 받을 기한이나 수탁기관의 적정 여부를 판단할 기한의 설정이 다소 부적절하다는 점만으로 지방자치단체장의 집행권한을 본질적으로 침해한다고 단정할 수도 없다.

- 민간위탁의 재위탁 또는 기간연장 등 세부적인 민간위탁의 방식이나 내용마저 지방의회의 사전 통제를 받게 한다면, 지방자치단체의 장이 갖는 집행권 중 위탁권한을 본질적으로 침해한다고 하지 않을 수 없다.

- 위탁의 갱신 여부와 수탁자의 선정이 해당 권한 및 사무의 특성과 사업수행의 방식 등이 아니라 지방의회의 정치적 논리에 따라 결정될 가능성도 배제할 수 없다.

- 특히, 위 사례의 조례를 살펴보면 모두 '당초 동의 받은 내용에 변동이 있는 경우' 해당 지방의회의 동의를 다시 받도록 되어 있는데, 당초 지방의회의 동의를 받은 내용은 그 문언상 해당 권한 또는 사무를 민간위탁의 방식으로 집행하겠다는 것에 국한된 것이지, 그 민간위탁의 대상자를 특정하여 얼마의 기간으로 위탁운영하겠다는 것까지 포함된다고 볼 수 없다.

- 그럼에도 불구하고 이처럼 위탁의 세부적인 내용에 대해 지방의회의 사전 통제를 받도록 하는

것은 지방자치단체의 집행부와 의회간의 견제와 규형의 원리에 어긋날 소지가 크다고 본다.

- 아울러, 실제 운영상의 한계도 지적하지 않을 수 없다. 실무상 민간위탁을 재위탁하거나 그 기간을 연장하는 경우에는 관련 분야에서 그 업무를 수행할 수 있는 적격의 단체 또는 개인이 많지 않고 특정 단체 또는 개인 등으로 그 민간위탁 대상자가 제한될 수밖에 없는 경우가 대부분이다. 특히 소규모 시·군 등 일부 지방자치단체는 민간위탁의 대상자가 소수로 제한되는 경우가 많다.

- 이와 같은 상황에서 지방의회의 동의를 받지 못하면 새롭게 절차를 밟아 다시 수탁자를 선정해야 하는데, 시간이 촉박한 점은 물론이고 그 대상 적격자가 많지 않다보니 다시 선정절차를 밟더라도 종전의 수탁자가 다시 선정되는 경우가 많다.

- 지방자치단체의 장이 위탁자를 잘못 선택했다면 행정사무의 감사 등을 통해 책임을 물으면 된다. 다행히 '재위탁'의 경우에는 소관 상위임위원회에 보고하는 것으로 의회의 동의를 갈음한다는 규정으로 바뀌고 있는 것으로 보인다.

- 한편, 일부 지방자치단체에서는 '사무 민간위탁 조례'를 개정해서 "민간위탁을 해지하는 경우"에도 지방의회의 동의를 받도록 하는 사례가 있어 더욱 문제가 심각하다.

- 일반적으로 '사무 민간위탁 조례'에서는 지방자치단체의 장은 (1) 수탁기관이 각종 법령 및 조례의 의무를 이행하지 아니한 때 (2) 수탁기관이 위탁사무를 수행할 능력이 없다고 인정되는 때 (3) 수탁기관이 위탁계약 조건 등을 위반한 때 등의 사유가 발생한 경우 위탁계약을 취소할 수 있도록 하고 있다. 그런데, 이와 같은 취소 사유가 있다고 하더라도 지방의회가 동의를 하지 않으면 위탁 해지 또는 취소가 불가능하게 된다.

- 지방자치단체의 장이 민간위탁을 할 것인지 여부의 결정단계에서 지방의회의 사전 통제가 필요하다는 데에 어느 정도 필요성을 인정할 수 있다고 하더라도 지방의회의 동의를 받아 민간위탁을 한 후에는 그 민간위탁의 취소에 대해 지방의회가 관여해야 할 필요성은 상대적으로 감소한다.

- 해당 지방자치단체의 장이 그의 권한과 책무를 실효성 있게 수행하기 위해서는 위탁의 취소 권한을 원활하게 행사할 수 있어야 하는데, 민간위탁을 취소하는 경우에도 지방의회의 동의를 받게 한다면 지방자치단체의 장의 지휘·감독권이 지나치게 제한된다.

- 무엇보다, 민간위탁계약 또는 관련 법규에 따라 당연 취소사유가 발생했음에도 반드시

지방의회의 동의를 받아야 한다면 일정 기간 위법 상황을 방조하게 되며, 지방의회의 동의가 부결되는 경우에는 부적격자가 계속 위탁업무를 수행해야 하는지 논란이 될 수 있다.

- 예를 들어, 어린이집을 위탁하여 운영하는 사람이 범죄 사실 등으로 그 자격에 문제가 있음에도 불구하고 해당 지방자치단체의 장이 위탁계약을 즉시 취소할 수 없고 지방의회의 동의를 받아야 취소할 수 있다고 조례에서 규정하고 있다면 문제의 심각성을 쉽게 이해할 수 있을 것이다.

(6) 수탁기관의 선정

- 민간위탁에 있어서는 어떻게 하면 적합한 수탁기관을 골라서 투명하고 공정한 절차를 거쳐 선정할 것인지가 관건이다. 대부분의 '사무 민간위탁 조례'에서는 공모절차와 '수탁기관 선정위원회'의 심의를 거치도록 하고 있다.
- 수탁기관을 선정할 때에는 재정 부담능력, 시설과 장비, 기술보유 정도, 책임능력과 공신력, 지역별 균형분포 등을 종합적으로 검토하여 수탁기관으로 선정하여야 하며, 수탁기관의 선정방법은 공개모집을 원칙으로 한다. 수탁기관의 공개모집에 관한 세부사항은 「지방자치단체를 당사자로 하는 계약에 관한 법률」에서 정한 절차를 따르면 된다.

(7) 협약의 체결 등

- 지방자치단체의 장은 수탁기관이 선정되면 수탁기관과 협약을 체결하여야 한다. 최근에는 협약의 내용을 공증하도록 하는 경우도 있다. 민간위탁에 대해서는 민사법령이 적용되다보니 그 책임소재 등을 분명히 해서 사후관리 및 손해배상 등을 효과적으로 처리하기 위한 조치로 보인다.
- 협약의 이행을 보증하기 위해 보험가입을 강제하는 경우도 있다.

인천광역시 ○○구 사무의 민간위탁 기본 조례

제11조(계약체결 등) ① 구청장은 수탁기관이 선정되면 수탁기관과 다음 각 호의 내용이 포함된 민간위탁 계약을 체결해야 하며, 계약 내용은 공증을 해야 한다.

○○군 청소년시설 설치 및 운영 조례
제10조(위탁계약의 체결 등) 군수는 다음 각 호의 사항을 포함하여 수탁기관과 계약을 체결하여야 한다.
1. 시설 및 시설가액에 해당하는 화재보험 가입
2. 「청소년활동 진흥법」 제25조에 따라 시설 사용자에게 발생한 생명·신체 등의 손해를 배상하기 위한 보험 가입
3. 공유재산 및 물품관리법 시행령」 제4조에 따라 건물·기계·기구 등의 재산에 대한 손해보험이나 공제 가입
4. 계약의 이행보증금에 관한 사항

- 협약서에는 수탁자의 의무, 위탁내용, 위탁기간, 예산지원금액, 협약내용을 위반했을 경우 의무이행 등 필요한 사항이 포함된다. 구체적인 작성 내용 및 형식은 사안에 따라 다를 수 있으나, 통상 (1) 협약서의 제목 (2) 협약서 전문(全文) (3) 협약의 목적 규정 (4) 용어의 정의 (5) 민간위탁의 범위 (6) 민간위탁의 기간 (7) 사업비 지급 및 집행 (8) 수탁자의 의무 (9) 손해배상 (10) 협약의 이행보증 (11) 지도·감독 (12) 민사 형사상의 책임 (13) 계약의 취소 또는 해지 (14) 협약의 해석규정 (15) 협약의 효력발생 등으로 구성되어 있다.

- 지방자치단체의 장은 민간위탁의 사무 수행에 소요되는 비용을 예산의 범위에서 수탁기관에 지원하여야 한다.

- 또한, 지방자치단체의 장은 민간위탁의 사무 수행과 관련하여 그 이용자 등에게 법령 또는 조례에서 정하는 사용료·수수료·비용 등을 수탁기관이 징수하게 할 수 있다. 이처럼 수탁자가 사용료·수수료·비용 등을 징수할 때에는 다른 규정이 있는 경우를 제외하고는 미리 해당 지방자치단체의 장의 승인을 받아야 한다. 필요한 경우 비용의 지원과 사용료·수수료·비용 등의 징수를 상계하는 경우도 있다.

- 참고로, 「공유재산 및 물품 관리법」 제27조 제6항은 관리위탁을 받은 자는 미리 해당 지방자치단체의 장의 승인을 받아 이용료를 징수하여 이를 관리에 드는 경비에 충당하거나, 그 행정재산의 효율적 관리 등으로 인하여 이용료 수입이 증대된 경우 그 증대된 수입의 전부 또는 일부를 관리위탁을 받은 자의 수입으로 할 수 있다고 되어 있다.

공유재산 및 물품 관리법

제27조(행정재산의 관리위탁) ① 지방자치단체의 장은 행정재산의 효율적인 관리를 위하여 필요하다고 인정하면 대통령령으로 정하는 바에 따라 지방자치단체 외의 자에게 그 재산의 관리를 위탁(이하 "관리위탁"이라 한다)할 수 있다.
⑥ 제1항에 따라 관리위탁을 받은 자는 미리 해당 지방자치단체의 장의 승인을 받아 이용료를 징수하여 이를 관리에 드는 경비에 충당하거나, 그 행정재산의 효율적 관리 등으로 인하여 이용료 수입이 증대된 경우 그 증대된 수입의 전부 또는 일부를 관리위탁을 받은 자의 수입으로 할 수 있다.

- 지방자치단체의 장은 민간위탁사무의 처리에 관하여 수탁기관을 지휘·감독하며, 필요하다고 인정할 때에는 수탁기관에 대해 사무 처리에 관한 지시를 하거나 사무 처리가 위법 또는 부당하다고 인정될 때에는 그 행위를 취소하거나 정지 또는 시정시킬 수 있다.
- 사용료 등의 징수 및 지휘·감독 등에 대해서는 '사무 민간위탁 조례'에서 규정하고 있더라도 개별 협약에서 구체적으로 정하는 것이 바람직하다.

사례 : 민간위탁을 대행으로 변경하는 경우

- 2013년 2월 2일 「하수도법」이 개정되었는데, 주요 개정내용 중에는 공공하수도 관리의 위탁제도를 대행으로 변경하는 것이 포함되었다.

하수도법 : 2013.2.2, 법률 제11264호로 개정되기 전의 것

제74조(권한 또는 업무의 위임·위탁 등) ③ 지방자치단체의 장은 공공하수도에 관한 공사 또는 관리에 관한 업무를 대통령령이 정하는 관계전문기관에 위탁할 수 있다.
④ 제3항의 규정에 따라 공공하수도의 관리업무를 위탁받은 기관의 장과 소속 임직원으로서 그 관리업무를 담당하는 자는 「형법」 제129조 내지 제132조의 적용에 있어서는 이를 공무원으로 본다.
⑤ 공공하수도관리청은 제20조 제1항의 규정에 따른 기술진단을 실시함에 있어서 환경부령이 정하는 전문기관으로 하여금 이를 대행하게 할 수 있다.

- 「하수도법」이 개정되기 전에는 ㅇㅇ시장이 제74조 제3항에 따라 공공하수도 관리에 대해 민간위탁을 하려는 경우 해당 지방자치단체의 '사무 민간위탁 조례'에 따라 지방의회의 사전 동의를 받고 나중에 수탁자에 대해 재위탁하거나 기간 연장을 하려는 경우에도 지방의회의 동의를 받아야 했다고 한다.

○○시 민간위탁 기본 조례

제5조(의회동의) ① 시장은 민간위탁을 하는 경우에는 민간위탁 여부에 대하여 위임사무는 미리 위임기관의 장의 승인을 받아야 하고, 자치사무는 미리 ○○시의회의 동의를 받아야 한다. 다만, 자치사무에 있어 위탁기간을 정하여 ○○시의회의 동의를 받은 경우에는 위탁기간 만료 3개월 전에 민간위탁의 지속여부에 대해 다시 ○○시의회의 동의를 받아야 한다.

② 그 밖에 ○○시의회 동의에 필요한 사항은 규칙으로 정한다.

- 그런데, 개정 전 「하수도법」 제74조 제3항에 따른 공공하수도 관리에 대한 민간위탁은 「지방자치법」 제117조 제3항에 따른 민간위탁의 특례에 해당하기 때문에 위 '사무 민간위탁 조례'를 적용할 필요가 없다.

- 즉, 개정 전의 「하수도법」 제74조 제3항이 적용되던 당시의 「하수도법 시행령」 제42조의3은 공공하수도 관리업무를 위탁할 때 위탁계약의 체결방법과 내용을 세부적으로 규정하고 있었다. 예를 들어 단순관리 위탁계약의 위탁기간은 5년 이내로 하고 복합관리 위탁계약의 위탁기간은 5년 이상 20년 이내로 하며, 그 밖에 공공하수도 관리업무의 수탁자 선정기준 및 선정절차 등에 관하여 필요한 사항을 환경부장관이 정하여 고시하도록 하고 있었다.

하수도법 시행령 : 2013.2.2, 대통령령 제24242호로 개정되기 전의 것

제42조의3(공공하수도 관리업무 위탁계약의 체결 등) ① 지방자치단체의 장은 법 제74조 제6항에 따라 공공하수도 관리업무를 위탁할 때에는 다음 각 호의 구분에 따라 위탁계약을 체결하여야 한다.

1. 공공하수도 시설개량을 포함하지 않는 관리업무의 위탁 : 단순관리 위탁계약
2. 공공하수도 시설개량을 포함하는 관리업무의 위탁 : 복합관리 위탁계약

② 제1항 제1호에 따른 단순관리 위탁계약의 위탁기간은 5년 이내로 하되, 제42조의4에 따른 성과평가 결과를 고려하여 5년의 범위에서 이를 갱신할 수 있다.

③ 제1항 제2호에 따른 복합관리 위탁계약의 위탁기간은 5년 이상 20년 이내로 한다.

④ 환경부장관은 공공하수도 관리업무의 수탁자 선정기준 및 선정절차 등에 관하여 필요한 사항을 정하여 고시할 수 있다.

⑤ 지방자치단체의 장은 지방자치단체 간 공공하수도의 운영·관리를 통합하는 경우에는 제1항에 따라 체결한 위탁계약을 해지할 수 있다. 이 경우 수탁자에게 계약해지 6개월 전에 그 사실을 알려야 한다.

- 결국, 위에서 살펴본 ○○시의 '사무 민간위탁 조례'는 「지방자치법」 제117조 제3항에 따른 민간위탁 규정에 따라 제정된 것으로 민간위탁에 관한 일반법에 해당한다고 할 수 있다.

- 반면에, 개정 전의 「하수도법」 제74조 제3항 및 「하수도법 시행령」 제42조의3의 규정은 공공하수도 위탁계약에 관하여는 「지방자치법」 제117조 제3항의 특별규정에 해당하기 때문에 ○○시의 '사무 민간위탁 조례'를 적용할 것이 아니라 개정 전의 「하수도법」 제74조 제3항 및 「하수도법 시행령」 제42조의3의 규정에 따라 위탁해야 하는 것이다.

- 이처럼 민간위탁이라 하더라도 민간위탁의 대상, 계약 방법 및 내용 등에 대해 다른 법령에서 별도로 특례를 규정하고 있는 경우에는 해당 지방자치단체 소관 '사무 민간위탁 조례'가 적용되지 않는다.

- 한편, 2013년 2월 2일 개정된 「하수도법」에서는 제19조의2를 신설하여 지방자치단체의 장이 공공하수도의 운영·관리 업무를 (1) 대통령령으로 정하는 시설·장비 및 기술인력 등의 요건을 갖추어 환경부장관에게 등록한 자 (2) 「지방공기업법」 제2조 제1항 제6호의 사업을 수행하는 지방공사 또는 지방공단으로서 환경부령으로 정하는 바에 따라 환경부장관에게 신고한 자에게 대행하게 하였다. 법률에서 공공하수도의 운영·관리업무 수행 방식이 변경되었기 때문에 지방자치단체의 장은 종전의 민간위탁을 '대행'으로 변경해야만 했다.

하수도법 : 2013.2.2, 법률 제11264호로 개정된 것

제19조의2(공공하수도 관리대행업 등) ① 공공하수도관리청은 다음 각 호의 어느 하나에 해당하는 자(이하 "관리대행업자"라 한다)에게 공공하수도의 운영·관리 업무를 대행하게 할 수 있다.

1. 대통령령으로 정하는 시설·장비 및 기술인력 등의 요건을 갖추어 환경부장관에게 등록한 자
2. 「지방공기업법」 제2조 제1항 제6호의 사업을 수행하는 지방공사 또는 지방공단으로서 환경부령으로 정하는 바에 따라 환경부장관에게 신고한 자

② 제1항 제1호에 따라 등록한 사항 중 환경부령으로 정하는 중요한 사항을 변경하는 경우에는 변경등록을 하여야 한다.

③ 관리대행업자는 공공하수도 관리에 관한 사항을 기록·보존하는 등 대통령령으로 정하는 준수사항을 지켜야 한다.

④ 제1항에 따른 공공하수도 운영·관리 업무를 대행하는 사업(이하 "공공하수도 관리대행업"이라 한다)의 등록절차와 그 밖에 필요한 사항은 환경부령으로 정한다.

- 종전의 법령에 따라 민간위탁의 수탁자로 지정된 자에 대해서는 법령 개정에 따른 불이익을 최소화하는 조치가 필요하다. 이에 2013년 2월 2일 개정된 「하수도법」의 부칙 제2조는 종전의 규정에 따라 공공하수처리시설 관리업무를 위탁받은 자는 제19조의2의 개정규정에 따른 공공하수도 관리대행업자로 보되, 일정 기한 안에 등록 또는 신고를 하도록 경과조치를 두었다.

하수도법 부칙 : 법률 제11264호

제2조(공공하수처리시설 관리업무를 위탁받은 자에 대한 경과조치) 이 법 시행 전에 종전의 규정에 따라 공공하수처리시설 관리업무를 위탁받은 자는 제19조의2제1항의 개정규정에 따른 공공하수도 관리대행업자로 보되, 이 법 시행 후 1년 이내에 제19조의2제1항 제1호의 개정규정에 따른 등록을 하거나 이 법 시행 후 1개월 이내에 같은 항 제2호의 개정규정에 따른 신고를 하여야 한다.

- 앞서 설명한 것처럼 대행은 민간위탁과 다르고 두 제도에는 분명한 차이가 있다. 2013년 2월 2일 개정된 「하수도법」은 공공하수도 관리·운영의 특수성을 고려해서 해당 사무에 관한 권한과 책임을 통째로 넘기는 민간위탁 대신 권한과 책임은 지방자치단체의 장이 보유하고 그 사무의 처리만을 맡기는 '대행'으로 변경한 것이다.

- 그럼에도 불구하고 상당수 지방자치단체에서는 민간위탁과 대행을 동일한 것으로 보고, 「하수도법」의 부칙 제2조에 따른 조치를 취하지 않고 있다가 종전의 수탁자가 민간위탁기간이 만료되는 시점에 가서야 어떻게 행정 처리를 해야 할지 혼란을 겪는 경우가 많았다.

재위임 또는 재위탁의 제한

- 재위임 또는 재위탁과 관련해서 「지방자치법」 제117조 제4항은 지방자치단체의 장이 위임받거나 위탁받은 사무의 일부를 다시 위임하거나 위탁하려면 미리 그 사무를 위임하거나 위탁한 기관의 장의 승인을 받아야 한다고 규정하고 있다.

지방자치법

제117조(사무의 위임 등) ④ 지방자치단체의 장이 위임받거나 위탁받은 사무의 일부를 제1항부터 제3항까지의 규정에 따라 다시 위임하거나 위탁하려면 미리 그 사무를 위임하거나 위탁한 기관의 장의 승인을 받아야 한다.

- 따라서 미리 승인을 받지 않고 한 재위임 또는 재위탁은 흠이 있는 행정행위가 된다.

- 판례는 재위임을 할 때 받아야 하는 승인을 재위임의 유효요건으로 판시하고 있다.

화물자동차정류장사업면허취소처분취소 : 대법원 1990.6.26, 선고, 88누12158, 판결

정부조직법 제5조 제1항의 규정은 법문상 행정권한의 위임 및 재위임의 근거규정임이 명백하고 정부조직법이 국가행정기관의 설치, 조직과 직무범위의 대강을 정하는 데 목적이 있다고 하여 그 이유만으로 같은 법의 권한위임 및 재위임에 관한 규정마저 권한 위임 및 재위임 등에 관한 대강을 정한 것에 불과할 뿐 권한위임 및 재위임의 근거규정이 아니라고 할 수 없다고 할 것이므로, 도지사 등은 정부조직법 제5조 제1항에 기하여 제정된 행정권한의 위임 및 위탁에 관한 규정에 정한 바에 의하여 위임기관의 장의 승인이 있으면 그 규칙이 정하는 바에 의하여 그 수임된 권한을 시장, 군수 등 소속기관의 장에게 다시 위임할 수 있다. 권한 재위임을 규정한 도의 규칙에 관하여 위임기관의 장의 승인이 있었는지의 여부는 규칙의 유효요건이므로 법원으로서는 이를 직권으로 조사하여 그 유효여부를 판단하여야 한다.

- 위 판례의 취지에 따르면, 재위임 또는 재위탁의 승인은 반드시 특정 행정권한 또는 사무의 재위임·재위탁의 승인을 개별적·명시적으로 받은 경우뿐만 아니라 재위임 또는 재위탁 관련 규정, 예를 들어 기관위임사무의 재위임을 규정하고 있는 '사무위임 규칙'의 관련 규정을 보고하는 방식 등 간접적 승인도 가능하다고 해석할 수 있다.

- 한편, 대통령령인 「행정권한의 위임 및 위탁에 관한 규정」 제4조에 따르면 시장·군수 또는 구청장은 행정의 능률향상과 주민의 편의를 위하여 필요하다고 인정될 때에는 수임사무의 일부를 그 위임기관의 장의 승인을 받아 규칙으로 정하는 바에 따라 읍·면·동장, 그 밖의 소속기관의 장에게 다시 위임할 수 있도록 되어 있다.

행정권한의 위임 및 위탁에 관한 규정

제4조(재위임) 특별시장·광역시장·특별자치시장·도지사 또는 특별자치도지사(특별시·광역시·특별자치시·도 또는 특별자치도의 교육감을 포함한다. 이하 같다)나 시장·군수 또는 구청장(자치구의 구청장을 말한다. 이하 같다)은 행정의 능률향상과 주민의 편의를 위하여 필요하다고 인정될 때에는 수임사무의 일부를 그 위임기관의 장의 승인을 받아 규칙으로 정하는 바에 따라 시장·군수·구청장(교육장을 포함한다) 또는 읍·면·동장, 그 밖의 소속기관의 장에게 다시 위임할 수 있다.

- 과거에는 시장·군수·구청장이 읍·면·동장 및 그 밖의 소속기관의 장에게 재위임하지 않고 대신 위임전결에 따라 사무를 맡기는 것이 일반적이었으나, 최근에는 아래와 같이 '사무위임 규칙'을 제정하여 재위임하는 경우가 대부분이다.

○○군 사무 위임 규칙

제1조(목적) 이 규칙은 「행정권한의 위임 및 위탁에 관한 규정」 제4조를 준용하여 도지사로부터 군수에게 권한 위임된 사무 중 그 일부를 읍면장, 보건소장에게 위임함으로써 행정능률을 향상시키고 주민편의를 도모함을 목적으로 한다.

제2조(권한 재위임사항) ① 도지사가 군수에게 위임한 권한 중 읍면장에게 재위임하는 사항은 별표 1과 같다.

제3조(감독) 제2조에 따라 사무를 위임한 군수는 그 사무의 처리에 대하여 지휘 감독하고 그 처분이 위법 또는 부당하다고 인정될 때에는 이를 취소하거나 중지시킬 수 있다.

- 한편, 재위임을 받은 행정기관이 재위임 받은 행정권한을 다시 위임할 수 있을까? 굳이 이름을 붙인다면 '재재위임'이 가능한가의 문제이다.

- 우리나라의 행정체계상 중앙행정기관의 사무위임에 따라 광역 자치단체가 권한을 위임받고, 해당 광역 자치단체가 「행정권한의 위임 및 위탁에 관한 규정」 제4조 또는 「지방자치법」 제117조에 따라 다시 시장·군수·구청장에게 재위임한 경우 시장·군수·구청장은 일반구의 구청장이나 읍장·면장·동장 등 그 하부행정기관에게 다시 위임할 수 있는지의 문제이다.

- 대법원은 행정권한의 위임은 행정관청이 법률에 따라 특정 권한을 다른 행정관청에 이전하여 수임관청의 권한으로 행사되도록 하는 것이어서 권한의 법적인 귀속을 변경하는 것이므로 법률에서 위임을 허용하고 있는 경우에 한하여 인정된다고 보고 있다.

관광숙박업사업계획승인신청반려처분취소 : 대법원 1992.4.24, 선고, 91누5792, 판결

행정권한의 위임은 행정관청이 법률에 따라 특정한 권한을 다른 행정관청에 이전하여 수임관청의 권한으로 행사하도록 하는 것이어서 권한의 법적인 귀속을 변경하는 것이므로 법률의 위임을 허용하고 있는 경우에 한하여 인정된다 할 것이고, 이에 반하여 행정권한의 내부위임은 법률이 위임을 허용하고 있지 아니한 경우에도 행정관청의 내부적인 사무처리의 편의를 도모하기 위하여 그의 보조기관 또는 하급행정관청으로 하여금 그의 권한을 사실상 행사하게 하는 것이므로, 권한위임의 경우에는 수임관청이 자기의 이름으로 그 권한행사를 할 수 있지만 내부위임의 경우에는 수임관청은 위임관청의 이름으로만 그 권한을 행사할 수 있을 뿐 자기의 이름으로는 그 권한을 행사할 수 없는 것이다.

- 판례의 취지와 같이 권한의 위임은 그 권한의 최종적 소재를 대외적으로 변경하는 것이므로 관련 규정에서 인정하는 경우로 재재위임을 한정할 필요가 있으며, 실제로 권한의 위임이 끊임없이 행해지는 것을 방관할 수는 없기 때문에 명시적인 재재위임의 규정이 있는 경우가 아니면 다시 재위임을 하는 것은 불가능하다고 보아야 한다.

- 다만, 위임과 달리 민간위탁의 경우 그 위탁이 되는 사무가 조사·검사·검정·관리업무 등 주민의 권리·의무와 직접 관련되지 아니하는 사무로 제한되기 때문에 그 권한의 소재가 그리 중요하지 않고 주민에게 미치는 영향도 크지 않기 때문에 재재위탁을 제한하는 특별한 규정이 없으면 이를 허용하는 것으로 해석되어야 할 것이다.

- 민간위탁이 아닌 일반 위탁의 경우 애매한 점이 있으나, 「지방자치법」 제117조 제2항에 따른 위탁의 대상이 되는 기관, 즉 공공단체 또는 그 기관은 주민의 권리·의무와 직접 관련되지는 않더라도 이해관계가 큰 업무를 수행하는 경우가 많기 때문에 재재위탁을 허용하는 특별한 규정이 없는 한 재재위탁이 허용되지 않는 것으로 보아야 할 것이다.

법제관이
풀어주는
자치입법 해설

지방재정과 보조금 조례

CHAPTER 4 지방재정과 보조금 조례

- 헌법 제117조 제1항은 주민의 복리에 관한 사무를 지방자치단체의 중요한 책무로 규정하면서 동시에 지방자치단체 재산의 관리 의무도 규정하고 있다.

- 보조금의 지원 조례가 없더라도 예산 반영을 통해 보조사업을 수행할 수 있으나, 지방의회는 지방자치단체의 장으로 하여금 예산 편성을 하게 하기 위해 보조금의 지원 조례를 제정하고 싶어 한다.

- 지방자치단체의 보조금 지원에 대해서는 「보조금 관리에 관한 법률」이 적용되지 않고, 「지방재정법」 제17조가 적용된다.

- 보조금의 지원은 해당 지방자치단체의 사무와 관련되어야 하고, 해당 보조사업과 직접 관련된 분야로 제한되며, 그 보조사업과 관련이 없는 개인에 대한 인건비 또는 활동비 지원은 불가능하다.

- 지방자치단체의 보조금 지원이 가능하려면 (1) 법률에 규정이 있을 것 (2) 국고 지원으로서 국가가 지정한 것 (3) 용도를 지정한 기부금 (4) 권장사업에 해당하는 것 중 하나에 해당하여야 한다.

- 2021년 1월 12일 지방자치단체의 보조금 예산의 편성, 교부 신청과 결정 및 사용 등에 관한 기본적 사항을 담은 「지방자치단체 보조금 관리에 관한 법률」이 제정되어 2021년 7월 13일부터 시행되고 있다.

보조금 지원 조례는 지방재정 부담

- 지방공무원 또는 지방의원과의 간담회를 하면 가장 쟁점이 되는 주제는 항상 '지방재정과 지방자치단체의 지원'에 관한 것이다.

- 실제로, 지방자치단체의 조례를 자치 조례와 위임 조례로 나눌 경우 자치 조례의 대부분은 소위 '지원 조례'라고 할 수 있다.

- 지원 관련 규정이 없는 자치 조례를 찾아보기 힘들 정도이지만, 한편으로는 「지방자치법」 제28조 제1항 단서에 따라 주민의 권리 제한 또는 의무 부과에 관한 사항이나 벌칙을 정할 때에는 법률의 위임이 있어야 한다고 되어 있기 때문에 권리·의무 관련 사항이나 벌칙이 아닌 것을 조례로 정하려다 보니 부득이 지원행정과 같은 조장(調將, promotion) 관련 규정이 다수 포함될 수밖에 없는 사정을 이해할 수 있다.

- 또한 주민의 복리에 관한 사무라는 지방자치단체의 핵심적인 자치사무를 위해서는 어느 정도의 재정지원이 필요한 것이 당연하고, 이러한 지원 조례를 통해 국가 전체, 즉 국민들에게 혜택이 되는 국가법령의 제정을 촉구하는 역할도 하는 긍정적인 점도 크다.

- 하지만, 지방자치단체의 무리한 지원행정으로 인한 지방재정의 악화와 함께 지역 주민 상호간의 위화감 및 상대적 박탈감 조성, 무분별한 지원 조례 제정으로 인한 집행기관과 의회간의 갈등 및 행정낭비가 초래되기도 한다.

- 중앙정부 등 국가 차원에서 법령과 예산에 따른 지원이 있는데도 지방자치단체에서 동일한 취지에서 동일한 대상에 대해 중복 지원을 하는 경우, 「지방재정법」 등 관련 법령의 취지에 어긋나게 공익성 사업이 아닌 개인들의 활동비를 지원하는 경우, 재정적 지출이 뒤따르는 조례임에도 불구하고 집행부의 의견을 듣지 않거나 그에 반하는 지원 규정을 두는 경우, 조례 등 관련 규정이 없이 임의적으로 지원하는 경우, 지방자치단체의 재정 상황을 고려하지 않고 집행부로 하여금 지원을 강제하게 하는 경우 등 그 사례가 많고, 그 유형도 다양하다.

- 그렇다면, 지역 주민 및 관련 단체 등에 대한 지원이 해당 지방자치단체의 고유하고 본질적인 사무에 해당할까?

- 헌법 제117조 제1항은 지방자치단체의 존립 이유 및 주요한 사무와 관련해서 "지방자치단체는 주민의 복리에 관한 사무를 처리하고 재산을 관리하며, 법령의 범위 안에서 자치에 관한 규정을 제정할 수 있다."고 규정하고 있는데, 주민의 복리에 관한 사무를 처리하되, 적정한 '재산의 관리'도 이에 못지않은 중요한 사무가 아닐 수 없다.

- 따라서 지방자치단체는 현재의 주민 구성원만을 위한 무차별적 지원 남발만이 능사가 아니며, 미래의 구성원에 대한 배려를 포함하여 지방자치단체의 적정한 재산관리를 통해 해당 지방자치단체가 건전하게 존속함으로써 미래세대까지 그 혜택이 돌아갈 수 있도록 힘써야 할 책무가 있다고 할 것이다.

조례 근거가 없으면 보조금 지원이 불가능한가?

- 보조금 지원을 위한 조례 제정이 늘어나고 있는 것은, 지방의회 의원의 역할과 활동이 확대되는 과정에서 주민의 의사에 따라 구성원들의 복리향상 및 지역발전 등 지방자치단체의 본질적인 목적 달성을 위한 노력으로 볼 수 있다.

- 그런데, 어느 분야에 어느 수준까지 보조금 지원이 필요한지, 열악한 지방재정 상황에도 불구하고 무리한 보조금 지원이 향후 지방자치단체와 그 구성원에게 어떤 영향을 미칠 것인지에 대한 객관적이고 합리적인 분석을 토대로 보조금 지원 조례를 제정하는 경우는 많지 않다.

- 그렇다면, 보조금 지원을 위해서는 반드시 조례의 제정이 필요한가? 보조금 지원 사업을 지방자치단체의 조례에 반영하는 것과 그렇지 않는 것은 어떤 차이가 있을까?

- 지방자치단체가 보조금 지원 사업을 하려는 경우 반드시 그 내용을 해당 지방자치단체의 조례에 반영하여야 한다는 규정은 없다.

- 다만, 「지방재정법」 제36조 제1항은 예산의 편성과 관련해서 "지방자치단체는 법령 및 조례로 정하는 범위에서 합리적인 기준에 따라 그 경비를 산정하여 예산에 계상하여야 한다."고 되어 있는데, 이 규정은 예산의 내용이 되는 경비의 산정 방법을 법령 및 조례에 부합되도록 하라는 것으로 법령이나 조례에 근거를 두지 않은 경비는 산정하지 말라는 것은 아니다.

- 반드시 조례에 근거가 있는 사항만 예산에 반영할 수 있는 것은 아니다. 예를 들어, 「지방재정법」

제17조에 따른 보조금 사업은 반드시 개별 조례에 근거가 없더라도 가능하다.

- 보조금의 지원에는 돈이 들고 지방자치단체가 돈을 지급하기 위해서는 예산으로 편성되어야 한다. 지방자치단체의 예산 편성권은 지방자치단체의 장에게 있고, 지방의회는 예산의 직접 편성에 관여할 수 없고 심의·의결만 할 수 있다. 지방의회는 지방자치단체의 장의 동의 없이 지출예산 각 항의 금액을 증가하거나 새로운 비용항목을 설치할 수 없다(지방자치법 제142조 제3항).

- 따라서 지방의회 및 의원들이 예산 편성에 간접적으로라도 관여할 수 있는 방법은 조례 제정을 통해 보조금 지원의 근거를 마련하고 이와 같은 자치법규를 근거로 지방자치단체의 장으로 하여금 예산 편성을 통해 집행하도록 강제하거나 실질적 압력을 행사할 수는 있는 것이다.

- 아울러, 자치법규의 시각에서 볼 때 보조금 지원 조례는 지방자치단체의 예산 또는 재정이 투입되는 보조금 지원의 대상자가 누구인지 결정하고, 지급 절차 및 사후관리 등을 법령의 범위에서 주민의 의사를 반영하여 그 대표기관인 의회의 의결을 거쳐 확정함으로써 민주성과 합법성을 확보한다는 의미가 내포되어 있다. 조례에 규정되는 입법 절차만으로도 보조금 지원에 대한 주민의 동의를 얻는 것으로 간주될 수 있다.

- 그렇다면, 보조금의 지원에 관한 조례만 있다면 실제로 예산 편성 및 집행이 가능할까?

- 실제로 보조금 사업에 돈이 지불되기에는 여러 가지 제한이 있다. 먼저, 보조금 관리에 관한 법령상의 제한이 있고, 보조금 관리 기본 조례 등에 따른 제한도 있다.

지방재정에는 「보조금 관리에 관한 법률」이 적용되지 않는다

- 보조금 예산의 편성, 교부 신청, 교부 결정 및 사용 등에 관하여 기본적인 사항을 규정함으로써 효율적인 보조금 예산의 편성 및 집행 등 보조금 예산의 적정한 관리를 도모하는 것을 목적으로 「보조금 관리에 관한 법률」이 제정되어 시행되고 있다.

- 그런데 「보조금 관리에 관한 법률」에서 말하는 "보조금"이란 (1) 국가 외의 자가 수행하는 사무 또는 사업에 대하여 국가 및 법률에 따라 설치된 기금을 관리·운용하는 자가 이를 조성하거나 재정상의 원조를 하기 위하여 교부하는 보조금(지방자치단체에 교부하는 것과 그 밖에 법인·단체 또는 개인의 시설자금이나 운영자금으로 교부하는 것만 해당한다), (2) 부담금(국제조약에 따른

부담금은 제외한다), (3) 그 밖에 상당한 반대급부를 받지 아니하고 교부하는 급부금으로서 대통령령으로 정하는 것 등 3가지만을 말한다고 되어 있다(같은 법 제2조 제1호).

- 여기서 "대통령령으로 정하는 것"이란 「농산물의 생산자를 위한 직접지불제도 시행규정」 제3조에 따른 소득보조금을 말한다.

- 따라서 지방자치단체가 교부의 주체가 되는 보조금은 이 법의 적용 대상이 되지 않는다. 오히려 국가 또는 기금을 관리·운용하는 자가 지방자치단체에 교부하는 보조금은 이 법의 적용대상이 되기 때문에 오히려 지방재정을 확충하는 것과 관련되어 있다.

- 대법원은 지방자치단체가 개인 또는 단체에게 교부하는 보조금에 관하여 「보조금의 예산 및 관리에 관한 법률」을 적용할 수 없다고 판시했다.

대여금 : 대법원 2011.6.9, 선고, 2011다2951, 판결

보조금의 예산 및 관리에 관한 법률 제2조 제1호는 "보조금이라 함은 국가 외의 자가 행하는 사무 또는 사업에 대하여 국가가 이를 조성하거나 재정상의 원조를 하기 위하여 교부하는 보조금(지방자치단체에 대한 것과 기타 법인 또는 개인의 시설자금이나 운영자금에 대한 것에 한한다)·부담금(국제조약에 의한 부담금은 제외한다) 기타 상당한 반대급부를 받지 아니하고 교부하는 급부금으로서 대통령령으로 정하는 것을 말한다."라고 규정하고 있으므로, 위 법의 적용을 받는 보조금은 국가가 교부하는 보조금에 한정된다. 따라서 지방자치단체가 교부하는 보조금에 관하여는 위 법의 적용이 없고, 지방재정법 및 지방재정법 시행령 그리고 당해 지방자치단체의 보조금관리조례가 적용될 뿐이다.

지방에는 「지방자치단체의 보조금 관리에 관한 법률」이 있다

- 국가의 보조금에는 「보조금 관리에 관한 법률」이 적용되고, 지방자치단체의 보조금에는 2021년 1월 12일 제정된 「지방자치단체 보조금 관리에 관한 법률」과 「지방재정법」 제17조가 적용된다.

- 「지방자치단체 보조금 관리에 관한 법률」(지방보조금법)은 지방보조금 예산의 편성, 교부 신청과 결정 및 사용 등의 기본적인 사항을 규정함으로써 지방보조금 예산의 투명하고 적정한 관리를 목적으로 제정되어 2021년 7월 13일부터 시행되고 있다.
  지방보조금법 제2조 제1호에 따르면, "지방보조금이란 지방자치단체가 법령 또는 조례에 따라 다른 지방자치단체, 법인·단체 또는 개인 등이 수행하는 사무 또는 사업 등을 조성하거나 이를 지원하기 위하여 교부하는 보조금 등을 말한다. 다만, 출자금 및 출연금과 국고보조재원에 의한 것으로서 지방자치단체가 교부하는 보조금은 제외한다."라고 규정하고 있다.

- 지방보조금법에서는 보조사업을 수행하려는 자의 예산 계상 신청(제5조), 지방보조금 예산 편성 및 운영(제6조), 지방보조금의 교부신청(제7조), 지방보조금의 교부결정(제8조), 지방보조금의 교부 조건(제9조), 사정 변경에 의한 교부 결정의 취소 등(제11조), 법령 위반 등에 따른 교부 결정의 취소(제12조), 지방보조금의 용도 외 사용 금지(제13조), 지방보조사업의 시정명령(제20조), 지방보조금의 반환(제31조), 지방보조금수령자에 대한 지방보조금의 환수(제34조), 강제징수(제36조) 등 지방보조금 예산편성, 교부절차 및 관리 등에 필요한 중요한 내용을 상세하게 규정하고 있다.

지방자치단체 보조금 관리에 관한 법률

제1조(목적) 이 법은 지방보조금 예산의 편성, 교부 신청과 결정 및 사용 등의 기본적인 사항을 규정함으로써 지방보조금 예산의 효율적인 편성 및 집행 등 지방보조금 예산의 투명하고 적정한 관리를 목적으로 한다.

제2조(정의) 이 법에서 사용하는 용어의 뜻은 다음과 같다.

1. "지방보조금"이란 지방자치단체가 법령 또는 조례에 따라 다른 지방자치단체, 법인·단체 또는 개인 등이 수행하는 사무 또는 사업 등을 조성하거나 이를 지원하기 위하여 교부하는 보조금 등을 말한다. 다만, 출자금 및 출연금과 국고보조재원에 의한 것으로서 지방자치단체가 교부하는 보조금은 제외한다.
2. "지방보조사업"이란 지방보조금이 지출되거나 교부되는 사업 또는 사무를 말한다.
3. "지방보조사업자"란 지방보조사업을 수행하는 자를 말한다.
4. "지방보조금수령자"란 지방자치단체 및 지방보조사업자로부터 지방보조금을 지급받은 자를 말한다.

- 또한 지방보조금법의 위임된 사항을 정하고 그 시행에 필요한 사항을 규정한 '지방보조금 관리 조례'를 각 자치단체별로 제정해서 운영하고 있다.

지방보조금 관리 조례

제1조(목적) 이 조례는 「지방자치단체 보조금 관리에 관한 법률」 및 「지방자치단체 보조금 관리에 관한 법률 시행령」에서 위임된 사항과 그 시행에 필요한 사항을 규정함을 목적으로 한다.

지방재정법 제17조 제1항 : 보조금 지원의 제한

- 지방자치단체의 보조금 지원과 관련하여 가장 중요한 규정은 「지방재정법」 제17조로서 그 제목은 '기부 또는 보조의 제한'으로 되어 있다.

지방재정법

제17조(기부 또는 보조의 제한) ① 지방자치단체는 그 소관에 속하는 사무와 관련하여 다음 각 호의 어느 하나에 해당하는 경우와 공공기관에 지출하는 경우에만 개인 또는 법인·단체에 기부·보조, 그 밖의 공금 지출을 할 수 있다. 다만, 제4호에 따른 지출은 해당 사업에의 지출근거가 조례에 직접 규정되어 있는 경우로 한정한다.

1. 법률에 규정이 있는 경우
2. 국고 보조 재원(財源)에 의한 것으로서 국가가 지정한 경우
3. 용도가 지정된 기부금의 경우
4. 보조금을 지출하지 아니하면 사업을 수행할 수 없는 경우로서 지방자치단체가 권장하는 사업을 위하여 필요하다고 인정되는 경우

② 제1항 각 호 외의 부분 본문에서 "공공기관"이란 해당 지방자치단체의 소관에 속하는 사무와 관련하여 지방자치단체가 권장하는 사업을 하는 다음 각 호의 어느 하나에 해당하는 기관을 말한다.

1. 그 목적과 설립이 법령 또는 법령의 근거에 따라 그 지방자치단체의 조례에 정하여진 기관
2. 지방자치단체를 회원으로 하는 공익법인

- 지방재정법 제17조의 제목에서 '제한'이라는 용어를 사용하고 있는 것을 보면, 이 규정이 보조금 지원을 촉진한다는 것보다는 남용을 방지하고 무분별한 지원을 제한하려는 것임을 알 수 있다.

- 제목에서 사용하고 있는 '기부', '보조'라는 용어에 대해 「지방재정법」에서는 별도로 규정하고 있지 않기 때문에 그 정확한 의미를 알 수는 없으나, 앞서 살펴본 「보조금 관리에 관한 법률」 제2조 제1호에서 말하는 "보조금" 즉, 반대급부를 받지 아니하고 교부하는 급부금액으로 이해하면 무방할 것이다.

- 「지방재정법」 제17조 제1항 본문은 " 지방자치단체는 그 소관에 속하는 사무와 관련하여 법률에 규정이 있는 경우 등 4가지 요건의 하나에 해당하는 경우와 공공기관에 지출하는 경우에만 개인 또는 단체에 기부·보조, 그 밖의 공금 지출을 할 수 있다."고 되어 있다.

- 이 규정은 헌법 제117조 제1항에서 "지방자치단체는 주민의 복리에 관한 사무를 처리하고 재산을 관리하며,"라고 되어 있듯이 지방자치제도의 본질을 재확인한 것으로서, 재산을 알뜰하게 잘 관리하는 것도 지방자치단체의 본연의 기능에 해당한다고 보아야 할 것이다.

- 「지방재정법」 제17조 제1항에서는 지방자치단체의 소관에 속하는 사무와 관련하여 (1) 법률에 규정이 있는 경우 (2) 국고 보조 재원(財源)에 의한 것으로서 국가가 지정한 경우 (3) 용도가 지정된 기부금의 경우 (4) 보조금을 지출하지 아니하면 사업을 수행할 수 없는 경우로서 지방자치단체가 권장하는 사업을 위하여 필요하다고 인정되는 경우로서 해당 사업에의 지출근거가 조례에 직접 규정되어 있는 경우와 (5) 공공기관에 지출하는 경우에 보조금 지원을 허용하고 있다.

- 일반적으로 공공기관에 대한 지출은 개인 또는 단체에 대한 보조금의 지원으로 보지 않기 때문에 앞의 네 가지 요건만을 대상으로 살펴본다.

- 먼저, 지방자치단체의 소관에 속하는 사무와 관련되어 있어야 한다. 지방자치단체의 소관에 속하는 사무란 「지방자치법」상의 사무구분의 기준에 따라야 할 것이며, 제13조 제1항에서 "지방자치단체는 관할 구역의 자치사무와 법령에 따라 지방자치단체에 속하는 사무를 처리한다."고 규정한 취지에 맞게 자치사무와 단체위임사무에 관련한 경우에만 보조금 지원이 가능하다고 할 것이다. 기관위임사무의 경우에는 지방자치단체의 소관에 속하는 사무가 아니기 때문에 원칙적으로 지방자치단체의 재정 지원이 불가능하다.

지방자치단체 소관 "사무"가 의미하는 것

- 지방자치단체의 보조금 지원 가능 범위와 관련해서 논란이 되는 것 중에는 지방자치단체 소관 사무의 범위가 자치사무 또는 단체위임사무인지 아니면 기관위임사무인지 여부보다는 그 '사무'의 본질적 개념과 관련된 경우가 많다.

- 즉, 「지방재정법」 제17조 제1항에서는 "지방자치단체는 그 소관에 속하는 사무와 관련하여 …(중략)"라고 규정하고 있는데, 이 문구는 해당 보조금의 지원이 지방자치단체의 사무인 자치사무 또는 단체위임사무와 직접 또는 간접적으로 관련이 있어야 한다는 의미뿐만 아니라, 그 보조금의 지원이 해당 지방자치단체의 소관 사무와 관련해서 지급되어야 한다는 의미도 포함하고 있다고 보아야 한다.

- 이는 보조금의 지원이 보조금의 지원 관련 사업, 즉 보조사업의 수행과 무관하게 그 구성원 또는 개인의 활동비나 인건비 등으로 무분별하게 지급되는 것을 방지하기 위한 것으로 이해할 수 있다.

- 특히 「지방자치단체 보조금 관리에 관한 법률」 제6조 제2항 전단에서는 지방자치단체의 장은 법령에 명시적 근거가 있는 경우 외에는 지방보조금을 운영비로 교부할 수 없다고 규정하고, 후단에서 운영비로 사용할 수 있는 경비의 종목을 대통령령으로 정하도록 위임했는데, 같은 법 시행령 제3조에서는 인건비, 사무관리비, 임차료와 지방자치단체의 장이 특별히 인정하는 경비로 정하고 있다.

지방자치단체 보조금 관리에 관한 법률

제6조(지방보조금의 예산 편성 및 운영) ② 지방자치단체의 장은 법령에 명시적 근거가 있는 경우 외에는 지방보조금을 운영비로 교부할 수 없다. 이 경우 운영비로 사용할 수 있는 경비의 종목은 대통령령으로 정한다.

[지방자치단체 보조금 관리에 관한 법률 시행령]

제3조(운영비 사용 경비의 종목) 「지방자치단체 보조금 관리에 관한 법률」(이하 "법"이라 한다) 제6조 제2항 전단에 따라 법령에 근거하여 지방보조금을 운영비로 교부하는 경우 그 운영비로 사용할 수 있는 경비의 종목은 다음 각 호와 같다. 다만, 각 호의 경비가 지방보조사업을 수행하는 데 직접 드는 경비인 경우는 제외한다.

1. 인건비
2. 사무관리비
3. 임차료
4. 그 밖에 지방자치단체의 장이 다른 지방자치단체, 법인·단체 또는 개인 등이 수행하는 사무 또는 사업 등의 기본적인 운영을 위하여 특별히 필요하다고 인정하는 경비

- 또한 대부분의 지방자치단체는 보조금 관리에 관한 기본조례인 '보조금 관리 조례'를 제정·운영하고 있다.

○○도 보조금 관리 조례

제1조(목적) 이 조례는 「지방자치단체 보조금 관리에 관한 법률」 및 같은 법 시행령에서 위임된 사항과 그 시행에 필요한 사항을 규정함을 목적으로 한다.

제2조(다른 조례와의 관계) ○○도(이하 "도"라 한다) 보조금 관리에 관하여 다른 조례에 특별한 규정이 있는 경우를 제외하고는 이 조례에서 정하는 바에 따른다.

제4조(보조사업을 수행하려는 자의 예산 계상) ㅇㅇ도지사(이하 "도지사"라 한다)는 「지방자치단체 보조금 관리에 관한 법률」(이하 "법"이라 한다) 제5조 제2항에 따른 보조금의 예산 계상 신청이 없는 경우에도 다음 각 호에 해당되는 경우 보조금을 예산에 계상할 수 있다.
1. 국가행사로 지정된 사업
2. 재난 등으로 인해 긴급히 추진해야 하는 사업
3. 도 정책상 도지사가 특히 필요하다고 인정하는 사업

- 그런데 일부 지방자치단체는 보조사업과 직접 관련되지 않은 보조사업의 대상이 되는 단체의 구성원 등 개인에 대한 인건비 또는 활동비 지원을 내용으로 하는 조례를 제정하는 경우가 있어 논란이 되고 있다.
- 아래 조례에서는 경로당에 대한 보조금 지원 관련 규정(제10조) 외에 별도로 제11조에서 경로당의 구성원인 회장에 대한 활동비를 지원하는 규정을 두고 있다.
- 「노인복지법」 제23조 제2항은 "국가 또는 지방자치단체는 노인의 지역봉사 활동 및 취업의 활성화를 기하기 위하여 노인지역봉사기관, 노인취업알선기관 등 노인복지관계기관에 대하여 필요한 지원을 할 수 있다."고 규정하고 있기 때문에 아래 조례의 제10조와 같은 경로당의 보조금 지원은 가능하다. 그러나 보조사업의 지원과는 별도로 경로당의 구성원인 회장 개인에 대한 활동비 지원은 지방보조금법 등 위반의 문제가 될 수 있다.

○○군 경로당 운영 및 지원에 관한 조례

제10조(보조금 지원) ① 군수는 경로당 시설운영 활성화를 위하여 다음 각 호에서 정한 비용의 전부 또는 일부를 예산의 범위에서 지원할 수 있다.
1. 경로당 시설비
2. 경로당 운영비
3. 경로당 난방 연료비(아파트에서 연료비를 지원하는 경우는 제외한다. 이하 같다)
4. 경로당 프로그램 운영비
5. 건강기구 설치·유지관리비
6. 그 밖의 군수가 경로당 운영 활성화를 위해 필요하다고 인정하는 사업에 소요되는 비용

② 제1항에 따라 경비의 신청절차, 교부결정 및 방법 등에 관한 사항은 「횡성군 보조금 관리조례」가 정하는 바에 따른다.

> ③ 군수는 경로당 운영의 실태조사 결과, 이용률이 현저히 저조하거나 기능이 상실되었다고 판단될 경우에는 경로당 지원을 중단할 수 있다.
>
> **제11조(경로당 회장 활동비)** ① 군수는 경로당의 효율적 운영을 위하여 예산의 범위에서 경로당 회장에게 활동비를 지급할 수 있다.
> ② 경로당 회장에게 지급하는 활동비는 월 5만원으로 한다.
> ③ 활동비는 매월 1일 지급한다.

- 한편, 위 조례 제11조 제2항의 '월 5만원'과 같이 보조금의 지급 내역을 확정적으로 규정하는 것이 지방자치단체의 장의 예산 편성권을 지나치게 제한하여 문제가 된다는 의견도 있다. 이에 대해서는 뒤에서 다시 살펴보기로 한다.

- 또한, 보조금 지원 조례에서 명시적인 규정을 두고 있지 않으나, 해석상 보조사업의 대상이 되는 단체의 구성원 개인에 대한 비용 지급이 문제되는 경우도 있다.

- 아래의 '새마을운동 지원 조례'에서는 새마을운동 조직의 육성 및 사업에 대한 지원을 규정하고 있는데, 이 조례 제3조 제3호의 규정을 근거로 하여 새마을운동 회장 및 회원에게 월 활동비를 지원하는 지방자치단체가 있는 것으로 알려져 있다.

○○도 새마을운동 지원 조례

> **제3조(지원)** ○○도지사(이하 "도지사"라 한다)는 새마을운동조직 육성과 새마을사업 활성화를 위하여 예산의 범위에서 다음 각 호의 사항을 지원할 수 있다.
> 1. 새마을운동의 계승·발전을 위한 각종 새마을사업의 추진
> 2. 저탄소 녹색성장 등 녹색새마을운동 추진
> 3. 새마을운동조직의 운영 및 활동경비
> 4. 새마을회원의 교육 및 훈련경비
> 5. 새마을회원의 사기진작 및 자긍심 고취를 위하여 개최하는 문화·체육 행사

- 「새마을운동조직 육성법」 제3조 제1항은 "국가나 지방자치단체는 새마을운동조직의 운영에 필요한 비용에 충당하기 위하여 출연금 및 보조금을 지급할 수 있다."고 규정하고 있어서 새마을운동조직의 운영 또는 사업에 대한 지방자치단체의 지원은 가능하지만, 그 구성원 개인에 대한 지원은 부적절하다.

- 여기서 보조금의 지원과 관련해서 보조사업의 대상이 되는 단체 등의 구성원 개인에 대한 활동비 또는 인건비의 지원은 자칫 「공직선거법」에서 금지하고 있는 기부행위에 해당할 소지도 있다는 점에 주의해야 한다.

- 현행 「공직선거법」의 해석상 논란이 많고 사안마다 적용례가 다르기는 하지만, 법령에 위반하여 개인에 대한 활동비 또는 인건비를 지원하겠다는 약속 또는 조례 제·개정 자체가 같은 법 제112조 제1항에서 기부행위로 규정하는 "…(중략) 선거구민과 연고가 있는 자나 기관·단체·시설에 대하여 금전·물품 기타 재산상 이익의 제공, 이익제공의 의사표시 또는 그 제공을 약속하는 행위를 말한다."에 해당할 수 있다.

- 또한, 이처럼 법령에 위반해서 개인에 대한 활동비 또는 인건비를 지원하는 것은 같은 법 제112조 제2항 각 호의 기부행위 제외사항, 특히 같은 항 제4호의 '직무상의 행위' 범위를 벗어나 위법한 기부행위가 될 소지가 있으니 주의할 필요가 있다.

공직선거법

제112조(기부행위의 정의 등) ① 이 법에서 "기부행위"라 함은 당해 선거구 안에 있는 자나 기관·단체·시설 및 선거구민의 모임이나 행사 또는 당해 선거구의 밖에 있더라도 그 **선거구민과 연고가 있는 자나 기관·단체·시설에 대하여 금전·물품 기타 재산상 이익의 제공, 이익제공의 의사표시 또는 그 제공을 약속하는 행위**를 말한다.

② 제1항의 규정에 불구하고 다음 각 호의 어느 하나에 해당하는 행위는 기부행위로 보지 아니한다.

1. ~ 3. (생 략)

4. 직무상의 행위

가. 국가기관 또는 지방자치단체가 자체사업계획과 예산으로 행하는 법령에 의한 금품제공행위(지방자치단체가 표창·포상을 하는 경우 부상의 수여를 제외한다. 이하 나목에서 같다)

나. 지방자치단체가 자체사업계획과 예산으로 대상·방법·범위 등을 구체적으로 정한 당해 지방자치단체의 조례에 의한 금품제공행위

다. 구호사업 또는 자선사업을 행하는 국가기관 또는 지방자치단체가 자체사업계획과 예산으로 당해 국가기관 또는 지방자치단체의 명의를 나타내어 행하는 구호행위·자선행위

라. 선거일전 60일까지 국가·지방자치단체 또는 공공기관(「공공기관의 운영에 관한 법률」 제4조에 따라 지정된 기관이나 그 밖에 중앙선거관리위원회규칙으로 정하는 기관을 말한다)의 장이 업무파악을 위한 초도순시 또는 연두순시차 하급기관을 방문하여 업무보고를 받거나 주민여론 등을 청취하면서 자체사업계획과 예산에 따라 참석한 소속공무원이나 임·직원, 유관기관·단체의 장과 의례적인 범위안의 주민대표에게 통상적인 범위안에서 식사류(지방자치단체의 장의 경우에는 다과류를 말한다)의 음식물을 제공하는 행위

마. 국가기관 또는 지방자치단체가 긴급한 현안을 해결하기 위하여 자체사업계획과 예산으로 해당국가기관 또는 지방자치단체의 명의로 금품이나 그밖에 재산상의 이익을 제공하는 행위

바. 선거기간이 아닌 때에 국가기관이 효자·효부·모범시민·유공자등에게 포상을 하거나, 국가기관·지방자치단체가 관할구역 안의 환경미화원·구두미화원·가두신문판매원·우편집배원 등에게 위문품을 제공하는 행위

(이하 생략)

④ 제2항 제4호 각 목 중 지방자치단체의 직무상 행위는 법령·조례에 따라 표창·포상하는 경우를 제외하고는 해당 지방자치단체의 명의로 하여야 하며, 해당 지방자치단체의 장의 직명 또는 성명을 밝히거나 그가 하는 것으로 추정할 수 있는 방법으로 하는 행위는 기부행위로 본다. 이 경우 다음 각 호의 어느 하나에 해당하는 경우에는 "그가 하는 것으로 추정할 수 있는 방법"에 해당하는 것으로 본다.

1. 종전의 대상·방법·범위·시기 등을 법령 또는 조례의 제정 또는 개정 없이 확대 변경하는 경우
2. 해당 지방자치단체의 장의 업적을 홍보하는 등 그를 선전하는 행위가 부가되는 경우

- 이와 관련해서 같은 법 제112조 제2항 제4호 나목의 규정을 근거로 조례의 규정에 따른 금품제공행위는 모두 '직무상의 행위' 범위에 포함되는 것으로 해석할 수는 없다. 법령을 위반하여 보조금 지원의 범위를 벗어난 위법한 내용의 조례까지 포함하는 것은 부당하기 때문이다. 이와 같은 조례 제정 자체가 「공직선거법」 위반이 될 소지가 있다는 점에 주의해야 한다.

"법률에 규정이 있는 경우" : 지방재정법 제17조 제1항 제1호

- 지방자치단체의 보조금 지원 가능 범위에서 중요한 첫 번째 요건은 살펴본 바와 같이 해당 지방자치단체의 소관 사무와 관련되어야 한다는 조건이었다.

- 첫 번째 요건을 만족한다고 해서 보조금의 지원이 가능한 것은 아니다. 두 번째 요건, 즉 (1) 법률에 규정이 있는 경우 (2) 국고 보조 재원(財源)에 의한 것으로서 국가가 지정한 경우 (3) 용도가 지정된 기부금의 경우 (4) 보조금을 지출하지 아니하면 사업을 수행할 수 없는 경우로서 지방자치단체가 권장하는 사업을 위하여 필요하다고 인정되는 경우로서 해당 사업에의 지출근거가 조례에 직접 규정되어 있는 경우 등 4가지 중 하나에 해당해야만 보조금의 지원이 가능하다.

- 위 네 가지 요건 중에서 실제로 실무상 문제가 되는 것은 첫 번째와 네 번째의 경우이고, 두 번째와 세 번째의 경우는 특별히 문제될 소지가 없다.

- 국고 보조의 경우 그 용도를 국가가 이미 지정한 것이라면 이를 위반할 수도 없으며, 국고 지원에 해당하는 것은 사실상 지방자치단체의 보조금 지원인 동시에 국가의 보조금 지원에 해당하기 때문에 특별히 문제될 소지가 없다. 또한, 용도가 지정된 기부금의 경우에도 지방자치단체의 재정적 지원이 아니고 기부금의 사용에 해당하기 때문에 문제될 소지가 없다.

- 문제는 해당 지방자치단체의 돈이 드는 첫 번째와 네 번째의 경우로서 제한된 재원의 범위에서 보조금 지원의 대상을 선택해야 한다는 점에 있다.

- 먼저, "법률에 규정이 있는 경우"란 법률에 지방자치단체의 보조금의 지원에 관한 내용 또는 근거가 규정되어 있는 경우를 말한다.

- 물론, 여기서 '법률'이란 형식적 의미의 법률로서 국회의 의결을 거쳐 공포된 법률만을 의미하며, 대통령령 또는 총리령·부령과 같은 하위 규정은 포함되지 않는다.

- 그리고 어느 정도 구체적인 표현의 규정이 있어야 하는지는 개별 법률 및 사안별로 다르겠지만, 구체적인 보조금의 지원 내용이 명시되어 있지 않더라도 포괄적인 지원 근거가 있다면 특별히 문제되지 않는다. 경우에 따라서는 기부·보조금 등과 같은 구체적인 용어가 없는 경우에도 '재정적 지원'이나 '예산 지원' 또는 '필요한 지원' 등과 같이 포괄적인 지원근거만 있어도 가능하다고 본다.

- 입법례를 살펴보면, 「새마을운동조직 육성법」 제3조 제1항 및 「노인복지법」 제23조 제2항처럼 방침 규정과 같은 취지로 포괄적인 보조금의 지원 근거 규정을 두고 있더라도 이를 근거로 관련 조례에 구체적인 지원대상이나 지원내용 등을 규정하는 것도 가능하다.

새마을운동조직 육성법

제3조(출연금의 지급 등) ① 국가나 지방자치단체는 새마을운동조직의 운영에 필요한 비용에 충당하기 위하여 출연금 및 보조금을 지급할 수 있다.

노인복지법

제23조(노인사회참여 지원) ② 국가 또는 지방자치단체는 노인의 지역봉사 활동 및 취업의 활성화를 기하기 위하여 노인지역봉사기관, 노인취업알선기관 등 노인복지관계기관에 대하여 필요한 지원을 할 수 있다.

- 그런데, 아래의 「가정폭력방지 및 피해자보호 등에 관한 법률」에서 보는 바와 같이 (1) 지방자치단체로 하여금 예산상의 조치를 할 수 있는 근거규정을 두면서(제4조 제2항) (2) 동시에 같은 조문에서 상담소나 보호시설 등 특별히 경비의 보조가 필요한 분야를 열거하는 경우도 있으며(제4조 제4항) (3) 보호시설 입소자에 대한 생계비 지원 등을 별도로 규정하거나(제7조의5) (4) 상담소나 보호시설에 대해 그 경비의 일부를 보조할 수 있도록 규정하는 경우(제13조) 등 비슷한 내용의 보조금의 지원 근거 규정이 혼재되어 있는 사례도 볼 수 있다.

가정폭력방지 및 피해자보호 등에 관한 법률

제4조(국가 등의 책무) ① 국가와 지방자치단체는 가정폭력의 예방·방지와 피해자의 보호·지원을 위하여 다음 각 호의 조치를 취하여야 한다.

1. 가정폭력 신고체계의 구축 및 운영
2. 가정폭력의 예방과 방지를 위한 조사·연구·교육 및 홍보
3. 피해자를 보호·지원하기 위한 시설의 설치·운영
4. 임대주택의 우선 입주권 부여, 직업훈련 등 자립·자활을 위한 지원서비스 제공
5. 법률구조 및 그 밖에 피해자에 대한 지원서비스 제공
6. 피해자의 보호와 지원을 원활히 하기 위한 관련 기관 간의 협력 체계 구축 및 운영
7. 가정폭력의 예방·방지와 피해자의 보호·지원을 위한 관계 법령의 정비와 각종 정책의 수립·시행 및 평가
8. 피해자와 제4조의6에 따른 긴급전화센터, 제5조에 따른 가정폭력 관련 상담소, 제7조에 따른 가정폭력피해자 보호시설의 상담원 등 종사자의 신변보호를 위한 안전대책 마련
9. 가정폭력 피해의 특성을 고려한 피해자 신변노출 방지 및 보호·지원체계 구축
10. 가정폭력을 목격하거나 피해를 당한 아동의 신체적·정신적 회복을 위하여 필요한 상담·치료 프로그램 제공

② 국가와 지방자치단체는 제1항에 따른 책무를 다하기 위하여 이에 따르는 예산상의 조치를 취하여야 한다.

④ 국가와 지방자치단체는 제5조 제2항과 제7조 제2항에 따라 설치·운영하는 가정폭력 관련 상담소와 가정폭력피해자 보호시설에 대하여 경비(經費)를 보조하는 등 이를 육성·지원하여야 한다.

제7조의5(보호시설에 대한 보호비용 지원) ① 국가나 지방자치단체는 보호시설에 입소한 피해자나 피해자가 동반한 가정 구성원의 보호를 위하여 필요한 경우 다음 각 호의 보호비용을 보호시설의 장 또는 피해자에게 지원할 수 있다. 다만, 보호시설에 입소한 피해자나 피해자가 동반한 가정 구성원이 「국민기초생활 보장법」 등 다른 법령에 따라 보호를 받고 있는 경우에는 그 범위에서 이 법에 따른 지원을 하지 아니한다.

1. 생계비

2. 아동교육지원비
3. 아동양육비
4. 직업훈련비
4의2. 퇴소 시 자립지원금
5. 그 밖에 대통령령으로 정하는 비용
② 제1항에 따른 보호비용의 지원 방법 및 절차 등에 필요한 사항은 여성가족부령으로 정한다.

제13조(경비의 보조) ① 국가나 지방자치단체는 제5조 제2항 또는 제7조 제2항에 따른 상담소나 보호시설의 설치·운영에 드는 경비의 일부를 보조할 수 있다.
② 국가나 지방자치단체는 장애인보호시설이 여성가족부장관이 정하는 기준에 맞는 시설과 설비를 설치할 수 있도록 그 비용을 지원하여야 한다.

- 위 「가정폭력방지 및 피해자보호 등에 관한 법률」의 사례에서 보는 것과 같이 유사한 규정들이 중복해서 혼재하는 것은 입법 과정에서 국가 또는 지방자치단체에 대한 지원 의무를 강제하려는 입법부의 의지를 반영해서 '덧붙이기' 식으로 관련 규정이 늘어난 결과라고 할 수 있으며, 비록 중복되는 규정들이 있지만 국민의 권리 제한이나 의무 부과와 직접 관련되지 않은 사항으로서 특별히 문제될 소지는 없다.

- 이러한 점에서 법률에서 추상적인 근거 규정만 있더라도, 특히 주민의 복지사업 등 지방자치단체의 자치사무와 직접 관련된 사안에 대해 보조금의 지원 조례를 제정하는 것은 매우 자연스러워 보인다.

- 「보건의료기본법」 제4조 제4항은 "국가와 지방자치단체는 민간이 행하는 보건의료에 대하여 보건의료 시책상 필요하다고 인정하면 행정적·재정적 지원을 할 수 있다."고 규정하고 있는데, 이 규정도 역시 포괄적인 의미에서 보조금의 지원 근거가 '법률에 규정이 있는 경우'에 해당한다고 볼 것이다.

- 이를 근거로 예를 들어, 지방자치단체의 주민들에게 양질의 보건의료 서비스를 제공하기 위하여 보건의료 관련 기관의 이용체계 구축, 보건의료인과의 유대·협력 강화사업, 주민들의 응급의료체계 및 의료인에 대한 대책, 주민들에 대한 보건의료 정보 전달 등의 시책을 마련하고 필요한 경우 예산의 범위에서 보건의료기관에게 재정지원을 할 수 있는 조례의 제정도 가능하다고 할 것이다.

보건의료기본법

제4조(국가와 지방자치단체의 책임) ① 국가와 지방자치단체는 국민건강의 보호·증진을 위하여 필요한 법적·제도적 장치를 마련하고 이에 필요한 재원(財源)을 확보하도록 노력하여야 한다.

② 국가와 지방자치단체는 모든 국민의 기본적인 보건의료 수요를 형평에 맞게 충족시킬 수 있도록 노력하여야 한다.

③ 국가와 지방자치단체는 식품, 의약품, 의료기기 및 화장품 등 건강 관련 물품이나 건강 관련 활동으로부터 발생할 수 있는 위해(危害)를 방지하고, 각종 국민건강 위해 요인으로부터 국민의 건강을 보호하기 위한 시책을 강구하도록 노력하여야 한다.

④ 국가와 지방자치단체는 민간이 행하는 보건의료에 대하여 보건의료 시책상 필요하다고 인정하면 행정적·재정적 지원을 할 수 있다.

- 대법원도 전반적으로 이와 같은 시각에 따르고 있는 것으로 보인다.

- 강원도 원주시의 '혁신·기업도시의 주민지원에 관한 조례'와 관련하여 판례는 「공공기관 지방이전에 따른 혁신도시 건설 및 지원에 관한 특별법」 제47조의2에서 "관계 시·도지사, 시장·군수·구청장 또는 사업시행자는 혁신도시개발사업으로 인하여 생활기반을 상실하게 되는 혁신도시개발 예정지구 안의 주민에 대하여 직업전환훈련, 소득창출사업지원, 그 밖에 주민의 재정착에 필요한 지원대책 등을 대통령령으로 정하는 바에 따라 수립·시행하여야 한다."는 법률 규정을 근거로 (1) 혁신·기업도시 주민들의 주거안정을 위해 일정한 요건에 해당하는 혁신·기업도시 주민에 대해 임대보증금을 2천만 원 이내에서 지원할 수 있고 (2) 주민생계회사가 법령에서 정하는 자격요건을 충족할 경우 혁신도시 및 기업도시 건설과 관련해 시가 직접 추진하는 혁신·기업도시 주민고용센터 설립사업, 혁신·기업도시 주민을 위한 고향관 건립사업, 혁신·기업도시 기반시설 건립을 위해 시행하는 진입도로 확장 및 신설사업을 주민생계회사에 위탁해 시행할 수 있는 내용의 지원 조례 제정이 가능하다고 판시했다(대법 2008추32).

조례안재의결무효확인 : 대법원 2009.10.15, 선고, 2008추32, 판결

…(전략) 또 이 사건 조례안이 혁신·기업도시 주민들의 재정착을 위해 자금을 지원하도록 한 것은 혁신도시법 제47조의2, 기업도시법 제14조 등의 법률 규정에 근거한 것이므로 지방재정법 제17조에 위반된다고 할 수 없다.

개별법에 지원 근거 없어도 지방자치법 제13조 사무근거로 가능?

- 개별법에 지원 근거가 없지만 해당 사무가 「지방자치법」 제13조 제2항 제2호의 '주민의 복지증진'에 관한 사무, 즉 자치사무라면 반드시 개별법에 지원근거가 없어도 조례 제정이 가능하다는 주장이 있다.

- 1997년 대법원은 생활보호대상자에 대한 생계비 지원을 위한 조례안에 대한 판결에서 "생활곤궁자의 보호 및 지원"은 지방자치법 제13조 제2항 제2호에 규정된 지방자치단체의 사무로서 지방재정법 제17조 제1항 제1호의 '법률의 규정이 있는 경우'에 해당한다고 판시한 바 있다.

- 또한 2006년에도 대법원은 지방자치단체가 세 자녀 이상 세대에 대한 양육비 등 지원에 관한 조례안을 제정함에 있어서 법률의 개별적 위임이 필요하지 않으며, 「지방자치법」에 따른 개괄적인 지방자치단체의 사무의 범위에 포함되면 충분하다고 판시했다.

- 즉, 세 자녀 이상 세대에 대한 양육비 등 지원에 관한 조례의 경우 「지방자치법」 제13조 제2항 제2호 라목에서 예시하고 있는 '아동·청소년 및 부녀의 보호와 복지증진'에 해당되는 사무이고, 또한 위 조례안에는 주민의 편의 및 복리증진에 관한 내용을 담고 있어 그 제정에 있어서 반드시 법률의 개별적 위임이 따로 필요한 것은 아니라고 판시했다(대법 2006추38).

지방의회조례안재의결무효확인청구 : 대법원 2006.10.12, 선고, 2006추38, 판결

지방재정법 제17조 제1항은 "지방자치단체는 다음 각 호의 어느 하나에 해당하는 경우에 한하여 개인 또는 공공기관이 아닌 단체에 기부·보조 또는 그 밖의 공금의 지출을 할 수 있다."고 하면서 제1호에서 '법률에 규정이 있는 경우'를 규정하고 있는바, 강원도 정선군민의 출산을 적극 장려하기 위하여 세 자녀 이상의 세대 중 세 번째 이후 자녀에게 양육비 등을 지원할 수 있도록 하는 내용의 이 사건 조례안의 규정에 의하여 지급되는 양육비의 보조는 지방자치법 제9조 제2항 제2호 (라)목 소정의 '아동·소년·부녀의 복지증진에 관한 사무'에 해당하여 지방자치단체의 사무에 속할 뿐만 아니라, 저출산·고령사회기본법 제10조에서 지방자치단체로 하여금 강구하도록 한 시책에도 해당될 수 있고, 따라서 이는 지방자치단체가 개인 또는 공공기관이 아닌 단체에 기부·보조 또는 기타 공금의 지출을 할 수 있는 경우를 규정한 지방재정법 제17조 제1항 제1호 소정의 '법률의 규정이 있는 경우'에 해당한다고 할 것이므로, 원고의 위 주장도 이유 없다.

보조금의 지원을 위해 특별히 법률 근거를 마련한 사례

- 현대 사회에서 도시가스는 깨끗하고 안전한 연료로서, 특히 다른 연료에 비해 매우 저렴한 가격으로 인해 난방을 비롯한 각종 연료로 각광을 받고 있는 실정이다. 그러나 누구나 원한다고 해서 이와 같이 편리하고 안전하며 저렴한 도시가스의 혜택을 받을 수 있는 것은 아니다. 도시가 아닌 농어촌이나 도서산간의 경우 도시가스 시설의 설치비가 많이 소요되고, 나아가 도시가스 공급을 원하는 가구 수의 부족으로 인해 공급 자체가 제한되는 경우에는 도시가스의 공급이 거의 불가능하다고 보아야 한다.

- 겨울철 난방비 증가로 인한 서민들의 고충이 커져가는 상황에서, 특히 독거노인 등 빈곤층 주민들의 생활고 해소를 위해 일부 지방자치단체에서 도시가스 시설 설치를 위한 보조금의 지원을 목적으로 하는 조례 제정을 추진하고는 했으나, 그때마다 법적 근거가 없다는 이유로 번번이 무산된 적이 많았다.

- 이에 따라 2011년 3월 30일 「도시가스사업법」을 개정해서 제19조의3을 신설하여 "국가 및 지방자치단체는 제19조 각 호의 어느 하나에 해당하여 도시가스를 공급하기 어려운 경우 가스공급시설 설치비용의 전부 또는 일부를 지원할 수 있다."는 근거 규정을 마련하였다.

도시가스사업법

제19조(일반도시가스사업자의 공급 의무) 일반도시가스사업자는 다음 각 호의 어느 하나에 해당하는 경우를 제외하고는 그 허가받은 공급권역에 있는 가스사용자에게 도시가스의 공급을 거절하거나 공급이 중단되게 하여서는 아니 된다.

1. 가스공급시설의 설치가 필요한 지역으로 가스공급을 신청하는 가구 수가 시·도 고시로 정하는 수 미만인 경우
2. 철도·고속철도, 상·하수도, 하천, 암반 등 지형이 특수하여 가스공급시설 설치가 기술적으로 곤란하거나 시설의 안전확보가 곤란한 경우
3. 지리, 환경 등 지역여건을 감안할 때 가스공급이 부적절하다고 대통령령으로 정한 경우
4. 다른 법령에서 정하는 바에 따라 가스공급시설에 대한 공사가 제한되어 있는 경우
5. 그 밖의 정당한 사유가 있는 경우

제19조의3(가스공급시설 설치비용의 지원) 국가 및 지방자치단체는 제19조 각 호의 어느 하나에 해당하여 도시가스를 공급하기 어려운 경우 가스공급시설 설치비용의 전부 또는 일부를 지원할 수 있다. [본조신설 2011.3.30.]

- 지방자치단체가 주민들의 도시가스 공급시설 설치비용의 전부 또는 일부를 지원할 수 있는 내용의 조례를 제정할 수 있는 근거를 확보한 것이다. 특히, 「도시가스사업법」 제19조 제1호 및 제3호, 즉 (1) 가스공급시설의 설치가 필요한 지역으로 가스공급을 신청하는 가구 수가 시·도 고시로 정하는 수 미만인 경우와 (2) 지리, 환경 등 지역여건을 감안할 때 가스공급이 부적절하다고 대통령령으로 정한 경우 등이 보조금의 지원 혜택을 볼 수 있게 되었다.
- 현재 「도시가스사업법」 제19조의3을 근거로 상당수 지방자치단체가 관련 보조금의 지원 조례를 제정하여 운영하고 있다.

○○도 도시가스 공급배관 설치 지원 조례

제1조(목적) 이 조례는 ○○도내 도시가스를 공급받지 못하고 있는 지역에 도시가스를 공급하고, 연료비 절감 및 주거환경 개선을 위하여 「도시가스사업법」제19조의3에 따라 도시가스 공급시설 설치 지원에 관한 사항을 규정함을 목적으로 한다.

제4조(지원 내용 및 대상) ① 도지사는 제3조 지원계획에 따라 예산의 범위에서 수요가부담 시설분담금의 전부 또는 일부를 지원할 수 있다. 다만, 공급배관 등을 설치하려는 지역이 사유지일 경우 해당 지역 토지 소유자의 승낙을 받은 지역에 한한다.

② 지원대상자는 다음 각 호의 우선순위에 따라 선정한다.

1. 「국민기초생활 보장법」에 따른 수급자
2. 「한부모가족지원법」에 따른 저소득 한부모가족(아동 양육 가정 우선)
3. 65세 이상 고령자(독거노인 우선)
4. 「국가유공자 등 예우 및 지원에 관한 법률」에 따른 국가유공자
5. 「장애인복지법」에 따른 장애인(중증 장애인 우선)
6. 청년 독거세대
7. 그 밖에 도지사가 인정하는 사람

③ 제1항 및 제2항에 따른 구체적인 기준은 따로 정할 수 있다.

제6조(보조금 지원) 보조금 지원에 대해서는 「○○도 지방보조금 관리 조례」에 따른다.

권장사업 : 지방재정법 제17조 제1항 제4호

- 이제 지방자치단체의 보조금 지원이 가능한 네 번째 요건, 즉 "보조금을 지출하지 아니하면 사업을 수행할 수 없는 경우로서 지방자치단체가 권장하는 사업을 위하여 필요하다고 인정되는 경우"에 대해 살펴보기로 한다.

- 법률에 보조금의 지원 근거 규정이 있다면 당연히 이를 근거로 보조금의 지원을 내용으로 하는 조례 제정이 무난하겠지만, 법률의 근거 규정이 없는 경우에도 보충적으로 '권장사업'에 해당하는지 여부를 검토하여 긍정적이라면 보조금의 지원을 허용한다는 것이다.

- 여기서 '권장사업'에 해당하는지 여부는 다른 말로 해서 "보조금을 지출하지 아니하면 사업을 수행할 수 없는 경우로서 지방자치단체가 권장하는 사업을 위하여 필요하다고 인정되는 경우"에 해당하는 경우이다.

- 따라서 권장사업에 해당하는지 여부를 판단하기 위해서는 (1) 보조금을 지출하지 아니하면 사업을 수행할 수 없는 경우 (2) 지방자치단체가 권장하는 사업을 위하여 필요하다고 인정되는 경우가 각각 무엇인지 판별하여야만 한다.

- 그런데, 다른 법적 영역과 달리 위 두 가지의 판별 내용에 있어서는 그 적합 여부 및 정도를 쉽게 판단할 수 없으며, 이와 같은 판단은 원칙적으로 해당 지방자치단체가 스스로 결정해야 할 영역으로 보아야 할 것이다. 따라서 법제의 시각에서 '권장사업'에 해당하는지 여부를 결정하는 일반적인 원칙 또는 기준을 제시하기는 어렵다.

- 다만, 판례에 따르면 지방자치단체가 해당 사업을 수행하지 않는다면 상당한 비용이 소요되어 그 비용을 민간에 부담시키게 된다면 경제적 부담으로 인해 그 사업이 사실상 어렵게 되는 경우를 예시하고 있다(대법 2008추87). 주민들이 일상생활을 영위하는데 있어서 필수불가결한 시설을 민간에 부담시키게 된다면 경제적 부담으로 인해 그 사업이 사실상 어렵게 되는 경우도 '권장사업'에 해당한다고 할 수 있다.

지방의회결의무효확인 : 대법원 2009.12.24, 선고, 2008추87, 판결

식수를 비롯한 각종 생활용수를 공급하는 급수 시설은 일상생활을 영위하는 데 있어 필수불가결한 시설이다. 따라서 국가나 지방자치단체는 급수시설을 완비하여 국민들이 이로 인해 불편을 겪지 않도록 하여야 할 의무를 부담하게 된다. 이 사건 조례안은 이러한 급수문제를 해결하기 위해 지방자치단체가 수도 미설치 지역의 주민들에게 지하수 개발비용 등을 지원하도록 하고 있는바, 지하수 개발에는 상당한 비용이 소요될 것으로 예상되고, 그 비용을 주민 개인에게 부담시키게 된다면 경제적 부담으로 지하수 개발 사업은 사실상 어렵게 될 것이므로 주민들의 급수환경을 조속히 개선하기 위해 이 사건 조례안이 수도 미설치 지역의 주민들에게 지하수 개발비 등을 지원할 수 있도록 한 것은 지방재정법 제17조 제1항 제4호의 보조금을 지출하지 아니하면 사업의 수행이 불가능한 경우로서 지방자치단체가 권장하는 사업을 위하여 필요하다고 인정되는 경우에 해당한다고 볼 수 있다.

- 한편, 대법원은 '권장사업'에 해당하는지 여부와 관련해서 보조금 지출 대상인 단체의 성격, 실제 보조금이 지출될 사업의 내용, 해당 사업이 지방재정에 미치는 영향, 해당 사업에 대해 지방자치단체 주민이 갖는 일반적 인식 등 객관적 요소를 종합적으로 고려하여 판단하여야 한다고 판시함으로써 권장사업에 대한 일반적인 원칙 또는 기준의 제시를 부인하는 경우도 있다(대법 2012추176).

조례안 의결 무효확인의 소 : 대법원 2013.5.23, 선고, 2012추176, 판결

지방재정법이 제17조에서 지방자치단체의 개인 또는 단체에 대한 보조금 등 공금 지출을 원칙적으로 금지하면서 위와 같은 예외 사유를 허용하고 있는 취지는, 지방자치단체의 재정운용에 대한 자율적 권한 행사의 영역을 존중하되, 그 권한 행사는 주민의 복리에 어긋나거나 재정의 건전성 및 효율성을 해치지 않아야 한다는 한계를 설정하려는 데 있다. 이러한 지방재정법 제17조의 규정 취지 및 '권장 사업'의 문언상 의미에 비추어 볼 때, 지방자치단체 보조금의 대상이 된 개인 또는 단체의 사업이 지방재정법 제17조 제1항 제4호 및 제2항에서 정한 '지방자치단체가 권장하는 사업'인지 여부는 보조금 지출 대상인 단체의 성격, 실제 보조금이 지출될 사업의 내용, 해당 사업이 지방 재정에 미치는 영향, 해당 사업에 대해 지방자치단체 주민이 갖는 일반적 인식 등 객관적 요소를 종합적으로 고려하여 판단하여야 한다.

이와 같은 법리에 따라 이 사건 조례안에 관하여 살펴보면, 이 사건 변론에서 채택·조사한 증거들에 의하여 알 수 있는 다음의 사정, 즉, ① 서울시 시우회는 전직 서울시 및 그 산하기관 공무원, 서울시 의정회는 전·현직 서울시의회 의원이라는 공직 근무 경력만으로 당연히 회원자격이 부여되는 단체로서 근본적으로 특정 사업의 수행을 위한 것이라기보다 구성원 간 친목 등을 주된 목적으로 하는 단체인 점, ② 이 사건 조례안은 서울시 시우회 등의 추진 사업으로 시정 일반에 관한 정책 개발·자문, 조사·연구, 모니터링, 홍보, 봉사활동 등 포괄적인 내용을 광범위하게 열거하고 있어 구체적인 사업전망이나 시행 효과가 어떠할지에 대한 예측 가능성이 없고, 이 사건 조례안에 정한 '시정과 밀접한 사업'이라는 추상적인 규정만으로는 실질적인 사업 범위를 제한하는 효과를 거두기 어려운 점, ③ 이 사건 조례안이 정한 각 사업에 대한 서울시의 보조금 규모도 아무런 제한이 없어 시의 재정에 불균형을 초래할 우려가 있는 점, ④ 이 사건 조례안이 정한 사업계획의 승인 및 그에 따른 보조금 예산의 편성은 서울시장이, 그 예산안의 심의·의결은 서울시의회가 각 담당하게 되는데, 서울시 시우회 등의 구성에 비추어 그 과정에서 서울

> 시장과 서울시의회의 적정하고 합리적인 의사결정이나 통제를 기대하기 어려운 점, ⑤ 서울시 시우회 등이 일반 민간단체와 마찬가지로 사업내용 및 금액을 특정하여 보조금 지원신청을 할 수 있는 이상, 서울시 시우회 등에 대하여서만 조례로서 일반적·포괄적인 보조금 지원을 허용하는 것은 특혜에 해당한다고 볼 여지가 크고, 그러한 점에서 이는 지방자치단체 주민의 일반적인 의사에도 어긋난다고 볼 수 있는 점 등을 종합하면, 이 사건 조례안이 정한 사업이 서울시가 권장하는 사업에 해당한다고 볼 수는 없다.

- 위 판례와 같은 판단기준에 따를 경우 해당 보조사업의 성격뿐만 아니라 보조사업의 대상이 되는 단체의 구성원 및 역할, 지방재정에 미치는 영향, 다른 보조사업이나 단체와의 차별성 등을 종합적으로 검토하게 되는데, 지나치게 판단의 근거가 확장되다보니 합리적인 판단근거가 되지 못할 가능성도 배제할 수 없다.

- 결국 위 판례의 판시사항에서 규정하는 내용은 권장사업에 해당하는지 여부에 대한 원칙이나 기준이 될 수는 없고, 다만 권장사업의 해당 여부에 대한 판별을 위한 가이드라인이 될 수는 있을 것이다.

공공기관에 대한 지출 : 지방재정법 제17조 제1항

- 한편, 해당 지방자치단체가 '공공기관에 지출하는 경우'에도 지방자치단체의 보조금의 지원 대상에 포함된다.

- 먼저, 여기서는 공공기관의 범위가 어디까지인지 쟁점이 될 수 있는데, 「지방재정법」 제17조 제2항에서는 "공공기관"을 해당 지방자치단체의 소관에 속하는 사무와 관련하여 지방자치단체가 권장하는 사업을 하는 기관으로서 (1) 그 목적과 설립이 법령 또는 법령의 근거에 따라 그 지방자치단체의 조례에 정하여진 기관 (2) 지방자치단체를 회원으로 하는 공익법인 중 어느 하나에 해당하는 기관을 말한다고 규정하고 있다.

- 우선, 첫 번째 유형인 '목적과 설립이 법령 또는 조례로 정하여진 기관'이란 주로 「지방공기업법」에 따라 설립·운영되는 지방직영기업·지방공사·지방공단, 「지방자치단체출연 연구원의 설립 및 운영에 관한 법률」에 따른 연구원, 그 밖에 「지방자치법」 제161조 또는 개별 법령에 따른 각종 공공시설·영조물 또는 「민법」에 따른 비영리법인 등이 이에 해당한다.

- 물론, 이와 같은 공공기관은 모두 법령이나 조례에 그 목적과 설립에 관한 규정을 두고 있어야 한다. 이 경우 해당 공공기관이 반드시 법인일 필요는 없으며, 도서관·박물관·공연장 등과 같이 공공시설 또는 영조물과 같은 형태도 가능하다고 본다. 가급적 법인인 경우가 사업 및 비용지출 등에 있어서 주체가 될 수 있기 때문에 도서관·박물관·공연장 등과 같은 시설물은 여러 가지 제한이 따를 수 있음을 주의해야 한다.

- 두 번째 유형인 '지방자치단체를 회원으로 하는 공익법인'이란 「지방자치법」 제169조에 따른 행정협의회 및 제176조에 따른 지방자치단체조합이 해당한다고 본다. 다만, 「지방자치법」 제176조 제2항은 지방자치단체조합은 법인으로 한다고 되어 있으나, 행정협의회에 관해서는 별도의 규정이 없다.

지방자치법

제169조(행정협의회의 구성) ① 지방자치단체는 2개 이상의 지방자치단체에 관련된 사무의 일부를 공동으로 처리하기 위하여 관계 지방자치단체 간의 행정협의회(이하 "협의회"라 한다)를 구성할 수 있다. 이 경우 지방자치단체의 장은 시·도가 구성원이면 행정안전부장관과 관계 중앙행정기관의 장에게, 시·군 또는 자치구가 구성원이면 시·도지사에게 이를 보고하여야 한다.

제176조(지방자치단체조합의 설립) ① 2개 이상의 지방자치단체가 하나 또는 둘 이상의 사무를 공동으로 처리할 필요가 있을 때에는 규약을 정하여 그 지방의회의 의결을 거쳐 시·도는 행정안전부장관의, 시·군 및 자치구는 시·도지사의 승인을 받아 지방자치단체조합을 설립할 수 있다. 다만, 지방자치단체조합의 구성원인 시·군 및 자치구가 2개 이상의 시·도에 걸치는 지방자치단체조합은 행정안전부장관의 승인을 받아야 한다.

② 지방자치단체조합은 법인으로 한다.

- 행정협의회는 충청권·중부권 등 각 권역별 행정협의회를 조직하거나 행정정보 교류를 위한 행정협의회 등 3~4개 지방자치단체 상호간에 구성하는 경우가 많다. 또한 원전 소재 지방자치단체의 '원전 행정협의회' 또는 호혜와 연대로 사람과 마을이 중심이 되는 지역공동체를 꿈꾸는 '전국 사회연대경제 지방정부협의회' 등과 같이 현안별 협의회도 활성화되고 있다.

- 이와 같은 행정협의회는 특별히 「지방자치법」상 제한이 없기 때문에 법인 형태도 가능하다고 본다.

- 다만, 행정협의회 또는 지방자치단체조합이 법인이라 하더라도 「지방재정법」 제17조 제1항에

따라 '공공기관에 지출하는 경우'에 해당하기 위해서는 법적으로 공익법인에 해당해야 한다.

- 참고로, 「공익법인의 설립·운영에 관한 법률」 제4조 제1항에서는 "주무관청은 「민법」 제32조에 따라 공익법인의 설립허가신청을 받으면 관계 사실을 조사하여 재단법인은 출연재산의 수입, 사단법인은 회비·기부금 등으로 조성되는 재원(財源)의 수입으로 목적사업을 원활히 수행할 수 있다고 인정되는 경우에만 설립허가를 한다."고 규정하고 있다.

- 한편, 「지방재정법 시행령」 제30조에서는 법 제17조 제2항 제2호에서 "지방자치단체를 회원으로 하는 공익법인"이란 각급 지방자치단체가 출연한 재원으로 기금을 조성하여 재해를 당한 공유건물의 복구와 공공청사의 정비 그 밖의 공유재산의 조성·관리 및 지방자치단체의 국제교류 증진 등의 사업을 추진하기 위하여 행정안전부장관의 인가를 받아 설립된 법인을 말한다고 규정하고 있다.

- 따라서 행정협의회 형식이 되든지 지방자치단체조합 형식이 되든지 간에 「지방재정법」 제17조 제1항에 따라 '공공기관에 지출하는 경우'에 해당하기 위해서는 (1) 출연을 통한 기금 조성 (2) 재해를 당한 공유건물의 복구와 공공청사의 정비, 그 밖의 공유재산의 조성·관리 및 지방자치단체의 국제교류 증진 등의 사업 추진을 목적으로 할 것 (3) 행정안전부장관의 인가를 받을 것의 요건을 충족하여야 한다.

- 실제로 이러한 목적을 가진 공익법인이 존재하는지, 그 설립의 필요성이 있는지, 출연 등을 통한 기금 마련으로 재정적 안정성이 있는 법인에 대한 보조금 지원이 시급한지 궁금하지 않을 수 없다.

- 「지방재정법」의 규정 및 그 취지와 달리 하위 법령에서 그 범위를 지나치게 제한하고 있는 것이 아닌지 우려된다.

- 대법원은 서울시 및 산하기관의 퇴직공무원으로 구성된 사단법인 서울시 시우회와 서울시의회 전·현직의원으로 구성된 사단법인 서울시 의정회가 공공기관에 해당하는지 여부와 관련해서, 이들이 추진하는 사업에 대하여 사업비를 보조할 수 있는 보조금 지원의 대상이 되는 서울시 시우회는 전직 서울시 및 그 산하기관 공무원, 서울시 의정회는 전·현직 서울시의회 의원이라는 공직 근무 경력만으로 당연히 회원자격이 부여되는 단체로서 근본적으로 특정 사업의 수행을 위한 것이라기보다 구성원 간 친목 등을 주된 목적으로 하는 단체라는 이유로 공공기관에 해당하지 않는다고 판시하였다.

조례안 의결 무효확인의 소 : 대법원 2013.5.23, 선고, 2012추176, 판결

… 이와 관련 ① 서울시 시우회는 전직 서울시 및 그 산하기관 공무원, 서울시 의정회는 전·현직 서울시의회 의원이라는 공직 근무 경력만으로 당연히 회원자격이 부여되는 단체로서 근본적으로 특정 사업의 수행을 위한 것이라기보다 구성원 간 친목 등을 주된 목적으로 하는 단체인 점, ② 이 사건 조례안은 서울시 시우회 등의 추진 사업으로 시정 일반에 관한 정책 개발·자문, 조사·연구, 모니터링, 홍보, 봉사활동 등 포괄적인 내용을 광범위하게 열거하고 있어 구체적인 사업전망이나 시행 효과가 어떠할지에 대한 예측 가능성이 없고, 이 사건 조례안에 정한 '시정과 밀접한 사업'이라는 추상적인 규정만으로는 실질적인 사업 범위를 제한하는 효과를 거두기 어려운 점, ③ 이 사건 조례안이 정한 각 사업에 대한 서울시의 보조금 규모도 아무런 제한이 없어 시의 재정에 불균형을 초래할 우려가 있는 점, ④ 이 사건 조례안이 정한 사업계획의 승인 및 그에 따른 보조금 예산의 편성은 서울시장이, 그 예산안의 심의·의결은 서울시의회가 각 담당하게 되는데, 서울시 시우회 등의 구성에 비추어 그 과정에서 서울시장과 서울시의회의 적정하고 합리적인 의사결정이나 통제를 기대하기 어려운 점, ⑤ 서울시 시우회 등이 일반 민간단체와 마찬가지로 사업내용 및 금액을 특정하여 보조금 지원신청을 할 수 있는 이상, 서울시 시우회 등에 대하여서만 조례로서 일반적·포괄적인 보조금 지원을 허용하는 것은 특혜에 해당한다고 볼 여지가 크고, 그러한 점에서 이는 지방자치단체 주민의 일반적인 의사에도 어긋난다고 볼 수 있는 점 등을 종합하면, 이 사건 조례안이 정한 사업이 서울시가 권장하는 사업에 해당한다고 볼 수는 없다.

지방재정법 제17조 관련 대법원 판례의 경향

- 2008년 고속도로통행료지원 조례안재의결무효확인 판결에서 대법원은 "통행료지원 사무는 지방자치법 제13조 제2항 제2호의 주민복지에 관한 사무로서 일정한 조건에 해당하는 주민이면 누구에게나 일정한 지원을 하겠다는 것은 지방재정법 제17조가 제한하는 개인 또는 단체에 대한 기부 등과는 다르다"고 보았다.

조례안재의결무효확인 : 대법원 2008. 6. 12., 선고, 2007추42, 판결

이 사건 조례안이 정하고 있는 바와 같이 지방자치단체가 지방자치법 제9조 제2항 제2호 (가)목에 정한 주민복지에 관한 사업으로서 일정한 조건에 해당하는 주민이면 누구에게나 일정한 지원을 하겠다는 것은 지방재정법 제17조에 정한 '개인 또는 공공기관이 아닌 단체'에 특정하여 기부 등을 하는 것과는 구별되어야 할 것이므로, 이 사건 조례안이 지방자치법 제98조 제1항, 제99조 제1항, 지방재정법 제17조에 위반된다는 원고의 위 주장도 모두 이유 없다.

- 또한, 2016년 공공요금일부지원 조례안재의결무효확인 판결에서는 "공공요금 일부지원 사무는 지방자치법상 주민복지에 관한 사무로서 주민등록을 한 주민이면 누구에게나 일정한 공공요금을 지원하겠다는 것은 특정개인이 아닌 주민 일반을 대상으로 한 공금지출로서 지방재정법 제17조가 제한하는 개인에 대한 공금지출이 아니다"라고 판시했다.

조례안재의결무효확인 : 대법원 2016. 5. 12., 선고, 2013추531, 판결

지방재정법 제17조 제1항은 ~~(중략) 지방자치단체의 예산을 특정 개인이나 단체가 아닌 주민 일반에게 골고루 혜택이 돌아가도록 사용하게 함으로써 지방재정이 주민의 복리증진을 위하여 건전하고 효율적으로 사용되게 하려는 데 그 취지가 있다. 그렇다면 지방자치단체가 지방자치법 제9조 제2항 제2호에 정한 주민의 복지증진에 관한 사무로서 특정 개인이나 단체가 아니라 일정한 조건을 충족한 주민 일반을 대상으로 일정한 지원을 하겠다는 것은 그 조건이 사실상 특정 개인이나 단체를 위해 설정한 것이라는 등의 특별한 사정이 없는 한 구 지방재정법 제17조 제1항에서 정한 '개인 또는 단체에 대한 공금 지출'에 해당하지 아니한다고 해석함이 타당하다.

이 사건 조례안의 공공요금 일부 지원 사무는 지방자치법 제9조 제2항 제2호 (가)목에 정한 주민복지에 관한 사업에 속하고, 이 사건 조례안은 울진군에 주민등록을 한 주민이면 중복지원에 해당하지 않는 한 누구에게나 일정한 공공요금을 지원하겠다는 것으로서, 특정 개인이 아닌 주민 일반을 대상으로 한 공금 지출이라고 볼 수 있으므로 지방재정법 제17조 제1항에서 정한 개인에 대한 공금 지출에 해당하지 아니한다.

- 위 사례와 같이 대법원은 조례로 정하려는 사무가 지방재정법 제17조에서 제한하고자 하는 특정 개인 또는 단체에 대한 지원인지 아니면 주민 일반에 대한 지원인지, 즉 지방재정법 제17조의 규정 취지에 부합되는지를 먼저 살펴보고 재정지원 조례의 제정이 가능하다고 판시했다.

- 지금까지 재정지원 조례 관련해서 지방재정법 제17조의 적용문제에 관하여 알아보고, 관련 대법원 판례를 살펴보았다.

- 지방자치단체가 핵심적인 자치사무인 주민의 복리증진에 관한 사무를 수행함에 있어서 재정지원 조례를 제정하려는 경우 지방재정법 제17조와의 관계를 검토하는 것은 필수적인 절차이다.

- 대법원은 재정지원 조례와 관련하여 지방자치단체의 조례제정권을 나름대로 고려하여 판단하고 있는 것으로 보인다. 1) 우선, 지방재정법 제17조의 취지에의 부합여부를 통해 제정 가능성을 검토하고, 2) 이어서 제17조 제1항 제1호의 '법률에 근거가 있는 경우'와 관련하여

해당 사무가 지방자치법 제13조 제2항 제2호의 '주민복지사무' 등 핵심적인 자치사무에 해당하는 경우에는 별도의 개별법의 근거를 요하지 않았으며, 3) 추가로 개별법에 포괄적인 지원 근거가 있는 경우에도 해당된다고 보았다. 4) 또한, 지방재정법 제17조 제1항 제4호의 '지방자치단체가 권장하는 사업인지' 여부를 검토한 다음, 5) 마지막으로 개별법에 재정지원을 금지하는 규정이 있는지를 살펴보았다.

- 이러한 대법원 판례의 논증방식은 재정지원 조례를 입법함에 있어서 반드시 참고하여야 한다.

보조금의 관리 : 지방자치단체 보조금 관리에 관한 법률

- 일반적으로 「지방재정법」 제17조에 따른 보조금의 지원은 해당 지방자치단체가 법률 또는 조례에서 보조금 지원의 근거를 두고 있는 경우나 그 밖에 지원의 필요성이 있다고 인정되는 경우 그 지원 대상을 선정해서 보조금 지원 여부를 결정하고 이를 집행하는 방식으로 추진된다.

- 그런데, 「지방재정법」은 지방자치단체 재정운용의 기본원칙과 예산·결산·보조금·채권 관리 등 다양한 분야에 대한 관리·운영방안을 포괄하여 규정하고 있는데, 보조금 운영 체계 정비와 운영성과 제고를 위하여 지방자치단체가 지급하는 보조금의 예산편성 및 교부절차, 보조사업 수행 및 관리 등에 관한 사항을 별도의 법률로 정할 필요성이 제기되어 왔다.

- 이에 지방보조금 관리·운영방안 등에 관한 사항을 따로 정하여 국고보조금과는 다른 지방보조금의 종류와 성질 등 특수성을 반영하고, 현행 지방보조금 관리체계를 정비·강화함으로써 지방보조금의 적정한 지급과 효율적 관리를 도모하기 위하여 2021년 1월 12일 「지방자치단체 보조금 관리에 관한 법률」(이하 "지방보조금법")이 제정되었다.

- 지방보조금법에서는 지방보조금의 정의(제2조), 지방보조금이 지급되는 대상사업, 경비의 종목, 보조율 및 금액은 매년 예산으로 정하고, 다른 지방자치단체에 대한 지방보조금의 경우 예산 계상 신청 및 예산 편성 시 지방보조사업별로 적용하는 기준이 되는 보조율은 특별시·광역시·도·특별자치도의 조례로 정하며, 지방자치단체의 지방보조금 예산편성 절차와 운영 방향에 관한 사항을 규정했다(제4조부터 제6조까지).

지방자치단체 보조금 관리에 관한 법률

제1조(목적) 이 법은 지방보조금 예산의 편성, 교부 신청과 결정 및 사용 등의 기본적인 사항을 규정함으로써 지방보조금 예산의 효율적인 편성 및 집행 등 지방보조금 예산의 투명하고 적정한 관리를 목적으로 한다.

제2조(정의) 이 법에서 사용하는 용어의 뜻은 다음과 같다.

1. "지방보조금"이란 지방자치단체가 법령 또는 조례에 따라 다른 지방자치단체, 법인·단체 또는 개인 등이 수행하는 사무 또는 사업 등을 조성하거나 이를 지원하기 위하여 교부하는 보조금 등을 말한다. 다만, 출자금 및 출연금과 국고보조재원에 의한 것으로서 지방자치단체가 교부하는 보조금은 제외한다.
2. "지방보조사업"이란 지방보조금이 지출되거나 교부되는 사업 또는 사무를 말한다.
3. "지방보조사업자"란 지방보조사업을 수행하는 자를 말한다.
4. "지방보조금수령자"란 지방자치단체 및 지방보조사업자로부터 지방보조금을 지급받은 자를 말한다.

제4조(시·도비 기준보조율) ① 지방보조금이 지급되는 대상사업, 경비의 종목, 보조율 및 금액은 매년 예산으로 정하고, 다른 지방자치단체에 대한 지방보조금의 경우 예산 계상 신청 및 예산 편성 시 지방보조사업별로 적용하는 기준이 되는 보조율은 특별시·광역시·도·특별자치도의 조례로 정한다. 다만, 「지방재정법」 제22조에 따라 지방자치단체가 부담하는 경비는 제외한다.

② 지방자치단체의 장은 제1항에 따른 부담액을 다른 사업보다 우선하여 그 회계연도의 예산에 계상하여야 한다.

제5조(지방보조사업을 수행하려는 자의 예산 계상 신청) ① 지방보조사업을 수행하려는 자는 매년 지방자치단체의 장에게 지방보조금의 예산 계상을 신청하여야 한다.

② 지방자치단체의 장은 제1항에 따른 지방보조금의 예산 계상 신청이 없는 경우에도 해당 지방자치단체의 시책상 부득이 조례로 정하는 경우에는 필요한 지방보조금을 예산에 계상할 수 있다.

제6조(지방보조금의 예산 편성 및 운영) ① 지방자치단체의 장은 해당 지방보조사업의 성격, 지방보조사업자의 비용부담능력 등을 고려하여 지방보조금을 편성하여야 한다.

② 지방자치단체의 장은 법령에 명시적 근거가 있는 경우 외에는 지방보조금을 운영비로 교부할 수 없다. 이 경우 운영비로 사용할 수 있는 경비의 종목은 대통령령으로 정한다.

③ 지방자치단체의 장은 지방보조금이 중복 교부되거나 부적격자에게 교부되지 아니하도록 지원이력 등을 체계적으로 관리하여야 한다.

제7조(지방보조금의 교부 신청) ① 지방보조금을 교부받으려는 자는 대통령령으로 정하는 바에 따라 지방보조사업의 목적과 내용, 지방보조사업에 드는 경비, 그 밖에 필요한 사항을 적은 신청서에 지방자치단체의 장이 정하는 서류를 첨부하여 지방자치단체의 장이 지정한 기일 내에 지방자치단체의 장에게 제출하여야 한다.

② 지방자치단체의 장은 공모(公募)절차를 통하여 제1항에 따른 지방보조금 교부신청서를 제출받아야 한다. 다만, 다음 각 호의 어느 하나에 해당하는 경우는 그러하지 아니하다.

1. 법령이나 조례에 지원 대상자 선정방법이 다르게 규정된 경우

2. 국고보조사업으로서 대상자가 지정되어 있는 경우
3. 용도가 지정된 기부금의 경우
4. 지방보조사업을 수행하려는 자의 신청에 따라 예산에 반영된 사업으로서 그 신청자가 수행하지 아니하고는 해당 지방보조사업의 목적을 달성할 수 없다고 인정되는 경우
5. 지방보조사업을 수행하려는 자가 지방자치단체의 장인 경우
6. 제1호부터 제5호까지에서 규정한 경우 외에 천재지변이나 그 밖의 부득이한 사유로 인하여 공모방식으로 하는 것이 적절하지 아니하다고 인정되는 경우

보조금의 사후관리 강화

- 종전에 「지방재정법」에 규정하던 내용을 흡수하고, 「보조금 관리에 관한 법률」을 참고하여 제정된 지방보조금법은 지방보조금 사후 관리를 강화하고 있다.

- 지방자치단체의 지방보조사업자 선정 및 교부 결정, 교부결정 취소 등의 절차와 방법, 사유를 규정하고(제7조부터 제12조까지), 지방보조금의 총액이 3억원 이상인 지방보조사업자는 감사인으로부터 실적보고서의 적정성에 대하여 검증을 받도록 하고, 회계연도 중 10억원 이상의 지방보조금을 교부받은 지방보조사업자는 감사인이 작성한 감사보고서를 제출하도록 했으며(제17조 및 제18조), 지방보조금으로 취득하였거나 효용이 증가된 중요재산은 지방자치단체의 장의 승인 없이 교부 목적 외 용도로 사용, 양도·교환, 대여 또는 담보의 제공을 하지 못하도록 하고, 중요재산 중 부동산은 소유권 등기 시에 부기등기(附記登記)를 하도록 하며, 부기등기일 이후에 법 규정을 위반하여 중요재산을 교부 목적 외 용도로 사용 등을 한 경우 그 효력을 무효로 했다(제21조 및 제22조).

- 지방보조금 부정수급자의 명단과 위반행위, 처분내용 등을 지방자치단체 인터넷 홈페이지에 공표하도록 했고(제30조), 지방자치단체의 장은 이미 교부된 지방보조금의 교부결정을 취소한 경우에는 지방보조사업자에게 취소된 부분에 해당하는 지방보조금과 이자의 반환을 명하도록 하고, 부정한 방법으로 지방보조금을 교부·지급받은 사유로 반환명령을 1회 이상 받은 지방보조사업자 또는 지방보조금수령자 등은 지방보조사업의 수행 대상에서 배제하거나 교부·지급을 제한하도록 했으며(제31조 및 제32조), 지방보조금 반환을 명한 경우에는 반환하여야 할 지방보조금 총액의 5배 이내의 범위에서 제재부가금을 부과·징수하도록 하고, 제재부가금을 납부기한 내 납부하지 아니한 경우에는 체납된 금액의

100분의 5를 초과하지 아니하는 범위 내에서 가산금을 징수할 수 있도록 하며, 반환금, 제재부가금, 가산금을 기한 내에 납부하지 아니한 경우에는 강제징수할 수 있도록 규정했다(제35조 및 제36조).

지방보조금 관리 조례

- 현재 대부분의 지방자치단체에서는 지방보조금 관련 조례를 두고 있는데, 「지방보조금 관리 조례」와 「사회단체 보조금 지원 조례」 두 가지로 구분해서 규정하고 있는 추세이다.
- 이처럼 두 가지 유형의 조례로 구분해서 규정하는 것은 보조금의 지원 및 관리에 관한 기본조례로서 「지방보조금 관리 조례」를 두되, 특히 지원 요청이 쇄도하고 있는 사회단체에 대해 지원하는 보조금의 효율적인 운영·관리를 위하여 특별히 필요한 사항을 규정하기 위해 별도로 「사회단체 보조금 지원 조례」를 제정·시행하는 것으로 보인다. 전자가 일반 조례라면 후자는 특별 조례에 해당한다.
- 「지방보조금 관리 조례」에서는 지방보조금 지급대상사업과 기준보조율, 지방보조금의 예산계상, 지방보조사업자의 공모, 보조금신청, 교부결정, 취소, 실적보고, 신고포상금 지급, 지방보조금관리위원회 등에 관하여 규정하고 있다.
- 여기서 관심 있게 볼 것은 보조금의 대상사업 및 기준 보조율에 관한 규정이다.
- 지방보조금법 제4조 제1항에서는 "지방보조금이 지급되는 대상사업, 경비의 종목, 보조율 및 금액은 매년 예산으로 정하고, 다른 지방자치단체에 대한 지방보조금의 경우 예산 계상 신청 및 예산 편성 시 지방보조사업별로 적용하는 기준이 되는 보조율은 특별시·광역시·도·특별자치도의 조례로 정한다."라고 규정하고 있다.

지방자치단체 보조금 관리에 관한 법률

제4조(시·도비 기준보조율) ① 지방보조금이 지급되는 대상사업, 경비의 종목, 보조율 및 금액은 매년 예산으로 정하고, 다른 지방자치단체에 대한 지방보조금의 경우 예산 계상 신청 및 예산 편성 시 지방보조사업별로 적용하는 기준이 되는 보조율은 특별시·광역시·도·특별자치도의 조례로 정한다. 다만, 「지방재정법」 제22조에 따라 지방자치단체가 부담하는 경비는 제외한다.

- 지방보조금법 제4조에 따라 '지방보조금 관리 조례'에서는 보조금의 대상 사업별 기준보조율을 정하고 있는데 이는 보조금의 지원에 있어서 신축성을 제한하고 고정비용적 성격의 보조금 제도로 변질될 우려가 있다.

- 즉, 광역 자치단체에서 광역자치단체와 소속 기초자치단체 상호간의 분담비율을 '기준보조율' 이라는 가이드라인을 제시함으로써 「지방재정법」 제17조 제1항에 따른 보조금의 지원 방향과 다르게 기초 자치단체별로 자신에게 유리한 '기준보조율'에 해당하는 보조사업에 집중할 우려가 없지 않다.

- 이와 같은 '기준보조율'의 폐해를 우려하여 광역 자치단체는 시책상 필요하다고 인정하는 경우 지방보조금관리위원회의 심의를 거쳐 기준보조율을 달리 정할 수 있도록 규정하고 있다.

○○도 지방보조금 관리 조례

제3조(지방보조금 지급 도비보조사업의 기준보조율 등) ①「지방자치단체 보조금 관리에 관한 법률」(이하 "법"이라 한다) 제4조 제1항 본문에 따른 기준보조율은 다음 각 호에서 정한 분야별 기준보조율 범위에서 도지사가 정한다.

1. 보건·사회 : 20퍼센트부터 50퍼센트까지
2. 산업·경제 : 30퍼센트부터 50퍼센트까지
3. 도로·교통 : 30퍼센트부터 50퍼센트까지
4. 상하수·치수 : 30퍼센트부터 50퍼센트까지
5. 청소·환경 : 30퍼센트부터 50퍼센트까지
6. 지역개발 : 30퍼센트부터 50퍼센트까지
7. 문화·체육 : 20퍼센트부터 50퍼센트까지
8. 민방위·소방 : 30퍼센트부터 50퍼센트까지
9. 일반행정 : 20퍼센트부터 50퍼센트까지
10. 그 밖에 도지사가 특별히 필요하다고 인정하는 경우에는 정률 또는 정액보조

② 도지사는 제1항의 규정에도 불구하고 시책상 필요하다고 인정하는 경우 ○○도 지방보조금 관리위원회의 심의를 거쳐 기준보조율을 달리 정할 수 있다.

- 한편, '사회단체 보조금 지원 조례'에서는 사회단체의 정의, 지원범위, 지원제외대상, 지원사업 선정 등을 규정하고, '지방보조금 관리 조례'에서 정하고 있는 지방보조금관리위원회의 심의를 거쳐 대상을 선정하도록 하고 있다.

집행부에 보조금 지급을 강제하는 조례

- 보조금의 지원에 관한 조례가 늘면서 다양한 유형의 자치법규가 나타나고 있는데, 그 중에서 조례의 보조금 지원 규정이 집행부로 하여금 보조금의 지급을 강제하는 경우가 논란이 되는 사례가 늘고 있다.

- 그런데, 앞서 살펴본 것과 같이 보조금의 지원에 관한 조례가 있다고 해서 반드시 예산 편성을 강제하고 이에 따라 실제 보조금의 지원까지 담보되는 것은 아니다.

- 조례와 예산은 지방의회의 의결을 거쳐 확정 및 집행되어야 하는 점에서 동일한 효력을 가진다고 볼 것이기 때문에 보조금의 지원 관련 조례가 있다고 해서 예산의 편성 및 지방의회의 의결을 강제하는 것은 아니다.

- 「지방자치법」 제142조 제1항에서 "지방자치단체의 장은 회계연도마다 예산안을 편성하여 ……"라고 규정함으로써 예산의 편성권한이 집행부의 수장인 지방자치단체의 장에게 있음을 명시적으로 규정하고 있기 때문에 보조금의 지원에 관한 조례가 있다고 해서 예산의 편성 및 집행을 강제할 수는 없는 것이다.

- 종전에는 이 원칙에 따라 보조금의 지원 조례를 두더라도 "시장은 예산의 범위에서 관련 단체를 지원할 수 있다.", "시장은 관련 단체의 육성 및 지원에 관한 재정적 지원을 할 수 있다."와 같은 입법방식에 따르거나 지방자치단체의 장을 압박하는 방안으로서 "시장은 관련 단체의 지원에 필요한 재정적 조치를 강구하여야 한다."와 같은 방식을 사용하는 것이 관행이었다.

- 그런데 일부 지방자치단체가 보조금의 지원에 관한 실효성을 높이는 취지에서 보조금의 지원을 강제할 뿐만 아니라, 그 지원 대상 및 금액 등 예산상의 조치를 조례에서 확정적으로 규정하는 입법이 늘고 있어 문제가 되고 있다.

○○도 대일항쟁기 강제동원 피해여성근로자 지원조례

제1조(목적) 이 조례는 대일항쟁기 강제동원 피해여성근로자에 대한 생활지원과 명예회복 및 피해구제 활동을 지원하여 생활안정을 도모하고 올바른 역사관 정립과 인권증진에 이바지하는 것을 목적으로 한다.

제4조(지원내용) 강제동원 피해여성근로자에 대한 지원내용(이하 "생활보조비 등"이라 한다)은 다음 각 호와 같다.

1. 생활보조비 월 30만원
2. 건강관리비 월 30만원 이내
3. 사망시 장제비 100만원
4. 도에서 시행하는 복지서비스 연계 제공

- 일부 자치단체에서 제정·시행 중인 '대일항쟁기 강제동원 피해여성근로자 지원 조례'는 전형적인 보조금의 지원 조례이면서도 그 보조금의 지원 방식이 차별화되어 있다. 즉, 보조금의 지원이 강행규정으로서 집행부의 재량을 배제하는 방식을 채택할 뿐만 아니라, 지원금의 내용이 해당 조례에서 확정되어 있는 것이다.

- 위 조례 제4조에 따르면 별도의 예산 편성의 절차를 거치지 않더라도 보조금의 지원 대상자에 대해 (1) 생활보조비 월 30만원 (2) 월 30만원 이내의 건강관리비 (3) 사망에 따른 장제비 100만원 등으로 확정되어 있는 것이다.

- '대일항쟁기 강제동원 피해여성근로자 지원 조례' 제4조와 같은 보조금의 강제적 규정은 지방자치단체의 장의 예산 편성권을 침해하고 재정상의 정책결정을 포함한 지방자치단체의 장의 고유한 집행권을 침해하는 면이 없지 않다. 하지만, 입법기술적인 차이는 있지만, 이와 같은 보조금의 강제적 규정이 위법이라고 할 수는 없다.

- 지방자치단체의 구성원인 지방의회와 집행부 간의 협의에 따라 지방재정 상황이나 예산 편성권의 침해 여부와 관계없이 반드시 특정한 금액의 보조금의 지원이 강제되어야 한다고 인정한다면 이처럼 보조금의 강제적 규정도 가능하다.

- 하지만, 지방재정의 불확정성과 국가 및 지방자치단체 간의 보조금 지급 양태의 변화, 그리고 급변하는 행정환경 등을 고려할 때 상황에 따라서 집행부의 수장인 지방자치단체의 장이 보조금의 강제적 규정을 조례안의 재의요구 등과 같은 방식으로 이를 거부할 경우에는 문제가 심각하게 된다.

- 보조금의 지급을 강제하는 규정에도 불구하고 해당 지방자치단체의 장이 그 예산 편성을 거부할 경우 지방의회가 조례의 실효성 확보를 위해 예산 편성을 강행할 방법은 없다.

- 현행 「지방자치법」 제142조 제3항에서 "지방의회는 지방자치단체의 장의 동의 없이 지출예산 각 항의 금액을 증가하거나 새로운 비용항목을 설치할 수 없다."고 규정하고 있기 때문이다.

이 경우 해당 지방의회 및 그 보조금의 지원 대상자가 예산 편성을 거부하는 지방자치단체의 장을 상대로 법적인 쟁송 또는 규탄집회 등 정치적인 대응을 하는 방법만이 가능하다.

- 법적인 쟁송 대응에 있어서는 강행 규정인 조례의 시행을 거부하고 있다는 점에서 직무유기의 죄로 고발하거나 해당 보조금의 지원 대상자가 직접 소송을 통해 보조금의 지급을 청구하는 방법이 가능하다. 「행정심판법」에 따른 의무이행심판의 청구도 가능할 것으로 본다.

- 반대로, 집행부의 입장에서는 이와 같이 부당하게 집행부의 예산 편성권한 및 정책결정과 같은 지방자치단체의 장의 고유한 집행권을 침해하는 조례에 대해서는 입안 과정에서 적극적으로 의견을 피력함으로써 집행부의 의견이 반영되도록 하여야 하며, 궁극적으로는 의회의 조례안 의결에 대해 재의요구권을 행사할 수 있다.

- 현행 「지방자치법」 제32조 제3항은 조례안 의결에 대한 재의 요구와 관련해서 "지방자치단체의 장은 이송받은 조례안에 대하여 이의가 있으면 이유를 붙여 지방의회로 환부(還付)하고, 재의(再議)를 요구할 수 있다."고 규정하고 있기 때문에 해당 조례안이 위법하지 않더라도 부당하게 지방자치단체의 장의 고유한 집행권을 침해한다는 이유로 재의요구를 할 수 있다.

보조금의 지원 주체 문제

- 간혹 보조금의 지원 주체와 관련해서 질문을 받는데, 보조금 지원의 주체는 지방자치단체가 맞는지 아니면 지방자치단체의 장이 맞는지 묻는 경우가 있다.

- 예를 들어, 「새마을운동조직 육성법」 제3조에 따른 새마을운동조직에 대한 보조금의 지원과 「노인복지법」 제23조 제2항에 따른 경로당에 대한 보조금의 지원 관련 규정들을 생각해보면, 지방자치단체의 보조금 지원은 모두 지방자치단체로 규정되어 있음을 알 수 있다. 반면에, 이와 같은 보조금의 지원 근거 법률을 토대로 제정된 보조금의 지원 조례에서는 하나같이 지방자치단체가 아닌 지방자치단체의 장이 그 주체로 규정되어 있음을 알 수 있다.

새마을운동조직 육성법

제3조(출연금의 지급 등) ① 국가나 지방자치단체는 새마을운동조직의 운영에 필요한 비용에 충당하기 위하여 출연금 및 보조금을 지급할 수 있다.

○○군 새마을운동 지원 조례

제3조(지원) 군수는 새마을운동조직의 육성과 새마을사업의 활성화에 필요한 비용을 충당하기 위하여 「새마을운동조직육성법」 제3조의 규정에 따라 다음 각 호의 사항을 예산의 범위에서 지원할 수 있다.

1. 새마을운동조직의 육성을 위한 운영 및 활동 경비
2. 새마을지도자의 새마을교육 및 훈련 경비
3. 새마을지도자의 지역사회봉사활동 및 각종행사의 지원 경비
4. 그 밖에 지역발전과 새마을운동조직의 육성 및 새마을지도자의 사기진작을 위하여 군수가 필요하다고 인정하는 새마을사업 또는 경비의 지원

노인복지법

제23조(노인사회참여 지원) ② 국가 또는 지방자치단체는 노인의 지역봉사 활동 및 취업의 활성화를 기하기 위하여 노인지역봉사기관, 노인취업알선기관 등 노인복지관계기관에 대하여 필요한 지원을 할 수 있다.

○○군 경로당 운영 및 지원에 관한 조례

제10조(보조금 지원) ① 군수는 경로당 시설운영 활성화를 위하여 다음 각 호에서 정한 비용의 전부 또는 일부를 예산의 범위에서 지원할 수 있다.

1. 경로당 시설비
2. 경로당 운영비
3. 경로당 난방 연료비(아파트에서 연료비를 지원하는 경우는 제외한다. 이하 같다)
4. 경로당 프로그램 운영비
5. 건강기구 설치·유지관리비
6. 그 밖의 군수가 경로당 운영 활성화를 위해 필요하다고 인정하는 사업에 소요되는 비용

② 제1항에 따라 경비의 신청절차, 교부결정 및 방법 등에 관한 사항은 「횡성군 보조금 관리조례」가 정하는 바에 따른다.

③ 군수는 경로당 운영의 실태조사 결과, 이용률이 현저히 저조하거나 기능이 상실되었다고 판단될 경우에는 경로당 지원을 중단할 수 있다.

- 보조금의 지원 근거가 되는 법률에서 보조금의 지원 주체를 지방자치단체로 규정한 것은, 보조금은 지방자치단체의 재정적 부담을 초래하는 것으로서 이를 실행하기 위해서는 보조금 지원 조례를 제정하거나 최소한 관련 비용을 예산에 반영하는 조치가 필요한데, 조례 제정이나 예산 반영은 지방자치단체의 장이 혼자서 할 수 없고 지방의회 등 지방자치단체의 구성원 간 합의가 필요하기 때문에 '지방자치단체'를 주체로 규정하는 것이다.

- 반면에, 보조금의 지원에 관한 조례를 제정하는 경우 지방의회의 의결을 거쳐 조례와 같은 자치법규를 만드는 데까지는 지방의회의 협력이 필요하지만, 그 소요 예산을 편성하거나 그에 따라 보조금을 집행하는 것은 집행부의 고유한 권한에 해당하기 때문에 '지방자치단체의 장'이 주체로 규정하는 것으로 보인다.

- 한편, 국가가 주체가 되는 보조금의 지원 근거 규정을 살펴보면, 지방자치단체의 경우와 조금 다르다.

- 예를 들어, 「새마을운동조직 육성법」 제3조의 경우 보조금의 지원 주체가 '국가'로 규정되어 있고, 「가맹사업 진흥에 관한 법률」 제13조와 같은 경우에는 보조금의 지급 주체가 '정부'로 규정되어 있는가 하면, 「가축분뇨의 관리 및 이용에 관한 법률」 제7조의 경우에는 '농림축산식품부장관'으로 규정되어 있음을 알 수 있다.

새마을운동조직 육성법

제3조(출연금의 지급 등) ① 국가나 지방자치단체는 새마을운동조직의 운영에 필요한 비용에 충당하기 위하여 출연금 및 보조금을 지급할 수 있다.

가맹사업 진흥에 관한 법률

제13조(창업 지원) ① 정부는 가맹사업의 창업을 활성화하기 위하여 가맹사업을 창업하려는 자(이하 "가맹사업창업자"라 한다)에 대하여 필요한 지원을 할 수 있다.
② 정부는 가맹사업창업자에게 창업 및 가맹사업의 성장·발전에 필요한 자금·인력·기술·판로 및 입지 등에 관한 정보를 제공하기 위하여 필요한 시책을 마련하여야 한다.
③ 정부는 중앙행정기관의 장, 지방자치단체의 장 또는 공공기관의 장에게 제2항에 따른 정보 제공에 필요한 자료를 요청할 수 있다.

가축분뇨의 관리 및 이용에 관한 법률

제7조(축사이전 비용 등의 지원) ① 농림축산식품부장관은 지방자치단체별로 농경지의 양분 현황을

> 고려하여 적정한 규모의 가축이 사육될 수 있도록 유도하기 위하여 농림축산식품부령이 정하는 바에 따라 주요 작목별 비료의 수요량, 농경지에 포함된 비료의 함량, 비료의 공급량 등을 조사할 수 있다.
> ② 농림축산식품부장관은 제1항의 규정에 따른 조사 결과 농경지에 포함된 비료의 함량 및 비료의 공급량이 비료의 수요량을 초과하는 지역의 축산농가가 축사를 이전하거나 철거하는 경우에는 농림축산식품부령이 정하는 바에 따라 그 축사의 이전비 또는 철거비 등을 지원할 수 있다.

- 지방자치단체의 경우 보조금의 지원 근거가 되는 법률의 제정 주체와 이를 구체화 하는 자치법규의 제정 주체가 이원화되어 있기 때문에 법률과 조례에서의 보조금의 지원 주체가 상이하게 규정되지 않을 수 없다.

- 그러나 국가가 보조금을 지원하는 경우에는 해당 법률 자체가 국회의 의결을 거치고 향후 집행을 위한 예산 편성 등도 국회의 의결을 거쳐야 하기 때문에 굳이 보조금의 지원 주체를 구분해서 규정할 필요성이 적다.

- 개인적인 생각을 말하면, (1) 「새마을운동조직 육성법」 제3조와 같이 보조금의 지원 주체가 '국가'로 규정되어 있는 것은 새마을운동조직에 대한 지원을 누가 할 것인지, 즉 대통령이나 총리 및 부·처·청 등 중앙행정기관 또는 공기업 등 국가를 구성하는 단체나 개인 중 누가 맡을 것인지 불분명하기 때문에 이를 대표해서 '국가'로 규정한 것이고,

- (2) 「가맹사업 진흥에 관한 법률」 제13조와 같이 보조금의 지급 주체를 '정부'로 규정한 것은 대통령을 수반으로 하는 집행부로서의 행정부가 보조금의 지원 업무를 맡는 것은 분명하지만, 관련 부처가 정확하게 특정되지 않거나 금융감독위원회 또는 기재부 등 2개 이상의 부처가 업무를 맡게 될 것으로 예상되기 때문에 '정부'로 규정한 것이며,

- 마지막으로 (3) 「가축분뇨의 관리 및 이용에 관한 법률」 제7조와 같이 보조금의 지원 주체를 '농립축산식품부장관'으로 규정한 것은 해당 업무의 소관이 분명하기 때문에 이를 명시적으로 규정한 것으로 본다.

법제관이
풀어주는
자치입법 해설

공공시설 및 사용료 수수료 분담금

CHAPTER 5 공공시설 및 사용료 수수료 분담금

- 요즘 지방자치단체가 운영하는 각종 시설에는 노래방과 찜질방까지 없는 것이 없다. 그렇다고 법률에 규정이 없이 조례 제정만으로 자치단체가 산후조리원 등 영업소를 직접 설치·운영할 수 있는 것은 아니다.

- 일부 지방자치단체에서는 주민이 아닌 사람은 공공시설을 이용할 수 없도록 제한하고 있는데, 비록 야속한 부분이 없지 않으나 법적으로 문제가 있는 것은 아니다.

- 공공시설을 이용하려는 민간인에게는 조례의 규정에 따라 사용료를 징수할 수 있고, 공공시설을 이용하여 서비스를 제공하는 민간인은 주민 등에게 서비스의 이용료 또는 요금을 징수할 수 있다. 이용료 또는 요금은 가급적 조례에서 직접 규정하는 것보다는 자치단체장과 협의하거나 승인을 받게 하는 것이 바람직하다.

- 공공시설의 사용료 감면 기준에 대해서는 집행부가 지방재정의 적정성 확보 차원에서 그 기준을 정하고 있는 조례안에 대해 일정 부분 관여할 수 있으나, 법령 위반을 이유로 대법원에 제소하는 것은 어렵다.

- 서비스의 제공에 대한 수수료의 징수에 관하여는 대부분의 자치단체가 일반 조례로서 「수수료 징수 조례」를 두고 있다.

- 분담금은 수익자부담금의 형태로 부과·징수되는데, 현재 분담금 징수 조례는 많지 않지만, 최근 상수도시설분담금 관련 쟁송이 많은 것으로 보인다.

- 사기나 부정한 방법으로 사용료·수수료·분담금의 징수를 면탈하면 과태료를 부과할 수 있는데, 과태료 부과의 대상이 되는 사용료·수수료·분담금의 징수 면탈 행위는 조례에서 정하되 가급적 구체적으로 규정해야 한다.

지자체가 운영하는 시설에 찜질방까지…

- 지방자치단체는 주민들의 여가 생활과 문화 활동을 지원하고 그 편의를 돕기 위해 다양한 문화·복지시설이나 문화·예술 공연시설 등을 설치 및 운영하고 있다.
- 요즘에는 그 범위가 더 확대되어 박물관이나 미술관 등 '관람 형' 문화시설에서, 노인·여성·청소년 또는 다문화가족 등 다양한 계층의 '쉼터 형' 복지시설로, 최근에는 요리강습·도자기·회화 또는 마사지 등 각종 '강습 형' 학습공간으로 진화를 거듭하고 있다.
- 어느 지방자치단체의 종합복지센터에는 강의실과 공연장 및 커피숍 등 휴게실은 물론이고, 여가활동을 위한 영화관과 게임방·노래방·찜질방 및 체력단련실까지 이른바 '멀티' 주민생활공간으로 탈바꿈하고 있는 모습을 볼 수 있다.
- 이처럼 지방자치단체가 설치 및 운영하는 시설을 '공공시설'이라고 하는데, 지방자치단체의 재산인 공유재산의 대표적인 물적 종합설비라고 할 수 있다. 「지방자치법」에서는 공유재산에 대해 제7장의 제4절에서 단 3개의 조문만을 두고 있다.

지방자치법

제159조(재산과 기금의 설치) ① 지방자치단체는 행정목적을 달성하기 위한 경우나 공익상 필요한 경우에는 재산(현금 외의 모든 재산적 가치가 있는 물건과 권리를 말한다)을 보유하거나 특정한 자금을 운용하기 위한 기금을 설치할 수 있다.
② 제1항의 재산의 보유, 기금의 설치·운용에 관하여 필요한 사항은 조례로 정한다.

제160조(재산의 관리와 처분) 지방자치단체의 재산은 법령이나 조례에 따르지 아니하고는 교환·양여(讓與)·대여하거나 출자 수단 또는 지급 수단으로 사용할 수 없다.

제161조(공공시설) ① 지방자치단체는 주민의 복지를 증진하기 위하여 공공시설을 설치할 수 있다.
② 제1항의 공공시설의 설치와 관리에 관하여 다른 법령에 규정이 없으면 조례로 정한다.
③ 제1항의 공공시설은 관계 지방자치단체의 동의를 받아 그 지방자치단체의 구역 밖에 설치할 수 있다.

- 지방자치단체의 재산, 즉 공유재산과 관련해서 「지방자치법」 제159조 제1항은 "지방자치단체는 행정목적을 달성하기 위한 경우나 공익상 필요한 경우에는 재산을 보유하거나…"라고 규정하고 있어 영리의 목적이나 투자를 위한 재산 보유는 불가능하고, 지방자치단체의 사무인 행정 목적 또는 공익 목적으로 재산을 보유하도록 그 취지를 제한하고 있다.

- 따라서 앞서 소개한 것과 같은 각종 '멀티' 주민생활 공간형 공공시설이 영리의 목적 또는 재정상의 수익을 위한 것이라면 이는 위법이 된다.

- 또한, 지방자치단체의 재산 보유에 관한 사항은 조례로 정하고(제159조 제2항), 지방자치단체의 재산은 법령이나 조례에 따르지 않고는 교환·양여·대여하거나 출자 수단 또는 지급수단으로 사용할 수 없다(제160조).

- 지방자치단체의 재산을 공유재산(公有財産)이라고 하는데, 공유재산의 보호와 그 취득·유지·보존 및 운용과 처분에 관해서는 「공유재산 및 물품관리법」을 운영하고 있다.

- 공유재산과 자치법규에 대해서는 나중에 살펴보기로 하고, 여기서는 「지방자치법」 제161조의 공공시설에 대해서 먼저 이야기해보자.

자치단체가 산후조리원을 설치·운영한다고?

- 몇 년전 일부 지방자치단체가 '산후조리원'을 설치운영하려고 하자 자치단체가 산후조리원을 설치하는 것이 적절한지에 대한 논의가 많았다. 2015년 「모자보건법」 개정으로 지방자치단체가 공공 산후조리원을 설치하여 운영할 수 있게 근거가 마련되어 현재는 법적 문제가 해소되었다.

- 여기서는 정책적인 고려사항은 그렇다고 치고, 소위 '공공시설인 산후조리원'을 설치·운영하는 조례를 제정하는 것에 대한 법리적인 문제를 살펴보기로 한다.

공공시설과 영조물(營造物)의 조건

- 우선, '공공시설인 산후조리원'을 설치·운영하는 조례를 제정하는 것이 법적으로 문제가 없다고 보는 견해는 「지방자치법」 제161조를 근거로 삼는다.

- 즉, 제161조 제1항은 "지방자치단체는 주민의 복지를 증진하기 위하여 공공시설을 설치할 수 있다."고 되어 있고, 제2항은 "제1항의 공공시설의 설치와 관리에 관하여 다른 법령에 규정이 없으면 조례로 정한다."고 되어 있기 때문이다. 주민들에 대해 출산 후의 산후관리를 위한 시설을 설치·운영하는 것은 출산율 제고와 같은 정책효과뿐만 아니라 주민의 건강과 복리증진에 기여할 것은 분명하고, 이와 같은 공공시설은 조례의 제정만으로 가능하다고 규정하고 있기 때문이다.

지방자치법

제161조(공공시설) ① 지방자치단체는 주민의 복지를 증진하기 위하여 공공시설을 설치할 수 있다. ② 제1항의 공공시설의 설치와 관리에 관하여 다른 법령에 규정이 없으면 조례로 정한다.③ 제1항의 공공시설은 관계 지방자치단체의 동의를 받아 그 지방자치단체의 구역 밖에 설치할 수 있다.

- 그런데, 여기서 생각해 보아야 할 것은 산후조리원이 '공공시설'에 해당하고, 공공시설의 개념 범주에 들어가느냐의 여부이다.

- 공공시설의 개념에 대해서 「지방자치법」 제161조 제1항에는 별도로 규정되어 있지 않다. 사전적 의미로는 "국가 또는 지방자치단체가 국민생활의 복지증진을 위하여 설치하는 시설로서 공립학교, 공립병원, 국·공립도서관, 시민회관, 각종 보건 및 후생시설, 도로, 공원, 상하수도 시설 등을 말한다."고 되어 있다.

- 법적인 면에서 공공시설은 일종의 영조물에 해당하는 경우가 많다. 특히, 산후조리원과 같은 복합시설의 경우 단순한 건물만으로는 의미가 없고 이를 운영하는 사람, 규정, 물적 설비와 자산 및 회계 등이 따라야 하는데, 이와 직접 관련된 법률용어로 영조물이 있다.

- 영조물이란 "국가 및 공공단체 또는 그로부터 특허를 받은 자가 계속적으로 공공목적을 위하여 제공하는 인적·물적 종합체"로서 영조물에는 일반 공중의 이용에 제공되는 공공용 영조물(병원·학교·철도 등)과 행정주체의 사용에만 제공되는 공용 영조물(교도소 등)이 있다.

- 지방자치단체의 영조물 중에는 「지방자치단체출연 연구원의 설립 및 운영에 관한 법률」에 따른 각종 연구원과 같이 법률에 근거한 조례 제정을 통해 설치되는 것도 있지만, 「지방자치법」 제161조 제2항에 따라 조례만으로 설치·운영할 수 있다고 보아야 한다. 그런데 이와 같은 공공시설 또는 영조물은 무엇보다 '일반 공중의 이용에 제공되어야 한다.'는 요건을 충족하여야 한다. 일반인이 아닌 특수한 계층 또는 특정 주민의 이용에 제공되는 것을 공공시설 또는 영조물이라고 하기는 어렵다. 또한, 개인의 사경제 분야가 아니어야 한다.

- 이러한 점에서 산부(産婦)의 산후조리에 필요한 간호와 요양 등을 지원하는 영업행위를 일반 공중의 이용에 제공되는 공공시설로 보는 것은 논란이 있을 수 있다.

- 특히, 사경제 분야가 엄연히 정립되어 있고 경쟁이 치열한 분야에 공공시설을 설치하는 것은 곤란하다. 잘못 생각하면, 전 국민이 사랑하는 떡볶이나 순대를 파는 분식점이야말로 일반

공중의 이용에 제공되는 공공시설에 해당하기 때문에 지방자치단체가 조례의 규정만으로 이를 설치·운영할 수 있다고 볼 수도 있다.

- 따라서 공공시설의 설치 이유와 취지 및 업종 등을 종합적으로 고려해야 할 필요가 있다.

찜질방이나 병원과 산후조리원이 다른 점

- 여기까지 읽고 나면, 의아해 하거나 마음속으로 반박을 준비하는 분들이 많을 것으로 생각한다.

- 지방자치단체의 종합복지센터 등에는 강의실과 공연장 및 커피숍 등 휴게실은 물론이고, 여가활동을 위한 영화관과 게임방·노래방·찜질방 및 체력단련실까지 갖추고 있다고 하고서는 산후조리원과 같이 비교적 공공적 성격이 강한 시설의 설치를 반대한다는 것이 합당하냐고 항의하는 분들이 있을 것이다.

- 앞에서 사례로 든 '찜질방' 등은 그 설치·운영의 주체가 지방자치단체가 아니다. 즉, 이와 관련해서는 종합복지관 등이 본래의 공공시설이고 이와 같은 공공시설의 주된 기능은 강의실과 공연장 및 휴게실 등으로 한정될 뿐이며, 이에 대한 시설물만이 일반 공중의 이용에 제공되는 것이다.

- 이에 따라 해당 지방자치단체의 '종합복지관 설치 및 운영 조례'에는 해당 종합복지관의 본래적 기능인 강의실과 공연장 등의 사용과 사용허가 및 사용료 등에 관해서 규정하고 있을 뿐 '찜질방' 등에 대해서는 전혀 규정하고 있지 않다. 규정할 수도 없다.

- 찜질방은 공공시설이 아니며, 다만 공공시설을 이용하는 주민 또는 이용자의 편의를 위한 부대시설로서 공공시설 운영자가 지방자치단체의 장으로부터 허가를 받아 위탁운영의 방식으로 관리하고 있는 것이다. 물론, 이와 같은 논리로 해당 종합복지관 등에 떡볶이 등을 판매하는 분식점이 입주하는 것도 가능하다. 그렇다고 해서 분식점이 공공시설이 되는 것은 아니다.

- 또한, 산후조리원의 공공시설 인정 여부와 관련해서는 당장 병원의 경우와 비교가 되지 않을 수 없다. 병원은 공공시설이 되지만, 산후조리원은 공공시설이 될 수 없는 까닭이 무엇이냐고 항변할 것이다. 왜냐하면, 병원이라는 시설도 일반 공중의 이용에 제공되는 것이 아니라 아픈 사람만 이용하기 때문에 산후조리원이 공공시설에 해당하지 않은 것처럼 병원도 공공시설에 해당하기 어려운 부분이 있다는 인식이 있기 때문이다.

- 물론, 아픈 사람이 주로 병원을 이용하지만 사람은 누구나 아프거나 최소한 아플 개연성이 매우 크기 때문에 누구나 병원을 이용할 가능성이 크다. 반면에 누구나 산후조리원을 이용할 것이라고 볼 수는 없지만, 대부분의 산모는 산후조리원을 이용한다.

- 한편, 이외에 법적인 근거도 있다. 즉, 병원은 「의료법」에 따른 '의료기관'에 해당한다.

- 「의료법」 제33조 제2항은 병원과 같은 의료기관을 설치(개설)할 수 있는 자를 규정하고 있는데, 같은 항 제2호 및 제5호에서 지방자치단체와 지방자치단체가 출연하여 설립한 지방의료원은 의료기관을 설치할 수 있도록 특례를 두고 있다. 이 규정에 따라 지방자치단체는 병원과 같은 의료기관의 설치가 가능하고, 이러한 의료기관은 공공시설에 해당하기 때문에 「지방자치법」 제161조에 따라 조례의 제정만으로 설치 및 운영이 가능하다.

의료법

제33조(개설 등) ② 다음 각 호의 어느 하나에 해당하는 자가 아니면 의료기관을 개설할 수 없다. 이 경우 의사는 종합병원·병원·요양병원 또는 의원을, 치과의사는 치과병원 또는 치과의원을, 한의사는 한방병원·요양병원 또는 한의원을, 조산사는 조산원만을 개설할 수 있다.
1. 의사, 치과의사, 한의사 또는 조산사
2. 국가나 지방자치단체
3. 의료업을 목적으로 설립된 법인(이하 "의료법인"이라 한다)
4. 「민법」이나 특별법에 따라 설립된 비영리법인
5. 「공공기관의 운영에 관한 법률」에 따른 준정부기관, 「지방의료원의 설립 및 운영에 관한 법률」에 따른 지방의료원, 「한국보훈복지의료공단법」에 따른 한국보훈복지의료공단

- 또한 「치매관리법」 제16조의3에서도 지방자치단체가 요양병원을 설치·운영할 수 있다는 근거를 두고 있다.

치매관리법

제16조의3(공립요양병원의 설치 및 운영) ① 지방자치단체는 치매 등 노인성 질병을 가진 지역주민에 대한 의료사업을 수행하기 위하여 대통령령으로 정하는 바에 따라 「의료법」 제3조 제2항 제3호 라목에 따른 요양병원(이하 "공립요양병원"이라 한다)을 설치·운영할 수 있다.
③ 지방자치단체의 장은 공립요양병원 운영의 전문성과 효율성을 제고하기 위하여 필요한 경우에는 보건복지부령으로 정하는 법인·단체 또는 개인에게 그 운영을 위탁할 수 있다.

- 반면에, 산후조리원은 법적으로 '산후조리업'에 해당하는데, 이와 같은 산후조리업의 관리에 대해서는 「모자보건법」에서 규정하고 있다.

- 「모자보건법」 제15조 제1항은 "산후조리업을 하려는 자는 산후조리원 운영에 필요한 간호사 또는 간호조무사 등의 인력과 시설을 갖추고 특별자치시장·특별자치도지사 또는 시장·군수·구청장에게 신고하여야 한다."고 규정하고 있어서 산후조리원은 신고 업종인 산후조리업을 영위하기 위한 영업시설이다.

- 종전 「모자보건법」 에서는 지방자치단체가 산후조리업을 할 수 있다는 특례 규정도 없었다. 따라서, 시·도지사가 산후조리원을 설치 및 운영하려면 시장·군수·구청장에게 신고를 해야 하고, 특히 제주특별자치도의 경우 자신에게 신고를 해야 하는데, 이와 같은 신고 영업을 단순히 지방자치단체의 조례 제정만으로 하겠다는 것은 부적절하다는 거다.

- 이러한 논란은 2015년 「모자보건법」 제15조의7에서 지방자치단체가 공공산후조리원을 설치·운영할 수 있도록 근거를 두면서 입법적으로 해결하였다.

모자보건법

제15조(산후조리업의 신고) ① 산후조리업을 하려는 자는 산후조리원 운영에 필요한 간호사 또는 간호조무사 등의 인력과 시설을 갖추고 책임보험에 가입하여 특별자치시장·특별자치도지사 또는 시장·군수·구청장에게 신고하여야 한다. 신고한 사항 중 보건복지부령으로 정하는 중요 사항을 변경하려는 경우에도 또한 같다.

제15조의17(지방자치단체의 산후조리원 설치) ① 시·도지사 또는 시장·군수·구청장은 관할 구역 내 산후조리원의 수요와 공급실태 등을 고려하여 임산부의 산후조리를 위한 산후조리원(이하 이 조에서 "공공산후조리원"이라 한다)을 설치·운영할 수 있다.

지방자치단체가 어디까지 관여해야 하나?

- 지방자치단체가 공공시설로 산후조리원을 설치·운영할 수 있느냐에 관하여는 「모자보건법」에 근거를 두어 해결했지만 입법과정에서도 법률에 설치근거를 두는 것이 적절한가에 대한 논의가 많았다. 다만, 저출산 문제, 과거에 비해 요즘에는 대부분의 산모가 산후조리원을 이용함에도 부족한 현실 등을 고려하여 지방자치단체가 경비를 지원하는 것만으로는 부족하고 공공시설로 설치·운영할 수 있도록 할 필요가 있다고 입법정책적으로 결론을 낸 것이다.

- 그렇다면, 지방자치단체는 이러한 문제에 어디까지 관여할 수 있는 것일까? 공공산후조리원의 사례를 통해 알 수 있듯이 다음과 같은 기준이 필요하다.

- 지방자치단체가 공공시설의 명목으로 특정 분야에 진출하기 위해서는 (1) 해당 분야가 개인의 사적인 영업과 관련성이 적고, (2) 일반 공중의 이용에 널리 제공될 수 있을 정도로 공공적인 성격이 강해야 하며, (3) 아울러 관련 법률에서 직·간접적으로 지방자치단체의 진입 가능성 등 지방자치단체가 관여할 수 있는 여지를 두지 않고서는 단순히 조례 제정만으로 공공시설을 설치·운영하는 것은 불가능하다.

- 모든 분야에서 민간의 역량이 강화되고 있으며, 분야마다 생존을 위한 경쟁이 치열한 상황에서 국가나 지방자치단체가 업계에 직접 관여하는 것이 과연 바람직한지 진지하게 고려해 볼 필요가 있다. 민간의 사업 영역에 대한 국가나 지방자치단체의 '관여'는 최소한으로 제한되어야 하고, 법령을 위반할 수 없으며, 부득이 이를 허용하더라도 그 범위를 무작정 확대해서는 아니 된다.

- 한편, 지방자치단체의 공공시설을 비롯한 사업 영역의 확대와 관련해서 「지방자치법」에는 중요한 준거점이 있다. 즉, 「지방자치법」 제3조 제1항은 "지방자치단체는 법인으로 한다."고 규정하고 있다. 여기서 말하는 법인은 비영리법인이 분명하다. 비영리법인은 영리의 목적 또는 영업이 원칙적으로 금지된다.

- 이와 같은 「지방자치법」 제3조 제1항의 근거를 깨뜨리기 위해서는 이에 대한 특례 규정으로서 법률에 명시적으로 예외 규정을 두어 관련 사업 영역에 진출할 수 있는 법적인 근거가 필요하다. 앞서 살펴본 「의료법」 제33조 제2항, 「모자보건법」 제15조의7이 그런 사례에 해당한다.

- 한편, 지방자치단체가 공립어린이집과 같은 시설물을 설치·운영할 수 있는지 논란이 될 수 있으나, 「영유아보육법」에서는 이 문제를 입법적으로 해결하고 있다. 즉, 같은 법 제12조 제1항은 "국가나 지방자치단체는 국공립어린이집을 설치·운영하여야 한다."고 규정하여 어린이집에 해당하는 공공시설을 반드시 설치하도록 강제하고 있다.

영유아보육법

제12조(국공립어린이집의 설치 등) 국가나 지방자치단체는 국공립어린이집을 설치·운영하여야 한다. 이 경우 국공립어린이집은 제11조의 보육계획에 따라 도시 저소득주민 밀집 주거지역 및 농어촌지역 등 취약지역에 우선적으로 설치하여야 한다.

조례는 법률의 씨앗이다

- 현재 20여개 지방자치단체에서 「공공산후조리원 설치 및 운영에 관한 조례」를 제정하여 공공산후조리원을 설치·운영하고 있다.

공공산후조리원 설치 및 운영에 관한 조례

제2조(정의) 이 조례에서 사용하는 용어의 뜻은 다음과 같다.

3. "공공산후조리원"이란 도지사가 분만 직후의 산모나 출생 직후의 신생아에게 급식·요양과 그 밖에 일상생활에 필요한 편의를 제공하기 위하여 설치·운영하는 기관을 말한다.

제6조(공공산후조리원의 설치) ① 도지사는 산모와 신생아에게 양질의 건강관리서비스를 제공하기 위하여 경기도 내 시장·군수와 협의하여 공공산후조리원을 설치할 수 있다. 다만, 필요한 경우 산후조리원이 없는 시·군에 우선적으로 공공산후조리원을 설치할 수 있다.

② 공공산후조리원의 업무는 다음 각 호와 같다

1. 산모와 신생아의 산후조리 및 요양
2. 산모와 신생아에 대한 건강관리 서비스의 체계적 지원
3. 산모에 대한 교육·프로그램 등의 운영

- 앞서 살펴본 것처럼 지방자치단체의 공공산후조리원 설치·운영 문제는 큰 사회적 이슈가 되었다. 실제로 일부 자치단체에서는 법률이 없는 상태에서 '공공산후조리원 설치 및 운영에 관한 조례'를 제정하여 산후조리원을 공공시설로 설치하기도 했다.

- 이렇게 지방자치단체의 공공산후조리원 설치문제가 이슈가 되자, 국회에서는 2015년 12월 22일 「모자보건법」 에 지방자치단체가 산후조리원을 설치운영할 수 있도록 하는 법률상 근거를 만들게 된 것이다. 조례가 법률 규정의 씨앗이 된 예이다.

모자보건법

제15조의17(지방자치단체의 산후조리원 설치) ① 시·도지사 또는 시장·군수·구청장은 관할 구역 내 산후조리원의 수요와 공급실태 등을 고려하여 임산부의 산후조리를 위한 산후조리원(이하 이 조에서 "공공산후조리원"이라 한다)을 설치·운영할 수 있다.
[본조신설 2015.12.22.]

- 조례가 새로운 법률 제정의 씨앗이 된 사례는 바로 청주시 '행정정보공개조례'이다.

- 우리나라에 실질적 지방자치가 시작된 것은 1991년 지방의회가 구성된 후부터이고, 본격적

으로는 1995년 전국동시지방선거를 통해 지방자치단체의 장이 주민선거로 선출되면서 부터이다.

- 1991년 11월 청주시 의회가 의결한 '행정정보공개조례안'에 대해 대법원은 "조례안은 행정에 대한 주민의 알 권리의 실현을 근본내용으로 하면서도 이로 인한 개인의 권익침해 가능성을 배제하고 있으므로 그 제정에 있어서 반드시 법률의 개별적 위임이 따로 필요한 것은 아니며, 해당 자치단체의 행정정보를 공개대상으로 하는 것은 조례제정권의 범위에 속한다."는 이유로 무효가 아니라고 판결했다.
- 그 후 논의를 거쳐 1996년 12월 31일 「공공기관의 정보공개에 관한 법률」이 제정되었다. 이처럼 청주시 '행정정보공개조례'가 씨앗이 되어 정보공개법이 만들어졌고, '공공산후조리원 설치운영 조례'가 씨앗이 되어 「모자보건법」에 근거가 마련된 것이다.

"주민이 아니어서 공공시설을 이용할 수 없다고?"

- 지방자치단체가 운영하는 평생학습관에 요리를 배우러 찾아갔다가 오히려 낙담했다는 사람이 있다. 용기를 내어 어렵게 찾아갔는데, 담당자로부터 신청인이 '주민'이 아니라는 이유로 등록을 거부당했다는 것이다.
- 지방자치단체가 운영하는 평생학습관의 요리강습회는 직장인들의 사무실과 가깝고 강습 비용도 사설 학원에 비해서 매우 저렴하지만, 단점이 있다. 평생학습관의 이용 자격을 '주민'으로 제한하고 있는 경우가 있기 때문이다.
- 어느 기초 자치단체의 '평생학습관 운영 조례' 제4조를 보면, 평생학습관의 사용은 해당 자치단체의 주민으로 제한되며, 주민이 아닌 사람이 이용하려면 별도의 인정 절차가 있어야 한다(제2호). "우리 주민이 아닌 사람은 이용하지 말라"는 뜻이다.

○○시 평생학습관 운영 조례

제1조(목적) 이 조례는 「평생교육법」제21조의 규정에 따라 ○○시 평생학습관의 관리 및 운영에 관한 사항을 규정함을 목적으로 한다.

제4조(사용자의 범위) 평생학습관을 사용할 수 있는 사람은 다음 각 호와 같다.

1. ○○시민
2. 그 밖에 시장이 인정하는 사람

공공시설의 이용을 공중이 아닌 주민으로 제한하는 문제

- 공공시설의 이용 대상을 주민으로 제한하는 것이 가능할까? 앞서 살펴본 것과 같이 공공시설은 본질적으로 일반 공중(public)이 누구나 사용할 수 있도록 설치·운영하는 시설인데, 그 이용 주체를 주민으로 제한할 수 있는지의 문제이다.

- 공공시설은 지방자치단체의 재산으로 그 설치 및 운영에 적지 않은 비용이 들어간다. 이와 같은 비용은 해당 지방자치단체의 재정에서 충당되고, 이는 궁극적으로 주민의 부담이 아닐 수 없다. 주민의 부담이 수반되는 시설 및 서비스를 그 비용 부담에서 자유로운 다른 지방자치단체의 사람들에게까지 주는 것은 바람직하지 않은 점이 있다는 것을 부인할 수 없다.

- 특히, 요리강습회와 같이 수강을 위한 경쟁률이 높은 강좌에 대해 누구에게나 개방하게 되면 오히려 그 지방자치단체의 주민이 제외되는 '불상사'가 있을 가능성도 있다. 그래서 「지방자치법」 제161조 제1항에서 공공시설의 설치 목적인 "주민의 복지를 증진하기 위하여"의 범위에서 공공시설의 사용을 해당 지방자치단체의 주민으로 제한하거나 주민이 아닌 사람에게는 가중된 요금을 받는 등 부담을 높이는 것은 자연스러운 현상이 아닐 수 없다.

- 공공시설과 직접 관련된 것은 아니지만, 지방자치단체가 제공하는 서비스도 마찬가지다.

- 예를 들면, 지방자치단체의 보험 가입 서비스가 그것이다. 어느 지방자치단체는 주민의 자전거이용 활성화를 촉진하기 위한 조례를 제정하면서 여러 가지 지원과 함께 자전거 보험의 무료 가입을 지원하고 있는데, 이와 같은 자전거 보험의 무료 가입 대상이 되는 것은 그 지방자치단체의 주민에 한정되므로 서비스를 지원받으려면 그 지방자치단체로 이사를 갈 수 밖에 없었다.

- 다행히 요즘에는 대부분의 지방자치단체에서 '자전거이용 활성화 조례'를 제정하여 유사한 내용을 규정하고 있어 굳이 이사갈 필요는 없는 것 같다.

○○시 자전거이용 활성화에 관한 조례

제1조(목적) 이 조례는 「자전거이용 활성화에 관한 법률」 및 같은 법 시행령에서 위임된 사항과 시민의 자전거이용여건 개선에 관한 기본사항을 규정함으로써 안전하고 쾌적한 자전거이용환경을 조성하여 자전거이용의 활성화에 기여함을 목적으로 한다.

제17조(자전거 보험) 시장은 자전거이용 시민의 안전과 불의의 사고에 대비하기 위하여 다음 각 호 조건의 보험에 가입할 수 있다.

1. ○○시에 주민등록이 등재된 시민으로서 자전거로 인해 발생한 대인사고에 한하여 보상할 수 있는 보험으로 한다.
2. 그 밖에 일반적인 사항은 보험 약관에 따른다.

- 공공시설 또는 공공서비스는 그 용어 중 '공공(公共)'의 개념에서도 알 수 있듯이 원칙적으로 일반 공중의 이용에 제공하는 것을 목적으로 한다. 일반 공중의 개념에 대해서는 '사람이라면 누구나'라는 의미로 해석되는 관념이 있다.

- 그러나 「지방자치법」의 규정 및 공공시설이나 공공서비스의 실제 운영을 보면 꼭 그렇지만은 않다는 것을 알 수 있다. 앞에서 살펴본 것처럼 지방자치단체가 제공하는 공공시설의 이용 또는 공공서비스의 제공과 관련하여 그 범위를 주민으로 제한하는 것이 오히려 일반화되어 가는 것은 아닌지 우려되기도 한다.

자치입법에서 '주민'의 의미

- 공공시설의 이용이나 지방자치단체가 제공하는 서비스를 제공받는 대상을 주민으로 제한하는 경우 그 해석에 있어서 주의할 사항이 있다.

- 첫 번째로, 공공시설의 이용 범위 또는 지방자치단체가 제공하는 서비스를 제공받는 대상을 제한하는 것은 주민의 이해관계와 밀접한 관련이 있기 때문에 가급적 조례로 규정하여야 하며, 조례가 아닌 규칙 또는 훈령·예규·고시 등 행정규칙으로 정하는 것은 바람직하지 않다.

- 이러한 점에서 일부 지방자치단체가 공공시설의 이용 및 그 제한에 관한 사항을 해당 지방자치단체의 장이 '지침' 등 행정규칙으로 정하여 운영하는 것은 문제가 있다고 본다. 아래의 규정에 따르면, 해당 지방자치단체 소속 시민과 다른 지역의 주민을 구분해서 차별적으로 대우하고 있음을 알 수 있다.

○○시 공공시설물 개방 규정

2011.11.01. 훈령 제192호

제1조(목적) 이 규정은 ○○시 및 산하기관이 관리하는 공공시설물을 시민에게 개방하여 관청에 대한 시민의 거리감을 없애고 시민을 위해 봉사하는 관청상을 정립하여 민·관 화합을 통한 시민 본위의 지방행정을 구현함을 목적으로 한다.

제3조(시설물 이용자) 시설물은 ○○시 관할구역 안의 기관단체 및 시민이 이용함을 원칙으로 하되, 타 지역 주민도 소정의 절차를 거쳐 이를 이용할 수 있다.

- 조례가 아닌 훈령으로 이와 같은 공공시설 이용 관계를 규정하는 것은 바람직하지 않다.

- 두 번째는, 「지방자치법」상 '주민'의 개념과 관련한 문제이다. 현재 대부분의 지방자치단체가 공공시설의 이용자 범위를 '주민'으로 제한하고 있는데, 주민의 개념에 대해 자치입법 상의 착오로 인해 그 운영에 있어서 문제가 있을 수 있다는 것이다.

- 실제로 어느 지방자치단체에서 이런 민원이 발생한 적이 있다. 즉, 해당 지방자치단체에서 적지 않은 비용을 들여 야구장을 설치하게 되었는데, 야구장 사용과 관련해서 인근 주민들의 불만이 커져가게 되었다. 우리 시에서 야구장을 만들었으나, 우리 시의 주민이 아닌 다른 지방자치단체의 야구동호회 등이 야구장을 점령하다시피 사용하고 있어서 오히려 우리 시의 주민들은 야구장 사용의 기회가 거의 없다는 것이다. 이에 따라 "야구장의 사용을 주민으로 제한해 달라"는 것이 민원의 내용이었다. 앞서 살펴본 공공시설 이용의 제한과 관련한 전형적인 사례라고 할 수 있다.

- 주민들의 민원에 따라 "야구장은 ○○시의 주민만 사용할 수 있다."는 내용의 조례를 제정하면 민원이 해결될 수 있을까?

- 이에 대해 필자는 '최소한 법리적인 면에서 볼 때, 그와 같은 조례 규정만으로는 사태 해결에 전혀 도움이 되지 않을 것'이라고 생각한다.

- 대부분의 공공시설의 이용 등에 관한 조례에서는 별도로 '주민'의 뜻을 규정하고 있지 않다. 따라서 일반법인 「지방자치법」에 따를 수밖에 없는데, 제16조에서는 주민의 자격에 대해서 "지방자치단체의 구역에 주소를 가진 자는 그 지방자치단체의 주민이 된다."고 규정하고 있다.

지방자치법

제16조(주민의 자격) 지방자치단체의 구역에 주소를 가진 자는 그 지방자치단체의 주민이 된다.

- 중요한 것은 「지방자치법」 제16조에서 주민의 정의에 대하여 사용하는 개념은 주민등록지가

아니라 '주소'라는 점이다. 즉, 주민등록지가 아닌 '주소'를 가진 사람을 주민으로 규정하고 있다는 점에 주의할 필요가 있다.

- 그런데 '주소'란 사람의 실질적인 생활의 근거가 되는 곳(민법 제18조 제1항)으로 주소 결정에 관한 입법례에는 정주(定住)의 사실만을 요건으로 하는 객관주의(客觀主義)와 정주의 의사도 요건으로 하는 의사주의(意思主義)가 있으며, 주소의 개수에 관하여는 단일주의(의사주의)와 복수주의(객관주의)가 있는데, 우리나라 「민법」은 실질주의(實質主義)·객관주의를 동시에 요구하는 복수주의에 입각하고 있으므로, 주소는 동시에 두 곳 이상 있을 수 있다(민법 제18조 제2항).

- 그렇다면, 주민등록지와 다른 지역에 거주 또는 직장생활 등을 목적으로 생활의 근거지가 있다면 그곳도 주소가 되고, 해당 지방자치단체에 주소를 가지고 있다면 모두 주민에 해당한다고 보아야 할 것이다.

- 물론, 이에 대해 반대의견도 있다. 「주민등록법」 제23조 제1항은 "다른 법률에 특별한 규정이 없으면 이 법에 따른 주민등록지를 공법(公法) 관계에서의 주소로 한다."고 되어 있기 때문에 「지방자치법」 제16조의 주소는 주민등록지를 뜻한다는 것이다.

주민등록법

제23조(주민등록자의 지위 등) ① 다른 법률에 특별한 규정이 없으면 이 법에 따른 주민등록지를 공법(公法) 관계에서의 주소로 한다.
② 제1항에 따라 주민등록지를 공법 관계에서의 주소로 하는 경우에 신고의무자가 신거주지에 전입신고를 하면 신거주지에서의 주민등록이 전입신고일에 된 것으로 본다.

- 그러나 「주민등록법」 제23조는 '공법 관계'로 그 적용 범위를 한정하고 있어서 모든 법규에서 주민등록지를 주소로 한다는 의미는 아니며, 주민의 공공시설 이용이 반드시 공법 관계라고 할 수도 없다.

- 아울러, 「지방자치법」 제21조 제1항 제1호 및 주민투표·주민소환 관련 법령에서 '18세 이상의 주민'으로서 '관할 구역에 주민등록이 되어 있는 사람'으로 규정하고 있다. 예를 들어, 주민등록을 한 자를 주민으로 본다면 굳이 「지방자치법」 제21조 제1항 제1호와 같이 주민과 '주민등록이 되어 있는 사람'을 중복해서 규정할 필요가 없을 것이다.

지방자치법

제21조(주민의 감사 청구) ① 지방자치단체의 18세 이상의 주민으로서 다음 각 호의 어느 하나에 해당하는 사람(「공직선거법」 제18조에 따른 선거권이 없는 사람은 제외한다. 이하 이 조에서 "18세 이상의 주민"이라 한다)은 시·도는 300명, 제198조에 따른 인구 50만 이상 대도시는 200명, 그 밖의 시·군 및 자치구는 150명 이내에서 그 지방자치단체의 조례로 정하는 수 이상의 18세 이상의 주민이 연대 서명하여 그 지방자치단체와 그 장의 권한에 속하는 사무의 처리가 법령에 위반되거나 공익을 현저히 해친다고 인정되면 시·도의 경우에는 주무부장관에게, 시·군 및 자치구의 경우에는 시·도지사에게 감사를 청구할 수 있다.

1. 해당 지방자치단체의 관할 구역에 주민등록이 되어 있는 사람
2. 「출입국관리법」 제10조에 따른 영주(永住)할 수 있는 체류자격 취득일 후 3년이 경과한 외국인으로서 같은 법 제34조에 따라 해당 지방자치단체의 외국인등록대장에 올라 있는 사람

- 결국, 공공시설의 이용 범위와 관련하여 앞의 사례에서 소개한 "야구장은 ○○시의 주민만 사용할 수 있다."는 조례가 실효적으로 적용될 가능성은 매우 적어 보인다. 최소한 해석상 논란이 불가피해 보인다.

- 왜냐하면, 해당 지방자치단체에 주민등록지가 없다고 하더라도 그 지역에 거주하거나 직장생활 등을 위한 최소한의 생활의 근거지가 있다면 그 사람은 주민에 해당하기 때문에 주민의 자격으로 야구장을 사용할 자격이 있다고 보아야 하며, 최소한 그와 관련한 논란이나 분쟁이 있을 수 있기 때문이다.

- 따라서 조례 제정의 취지가 "해당 지방자치단체의 관할 구역 안에 주민등록을 하고서 세금을 낸 사람에게만 야구장을 사용하게 한다."라는 취지라면 단순히 '주민'이라고 해서는 아니 되고 「주민등록법」 제10조에 따라 '주민등록 신고를 한 주민'으로 규정해야 한다.

- 참고로, 일부 지방자치단체의 조례 등에서는 주민이 아닌 '시민'이라고 규정하고 있는 경우도 있는데, 시민의 개념도 명확하게 규정하지 않는 한 주민등록을 한 사람으로 해석되기는 어렵고 해당 지방자치단체의 주민과 동일한 개념으로 이해될 뿐이다.

- 주민이든 시민이든 그 범위를 정확하게 규정하는 것이 바람직하다. 다음과 같이 해당 공공시설 이용 관련 조례에서 명확하게 주민의 범위를 규정하는 것이 바람직하다.

공공시설 이용 조례(예시)

제2조(용어의 정의) 이 조례에서 사용하는 용어의 뜻은 다음과 같다.

1. "주민"이란 「주민등록법」 제10조에 따라 ○○시에 주민등록의 신고를 한 사람을 말한다.

주민등록법

제10조(신고사항) ① 주민(재외국민은 제외한다)은 다음 각 호의 사항을 해당 거주지를 관할하는 시장·군수 또는 구청장에게 신고하여야 한다.

1. 성명
2. 성별
3. 생년월일
4. 세대주와의 관계
5. 합숙하는 곳은 관리책임자
6. 「가족관계의 등록 등에 관한 법률」 제10조 제1항에 따른 등록기준지(이하 "등록기준지"라 한다)
7. 주소
8. 가족관계등록이 되어 있지 아니한 자 또는 가족관계등록의 여부가 분명하지 아니한 자는 그 사유
9. 대한민국의 국적을 가지지 아니한 자는 그 국적명이나 국적의 유무
10. 거주지를 이동하는 경우에는 전입 전의 주소 또는 전입지와 해당 연월일

② 누구든지 제1항의 신고를 이중으로 할 수 없다.

공공시설 이용권 제한의 한계

- 일각에서는 공공시설의 이용 범위를 제한해서 해당 지방자치단체의 관할 구역 안에 주민등록을 한 사람에게만 이용하도록 하는 것이 상위법에 위반된다는 의견이 있다.

- 즉, 「지방자치법」 제17조에 따라 지방자치단체는 주민에게 동일한 수준의 공공시설의 이용과 서비스의 제공을 해야 할 의무가 있음에도 불구하고 차별화하는 것은 상위법 취지에 어긋나며, 특히 제17조 제2항은 "주민은 법령으로 정하는 바에 따라 소속 지방자치단체의 재산과 공공시설을 이용할 권리와 그 지방자치단체로부터 균등하게 행정의 혜택을 받을 권리를 가진다."고 규정하고 있기 때문에 이용권의 제한과 같은 차별화는 불가능하다는 것이다.

지방자치법

제17조(주민의 권리) ② 주민은 법령으로 정하는 바에 따라 소속 지방자치단체의 재산과 공공시설을 이용할 권리와 그 지방자치단체로부터 균등하게 행정의 혜택을 받을 권리를 가진다.

- 앞서 살펴본 것처럼 「지방자치법」 제16조에 따라 지방자치단체의 구성원이 되는 것은, 다른 법령에 특별한 규정이 없는 한 주민이다. 하지만, 지방자치단체의 사무 또는 권한의 대상이 모든 주민이어야 하는 것은 아니다. 예를 들어, 「공직선거법」이나 「주민투표법」·「주민소환에 관한 법률」·「주민조례발안에 관한 법률」 등에서는 주민의 범위를 일정한 연령 이상의 주민등록을 한 사람이나 외국인등록을 한 사람 등으로 규정하고 있다.

- 마찬가지로 「지방자치법」 제17조 제2항에서는 "주민은 법령으로 정하는 바에 따라 소속 지방자치단체의 재산과 공공시설을 이용할 권리와 그 지방자치단체로부터 균등하게 행정의 혜택을 받을 권리를 가진다."고 규정하고 있어서 공공시설의 이용 범위를 주민등록을 한 주민으로 한정하는 것이 이 규정을 위반한 것처럼 보일 수 있으나, 여기서 '법령으로 정하는 바에 따라'에 해당하는 경우가 「지방자치법」 제161조 제2항이 포함된다면 특별히 문제될 것이 없다.

- 즉, 제161조 제2항에 따르면 "공공시설의 설치와 관리에 관하여 다른 법령에 규정이 없으면 조례로 정한다."고 되어 있기 때문에 조례에서 주민등록 신고를 한 사람으로 공공시설의 이용 범위를 제한하는 것이 법적으로 문제가 될 수 없다.

지방자치법

제161조(공공시설) ① 지방자치단체는 주민의 복지를 증진하기 위하여 공공시설을 설치할 수 있다.
② 제1항의 공공시설의 설치와 관리에 관하여 다른 법령에 규정이 없으면 조례로 정한다.

공공시설·공유재산의 이용·사용과 '사용료'

- 공공시설의 이용 또는 재산의 사용에 대해서는 사용료를 징수할 수 있다. 그리고 이와 같은 사용료의 징수에 관한 사항은 조례로 정하도록 되어 있다.

지방자치법

제153조(사용료) 지방자치단체는 공공시설의 이용 또는 재산의 사용에 대하여 사용료를 징수할 수 있다.
제156조(사용료의 징수조례 등) ① 사용료·수수료 또는 분담금의 징수에 관한 사항은 조례로 정한다. 〈단서 생략〉

- 공공시설과 지방자치단체의 재산, 즉 공유재산은 개념에 있어서 차이가 있다. 공유재산의 사용 및 사용료에 관해서는 「공유재산 및 물품 관리법」 제20조부터 제25조까지에서 상세하게 규정하고 있다. 이 점에서 「공유재산 및 물품 관리법」은 「지방자치법」 제153조 및 제156조 제1항 본문에 대해 '특별법'의 지위를 갖는 것으로 볼 수 있다.

- 공공시설은 반드시 지방자치단체의 소유일 필요는 없고 공공의 이용에 제공되면 되지만, 공유재산은 지방자치단체의 부담, 기부채납(寄附採納)이나 법령에 따라 지방자치단체 소유로 된 재산이기 때문이다.(「공유재산 및 물품 관리법」 제2조)

공유재산 및 물품 관리법

제1조(목적) 이 법은 공유재산 및 물품에 관한 기본적인 사항을 정함으로써 공유재산 및 물품을 적정하게 보호하고 효율적으로 관리·처분하는 것을 목적으로 한다.
제2조(정의) 이 법에서 사용하는 용어의 뜻은 다음과 같다.
1. "공유재산"이란 지방자치단체의 부담, 기부채납(寄附採納)이나 법령에 따라 지방자치단체 소유로 된 제4조 제1항 각 호의 재산을 말한다.

제20조(사용허가) ① 지방자치단체의 장은 행정재산에 대하여 그 목적 또는 용도에 장애가 되지 아니하는 범위에서 사용허가를 할 수 있다.
제22조(사용료) ① 지방자치단체의 장은 행정재산을 사용허가한 때에는 대통령령으로 정하는 요율(料率)과 계산방법에 따라 매년 사용료를 징수한다. 다만, 연간 사용료가 대통령령으로 정하는 금액 이하인 경우에는 사용허가기간의 사용료를 일시에 통합 징수할 수 있다.

- 그런데, 「지방자치법」 제153조는 공공시설은 '이용'으로 규정한 반면, 공유재산에 대해서는 '사용'으로 규정하고 있다. 국어사전에서는 이용의 의미를 "대상을 필요에 따라 이롭게 쓴다."는 뜻으로 풀이하면서 비슷한 단어로 '사용' 및 '활용'이 있다고 되어 있다. 결국 이용과 사용에는 큰 차이는 없다는 것으로 해석된다. 그렇다면 사전적 뜻보다는 대상에 따른 법적 효과에 차이점이 있어서 용어를 구분한 것으로 보인다.

- 생각건대, 공공시설은 그 성격상 공공성이 강조되어 일반 공중이라면 누구에게나 쓰임이 개방된다는 점을 강조하기 위해 '이용'이라는 단어를 쓰고, 공유재산의 경우에는 그 용도와 가치에 맞게 그 쓰임과 제한을 적절하게 조절한다는 점에서 '사용'이라는 단어를 쓴 것으로 보인다. 즉, 해당시설 또는 재산의 쓰임에 있어서 다른 사람들과의 공존 또는 병행의 정도에 따른 차이라고 할 수 있다.

- 이에 반해서 뒤에서 살펴볼 '점용'은 이용과 사용의 혼합 형태로서, 그 쓰임의 대상이 되는 것은 이용의 경우와 같이 공공성이 강하면서 그 쓰임의 방식은 사용의 경우와 같이 배타성이 강한 것이라고 할 수 있다. 점용의 대상은 공공성이 매우 강한 도로·하천·도시공원 등으로 공공시설과 유사하지만, 점용의 방식은 공유재산의 사용과 유사하게 그 대상물을 배타적으로 쓰는 것이기 때문이다.

- 결국, 쓰임의 대상이 갖는 공공성에 있어서는 '사용 → 이용 → 점용'으로 점점 강화되며, 그 쓰임의 방법에 있어서 배타성의 정도는 '이용 → 점용 → 사용'과 같이 그 강도를 강화하는 것으로 정리해도 무방하고 본다. 다만, 점용은 사용이나 이용과 달리 공공시설 본래의 목적과 달리 배타적으로 쓰게 하는 경우에만 적용하는 특수한 경우를 말한다고 할 수 있다.

- 앞서 살펴본 것처럼 「지방자치법」에서는 공공시설에 대하여는 일관 되게 '이용'으로 규정하고 있음을 알 수 있다(제17조, 제153조).

- 그런데, 「지방자치법」 제153조는 '공유재산의 사용'에 대해 사용료를 부과하고, 공공시설의 이용에 대해서도 이용료가 아닌 사용료를 부과한다고 되어 있다.

- 입법례를 보면 「사회기반시설에 대한 민간투자법」에서는 '사용료'를 "사용료·이용료·요금 등의 명칭에 상관없이 사회기반시설의 이용자가 해당 시설의 사업시행자에게 시설을 이용하는 대가로 지불하는 금액을 말한다."고 정의하고 있다(법 제2조 제10호).

- 반면에 '이용료'는 실정법상 용어의 정의를 거의 찾아볼 수 없다. 「산림문화·휴양에 관한 법률 시행령」 제9조의7 제1항에서 "법 제21조의5제1항에 따른 자연휴양림등의 입장료, 시설사용료 및 체험료등(이하 "이용료"라 한다)"으로 규정한 입법례가 있을 뿐이다.

- 일반적으로 '이용료'는 특정 서비스를 이용함에 따라 납부해야 하는 수수료 또는 요금을 말하는 것으로 통용되고 있는 듯하다. 따라서 공공시설의 이용 또는 공유재산의 사용에 대해 사용료를 징수한다는 규정에 특별히 문제가 있다고 할 수 없다.

- 자치입법에 있어서는 공유재산 또는 공공시설에 대한 사용이나 이용에 대해서는 사용료를, 공공성이 매우 강한 도로·하천·도시공원 등의 점용에 대해서는 점용료를, 그리고 지방자치단체가 제공하는 서비스의 이용에 대해서는 이용료 또는 요금을 징수하는 것으로 개념을 정립하는 것이 바람직하다. 실제 자치법규에서는 이용·사용·점용 및 이용료·사용료·점용료와 요금 등의 개념이 혼동되어 쓰이고 있기 때문이다.
- 공유재산의 사용에 대한 사용료의 징수에 관하여는 별도로 살펴보기로 하고, 여기서는 공공시설의 이용에 대한 사용료에 대하여 우선 살펴보기로 한다.

공공시설의 이용과 사용료 징수의 법적 성격

- 공공시설의 이용은 주민의 복리에 관한 사무로서의 본질이 있는 반면, 공공시설의 이용에 대한 사용료의 부과·징수는 지방자치단체의 부담으로 설치한 시설에 대한 비용 회수이며, 동시에 지방자치단체의 수입원이 된다. 헌법 제117조에 따른 '주민의 복리와 재산의 관리'에 관한 지방자치단체의 이중적 책무의 구체적인 표현이 아닐 수 없다.
- 따라서 지방자치단체의 재산 또는 재정적 부담으로 설치·운영하고 있는 공공시설의 이용에 대해 사용료를 부과하지 않거나 지나치게 저렴하게 이용하도록 하는 것이 반드시 바람직한지 단언하기는 어렵다. 주민의 복리를 강조하는 경우에는 사용료의 부과가 바람직하지 않지만, 재산의 관리에 초점을 맞추면 손해가 나지 않도록 사용료 징수를 엄격하게 적용할 필요가 있다.
- 「지방자치법」 제153조는 사용료를 반드시 징수하도록 강제하지는 않은 대신, 사용료 징수를 감면할 수 있는 여지를 남겨두었다. 또한, 같은 법 제156조 제1항에서는 사용료 징수에 관한 사항을 조례로 정하도록 규정하고 있는데, 이는 사용료의 징수 또는 징수 감면의 여부와 그 징수 금액의 정도 등을 집행부가 임의적으로 결정할 것이 아니라 주민의 대표기관인 지방의회의 통제를 받도록 한 취지라고 할 것이다.

지방자치법

제153조(사용료) 지방자치단체는 공공시설의 이용 또는 재산의 사용에 대하여 사용료를 징수할 수 있다.

제156조(사용료의 징수조례 등) ① 사용료·수수료 또는 분담금의 징수에 관한 사항은 조례로 정한다. 〈단서 생략〉

● 공공시설의 이용에 대하여 부과·징수하는 사용료를 지방자치단체의 조례로 정함에 있어서 다음에서 보는 것과 같이 몇 가지 문제되는 사안이 있다.

사용료의 연체료·변상금 및 강제징수

● 첫째, 공공시설의 이용에 대하여 부과·징수하는 사용료를 납부하지 않는 경우 연체료와 변상금의 부과 및 강제징수가 가능할까?

● 우선, 연체료 및 변상금의 개념부터 파악할 필요가 있는데, '연체료'는 일반적으로 일정한 금액의 지급을 목적으로 하는 채무에 있어서 그 원금의 지급이 지체된 경우에 지급하여야 하는 손해배상, 즉 지연이자와 같은 뜻으로 쓰인다. 채무를 갚지 못한 경우 지급하는 이자와 같은 개념으로 '연체이자'라는 말로도 사용한다.

● 반면에 '변상금'은 사용허가나 대부계약 없이 국·공유재산 등을 사용·수익하거나 점유한 자 또는 사용허가나 대부계약 기간이 끝난 후 다시 사용허가나 대부계약 없이 국·공유재산 등을 계속 사용·수익하거나 점유한 자 등 무단점유자에게 부과하는 금액을 말한다. 연체료와 변상금은 금전적 제재의 성격에 있어서는 동일하지만, 특징상 그 원인을 각각 '채무불이행'과 '무단점유'로 구분할 수 있다.

● 이와 관련해서, 「지방자치법」 제153조는 공공시설의 이용 및 공유재산의 사용에 대해 사용료를 부과할 수 있다고 규정하고 있으며, 이 규정에 따라 공유재산에 대한 사용료의 부과·징수에 관해서는 별도로 「공유재산 및 물품 관리법」에서 상세하게 규정하고 있다.

● 특히, 「공유재산 및 물품 관리법」 제80조 및 제81조에서는 공유재산의 사용료와 관련해서 '채무불이행'과 '무단점유'에 해당하는 연체료 및 변상금의 징수에 관하여 각각 규정하고 있다. 또한, 같은 법 제97조 제2항은 "공유재산의 사용 등에 따른 사용료·대부료 및 연체료를 납부기한까지 내지 아니하면 지방세 체납처분의 예에 따라 징수한다."라고 규정하고, 제3항은 "변상금은「지방행정제재·부과금의 징수 등에 관한 법률」에 따라 징수한다."라고 규정하여 공유재산에 대한 사용료 등 강제징수 관련 사항도 입법적으로 명확하게 해결하고 있다.

공유재산 및 물품 관리법

제80조(연체료의 징수) 지방자치단체의 장과 제43조의2에 따라 일반재산의 관리·처분에 관한 사무를 위탁받은 자는 공유재산의 사용료, 대부료, 매각대금, 교환차금 및 변상금을 내야 할 자가 납부기한까지 내지 아니하는 경우에는 내야 할 금액(징수를 미루거나 나누어 내는 경우 이자는 제외한다)에 대하여 대통령령으로 정하는 바에 따라 연체료를 징수한다. 이 경우 연체료 부과대상이 되는 연체기간은 납기일부터 60개월을 초과할 수 없다.

제81조(변상금의 징수) ① 지방자치단체의 장과 제43조의2에 따라 일반재산의 관리·처분에 관한 사무를 위탁받은 자는 무단점유자에 대하여 대통령령으로 정하는 바에 따라 공유재산 또는 물품에 대한 사용료 또는 대부료의 100분의 120에 해당하는 금액(이하 "변상금"이라 한다)을 징수한다. 다만, 다음 각 호의 어느 하나에 해당하는 경우에는 변상금을 징수하지 아니한다.

제97조(「지방재정법」 등의 준용) ① 공유재산 및 물품의 계약을 위한 입찰공고·계약서 작성 등 계약절차, 금전채권과 채무의 소멸시효, 부정당업자의 입찰참가자격 제한 등에 대하여 이 법에서 정한 사항 외에는 「지방재정법」 및 「지방자치단체를 당사자로 하는 계약에 관한 법률」을 준용한다.

② 제22조 제1항에 따른 사용료, 제32조 제1항에 따른 대부료, 제80조에 따른 연체료를 납부기한까지 내지 아니하면 지방세 체납처분의 예에 따라 징수할 수 있다.

③ 변상금은「지방행정제재·부과금의 징수 등에 관한 법률」에 따라 징수한다.

- 그렇다면, 공공시설의 이용에 대한 사용료의 연체료·변상금의 부과 및 강제징수는 어떻게 될까?

- 공공시설은 공유재산과 달리 별도로 「지방자치법」 제157조 제7항에서 "지방자치단체의 장은 사용료·수수료 또는 분담금을 내야 할 자가 납부기한까지 그 사용료·수수료 또는 분담금을 내지 아니하면 지방세 체납처분의 예에 따라 징수할 수 있다."라고만 규정하고 있다. 따라서 공공시설의 이용에 대한 사용료에 관하여는 지방세 체납처분 절차에 따른 강제징수가 가능하지만, 연체료와 변상금의 부과 및 그 강제징수 관련 규정은 어디에도 없다. 입법적 불비가 아닐 수 없다.

- 지방자치단체의 부담으로 만들어 운영하고 있는 시설물의 이용과 관련한 사용료의 징수 및 연체료·변상금과 그 강제징수가 불확실하다면 그 손실은 주민에게 돌아가지 않을 수 없다.

지방자치법

제157조(사용료 등의 부과·징수, 이의신청) ① 사용료·수수료 또는 분담금은 공평한 방법으로 부과하거나 징수하여야 한다.

② 사용료·수수료 또는 분담금의 부과나 징수에 대하여 이의가 있는 자는 그 처분을 통지받은 날부터 90일 이내에 그 지방자치단체의 장에게 이의신청할 수 있다.

③ 지방자치단체의 장은 제2항의 이의신청을 받은 날부터 60일 이내에 결정을 하여 알려야 한다.

④ 사용료·수수료 또는 분담금의 부과나 징수에 대하여 행정소송을 제기하려면 제3항에 따른 결정을 통지받은 날부터 90일 이내에 처분청을 당사자로 하여 소를 제기하여야 한다.

⑤ 제3항에 따른 결정기간에 결정의 통지를 받지 못하면 제4항에도 불구하고 그 결정기간이 지난 날부터 90일 이내에 소를 제기할 수 있다.

⑥ 제2항과 제3항에 따른 이의신청의 방법과 절차 등에 관하여는 「지방세기본법」 제90조와 제94조부터 제100조까지의 규정을 준용한다.

⑦ 지방자치단체의 장은 사용료·수수료 또는 분담금을 내야 할 자가 납부기한까지 그 사용료·수수료 또는 분담금을 내지 아니하면 지방세 체납처분의 예에 따라 징수할 수 있다.

- 물론, 공공시설의 상당수는 공유재산인 경우가 대부분이다. 따라서 공유재산에 해당하는 공공시설이라면 그 사용료에 관한 연체료·변상금과 그 강제징수에 대하여 「공유재산 및 물품 관리법」의 규정을 적용하면 되기 때문에 특별히 문제가 되지 않는다. 그렇지만, 공유재산이 아닌 공공시설인 경우에는 이와 같은 연체료·변상금 및 강제징수 적용이 곤란하다.

- 따라서 공공시설의 사용료 부과·징수에 관한 규정인 「지방자치법」 제157조에 사용료에 관한 연체료·변상금과 그 강제징수 규정을 추가하는 것이 바람직하다고 본다. 공공시설의 설치 및 운영에 관한 조례에서 직접 연체료·변상금과 그 강제징수에 대하여 규정하는 것은 불가능하다.

- 주민의 권리 제한 또는 의무부과에 관한 사항을 법령의 위임 없이 규정하는 것은 「지방자치법」 제28조 제1항 단서에 위배되어 무효가 되기 때문이다. 실제로 조례 등 자치법규에서 공공시설의 사용료에 관하여 연체료·변상금과 그 강제징수에 대하여 별도로 규정하고 있는 경우는 거의 없다.

- 다만, 대부분의 지방자치단체에서 아래 조례와 같이 사용료를 사전에 납부하도록 함으로써 분란의 소지를 없애고 있는 것으로 보인다. 사용료를 사전에 납부하도록 하면 연체료 또는 변상금이 문제될 소지가 없으며, 그 강제징수의 여지가 없기 때문이다.

○○시 평생학습 및 평생학습관 운영 조례

제19조(사용료 등) ① 평생학습관 시설의 사용허가를 하는 경우에 별표에 의한 사용료와 학습비(이하 "사용료 등"이라 한다)는 사전에 납부하여야 한다.

② 사용자가 허가된 사용시간의 일부만 사용한 경우에도 전부 사용한 것으로 보아 사용료를 납부하여야 한다. 다만, 사용자가 허가된 사용시간을 초과하여 사용한 경우에는 별표에서 정한 초과사용료를 사용 종료 후 즉시 납부하여야 한다.

③ 관장은 제1항 이외에 시설의 활용도를 높이고 다양한 프로그램의 개발을 위하여 사용료 등을 별도로 정할 수 있다.

공공시설을 통해 제공하는 서비스에 대한 이용료·요금

- 둘째, 공공시설을 활용한 서비스의 제공에 대한 이용료 또는 요금을 직접 조례로 규정하는 것이 가능할까?

- 「지방자치법」 제153조 및 제156조 제1항에 따라 지방자치단체의 공공시설 설치 및 운영에 관한 조례에서 사용료의 징수에 관한 사항 외에 이용료 또는 요금의 징수에 관하여 직접 규정하고 있는 경우가 있다.

- 앞서 살펴본 바와 같이, 공공시설의 이용에 관한 사용료와 공공시설을 활용한 서비스의 제공에 대한 이용료 또는 요금은 구별되며, 최소한 구별해서 입법하여야 한다.

- 따라서 「지방자치법」 제153조 및 제156조 제1항에 따라 공공시설의 이용에 대한 사용료의 징수에 관하여 조례에서 규정하는 것은 바람직하지만, 해당 공공시설을 활용한 서비스의 제공에 대한 이용료 또는 요금까지 직접 조례에서 규정하는 것이 바람직한지 생각해 볼 필요가 있다.

- 우선, 「지방자치법」 제153조 및 제156조 제1항은 공공시설의 이용에 대한 사용료의 징수에 관한 사항만을 조례로 정하도록 하고 있고, 해당 공공시설을 활용한 서비스의 제공에 대한 이용료 또는 요금에 대하여는 침묵하고 있다. 즉, 이용료 또는 요금을 해당 조례에서 직접 규정할 필요는 없다는 의미이다.

- 공공시설을 이용한 서비스의 제공이란 해당 공공시설의 본래적 기능에 부합되는 서비스를

제공하는 것으로, 예를 들어 해당 공공시설이 영화관이라면 영화 상영 행위를 말한다. 공공시설인 영화관의 이용 허가를 받아 영화 상영행위를 하는 것은 공공시설의 이용에 해당하지만, 영화관의 이용 허가를 받아 그 이용에 대한 사용료를 지불하고 주민들에게 영화 상영을 하는 행위는 서비스를 제공하는 것으로 영화관의 이용과 영화관을 이용한 서비스의 제공 행위는 구별할 필요가 있다.

- 생각건대, 「지방자치법」 제153조 및 제156조에서 공공시설의 이용에 대한 사용료의 징수에 관한 사항을 조례로 정하도록 한 것은 지방자치단체의 재정적 부담으로 설치·운영하고 있는 공공시설의 무단 사용을 금지하고 지방재정 수입의 하나인 사용료를 제대로 받도록 하려는 것으로, 해당 공공시설의 이용이 아닌 그 시설을 활용한 서비스의 제공에 대한 이용료나 요금 등 그 대가와는 구별되어야 한다.

- 아울러, 공공시설을 활용한 서비스를 제공하는 민간 사용자에 있어서는 일종의 영업활동에 해당하는 경우가 많기 때문에, 동종의 유사한 서비스 제공과 경쟁 관계에 있어서 해당 서비스의 제공 대가로 받는 가격을 조례 등으로 직접 정하는 것은 적합하지 않은 면이 있다.

- 가격이 지나치게 낮으면 다른 경쟁자의 경쟁력을 떨어뜨리거나 반대로 해당 서비스 제공자의 손해를 강요하게 되고, 반대로 가격이 지나치게 높으면 해당 서비스 제공자의 경쟁력을 떨어뜨리게 된다. 공공시설을 활용한 서비스의 제공에 대한 이용료 또는 요금을 조례 등으로 확정하는 것은 자칫 사적인 경제 영역에서의 부당한 관여가 되어 넓은 의미에서 헌법상 시장경제 질서에 위배되는 점이 있다.

- 공공시설에 관한 이용료 또는 요금의 징수에 관한 규정은 없으나, 「공유재산 및 물품 관리법」 제27조 제6항에서 이 문제를 입법적으로 해결규정하고 있다.

공유재산 및 물품 관리법

제27조(행정재산의 관리위탁) ① 지방자치단체의 장은 행정재산의 효율적인 관리를 위하여 필요하다고 인정하면 대통령령으로 정하는 바에 따라 지방자치단체 외의 자에게 그 재산의 관리를 위탁(이하 "관리위탁"이라 한다)할 수 있다.

⑥ 제1항에 따라 관리위탁을 받은 자가 미리 해당 지방자치단체의 장의 승인을 받은 경우에는 이용료를 관리위탁받은 행정재산의 관리에 드는 경비에 충당하거나, 그 행정재산의 효율적 관리 등으로 인하여 증대된 이용료 수입의 전부 또는 일부를 관리위탁을 받은 자의 수입으로 할 수 있다.

- 따라서 공공시설을 활용한 서비스의 제공에 대한 이용료 또는 요금을 조례에서 직접 규정하는 것은 바람직하지 않다. 다만, 다음에서 살펴보는 바와 같이 공공시설을 활용한 서비스의 제공이 어떤 유형에 해당하느냐에 따라 다소 차이가 있을 수 있다.

- 공공시설을 활용한 서비스의 제공 형태를 몇 가지로 나누면, 서비스 제공의 방식에 따라 (1) 공공시설을 이용하는 것 자체가 그 서비스를 제공받는 것과 동일한 경우 〈관리 위탁이 필요하지 않아 직영하는 경우〉, (2) 지방자치단체가 공공시설을 직접 운영하여 서비스를 제공하는 경우 〈관리 위탁이 가능하지만 직영하는 경우〉, (3) 지방자치단체의 사용 허가를 받은 민간 사용자가 해당 공공시설을 활용하여 서비스를 제공하는 경우 〈관리 위탁하는 경우〉 등 3가지 유형으로 구분할 수 있다.

제1유형 : 체육시설

- 대부분의 체육시설은 지방자치단체의 부담으로 설치 및 직접 운영하고 있는데, 체육시설의 사용 허가를 받은 이용자는 지방자치단체 또는 민간 사업자의 별도 추가적인 서비스 제공을 필요로 하지 않고 이용자가 직접 해당 시설을 사용하는 관계가 된다.

- 제1유형에 해당하는 경우 사용료와 이용료 및 요금 간의 구분이 어렵게 되며, 따라서 체육시설의 이용에 대한 사용료가 되었든 이용료 또는 요금이 되었든 해당 조례에서 직접 규정하는 데에 아무런 문제가 없다.

- 아래의 조례와 같이 대부분의 체육시설에 대한 사용료 규정은 그 자체가 이용료 또는 요금이 되기도 한다.

○○시 체육시설 관리 및 운영 조례

제1조(목적) 이 조례는 ○○시 체육시설의 관리 및 운영에 필요한 사항을 규정함을 목적으로 한다.
제7조(사용료) ① 체육시설의 사용료는 별표 1부터 별표 5까지로 한다.
② 사용료는 사용허가 신청시에 납부하여야 한다. 다만, 연중 계속적으로 사용할 경우에는 사용 만료 후 다음 달 10일까지 정산 납부할 수 있다.
③ 제2항의 사용료 징수는 이 조례에 정한 것 이외에는 지방세징수의 예에 따른다.

제2유형 또는 제3유형의 구분

- 여기서 제2유형 및 제3유형에 대해 검토하기 전에 그 구분방식과 기준을 먼저 살펴보기로 한다.

- 앞서 살펴본 '체육시설 관리 및 운영 조례'를 살펴보면, 지방자치단체가 보유하는 체육시설 사용료의 부과기준이 별표 1부터 별표 5까지 다양하다. 종합운동장부터 각종 구기 종목 등을 위한 다양한 체육시설을 보유하고 있음을 알 수 있다.

- 여기서는 위 조례 제7조 제1항에 따른 체육시설의 사용료 별표 1을 살펴보기로 한다.

- 아래의 별표를 보면, 다음과 같이 체육시설의 '전용 사용료'가 구체적으로 기재되어 있는데, 이 경우 해당 체육시설의 사용료는 별도 추가적인 서비스 제공을 필요로 하지 않고 주민인 이용자가 직접 해당 시설을 사용하는 관계가 되기 때문에 이용료 또는 요금과 동일한 개념으로 이해할 수 있다. 별표 1의 '스포츠 클라이밍 장'란을 보면 평일 3만원, 토·공휴일은 4만원으로 되어 있다. 이 금액은 해당 시설의 사용료 겸 이용료 또는 요금이라고 할 수 있다.

[별표 1 : 전용 사용료]

시설별		사용 구분	체육경기		체육경기 외 행사	
			평 일	토·공휴일	평 일	토·공휴일
종합 운동장 주경기장	육상장 (트 랙)	주간	40,000	60,000	200,000	300,000
		야간	60,000	90,000	300,000	400,000
	잔디축구장	주간	200,000	300,000	1,000,000	1,200,000
		야간	300,000	500,000	1,200,000	1,500,000
체육관		주간	60,000	100,000	400,000	600,000
		야간	100,000	130,000	500,000	750,000
종합운동장 야구장		주간	90,000 (200,000)	100,000 (300,000)	300,000	400,000
		야간	100,000 (300,000)	150,000 (500,000)	400,000	500,000
워밍업장 (종합운동장 내)		주간			60,000	90,000
		야간			90,000	120,000

시설별	사용 구분	체육경기		체육경기 외 행사	
		평 일	토·공휴일	평 일	토·공휴일
인조잔디구장	주간	30,000	40,000	300,000	400,000
	야간	40,000	50,000	400,000	500,000
테니스장(면당)	주간	20,000	30,000	40,000	60,000
	야간	26,000	39,000	52,000	78,000
궁 도 장	주간	20,000	30,000	-	-
정 구 장 (면 당)	주간	40,000	60,000	80,000	120,000
기타체육관 (배드맨턴, 농구경기장 포함)	주간	60,000	100,000	180,000	300,000
	야간	90,000	130,000	270,000	390,000
여기산 실내 게이트볼장	상시	무 료	무 료		
풋살구장	주간	30,000	40,000	40,000	50,000
	야간	25,000	35,000	35,000	45,000
스포츠 클라이밍장	상시	30,000	40,000	-	-

- 반면에, 별표 3은 '스포츠 클라이밍 장'에 대한 강습 사용료를 규정하고 있으며, 여기서 규정하고 있는 사용료는 별표 1의 사용료와 다르다. 별표 1의 '스포츠 클라이밍 장' 사용료는 해당 시설만을 이용하게 하는 경우의 사용료인 반면, 별표 3의 사용료는 해당 스포츠 시설을 활용한 강습회라는 서비스를 제공하는 것에 대한 좁은 의미에서의 이용료 또는 요금이라고 할 수 있다.

[별표 3 : 스포츠 클라이밍 장 강습프로그램 월 사용료]

대 상	주 1회	주 2회	주 3회	주 4회	주 5회	주 6회
성 인	13,000	25,000	32,000	36,000	40,000	45,000
군인/청소년	11,000	19,000	24,000	32,000	37,000	41,000
노인/어린이	10,000	18,000	25,000	30,000	36,000	39,000

- 이처럼 별표 3의 강습프로그램 사용료와 같은 이용료 또는 요금을 조례에서 직접 규정하는 것이 바람직한가?

- 여기서 위 조례의 제7조 제1항에 따른 체육시설의 사용료 별표 3은 공공시설을 활용한 서비스의 제공에 따른 이용료 또는 요금이라고 할 수 있다. 그리고 강습 프로그램과 같은 서비스의 제공 방식이 앞서 살펴본 공공시설의 유형 중 (2) 또는 (3) 어느 것에 해당하는지 판단할 필요가 있다.
  만일 스포츠 클라이밍 장의 강습 프로그램이 지방자치단체가 직접 운영하는 것이라면 (2)의 경우에 해당하고, 지방자치단체의 장으로부터 사용 허가를 받은 자가 운영하고 제공하는 것이라면 (3)의 경우에 해당한다고 보아야 한다.

- 위 조례는 해당 공공시설의 운영이 (2) 또는 (3) 중 어느 유형에 해당하는지 규정하고 있지 않은데, 해당 서비스의 제공에 대한 사후관리 및 투명한 행정 차원에서도 조례에서 어느 유형의 서비스 제공에 해당하는지 명시적으로 규정하는 것이 바람직하다.

- 공공시설을 이용하는 주민의 입장에서는 어느 유형인지가 중요한 것은 아니고 그 금액이 중요하겠지만, 공공시설을 운영하거나 서비스 또는 프로그램을 제공하는 민간 사업자의 입장에서는 심각한 문제가 생긴다. 굳이 조례로 규정할 필요가 없는 이용료 또는 요금을 조례에 규정하고 있다는 이유만으로도 불이익이 된다. 물가나 원가의 상승과 임금인상 등 경제적인 유발요인이 있어서 조례를 개정하기 전에는 이용료 또는 요금을 변경할 수 없기 때문이다.

제2유형 : 지방자치단체가 직접 서비스 제공

- 만일 위 조례의 별표 3의 '스포츠 클라이밍 장'에 대한 강습 사용료 규정이 두 번째 유형의 경우처럼 지방자치단체가 그 공공시설을 직접 운영하여 서비스를 제공하는 경우라면 그 이용료 또는 요금을 조례에서 직접 규정하는 것도 무방하다.

- 이용료 및 요금은 성격상 사용료와 구분되는 것이 분명하지만, 공공시설을 활용한 서비스의 제공 주체가 민간이 아니라 해당 지방자치단체라면 그 서비스 제공에 따른 가격(이용료 또는 요금)을 직접 조례에서 규정하더라도 문제가 될 소지가 적다. 서비스 제공의 주체가 갖는 공공적 성격으로 인해 관련 민간 분야에 미치는 영향이 적고 자본주의 시장기능을 침해할 소지가 적기 때문이다.

- 지방자치단체의 재산 관리 책무보다는 주민의 복리 차원에서 경제성·효율성이 다소 떨어지더라도 조례에서 가격을 직접 규정하는 것이 바람직한 점도 없지 않다.

- 특히, 「지방자치법」 제156조 제1항에서 지방자치단체가 제공하는 공공 서비스에 대한 비용으로서의 수수료 징수를 원칙적으로 조례로 정하도록 규정하고 있는 취지를 고려하면, 지방자치단체가 직접 공공시설을 이용하여 서비스를 제공하는 제2유형의 경우 그 이용료 또는 요금을 조례로 규정하더라도 특별히 문제되지 않는다고 보아야 할 것이다.

- 다른 사례를 더 살펴보기로 한다.
  앞서 살펴본 '평생학습관의 설치 및 운영에 관한 조례'에서는 사용료와 함께 학습비에 대해서 규정하고 있는데, 이 조례 제19조 제1항 및 별표 1 제2호에 해당하는 학습비란의 해당 요금은 지방자치단체가 직접 운영하는 평생학습관에서 강습회 등을 제공하고 강습회 프로그램에 대한 대가로서 이용료 또는 요금의 명목으로 부과·징수하는 것이다.

○○시 평생학습 및 평생학습관 운영 조례

제19조(사용료 등) ① 평생학습관 시설의 사용허가를 하는 경우에 별표에 의한 사용료와 학습비(이하 "사용료 등"이라 한다)는 사전에 납부하여야 한다.

② 사용자가 허가된 사용시간의 일부만 사용한 경우에도 전부 사용한 것으로 보아 사용료를 납부하여야 한다. 다만, 사용자가 허가된 사용시간을 초과하여 사용한 경우에는 별표에서 정한 초과사용료를 사용 종료 후 즉시 납부하여야 한다.

③ 관장은 제1항 이외에 시설의 활용도를 높이고 다양한 프로그램의 개발을 위하여 사용료 등을 별도로 정할 수 있다.

[별표 1 : 사용료 및 학습비]

2. 학습비

구 분		회 당 시간	주 당 회수	월(4주) 이용료	비 고
건강 스포츠교실	배드민턴	2	5	25,000	
	요가	2	3	15,000	
일반강좌·전문강좌 등		2	1	6,000	
		2	2	10,000	
		3	2	15,000	

- 이처럼 제2유형에 해당하는 이용료 또는 요금은 해당 조례에서 직접 규정하는 것도 무방하며, 오히려 바람직스럽다고 할 수 있다.

제3유형 : 민간이 직접 서비스 제공

- 다음으로, 지방자치단체의 공공시설 이용 허가를 받은 민간 사용자가 해당 공공시설을 활용한 서비스를 제공하는 경우라면, 그 이용료 또는 요금을 조례에서 직접 규정하는 것은 바람직하지 않은 점이 많다.

- 그렇다면, 제3유형에 있어서는 어떤 형태의 입법이 바람직할까? 자유방임식으로 관여하지 않는 것이 최선은 아니다. 이용료 또는 요금에 대한 일정한 통제가 필요하다.

- 물론, 사업자로서의 민간 사용자에 대해 가격에 해당하는 이용료 또는 요금을 조례 등에서 직접 규정하는 것은 자율적인 시장의 가격기능을 침해할 뿐만 아니라 가격의 경직성으로 인해 유연한 대응을 제한할 수 있다. 반면에, 지방자치단체의 부담으로 설치·운영하고 있는 공공시설에 대한 이용 허가를 받은 민간 사용자에 대해 가격에 해당하는 이용료 또는 요금을 자의적으로 선정 및 부과하게 하면 공공시설의 설치 및 운영 목적에 위배될 가능성이 크다.

- 결국, 민간 사용자의 가격 결정의 자율권을 최대한 보장하되, 공공시설의 설치취지에 맞게 적정한 가격 산정이 보장되는 수준에서 입법이 이루어지는 것이 바람직하다고 본다.

- 아래의 '구민회관 설치 및 운영 조례'에서 보는 것처럼 관람료와 같이 민간 사용자가 제공하는 서비스의 가격이나 이용료 또는 요금은 해당 지방자치단체의 장과 협의하거나 승인을 받도록 하는 것이 바람직하다고 본다.

○○시 ◇◇구민회관 설치 및 운영 조례

제1조(목적) 이 조례는 ○○시 ◇◇구민회관의 설치 및 운영에 필요한 사항을 규정함을 목적으로 한다.

제3조(정의) 이 조례에서 사용하는 용어의 뜻은 다음 각 호와 같다.

1. "시설"이란 회관의 모든 시설을 말하며, "부속시설"이란 그에 부속된 설비 또는 부품을 말한다.
2. "시설의 사용"이란 제1호에 따른 회관의 시설을 이용하거나 방송, 광고게시, 공연, 전람 등 그 밖에 행위를 말한다.
3. "사용자"란 ○○시장(이하 "시장" 이라 한다)이 직접 운영하는 시설을 이용하는 사람이나 단체를 말한다.
4. "전용 사용자"란 회관시설의 일부 또는 전체를 일정기간 전용으로 사용하는 사람이나 단체를 말하며, "사용료" 란 사용자 또는 전용 사용자(이하 "사용자 등"이라 한다)가 납부하는 요금을 말한다.

제6조(사용료 및 납부) ① 회관시설의 사용료는 별표 1의 기준에 따라 사용허가서 발급과 동시에 납부해야 하며, 수강료는 사용신청 시에 납부해야 한다.
② 전용 사용자는 관람객으로부터 관람료를 받을 수 있다. 이 경우 관람료는 시장과 사전에 협의하여 정해야 한다.

- 한편, 민간 사용자가 공공시설을 활용하여 제공하는 서비스의 이용료 또는 요금의 징수와 관련해서 다양한 유형의 사용료 징수 방법이 있다. 민간 사용자에 대한 공공시설의 이용 허가 및 그에 따른 사용료 부과·징수와는 별도로 민간 사용자의 서비스 제공에 따른 이용료 또는 요금의 징수에 대하여도 일정한 사용료를 다시 부과하는 것이다.
- 즉, 추가적인 이윤창출에 대하여 다시 사용료를 부과하는 방법이다. 이는 해당 지방자치단체가 재정적 소요에 충당하기 위해서 민간 사용자에게 이중의 부담을 주는 결과를 초래하고 있지만, 넓게 보면 이 또한 사용료 책정방식의 하나이며, 이를 제한할 수 있는 마땅한 근거가 없다. 이를 금지하는 법령도 없다.
- 예를 들어, 아래와 같은 '평생학습관 운영 조례'에서는 평생학습관 관장의 사전 승인을 받아 관람권을 발행하되, 관람권 발행을 해당 평생학습관에서 대행해주고 수수료를 받을 수 있도록 한 경우도 있으며, '체육시설 관리 운영 조례'에서는 별도의 사전 승인을 하지 않되, 관람권 발행에 따른 수입의 10%를 추가 사용료로 징수하는 경우도 있다.

○○시 평생학습 및 평생학습관 운영 조례

제25조(관람료) ① 사용자는 관람권, 입장권, 예매권(이하 "관람권 등"이라 한다)을 발행하여 공연이나 행사를 관람하고자 하는 자로부터 관람료를 징수할 수 있다.
② 제1항의 관람권 등은 시설 좌석 수 등 수용능력 범위에서 사용자의 부담으로 발행하되, 사전에 관장의 승인을 받아야 한다.
③ 관람권 등의 매표는 사용자의 책임으로 하되, 매표 및 예매를 평생학습관에 위탁할 수 있으며, 이 경우 대행에 따른 수수료는 관람료 수입액의 10퍼센트 범위에서 상호 협의하여 결정한다.

○○시 체육시설 관리 운영 조례

제8조(관람권 수입에 의한 사용료 징수) ① 전용사용자가 관람권(초대권, 초청장에 대해서는 사용료를 징수하지 않는다)을 발행할 경우에는 조례 제7조의 사용료와 관람 수입 총액의 100분의 10(프로경기는

> 100분의 15)을 사용료로 징수한다. 다만, 관람권 수입이 제7조에 따른 전용 사용료 미만일 때에는 예외로 한다.
> ② 제1항에 따른 사용료는 종료 후 7일 이내에 정산 납부하여야 한다. 다만, 체육경기 이외의 행사(마당놀이, 음악회, 콘서트 등)에 대하여 관람권을 발행하는 경우 검인된 금액의 100분의 10에 해당하는 예치금을 검인과 동시에 세입세출외현금 계좌에 선납하고 행사 종료 후 3일 이내에 정산한다.
> ③ 제2항에 따른 예치금은 보증보험증권으로 대체할 수 있으며 현금으로 납부할 경우 예치금 최고 한도는 다음 각 호와 같다.
> 1. 종합운동장 주경기장·야구장 : 1천500만원
> 2. 체육관, 그 밖의 시설 : 3천만원

- 위 체육시설 조례의 사례는 지방재정의 확보에 크게 도움이 된다는 점에서 지방자치단체에는 유리하지만, 지방자치단체의 장의 사전 승인 없이 자의적으로 관람권을 발행할 수 있다는 점에서 민간 사용자에 대한 적절한 통제가 곤란하다는 단점이 있다.

민간이 제공하는 서비스에 대한 직접적인 가격 통제는 문제

- 이상 살펴본 것처럼 비록 지방자치단체가 설치·운영하는 공공시설이라 하더라도 민간 사용자가 이를 활용하여 제공하는 서비스에 대한 이용료 또는 요금을 조례로 직접 통제하는 것은 부당한 측면이 있다.

- 지방자치단체가 설치·운영하는 공공시설에 대한 이용료 또는 요금에 대해서는 별도의 민간 사용자가 있더라도 그 가격을 직접 조례에서 규정하는 경우가 적지 않다. 아래의 사례와 같이 사격장을 비롯한 각종 공공시설이 별도의 민간 사용자 또는 관리 위탁 방식으로 운영되며, 이 경우 이용료 또는 요금을 직접 조례에서 규정하고 있다.

- 문제는 민간 사용자에 대한 직접적인 가격 통제가 결국은 주민에게 돌아온다는 것이다. 경직된 가격으로 인해 서비스의 질이 떨어지고 다른 명목으로 가격인상분에 해당하는 이용료 또는 요금을 올리는 경우가 많기 때문이다.

- 또한, 민간 사용자의 서비스 제공에 대한 이용료 또는 요금을 조례에서 직접 통제하는 경우 민간 사용자가 손실을 보게 되면 지방자치단체가 손실보전을 하지 않을 수 없다. 실제로 조례에 따라 체결하는 위탁계약의 내용에는 민간 사용자가 입은 손실에 대한 보상 등이 포함되어

있는데, 굳이 지방자치단체가 직접 운영하지 않는 사업에 대한 가격을 조례로 정하고 그에 따른 손실까지 떠안는 이중의 노고를 하는 까닭을 알 수 없다.

○○군 사격장 운영 조례

제5조(위탁협약) ① 군수는 사격장시설의 관리 및 운영을 위탁하는 경우에는 수탁자와 위탁·수탁에 관한 협약을 체결하여야 한다.

② 위탁·수탁기간은 5년 이내로 하되, 한 번만 갱신할 수 있다. 이 경우 갱신기간은 5년 이내로 한다.

③ 제2항에도 불구하고 수의계약의 방법으로 관리위탁을 한 경우에는 관리위탁을 받은 자의 수행실적 및 관리능력 등을 평가한 후 그 기간을 두 번 이상 갱신할 수 있다. 이 경우 갱신기간은 갱신할 때마다 5년을 초과할 수 없다.

④ 군수가 사격장시설을 위탁관리하게 하는 경우에는 사격장운영에 필요한 운영비에 대하여는 수탁자 부담금, 사격장이용료, 기타 수익금으로 충당하게 한다.

제6조(운영지원) ① 군수는 사격장시설의 수탁자에게 사격장시설의 운영에 필요한 경비를 예산의 범위에서 지원할 수 있다.

② 군수는 수탁자에게 위탁사무의 수행에 필요한 공유재산을 사용하게 할 수 있다.

③ 제1항에 따라 지원할 경우에는「○○군 지방보조금 관리 조례」가 정하는 규정을 이행하여야 한다.

제11조(사용료) 사격장시설을 사용하는 자는 운영자에게 사용료를 납부하여야 하며, 사용료는 별표 1 및 별표 2와 같다.

- 공공시설의 사용료와 그 이용료·요금은 서로 다른 제도이며, 구분해서 별도로 규정하는 것이 바람직하다. 또한, 민간 사용자가 제공하는 서비스의 가격을 지방자치단체가 직접 통제하는 것은 문제가 있다.

공공시설의 사용료 감면

- 사용료의 감면이란 사용료를 감경(減輕)하는 것과 면제(免除)하는 것을 말한다.
- 공공시설의 사용료와 관련해서 「지방자치법」 제156조는 “사용료의 징수에 관한 사항은 조례로 정한다.”고 규정하고 있는데, 여기서 조례의 규정 대상은 단지 사용료의 부과 및 징수에 관한 사항만이 아니며, 여기에는 사용료의 감면에 관한 것도 포함되는 것으로 해석된다.
- 따라서 상위 법령 등에 특별한 규정이 없더라도 공공시설의 설치 및 운영에 관한 조례에서는

사용료의 감면에 관한 사항을 당연히 규정할 수 있다.

- 사용료의 감면에 관한 사항은 국민의 권리를 제한하거나 새로운 의무를 부과하는 것과 직접 관련이 없기 때문에 상위 법령의 근거가 없이 조례로 규정하더라도 「지방자치법」 제28조 제1항 단서를 위반한 것으로 보지 않는다.

- 다만, 지방자치단체의 수입의 중요한 구성요소가 되는 사용료의 무분별한 감면은 지방재정 악화의 원인이 될 수 있고, 차별적 감면은 주민의 이해관계에 미치는 영향이 크므로 그 주요 내용은 반드시 조례에서 정하여야 한다. 또한, 감면의 대상과 감면의 구체적인 비율 등 중요한 사항은 아래의 사례와 같이 해당 조례에서 직접 규정하는 것이 바람직하다.

○○시 ◇◇구민회관 설치 및 운영 조례

제7조(사용료의 감면) 시장은 다음 각 호의 경우에는 사용료를 감면할 수 있다. 이 경우 감면사유가 둘 이상인 경우에는 감면 비율이 높은 하나만 적용하되 부속시설 사용료는 감면하지 않는다.

1. 전액감면
   가. 시가 주최·주관하는 행사
   나. 치안, 안보, 국방 등 국가적 행사에 관한 사항으로 시장이 필요하다고 인정할 때
2. 반액감면
   가. 「국가유공자 등 예우 및 지원에 관한 법률」에 따른 국가유공자와 그 유족 또는 가족, 고엽제 환자로 국가보훈처에 등록된 사람
   나. 「국민기초생활보장법」에 따른 수급자
   다. 「장애인복지법」에 따른 등록장애인. 다만, 장애정도가 심한 장애인 경우는 동반하는 보호자 1인 포함
   라. 「한부모가족지원법」에 따라 보호받는 한부모가족
3. 20퍼센트 감면 : 시에 등록된 자원봉사자로 마일리지 점수가 15,000점 이상인 사람
4. 10퍼센트 감면
   가. 시설의 수영장을 이용하는 여성회원 중 만13세 이상 55세 이하의 가임기 여성과 생리를 확인할 수 있는 진단서 또는 소견서를 제출한 여성
   나. 저탄소 녹색생활 활성화를 위하여 그린카드로 사용료·관람료를 납부하는 사람

- 사용료의 감면에 대하여 지나친 포괄 위임은 바람직하지 않다. 구체적인 기준을 조례에 근거하지 않고 시행규칙 또는 훈령·예규·고시 등 행정규칙에서 사용료 감면의 대상과 비율을 규정하거나 조례에서 예정하지 아니한 사유를 근거로 하여 하위 규정에서 감면함으로써 집행부가 지방의회의 통제 없이 자의적으로 운영하는 것은 부당하다.

- 사용료의 감면에 관한 구체적인 기준으로서 감면 대상자의 선정과 감면 비율에 관한 적합성 판단은 법적인 영역을 벗어난 정책적인 영역에 해당하기 때문에 여기서 직접 검증하기에 적합하지 않은 점이 있다.

- 예를 들어, 아래 사례의 조례에서 근로자종합복지관 사용료 감면 비율에 대해서 '시장이 주관하는 행사' 사용료의 100%를 감면하는 것이 합당한지 또는 이와 같은 행사 주최가 근로자복지회관의 설립 및 운영 취지에 부합되는지 판단하기는 쉽지 않다. 나아가, 시장이 주관하는 행사는 시의 주요한 행사로서 해당 지방자치단체의 부담으로 설치·운영하고 있는 공공시설을 활용하는데 특별히 문제되지 않는다고 하더라도, 시의 지원이 필요하다고 인정되는 비영리적인 문화예술 활동 및 공공복리를 위한 행사까지 사용료의 50%를 감면해야 하는지에 대해서는 논란이 있을 수 있다. 물론, 가임기 여성에 대한 사용료 감면 비율이 너무 미미해서 불만을 토로하는 부분도 있을 수 있음은 당연하다.

○○시 근로자종합복지관 설치 및 운영 조례

[별표 2] 근로자종합복지관 사용료 감면 비율(제4조 관련)

(단위 : %)

구분 시설명	대 상 자	사용료 감면비율	비 고
○○시 근로자복지관 시설사용료	시장이 주관하는 행사	100	
	근로자 단체로부터 근로자를 위한 행사 신청시 시장이 필요하다고 인정하는 사항	100	
	기타 시장이 특별한 사유가 있다고 인정하는 사항	100	
	시의 지원이 필요하다고 인정되는 비영리적인 문화, 예술행사 및 공공복리를 위한 행사	50	
○○시 근로자복지관 스포츠센터 사용료	「근로복지기본법」에 따른 근로자	50	증빙서류
	65세 이상 어르신(본인)	50	신분증
	「장애인복지법」 제2조에 규정한 장애인(본인)	50	복지카드
	「국가유공자 등 예우 및 지원에 관한 법률」에 따른 국가유공자와 그 유족	50	증빙서류
	시 자원봉사센터에서 발급한 우수자원봉사자증 소지자	50	증빙서류
	「국민기초생활 보장법」에 따른 수급자	30	증빙서류
	초/중/고등학생(본인)	30	증빙서류
	10세 이상 55세 이하 가임기 여성(수영장에 한함)	5	증빙서류

- 이처럼 사용료 감면의 대상 및 감면비율 등에 대한 주민의 이해관계가 쉽게 조율되지 않는 경우가 많다. 사용료의 감면에 대한 구체적인 결정은 법적인 시각에서 판단하는 것보다는 해당 지방자치단체의 집행부와 의회 및 주민의견 등을 종합적으로 고려해서 결정하는 것이 바람직하다고 본다. 지방자치단체의 내부적인 사정으로 보아야 하지 않을까 싶다.

- 다만, 사용료 감면의 대상 및 감면비율 등에 대한 집행부와 지방의회 상호간의 견해 차이 등으로 인한 조례안의 재의요구 사례가 적지 않은 것은 사실이다.

- 예를 들어, 지방의회에서 과도한 사용료 감면 조례안을 의결하면 집행부에서는 지방재정 사정상 이를 수용하기 곤란하다는 이유로 「지방자치법」 제32조 제3항에 따라 재의요구를 하는 사례가 늘고 있다.

- 이처럼 집행부와 지방의회 간의 이견으로 조례안 의결에 대한 재의 요구를 하더라도, 대법원 제소는 가급적 지양하는 것이 바람직하다. 대법원 제소는 법령 위반을 요건으로 하는데, 사용료의 감면 여부나 그 정도를 법령 위반으로 보기는 힘들기 때문이다.

사용료와 점용료

- 지방자치단체가 부과하는 사용료와 점용료의 차이는 앞서 설명한 바 있다.

- 점용료는 매우 공공성이 강한 도로·하천·도시공원 등에 대하여 예외적으로 일정 구역을 독점적으로 사용할 수 있도록 특허 성격을 갖는 점용의 허가를 하고 그에 대한 대가로서 받는 것으로 보아야 한다.

- 이용료나 사용료가 사용의 대가성이 큰 반면, 점용료는 특허 성격의 독점적 사용을 허용한 것의 대가를 의미한다고 할 수 있다. 점용료는 점용(占用)의 용어상 공공시설에 비해 하천이나 토지 등 부동산인 경우로 한정하여 적용되는 점도 사용료와 점용료의 차이 중의 하나로 볼 수 있다.

- 대표적인 '점용료' 관련 법률은 공원과 같은 공공물(公共物) 관련 법률이다.

- 「도시공원 및 녹지 등에 관한 법률」 제41조 제1항은 "특별시장·광역시장· 특별자치시장·특별자치도지사·시장 또는 군수는 제24조 제1항 또는 제38조 제1항에 따른 허가를 받아

도시공원 또는 녹지를 점용하는 자에 대하여 점용료를 부과·징수할 수 있다."고 규정하고 있다. 같은 법 제24조 제1항 및 제38조 제1항은 (1) 공원시설 외의 시설·건축물 또는 공작물을 설치하는 행위 (2) 토지의 형질변경 (3) 죽목(竹木)을 베거나 심는 행위 (4) 흙과 돌의 채취 (5) 물건을 쌓아놓는 행위 등을 하려는 경우 점용허가를 받도록 되어 있는데, 해당 시설 또는 부동산의 본래적 용도에 따른 사용보다는 당초 특정인의 독점적·배타적 사용이 금지되는 사안에 있어서 예외적으로 이를 허용한다는 점에서 특허와 유사한 성격의 사용에 해당한다.

도시공원 및 녹지 등에 관한 법률

제24조(도시공원의 점용허가) ① 도시공원에서 다음 각 호의 어느 하나에 해당하는 행위를 하려는 자는 대통령령으로 정하는 바에 따라 그 도시공원을 관리하는 특별시장·광역시장·특별자치시장·특별자치도지사·시장 또는 군수의 점용허가를 받아야 한다. 다만, 산림의 솎아베기 등 대통령령으로 정하는 경미한 행위의 경우에는 그러하지 아니하다.

1. 공원시설 외의 시설·건축물 또는 공작물을 설치하는 행위
2. 토지의 형질변경
3. 죽목(竹木)을 베거나 심는 행위
4. 흙과 돌의 채취
5. 물건을 쌓아놓는 행위

제38조(녹지의 점용허가 등) ① 녹지에서 다음 각 호의 어느 하나에 해당하는 행위를 하려는 자는 대통령령으로 정하는 바에 따라 그 녹지를 관리하는 특별시장·광역시장·특별자치시장· 특별자치도지사·시장 또는 군수의 점용허가를 받아야 한다. 다만, 산림의 솎아베기 등 대통령령으로 정하는 경미한 행위의 경우에는 그러하지 아니하다.

1. 녹지의 조성에 필요한 시설 외의 시설·건축물 또는 공작물을 설치하는 행위
2. 토지의 형질변경
3. 죽목을 베거나 심는 행위
4. 흙과 돌의 채취
5. 물건을 쌓아놓는 행위

제41조(점용료의 징수) ① 특별시장·광역시장·특별자치시장·특별자치도지사·시장 또는 군수는 제24조 제1항 또는 제38조 제1항에 따른 허가를 받아 도시공원 또는 녹지를 점용하는 자에 대하여 점용료를 부과·징수할 수 있다. 다만, 사유지에 대하여는 그러하지 아니하다.

② 제1항에 따른 점용료의 금액과 그 징수방법에 관하여 필요한 사항은 해당 특별시장·광역시장·특별자치시장·특별자치도지사·시장 또는 군수가 속하는 지방자치단체의 조례로 정한다.

- 공공시설에 있어서 점용료는 사용료에 비해 특별법적 효과를 갖는다고 보아야 한다.

- 즉, 공공시설의 이용에 대한 사용료는 「지방자치법」 제153조 및 제156조에 따라 사용료를 징수하면 되는 반면, 공공시설의 점용에 대한 점용료를 부과하려면 「도시공원 및 녹지 등에 관한 법률」 제41조 제1항과 같은 별도의 개별 법률 규정이 필요하다고 보아야 한다. 해당 시설의 본래적 목적에 사용하는 것이 아니라 특별한 목적을 위해 그 독점적 사용을 허락하는 것이므로 개별 법령에서 이를 허용하는 근거가 있어야 한다.

- 한편, 「도시공원 및 녹지 등에 관한 법률」 제41조 제2항에 따라 점용료의 금액과 징수방법을 해당 지방자치단체의 조례로 정할 수 있다. 여기서 사용료와 비교해서 몇 가지 고려할 부분이 있다.

- 먼저, 「도시공원 및 녹지 등에 관한 법률」 제41조 제2항을 근거로 조례에서 연체료·변상금을 부과할 수 있는지 여부이다. 점용료의 부과 대상이 되는 도시공원 및 녹지가 공유재산에 해당한다면 「공유재산 및 물품 관리법」 제97조 제2항 및 제3항이 적용되어 점용료의 납부 이행을 않는 경우 연체료를, 점용 허가를 받지 않고 점용한 경우에는 변상금을 각각 부과할 수 있다고 보아야 한다.

- 그렇지만, 공유재산이 아닌 도시공원 및 녹지에 해당하는 경우에는 이와 같은 연체료·변상금의 적용이 곤란하다고 본다. 「도시공원 및 녹지 등에 관한 법률」에서도 별도로 규정하고 있지 않기 때문이다.

- 다음으로, 점용료에 대한 강제징수 문제는 개별 법률에서 입법적으로 해결하고 있다. 즉, 「도시공원 및 녹지 등에 관한 법률」 제43조는 "특별시장·광역시장·특별자치시장·특별자치도지사·시장 또는 군수는 이 법에 따른 점용료를 내지 아니한 자에 대하여는 지방세 체납처분의 예에 따라 징수한다."고 규정하여 강제징수가 가능하도록 하였다.

도시공원 및 녹지 등에 관한 법률

제41조(점용료의 징수) ① 특별시장·광역시장·특별자치시장·특별자치도지사·시장 또는 군수는 제24조 제1항 또는 제38조 제1항에 따른 허가를 받아 도시공원 또는 녹지를 점용하는 자에 대하여 점용료를 부과·징수할 수 있다. 다만, 사유지에 대하여는 그러하지 아니하다.
② 제1항에 따른 점용료의 금액과 그 징수방법에 관하여 필요한 사항은 해당 특별시장·광역시장·특별자치시장·특별자치도지사·시장 또는 군수가 속하는 지방자치단체의 조례로 정한다.

제43조(점용료의 강제 징수) 특별시장·광역시장·특별자치시장·특별자치도지사·시장 또는 군수는 이 법에 따른 점용료를 내지 아니한 자에 대하여는 지방세 체납처분의 예에 따라 징수한다.

- 점용료의 감면에 대해서는 판단하기가 쉽지 않다.
- 「도시공원 및 녹지 등에 관한 법률」 제41조 제2항에서는 '점용료의 금액'과 그 징수방법에 대하여 조례로 정하도록 되어 있어서 점용료의 감면에 대하여 조례로 정할 수 없다는 견해도 있다.
- 그러나 넓은 의미에서 보면 점용료의 감면은 점용료의 금액 산정의 한 부분에 해당한다고 보아야 하며, 점용료의 감면은 국민의 권리를 제한하거나 의무를 부과하는 것과 직접적으로 관련이 없기 때문에 조례로 점용료의 감면 규정을 두는 것은 가능하다고 본다.
- 특히, 「도시공원 및 녹지 등에 관한 법률」 제42조 본문은 "도시공원 또는 녹지에 관한 입장료·사용료·점용료와 그밖에 도시공원 또는 녹지에서 발생하는 수익은 이를 부과 또는 징수한 지방자치단체의 수입으로 한다."고 규정하고 있어서 해당 지방자치단체가 그 수입에 귀속되는 점용료의 감면에 관한 사항을 지방의회의 의결을 거친 조례로써 규정하는 것은 문제가 없다고 본다.

도시공원 및 녹지 등에 관한 법률

제42조(점용료 등의 귀속 등) 도시공원 또는 녹지에 관한 입장료·사용료·점용료와 그 밖에 도시공원 또는 녹지에서 발생하는 수익은 이를 부과 또는 징수한 지방자치단체의 수입으로 한다. 다만, 제21조 제1항에 따라 도시공원 또는 공원시설을 관리하는 자가 제40조 제1항에 따라 징수하는 입장료 및 사용료는 해당 징수자의 수입으로 한다.

- 실제로 대부분의 지방자치단체는 특별히 법률에서 위임하고 있지 않더라도 '도시공원 및 녹지 등에 관한 조례'에서 점용료의 감면에 관한 규정을 두고 있다.

○○시 도시공원 및 녹지 등에 관한 조례

제1조(목적) 이 조례는 「도시공원 및 녹지 등에 관한 법률」, 같은 법 시행령 및 시행규칙에서 위임된 사항과 그 시행에 관하여 필요한 사항을 규정함을 목적으로 한다.

제40조(요금의 감면) ② 공원관리청은 다음 각 호의 어느 하나에 해당하는 경우에는 사용료 또는 점용료를 감면할 수 있다.

1. 국가 또는 지방자치단체가 민족적 의식 및 문화·체육행사 등을 하는 경우
2. 공익을 목적으로 비영리 사업을 하는 경우
3. 영구히 보전할 사적 또는 현저한 공적이 있는 기념비 등을 설치하는 경우
4. 그 밖에 공원관리청이 공익상 특히 필요하다고 인정하는 경우

사용료와 수수료

- 사용료가 공공시설이라는 물적 설비의 이용을 부과·징수의 대상으로 하고 있다면, 수수료는 지방자치단체가 제공하는 서비스를 대상으로 하고 있다는 점에 차이가 있다. 수수료는 주민이 서비스를 받을 때 부담하는 비용으로서, 지방자치단체가 제공하는 서비스로 인하여 이익을 얻는 특정인에 대해 부과·징수한다는 점에서 개별적·구체적인 대가성이 있다.

- 수수료와 관련하여 「지방자치법」 제154조 제1항은 "지방자치단체는 그 지방자치단체의 사무가 특정인을 위한 것이면 그 사무에 대하여 수수료를 징수할 수 있다."고 규정하고 있어서 지방자치단체가 제공하는 서비스라 하더라도 특정인을 위한 것이 아니라 일반 공중을 위한 서비스인 경우 수수료 징수가 불가능하다고 보아야 한다.

- 대법원은 '지방자치법 제154조 제1항의 취지는 지방자치단체의 사무가 특정인만을 위한 사무인 경우에 한정하여 수수료를 징수할 수 있다는 것이 아니라 지방자치단체의 사무가 특정인을 위한 사무인 동시에 지방자치단체 자신의 사무인 경우에도 수수료를 징수할 수 있다는 취지'로 판시하였다.

횡성군제증명등수수료징수조례무효확인

지방자치법 제128조(현 제154조) 제1항의 취지는 지방자치단체의 사무가 특정인만을 위한 사무인 경우에 한정하여 수수료를 징수할 수 있도록 하는 것이 아니라 당해 사무가 특정인을 위한 사무인 동시에 지방자치단체 자신을 위한 사무인 경우에도 수수료를 징수할 수 있도록 하는데 있다.
지방자치단체가 사경제 주체로서 주민 등과 계약을 체결함에 있어서 그 계약 상대방을 결정하는 사무는 전체적으로 보아 지방자치단체 자신을 위한 사무라고 할 것이지만, 지방자치단체가 그 계약 상대방을 결정하기 위한 방법으로서 경쟁입찰의 경우에 입찰에 참가하고자 하는 자로부터 입찰참가신청을 수리하는 사무나 수의계약의 경우에 수의계약을 체결하고자 하는 자로부터 수의계약신청 또는 견적서를 제출받는 사무는 지방자치단체 자신을 위한 사무인 동시에 입찰에 참가하고자 하는 자 또는 수의계약을 체결하고자 하는 자를 위한 사무라고 할 것이므로, 수의계약신청 또는 견적서 제출에 대하여 수수료를 징수하도록 한 지방자치단체의 조례안은 지방자치법 제128조 제1항에 위반되지 아니한다.
[대법원 1998. 9. 8., 선고, 98추26, 판결]

- 한편, 「지방자치법」 제154조 제2항 및 제3항에서는 위임사무에 대한 수수료의 징수에 관하여 규정하고 있는데, 제1항과의 관계를 검토해 보자.

지방자치법

제154조(수수료) ① 지방자치단체는 그 지방자치단체의 사무가 특정인을 위한 것이면 그 사무에 대하여 수수료를 징수할 수 있다.
② 지방자치단체는 국가나 다른 지방자치단체의 위임사무가 특정인을 위한 것이면 그 사무에 대하여 수수료를 징수할 수 있다.
③ 제2항에 따른 수수료는 그 지방자치단체의 수입으로 한다. 다만, 법령에 달리 정하여진 경우에는 그러하지 아니하다.

- 제154조 제1항에 따라 수수료를 징수할 수 있는 대상 사무는 지방자치단체의 사무, 즉 자치사무와 단체위임사무가 이에 해당한다. 그렇다면 제154조 제2항 및 제3항에서 규정하는 '지방자치단체의 위임사무'는 기관위임사무에 해당한다고 보아야 한다. 왜냐하면 제1항에서 자치사무와 단체위임사무에 대한 수수료 징수 규정을 두고서, 동일한 사안에 대하여 제2항 및 제3항에서 다시 규정하는 것은 있을 수 없기 때문이다.

- 이에 대해 제154조 제2항 및 제3항에서 규정하는 '지방자치단체의 위임사무'는 단체위임사무로 해석되어야 한다는 주장이 있다. 문구의 표현상 '지방자치단체의 위임사무'로 되어 있기 때문에 지방자치단체의 장의 위임사무와 구분되며, 따라서 오로지 단체위임사무만 이에 해당한다는 취지이다.

- 현행 법제에 있어서 자치사무와 단체위임사무는 차이가 없다. 지방자치단체에 처리가 위임된 사무는 '그 지방자치단체의 사무'가 된다. 따라서 제154조 제2항에서 규정하는 '지방자치단체의 위임사무'가 단체위임사무를 의미하는 것으로 의도되었다면 굳이 이와 같이 지방자치단체의 위임사무라는 표현을 쓸 필요가 없으며, 그냥 '지방자치단체의 사무'로 표현하면 된다.

- 따라서 제154조 제2항에서 '지방자치단체의 위임사무'란 국가 또는 다른 지방자치단체로부터 위임받은 기관위임사무로 보아야 할 것이다. 즉, 지방자치단체는 국가나 다른 지방자치단체의 기관위임사무가 특정인을 위한 것이면 다른 법령에 특별한 규정이 없으면 그 사무에 대하여 수수료를 징수할 수 있으며, 징수한 수수료는 그 지방자치단체의 수입으로 한다.

- 「지방자치법」 제156조 제1항 단서에서도 기관위임사무에 대한 수수료 징수에 관한 특례를 두고 있어 이 점을 확인하고 있다.

- 결국, 제154조 제2항 및 제3항은 지방자치단체가 기관위임사무를 처리하는 과정에서 그

사무가 특정인을 위한 것이면, 해당 사무를 위임한 기관이 아니라 이를 직접 수행하는 지방자치단체가 수수료를 징수하고 그의 수입으로 할 수 있는 특례를 둔 것으로 보아야 한다.

- 이와 관련해서 법제처 유권해석(법제처 09-0251, 2009.9.28)에 따르면, 읍·면·동에서 「민법」(법률 제471호) 부칙 제3조 제1항에 따라 주택임대차계약서에 확정일자를 부여하는 경우 조례로 그 수수료를 면제할 수 있는지와 관련하여 지방자치단체가 처리하는 사무의 구분 없이 조례로 수수료의 징수 및 면제가 가능하다고 해석하고 있다.

법제처 유권해석 : 09-0251

지방지방자치단체가 처리하는 사무 자체와 그 사무 처리에 따른 수수료는 구분되는 것이고, 수수료에 관해서는 「지방자치법」 제137조와 제139조가 조례로 위임하고 있으므로, **지방자치단체가 처리하는 자치사무나 위임사무가 특정인을 위한 것이면 「지방자치법」 제137조 및 제139조에 따라 사무의 구분에 관계없이 그에 소요되는 경비를 수수료로 징수하는 조례를 정할 수 있다고 보아야 할 것입니다.** 다만, 기관위임사무에서 수수료 등에 관하여 위임하는 개별법령이 있는 경우에는 그에 따라야 하고 법령의 취지와 다른 내용의 조례로 정할 수는 없다 할 것입니다.”……(중략) …… 읍·면·동의 주택임대차계약서 확정일자 부여업무는 그 성격상 사법행정사무로서 국가사무를 기관위임 받아 처리하는 것과 유사하다고 할 것이나, 이와 같은 읍·면·동의 주택임대차계약서 확정일자 부여업무에 따른 수수료에 관하여 지방자치단체의 장에게 명시적으로 위임하는 개별법령이 존재하지 아니하고, 수수료 규정에서도 통일적인 금액이나 조정범위에 대하여 규정하고 있지 않기 때문에 지방자치단체 사무의 수수료에 관한 일반규정인 「지방자치법」 제137조 및 제139조에 따라 읍·면·동의 주택임대차계약서 확정일자 부여업무의 수수료에 관한 조례를 정할 수 있다.

- 수수료의 징수에 관한 사항은 조례로 정한다. 다만, 국가가 지방자치단체나 그 기관에 위임한 사무와 자치사무의 수수료 중 전국적으로 통일할 필요가 있는 수수료에 관한 사항은 다른 법령의 규정에도 불구하고 ‘대통령령으로 정하는 표준금액’으로 징수하되, 지방자치단체가 다른 금액으로 징수하고자 하는 경우에는 표준금액의 50퍼센트 범위에서 조례로 가감 조정하여 징수할 수 있다(법 제156조 제1항).

- 이에 따라 대통령령인 「지방자치법 제156조 제1항 단서에 따른 전국적 통일이 필요한 수수료의 징수기준에 관한 규정」 별표에서는 ‘「게임산업진흥에 관한 법률」 제25조 제1항에 따른 게임제작업 등록신청 수수료 1건당 2만원’ 등 182개의 개별 사무에 대한 표준 수수료를 각각 정하고 있다.

지방자치법

제156조(사용료의 징수조례 등) ① 사용료·수수료 또는 분담금의 징수에 관한 사항은 조례로 정한다. 다만, 국가가 지방자치단체나 그 기관에 위임한 사무와 자치사무의 수수료 중 전국적으로 통일할 필요가 있는 수수료에 관한 사항은 다른 법령의 규정에도 불구하고 대통령령으로 정하는 표준금액으로 징수하되, 지방자치단체가 다른 금액으로 징수하고자 하는 경우에는 표준금액의 50퍼센트 범위에서 조례로 가감 조정하여 징수할 수 있다.

지방자치법 제156조 제1항 단서에 따른 전국적 통일이 필요한 수수료의 징수기준에 관한 규정

제1조(목적) 이 영은 「지방자치법」 제156조 제1항 단서에 따라 지방자치단체가 징수하는 수수료 중 전국적 통일이 필요한 수수료의 징수기준에 관한 사항을 정함을 목적으로 한다.

제2조(수수료의 징수기준) 「지방자치법」 제156조 제1항 단서에서 "대통령령으로 정하는 표준금액"이란 별표에서 정한 금액을 말한다.

- 지방자치단체가 제공하는 서비스의 질에 있어서 다소 차이가 있다고 하더라도 지역별 수수료의 편차가 심하면 주민의 불편과 불만의 원인이 될 수 있으며, 지역적 특수성을 반영할 필요가 없음에도 불구하고 지역별로 편차가 큰 수수료에 대해서는 지방자치단체 간의 형평성 차원에서 이를 조정하는 것이 바람직하다.

- 이러한 조정절차의 일환으로 그 서비스 제공에 따른 표준 수수료율을 법령에서 정하려는 것으로 보인다.

수수료 징수 조례

- 「지방자치법」 제156조 제1항 본문에서 수수료의 징수에 관한 사항을 조례로 정하도록 규정하고 있는데, 실무적으로는 개별 조례마다 수수료 관련 규정을 두는 것과 수수료 징수에 관한 일반 조례를 제정하는 두 가지 방법이 있다. 통상적으로 수수료 징수에 관한 일반 조례를 두되, 생활폐기물 배출이나 수질검사 또는 광고물 설치허가 등 개별 행정사무 중 중요한 사무에 대하여는 관련 조례에서 직접 규정하는 방식을 취하고 있다.

- 모든 지방자치단체는 '수수료 징수 조례'를 제정하고 있다. 일부 지방자치단체는 '제증명 등

수수료 징수 조례'라는 이름을 사용하고 있는데, 수수료의 가장 대표적인 사례가 인·허가, 신고, 신청, 등록, 지정, 확인 및 검사 등의 수수료인 관계로 이와 같이 이름을 붙이고 있는 것으로 보인다. 이와 같은 '수수료 징수 조례' 또는 '제증명 등 수수료 징수 조례'가 수수료 징수에 관한 일반 조례의 성격을 가진다고 할 수 있다.

서울특별시 ○○구 수수료징수 조례

제1조(목적) 이 조례는 「지방자치법」 제154조·제156조 및 각 개별 법령에 따라 서울특별시 ○○구에서 징수하는 수수료의 종류 및 금액에 필요한 사항을 규정함을 목적으로 한다.
제2조(적용) 수수료는 다른 법령이나 조례에 특별히 정한 것을 제외하고는 이 조례에 따라 징수한다.
제3조(종류 및 요액) 수수료를 징수할 사항 및 요액은 별표와 같다.
제7조(징수시기) 수수료는 각종 인허가·신고·증명 또는 열람을 청구할 때 청구자로부터 징수한다.

- 위의 사례를 비롯한 대부분의 수수료 징수 조례는 10개 이내의 조문으로 구성되어 있는데, 수수료의 징수대상 및 금액(요액)은 별표로 규정하고 있다. 따라서 수수료의 금액을 변경하거나 새로 추가 또는 삭제하려는 경우에는 별표를 개정하면 된다.

- 또한, 앞서 살펴본 「지방자치법 제156조 제1항 단서에 따른 전국적 통일이 필요한 수수료의 징수기준에 관한 규정」 별표에서 규정하는 총 182개의 개별 사무의 표준 수수료를 가감하려는 경우에는 조정하려는 수수료의 금액을 '수수료 징수 조례'의 별표에 별도로 규정해야 한다.

- 한편, 수수료 징수의 대상이 되는 행정사무 관련 조례를 개정하면서 그 조례의 부칙에서 '다른 조례의 개정' 방식으로 '수수료 징수 조례'의 별표를 개정하는 경우가 있는데, 바람직한 입법이라고 할 수 없다. 수수료의 징수 여부 및 금액의 정도, 주민의 부담과 지방재정에 미치는 영향 등은 수수료 징수의 대상이 되는 사무의 근거가 되는 개별 조례와 직접적인 관련이 없다. 즉, 부칙에서 다른 조례를 개정할 수 있는 한계를 벗어난 것이다.

- 또한, 지방의회의 구조상 개별 정책을 담고 있는 조례와 '수수료 징수 조례'를 심의하는 상임위원회가 다를 수 있다. 따라서 가급적 관련 조례의 개정과 별개로 '수수료 징수 조례'를 직접 개정하는 것이 입법적으로 타당하다고 본다.

- 한편, 아래와 같이 개별적으로 수수료 징수 관련 규정을 둔 조례는 '수수료 징수 조례'에 대하여 특별 조례의 성격을 갖는다.

○○시 수질검사 및 수수료 징수 조례

제1조(목적) 이 조례는 「먹는물관리법 시행규칙」 제31조 제5항 규정에 의거 ○○시의 수질검사 및 수수료 징수에 필요한 사항을 규정함을 목적으로 한다.

제5조(수수료 및 징수방법) ① 수질검사의 수수료는 별표 2와 같다.

② 제1항의 수수료는 별지 제3호서식의 납부고지서에 의하여 납부하여야 한다.

○○시 폐기물 관리 및 수수료 등의 부과·징수에 관한 조례

제1조(목적) 이 조례는 「폐기물관리법」, 같은 법 시행령 및 시행규칙에서 위임된 사항과 그 시행에 필요한 사항을 규정함을 목적으로 한다.

제9조의2(폐기물처리시설의 반입 수수료) ① 시장은 법 제6조의 규정에 의한 폐기물의 반입수수료를 폐기물을 반입하는 자로부터 징수할 수 있다.

② 제1항 규정에 의한 폐기물의 반입수수료는 폐기물의 종류별로 다음 각호의 사항을 고려하여 시장이 고시한다.

1. 폐기물 처리시설의 설치비 및 운영비
2. 폐기물 처리시설의 설치·운영자가 폐기물을 직접 수집·운반하는 경우에는 그 수집·운반에 소요되는 경비
3. 기타 폐기물처리시설의 주변지역 주민에 대한 최소한의 지원에 소요되는 경비

- 위 조례에서 보는 것과 같이, 개별적인 수수료 징수 관련 조례는 상위 법령에서 수수료에 관한 부과·징수 또는 납부방식 등에 대하여 별도로 규정하고 있는 경우가 대부분이다.

- 물론, 상위 법령에서 수수료에 관한 부과·징수 또는 납부방식 등에 대하여 별도로 규정하고 있음에도 불구하고 개별 조례에서 규정하지 않고 일반 조례에 해당하는 '수수료 징수 조례'에서 규정하는 경우도 있다. 이 경우에는 해당 수수료 징수 일반 조례에서 개별 법령의 위임에 따른 수수료의 부과·징수 또는 납부방식 등에 대해 별도로 구분해서 규정하고 있지 않아 수수료의 부과·징수에 있어서 혼란이 있을 수 있다.

- 따라서 상위 법령에서 수수료 관련 납부방식 등을 규정하고 있다면 가급적 해당 상위 법령의 위임에 따라 제정하는 개별 조례에서 수수료 관련 규정도 직접 규정하는 것이 바람직하다.

- 그 밖에 조례에서 규정하는 수수료의 징수에 관한 사항은 사용료의 경우와 비슷하며, 특히 '수수료 징수 조례'에서도 수수료의 감면 규정을 두는 경우가 많다.
- 사용료의 감면에 있어서 감면 대상자와 그 감면 비율의 적합 여부를 판단하기가 쉽지 않다는

점을 지적하였는데, 수수료의 감면의 경우에도 마찬가지이다.

- 특히, 일반 조례에 해당하는 '수수료 징수 조례'는 해당 지방자치단체에서 징수하는 대부분의 수수료를 규정하고 있기 때문에 일반적 감면 규정을 두면 제증명 사무를 비롯한 모든 사무에 대한 수수료가 감면되기 때문에 아래의 사례와 같이 그 감면의 대상을 명확하게 규정할 필요가 있다.

서울특별시 ○○구 수수료징수 조례

제6조(수수료의 감면) ① 다음 각 호의 어느 하나에 해당하는 경우에는 **별표의 제1호 제증명 확인 발급 수수료를 면제한다**. 다만, ○○구에 주민등록이 되어 있는 자로서 신분을 확인할 수 있는 경우만 해당한다.

1. 국가기관 또는 지방자치단체의 직무상 필요에 따라 신청하는 경우
2. 「국민기초생활 보장법」 제5조 제1항에 따른 수급권자가 신청하는 경우
3. 「국가유공자 등 예우 및 지원에 관한 법률」 제6조에 따라 등록된 사람과 그 유족 또는 가족이 신청하는 경우
4. 「참전유공자 예우 및 단체설립에 관한 법률」 제2조 및 제5조에 따른 참전유공자가 신청하는 경우
5. 「독립유공자예우에 관한 법률」 제4조에 따라 등록된 독립유공자와 그 유족 또는 가족이 신청하는 경우
6. 「고엽제후유의증 환자지원 및 단체설립에 관한 법률」 제4조에 따른 결정·등록된 사람이 신청하는 경우
7. 「장애인복지법」 제32조에 따른 등록 장애인이 신청하는 경우
8. 「문화재보호법 시행령」 제36조에 따른 일반동산문화재의 등록을 신청하는 경우
9. 「5.18 민주유공자예우에 관한 법률」 제4조에 따른5.18 민주유공자 및 그 유족 또는 가족이 신청하는 경우
10. 「특수임무유공자 예우 및 단체설립에 관한 법률」 제3조에 따른 특수임무수행자와 그 유족 또는 가족이 신청하는 경우

- 그 밖에 수수료의 부과 및 징수와 관련해서 연체료를 부과할 수 있는지 여부와 강제 징수가 가능한지 문제가 될 수 있다. 이와 관련해서 「지방자치법」에서 수수료의 납부를 이행하지 않는 경우의 연체료 또는 가산금 등에 대해 별도로 규정하고 있지 않다. 따라서 수수료에 대한 연체료 또는 가산금의 부과·징수는 불가능하다고 할 것이다.

- 수수료를 내지 않으면 해당 서비스를 받을 수 없기 때문에 수수료 체납을 걱정할 필요가 없다는 점도 고려할 수 있으나, 고의적인 수수료 체납이 적지 않은 현실을 고려하면 입법적

불비가 아닐 수 없다. 여하튼 「지방자치법」 제28조 제1항 단서에 따라 법률의 근거가 없이는 조례로 수수료에 대한 연체금 또는 가산금의 부과·징수에 관한 사항을 규정하는 것은 불가능하다.

분담금

- 분담금이라는 용어는 낯설다. 다만, 분담금을 공익사업 자체에 수반하는 경비의 분담으로서 그 사업으로 특별한 이해관계가 있는 자에게 부과되는 것으로 이해하면 그리 낯설지가 않다. 분담금은 일반적으로 '부담금'으로 불리고 있으나, 경비의 일부를 분담시킨다는 뜻에서 분담금이라고도 한다.

- 「지방자치법」 제155조는 "지방자치단체는 그 재산 또는 공공시설의 설치로 주민의 일부가 특히 이익을 받으면 이익을 받는 자로부터 그 이익의 범위에서 분담금을 징수할 수 있다."고 규정하고 있다. 그리고 같은 법 제156조 제1항 본문은 분담금의 징수에 관한 사항은 조례로 정하도록 하고 있다.

지방자치법

제155조(분담금) 지방자치단체는 그 재산 또는 공공시설의 설치로 주민의 일부가 특히 이익을 받으면 이익을 받는 자로부터 그 이익의 범위에서 분담금을 징수할 수 있다.
제156조(사용료의 징수조례 등) ① 사용료·수수료 또는 분담금의 징수에 관한 사항은 조례로 정한다. 〈단서 생략〉

- 분담금에 관한 전통적 개념에 따르면, 분담금은 국가 또는 지방자치단체가 '특정한 공익사업'에 충당하기 위하여 사업에 소요되는 경비의 전부 또는 일부를 그 공익사업과 특별한 관계에 있는 자에게 부담시키는 공법상의 금전급부 의무로 이해되어 왔다. 그러나 최근에는 특정한 사업보다 더 넓은 의미의 공익사업을 위하여 공용부담이 행해지고 그 부담이 특정한 개인이나 특정한 재산권에 한정한다고 보기 어려운 경우도 많아졌기 때문에 분담금의 개념도 확대되고 있다.

- 오히려 의무이행의 확보수단으로서의 부담금이 최근 입법의 추세라고 할 수 있다.

- 참고로, 행정 목적 달성을 위하여 부과·징수하는 금전급부 의무의 유형을 보면 그 명칭이 부담금이면서도 '부담금'이란 용어를 사용하지 않은 경우도 있고, 부담금이 아니면서도 부담금이란 용어를 사용한 경우도 있다. 또한, 사용료·수수료·과징금 등 그 법적 성격이 분명한 유형과 달리 조성비·납부금·모금 등 그 성격이 모호한 유형도 많이 있다.

- 이러한 금전급부 의무는 국민들에게 준조세로 인식되어 행정 편의적 징수금이라는 오해를 받았으며, 실제 그 부과·징수의 법적 근거에 조세법률주의와 같은 엄격성이 요구되지 아니하고, 그 용도도 특별회계나 기금에 편입되어 예산의 일반원칙이 지켜지지 못하였다.

- 또한, 부과·징수상의 투명성과 공정성에서도 문제를 야기한 경우가 많았다.

- 이런 점 때문에 「부담금관리 기본법」을 제정하여 관리하고 있는데, 이 법에서는 부담금을 "중앙행정기관의 장, 지방자치단체의 장, 행정권한을 위탁받은 공공단체 또는 법인의 장 등 법률에 따라 금전적 부담의 부과권한을 부여받은 자가 분담금, 부과금, 기여금, 그 밖의 명칭에 불구하고 재화 또는 용역의 제공과 관계없이 특정 공익사업과 관련하여 법률이 정하는 바에 따라 부과하는 조세외의 금전지급 의무(특정한 의무이행을 담보하기 위한 예치금 또는 보증금의 성격을 가진 것은 제외한다)"로 정의하고 있다(제2조).

- 「지방자치법」 제155조에 따른 분담금도 부담금의 일종이므로 제156조 제1항 본문에 따라 분담금의 징수에 관한 사항을 조례로 정하는 경우에도 기본적인 내용은 「부담금관리 기본법」에 따라야 하며, 이를 위반할 수 없다.

- 분담금은 사업 자체에 소요되는 경비의 부담인 반면, 사용료·수수료는 개개의 공공시설 또는 서비스의 이용에 대한 반대급부의 지급이고, 분담금은 그 사업에 특별 이해관계가 있는 자에 대하여 부과되는 데에 반하여, 사용료·수수료는 그 시설이나 서비스의 이용자에 대하여 부과된다는 점에 차이가 있다.

분담금 징수 조례

- 「지방자치법」 제155조에 따른 분담금은 '인적 공용부담'으로서의 부담금을 말한다.

- 인적 공용부담은 도로건설 등 특정한 공익사업을 위하여 토지 그 밖의 물건이나 노력이 필요한 경우에 매매 등의 사법상의 수단에 의하여 이를 충당하는 것이 원칙이지만, 경우에 따라서는

공익상의 필요에 의하여 본인의 의사에 관계없이 강제로 경제적인 부담을 줄 필요가 있는 경우에 적용되는 것으로, 이러한 인적 공용부담 제도는 공익상의 수요충족의 관점과 공익과 사익의 조화를 통한 부담의 합리적 조정이라는 관점에서 인정된다.

- 이러한 인적 공용부담에는 수익자부담금·원인자부담금·손상자부담금의 세 가지가 있으며, 「지방자치법」 제155조에서는 그 중에서 수익자부담금에 해당하는 경우를 규정한 것이다.
- 공익상 수요충족의 관점과 공익과 사익의 조화를 통한 재정 부담의 합리적 조정이라는 관점에서 용인되는 수익자부담금이라 하더라도, 해당 주민에 대한 경제적 부담이 전제되는 까닭으로 지방자치단체에서 분담금을 부과하는 사례를 찾아보기란 쉽지 않다. 분담금 관련 조례의 제정 사례는 전국에서 10여개에도 미치지 못하는 실정이다.
- 현재 전국적으로 분담금 징수 관련 조례의 유형으로는 ⑴ 공공시설의 설치에 따라 그 수익자에게 분담금을 부과 및 징수하는 조례(서울특별시 ○○구 공공시설수익자분담금 부과징수 조례) ⑵ 토지구역정리에 소요되는 비용에 충당하기 위하여 토지 소유자 또 관계인에게 분담금을 부과 및 징수하는 조례(○○시 도시계획사업 구역정리 분담금 부과징수 조례) ⑶ 치수 사업에 소요되는 비용에 충당하기 위하여 해당 지구 안의 토지소유자 또는 관계인에게 분담금을 부과 및 징수하는 조례(○○시 치수사업비 분담금 부과징수 조례), 그리고 상수도시설 건설비를 징수하는 시설분담금을 규정하고 있는 수도급수조례 등이 있다.
- 여기서는 공공시설의 설치에 따라 그 수익자에게 분담금을 부과 및 징수하는 조례를 살펴보기로 한다.

서울특별시 ○○구 공공시설수익자분담금 부과징수 조례

제1조(목적) 이 조례는 「지방자치법」 제155조 및 제156조, 「부담금관리 기본법」에 따라 노원구가 시행하는 공공시설에 필요한 경비의 일부를 수익자로부터 징수하는 분담금의 부과·징수 방법을 정하는 것을 목적으로 한다.

제2조(공공시설의 범위) 공공시설은 다음 각 호의 어느 하나에 해당하는 사업을 말한다.

1. 주거환경 및 도시계획
2. 주민의 요청에 의해 필요하다고 인정되는 사업

제3조(부과총액) ① 분담금의 부과총액은 사업별 사업규모에 따라 위원회에서 결정하되, 해당 사업에 드는 비용총액의 2분의 1을 초과할 수 없다.

② 제1항의 분담금의 총액 중 수익자가 부담하여야 할 금액은 구에서 부담하여야 할 사업별 부담률에 해당하는 금액으로 할 수 있다.

제4조(부과기준) 분담금의 부과기준은 사업시행안에 따라 수익정도 및 사업시행규모를 고려하여 부과액을 결정한다. 다만, 수익자가 자진하여 부담하는 부담금의 총액이 사업시행에 타당할 경우 수익자 부담금액으로 할 수 있다.
제5조(사업의 고시) 구청장은 분담금을 부과·징수할 사업의 결정사항을 고시하여야 한다.
제7조(징수 방법) 분담금의 징수는 지방세 징수의 예에 따른다.

- 위 조례 제2조에서는 분담금의 부과 대상이 되는 공공시설의 범위를 '주거환경 및 도시계획' 및 '주민의 요청에 의해 필요하다고 인정되는 사업'으로 각각 규정하고 있는데, 분담금의 부과 대상이 되는 대상 사업을 지나치게 추상적으로 규정하거나 애매하게 규정하고 있어서 명확성 원칙에 어긋날 소지가 있다.

- 조례로 미리 정하기 어렵다면 '그 밖에 해당 공공시설의 설치로 주민의 일부가 특히 이익을 받는 경우로서 구청장이 정하여 고시하는 사업'과 같이 규정하는 것이 바람직하다고 본다.

- 한편, 분담금의 부과총액은 사업별 사업규모에 따라 위원회에서 결정하되, 해당 사업에 드는 비용총액의 2분의 1을 초과할 수 없다고 규정하고(제3조), 분담금의 부과기준에 대해서는 "분담금의 부과기준은 사업시행 안에 따라 수익정도 및 사업시행규모를 고려하여 부과액을 결정한다. 다만, 수익자가 자진하여 부담하는 부담금의 총액이 사업시행에 타당할 경우 수익자 부담금액으로 할 수 있다."고 규정하고 있다(제4조).

- 분담금의 부과 및 징수와 관련해서 연체료를 부과할 수 있는지 여부와 강제 징수가 가능한지 문제가 될 수 있다. 「부담금관리 기본법」 제5조의3 제1항은 "부담금 납부의무자가 납부기한을 지키지 아니하는 경우에는 해당 법령에서 정하는 바에 따라 가산금 등을 부과·징수할 수 있다."고 규정하고 있다. 연체료에 상응하는 가산금 제도를 두고 있는 것이다.

- 다만, 이 규정은 별도로 "법령의 규정이 있는 경우에 한하여" 가산금을 부과·징수할 수 있는 것이지, 이 규정을 근거로 가산금을 부과할 수는 없다는 것에 주의해야 한다. 그런데, 부담금을 규정하고 있는 「지방자치법」은 그 가산금에 대해서는 별도로 규정하고 있지 않다. 따라서 가산금의 부과·징수는 불가능하다고 할 것이다. 이 또한 입법적 불비가 아닐 수 없다.

분담금 징수 대상자로서의 법인

- 한편, 분담금은 재산 또는 공공시설의 설치로 특정한 이익을 받은 주민에게 부과·징수한다는 점에서 관할구역에 사무소가 없는 '법인'이 주민인지, 법인인 사업시행자에게 분담금을 부과할 수 있는지가 문제가 되는데, 대법원은 사업소만 있는 경우에도 가능하다고 보았다.

상수도시설분담금부과처분취소청구의소

1. 지방자치법 제138조에 의한 분담금은 지방자치단체의 재산, 공공시설의 설치에 드는 비용 중에서 그 재산이나 공공시설을 수익하는 주민이 수익의 범위 안에서 그 비용의 일부를 분담하도록 하는 것으로서 수익자부담금의 성격을 가진다.
2. 구 지방세법(2020. 12. 29. 법률 제17769호로 개정되기 전의 것)은 균등분 주민세의 납세의무자를 '지방자치단체에 주소를 둔 개인', '지방자치단체에 사업소를 둔 법인' 등으로 규정하면서(제75조 제1항), 사업소를 '인적 및 물적 설비를 갖추고 계속하여 사업 또는 사무가 이루어지는 장소'라고 정의하고 있다(제74조 제4호). 지방자치법 제138조에 의한 분담금 제도의 취지와 균등분 주민세 제도와의 관계 등을 고려하면, 지방자치법 제138조에 의한 분담금 납부의무자인 '주민'은 균등분 주민세의 납부의무자인 '주민'과 기본적으로 동일하되, 다만 '지방자치단체의 재산 또는 공공시설의 설치로 주민의 일부가 특히 이익을 받은 경우'로 한정된다는 차이점만 있다고 보아야 한다. 따라서 법인의 경우 해당 지방자치단체의 구역 안에 주된 사무소 또는 본점을 두고 있지 않더라도 '사업소'를 두고 있다면 지방자치법 제138조에 의한 분담금 납부의무자인 '주민'에 해당한다.
3. 지방자치법 제12조가 '주민의 자격'을 '지방자치단체의 구역 안에 주소를 가진 자'로 규정하고 있으나 이는 주로 자연인의 참여권 등을 염두에 두고 만들어진 규정이고, 지방자치법은 주소의 의미에 관하여 별도의 규정을 두고 있지 않다. 민법 제36조가 '법인의 주소'를 '주된 사무소의 소재지'로, 상법 제171조가 '회사의 주소'를 '본점 소재지'로 규정하고 있으나, 이는 민법과 상법의 적용에서 일정한 장소를 법률관계의 기준으로 삼기 위한 필요에서 만들어진 규정이다. 따라서 지방자치법 제138조에 의한 분담금 납부의무와 관련하여 법인의 주소가 주된 사무소나 본점의 소재지로 한정된다고 볼 것은 아니다.

   나아가 어떤 법인이 해당 지방자치단체에서 인적·물적 설비를 갖추고 계속적으로 사업을 영위하면서 해당 지방자치단체의 재산 또는 공공시설의 설치로 특히 이익을 받는 경우에는 지방자치법 제138조에 의한 분담금 납부의무자가 될 수 있고, 지방자치법 제138조에 근거하여 분담금 제도를 구체화한 조례에서 정한 분담금 부과 요건을 충족하는 경우에는 부담금 이중부과 등과 같은 특별한 사정이 없는 한 조례 규정에 의하여 분담금을 납부할 의무가 있다고 보아야 한다.

   [대법원 2021. 4. 29., 선고, 2016두57359, 판결]

사용료·수수료 및 분담금과 과태료

- 사용료·수수료 및 분담금은 지방재정에 있어서 중요한 수입원이 된다.
  수입원이 제대로 걷히지 않는 경우는 (1) 지방자치단체가 사용료·수수료 및 분담금을 부과하였음에도 이를 납부하지 않는 등의 방법으로 그 의무이행을 지체하는 경우 (2) 사용료·수수료 및 분담금의 부과 자체를 하지 않도록 지방자치단체를 기망한 경우 (3) 공공시설을 부정하게 사용하여 납부한 사용료의 금액보다 부당이득을 얻거나 공공시설을 훼손하는 등의 방법으로 그 가치를 저하시키는 경우 등으로 구분할 수 있다.

- 이와 관련, 첫 번째 사례인 (1)의 경우에는 「지방자치법」에서 별도로 규정을 두고 있지 않다. 사용료·수수료 및 분담금의 납부를 이행하지 않는 경우 그 의무불이행에 대한 제재로서 사용료에 대해서는 연체료를, 수수료 및 분담금에 대해서는 가산금을 각각 부과하려 해도 「지방자치법」에 부과 근거가 없기 때문에 부과할 수 없다.

- 다만, 해당 공공시설이 공유재산에 해당하는 경우에는 「공유재산 및 물품 관리법」에 따라 연체료를 부과할 수 있다는 것은 이미 설명한 것과 같다.

- 다음으로, 두 번째 사례인 (2)의 경우에는 「지방자치법」 제156조 제2항에서 과태료 규정을 두고 있다.
  즉, "사기나 그 밖의 부정한 방법으로 사용료·수수료 또는 분담금의 징수를 면한 자에 대하여는 그 징수를 면한 금액의 5배 이내의 과태료를 부과"하되, 그 내용을 조례로 정하도록 하고 있다. 여기서 '사용료·수수료 또는 분담금의 징수를 면한 자'란 지방자치단체를 기망하여 사용료·수수료 또는 분담금의 부과를 하지 않도록 적극적인 행위가 있는 경우와 사용료·수수료 및 분담금의 감면 규정에 해당하지 않음에도 불구하고 사기나 부정한 방법으로 감면을 받은 경우도 포함된다고 할 것이다. 그밖에 공공시설의 이용 허가를 받지 않고 무단으로 이용한 경우를 포함한다고 볼 수 있다.

지방자치법

제156조(사용료의 징수조례 등) ② 사기나 그 밖의 부정한 방법으로 사용료·수수료 또는 분담금의 징수를 면한 자에 대하여는 그 징수를 면한 금액의 5배 이내의 과태료를, 공공시설을 부정사용한 자에 대하여는 50만원 이하의 과태료를 부과하는 규정을 조례로 정할 수 있다.
③ 제2항에 따른 과태료의 부과·징수, 재판 및 집행 등의 절차에 관한 사항은 「질서위반행위규제법」에 따른다.

- 다음으로, 세 번째 사례인 (3)의 경우에도 「지방자치법」 제156조 제2항에서 과태료 규정을 두고 있다. 즉, "공공시설을 부정사용한 자에 대하여는 50만원 이하의 과태료를 부과"하되, 그 내용을 조례로 정하도록 하고 있다.

- 중요한 것은, 해당 조례에서 별도로 과태료 처벌 규정을 두지 않으면 실제 처벌이 어렵다는 것이다. 또한, 조례에서 처벌규정을 두더라도 과태료의 부과 징수 대상을 정확하게 규정하는 것이 중요하다.

- 아래의 '휴양림 입장료 및 시설 사용료 징수 조례'와 같이 개별 사용료 등에 대하여 과태료 처벌 규정을 두는 것(제1 유형)과 '축제행사 수익사업 등 운영 조례'와 같이 특정 사안과 관련한 일반 사용료 등에 대하여 폭 넓게 적용할 수 있는 과태료 처벌 규정을 두는 것(제2 유형)으로 과태료 조례를 구분할 수 있다.

- 제1 유형과 달리 제2 유형과 같이 축제행사 전반에 걸친 일반 사용료 등에 폭 넓게 적용할 수 있는 과태료 처벌 규정은 명확성 원칙에 어긋날 소지가 있기 때문에 삼가는 것이 바람직하다. 굳이 제2 유형의 과태료 처벌 규정을 두려면 그 적용 대상이 되는 축제가 무엇인지 명확하게 규정하는 것이 바람직하다.

○○○도 자연휴양림 입장료 및 시설사용료 징수 조례

제1조(목적) 이 조례는 「산림문화·휴양에 관한 법률」 제17조에 따라 ○○○도가 운영하는 자연휴양림의 입장료 및 시설사용료 징수에 필요한 사항을 규정함을 목적으로 한다.

제4조(입장료 및 시설사용료) ① 자연휴양림 입장료 및 시설사용료(이하 "입장료 등"이라 한다)는 "별표"와 같다.

제13조(과태료) ① 사기나 그 밖의 부정한 방법으로 입장료 및 시설사용료의 징수를 면제받은 자에 대하여는 그 징수를 면한 금액의 5배 이내의 과태료를, 자연휴양림 시설을 부정사용한 자에 대하여는 50만원 이하의 과태료를 부과·징수할 수 있다.
② 제1항에 따른 과태료의 부과·징수, 재판 및 집행 등의 절차에 관한 사항은 「질서위반행위규제법」에 따른다.

○○○도 축제행사 수익사업 등 운영 및 관리 조례

제1조(목적) 우리지역의 자랑인 ○○음식축제를 비롯한 각종 축제를 지역의 민속, 예술, 특산품 등과 연계하여 관광자원화 하고 이를 통한 관광객 유치를 도모함은 물론 주민의 소득증대를 위하여 도에서 주관하는 축제행사(이하 "축제"라 한다) 때 관람료·주차료·임차료 등을 징수할 수 있는 근거를 마련하고 운영·관리에 필요한 사항을 규정함을 목적으로 한다.

제6조(관람료, 주차료의 면제) ① 다음 각 호의 1에 해당하는 자에 대하여는 관람료와 주차료를 면제한다.
1. 국빈 외교사절단 및 그 수행자
2. 만 6세 이하 어린이와 65세 이상 주민등록 소지자
3. 국가기관에서 인정하는 상이군경
4. 공무수행을 위하여 출입하는 자
5. 축제행사장내 상시 거주자
6. 시설사용자
7. 기타 도지사가 필요하다고 인정하는 자
8. 「장애인복지법」 제2조 규정에 따른 장애인(「장애인복지법 시행규칙」 별표1에 따른 1급부터 3급까지인 장애인의 경우에는 그 보호자 1명을 포함한다)

② 제1항의 경우 도지사가 별도로 출입증과 주차증을 발급하되 주차증에는 차량번호를 지재하여야 한다.

제16조(벌칙) 사기 기타 부정한 행위로 제6조에 의한 관람료·주차료를 면제받은 자는 그 면제한 금액의 5배에 해당하는 과태료를 부과한다.

- 그 밖에 과태료의 성격과 부과 및 징수, 과태료 일반법인 「질서위반행위규제법」의 적용 등에 관하여는 이 책의 제7강 '과태료와 자치법규' 부분을 참고하기 바란다.

사용료·수수료 및 분담금의 징수 및 이의신청

- 사용료·수수료 또는 분담금의 부과·징수 및 이의신청에 관하여 「지방자치법」은 제157조에서 규정하고 있다.

지방자치법

제157조(사용료 등의 부과·징수, 이의신청) ① 사용료·수수료 또는 분담금은 공평한 방법으로 부과하거나 징수하여야 한다.

② 사용료·수수료 또는 분담금의 부과나 징수에 대하여 이의가 있는 자는 그 처분을 통지받은 날부터 90일 이내에 그 지방자치단체의 장에게 이의신청할 수 있다.

③ 지방자치단체의 장은 제2항의 이의신청을 받은 날부터 60일 이내에 결정을 하여 알려야 한다.

④ 사용료·수수료 또는 분담금의 부과나 징수에 대하여 행정소송을 제기하려면 제3항에 따른 결정을 통지받은 날부터 90일 이내에 처분청을 당사자로 하여 소를 제기하여야 한다. ⑤ 제3항에 따른

결정기간에 결정의 통지를 받지 못하면 제4항에도 불구하고 그 결정기간이 지난 날부터 90일 이내에 소를 제기할 수 있다.

⑥ 제2항과 제3항에 따른 이의신청의 방법과 절차 등에 관하여는 「지방세기본법」 제90조와 제94조부터 제100조까지의 규정을 준용한다.

⑦ 지방자치단체의 장은 사용료·수수료 또는 분담금을 내야 할 자가 납부기한까지 그 사용료·수수료 또는 분담금을 내지 아니하면 지방세 체납처분의 예에 따라 징수할 수 있다.

- 제157조 제1항은 "사용료·수수료 또는 분담금은 공평한 방법으로 부과하거나 징수하여야 한다."고 규정하고 있다. 이 규정에 따라 사용료·수수료 및 분담금의 부과 금액은 공공시설의 설치에 따른 이해관계의 정도 등에 비추어 적정하게 규율되어야 하고, 사용료·수수료 또는 분담금의 부과 대상자나 금액 또는 그 감면에 관한 기준 등을 정할 때에는 형평에 반하거나 자의적인 차별이 되지 않도록 주의하여야 한다.

- 어느 정도의 사용료·수수료 또는 분담금이 합리적인지의 여부는 제공되는 해당 서비스의 난이도, 공공시설의 설치·관리 비용의 금액, 금전적 이득의 수준, 그 밖의 경제적인 여건 등을 종합적으로 고려하여 정할 수밖에 없다. 사용료·수수료 또는 분담금의 금액이 반드시 사무의 수행에 소요되는 경비의 전액이어야 하는 것은 아니다.

유지점용료부과처분취소 : 대법원 1991.8.27, 선고, 90누6613, 판결

공유수면관리법 제7조와 같은 법 시행령 제12조의 규정에 의한 공유수면의 점용료 또는 사용료의 부과징수에 관하여 필요한 사항을 정함을 목적으로 제정된 서울특별시공유수면점용료등징수조례(1988.8.2. 조례 제2369호로 개정된 것)가 공유수면을 수면의 형태대로 이용하는 경우와 이와는 달리 토지의 형태로 점용사용하는 경우로 구분하여, 후자의 경우에는 인근유사지의 지방세법의 규정에 의한 과세시가표준액을 기준으로 점용료를 산정하도록 규정하였다면, 공유수면이라고 하더라도 그 용도, 기능, 지역여건, 위치, 환경 이용상황 등이 인근토지와 유사한 경우에는 인근유사지의 지방세법의 규정에 의한 과세시가표준액을 기준으로 그 점용료를 산정하게 하려는 취지로 해석되므로, 위 조례가 모법인 위 법이나 시행령에 위반되는 것이라고 볼 수 없다.

- 「지방자치법」 제157조에서는 사용료·수수료 또는 분담금의 부과에 따른 이의신청 절차를 규정하고 있다.

- 제157조 제2항 및 제3항에 따르면, 사용료·수수료 또는 분담금의 부과나 징수에 대하여

이의가 있는 자는 그 처분을 통지받은 날부터 90일 이내에 지방자치단체의 장에게 이의신청할 수 있고, 지방자치단체의 장은 이의신청을 받은 날부터 60일 이내에 결정하여 알려야 한다.

- 이 규정은 사용료·수수료 또는 분담금의 부과에 따른 주민의 권리 보호 차원에서 특별히 규정한 것으로, 「행정심판법」에 따른 행정심판과의 관계가 문제된다.

이의신청과 행정심판

- 「지방자치법」 제157조 제4항에서 "행정소송을 제기하려면 제3항에 따른 결정을 통지받은 날부터 90일 이내에 처분청을 당사자로 하여 소를 제기하여야 한다."고 규정하고 있어서 이의신청을 통한 구제와 행정소송만이 가능한 것처럼 보인다.

- 하지만 사용료·수수료 또는 분담금의 부과는 「행정심판법」 제2조 제1호에 따른 처분에 해당하기 때문에 행정심판의 대상이 된다. 따라서 제157조에 따른 이의신청 절차를 진행하더라도 별도의 행정심판 청구도 가능하다고 보아야 한다. 헌법상의 국민의 권리구제에 해당하는 행정심판의 청구를 특별한 사유 없이 제한하는 것은 부당하다.

- 이와 관련하여 법제처는 2010년 "지방자치단체의 장의 도로점용료 부과처분을 행정심판법상 행정심판으로 다툴 수 있다"는 법령해석(10-0346)을 통해 사실상 사용료에 해당하는 도로점용료부과처분에 대해 지방자치법 제157조가 행정심판 청구를 배제하는 규정이 아님을 밝혔다.

[법제처 10-0346, 2010. 11. 5.]

도로점용료가 「지방자치법」상의 사용료에 해당하는지 살펴보면, 「지방자치법」 제136조의 사용료란 공공시설의 이용 또는 재산의 사용에 대하여 지방자치단체가 부과·징수하는 것을 말하고, 도로점용료는 도로의 관리청이 「도로법」상의 도로를 점용하는 자에 대하여 징수하는 금원을 말하는 것인바, 지방자치단체가 관리청이 된 도로에 대하여 도로점용료를 부과하는 것은 도로의 점용이라는 공공시설의 이용 또는 재산의 사용에 대하여 사용료를 부과하여 징수하는 것이므로 「지방자치법」상 사용료에 해당한다. 그러나 「지방자치법」 제136조에 따른 사용료 규정은 지방자치단체가 공공시설의 이용 등에 대하여 징수할 수 있는 사용료 일반에 관하여 규정한 것이므로, 이에 대한 이의신청 절차 규정인 같은 법 제140조 역시 개별 법령에서 규정하고 있는 다양한 종류의 사용료에 대한 일반적인 이의신청 절차를 규정한 것일 뿐, 개별 사용료에 대한 쟁송방법을 「지방자치법」 제140조 제3항에 따른 이의신청으로만 일원화하여 다른 수단으로 다투지 못하도록 하려는 취지라고 보기는 어렵다.

「지방자치법」제140조 제7항은 이의신청의 방법과 절차에 등에 관하여 「지방세법」 제73조와 제75조부터 제79조까지의 규정을 준용한다고 하고, 「지방세법」 제78조 제1항 본문에서는 이 법에 의한 이의신청의 목적이 되는 처분에 관한 사항에 대하여는 「행정심판법」의 규정을 적용하지 아니한다고 하면서, 같은 항 단서에서 심리방식 등 일부 내용에 대해서만 「행정심판법」을 준용한다고 규정하고 있어, 「지방자치법」에 따른 이의신청시 「행정심판법」의 적용이 배제되는 것으로 볼 여지도 있으나, 「지방세법」에서는 지방세 부과에 대한 불복방법으로 이의신청 외에 심사청구 및 심판청구 제도를 두고 있고, 이 중 「행정심판법」이 배제되는 특별행정심판 절차는 「국세기본법」의 조세심판절차를 준용하고 있는 심판청구 제도(「지방세법」 제77조 제5항에 따라 「국세기본법」 제7장제3절 준용)에 한한다고 보는 것이 일반적이므로, 심판청구와 같은 수준의 절차나 심리방법을 구비하지 못한 이의신청이나 심사청구에 대하여 「행정심판법」의 적용을 배제하되 심리방식 등 일부 규정만을 준용하도록 한 「지방세법」 제78조 제1항의 규정은 행정심판에 이르지 아니한 제도에 대하여 「행정심판법」의 적용이 배제된다는 것을 기술한 것에 불과하다고 보는 것이 합리적이므로, 「지방세법」 제78조 제1항을 근거로 동법을 준용하는 「지방자치법」상의 사용료 이의신청절차가 「행정심판법」의 적용이 배제되는 특별행정심판 절차에 해당한다고 보기는 어렵다.

따라서, 지방자치단체의 장이 행하는 「도로법」상 도로점용료 부과처분에 대하여 「지방자치법」에 따른 이의신청 절차가 있더라도 「행정심판법」에 따른 행정심판이 배제되는 것은 아니므로, 지방자치단체의 장이 행하는 도로점용료 부과처분에 대해서는 행정심판으로 다툴 수 있다.

- 또한, 지방자치단체의 행정심판 사례를 보면, 도로점용료부과처분취소청구(2013 경남행심), 상수도요금부과처분취소청구(2014 경북행심), 하수도원인자부담금부과처분취소청구(2012경남행심)와 같이 행정심판 청구사건으로 다루어진 사례가 있는 반면, 도로점용료 부과처분취소청구(2010년, 인천행심)처럼 "행정심판의 대상이 되지 않는다는 이유로 각하"된 사례도 있다. 따라서 이 사안에 대해 각 자치단체별로 다르게 판단하고 있는 것이 아닌가 싶다.

- 그런데, 위 각하된 도로점용료부과처분취소에 관한 행정소송에서 대법원은 이의신청과 행정심판을 구분하면서도 원고의 행정심판청구서를 이의신청서로 볼 수 있다고 보아 청구기간 도과가 아니라고 판단했다. 이 사안의 제1심과 제2심에서는 도로점용료부과처분에 대해 지방자치법상 이의신청만 가능할 뿐 행정심판은 청구할 수 없다고 판결했는데, 대법원은 명시적으로 판단하지 않았지만 같은 견해를 전제로 판시한 것으로 볼 수 있다.

[대법원 2012.3.29.,선고, 2011두26886, 판결]

지방자치법 제140조(현 제157조) 제3항에서 정한 이의신청은 행정청의 위법·부당한 처분에 대하여 행정기관이 심판하는 행정심판과는 구별되는 별개의 제도이나, 이의신청과 행정심판은 모두 본질에 있어 행정처분으로 인하여 권리나 이익을 침해당한 상대방의 권리구제에 목적이 있고, 행정소송에 앞서 먼저 행정기관의 판단을 받는 데에 목적을 둔 엄격한 형식을 요하지 않는 서면행위이므로, 이의신청을 제기해야 할 사람이 처분청에 표제를 '행정심판청구서'로 한 서류를 제출한 경우라 할지라도 서류의 내용에 이의신청 요건에 맞는 불복취지와 사유가 충분히 기재되어 있다면 표제에도 불구하고 이를 처분에 대한 이의신청으로 볼 수 있다.

원심은 도로점용료 부과처분에 대하여는 지방자치법 제140조 제3항 소정의 이의신청만을 할 수 있을 뿐 행정심판법 소정의 행정심판을 청구할 수 없는데, 원고가 제기한 행정심판은 위법한 것이고, 행정소송법 제20조 제1항에서 말하는 '행정심판청구'란 적법한 행정심판청구를 말하는 것으로 행정심판청구가 위법하여 각하된 이상 제소기간은 행정심판재결을 통지받은 날부터가 아닌 원처분을 안 날로부터 기산함이 상당하다 할 것인데, 원고가 이 사건 처분을 안 날인 2010. 3. 15. 무렵부터 90일이 경과한 2010. 11. 26.에야 이 사건 소송을 제기하였고 달리 원고가 이 사건 처분에 대하여 이의신청을 하였음을 인정할 증거도 없으므로, 이 사건 소는 제소기간을 도과하여 제기된 것으로 부적법하다고 보아 이 사건 소를 각하한 제1심판결을 유지하였다. 그러나 원심의 이와 같은 판단은 앞서 본 법리에 비추어 볼 때 그대로 수긍하기 어렵다. 원고가 이 사건 처분에 불복하면서 그 취지가 담긴 서면을 이 사건 처분청인 피고에게 제출한 것이라면 그 표제가 이의신청서가 아니라 행정심판청구서로 되어 있다 하더라도 이 사건 처분에 대하여 이의신청을 하는 것으로 선해함이 타당하다.

- 하지만, 1994년 도로사용료부과처분취소 사건에서 대법원은 "지방자치단체의 공공시설에 관한 사용료부과처분을 받은 자는 그 부과 또는 징수에 대하여 이의가 있으면 지방자치법 제131조 제3항, 제4항, 제5항 및 제127조의 규정에 의하여 그 통지를 받은 날로부터 60일 이내에 그 지방자치단체의 장에게 이의신청을 하고 이에 대한 지방자치단체의 장의 결정에 대하여 불복이 있을 때에는 다시 행정심판법상의 행정심판을 청구할 필요 없이 그 결정통지를 받은 날로부터 60일 이내에 관할 고등법원에 행정소송을 제기하여야 한다."고 판시한 바 있다. 판례는 여기서의 이의신청은 행정심판의 성격을 갖는다고 보고 따라서 이의신청이후에는 행정심판을 제기할 수 없다는 견해로 보인다.

- 그런데, 위 대법원 판례는 행정소송법 제18조에서 행정심판을 반드시 거친 후 행정소송을 제기하도록 한 행정심판전치주의를 규정하고 있던 때라는 점을 고려할 필요가 있다. 참고로 행정심판전치주의는 1998년 3월 1일 폐지되었다.

- 이와 관련하여 2021년 3월 23일 제정된 행정기본법 제36조 제1항에서는 처분에 대해 이의신청을 할 수 있도록 하면서 제4항에서는 "이의신청에 대한 결과를 통지받은 후 행정심판 또는 행정소송을 제기하려는 자는 그 결과를 통지받은 날부터 90일 이내에 행정심판 또는 행정소송을 제기할 수 있다"라는 일반규정을 두고 있다.

행정기본법

제36조(처분에 대한 이의신청) ① 행정청의 처분(「행정심판법」 제3조에 따라 같은 법에 따른 행정심판의 대상이 되는 처분을 말한다. 이하 이 조에서 같다)에 이의가 있는 당사자는 처분을 받은 날부터 30일 이내에 해당 행정청에 이의신청을 할 수 있다.

② 행정청은 제1항에 따른 이의신청을 받으면 그 신청을 받은 날부터 14일 이내에 그 이의신청에 대한 결과를 신청인에게 통지하여야 한다. 다만, 부득이한 사유로 14일 이내에 통지할 수 없는 경우에는 그 기간을 만료일 다음 날부터 기산하여 10일의 범위에서 한 차례 연장할 수 있으며, 연장 사유를 신청인에게 통지하여야 한다.

③ 제1항에 따라 이의신청을 한 경우에도 그 이의신청과 관계없이 「행정심판법」에 따른 행정심판 또는 「행정소송법」에 따른 행정소송을 제기할 수 있다.

④ 이의신청에 대한 결과를 통지받은 후 행정심판 또는 행정소송을 제기하려는 자는 그 결과를 통지받은 날(제2항에 따른 통지기간 내에 결과를 통지받지 못한 경우에는 같은 항에 따른 통지기간이 만료되는 날의 다음 날을 말한다)부터 90일 이내에 행정심판 또는 행정소송을 제기할 수 있다.

⑤ 다른 법률에서 이의신청과 이에 준하는 절차에 대하여 정하고 있는 경우에도 그 법률에서 규정하지 아니한 사항에 관하여는 이 조에서 정하는 바에 따른다.

⑥ 제1항부터 제5항까지에서 규정한 사항 외에 이의신청의 방법 및 절차 등에 관한 사항은 대통령령으로 정한다.

- 행정기본법 제36조 제5항에서는 "다른 법률에서 이의신청과 이에 준하는 절차에 대하여 정하고 있는 경우에도 그 법률에서 규정하지 아니한 사항에 관하여는 이 조에서 정하는 바에 따른다."라고 규정하고 있다. 이는 다른 법률에서 이의신청제도를 두고 있으면 그 규정이 우선 적용되지만, 그 법률에서 규정하지 않은 내용은 행정기본법 제36조가 적용된다는 의미이다.

- 중요한 것은 이의신청 후에도 행정심판을 제기할 수 있다는 점과 이의신청 후 행정심판이나 행정소송을 제기하는 경우 그 대상은 원처분주의에 따라 원래의 처분이지만, 쟁송제기기간은 이의신청기각결정시로부터 기산한다는 점이다.

사용료·수수료 및 분담금 미납 시 강제징수

- 한편, 제157조 제7항은 "지방자치단체의 장은 사용료·수수료 또는 분담금을 내야 할 자가 납부기한까지 그 사용료·수수료 또는 분담금을 내지 아니하면 지방세 체납처분의 예에 따라 징수할 수 있다."고 규정하고 있다.

- 이 부분은 종전에 " 사용료·수수료 또는 분담금의 징수는 지방세 징수의 예에 따른다."라고 규정되어 '사용료·수수료 또는 분담금의 징수'에 '강제징수'가 포함되는지, 즉, 사용료·수수료 또는 분담금에 대해 지방세 체납처분의 예에 따라 강제징수가 가능한지가 문제되었는데, 2021년 지방자치법 전부개정 시 "지방세 체납처분의 예에 따라 징수 할 수 있다"라고 변경하여 이런 문제를 해소했다.

- 다만, 종전 규정이 왜 문제가 되었는지를 살펴보는 것은 나름대로 의미가 있으므로 아래에서 간단히 살펴보자.

- 종전 규정으로도 가능하다는 입장에 따르면 "지방자치단체의 공공시설의 사용에 관하여 그 재원의 신속한 징수와 징수에 수반되는 경비의 절약이라는 공익상 필요에 의하여 「지방자치법」 제156조 제2항과 제3항에 행정상의 강제집행 수단과 행정상의 쟁송 수단을 인정하고 있는 규정을 두고 있는 것으로 보아 공립병원의 치료비나 시영버스 요금을 불납하는 경우에는 그것이 설혹 비권력적 관리행위에 속하는 시설의 이용관계라 하더라도 이를 공법관계로 보아야 할 것이므로 지방세 징수의 예에 의하여 강제 징수할 수 있다."는 것이었다.

- 그러나 강제 징수와 같이 국민의 권리 제한 또는 의무 부과와 직접 관련된 사항은 헌법 제37조에 따라 법률에 규정하지 않고는 이를 임의적으로 적용할 수 없으며, 만에 하나 법률에 규정되어 있더라도 그 의미가 분명하고 명확하여야 것이다.

- 좀 더 살펴보면, (1) 먼저, 구 「지방자치법」 제140조 제2항에서는 "사용료·수수료 또는 분담금의 징수에 대하여 지방세 징수의 예에 따른다"고 되어 있기 때문에 먼저 지방세의 징수절차가 무엇인지 알아볼 필요가 있는데, 지방세의 징수에 대하여는 「지방세징수법」의 '제2장 징수' 편에서 3개의 절로 규정되어 있는 반면, 강제징수에 해당하는 체납처분에 대해서는 같은 법 '제3장 체납처분' 편에서 장을 달리 하여 별도로 규정하고 있어서 징수와 체납처분은 분명하게 구분되어 있는 점, (2) 일반적으로 강제징수에 해당하는 체납처분에 대해서 지방세의 예에 따르도록 하는 경우에는 그 규정방식을 "… 강제징수에 대하여는 지방세

체납처분의 예에 따른다."라고 하는데, 구 「지방자치법」 제140조 제2항에서는 단순히 "… 징수는 지방세의 예에 따른다."라고 하여 규정방식을 달리 하고 있는 점, (3) 공공시설의 이용 및 공공서비스의 제공은 비권력적 행정행위인 까닭에 사인(私人)이 영위하는 사업과 다름이 없으므로 일반적으로 사법관계에 속하므로, 명시적인 규정이 없는 한 사법의 적용을 받게 되는 것이어서 강제징수가 적합하지 않은 점 등을 고려할 때 부정하는 것이 합당하다고 생각한다.

공유재산과 자치법규

- 공유재산은 지방자치단체의 부담, 기부채납(寄附採納)이나 법령에 따라 지방자치단체 소유로 된 것으로 「공유재산 및 물품 관리법」 제4조 제1항 각 호의 재산을 말한다. 현행법상 공유재산은 (1) 부동산과 그 종물(從物) (2) 선박, 부잔교(浮棧橋), 부선거(浮船渠) 및 항공기와 그 종물 (3) 공영사업 또는 공영시설에 사용하는 중요한 기계와 기구 (4) 지상권·지역권·전세권·광업권과 그밖에 이에 준하는 권리 (5) 저작권·특허권·디자인권·상표권·실용신안권과 품종보호권 등 지식재산권 (6) 주식, 출자로 인한 권리, 사채권·지방채증권·국채증권과 그밖에 이에 준하는 유가증권 (7) 부동산신탁의 수익권 (8) 제1호 및 제2호의 재산으로 건설 중인 재산 (9) 「온실가스 배출권의 할당 및 거래에 관한 법률」 제2조 제3호에 따른 배출권 등 9가지로 구분되어 있다.

- 공유재산의 관리에 관한 법령 및 조례 등 자치입법에 관한 사항은 비교적 잘 정리되어 있다. 「공유재산 및 물품 관리법」은 공유재산의 관리에 관한 중요 사항에 대해서는 해당 법률 또는 하위 법령에서 직접 기준을 정하되, 지방자치단체별로 달리 정할 필요가 있는 세부사항은 해당 지방자치단체의 조례로 정하도록 위임하고, 그 밖에 공유재산의 취득·관리·처분·수입 및 지출에 관한 사항을 조례 또는 규칙으로 정할 수 있도록 규정하고 있다.

- 이에 따라 각 지방자치단체는 「공유재산 및 물품 관리법」에서 위임한 사항과 그 시행에 필요한 사항을 정하기 위하여 '공유재산 관리 조례'를 제정하여 운영하고 있다. 이 조례는 공유재산의 관리에 관한 총괄 법규로서 법령에 규정된 대부분의 사항을 규정하고 있으며, 특히 (1) 공유재산의 사용·수익허가 (2) 행정재산의 관리위탁 (3) 일반재산의 관리 등에 관한 사항과 그에 수반하는 사용료 또는 대부료 및 매각비용 등에 관한 내용을 포함하고 있다.

- 어느 지방자치단체의 공유재산의 관리 내용을 확인하기 위해서는 「공유재산 및 물품 관리법」 및 그 시행령, 해당 지방자치단체의 '공유재산 관리 조례', 그리고 공유재산관리계획만 확인하면 된다는 말이 있듯이 상위 법령과 조례 등 자치법규 및 관리계획 등이 비교적

안정적으로 정착되어 있는 편이다.

- 공유재산 중에서 공공시설에 대해서는 「지방자치법」에서 별도의 규정을 두고 운영하고 있다. 공공시설은 공유재산의 일부에 해당하기 때문에 공공시설의 설치 및 운영에 관한 조례 등은 공유재산 관련 조례에 있어서 특별법적인 효력을 갖는다.

- 공유재산과 자치법규에 관하여는 공유재산의 성격상 그 양이 방대할 뿐만 아니라 법령과 자치법규 및 공유재산관리계획 등에서 잘 규정되어 있기 때문에 더 이상의 검토는 생략한다.

법제관이 풀어주는
자치입법 해설

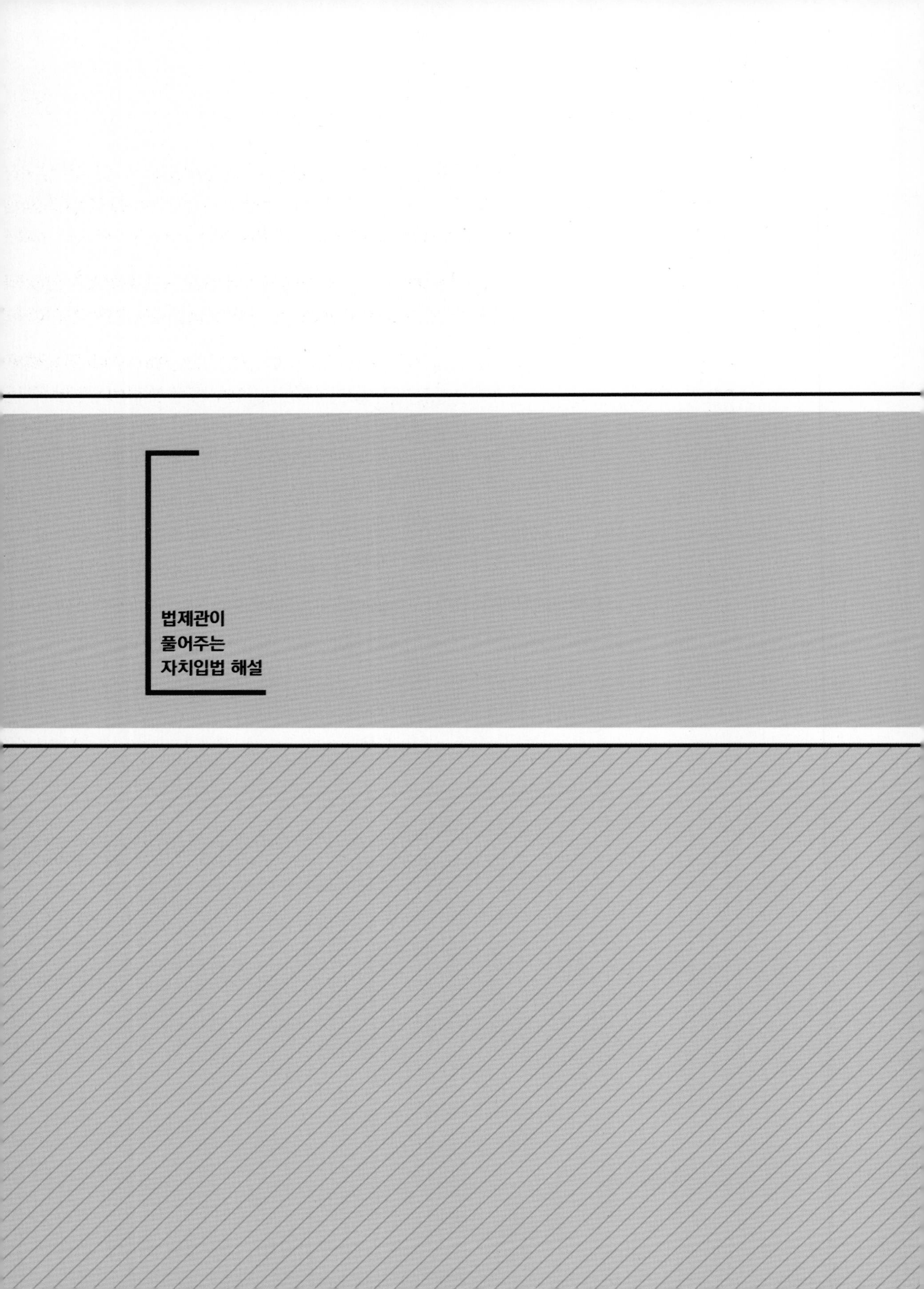
법제관이
풀어주는
자치입법 해설

위원회

CHAPTER 6

위원회

- 정확한 까닭은 알 수는 없으나, 지방의원들은 위원회의 당연직 위원이 되고 싶어 한다. 그러나 지방자치의 원리상 지방의원의 위원회 참여는 제한되어야 한다.
- 위원회는 합의제행정기관과 자문기관의 두 가지 유형으로 구분된다. 우리나라에서 위원회의 대부분은 자문기관의 유형이고 합의제행정기관을 설치한 경우는 찾아보기 힘들다.
- 위원회의 설치 및 운영에 관한 일반적 가이드라인을 소개한다.
- 위원회가 너무 많고 기능이 중복되다보니 효율적인 위원회 운영을 위해 위원회의 통합 운영 및 중복 운영 등 다양한 모색을 꾀하고 있다.
- 한시적 위원회는 위원회에 존속기한이 설정되어 있는 것이고, 임시적 위원회는 필요할 때마다 위원회를 설치하는 것이다.
- 공동위원회는 도시계획, 건축 등 일부 유사한 분야에서 깊이 있는 심의를 위해 복수의 관련 위원회를 함께 여는 것이다.
- 위원회에 있어서의 양성평등 원칙, 위원의 임명과 위촉, 의결 정족수와 의사 정족수, 위원회의 대리 참석과 대리 표결 등 현안에 대해 알아본다.

“지방의회 의원은 위원회 위원도 하고 싶어 한다”

- 지방자치단체의 상당수 조례에는 위원회 규정이 있다. 어떤 경우는 아래의 사례와 같이 위원회의 설치만을 목적으로 하는 조례도 많다.

00광역시의회 도의회 간행물편찬위원회 조례

제1조(목적) 이 조례는 00광역시의회가 발행하는 간행물의 효율적인 편찬을 위하여 00광역시의회간행물편찬위원회를 설치하고, 그 구성 및 운영에 필요한 사항을 규정함을 목적으로 한다.

제4조(구성) ① 위원회는 위원장 1명과 부위원장 1명을 포함한 11명 이내의 위원으로 구성한다.

② 위원회의 위원장과 부위원장은 위원 중에서 각각 호선한다.

③ 위원은 부산광역시의회의원(이하 “의원”이라 한다)·관계공무원 및 간행물 편찬에 학식과 경험이 풍부한 사람 중에서 부산광역시의회 의장이 임명 또는 위촉한다.

- 이와 같은 위원회 관련 조례 등을 살펴보면, 해당 지방자치단체 소속 지방의원을 당연직 위원으로 규정하는 경우를 종종 볼 수 있다.
- 지방의원들이 위원회의 위원이 되고 싶은 까닭은 무엇일까?

위원에 대한 실비변상

- 지방의회의 의원은 봉급을 받지는 않지만 「지방자치법」에 따라 각종 비용 등에 해당하는 금전적 보상을 받고 있다. 현행법에서 지방의원에게 지급하는 비용에는 의정활동비, 월정수당 및 여비로 구성되어 있다. 지방의원에게 지급되는 것을 보수라고 할 수는 없고, 비용의 지출에 대한 금전적 보상 및 수당으로 보아야 할 것이다.

지방자치법

제40조(의원의 의정활동비 등) ① 지방의회의원에게는 다음 각 호의 비용을 지급한다.

1. 의정(議政) 자료를 수집하고 연구하거나 이를 위한 보조 활동에 사용되는 비용을 보전(補塡)하기 위하여 매월 지급하는 의정활동비

2. 지방의회의원의 직무활동에 대하여 지급하는 월정수당
3. 본회의 의결, 위원회 의결 또는 지방의회의 의장의 명에 따라 공무로 여행할 때 지급하는 여비

- '보수'란 근로의 대가로 주는 돈이나 물품을 말하는데, 실무행정에서 보수(報酬)란 공무원이 공무수행의 대가로 국가로부터 정기적으로 받는 금전적 보상을 말한다.

- 보수에는 여러 가지 종류와 형태의 금전지급이 포함된다. 우리나라 공무원의 보수 체계에 의하면 보수는 봉급(俸給)과 각종 수당(手當)을 합친 것이다. 그러나 보수 중 가장 큰 비중을 이루고 있는 것은 역시 봉급이다.

- 정무직 지방공무원인 지방의원에게는 다른 공무원과 달리 별도의 봉급을 지급하지 않고, 다만 「지방자치법」 제40조에서 의정활동비 등 비용을 지급하는 것으로 규정하고 있다.

지방공무원 보수규정

제3조(용어의 정의) 이 영에서 사용하는 용어의 정의는 다음과 같다.
1. "보수"라 함은 봉급과 기타 각종 수당을 합산한 금액을 말한다. 다만, 연봉제적용대상공무원은 연봉과 기타 각종 수당을 합산한 금액을 말한다.
2. "봉급"이라 함은 직무의 곤란성 및 책임의 정도에 따라 직책별로 지급되는 기본급여 또는 직무의 곤란성 및 책임의 정도와 재직기간등에 따라 계급(직위를 포함한다. 이하 같다)별·호봉별로 지급되는 기본급여를 말한다.
3. "수당"이라 함은 직무여건 및 생활여건등에 따라 지급되는 부가급여를 말한다.

- 지방의회와 각종 위원회는 회의체라는 점에 유사성이 있다. 각종 위원회에 소속된 위원에게도 각종 비용과 수당에 해당하는 금전적 보상을 하는데, 다른 비용 또는 수당과 구분해서 이를 실비변상이라고 한다. 실비변상은 공무원 등이 직무를 수행하기 위하여 필요한 비용을 자신이 지출하였을 때, 국가가 이를 보상하는 것인데 비용의 지급과 유사한 것으로 볼 수 있다.

- 지방자치단체가 위원회의 소속 위원에게 지급하는 비용도 예산 소요의 한 형태로서 반드시 조례에 근거를 두는 것이 바람직하다. 현행 '각종 위원회 실비변상 조례'에 따르면, 위원회의 위원에게는 참석수당과 여비로 구분하여 지급하고 있다.

○○시 각종위원회 실비변상 조례

제1조(목적) 이 조례는 각종위원회위원의 수당 및 여비(이하 "실비변상"이라 한다)에 관하여 필요한 사항을 규정함을 목적으로 한다.

제3조(수당) ① 각종 위원회 위원이 회의에 출석한 경우에는 출석수당을, 위원장으로부터 미리 안건을 배부받아 검토하여 위원회에 보고한 위원에게는 안건심사수당을 예산의 범위에서 각각 지급할 수 있다.
② 제1항에도 불구하고 위원이 소속 공무원과 도의회 의원 자격으로 참여하는 경우에는 지급하지 아니한다. 다만, 법령에서 달리 정하고 있는 경우에는 법령에 따른다.

제4조(여비) 위원이 위원회의 의결 또는 위원장의 명에 따라 위원회의 업무를 위하여 출장할 때에는 다음 각호의 1에 해당하는 여비를 지급할 수 있다.
1. 소청심사위원회.지방세심의위원회 및 행정심판위원회 위원 : 3급공무원에 상당하는 여비
2. 그 밖에 각종위원회 위원 : 4급 공무원에 상당하는 여비

- 지방의원이 지방자치단체의 위원회 위원으로서 회의 등에 참석하면 출석수당 및 안건검토수당 등을 받을 수 없다. 위 조례에 따르면, 해당 지방자치단체 소속 공무원이 아닌 위원에 대해서만 수당을 지급할 수 있는데, 지방의원은 「지방공무원법」 제2조 제3항 제1호에 따라 해당 지방자치단체의 정무직 지방공무원이기 때문이다. 다만, 공무로 출장할 때에는 여비 지급이 가능하다.

"상위법령을 위반해서라도…"

- 종래 위원회 구성·운영 현황을 보면, 법적으로 지방의원은 위원회의 위원을 할 수 없다고 규정하고 있어도 조례에서 지방의원을 당연직 위원으로 넣는 경우가 많았다.

- 아래의 「영유아보육법 시행령」 제6조 제3항에서는 지방보육정책위원회의 위원은 지방의회 의원을 제외하도록 명시적으로 규정하고 있는데, 상당수 지방자치단체의 '보육조례'에서는 지방의원을 당연직 위원으로 규정하고 있었다. 상위 법령을 위반한 조례는 「지방자치법」 제28조 제1항에 위반되어 무효이다.

영유아보육법 시행령

제6조(보육정책위원회의 구성) ③ 지방보육정책위원회의 위원장 및 부위원장은 위원 중에서 호선하며, 위원은 법 제6조 제2항에 따른 보육전문가, 어린이집의 원장 및 보육교사 대표, 보호자 대표 또는 공익을 대표하는 자, **관계 공무원(지방의회의원은 제외한다)** 중에서 해당 지방보육정책위원회가 속하는 지방자치단체의 장이 위292촉하거나 임명하는 사람이 된다. 이 경우 위원의 구성비율은 다음 각 호와 같다.

1. 보호자 대표 및 공익을 대표하는 자 : 전체 위원의 100분의 45 이상
2. 보육전문가 : 전체 위원의 100분의 20 이하
3. 관계 공무원 : 전체 위원의 100분의 15 이하
4. 어린이집의 원장 : 전체 위원의 100분의 10 이하
5. 보육교사 대표 : 전체 위원의 100분의 10 이하

구 ○○시 보육조례

제5조(구성) ③ 위원은 다음 각 호의 어느 하나에 해당하는 사람 중에서 시장이 위촉 또는 임명한다. 다만, 각 호에 해당하는 위원의 수는 전체 위원의 수의 5분의 1을 초과하지 못한다.

1. **시의원**
2. 사회복지 및 영유아보육 전문가
3. 보육시설의 장
4. 보육시설에 재직중인 보육교사 대표
5. 보호자 대표
6. 공익을 대표하는 자
7. 시 소속 관계 공무원

- 상위법령에 위반되는 위원회 조례에 대해 집행부에게 전혀 책임이 없는 것도 아니다. 지방의원이 위원회의 위원을 겸하는 것이 바람직하지 않고, 심지어 위법하다고 하더라도 '못 이기는 척' 의회의 요구를 들어주는 대신, 해당 위원회의 위원으로 참여하는 지방의원에게 당면한 정책 관련 협조를 구하거나 하소연을 할 수 있는 기회로 생각하는 경우도 있었기 때문이다.

지방의원의 위원회 위원 겸직을 반대하는 까닭

- 지방의원이 위원회의 위원이 되는 것은 매우 바람직하지 않다.

- 법적인 문제를 떠나 일반적인 상식 차원에서 볼 때, 일단 지방의원이 지방자치단체의 각종 위원회 위원이 되는 것은 아주 어색하다. 공직자는 자기의 영역이 있다. 기획재정부 공무원이 환경부 일에 관여 하지 않듯이, 국회의원이 정부의 위원회에 참여해서 주요 정책결정에 관여하지 않는 것은 너무나 당연하다.
  반대로, 지방공무원들이 지방의회에서 각종 상임위원회 등에서 그 의사결정에 참여하거나 영향을 미치는 것을 바람직한 현상으로 보아야 할까?

- 이와 관련해서 2001년도 대법원 판례의 판결 취지를 곱씹어볼 필요가 있다.
  이 판례는 서울특별시 강남구의 '주민자치센터 설치·운영 조례안'에 대하여 동사무소의 주민자치센터의 운영 등에 관한 사항을 심의하는 기능을 하는 '주민자치센터운영위원회'를 구성하는 위원의 자격 요건 등에 관한 분명한 기준을 제시하고 있다. 동시에 지방의회와 집행부의 사무 관여의 판정에 관한 시금석이 되는 판례이다.

지방의회조례안의결취소 [대법원 2001.12.11, 선고, 2001추64, 판결]

지방자치법 제9조(현 제13조) 제1항, 제2항 제2호 (가)목, (나)목, 제108조(현 제131조) 등 규정의 취지와 주민자치센터설치·운영조례안 중 관련 규정의 취지를 종합하여 보면, 주민자치센터의 설치와 운영은 지역주민의 복리증진을 위한 지방자치단체 고유의 자치사무에 속하고, 주민자치센터운영위원회는 하부 행정기관인 동장의 주민자치센터의 설치와 운영에 관한 집행사무를 심의하기 위한 보조기관에 해당한다고 해석되고, 지방자치법상 지방자치단체의 집행기관과 지방의회는 서로 분립되어 각기 그 고유 권한을 행사하되 상호 견제의 범위 내에서 상대방의 권한 행사에 대한 관여가 허용되나, 지방의회는 집행기관의 고유 권한에 속하는 사항의 행사에 관하여는 견제의 범위 내에서 소극적·사후적으로 개입할 수 있을 뿐 사전에 적극적으로 개입하는 것은 허용되지 아니하고, 또 집행기관을 비판·감시·견제하기 위한 의결권·승인권·동의권 등의 권한도 법상 의결기관인 지방의회에 있는 것이지 의원 개인에게 있는 것이 아닌바, 주민자치센터설치·운영조례안에서 당해 동 구의원 개인이 그 운영위원회의 당연직 위원장이 된다고 규정하고 있는 것은 지방의회 의원 개인이 하부 행정기관인 동장의 권한에 속하는 주민자치센터의 설치와 운영을 심의하는 보조기관인 운영위원회의 구성과 운영에 적극적·실질적으로 사전에 개입하여 관여할 수 있게 함을 내용으로 하는 것으로서 지방의회 의원의 법령상 권한 범위를 넘어 법령에 위반된다.

- 위 판례에서는 (1) 주민자치센터운영위원회는 집행부의 사무수행에 필요한 「지방자치법」에 따른 보조기관이고, (2) 지방자치단체의 집행기관과 지방의회는 서로 분립되어 그 고유 권한을 행사하되 상호 견제의 범위에서 상대방의 권한 행사에 대한 관여만 허용하며 (3) 지방의회는 집행기관의 고유 권한에 속하는 사항의 행사에 관하여는 견제의 범위에서 소극적·사후적으로 개입할 수 있을 뿐이라는 이유로 구의원 개인이 그 운영위원회의 당연직 위원장이 된다고 규정하고 있는 것은 무효라고 한 것이다. 즉, 위원회의 위원(위원장 포함)이 되어 집행부의 보조기관으로서 그 사무에 적극적·실질적으로 개입하는 것은 불가능하다는 것이다.

- 우리나라의 지방자치는 집행부와 지방의회 상호간의 독립 및 견제와 균형을 원칙으로 하는데, 지방의원이 집행부의 정책결정에 관여하는 내용의 조례는 무효라는 취지로 보아야 할 것이다.

- 「지방자치법」은 지방자치단체의 형태에 있어서 이른바 기관융합이 아닌 '기관 대립형'을 채택하고 최고의결기관으로서 지방의회를, 그 사무를 통할하는 집행기관으로서 지방자치단체의 장을 두고 있다.

- 이러한 기관 대립형은 집행부와 지방의회 양자 간의 견제와 균형이 중요한 의미를 가진다고 할 것이어서, 지방의회와 지방자치단체의 장에게 각각의 권한을 부여하는 '권한의 분리와 배분' 원칙에 입각해 있다고 할 것이다. 이러한 권한의 분리 및 배분의 취지에 따라 「지방자치법」에 명시적인 규정이 없더라도 자치법규의 규율범위에 있어서도 지방의회와 지방자치단체의 장 상호 간에 전속적인 권한을 침해하는 내용을 규정할 수 없다는 한계가 주어진다.

- 또한, 지방의원은 지방의회의 구성원으로서 지방의회의 본회의 및 위원회에서의 의결과 안건의 심사처리에 있어서 발의권이나 질문권·토론권·표결권 등을 가지고 있으며, 특히 지방의원은 「지방자치법」에 따라 지방자치단체의 장에 대한 자료제출 요구권과 행정감사 및 조사 등에서 제출요구, 감사 및 조사 등을 담당하여 시행하는 권한이 있는데, 이러한 지방의회의 권한을 넘어 지방의원이 집행부 소속 보조기관으로 참여할 경우 집행기관의 정책결정 또는 집행과정에 사전적·적극적으로 관여하는 결과를 낳게 되는 것이다.

- 좀 더 쉽게 사례를 들면, 다음과 같은 이유로 인해 지방의회 의원은 위원회의 위원이 되어서는 아니 된다.

- 즉, 지방의원을 당연직 위원으로 하고 있는 위원회가 특정 사안에 대한 정책결정 및 집행을 심의·의결한 경우를 예로 들면, 나중에 해당 사안에 대해 지방의회가 행정감사·조사를 하게 되는데 여기서 문제가 발생할 수 있다.

- 지방의회의 본연의 기능 중 하나는 집행부의 정책결정 및 집행에 대한 효과적인 통제라고 할 수 있는데, 집행부의 정책결정 및 집행이 집행부만의 것이 아니라 지방의회 또는 의원이 관여된 것이기 때문이다. 이 경우 집행부의 정책결정 및 집행에 대한 지방의회의 견제가 제 기능을 발휘할 수 없게 된다. 결국, 지방의원이 위원회의 위원이 되는 것은 집행부와 지방의회 상호 간의 견제와 균형의 원칙에 적합하지 않을 소지가 크다.

- 요컨대 집행부에 설치된 위원회의 위원으로 지방의원이 참여해서 해당 위원회의 각종 정책결정 관련 활동에 참여하면 지방자치의 본질적 기능을 침해할 여지가 있다.

지방의원이 위원회 위원이 되는 것은 불가능한가?

- 여기서 주의할 것이 있다. 위원회의 구분과 성격에 대해서는 다시 살펴보겠지만, 지방의원들이 위원이 되고 싶어 하는 위원회 중에서 문제가 되는 것은 소위 「지방자치법」 제130조에 따른 자문기관 중에서 해당 지방자치단체의 정책결정과 직접 관계있는 것으로 한정된다는 것이다. 정책결정 등과 관계없이 단순한 친목도모 및 의견수렴을 목적으로 하는 위원회는 문제가 되지 않는다. 즉, 앞서 살펴본 판례의 판시 내용의 첫 번째 사유인 해당 위원회는 '집행부의 사무수행에 필요한 보조기관'이기 때문이다.

- 예를 들어, 대부분의 지방자치단체는 아래의 조례와 같이 지방자치단체 중·장기 발전 및 시민화합 등을 위한 '발전위원회' '발전혁신위원회' 또는 '지역발전자문위원회' 등을 두고 있는데, 이처럼 정책결정과 직접 관련 없는 위원회의 경우 지방의원 참여를 부정적으로 볼 것만은 아니다. 집행부의 정책결정과 직접 관련이 없기 때문이다.

- 또한, 집행부의 정책결정 또는 집행과 직접 또는 간접적으로 관련된 사안이더라도 해당 정책의 수행을 위해서 주민의 의사를 모으고, 각계각층의 지혜를 빌리는 점에서는 지방의원의 참여가 필요한 부분도 있다.

남한산성세계유산센터 운영에 관한 조례

제1조(목적) 이 조례는 남한산성 등의 체계적인 보존 및 관리를 위하여 「행정기구 및 정원 조례」 제87조부터 제89조까지의 규정에 따라 설치된 '남한산성세계유산센터' 운영에 필요한 사항을 규정함을 목적으로 한다.

제7조(위원회 구성) ① 위원회는 위원장 1명 및 부위원장 1명을 포함한 30명 이내의 위원으로 구성하되, 위원장과 부위원장은 위원 중에서 호선한다.

② 위원은 다음 각 호의 어느 하나에 해당하는 사람 중에서 도지사가 임명 또는 위촉하되, 남한산성 세계유산 및 남한산성도립공원 업무 관련 국장, 성남·광주·하남시 부단체장, 남한산성면 산성리 이장은 당연직 위원이 된다. 다만 위원회를 구성할 때에는 위촉직 위원 중 여성위원이 위촉직 위원수의 100분의 40이상이 되도록 노력하여야 한다.
1. 문화유산·경관·관광·공원 분야 전문가
2. 도의회 의원
3. 성남·광주·하남시의원
4. 남한산성면 산성리 주민

- 한편, 지방의회의 의원이 위원회의 구성 및 운영에서 일정 부분 역할이 필요하다고 인정되는 경우에는 상위 법령에서 직접 지방의원을 위원회의 위원으로 직접 규정하는 경우도 있다. 이 경우 지방의원을 배제해서는 아니 되며, 배제하는 조례는 상위법령에 위반되어 무효임은 당연하다.

- 예를 들어, 도시계획·경관계획 등을 비롯한 국토계획 관련 법령 등에서는 해당 도시계획·경관계획 등이 해당 지역 및 주민에 미치는 영향 등을 고려해서 지방의원을 위원회 참석을 강제하는 경우가 있는데, 이 경우에는 당연히 관련 조례 등에서 위원회 위원에서 지방의원을 배제할 수 없다.

경관법 시행령

제25조(경관위원회의 구성 등) ① 경관위원회(법 제29조 제1항에 따라 시·도지사등 소속으로 설치하는 경우로 한정한다. 이하 같다)는 위원장과 부위원장 각 1명을 포함하여 10명 이상 70명 이내의 위원으로 구성한다.

② 경관위원회의 위원은 다음 각 호의 어느 하나에 해당하는 사람 중에서 해당 시·도지사등이 임명하거나 위촉한다. 이 경우 제3호에 해당하는 위원의 수가 전체 위원 수의 2분의 1 이상 되어야 한다.
1. 해당 지방자치단체 지방의회(행정시 및 경제자유구역청의 경우에는 행정시 및 경제자유구역청이 소속한 시·도의 지방의회를 말한다)의 의원
2. 해당 지방자치단체 또는 경관계획과 관련이 있는 행정기관의 공무원
3. 건축·도시·조경·토목·교통·환경·문화·농림·디자인·옥외광고 등 경관계획 관련 분야에 관한 학식과 경험이 풍부한 사람

경관 조례

제11조(경관위원회의 구성 및 운영) ① 법 제23조에 따라 경관에 관한 심의 또는 자문을 수행하기 위하여 경관위원회(이하 "경관위원회"라 한다.)를 설치한다.

② 경관위원회는 10명 이상 20명 이내의 위원으로 구성하고, 위원장과 부위원장은 위원 중에서 서로 뽑는다.

③ 위원은 다음 각 호의 어느 하나에 해당하는 사람 중에서 도지사가 임명 또는 위촉 한다. 이 경우 제3호에 해당하는 위원의 수는 전체위원의 2분의 1이상 이어야 한다.

1. 도의회 의원
2. 도 소속 또는 경관 및 도시와 관련이 있는 행정기관의 공무원
3. 건축·도시·조경·토목·교통·생태환경·문화·농림·디자인·옥외광고·에너지 등 경관계획 관련 분야에 관한 풍부한 경험과 식견을 갖춘 사람

위원회의 위원이 어렵다면 고문이라도…….

- 결국, 집행부의 정책결정 또는 집행과 직접 관련이 없는 사안이거나 법령에서 위원 구성의 범위에 포함시키지 않으면, 원칙적으로 지방의원의 위원회 위원에 대한 임명 또는 위촉은 불가능하다.

- 이에 따라 법제처의 의견 제시 또는 각종 교육 등을 통해 지방의원이 집행부 소속 위원회의 위원이 될 수 없다고 하자, 일부 지방자치단체에서는 위원회에 '고문'을 두고 지방의원이 고문의 역할을 하고 있는 실정이다.

- 앞서 살펴본 대법원 판례(2001추64) 관련 주민자치센터운영위원회에 대해서 대부분의 지방자치단체가 지방의원의 당연직 위원 규정이 어렵다고 보고 '고문'을 두도록 하고 있다.

서울특별시 ○○구 주민자치센터 설치 및 운영 조례

제1조(목적) 이 조례는 주민편의 및 복리증진을 도모하고 주민자치기능을 강화하여 지역공동체 형성에 기여하도록 하기 위하여 동에 두는 서울특별시 ○○구 주민자치센터의 설치 및 운영에 관한 사항과 서울특별시 ○○구 주민자치위원회의 구성 및 운영에 관한 사항을 규정함을 목적으로 한다.

제17조(구성등) ① 위원은 위원장, 부위원장 각 1명을 포함한 20명 이내로 구성하고, **해당 선거구에서 선출 된 구의원은 당연직 상임고문으로 하되,** 3명 이내의 위촉직 고문을 둘 수 있다.

○○군 주민자치센터 설치 및 운영 조례

제1조(목적) 이 조례는 「지방자치법」 제12조 및 같은 법 시행령 제10조에 따라 주민편의 및 복리증진을 꾀하기 위하여 읍·면에 두는 주민자치센터의 설치 및 운영에 관한 사항을 정함을 목적으로 한다.

제17조(구성 등) ① 위원은 위원장, 부위원장 각 1인을 포함하여 25인 이내로 구성하되, 3인 이내의 고문을 별도로 둘 수 있으며, 이 경우 당해 읍·면에서 선출된 군의회 의원은 그 직에 있는 동안 당연직 고문이 될 수 있다.

- 자치입법에서 '고문'이라는 용어는 생소하다. 고문이라는 제도 자체가 국가의 행정기관에 익숙한 것으로 보기 어렵다. 속어로 사용하는 '고문관'이라는 개념과는 분명히 다르겠지만, 민간에서 조직의 현명한 연장자로서 나아갈 방향을 제시하는 장로와 같은 의미의 '고문'과 어떻게 다른지 알 수도 없다.

- 어떻든 위 '주민자치센터 설치 및 운영 조례'를 살펴보면 고문은 자문과 조언 등의 역할을 수행하는 것으로 되어 있는데, 보조기관에 해당하는 위원회에 자문과 조언을 하는 기관을 별도로 두는 모습이 되어서 당황스럽다. 또한, 「지방자치법」 등 상위법령의 위임이 없이 위원회에 고문을 두는 것이 법의 취지에 반하는 것은 아닌지, 정부의 위원회 운영방침에 위반되지 않는지 논란이 될 수 있다.

- 결국, 주민자치센터운영위원회의 위원으로 지방의원이 적합하지 않다고 하니까 별도로 '고문' 제도를 두고 해당 구역의 지방의원이 고문으로 위촉되고 있는 것이 실정이다. 이와 같은 고문은 지방의원이 위원회의 위원이 되려고 하는 편법이 아닐 수 없다.

위원회의 구성 관련 판례

- 그런데, 민간위탁을 위한 적격자 심사 위원회의 구성과 관련하여 대법원에서 지방의원의 당연직 위원이 가능하다고 판시하여 논란이 된 적이 있다.

- 지방자치단체의 장은 조례나 규칙으로 정하는 바에 따라 그 권한에 속하는 사무 중 조사·검사·검정·관리업무 등 주민의 권리·의무와 직접 관련되지 아니하는 사무를 법인·단체 또는 그

기관이나 개인에게 위탁할 수 있다(법 제117조 제3항). 이 규정에 관한 상세한 설명은 앞서 제3강에서 충분히 하였기 때문에 생략한다. 다만, 사무의 위탁은 지방자치단체의 장이 사무를 수행하기 위하여 선택할 수 있는 고유한 사무 처리의 방식에 해당하며, 그 방법과 절차 등의 내용을 조례나 규칙으로 정하도록 한 것임을 상기할 필요가 있다.

- 「지방자치법」 제117조 제3항에 따라 지방자치단체는 '사무의 민간위탁 조례'를 두고 이를 관리·운영하고 있는데, ○○시의회는 2011. 2. 28. 의원발의 조례안을 통해 해당 시의회 의원을 민간위탁적격자심사위원회의 당연직 위원으로 규정하는 내용의 조례 개정안을 의결하였다.
- 이에 대해 위 조례안이 지방자치단체의 장에 대하여 법령에 규정이 없는 새로운 견제장치를 만들어 지방의회가 갖는 조례 제정권의 한계를 벗어난 것일 뿐만 아니라, 지방자치단체의 장의 고유권한인 위원의 위촉권한에 대하여 사전적·직접적으로 개입하는 것으로서 위법하다는 이유로 집행부가 의회에 재의를 요구하였으나, 의회는 조례안을 재의결함으로써 조례안을 확정하였다.

○○시 사무의 민간위탁 촉진 및 관리조례

제7조(민간위탁적격자심사위원회) ① 민간위탁기관을 선정하기 위하여 ○○시 민간위탁기관 적격자 심사위원회를 두고 심사가 끝나면 위원회는 자동 해산된다.

② 위원회는 위원장과 부위원장 각 1인을 포함하여 6~9명의 위원으로 하되, 다음 각 호의 자 중에서 시장이 위촉한다.

1. 해당 분야 경험과 학식이 풍부한 전문가
2. 관계공무원
3. 시의원 2명

- 이에 해당 지방자치단체의 장은 재의요구와 동일한 사유로 대법원에 제소하였고, 대법원은 다음과 같이 원고 패소 취지로 판시하였다. 지방의회의 손을 들어준 것이다.

조례안 재의결 무효확인 [대법원 2012.11.29, 선고, 2011추87, 판결]

지방자치단체는 그 소관 사무의 일부를 독립하여 수행할 필요가 있을 때 합의제 행정기관을 설치할 수 있고, 합의제 행정기관의 설치·운영에 관하여 필요한 사항은 조례로 정할 수 있다. 이와 같이 지방자치법에서 합의제 행정기관의 설치·운영에 관하여 필요한 사항을 조례로 정하도록 위임한 취지는 각 지방자치단체의 특수성을 고려하여 그 실정에 맞게 합의제 행정기관을 조직하도록 한 것이어서, 해당

> 지방자치단체가 합의제 행정기관의 일종인 민간위탁적격자심사위원회의 공평한 구성 및 운영에 대한 적절한 통제를 위하여 민간위탁적격자심사위원회 위원의 정수 및 위원의 구성비를 어떻게 정할 것인지는 해당 지방의회가 조례로써 정할 수 있는 입법재량에 속하는 문제로서 조례제정권의 범위 내라고 보는 것이 타당하다.

- 위 대법원 판결(2011추87)에 대해 일부 지방의회 및 의원들은 지방의회의 의원이 집행부 소속 위원회의 위원이 될 수 있음을 확실하게 인정해준 것이라고 주장한다. 그 동안 법제처를 비롯한 기관들이 해석을 잘못한 것이라며 반격을 하고 있다.

- 대법원은 판시 사항에 적시되어 있는 것처럼 민간위탁적격자심사위원회를 합의제행정기관으로 보고, 「지방자치법」 제129조에 따라 합의제행정기관은 조례로 정할 수 있도록 되어 있어서 조례의 입법재량에 해당하기 때문에 지방의원을 당연직 위원으로 해도 문제가 없다고 했는데, 민간위탁적격자심사위원회는 합의제행정기관이 아니다. 뒤에서 살펴보는 것과 같이 제129조에 따른 합의제행정기관이 아니라 제130조에 따른 자문기관에 해당한다.
  아울러, 지방자치단체의 장은 동 조례안이 지방자치단체의 장의 고유권한인 위원의 위촉 권한에 대하여 사전적·직접적으로 개입하여 위법하다고 주장하였는데, 대법원은 합의제행정기관은 조례로 제정할 수 있다는 이유로 정당한 조례라는 취지로 판시하고 있는데, 납득할 수 없는 내용이 아닐 수 없다.

- 위 판례의 판시 내용이 옳다고 해도 일부 지방의회 또는 그 의원들의 주장에 찬성할 수 없다.

- 통상적으로 판례는 해당 사건의 특수성 등이 종합적으로 고려된 것으로 어느 판례 하나만으로 관련 법제를 일반화하는 것은 바람직하지 않다.
  지방의원의 위원회 위원 위촉이 불가하다는 그간의 판례와 이론 및 주장이 있음에도 불구하고 하나의 판시만으로 일거에 해석을 바꿀 수는 없는 것이다. 특히, 위 판례의 대상이 되는 것은 '사무의 민간위탁'에 대한 것인데, 종래 대법원 판례에서는 사무의 민간위탁에 있어서는 그 처리 과정상의 공정성 확보를 위해 지방의회의 관여가 필요하며, 지방자치단체 기관 상호 간의 견제와 균형보다는 지방의회의 일부 관여를 허용하는 것이 바람직하다는 시각이 큰 것 같다.

- 결국, 대법원의 입장과 이 사안의 특수성 등을 종합적으로 고려할 때 위 대법원 판례에 따라 지방의원과 위원회 위원이 겸직하는 문제를 일반화하는 것은 부당하다.

- 이 사건에서 원고인 지방자치단체의 장이 효과적으로 대응하지 못한 것도 지적하고 싶다. 즉,

원고 측에서는 지방의원이 위원회의 위원으로 될 경우 민간위탁이라는 지방자치단체의 장이 갖는 고유한 집행권을 침해하여 지방의회와 집행부 상호 간의 견제와 균형이라는 기본원칙에 위배되었다는 논지가 아니라, 해당 규정이 지방의회가 갖는 조례 제정권의 한계를 벗어난 것과 지방자치단체의 장의 고유권한인 위원 위촉권한에 대한 개입이라는 이유로 대법원에 제소한 것도 원고 패소의 결정적 이유가 아닌가 생각된다.

- 이제 지방의원의 위원회 위원 겸직 문제는 여기서 마치고, 다음 주제로 넘어가자.
  우선, 앞서 대법원 판례에서 적시하고 있는 '합의제행정기관'과 '자문기관' 등 위원회의 종류에 대해 살펴보기로 한다.

위원회란 무엇일까?

- 위원회(委員會)란 말 그대로 위원들의 모임(會)이다. 따라서 관념상 1명으로 구성되는 위원회란 있을 수 없다.

- 행정조직 및 기능의 관점에서 볼 때 의사결정권자의 숫자가 일반적인 행정청과 달리 하나가 아니라 복수라는 점에서 구분된다.

- 실무 행정법에서는, 위원회의 의미를 의사결정과정에 여러 사람이 참여하도록 하고 표결의 방법에 의하여 이들의 의사를 합성함으로써 하나의 의사를 결정하는 조직형태를 말한다고 정의하고 있다. 위원회는 행정의 민주성·공정성의 확보, 전문지식의 도입, 이해의 조정 또는 관계 행정기관 간의 의사의 종합·협의·조정·심의·의결 등을 위하여 설치되는 것으로 이해하고 있다.

- 위원회와 관련해서 「정부조직법」은 행정기관의 소관사무의 일부를 독립하여 수행할 필요가 있는 경우에 두는 행정위원회 등의 합의제 행정기관인 위원회(제5조)와, 부속기관으로서 행정기관의 자문에 응하여 전문적 의견을 제공하거나 조언을 구하는 사항에 관하여 심의·조정·협의하는 등 행정기관의 의사결정에 도움을 주는 자문기관인 위원회(제4조) 등 2가지로 구분하고 있다.
  합의제 행정기관인 위원회의 의결은 그 자체가 해당 기관의 의사로 볼 수 있지만, 대부분의 위원회는 행정관청의 의사결정에 어느 정도 도움을 주는 데에 그치는 부속기관인 위원회로서의 지위를 갖는다.

- 실무적인 측면에서도 위원회는 행정조직법적인 면에서 크게 행정청인 위원회(합의제)와 행정청이 아닌 위원회로 나눌 수 있다.
  행정청인 위원회는 법률상 행정에 관한 의사를 결정하고 그 의사를 대외적으로 표명하여 집행할 수 있는 권한이 있는 위원회를 말한다. 현재 우리나라 정부를 구성하는 공정거래위원회, 국민권익위원회, 방송통신위원회 등이 이에 속한다.
  행정청이 아닌 위원회는 내부적으로 행정에 관한 의사를 결정하지만 이를 대외적으로 표명하고 집행할 수 있는 권한이 없는 위원회이다. 그 의사결정은 일반적으로 위원회가 소속된 행정청이 집행하게 된다.

- 행정청이 아닌 위원회는 다시 두 가지로 분류되는데, 의결기관인 위원회와 심의기관 또는 자문기관인 위원회가 그것이다.

- 의결기관은 의사결정에 구속력이 있는 것으로 행정심판위원회 및 소청심사위원회 등이 이에 해당한다. 심의기관 또는 자문기관은 의사결정에 구속력이 없으며, 통상 위원회의 명칭은 '자문위원회' '심의위원회' '조정위원회' 등 그 세부적 기능에 따라 여러 가지로 부를 수 있다. 심의기관은 해당 안건에 대한 심의가 반드시 필요한 반면, 자문기관은 안건 부의를 생략해도 무방한 것으로 보는 견해도 있다.

「지방자치법」 제129조 및 제130조

- 「지방자치법」도 「정부조직법」과 유사하게 합의제행정기관인 위원회와 자문기관인 위원회를 각각 구분해서 규정하고 있다.

지방자치법

제129조(합의제행정기관) ① 지방자치단체는 그 소관 사무의 일부를 독립하여 수행할 필요가 있으면 법령이나 그 지방자치단체의 조례로 정하는 바에 따라 합의제행정기관을 설치할 수 있다.
② 제1항의 합의제행정기관의 설치·운영에 필요한 사항은 대통령령이나 그 지방자치단체의 조례로 정한다.

제130조(자문기관의 설치 등) ① 지방자치단체는 소관 사무의 범위에서 법령이나 그 지방자치단체의 조례로 정하는 바에 따라 자문기관(소관 사무에 대한 자문에 응하거나 협의, 심의 등을 목적으로 하는 심의회, 위원회 등을 말한다. 이하 같다)을 설치·운영할 수 있다.

② 자문기관은 법령이나 조례에 규정된 기능과 권한을 넘어서 주민의 권리를 제한하거나 의무를 부과하는 내용으로 자문 또는 심의 등을 하여서는 아니 된다.
③ 자문기관의 설치 요건·절차, 구성 및 운영 등에 관한 사항은 대통령령으로 정한다. 다만, 다른 법령에서 지방자치단체에 둘 수 있는 자문기관의 설치 요건·절차, 구성 및 운영 등을 따로 정한 경우에는 그 법령에서 정하는 바에 따른다.
④ 지방자치단체는 자문기관 운영의 효율성 향상을 위하여 해당 지방자치단체에 설치된 다른 자문기관과 성격·기능이 중복되는 자문기관을 설치·운영해서는 아니 되며, 지방자치단체의 조례로 정하는 바에 따라 성격과 기능이 유사한 다른 자문기관의 기능을 포함하여 운영할 수 있다.
⑤ 지방자치단체의 장은 자문기관 운영의 효율성 향상을 위한 자문기관 정비계획 및 조치 결과 등을 종합하여 작성한 자문기관 운영현황을 매년 해당 지방의회에 보고하여야 한다.

- 합의제행정기관인 위원회는 「지방자치법」 제129조에서 지방자치단체가 그 소관 사무의 일부를 독립하여 수행할 필요가 있는 경우에 설치하며, 법령이나 그 지방자치단체의 조례로 정하도록 되어 있다.
「지방자치법 시행령」 제77조는 합의제행정기관인 위원회를 설치할 수 있는 경우를 (1) 고도의 전문지식이나 기술이 필요한 경우 (2) 중립적이고 공정한 집행이 필요한 경우 (3) 주민 의사의 반영과 이해관계의 조정이 필요한 경우 등 3가지 사유를 규정하고 있다.

지방자치법 시행령

제77조(합의제행정기관의 설치) 지방자치단체는 다음 각 호의 어느 하나에 해당하는 경우에는 법 제129조에 따라 합의제 행정기관을 설치할 수 있다.
1. 고도의 전문지식이나 기술이 필요한 경우
2. 중립적이고 공정한 집행이 필요한 경우
3. 주민 의사의 반영과 이해관계의 조정이 필요한 경우

- 조례의 규정만으로도 설치가 가능하다고 되어 있지만, 뒤에서 보는 바와 같이 제한이 많다. 합의제행정기관인 위원회는 일반 행정기관과 동일하기 때문에 정원 관리가 필요하고, 행정안전부 등 중앙정부의 통제를 받게 된다.

- 자문기관인 위원회는 법령이나 조례가 정하는 바에 따라 설치할 수 있으며, 성격과 기능이 유사한 자문기관은 이를 통합하여 운영할 수 있다(법 제130조 제4항).

- 「지방자치법 시행령」 제78조는 자문기관인 위원회를 설치할 수 있는 경우를 (1) 업무 특성상 전문적인 지식이나 경험이 있는 사람의 의견을 들어 결정할 필요가 있을 것 (2) 업무의 성질상 다양한 이해관계의 조정 등 특히 신중한 절차를 거쳐 처리할 필요가 있을 것 등 2가지로 규정하고 있다. 그리고 자문기관으로서 위원회는 민간위원의 임기는 3년을 넘을 수 없으며(영 제79조), 자문기관의 존속기간은 조례에 명시하되 5년의 범위에서 필요한 최소한의 기간으로 정한다(영 제80조).

지방자치법 시행령

제78조(자문기관의 설치요건) 지방자치단체는 다음 각 호의 어느 하나에 해당하는 경우에 법 제130조 제1항에 따른 자문기관을 설치할 수 있다.
1. 업무 특성상 전문적인 지식이나 경험이 있는 사람의 의견을 들어 결정할 필요가 있을 것
2. 업무의 성질상 다양한 이해관계의 조정 등 특히 신중한 절차를 거쳐 처리할 필요가 있을 것

제79조(자문기관의 구성) ① 법 제130조 제1항에 따른 자문기관은 설치 목적을 효율적으로 달성하는 데 필요한 인원으로 구성한다.
② 법 제130조 제1항에 따른 자문기관의 위원은 비상임으로 하고, 공무원이 아닌 위원의 임기는 3년을 넘지 않도록 해야 한다.

제80조(자문기관의 존속기한) ① 지방자치단체는 법 제130조 제1항에 따른 자문기관을 설치할 때에 계속 존속시켜야 할 명백한 사유가 없는 경우에는 해당 자문기관의 존속기한을 조례에 분명히 밝혀야 한다.
② 제1항에 따른 존속기한은 5년의 범위에서 자문기관의 목적을 달성하는 데 필요한 최소한의 기간으로 한다.

현재 지방자치단체에는 어떤 합의제행정기관이 있을까?

- 합의제행정기관인 위원회의 실태를 파악하기 전에 먼저 검토할 사항이 있다. 즉, 합의제행정기관인 위원회와 행정청과의 관계이다.

- 일반적으로 행정청이란 행정에 관한 의사를 결정하여 표시하는 국가 또는 지방자치단체의 기관이나 그 밖에 법령 또는 자치법규에 따라 행정에 관한 의사를 결정하여 표시하는 권한을 가지고 있거나 그 권한을 위임 또는 위탁받은 공공단체 또는 그 기관이나 사인을 말한다고 정의되어 있다. 행정청의 개념에 대해 위와 같이 정의하고 있는 법률로는 「행정기본법」·「행정절차법」·「행정소송법」·「행정심판법」 등이 있다.

- 행정청을 이와 같은 개념으로 이해할 경우 지방자치단체의 경우에는 지방자치단체의 기관과 그 소속행정기관 및 하부행정기관이 행정청에 해당하는데, 소속행정기관은 (1) 직속기관 : 소방기관·교육훈련기관·보건진료기관·시험연구기관·중소기업지도기관 등 (2) 사업소 및 출장소 (3) 합의제행정기관으로 구분되며, 하부행정기관은 일반 행정구의 구청장, 읍·면·동장 등이 이에 해당한다. 여기서 「지방자치법」 제130조에 따른 자문기관은 제외됨을 알 수 있다.

- 그런데, 합의제행정기관의 범위와 관련해서 대법원은 의사와 판단을 결정하여 외부에 표시하는 권한을 가진 합의제행정관청으로서의 위원회뿐만 아니라 의결기관인 자문기관까지 그 범위에 포함되는 것으로 해석하고 있다.

조례안재의결무효확인청구 : 대법원 2000.11.10, 선고, 2000추36, 판결

지방자치법 제107조(현 제129조)와 영 제41조 및 제42조의 규정에 따르면 지방자치단체는 그 소관 사무의 범위 내에서 필요한 경우에는 심의 등을 목적으로 자문기관을 조례로 설치할 수 있는 외에, 그 소관 사무의 일부를 독립하여 수행할 필요가 있을 경우에는 합의제 행정기관을 조례가 정하는 바에 의하여 설치할 수 있는바, 그러한 <u>합의제 행정기관에는 그 의사와 판단을 결정하여 외부에 표시하는 권한을 가지는 합의제 행정관청뿐만 아니라 행정주체 내부에서 행정에 관한 의사 또는 판단을 결정할 수 있는 권한만을 가지는 의결기관도 포함되는 것</u>이므로 ……

- 이와 같은 대법원의 해석은 합당한 것일까?

- 위 대법원 판례에 따를 경우 「행정심판법」 제6조에 따라 시·도의 광역자치단체에 설치하는 행정심판위원회, 「공익사업을 위한 토지 등의 취득 및 보상에 관한 법률」 제49조에 따라 시·도의 광역자치단체에 설치하는 지방토지수용위원회 및 「지방공무원법」 제13조에 따라 설치되는 지방소청심사위원회와 교육소청심사위원회, 그리고 「지방공무원법」 제7조에 따라 지방자치단체에 두는 인사위원회도 모두 의결기관으로서의 합의제행정기관인 위원회에 해당한다.

- 그런데 단순히 그 의사결정에 구속력이 있다는 이유로 합의제행정기관인 위원회로 볼 것은 아니다. 합의제행정기관은 행정관청으로서 대외적인 의사표시가 전제되어야 하며, 최소한 행정청의 범위에 포함되어야 한다. 의결기관은 자문기관이지 합의제행정기관은 아니다.

- 「지방자치법」 제129조 제2항에서는 합의제행정기관의 설치 및 운영에 필요한 사항은 대통령령이나 조례로 정하도록 하고 있는데, 이 규정에 따라 「지방자치단체의 행정기구와 정원기준

등에 관한 규정」 제30조 제1항에서는 합의제행정기관의 정원 총수를 조례에서 별도로 구분해서 따로 규정하도록 되어 있다.

- 행정심판위원회, 지방토지수용위원회, 지방소청심사위원회와 교육소청심사위원회, 그리고 지방인사위원회 등 어느 것도 조례로 별도의 정원 총수를 둔 경우가 없다. 이들 위원회는 의결기관인 자문기관에 해당하지 합의제행정기관은 아니라는 것이다.

지방자치단체의 행정기구와 정원기준 등에 관한 규정

제30조(정원의 규정) ① 지방자치단체에 두는 지방공무원 정원의 총수는 다음 각 호의 구분에 따라 해당 지방자치단체의 조례로 정한다.

1. 집행기관의 정원(제3호에 따른 공무원의 정원은 제외한다)
2. 삭제
3. 지방공립대학에 두는 교육공무원의 정원
4. 의회사무기구의 정원
5. 합의제행정기관의 정원

- 결국, 합의제행정기관인 위원회에 해당하느냐의 여부는 독자적인 의결결정에 관한 권한은 물론이고, 대외적인 의사표시의 권한까지 포함하고 있는지 여부를 그 기준으로 하여야 하며, 따라서 행정청의 개념과 밀접한 관련이 있음을 알 수 있다. 행정청이 아닌 것은 합의제행정기관이 아니라고 말할 수 있다.
  한편, 「행정심판법」에 따른 행정심판위원회의 재결을 대상으로 행정소송을 할 수 있도록 한 것은 행정심판위원회가 합의제행정기관으로서 그 재결을 처분으로 본 것이 아니라, 원칙적으로는 행정소송의 대상이 아니나 재결 자체의 고유한 위법이 있는 경우에 한하여 예외적으로 소송 제기를 허용한 취지로 이해해야 할 것이다.

- 현재 우리나라에서 「지방자치법」 제130조 제2항 및 「지방자치단체의 행정기구와 정원기준 등에 관한 규정」 제30조 제1항에 따라 지방자치단체가 자발적으로 설치 및 운영하고 있는 합의제행정기관은 '자치경찰위원회'와 '감사위원회' 뿐이다. 정확한 실태조사는 없지만, 아래의 자치단체의 '행정기구 및 정원조례'에서 위 두 위원회의 경우에만 별도의 설치근거를 두고 제71조 제4호에서 '합의제행정기관의 정원'을 규정하고 있다.

○○광역시 행정기구 및 정원 조례

제5장 합의제행정기관

제1절 ○○광역시자치경찰위원회

제65조(○○광역시자치경찰위원회) ① 법 제129조 및 「국가경찰과 자치경찰의 조직 및 운영에 관한 법률」(이하 "경찰법"이라 한다) 제18조에 따라 경찰법 제24조의 사무를 수행하기 위하여 시장 소속으로 대구광역시자치경찰위원회(이하 "자치경찰위원회"라 한다)를 설치한다.

제66조(사무국) ① 자치경찰위원회의 사무를 처리하기 위하여 사무국을 설치하 며, 사무국에는 사무국장을 둔다.

제67조(소관사무) 위원장은 다음 사항을 분장한다.

1. 자치경찰사무에 관한 목표·시책 수립 및 평가
2. 자치경찰사무에 관한 인사, 예산, 장비 등에 관한 주요정책
3. 자치경찰사무 담당 공무원 임용 및 사기진작
4. 자치경찰사무 담당 공무원의 부패 방지 및 청렴도 향상
5. 자치경찰사무 감사 및 주요 비위사건에 대한 감찰요구
6. 자치경찰사무에 관한 규칙의 제정·개정 또는 폐지
7. 지방행정과 치안행정의 업무조정과 그 밖에 필요한 협의·조정

제2절 ○○광역시감사위원회

제68조(○○광역시감사위원회) 법 제129조 및 「공공감사에 관한 법률」 제5조 제2항에 따라 감사 업무의 공정성과 투명성을 확보하기 위하여 시장 소속으로 ○○광역시감사위원회(이하 "감사위원회"라 한다)를 설치한다.

제70조(소관사무) 위원장은 다음 사항을 분장한다.

1. 감사정책 및 주요 감사계획에 관한 사항
2. 징계 및 문책 처분 요구에 관한 사항
3. 회계관계직원 등에 대한 변상명령 처분 요구에 관한 사항
4. 시정·주의·개선 요구, 권고, 통보, 고발에 관한 사항
5. 재심의 및 적극행정 면책 심사에 관한 사항
6. 사전 컨설팅감사에 관한 사항
7. 그 밖에 감사 업무에 관한 사항

제6장 공무원 정원

제71조(정원의 총수) 대구광역시에 두는 공무원 정원(이하 "정원"이라 한다)의 총수는 6,492명으로 하며 다음 각 호와 같이 구분한다.

1. 집행기관의 정원 : 3,326명
2. 의회사무기구의 정원 : 124명
3. 본청 및 소방서에 두는 소방공무원의 정원 : 2,980명
4. <u>합의제행정기관의 정원 : 62명</u>

- 위 조례에서 합의제행정기관으로 규정한 자치경찰위원회는 경찰법 제18조 제2항에서 "시·도자치경찰위원회는 합의제 행정기관으로서 그 권한에 속하는 업무를 독립적으로 수행한다."라고 규정하여 자치경찰위원회는 시도지사 소속으로 설치하지만 독립적인 합의제행정기관인 위원회라는 점을 명시적으로 밝히고 있다고 볼 수 있다.

국가경찰과 자치경찰의 조직 및 운영에 관한 법률

제18조(시·도자치경찰위원회의 설치) ① 자치경찰사무를 관장하게 하기 위하여 특별시장·광역시장·특별자치시장·도지사·특별자치도지사(이하 "시·도지사"라 한다) 소속으로 시·도자치경찰위원회를 둔다. 다만, 제13조 후단에 따라 시·도에 2개의 시·도경찰청을 두는 경우 시·도지사 소속으로 2개의 시·도자치경찰위원회를 둘 수 있다.

② 시·도자치경찰위원회는 합의제 행정기관으로서 그 권한에 속하는 업무를 독립적으로 수행한다.

- 또한 '행정기구 및 정원 조례'에서 합의제행정기관으로 규정한 감사위원회는 「공공감사에 관한 법률」 제5조 제2항에서 "중앙행정기관등은 관계 법령, 조례 또는 정관으로 정하는 바에 따라 자체감사기구를 합의제감사기구로 둘 수 있다."라고 규정하고, 제3항에서는 감사기구의 자문에 응하기 위해 감사자문위원회를 둘 수 있다고 규정하고 있다. 아울러 제7조에서는 '감사기구의 장의 독립성 보장'을 규정하고 있다.

공공감사에 관한 법률

제3조(적용 범위) ① 이 법은 자체감사활동 및 이에 따른 감사활동체계 등에 관하여 중앙행정기관, 지방자치단체 및 공공기관(이하 "중앙행정기관등"이라 한다)에 대하여 적용한다.

제5조(자체감사기구의 설치) ① 중앙행정기관등에는 자체감사기구를 둔다. 다만, 중앙행정기관등의 규모, 관장 사무 또는 자체감사 대상기관의 수 등을 고려하여 관계 법령에서 정하는 경우에는 자체감사업무를 전담하여 수행하는 자체감사기구로 두어야 한다.

② 중앙행정기관등은 관계 법령, 조례 또는 정관으로 정하는 바에 따라 자체감사기구를 합의제 감사기구로 둘 수 있다.

③ 중앙행정기관등은 자체감사에 관하여 중앙행정기관등의 장 또는 감사기구의 장의 자문에 응하게 하기 위하여 대통령령으로 정하는 바에 따라 감사자문위원회를 둘 수 있다.

제7조(감사기구의 장의 독립성 보장) ① 중앙행정기관등의 감사기구의 장은 자체감사활동에서 독립성이 최대한 보장되어야 한다.

② 중앙행정기관 및 지방자치단체의 감사기구의 장은 감사활동의 독립성이 보장될 수 있도록 관계 법령에서 정하는 바에 따라 그 소속이 적정하게 정하여져야 한다.

- 이에 따라 각 광역자치단체에서는 '자치경찰사무와 자치경찰위원회 조직 및 운영 등에 관한 조례'와 '감사위원회 구성 및 운영에 관한 조례'를 제정하여 운영하고 있다.

합의제행정위원회 사례

○○광역시 자치경찰사무와 자치경찰위원회 조직 및 운영 등에 관한 조례

제1조(목적) 이 조례는 「국가경찰과 자치경찰의 조직 및 운영에 관한 법률」과 「자치경찰사무와 시도자치경찰위원회의 조직 및 운영 등에 관한 규정」에서 위임된 사항과 그 시행에 필요한 사항을 규정함을 목적으로 한다.

○○광역시 감사위원회 구성 및 운영에 관한 조례

제1조(목적) 이 조례는 「공공감사에 관한 법률」 제5조 제2항, 제6조 및 같은 법 시행령 제4조에 따라 합의제감사기구의 구성 및 운영에 필요한 사항을 규정함을 목적으로 한다.

- 위에서 설명한 자치경찰위원회와 감사위원회 외에 합의제행정기관을 둔 사례가 거의 없다. 그 이유는 집행부의 수장인 지방자치단체의 장의 입장에서 볼 때 합의제행정기관인 위원회를 둘 필요성이 없기 때문이라고 생각한다.

- 지방자치단체에서 처리하는 사무는 위임사무가 많고, 그 성격상 단순한 집행적 기능이 강하기 때문에 독임제와 달리 합의제 방식으로 처리해야 할 이유가 없고, 또한 일사분란하게 업무를 수행하는데 있어서 합의제행정기관은 적합한 행정조직이 아니라고 생각하기 때문에 합의제행정기관의 설치를 꺼려하는 것이다. 단적으로 시·도지사가 그 소속 문화체육관광국장을 대신해 (가칭) 문화체육관광위원회를 두고 4~5명의 위원으로 정책을 결정 및 집행하도록 할 이유가 없다.

- 굳이 법령에서 강제하는 경우가 아니면 합의제행정기관을 설치할 필요가 없는 것이다.

민간위탁적격심사위원회가 합의제행정기관?

- 현행 법제에 있어서는 의결기관도 원칙적으로 자문기관에 해당하고, 합의제행정기관이 아니며, 현행 자치입법에서 합의제행정기관인 위원회를 거의 찾아볼 수 없다.

- 이제 앞서 살펴본 대법원 결정(2011추87) 내용을 다시 살펴보기로 한다.

조례안 재의결 무효확인 [대법원 2012.11.29, 선고, 2011추87, 판결]

지방자치단체는 그 소관 사무의 일부를 독립하여 수행할 필요가 있을 때 합의제 행정기관을 설치할 수 있고, 합의제 행정기관의 설치·운영에 관하여 필요한 사항은 조례로 정할 수 있다. 이와 같이 지방자치법에서 합의제 행정기관의 설치·운영에 관하여 필요한 사항을 조례로 정하도록 위임한 취지는 각 지방자치단체의 특수성을 고려하여 그 실정에 맞게 합의제 행정기관을 조직하도록 한 것이어서, 해당 지방자치단체가 합의제 행정기관의 일종인 민간위탁적격자심사위원회의 공평한 구성 및 운영에 대한 적절한 통제를 위하여 민간위탁적격자심사위원회 위원의 정수 및 위원의 구성비를 어떻게 정할 것인지는 해당 지방의회가 조례로써 정할 수 있는 입법재량에 속하는 문제로서 조례제정권의 범위 내라고 보는 것이 타당하다.

- 위 대법원 판례는 민간위탁적격자심사위원회를 「지방자치법」 제129조에 따른 합의제행정기관으로 보고 있는데, 민간위탁적격자심사위원회가 합의제행정기관인 위원회에 해당하는지 강한 의문이 생긴다.

- 「지방자치법」 제117조 제3항에 따라 사무의 민간위탁은 지방자치 단체의 장의 고유한 권한이다. 문제가 된 ○○시의 조례에서도 이를 명시적으로 확인하고 있다(조례 제4조 제2항). 민간위탁적격자심사위원회는 지방자치단체의 장이 적합한 민간위탁 기관을 선정하는데 있어서 도움을 주고 기능을 보좌하기 위해 설치된 것이므로 합의제행정 기관이 아님은 물론이고, 지방자치단체의 장이 그 심사결과에 구속된다고 볼 수 없기 때문에 의결기관에도 해당하지 않는다. 따라서 단순히 자문기관에 해당한다고 볼 수밖에 없다.

○○시 사무의 민간위탁 촉진 및 관리조례

제4조(민간위탁 대상사무의 기준등) ① 법령이 정한 바에 따라 시장의 소관사무 중 조사·검사·검정·관리업무 등 시민의 권리·의무와 직접 관계되지 아니하는 다음의 사무를 민간위탁 할 수 있다.
1. 단순 사실행위인 행정작용
2. 공익성보다 능률성이 현저히 요청되는 사무
3. 특수한 전문지식 및 기술을 요하는 사무
4. 기타 시설관리 등 단순행정 관리사무

② 시장은 제1항 각호에 해당되는 사무에 대하여 민간위탁의 필요성 및 타당성을 정기적·종합적으로 판단하여 필요한 때에 민간위탁을 한다.

- 통상 자문기관의 한 종류인 의결기관은 해당 위원회의 의결에 법적 구속력을 인정하여 행정청으로 하여금 이에 따르도록 할 필요가 있는 때에 설치하게 되는데, 이 경우에는 법률에

그 설치근거를 두고 그 의결에 행정청이 구속되도록 규정하게 된다. 단순히 조례에서 정할 수는 없다. 또한, 의결의 공정성과 책임성을 확보하기 위하여 법률 등에서 위원의 신분보장과 공무원 의제규정 등을 두는 것이 일반적이다.

- 대법원 판례(2000추36)의 취지에 따라 '의결기관으로서의 합의제행정기관'에 해당하려면 「지방자치법」 제129조 및 「지방자치단체의 행정기구와 정원기준 등에 관한 규정」 제30조 제1항에 따라 해당 합의제행정기관의 정원 총수를 조례로써 별도의 규정으로 구분해서 따로 규정해야 하는데, 실제로 이 건의 대상이 되는 ○○시의 경우 이와 관련해서 별도의 조례는 물론이고, 이와 관련한 업무를 하는 직제상의 직원이 한 명도 없는 것으로 되어 있다.

- 요컨대 민간위탁적격자심사위원회는 합의제행정기관은 물론이고 의결기관도 아니다. 따라서 「지방자치법」 제130조가 적용되는 자문기관으로서의 위원회로 보아야 한다.

위원회의 '가이드라인'

- 일반적으로 지방자치단체는 '각종 위원회 설치 및 운영 조례'를 제정·운영하고 있다.
  이 조례는 지방자치단체 소속 각종 위원회의 설치 및 운영에 필요한 사항을 규정함으로써 위원회 운영의 민주성·투명성·효율성 향상에 기여하는 것을 목적으로 한다. 「지방자치법」 제130조 및 시행령 제78조·제79조·제80조의 규정에 따른 세부사항을 정한 기본조례의 성격이 강하다. 강제력이 있는 것은 아니고, 일종의 지침 또는 가이드라인의 성격을 갖는 조례로 보아야 할 것이다.

- 우선, 위원회를 설치할 경우에는 (1) 업무의 내용이 전문적인 지식이나 경험이 있는 사람의 의견을 들어 결정할 필요가 있을 것 (2) 업무의 성질상 특히 신중한 절차를 거쳐 처리할 필요가 있을 것 (3) 기존 업무와 중복되지 아니하고 독자성이 있을 것 (4) 업무가 연속성·상시성이 있을 것 등의 요건을 갖추어야 한다. 네 번째 요건에 대하여는 다소 이견이 있을 수 있으나, 일시적인 업무를 위한 위원회는 설치를 자제해야 한다는 뜻으로 해석하면 된다.

- 위원회를 설치할 경우 (1) 설치목적·기능 및 성격 (2) 위원회 구성 및 임기 (3) 위원회 위원장과 부위원장에 관한 사항 (4) 회의의 소집 및 의결정족수에 관한 사항 (5) 존속기한 (존속기한이 있는 경우에 한한다)에 관한 사항 등을 해당 조례 등에 명시하여야 한다.

- 한편, 법령이나 다른 조례에 특별히 규정한 경우를 제외하고는 위원회를 설치할 경우

'한시위원회'로 운영하거나 목적 달성을 위하여 필요한 최소한의 기한 내에 존속기한을 정하여 위원회를 설치하여야 한다. 한시위원회를 설치하기 위해 조례를 제·개정할 경우에는 그 위원회의 존속기한을 명시하여야 하며, 이 경우 존속기한은 원칙적으로 5년을 초과할 수 없다. 존속기한으로 5년의 한도에서 명시하도록 되어 있으나, 실제로 해당 조례 등에서 존속기한을 명시한 경우를 찾기는 힘들다. 담당부서의 장은 존속기한 안에 있는 위원회라 하더라도 매년 위원회의 존속여부를 점검하여야 한다.

- 위원회는 위촉직 및 당연직 위원으로 구성하되, 위촉직 위원은 해당 지방자치단체의 장이 적합한 사람 중에서 위촉하고, 당연직 위원은 위원회의 기능과 관련 있는 부서의 장과 소속 공무원 중에서 지방자치단체의 장이 임명한다. 위촉직 위원은 법령에서 특별히 정한 경우를 제외하고는 3년 이내로 한다.

- 최근 지나친 위원회 위원의 중복 등으로 인한 공정성 확보 차원에서 동일인이 3개 위원회를 초과하여 중복 위촉되거나 동일 위원회에서 3회를 초과하여 연임되지 않도록 권고하고 있다. 반면에, 대부분의 지방자치단체는 위원회의 외부 위원의 위촉이 어려운 상황이어서 이 규정을 무시하는 경우도 많다.

- 위촉직 위원을 선정하려는 경우 미리 인원 수, 자격, 선정기준 등을 해당 인터넷 홈페이지 등에 공고하는 등 공모 방법으로 위촉하는 사례가 늘고 있다. 위촉직 위원의 공모에 있어서는 공모에 의한 선정이 불가능한 경우의 대응방안을 잘 고려해야 한다.

- 예를 들어, (1) 공개모집에 응모하는 사람이 없거나 응모자 중 자격기준에 합당한 자가 없는 경우 (2) 위원회의 특성상 참여 위원이 한정되어 공개모집이 불가능한 경우 (3) 긴급안건을 처리하기 위하여 설치되는 위원회가 해당 안건을 처리 한 후 해산되는 경우에는 공모의 방법이 적합하지 않다. 공모의 방법에 의하여 위촉을 추진하는 과정에서 (1)의 경우에 해당하면 어떻게 처리할 것인지의 문제이다. 해당 조례에서 공개모집에 응모하는 사람이 없거나 응모자 중 자격기준에 합당한 자가 없는 경우에 해당 위촉위원을 어떻게 처리할 것인지 명시적으로 규정하는 것이 바람직하다.

- 위원회의 위원은 법령이나 다른 조례에서 정한 경우를 제외하고는 임기만료 전이라도 (1) 위원이 임기 중 사망한 경우 (2) 위원이 장기 치료를 요하는 질병 또는 6개월 이상의 해외여행 등으로 임무를 수행하기 어려운 경우 (3) 위원 스스로가 위촉 해제를 원한 경우 (4) 위원이 위원회 직무와 관련하여 알게 된 비밀을 누설하거나 그 내용을 개인적으로 이용한 경우 (5) 위원이 위원회의 직무와 관련하여 비위 사실이 있거나 위원회 위원직을 유지하기에 적합하지

아니하다고 인정되는 비위 사실이 발생한 경우 (6) 그 밖에 위원의 품위손상 등으로 위원으로서의 자질이 부족하다고 인정되는 경우에는 위원의 위촉을 해제하여야 한다.

- 위촉 해제에 관하여는 조례에서 사유를 직접 규정하고, 원칙적으로 위원장이 직접 위촉 해제할 수 있도록 하되, 위원의 품위손상 및 자질 부족과 같이 주관적인 판단기준이 개입되는 경우에는 해당 위원회의 의결을 거쳐 위촉 해제할 수 있도록 하는 것이 바람직하다.

- 위원회의 위원장은 해당 위원회의 위원들이 안건을 충분히 검토할 수 있도록 회의개최 통보는 7일전까지, 안건과 회의 자료는 3일전까지 각각 알려야 한다. 다만, 회의 내용이 비밀을 요하거나 긴급한 사안으로 담당부서장의 요청에 따라 위원회의 장이 인정하는 경우에는 예외로 할 수 있다.

- 위원회 위원의 대리 참석은 원칙적으로 허용되지 않는다. 다만, 예외적으로 해당 조례 및 규칙 등으로 인정하는 경우에는 그러하지 아니한다.

- 위원회의 회의는 공개를 원칙으로 한다. 다만, 법령 또는 조례 등에서 비공개하도록 규정된 경우와 위원회의 장이 필요하다고 인정할 때 또는 재적위원 중 과반수의 요구가 있는 경우에는 비공개로 할 수 있다.

- 위원회의 장은 위원회 안건의 처리와 관련하여 필요한 경우 관계부서의 장에게 자료의 제출 및 관계공무원의 출석을 요구할 수 있으며, 공무원 등 관계자를 회의에 출석하여 발언하게 하거나 의견을 제시 또는 제출하게 할 수 있다. 다만, 이를 강제할 수는 없다. 지방자치단체의 장의 지휘·명령에 따라 시행하는 것 외에 방법이 없다.

위원회의 통합 운영 vs. 중복 운영

- 「지방자치법」 제130조 제4항은 자문기관은 해당 지방자치단체의 조례로 정하는 바에 따라 성격과 기능이 유사한 다른 자문기관의 기능을 포함하여 운영할 수 있도록 되어 있다.

지방자치법

제130조(자문기관의 설치 등) ④ 지방자치단체는 자문기관 운영의 효율성 향상을 위하여 해당 지방자치단체에 설치된 다른 자문기관과 성격·기능이 중복되는 자문기관을 설치·운영해서는 아니 되며, 지방자치단체의 조례로 정하는 바에 따라 성격과 기능이 유사한 다른 자문기관의 기능을 포함하여 운영할 수 있다.

- 법령의 위임에 따라 설치한 것이든 자치 조례로써 설치한 것이든, 우리나라에는 위원회가 지나치게 많고 유사한 성격과 기능을 가진 중복 위원회도 있으며, 위원회만 설치하고 실제로 운영하지 않는 경우도 있어서 위원회의 설치·운영의 실효성을 위해 마련한 규정인 듯하다.

- 이와 관련해서 「지방자치법」 제130조 제4항의 규정을 위원회의 '통합 운영'으로 보는 시각이 있는데, 정확하게 말하면 위원회의 중복 운영이라고 해야 한다. 위원회의 통합 운영과 중복 운영은 구분하는 것이 바람직하다. 자치입법에서 위원회의 설치·운영과 관련 다양한 시도가 진행되고 있는데, '통합 운영'과 '중복 운영'을 구분하면 입법실무에 상당한 도움이 될 것으로 기대한다.

- 먼저, 위원회의 통합 운영에 대해서 살펴보기로 한다.

위원회의 통합 운영

- 위원회를 '통합 운영'한다는 것은 복수의 서로 다른 위원회를 하나로 통합하여 설치·운영한다는 의미로, 「행정기관 소속 위원회의 설치·운영에 관한 법률」 제7조 제2항의 규정이 이에 해당한다.

행정기관 소속 위원회의 설치·운영에 관한 법률

제7조(중복 위원회의 설치 제한 등) ① 행정기관의 장은 그 기관 또는 관련 기관 내에 설치되어 있는 위원회와 성격과 기능이 중복되는 위원회를 설치·운영하여서는 아니 된다.
② 행정기관의 장은 성격·기능이 유사하거나 관련이 있는 복수의 위원회를 하나의 위원회와 분과위원회, 전문위원회 등의 체계로 연계하여 설치·운영하여야 한다.
③ 행정기관의 장은 불필요한 자문위원회등이 설치되지 아니하도록 소관 정책에 관한 각계 전문가의 의견을 종합적으로 반영하기 위하여 위원회를 통합하여 설치·운영하도록 노력하여야 한다.

- 이 규정에서 알 수 있듯이, 위원회의 통합 운영은 위원회의 설치 자체를 통합하는 것으로 일종의 조직개편 또는 조직의 통·폐합과 유사하다. 이러한 점에서 위원회의 설치와 별도로 그 운영을 겹치게 하는 위원회의 중복 운영과 구분된다.

- 「지방자치법」에는 「행정기관 소속 위원회의 설치·운영에 관한 법률」 제7조와 같은 규정은

없지만, 방만한 위원회 설치를 방지하고 효율적인 위원회 운영을 위해 지방자치단체에 대해서도 위원회의 '통합 운영' 및 '중복 운영'이 동시에 적용되어야 한다.

특히, 지방자치단체는 중앙 정부의 경우와 달리 해당 분야의 전문가가 한정되어 있어서 위원회의 구성에 어려움이 있고, 심지어 위원이 중복되어 구성되는 경우가 있는가 하면, 거의 활동하지 않는 위원회도 많아서 조직개편 또는 조직의 통·폐합 또는 그 슬림화 차원에서 통합 운영과 중복 운영이 동시에 필요하다.

- 그런데, 이와 같은 위원회의 통합 운영은 법령에서 지방자치단체에 특정 위원회를 두도록 강제하고 해당 법령에서 자문기관의 명칭, 기능, 운영방법 등 세부적인 내용을 정하고 있는 경우에는 이를 적용하기 어렵다.

- 위원회의 통합 운영의 구체적인 방법으로는 (1) 두 개 이상의 복수의 위원회가 그 성격 및 기능이 유사한 경우 하나의 위원회로 통합하는 방법과 (2) 하나의 위원회로 통합하지 않고 다른 위원회에 기능을 대신하게 하는 방법이 있다.

  예를 들어, A 조례상의 a 위원회와 B 조례상의 b 위원회가 그 성격과 기능이 유사한 경우 A 조례와 B 조례를 통합하여 새로운 조례를 만드는 것은 전자에 해당하고, A 조례와 B 조례는 존치하되 a 또는 b 중 하나의 위원회만 설치·운영하고 나머지 위원회는 해당 위원회가 그 기능을 대신하게 하는 것이 후자에 해당한다.

- 자치입법 실무상 두 번째의 방법이 널리 이용되고 있는 것으로 파악되고 있다. 종전의 위원회 조례를 폐지하고 새로운 조례를 제정하면서 새롭게 위원회를 설치하는 경우 종전의 조례 및 위원회를 운영하던 담당부서의 입장에서는 이를 흔쾌히 수용하기 어려운 점이 이런 추세를 반영하는 것으로 생각한다.

- 반대로, 종전의 위원회의 근거 법령 및 관할 부서가 동일한 경우에는 종전 조례의 폐지 및 새로운 조례 제정 방식을 선호하는 경우도 있다.

  「지방재정법」에 따른 지방재정심의위원회와 투자심사위원회 및 용역과제심의위원회 등 3개 위원회의 통·폐합을 추진하는 과정에서, 해당 위원회의 관련 부서가 동일하기 때문에 대부분의 지방자치단체가 종전 조례를 모두 폐지하고 지방재정계획심의위원회 관련 조례로 통합 운영하는 것을 볼 수 있다.

- 위원회의 통합 운영에 관한 조례의 입법 방식은 다음의 사례에서 보는 것과 같이 특정 위원회를 두도록 규정하되, 그 설치·운영에 관한 사항을 별도로 규정하지 않으며, 다만 다른 위원회가 그 위원회를 대행하도록 규정하는 방식이다.

○○도 유통업 상생협력과 소상공인 보호 조례

제4조(○○도유통업상생발전협의회 설치 및 기능) ① 도지사는 대형유통기업과 중소유통기업 및 소상공인 간의 상생협력을 위한 ○○도유통업상생발전협의회(이하 "협의회"라 한다)를 설치한다.
② ○○도유통업상생발전협의회는 다음 각 호의 사항을 심의한다.
1. 제3조에 따른 ○○도유통업상생협력계획 수립에 관한 사항
2. 제5조에 따른 소상공인 경쟁력 향상을 위한 지원에 관한 사항
3. 제6조에 따른 대형유통기업의 지역사회 기여 및 협력에 관한 사항
4. 지역 유통업 균형발전을 위한 조사 및 연구에 관한 사항
5. 지역 생산품 및 농·수·축산물의 구매 및 판로개척 협력에 관한 사항
6. 그 밖에 상생협력 촉진과 지역유통산업 발전을 위한 협력 및 지원에 관한 사항
③ ○○도유통업상생발전협의회는 ○○도유통분쟁조정위원회에서 대행한다.

- 위 조례에서는 '유통업상생발전협의회'를 설치한다고만 규정하고, 그 세부적인 구성 및 운영 등에 대해서는 전혀 규정하지 않으며, 다만 '유통분쟁조정위원회'에서 이를 대행하도록 규정하고 있다.
- 여기서 대행한다는 의미가 무엇인지 분명하지는 않지만, 일반적으로 권한의 위임·위탁과 함께 논의되는 행정권한의 대행에서 말하는 대행은 아니고, 오로지 '유통업상생발전협의회'를 별도로 만들지 않는 대신 '유통분쟁조정위원회'가 그 임무를 대신한다는 의미로 해석해야 할 것이다. 즉, 위원회의 통합 운영을 염두에 둔 규정으로 보아야 할 것이다.
- 한편, 위원회의 통합 운영에 있어서 대행의 주체가 되는 '유통분쟁조정위원회'를 규정하고 있는 해당 조례에서는 어떤 조치가 필요할까? 다음과 같이 심의·의결 또는 조정의 사항에 관련 내용을 추가하면 된다.

○○도 유통분쟁조정위원회 설치 조례

제2조(위원회의 설치) ○○도(이하 "도"라 한다)는 유통분쟁조정을 위하여 경제부지사 소속하에 ○○도유통분쟁조정위원회를 둔다.
제3조(기능) 위원회는 다음 각 호의 사항을 조정한다.
1. 「유통산업발전법」(이하 "법"이라 한다) 제36조의 규정에 의한 대규모 점포와 인근지역의 도· 소매업자 사이의 영업활동에 관한 분쟁이 발생한 경우에 이의 조정사항
2. 대규모 점포와 인근지역의 주민사이의 생활환경에 관한 분쟁이 발생한 경우에 이의 조정사항
3. 「○○도 유통업 상생협력과 소상공인 보호 조례」 제4조 제2항에 따른 심의사항

위원회의 중복 운영

- 위원회의 '중복 운영'이란 특정 위원회를 폐지·통합하는 조치를 하는 것이 아니라 하나의 위원회에서 복수의 위원회 기능을 수행하는 방식이다. 중복 운영되는 위원회에서는 하나의 위원회를 두고 그 밑에 소규모 위원회를 구성 및 운영한다. 위원회가 중첩되는 것으로 생각할 수 있다.

- 위원회의 중복 운영이 적용되는 것은 자치 조례에 따라 설치·운영하는 위원회도 있지만, 주로 개별 법령에 따라 지방자치단체에 설치하는 위원회가 대상이 된다. 법령에서 설치가 강제된 위원회는 지방자치단체가 이를 폐지하거나 통·폐합 운영하는 것이 어렵기 때문에 하나로 통합하는 것보다 중복하여 운영하는 것이 편리하기 때문이다.

- 위원회의 중복 운영에 대한 입법 방식은 다음과 같이 구분할 수 있다. 즉, 유사한 성격과 기능을 가진 위원회를 대상으로 (1) 대표적인 위원회를 선정해서 그 위원회에 다른 위원회의 기능을 포괄하는 방법과, (2) 대표 위원회를 선정하지 않고 제3의 새로운 위원회를 신설하고 해당 위원회에서 관련 위원회의 기능 전체를 포괄하는 방법 등이 있다. 주로 첫 번째의 경우가 많이 사용되고 있다.

- 아래는 중복 운영 방식의 위원회 사례이다.

○○도 사회복지위원회 조례

제2조(설치) 다음 각 호의 사항을 심의·의결하기 위하여 ○○에 사회복지위원회(이하 "위원회"라 한다)를 둔다.

1. 「사회복지사업법」 제7조에 따른 사회복지에 관한 기본계획 및 종합시책의 수립
2. 「사회복지사업법」 제7조에 따른 사회복지사업의 연구·조정·건의
3. 「사회복지사업법」 제18조 제2항에 따른 사회복지법인 이사의 추천
4. 「사회복지기금 설치 및 운용 조례」 제6조의 기금운용위원회의 심의사항
5. 「노인복지기금 설치 및 운용 조례」 제6조의 기금운용계획 및 결산보고 심의사항
6. 「국민기초생활 보장법 시행령」 제29조 제1항에 따른 생활보장위원회의 심의사항
7. 「의료급여법 시행령」 제7조 제2항에 따른 의료급여심의위원회의 심의사항
8. 「재해구호기금 운용·관리 조례」 제5조 제2항에 따른 재해구호기금 운용심의위원회의 심의사항
9. 그 밖에 도지사가 심의를 요청하는 사회복지사업에 관한 주요사항

제8조(분과위원회) ① 위원회는 사무처리의 전문성 및 효율성을 확보하기 위하여 위원회의 위원으로 분야별 분과위원회를 구성·운영할 수 있다.

② 분과위원회는 다음 각 호의 구분에 따른 위원회별 심의사항을 의결하거나 도지사의 자문 등에 응한다.

1. 생활보장분과위원회
   가. 「사회복지기금 설치 및 운용 조례」 제3조 제1호에서 정한 자활지원사업의 사회복지기금 운용 및 결산 등에 관한 사항
   나. 제2조 제7호에 따른 의료급여기금의 관리·운용 등에 관한 사항
   다. 제2조 제8호에 따른 재해구호기금 운용심의위원회 심의사항
2. 노인복지분과위원회 : 노인복지사업과 관련한 다음 각 목의 사항
   가. 고령사회기본계획에 따른 시행계획 수립·추진
   나. 「노인복지기금 설치 및 운용 조례」 제6조에서 정한 노인복지기금 운용 및 결산에 관한 심의·결정과 그 밖에 노인복지사업과 관련하여 도지사가 필요하다고 인정하여 회의에 부치는 사항
3. 장애인복지분과위원회 : 「사회복지기금 설치 및 운용 조례」 제3조 제2항에서 정한 장애인복지 지원사업의 사회복지기금 운용 및 결산 등에 관한 사항
4. 사회공헌분과위원회 : 「사회공헌 진흥 및 지원 조례」 제5조 제2항에서 정한 사회공헌위원회의 심의사항

③ 분과위원회 구성은 다음 각 호와 같으며, 각 분과위원회의 위원을 겸할 수 있다.

1. 생활보장분과위원회 : 10명 이내
2. 노인복지분과위원회 : 10명 이내
3. 장애인복지분과위원회 : 10명 이내
4. 사회공헌분과위원회 : 10명 이내

④ 분과위원회의 위원장은 위원회의 위원장이 겸임하거나, 위원장이 사전에 지명한 위원이 된다.

⑤ 분과위원회 위원의 임기는 위원회 위원 임기와 같이 하며, 회의운영 및 간사 등 분과위원회 운영에 필요한 사항은 제6조와 제7조, 제10조와 제11조를 준용한다.

⑥ 제2항에 따른 분과위원회의 심의·의결을 받은 안건은 위원회의 심의·의결을 거친 것으로 본다.

⑦ 그 밖에 분과위원회의 운영에 필요한 사항은 분과위원회의 의결을 거쳐 위원회의 위원장이 따로 정한다.

- 위 조례에서 보는 것과 같이, 중복 운영의 위원회는 특정 위원회가 두 개 이상의 개별 위원회 기능을 포괄하는 형태를 띠고 있다는 점에 특성이 있다. 중복하여 운영하는 대상 위원회는 대부분 법령에 따라 설치가 강제되는 위원회가 되며, 이를 분과위원회로 규정한다.

- 위 사례는 생활보장(생활보장분과위원회), 노인복지(노인복지분과위원회), 장애인복지(장애인복지분과위원회) 및 사회공헌(사회공헌분과위원회) 등 4가지 위원회 기능을 포괄하는 전체로서 '사회복지위원회'를 새롭게 설치하는 것으로 되어 있다. 또한, 사회복지위원회의

기능과 위원 구성 등에 있어서 해당 분과위원회의 구성 및 운영 규정을 별도로 각각 규정함으로써 당초 개별 위원회의 독자성이 훼손되지 않도록 배려하고 있음을 알 수 있다.

- 큰 틀에서 보면, 위원회의 통합 운영과 중복 운영이 차이가 크지 않은 것으로 볼 수 있다. 그러나 해당 위원회의 설치 근거가 상위 법령에 있는지 또는 자치 조례에 따른 것인지 여부 및 개별 위원회의 독자성이 충분히 보장되어야 하는지 또는 혼합하여 운영하는 것이 바람직한지 여부 등에 따라 구별하여 입법하면 실무상 도움이 될 것으로 생각한다.

한시적 위원회

- 위원회의 수가 늘고 있어서 이를 효과적으로 통제할 수 있는 방안으로 한시적 위원회가 있다. 한시적 위원회는 위원회를 시한부 방식으로 운영하는 것이다.

- 한시적 위원회는 자치입법의 입법기술과 밀접하게 관련되어 있다. 해당 조례에서 존속기한을 설정하는 것이기 때문이다. 이와 관련해서 「지방자치법 시행령」 제80조에서는 "자문기관을 설치할 때 계속 존속시켜야 할 명백한 사유가 없는 경우에는 자문기관의 존속기한을 조례에 명시하되, 그 존속기한은 5년의 범위에서 자문기관의 목적을 달성하는 데 필요한 최소한의 기간으로 한다."고 되어 있다.

- 이처럼 조례에서 존속기한이 명시된 위원회를 한시적 위원회라고 한다. 존속기한이 지정된 조례를 한시적 조례라고 하는 것처럼 위원회 존속의 기한이 설정되어 있기 때문이다. 통상 존속기한은 해당 조례의 부칙에서 '존속기한' 또는 '유효기간'의 제목으로 이를 규정한다.

- 그런데, 실제 사례에 있어서는 한시적 존속기한을 둔 위원회가 많지 않다. 언제까지 위원회를 운영할 것인지 명확하지 않기 때문이다. 또한, 다음과 같은 이유도 있어서 위원회의 존속기한을 둘 필요가 많지 않다.

- 아래의 조례 부칙 제2조에서는 '남한산성 세계유산 등재 추진위원회'의 존속기한을 "2014년 남한산성 등재가 결정된 날"까지로 규정하고 있는데, 그렇다면 위원회는 "2014년 남한산성 등재가 결정된 날"까지만 존속하고 그 이후에는 조례만 존속하는 것이 된다. 그런데 이 조례는 오로지 '남한산성 세계유산 등재 추진위원회'의 구성 및 운영에 관한 사항만을 두고 있어서 실상에 있어서는 이 위원회의 존속기한이 해당 조례의 존속기한과 다름이 없다. 이런 경우

굳이 해당 위원회의 존속기한을 정할 것이 아니라 그 조례의 존속기한을 정하는 것도 무방하다. 이러한 이유로 실제 자치입법에서 위원회만의 존속기한을 별도로 규정한 사례는 많지 않다.

○○도 남한산성 세계유산 등재 추진위원회 구성 및 운영에 관한 조례

제1조(목적) 이 조례는 유네스코 세계유산 잠정목록에 등재된 남한산성의 효율적인 세계유산 등재 추진과 원활한 지원을 위하여 설치하는 남한산성 세계유산 등재 추진위원회 운영에 필요한 사항을 규정함을 목적으로 한다.

제3조(위원회 기능) 위원회는 남한산성 세계유산 등재 추진을 위하여 다음 각 호의 사항을 심의하고 자문한다.

1. 남한산성 세계유산 등재 추진을 위한 예산 및 인력지원 사항
2. 세계유산 등재 추진 및 보존·관리 등을 위한 계획 수립 및 변경사항
3. 남한산성 문화재와 도립공원의 체계적 관리를 위한 주요 정책사항
4. 그 밖에 도지사가 심의·자문·조정을 구하는 사항

부칙 〈2012.4.6.〉

제1조(시행일) 이 조례는 공포한 날부터 시행한다.

제2조(위원회의 존속기한) 이 조례에 따라 구성된 위원회는 2014년 남한산성 세계유산 등재가 결정되는 기한까지 존속되는 한시위원회로 한다.

임시적 위원회

- 한시적 위원회와 임시적 위원회는 다르다.

- 다수의 지방자치단체에서 「지방자치법 시행령」 제80조에 따른 한시적 위원회와는 다른 별개의 의미로 '한시적 위원회'가 널리 사용되고 있는 추세이다.
  여기서 '한시적 위원회'는 위원회를 상시적으로 설치 및 운영하는 것이 아니라 해당 위원회의 심의 안건이 있는 경우에만 설치·운영하는 것을 특징으로 하고 있다. 그렇다면 상시적 위원회에 대별되는 의미에서 '임시적 위원회'가 적합하지 않을까 생각한다.

- 지방자치단체에서 대부분의 위원회를 다음의 사례와 같이 임시적 위원회로 전환하고 있는 추세이다. 아래 사례는 자치 조례가 아닌 국가의 법령에서 설치·운영을 직접 규정하고 있는 개인정보심의위원회에 대해 규정한 조례를 예시한 것이며, 그 밖에 자치 조례에서 규정하는 위원회는 거의 대부분이 임시적 위원회로 전환하였거나 이를 추진하고 있는 중이다.

○○도 개인정보 보호 조례

제1조(목적) 이 조례는 「개인정보 보호법」및 같은 법 시행령·시행규칙에서 위임한 사항 등 경기도의 개인정보 보호업무에 필요한 사항을 규정함을 목적으로 한다.

제10조(심의위원회의 구성 및 운영) ④ 위원은 심의위원회를 개최할 때마다 도지사가 임명 또는 위촉하고, 회의가 끝난 후에 임명 또는 위촉이 해제된 것으로 본다.

- 위 사례의 조례 제10조 제4항에서 보듯이, 임시적 위원회에서는 위원회의 구성에 대해 해당 위원회를 개최할 때마다 새롭게 위원을 임명 또는 위촉하는 것으로 하며, 해당 위원회의 회의가 끝나면 그 위원은 임명 또는 위촉이 해제되는 것으로 보도록 규정되어 있다.

- 이와 같이 임시적 조례는 어떤 의미가 있을까? 그리고 임시적 위원회로 전환하는 것이 그만한 실익이 있는 것일까?

- 실상에 있어서 위원장 및 위원 등이 상근이 아닌 한 임시적 위원회나 그렇지 않은 위원회나 별 차이점이 있는 것은 아니다.

- 위원회의 위원장 및 위원 등이 상근일 경우 보수나 수당의 지급 등 추가적인 비용이 들기 때문에 비용절감의 차원에서 위원회를 개최할 때마다 위원장과 위원을 임명 또는 위촉할 필요성이 있다고 하겠지만, 통상적인 자문기관으로서의 위원회는 위원회가 개최되지 않는 기간에는 별도의 비용이 들지 않는다. 아울러, 매번 위원회를 개최할 때마다 다시 위원장과 위원 등을 임명 또는 위촉하는 절차를 밟아야 하기 때문에 오히려 행정적 낭비와 비효율이 우려되는 점을 부인할 수 없다.

- 그럼에도 불구하고 이와 같은 임시적 위원회가 널리 사용되는 것은 무슨 까닭일까? 지방자치단체에 유사한 성격과 기능을 가진 위원회가 많기 때문에 그 외형적인 숫자를 줄여 보려는 것이 아닌가 생각된다. 이와 같은 임시적 위원회는 회의를 개최할 때만 위원회가 구성되기 때문에 평상시에는 위원회의 숫자와 관련된 통계에서 제외되기 때문이다.

공동위원회

- 공동위원회는 일상에서도 익숙하다. 남북 간 공동위원회나 여야 간 공동위원회, 부처 간 공동위원회 등 흔히 볼 수 있다. 최근에는 자치입법에서도 자주 쓰인다.

- 위원회 설치·운영상의 효율성을 위한 위원회의 통합 운영과 중복 운영을 살펴보았는데, 이와는 별개로 특정 위원회의 심의사항이 다른 위원회의 그것과 중복되거나 겹치는 경우 또는 다른 위원회에서도 동시에 심의할 필요가 있다고 있는 경우 '공동위원회' 규정을 두는 경우가 있다.

- 공동위원회는 심의·의결 사항이 있는 경우에만 별도로 구성·운영하는 임시 위원회 방식과 항구적으로 구성 및 운영하는 상설 위원회 방식이 있는데, 현재 대부분의 공동위원회는 필요한 경우에만 구성·운영할 수 있는 임시 위원회 방식을 채택하고 있다. 임시 위원회 방식을 채택할 경우 앞서 살펴본 임시적 위원회의 일종으로 분류할 수 있다.

- 공동위원회를 구성·운영하는 경우에는 당초 위원회의 위원 중에서 공동위원회의 위원을 선임하기 때문에 종전 위원회의 위원 자격을 상실하면 공동위원회의 위원 자격도 상실하게 된다.

- 자치입법에서 가장 자주 등장하는 하는 것은 경관(景觀) 관련 공동위원회와 도시계획 관련 공동위원회다.

- 「경관법」 제29조 제1항은 지방자치단체의 장 소속으로 경관위원회를 두되, 경관위원회의 설치·운영이 어려운 경우 관련 위원회가 그 기능을 대신하도록 함으로써 앞서 살펴본 위원회의 '통합 운영'을 규정하고 있다. 대신한다는 것은 대행한다는 의미로 생각하면 된다. 여기서 경관위원회를 대신할 수 있는 위원회는 지방도시계획위원회, 건축위원회, 농업·농촌 및 식품산업정책심의회, 도시공원위원회, 지방산업단지계획심의위원회, 옥외광고심의위원회 및 그 밖에 해당 지방자치단체의 조례로 정하는 위원회 등이 있다(경관법 시행령 제22조).

경관법

제29조(경관위원회의 설치) ① 경관과 관련된 사항에 대한 심의 또는 자문을 위하여 국토교통부장관 또는 시·도지사등 소속으로 경관위원회를 둔다. 다만, 경관위원회를 설치·운영하기 어려운 경우에는 대통령령으로 정하는 경관과 관련된 위원회가 그 기능을 수행할 수 있다.

② 시장·군수, 행정시장, 구청장등 또는 경제자유구역청장은 별도의 경관위원회를 구성하지 아니하고, 해당 지방자치단체(행정시 및 경제자유구역청을 포함한다)가 속한 시·도에 설치된 경관위원회에서 심의하도록 시·도지사에게 요청할 수 있다.

③ 국토교통부장관 또는 시·도지사등은 경관 관련 사항의 심의가 필요한 경우 대통령령으로 정하는 바에 따라 다른 법률에 따라 설치된 위원회와 제1항에 따른 경관위원회(같은 항 단서에 따라 경관

위원회의 기능을 대신하여 수행하는 경관과 관련된 위원회를 포함한다. 이하 같다)가 공동으로 하는 심의를 거칠 수 있다.

경관법 시행령

제22조(경관과 관련된 위원회) 법 제29조 제1항 단서에서 "대통령령으로 정하는 경관과 관련된 위원회"란 다음 각 호의 위원회를 말한다.

1. 다음 각 목의 위원회로서 국토교통부장관이 지정하는 위원회
   가. 「공공주택 특별법」 제33조에 따라 국토교통부에 두는 공공주택통합심의위원회
   나. 「국토의 계획 및 이용에 관한 법률」 제106조에 따라 국토교통부에 두는 중앙도시계획위원회
   다. ~ 아.(생략)
2. 다음 각 목의 위원회로서 해당 시·도지사등(행정시장 및 경제자유구역청장의 경우에는 시·도지사를 말한다)이 지정하는 위원회
   가. 「건축법」 제4조에 따라 지방자치단체에 두는 건축위원회
   나. 「국토의 계획 및 이용에 관한 법률」 제113조에 따라 지방자치단체에 두는 지방도시계획위원회
   다. 「농업·농촌 및 식품산업 기본법」 제15조에 따라 지방자치단체에 두는 농업·농촌및식품산업 정책심의회
   라. 「도시공원 및 녹지 등에 관한 법률」 제50조에 따라 지방자치단체에 두는 도시공원위원회
   마. 「산업단지 인·허가 절차 간소화를 위한 특례법」 제6조에 따라 지방자치단체에 두는 지방산업단지계획심의위원회
   바. 「옥외광고물 등의 관리와 옥외광고산업 진흥에 관한 법률」 제7조에 따라 지방자치단체에 두는 옥외광고심의위원회
   사. 그 밖에 해당 지방자치단체의 조례로 정하는 위원회

제23조(공동위원회의 구성 및 운영) ① 법 제29조 제3항에 따라 다른 법률에 따라 설치된 위원회와 경관위원회(법 제29조 제1항 단서에 따라 경관위원회의 기능을 대신하여 수행하는 경관과 관련된 위원회를 포함한다)가 공동으로 심의하려는 경우에는 공동위원회(이하 "공동위원회"라 한다)를 구성하여야 한다.

② 공동위원회는 경관위원회 및 다른 법률에 따라 설치된 위원회의 위원 중 국토교통부장관 또는 해당 시·도지사등이 임명하거나 위촉하는 30명 이내의 위원으로 구성하며, 경관위원회의 위원이 공동위원회 전체 위원 수의 3분의 1 이상 되어야 한다.

③ 제2항에도 불구하고 경관위원회를 포함하여 3개 이상의 위원회를 공동위원회로 구성하는 경우에는 공동위원회 전체 위원 중 경관위원회의 위원 수를 5명 이상의 범위에서 3분의 1 미만으로 할 수 있다.

④ 공동위원회의 위원장은 공동위원회 위원 중에서 호선(互選)한다

⑤ 공동위원회의 회의는 재적위원 과반수의 출석으로 개의(開議)하고, 출석위원 과반수의 찬성으로 의결한다.

⑥ 제1항부터 제5항까지에서 규정한 사항 외에 공동위원회의 조직·운영에 필요한 사항은 국토교통부장관이 정하여 고시하거나 해당 지방자치단체의 조례로 정한다.

- 그리고 「경관법」 제29조 제3항은 경관 관련 사항의 심의가 필요한 경우 다른 법률에 따라 설치된 경관과 관련된 위원회와 경관위원회가 공동으로 하는 심의를 거칠 수 있도록 규정함으로써 경관 관련 공동위원회를 규정하고 있다.

- 「경관법」 제29조 제3항 및 시행령 제23조 제1항에서는 경관 관련 사항을 '공동으로 심의하려는 경우' 경관 관련 공동위원회를 구성 및 운영하도록 되어 있기 때문에 공동 위원회는 임시적 위원회로 분류할 수 있다. 항상 경관 관련 공동위원회를 구성하지는 않으며, 필요한 경우에 안건 심의를 위해 공동위원회를 구성하는 방식을 사용하고 있다.

- 한편, 경관 관련 공동위원회의는 (1) 위원회의 통합 운영 (2) 임시적 위원회 (3) 공동위원회 등 위원회의 3가지 성격이 중복되어 있어서 구성 및 운영이 간단하지 않은 점이 있다.

- 우선, 다른 위원회가 경관위원회를 대신하는 경우 경관 관련 공동위원회의 구성이 문제가 될 수 있다. 즉, 「경관법」 제29조 제1항 단서 및 같은 법 시행령 제22조에 따라 지방도시계획위원회 등 다른 위원회가 경관위원회를 대신하는 경우 「경관법 시행령」 제23조의 적용 문제가 발생한다.

- 생각건대, 공동위원회는 경관 관련 공동심의사항이 발생한 경우 깊이 있는 심의를 위해 구성하려는 것으로, 비록 다른 위원회가 경관위원회를 대신하는 경우에도 다른 위원회와의 공동 심의가 필요하다면 공동위원회를 구성할 수 있다고 보아야 한다. 다만, 만일 건축위원회가 경관위원회를 대신하는 경우 건축 분야와의 공동 심의를 위한 공동위원회를 굳이 구성할 필요가 없을 것이다.

- 그리고 다른 위원회가 경관위원회를 대신하는 경우에도 「경관법 시행령」 제23조에 따른 구성 및 운영 요건을 맞춰야 한다. 따라서 다른 위원회가 경관위원회를 대신하고 이 경관위원회가 다시 공동위원회를 구성하게 되면 그 공동위원회의 위원 중 3분의 1 이상은 반드시 경관위원회, 즉 당초 경관위원회를 대신하는 그 위원회의 위원으로 구성되어야 한다.

- 입법적으로 「경관법」 제29조 제1항 단서에 따라 다른 위원회가 경관위원회를 대신하는 경우에는 그 다른 위원회를 경관위원회로 본다는 규정을 두었으면 하는 아쉬움이 있다. 간주 규정이 없이 공동위원회를 구성하는 경우 직접 「경관법 시행령」 제23조를 적용하는 것은 어색하고 무리가 따르지 않을 수 없다.

- 실제 운영에 있어서는 광역 자치단체와 규모가 큰 기초 자치단체의 경우 경관위원회를 별도로

구성·운영하되, 규모가 작은 기초 지방자치단체는 지방도시계획위원회 등 다른 위원회가 경관위원회를 대신하고 있다. 그리고 공동위원회 관련 규정은 다음과 같이 한 개의 규정을 두고 운영하고 있다.

○○시 경관 조례

제1조(목적) 이 조례는 「경관법」 및 「경관법 시행령」에서 조례로 정하도록 한 사항과 그 시행에 관하여 필요한 사항을 규정함을 목적으로 한다.

제30조(공동위원회의 구성 및 운영) ① 영 제23조 제6항에 따른 공동위원회의 운영에 필요한 사항으로써 "지방자치단체의 조례로 정하는 사항"이란 다음 각 호의 사항을 말한다.

1. 공동위원회의 위원장은 다른 법률에 따라 설치된 위원회의 소관 위원장이 되고, 위원장은 공동위원회의 업무를 총괄하며, 회의를 소집하고 그 의장이 된다.
2. 위원장이 부득이한 사유로 직무를 수행할 수 없는 경우에는 부위원장이, 위원장 및 부위원장이 모두 부득이한 사유로 직무를 수행할 수 없는 경우에는 위원장이 사전에 지명한 위원이 그 직무를 대행한다.
3. 공동위원회에는 간사를 두며, 간사는 공동위원회를 주관하는 부서의 부서장이 된다.
4. 공동위원회는 필요하다고 인정하는 때에는 경관계획수립권자, 경관사업시행자, 협정체결자, 경관심의 대상 사업의 시행자 및 관계기관의 장 등에게 필요한 자료의 제출 및 공동위원회 출석을 요구할 수 있으며, 심의 및 자문사항에 관하여 식견이 풍부한 사람의 설명을 들을 수 있다.
5. 경관계획수립권자, 경관사업 시행자, 협정체결자, 경관심의 대상 사업의 시행자 및 관계기관의 장 등은 공동위원회의 심의 및 자문 사항에 대하여 위원장의 사전승인을 받아 공동위원회에 출석하여 발언할 수 있다.

② 공동위원회의 회의는 위원장이 필요하다고 인정하는 경우에 이를 소집한다.

③ 이 조례에 규정된 사항 이외에 공동위원회의 운영 등에 관하여 필요한 사항은 도지사가 정한다.

- 다음은 도시계획 관련 공동위원회다.

- 도시계획 관련 공동위원회는 「국토의 계획 및 이용에 관한 법률」에서 규정하고 있다. 같은 법 제30조 제3항은 시·도지사는 지구단위계획이나 지구단위계획으로 대체하는 용도지구 폐지에 관한 사항을 결정하려면 시·도에 두는 건축위원회와 도시계획위원회가 공동으로 하는 심의를 거치도록 하고 있으며, 여기서 공동위원회의 위원은 건축위원회와 도시계획위원회의 위원 중에서 시·도지사가 임명 또는 위촉하고, 공동위원회의 위원 수는 30명 이내이며, 공동위원회의 위원 중 건축위원회의 위원이 3분의 1 이상을 차지하도록 되어 있다(같은 법 시행령 제25조 제2항).

국토의 계획 및 이용에 관한 법률

제30조(도시·군관리계획의 결정) ③ 국토교통부장관은 도시·군관리계획을 결정하려면 중앙도시계획위원회의 심의를 거쳐야 하며, 시·도지사가 도시·군관리계획을 결정하려면 시·도도시계획위원회의 심의를 거쳐야 한다. 다만, 시·도지사가 지구단위계획(지구단위계획과 지구단위계획구역을 동시에 결정할 때에는 지구단위계획구역의 지정 또는 변경에 관한 사항을 포함할 수 있다)이나 제52조 제1항 제1호의2에 따라 지구단위계획으로 대체하는 용도지구 폐지에 관한 사항을 결정하려면 대통령령으로 정하는 바에 따라 「건축법」 제4조에 따라 시·도에 두는 건축위원회와 도시계획위원회가 공동으로 하는 심의를 거쳐야 한다.

국토의 계획 및 이용에 관한 법률 시행령

제25조(도시·군관리계획의 결정) ② 법 제30조 제3항 단서 또는 제7항에 따라 건축위원회와 도시계획위원회가 공동으로 지구단위계획을 심의하려는 경우에는 다음 각 호의 기준에 따라 공동위원회를 구성한다.

1. 공동위원회의 위원은 건축위원회 및 도시계획위원회의 위원중에서 시·도지사 또는 시장·군수가 임명 또는 위촉할 것. 이 경우 법 제113조 제3항에 따라 지방도시계획위원회에 지구단위계획을 심의하기 위한 분과위원회가 설치되어 있는 경우에는 당해 분과위원회의 위원 전원을 공동위원회의 위원으로 임명 또는 위촉하여야 한다.
2. 공동위원회의 위원 수는 30명 이내로 할 것
3. 공동위원회의 위원중 건축위원회의 위원이 3분의 1 이상이 되도록 할 것
4. 공동위원회 위원장은 제1호에 따라 임명 또는 위촉한 위원 중에서 시·도지사 또는 시장·군수가 임명 또는 위촉할 것

- 앞서 살펴본 경관 관련 공동위원회와 도시계획 관련 공동위원회는 비슷한 것 같지만 차이점이 있다.

- 경관 관련 공동위원회는 공동 위원회를 구성하는 위원회가 특정되어 있지 않는 반면, 도시계획 관련 공동위원회는 건축위원회와 시·도 도시계획위원회로 그 대상이 명확하다. 또한, 경관 관련 공동위원회는 다른 위원회가 경관위원회를 대신하는 경우 공동위원회 구성에 있어서 복잡한 부분이 있으나, 도시계획 관련 공동위원회는 그렇지가 않다. 도시계획 관련 공동위원회가 단순하고 명료하다.

- 한편, 도시계획 관련 공동위원회는 다음의 사례와 같이 해당 지방자치단체의 조례로 구성 및 운영하고 있는데, 임시적 위원회가 아닌 상설 위원회 방식으로 운영하고 있음을 알 수 있다.

참고로, 해당 지방자치단체에서는 공동위원회 운영을 위해 건축위원회의 위원과 도시계획 위원회의 위원 및 공동위원회의 위원의 임기를 동일하게 맞춰서 운영하고 있다.

○○도 도시계획 조례

제12조(공동위원회) ① 법 제30조 제3항 각호의 사항을 심의하기 위하여 위원회와 건축위원회(이하 "건축위원회"라 한다)가 공동으로 공동위원회를 구성한다.
② 공동위원회는 위원장 및 부위원장 각 1명을 포함하여 25명 이내의 위원으로 구성한다.
③ 공동위원회의 위원장은 경제부지사가 되며, 부위원장은 위원중에서 호선한다.
④ 공동위원회의 위원은 위원회 및 건축위원회의 위원중에서 도지사가 임명 또는 위촉한다. 이 경우 제11조 제1항 제1호에 따른 제1분과 위원 전원을 공동위원회의 위원으로 하며, 전체위원의 3분의 1 이상을 건축위원회 위원으로 하여야 한다.

위원회와 양성평등

- 위원회를 구성하는 위원의 특정 성(性)이 한 쪽으로 치우치지 않도록 양성평등이 배려되어야 한다.
- 위원회의 본질적 기능이 민주적 의사결정이라 할 것이고, 민주적 의사결정이 제대로 구현되기 위해서는 해당 위원회의 구성방식부터 민주적이어야 한다.
- 양성평등에 관한 원칙은 「양성평등기본법」에서 규정하고 있다. 즉, 같은 법 제21조는 국가와 지방자치단체는 각종 위원회 등 정책결정과정에 여성과 남성이 평등하게 참여하기 위한 시책을 마련하여야 한다는 책무 규정을 두고 있다.

여성발전기본법

제21조(정책결정과정 참여) ① 국가와 지방자치단체는 정책결정과정에 여성과 남성이 평등하게 참여하기 위한 시책을 마련하여야 한다.
② 국가와 지방자치단체는 <u>위원회(위원회, 심의회, 협의회 등 명칭을 불문하고 행정기관의 소관 사무에 관하여 자문에 응하거나 조정, 협의, 심의 또는 의결 등을 하기 위한 복수의 구성원으로 이루어진 합의제 기관을 말한다. 이하 같다)를 구성할 때 위촉직 위원의 경우에는 특정 성별이 위촉직 위원 수의 10분의 6을 초과하지 아니하도록 하여야 한다.</u> 다만, 해당 분야 특정 성별의 전문인력 부족 등 부득이한 사유가 있다고 인정되어 다음 각 호의 구분에 따른 위원회의 의결을 거친 경우에는 그러하지 아니하다.
1. 국가 및 시·도가 구성하는 위원회 : 실무위원회
2. 시·군·구가 구성하는 위원회 : 시·도위원회

- 이에 따라 지방자치단체의 조례·규칙 등 자치법규에서도 양성평등에 관한 규정을 두고 있다.

○○시 보육 조례

제4조(구성 등) ③ 위원회 위원은 다음 각 호의 어느 하나에 해당하는 사람 중에서 도지사가 위촉 또는 임명한다.

1. 보육전문가
2. 어린이집의 장
3. 보육교사대표
4. 보호자대표 또는 공익을 대표하는 사람
5. 관계공무원

⑧ 제3항에 따른 위촉직 위원의 경우에는 특정 성별이 위촉직 위원 수의 10분의 6을 초과하지 아니하도록 하여야 한다. 다만, 해당 분야의 특정 성별 전문인력 부족 등 부득이한 사유로 인해 「양성평등기본법」 제12조에 따른 실무위원회의 의결을 받은 경우에는 그러하지 아니하다.

- 한편, 상위법령에서 위원회 위원의 구성방법을 이미 정한 경우에도 양성평등 관련 규정을 두는 것이 바람직한지 문제가 되는 경우가 많다.

  즉, 「응급의료에 관한 법률」 제13조의6은 시·도응급의료위원회를 두도록 하고, 같은 법 시행령 제7조 제2항에서는 응급의료의 특수성을 반영한 각계 전문가로 위원을 구성하도록 되어 있다. 이 경우 해당 지방자치단체의 조례에서 위원회의 위원 구성에 관한 양성평등의 원칙을 강제하는 것이 바람직한지의 문제이다.

응급의료에 관한 법률

제13조의6(시·도응급의료위원회) ① 응급의료에 관한 중요 사항을 심의하기 위하여 시·도에 시·도응급의료위원회(이하 "시·도위원회"라 한다)를 둔다.

② 시·도위원회는 해당 시·도의 응급의료에 관한 다음 각 호의 사항을 심의한다.

1. 제13조의3제1항에 따른 지역응급의료시행계획의 수립 및 변경
2. 지역응급의료 자원조사

3.~ 8. (생략)

③ 시·도지사는 제2항의 시·도위원회 심의사항과 관련된 정책 개발 및 실무 지원을 위하여 시·도응급의료지원단을 설치·운영한다. 다만, 시·도지사는 필요한 경우 「공공보건의료에 관한 법률」 제22조에 따른 공공보건의료 지원단과 통합하여 운영할 수 있다.

④ 시·도위원회는 매년 2회 이상 개최하여야 한다.

⑤ 시·도위원회 및 시·도 응급의료지원단의 구성·기능 및 운영 등에 관하여 필요한 사항은 대통령령으로 정하는 기준에 따라 해당 시·도의 조례로 정한다.

응급의료에 관한 법률 시행령

제7조(시·도응급의료위원회의 설치 등) ① 법 제13조의6제1항에 따른 시·도응급의료위원회(이하 "시·도위원회"라 한다)는 위원장 1명과 부위원장 1명을 포함한 10명 이내의 위원으로 구성한다.

② 위원장 및 부위원장은 위원중에서 시·도지사가 임명하고, 위원은 다음 각호의 자중에서 시·도지사가 임명 또는 위촉한다.

1. 응급의료기관을 대표하는 자
2. 응급의료지원센터를 대표하는 자
3. 해당 특별시·광역시·특별자치시·도 소방본부의 구급업무를 담당하는 소방공무원
4. 시·도의 응급의료에 관련된 업무를 담당하는 공무원
5. 「비영리민간단체지원법」 제2조에 따른 비영리민간단체를 대표하는 자
6. 응급의료에 관하여 학식과 경험이 풍부한 자

○○도 지역응급의료위원회 설치 및 운영에 관한 조례

제1조(목적) 이 조례는 「응급의료에 관한 법률」 제13조의6의 규정에 따라 ○○도지역응급의료위원회의 구성 및 운영 등에 관하여 필요한 사항을 규정함을 목적으로 한다.

제4조(위원회의 구성) ① 위원회는 위원장과 부위원장을 포함하여 10명 이내의 위원으로 구성한다.

② 위원장 및 부위원장은 위원중에서 도지사가 임명하고, 위원은 다음 각 호의 자 중에서 도지사가 임명 또는 위촉한다.

1. 응급의료기관을 대표하는 자
2. 응급의료지원센터를 대표하는 자
3. 도 소방본부의 구급업무를 담당하는 소방공무원
4. 도 응급의료에 관련된 업무를 담당하는 공무원
5. 비영리민간단체를 대표하는 자
6. 응급의료에 관하여 학식과 경험이 풍부한 자

④ 위촉직 위원의 경우에는 특정 성별이 위촉직 위원 수의 10분의 6을 초과하지 아니하도록 하여야 한다. 다만, 해당 분야의 특정 성별 전문인력 부족 등 부득이한 사유로 인해 「양성평등기본법」 제12조에 따른 실무위원회의 의결을 받은 경우에는 그러하지 아니하다.

- 법령에 따라 설치하는 위원회에 대해서도 원칙적으로 양성평등 원칙이 적용된다. 다만, 위응급의료 분야와 같이 해당 위원회의 특성으로 인해서 성비(性比)를 맞추는 것보다는 해당 분야의 전문가로 구성하는 것이 더욱 시급한 경우가 있을 수 있다. 담당 부서에서는 성비를 맞추려면 위원회 구성 자체가 어렵다는 고충을 호소하기도 한다.

- 실제로 조례규칙심의위원회 등에서 이와 같은 양성평등 원칙을 내용으로 하는 개정안을 두고 갑론을박 하는 경우가 적지 않다.
해당 분야의 특수성 또는 기술적 전문성, 특정 성(性)의 희소성 등으로 인해서 위원회 구성에 있어서 양성평등을 강제하기 어려운 경우에는 굳이 이와 같은 양성평등 규정을 두지 않는 것이 바람직하다고 본다.

- 이와는 별개로 최근에는 위원회가 아닌 지방자치단체의 고문변호사 또는 고문변리사 등 전문직을 위촉하는 경우 그 구성 비율에 있어서도 양성평등 원칙을 적용하도록 하는 경우가 있다.

- 현행 법제에서는 고문변호사 등 전문직 위촉에 대해서까지 양성평등 원칙이 적용되지는 않는다. 또한, 고문변호사 등의 위촉은 헌법상 직업선택의 자유와 관련 되어 있고 전문직의 경우 해당 직역의 특수성이 있어 오히려 양성평등 원칙을 강제적으로 적용하면 실질적 불평등을 초래할 수 있는 만큼, 관련 규정을 마련할 때에는 신중하게 접근할 필요가 있다.

위원회 위원의 임명과 위촉

- 위원회의 설치 및 운영과 관련하여 자주 질문받는 것 중에 '임명과 위촉'이 있다.

- 위원회의 위원은 일정한 자격요건을 갖춘 사람 중에서 지방자치단체의 장이 임명하거나 위촉하도록 규정하는 것이 일반적이다. 그 중에서 민간위원은 관례적으로 "임명"으로 표현하지 않고 "위촉"으로 표현한다. 공직자와 민간인을 구별하는 관습에서 유래한 것으로 생각된다.

- 따라서 특별한 자격요건 등이 규정되어 있지 않더라도 "임명한다"고 규정된 위원은 공직자를 대상으로 한다는 것을, "위촉한다"고 규정된 위원은 민간인을 대상으로 한다는 것으로 생각해야 한다.

- 지방의원을 위원회의 위원으로 선임하는 것은 임명일까 아니면 위촉일까?
비록 지방의원이 공무원이지만, 집행부와 지방의회라는 기관의 본질적 차이가 있고, 임명이라는 용어에는 하급자에 대한 지위 부여의 의미가 포함되어 있어서 임명보다는 위촉이 적합하다.

- 그런데 위원회의 위원이 상근인 위원이면 해당 선임 행위로 인해 「지방공무원법」에 따른 공무원이 되기 때문에, 비록 그 위원의 현직이 민간인 신분이더라도 위촉이 아니라 "임명한다"는 표현을 사용하는 것이 바람직하다.

- 시민고충처리위원의 예를 들어보자. 「부패방지 및 국민권익위원회의 설치와 운영에 관한 법률」 제32조 및 제33조는 시민고충처리위원회의 구성 및 운영에 관한 사항을 정하고 있으며, 특히 시민고충처리위원회의 위원은 대학이나 공인된 연구기관에서 부교수 이상 또는 이에 상당하는 직에 있거나 있었던 자 등 중에서 지방자치단체의 장이 지방의회의 동의를 거쳐 위촉한다고 되어 있다. 여기서는 시민고충처리위원을 '위촉한다'고 표현한 것은 현재의 신분이 모두 민간인이어야 함을 뜻한다.

부패방지 및 국민권익위원회의 설치와 운영에 관한 법률

제32조(시민고충처리위원회의 설치) ① 지방자치단체 및 그 소속 기관에 관한 고충민원의 처리와 행정제도의 개선 등을 위하여 각 지방자치단체에 시민고충처리위원회를 둘 수 있다.

제33조(시민고충처리위원회 위원의 자격요건 등) ① 시민고충처리위원회 위원은 고충민원 처리업무를 공정하고 독립적으로 수행할 수 있다고 인정되는 자로서 **다음 각 호의 어느 하나에 해당하는 자 중에서 지방자치단체의 장이 지방의회의 동의를 거쳐 위촉한다.**

1. 대학이나 공인된 연구기관에서 부교수 이상 또는 이에 상당하는 직에 있거나 있었던 자
2. 판사·검사 또는 변호사의 직에 있거나 있었던 자
3. 4급 이상 공무원의 직에 있거나 있었던 자
4. 건축사·세무사·공인회계사·기술사·변리사의 자격을 소지하고 해당 직종에서 5년 이상 있거나 있었던 자
5. 사회적 신망이 높고 행정에 관한 식견과 경험이 있는 자로서 시민사회단체로부터 추천을 받은 자

제38조(시민고충처리위원회의 조직 및 운영에 관한 사항) 이 법에 규정된 사항 외에 시민고충처리위원회의 조직 및 운영에 관하여 필요한 사항은 해당 지방자치단체의 조례로 정한다.

- 이와 같은 상위 법률의 규정에 따라 지방자치단체에서는 '시민고충처리위원회의 설치 및 운영에 관한 조례'를 제정·운영하고 있는데, 아래의 사례와 같이 시민고충처리위원 7명 중 1명은 상근위원으로서 일반직 4급 상당의 보수를 받도록 되어 있다. 따라서 상근위원 1명은

비록 민간인이지만, 이 조례에 따라 지방공무원의 지위가 부여되기 때문에 그 임명에 대해서는 위촉이라고 하지 않고 임명이라고 하는 것이 바람직하다. 물론, 이 경우 상근위원은 반드시 일반직 또는 별정직과 같이 직제상의 직원일 필요는 없다. 신분이 공무원이면 된다.

구 ○○시 시민고충처리위원회 설치 및 운영에 관한 조례

제4조(구성) ① 위원회는 위원장을 포함한 7명 이내의 위원으로 구성하며, 위원 중 1명은 상근위원으로 한다.

② 제1항의 위원은 시장이 추천하며, 시의회의 동의를 받아 시장이 위촉한다.

제6조(활동비 지원 및 복무 등) ① 시장은 위원회가 「부패방지 및 국민 권익위원회의 설치와 운영에 관한 법률」(이하 "법"이라 한다) 제34조에 따라 업무를 처리하는데 필요한 경비를 지원하여야 한다.

② 시민고충처리위원회 상근위원의 복무에 관한 사항은 「○○시 지방공무원 복무조례」를 준용하고 보수는 일반직공무원 4급 1호봉에 상당하는 금액을 지급한다.

- 구체적으로, 위 조례 제4조 제2항은 "제1항의 위원은 시장이 추천하고 시의회의 동의를 받아 시장이 위촉하거나 임명한다."로 규정하는 것이 바람직하다.

위원회의 의결 정족수 '과반수'

- 위원회의 의결에 관한 규정에는 다수결 원칙이 반영되어야 한다.

- 의사 정족수는 위원회를 개최할 수 있는 조건을, 의결 정족수는 위원회에서 표결을 통해 의사를 확정할 수 있는 조건을 말한다.
  통상적으로 의사 정족수와 의결 정족수를 함께 규정하는 경우가 많으며, 의결 정족수는 특별한 사유가 없으면 출석위원의 '과반수'로 정하는 것이 관례이다. 간혹 의사 정족수를 규정하지 않고 의결 정족수만 규정하는 경우가 있는데, '재적위원 과반수'와 같이 객관적인 수치를 구체적으로 규정하는 것이 바람직하다.

- 한편, 위원회 의결에 있어서 가부동수(可否同數)인 경우의 의사결정 방법과 관련하여 주의할 사항이 있다. 위원회의 의사 결정방법으로서 "과반수의 찬성으로 의결한다."고 규정하면서 가부동수이면 부결 또는 가결된 것으로 하거나 위원장에게 결정권을 행사하도록 한 입법례가 있다. 그러나 가부동수이면 과반수의 찬성이 아니므로 부결된 것으로 보는 것이 당연하고 또한

위원장 등에게 결정권을 주는 것은 의사결정의 민주적 방식에도 부합되지 아니하므로 이러한 규정은 두지 않는 것이 일반적이다.

- 이와 관련해서 "가부동수인 경우 위원장이 결정권을 가진다."는 규정이 당초에는 위원장이 원칙적으로 표결에는 참여하지 않고 가부동수로 결정된 경우에만 위원장이 표결에 참여하여 결정권을 행사한다는 취지로 해석되는 경우가 있었다. 다른 한편으로는 의사결정이 민주적 방식에 어긋난다거나 마치 위원장만 두 표를 행사할 수 있는 것으로 오인될 우려가 있다는 논거로 이 규정의 문제점을 지적하기도 하였다.

○○군 공유재산 관리 조례

제4조의3(심의회의 운영) ② 심의회는 재적위원 과반수의 출석으로 개의하고 출석위원 과반수의 찬성으로 의결하며, 가부동수인 경우에는 위원장이 결정한다.

○○시 온천개발자문위원회조례

제6조 (회의) ② 위원회의 회의는 재적위원 과반수의 출석으로 개의하고 출석위원 과반수의 찬성으로 결정한다. 다만, 가부동수의 경우에는 부결된 것으로 한다.

○○군 개발위원회 조례

제6조(회의 및 의사) ③ 회의는 재적위원 3분의 2이상의 출석으로 개회하고 출석위원 과반수의 찬성으로 결정한다. 다만, 제2조 제5호에 규정된 사항에 관하여는 재적위원 3분의 2이상의 찬성으로 결정한다.
④ 위원장은 표결권을 가지며 가부동수인 경우에는 결정권을 가진다.

- 민주주의 기본원칙인 다수결에서 그 표결방식으로 과반수를 요건으로 하는 것은 "공동체의 변화를 수반하는 의결이 합당하기 위해서는 한 표라도 많은 의결이 필요하다."는 원칙이 반영된 것이다. 다수결원칙에 따라 과반수를 의결 정족수로 규정한 이상, 과반수가 아닌 가부동수가 된 경우는 부결된 것으로 보아야 하므로 추가적인 표결방식 또는 계산방식 등이 적용될 소지가 없다. 또한, 위원장에게 추후 결정권을 보장하는 등의 규정은 자칫 민주주의의 원칙에 어긋날 소지가 있다고 할 것이다.

위원회 위원의 대리 참석

- 위원회 관련 조례나 규칙에서는 당연직 위원으로 ○○국장이나 과장이 명시적으로 규정되어 있는 경우가 많은데, 해당 국장이 공석인 경우에 하위직급자가 대리 참석할 수 있는지 문제가 된다.

- 사고나 공무출장 등으로 인해 위원회의 참석이 불가능한 경우가 아니라 단지 다른 업무 또는 시간상의 제약 등을 이유로 다른 공무원이 대리 참석하게 하는 것은 바람직하지 않다. 물론, 해당 조례나 규칙으로 차순위 공무원이 대리할 수 있다고 규정하는 경우에는 당연히 차순위 공무원이 위원회에 참석해서 표결까지 할 수 있다. 문제가 되는 것은 별도로 대리 참석에 관한 규정을 두지 않은 경우이다.

- 이는 권한의 대행과 직무의 대리에 관한 「지방자치법」 제124조의 규정을 준용할 수 있는지의 문제이다. 이 규정은 지방자치단체의 장에 대한 권한대행 및 직무대리를 규정하고 있는데, 특별한 경우가 아니면 원칙적으로 지방자치단체의 모든 공직에 준용이 가능하다고 할 것이다. 권한대행과 직무대리로 구분해서 살펴보기로 한다.

지방자치법

제124조(지방자치단체의 장의 권한대행 등) ① 지방자치단체의 장이 다음 각 호의 어느 하나에 해당되면 부지사·부시장·부군수·부구청장(이하 이 조에서 "부단체장"이라 한다)이 그 권한을 대행한다.

1. 궐위된 경우
2. 공소 제기된 후 구금상태에 있는 경우
3. 「의료법」에 따른 의료기관에 60일 이상 계속하여 입원한 경우

② 지방자치단체의 장이 그 직을 가지고 그 지방자치단체의 장 선거에 입후보하면 예비후보자 또는 후보자로 등록한 날부터 선거일까지 부단체장이 그 지방자치단체의 장의 권한을 대행한다.

③ 지방자치단체의 장이 출장·휴가 등 일시적 사유로 직무를 수행할 수 없으면 부단체장이 그 직무를 대리한다.

④ 제1항부터 제3항까지의 경우에 부지사나 부시장이 2명 이상인 시·도에서는 대통령령으로 정하는 순서에 따라 그 권한을 대행하거나 직무를 대리한다.

⑤ 제1항부터 제3항까지의 규정에 따라 권한을 대행하거나 직무를 대리할 부단체장이 부득이한 사유로 직무를 수행할 수 없으면 그 지방자치단체의 규칙에 정해진 직제 순서에 따른 공무원이 그 권한을 대행하거나 직무를 대리한다.

- 먼저, 권한대행에 있어서는 특별히 문제가 되지 않는다. 궐위나 사고 등에 따른 공석에 있어서는 권한대행자가 피권한대행자를 대신하여 위원회의 위원 자격도 부여된다고 보아야 할 것이다.

예를 들어 국장이 공석인 경우 그 소속 관련 과장이 그 권한대행자가 되는데, 이 경우 해당 과장은 그 권한대행자로서 본인의 이름으로 위원회 위원자격을 부여받는다고 보아야 할 것이다. 여기서 권한대행자는 위원회에서 자신의 직위가 아닌 피권한대행자의 권한대행자임을 표기하여야 한다.

- 다음으로, 출장·휴가 등 일시적인 사유로 인한 경우에는 직무대리가 적용되는데, 이 경우에는 그 사무만 대신할 수 있다. 권한대행은 '권한'을 대행하기 때문에 피권한대행자의 권한과 자격까지 모두를 대신할 수 있는데 반해, 직무대리는 단순히 사무 수행만을 대신할 수 있다고 보아야 할 것이다.
  원칙적으로 직무대리의 경우에는 피직무대리인의 자격까지 대신할 수 없고, 단지 관련 사무만을 대리의 방식으로 수행할 수 있다. 따라서 위원회 위원의 자격은 직무대리의 대상이 되지 않으며, 직무대리를 하는 사람이 직무대리를 하게 만든 사람, 즉 피직무대리인을 대신하여 위원회에 참석 및 표결할 수 없다.

- 한편, 지방자치단체가 조례규칙심의회를 운영하는 과정에서 해당 위원의 공석 및 출장·휴가 등으로 인하여 심의회의 개최 자체가 어려운 경우가 많은데, 이와 관련해서 특히 해당 위원에 대한 대리 출석과 대리 표결의 효력 문제에 대해 논란이 있어 왔다.
  이와 관련해서 어느 지방자치단체에서는 관련 규정을 개정해서 직속 하급자 등의 대리 출석 및 대리 표결을 인정하도록 입법적으로 해결한 사례가 있다.

○○도 조례규칙심의회 규칙

제5조(대리출석) ① 위원이 심의회에 출석하지 못할 때에는 그 실·국·본부의 바로 아래 하급자가 대리하여 출석할 수 있다. 이 경우 위원이 출석한 것으로 본다.

- 참고로, 국무회의에 있어서는 그 구성원인 국무위원에 대한 대리 출석 및 대리 표결이 인정되지 않는 것으로 해석되고 있었으나, 2011년 관련 규정을 개정하여 차관의 대리 출석은 인정하되, 그 대리 표결은 인정하지 않는 것으로 입법적으로 정리하였다.

국무회의 규정

제7조(대리 출석) ① 국무위원이 국무회의에 출석하지 못할 때에는 각 부의 차관이 대리하여 출석한다.
② 대리 출석한 차관은 관계 의안에 관하여 발언할 수 있으나 표결에는 참가할 수 없다.

법제관이
풀어주는
자치입법 해설

과태료와 자치법규

CHAPTER 7

과태료와 자치법규

- 지방자치단체의 과태료 부과·징수는 대부분 법률에서 규정한 것이지 스스로 조례로 창설한 것이 아니다.
- 광역 자치단체와 기초 자치단체가 동일한 구역에서 조례로 정한 같은 위반사항을 대상으로 과태료를 중복 부과하는 경우가 있는데, 법률에서 "조례로 정한다."고 규정할 것이 아니라 과태료 조례의 제정 주체를 광역 또는 기초 자치단체 중 하나로 명시하는 것이 바람직하다.
- 「질서위반행위규제법」은 행정질서벌인 과태료의 부과·징수, 재판 및 집행 등의 절차에 관한 기본법이다. 조례 등 자치법규에서는 과태료의 부과·징수, 재판 및 집행 등의 절차를 다시 규정할 필요가 없다.
- 과태료의 부과대상이 되는 질서위반행위는 법률 또는 조례에서 규정하도록 되어 있고(질서위반행위 법정주의), 과태료의 부과금액의 상한도 법률 또는 조례로 규정해야 한다(과태료 법정주의).
- 「지방자치법」에서 과태료 부과와 직·간접적으로 관련된 규정은 제28조·제34조·제49조 및 제156조 등 4개의 조문이 있다.
- 「지방자치법」 제34조에 따른 과태료는 질서위반행위 및 과태료 부과금액을 모두 조례로 규정할 수 있도록 되어 있는데, 법률유보원칙을 규정하고 있는 같은 법 제28조 제1항 단서와 상충되는 부분이 없지 않다.
- 법률유보원칙을 지나치게 강조하여 「지방자치법」 제34조에 따른 과태료 제도를 사장시키는 것보다는 법률유보원칙의 적용을 다소 완화시켜 자치 조례 분야에서도 과태료를 도입할 수 있도록 하는 것이 바람직하다.

흡연자들의 고충과 과태료

- 다소 뜬금없다고 생각할 수 있겠으나, 제7강은 흡연자들의 고충에서부터 과태료에 대한 이야기를 시작하려고 한다.

- 갈수록 흡연자들이 설 곳이 줄어든다. 담배 값은 천정부지로 오르고, 집에서는 가족들의 눈총을 받고 직장에서는 동료들에게서 왕따가 되기 쉽다.

- 그나마 가정과 사회에서의 차별과 따돌림은 '내 고장 세수(稅收) 증진에 기여한다.'는 자부심(?)으로 극복할 수 있지만, 당장 과태료 부과와 같은 금전적 제재에는 어쩔 도리가 없다.

- 흡연자들을 괴롭히는 과태료 중 자치입법과 밀접하게 관련된 것으로 담배꽁초를 버리는 경우에 부과되는 '꽁초 과태료'와 금연구역에서 흡연하는 경우 부과되는 '금연구역 과태료'를 꼽을 수 있다.

- 담배 관련 자치법규에 대하여 흡연자는 흡연자대로 금연자는 금연자대로 불만들이 많다. 금연자들은 지방자치단체가 금연정책에 유연하다고 불평인 반면, 흡연자들은 지방자치단체의 가혹한 금연정책에 불만이 크다.

- 그런데 이처럼 불만의 대상이 되는 담배 관련 자치법규가 사실은 지방자치단체의 자율적인 선택과 관련이 멀다. 금연정책에 대하여 지방자치단체를 탓할 것이 못 된다는 뜻이다.

- 담배 관련 과태료 부과 법령체계를 살펴보면, 지방자치단체가 자발적으로 과태료를 부과한다는 것은 상상할 수 없는 일이라는 것을 알 수 있다.

- 담배꽁초를 버리는 경우에 부과하는 '꽁초 과태료'를 처음 도입한 곳은 서울특별시 강남구이다.

- 아래 사례의 '폐기물 관리 조례' 제34조는 담배꽁초 무단투기에 대해 과태료를 부과하는 내용인데, 이 규정에서는 「폐기물관리법 시행령」 별표 8의 과태료 부과기준에 따르도록 되어있다. 이것은 무슨 뜻일까?

구 서울특별시 강남구 폐기물 관리 조례

제34조(과태료) 법 제68조에 따라 구청장이 부과·징수하는 과태료의 위반행위의 종별과 정도에 따른 부과기준은 영 제38조의3에서 정한 별표 8과 같다.

- 사실 담배꽁초 버리는 경우에 부과하는 '꽁초 과태료'의 출발점은 서울특별시 강남구의 조례가 아니라 「폐기물관리법」이다.

- 법 제8조 제1항은 "누구든지 특별자치시장, 특별자치도지사, 시장·군수·구청장이나 공원·도로 등 시설의 관리자가 폐기물의 수집을 위하여 마련한 장소나 설비 외의 장소에 폐기물을 버리거나 특별자치시, 특별자치도, 시·군·구의 조례로 정하는 방법 또는 공원·도로 등 시설의 관리자가 지정한 방법을 따르지 아니하고 생활폐기물을 버려서는 아니 된다."고 되어 있다. 법 제68조 제3항 제1호는 '제8조 제1항을 위반하여 생활폐기물을 버리거나 매립 또는 소각한 자'는 100만원 이하의 과태료에 처하도록 되어있다.

폐기물관리법

제8조(폐기물의 투기 금지 등) ① 누구든지 특별자치시장, 특별자치도지사, 시장·군수·구청장이나 공원·도로 등 시설의 관리자가 폐기물의 수집을 위하여 마련한 장소나 설비 외의 장소에 폐기물을 버려서는 아니 된다.

제68조(과태료) ③ 다음 각 호의 어느 하나에 해당하는 자에게는 100만원 이하의 과태료를 부과한다.

1. 제8조 제1항 또는 제2항을 위반하여 생활폐기물을 버리거나 매립 또는 소각한 자

- 또한, 같은 법 시행령 제38조의3에서는 법 제68조에 따른 과태료의 부과기준을 별표 8로 세분화하고 있는데, 그 중 담배꽁초와 관련된 부분은 다음과 같다. 즉, 담배꽁초·휴지 등 휴대하고 있는 생활폐기물을 버린 경우 5만원의 과태료에 처하도록 되어 있다.

위반행위	근거 법조문	과태료 부과금액		
		1차 위반	2차 위반	3차 이상 위반
가. 법 제8조 제1항 또는 제2항을 위반하여 생활폐기물을 버리거나 매립 또는 소각한 경우	법 제68조 제3항 제1호			
1) 생활폐기물을 버린 경우				

위반행위	근거 법조문	과태료 부과금액		
		1차 위반	2차 위반	3차 이상 위반
가) 담배꽁초, 휴지 등 휴대하고 있는 생활폐기물을 버린 경우		5	5	5
나) 비닐봉지, 천보자기 등 간이보관 기구를 이용하여 생활폐기물을 버린 경우		20	20	20
다) 휴식 또는 행락 중 발생한 쓰레기를 버린 경우		20	20	20
라) 차량, 손수레 등 운반장비를 이용하여 생활폐기물을 버린 경우		50	50	50

- 결국, 전국 최초로 '꽁초 과태료'를 부과한 서울특별시 강남구는 '폐기물 관리 조례' 제34조를 두어 「폐기물 관리법」 및 같은 법 시행령에서 이미 규정한 과태료 부과기준을 인용한 것 밖에 없다. 따라서 조례로 규정할 필요가 없었다. 현재 강남구 해당 조례에서는 과태료 규정이 삭제되었다.

- 이제 금연구역을 지정하고 그 구역 안에서 흡연하는 경우에 부과하는 '금연구역 과태료'의 사례를 부산광역시의 경우에서 살펴보자.

- 부산광역시의 '금연환경 조성에 관한 조례' 제3조는 도시공원, 교육환경보호구역 중 절대보호구역, 버스정류소, 해수욕장, 어린이 보호구역, 횡단보도 5m이내, 하천구역의 보행로 및 산책로 일대, 도심내의 번화가 등 주민의 통행이 많은 구역 등에 대해서 금연구역으로 지정할 수 있고, 조례 제8조에서는 이와 같이 지정된 금연구역에서 흡연을 한 사람은 5만원의 과태료를 부과하도록 되어 있다.

부산광역시 금연환경 조성에 관한 조례

제3조 (금연구역의 지정 대상) 시장은 국민건강증진법」 제9조 제7항에 따라 흡연으로 인한 피해방지 및 시민의 건강증진을 위하여 다음 각 호에 해당하는 장소를 금연구역으로 지정할 수 있다.

1. 「도시공원 및 녹지 등에 관한 법률」 제2조 제3호에 따른 도시공원
2. 〈삭제 2021.12.29.〉
3. 「교육환경 보호에 관한 법률」 제8조 제1항에 따른 교육환경보호구역 중 절대보호구역
4. 「여객자동차 운수사업법 시행규칙」에 따른 버스정류소
5. 해수욕장
6. 「하천법」 제2조 제2호에 따른 하천구역의 보행로 및 산책로 일대

7. 삭제〈2017. 11. 1〉
8. 도심 내의 번화가 또는 통학로, 관광·쇼핑·문화활동 등으로 시민의 통행이 많은 구역
9. 「도로교통법」 제12조 제1항에 따른 어린이 보호구역
10. 「도시철도법」에 따른 도시철도 출입구로부터 10m 이내
11. 가스충전소 및 주유소
12. 「도로교통법」 제2조 제12호에 따른 횡단보도 및 횡단보도와 접하는 보도의 경계선으로부터 5미터 이내의 구역

제8조(과태료) ① 시장은 제3조에 따라 지정된 금연구역에서 흡연을 한 사람에게는 「국민건강증진법」 제34조 제3항에 따라 5만원의 과태료를 부과·징수한다.
② 제1항에 따른 과태료의 부과·징수 등에 관한 사항은 「질서위반행위규제법」에 따른다.

- 그런데, 이처럼 금연구역을 지정하고 그 구역에서 흡연하는 경우에 부과하는 소위 '금연구역 과태료'의 경우도 해당 지방자치단체가 자발적으로 조례를 제정한 것이 아니다.
- 「국민건강증진법」에서 금연구역 지정과 더불어 과태료의 부과 및 그 금액까지 규정하고 있다. 즉, 제9조 제5항은 공동주택의 거주 세대 중 2분의 1 이상이 그 공동주택의 복도, 계단, 엘리베이터 및 지하주차장의 전부 또는 일부를 금연구역으로 지정하여 줄 것을 신청하면 그 구역을 금연구역으로 지정하여야 한다. 제9조 제7항은 지방자치단체는 조례로 다수인이 모이거나 오가는 장소를 금연구역으로 지정할 수 있고, 같은 조 제8항은 누구든지 금연구역에서 흡연을 할 수 없도록 금지하며, 같은 법 제34조는 금연구역에서 흡연을 한 자에게 10만원 이하의 과태료를 부과하도록 하고 있다.

국민건강증진법

제9조(금연을 위한 조치) ⑤ 특별자치시장·특별자치도지사·시장·군수·구청장은 「주택법」 제2조 제3호에 따른 공동주택의 거주 세대 중 2분의 1 이상이 그 공동주택의 복도, 계단, 엘리베이터 및 지하주차장의 전부 또는 일부를 금연구역으로 지정하여 줄 것을 신청하면 그 구역을 금연구역으로 지정하고, 금연구역임을 알리는 안내표지를 설치하여야 한다. 이 경우 금연구역 지정 절차 및 금연구역 안내표지 설치 방법 등은 보건복지부령으로 정한다.
⑥ 특별자치시장·특별자치도지사·시장·군수·구청장은 흡연으로 인한 피해 방지와 주민의 건강 증진을 위하여 다음 각 호에 해당하는 장소를 금연구역으로 지정하고, 금연구역임을 알리는 안내표지를 설치하여야 한다. 이 경우 금연구역 안내표지 설치 방법 등에 필요한 사항은 보건복지부령으로 정한다.
1. 「유아교육법」에 따른 유치원 시설의 경계선으로부터 10미터 이내의 구역(일반 공중의 통행·이용 등에 제공된 구역을 말한다)

2. 「영유아보육법」에 따른 어린이집 시설의 경계선으로부터 10미터 이내의 구역(일반 공중의 통행·이용 등에 제공된 구역을 말한다)

⑦ 지방자치단체는 흡연으로 인한 피해 방지와 주민의 건강 증진을 위하여 필요하다고 인정하는 경우 조례로 다수인이 모이거나 오고가는 관할 구역 안의 일정한 장소를 금연구역으로 지정할 수 있다.

⑧ 누구든지 제4항부터 제7항까지의 규정에 따라 지정된 금연구역에서 흡연하여서는 아니 된다.

제34조(과태료) ③ 다음 각 호의 어느 하나에 해당하는 자에게는 10만원 이하의 과태료를 부과한다.

1. 제8조의4제2항을 위반하여 금주구역에서 음주를 한 사람
2. 제9조 제8항을 위반하여 금연구역에서 흡연을 한 사람

- 앞서 살펴본 부산광역시의 '금연환경 조성에 관한 조례' 제8조는 「국민건강증진법」 제34조 제3항에서 10만원 이하의 과태료를 5만원으로 낮춰서 규정하고 있을 뿐이다.

과태료를 통해 본 지방자치의 실상

- 지금까지 담배 관련 과태료 제도를 사례 중심으로 살펴보았는데, 언론이나 일반인이 생각하는 것과 달리 실상은 지방자치단체가 과태료를 부과하고 싶다고 해서 마음대로 부과할 수 있는 것은 아니다. 법률의 근거 없이 부과하는 경우는 거의 없다.

- 오늘날 대한민국에 걸맞는 지방자치제도가 어떤 모습이어야 하는지 가늠할 수는 없으나, 수많은 우여곡절과 30여 년간의 운영으로 변모를 거듭하고 있다고는 해도 우리나라 지방자치단체에 과태료 부과권을 맡기기에는 아직 그 역량이 의심된다고 보는 것 같다.

- 그럼에도 불구하고 지방자치단체의 조례를 보면 수많은 과태료 규정을 찾아볼 수 있다.

- 도로의 무단 점유에 대한 과태료 부과, 「국민건강증진법」 위반에 따른 과태료 부과, 지역보건 관계법 위반 과태료 부과, 수도급수 관련 과태료 부과, 하수도 사용 관련 과태료 부과, 공중화장실 설치 및 관리와 관련한 과태료 부과, 「공인중개사의 업무 및 부동산 거래신고에 관한 법률」 위반자에 대한 과태료, 「국토의 계획 및 이용에 관한 법률」 위반자에 대한 과태료 부과, 폐기물 관리 관련 과태료 부과, 오수·분뇨 및 축산폐수의 처리 관련 과태료 부과, 음식물 쓰레기 수집·운반 및 재활용촉진 관련 과태료 부과, 일회용품 사용규제 위반 사업장에 대한 과태료 부과, 전통시장 및 상점가 관련 과태료 부과, 옥외광고물 등의 관리 관련 과태료 부과 등 셀 수 없을 만큼 과태료 조례가 많다.

- 그런데 이러한 과태료 부과의 근거가 되는 조례의 대부분이 '자치 조례'가 아닌 '위임 조례'에 해당하고 자치 조례에서 과태료를 규정하는 경우는 거의 없다.

광역과 기초 자치단체의 과태료 중복 문제

- 우리나라는 광역과 기초 자치단체라는 이원화된 지방행정체제를 채택하고 있어서 지방자치단체 상호간에 관할권이 지역적으로 중첩되지 않을 수 없다. 그런데 광역 자치단체와 기초 자치단체 모두에게 자치입법권이 부여되어 있어서 자칫 동일한 사안에 대하여 이중으로 자치법규가 적용될 가능성을 배제할 수 없다.

- 특정 지방자치단체를 거론하는 것이 마뜩하지는 않지만, 사안의 특성상 부득이 부산광역시의 금연구역 제도와 관련한 내용을 계속 이야기하기로 한다.

- 앞서 소개한 부산광역시의 경우와 별개로 부산광역시 소재 자치구에서도 '금연구역 과태료' 조례를 제정·운영하고 있는데, 그 중에서 해운대구의 사례를 살펴보면 앞서 살펴본 부산광역시의 경우와 매우 유사하다는 것을 알 수 있다.

부산광역시 해운대구 금연구역 지정 등에 관한 조례

제5조(금연구역의 지정 등) 「국민건강증진법」제9조 제7항에 따라 흡연으로 인한 피해방지 및 구민의 건강보호를 위하여 다음 각 호에 해당하는 장소의 전부 또는 일부를 금연구역으로 지정할 수 있다.

1. 도시공원(「도시공원 및 녹지 등에 관한 법률」제2조 제3호에 따른 도시공원 및 도시자연공원을 말한다)
2. 교육환경보호구역(「교육환경 보호에 관한 법률」에 따른 절대보호구역을 말한다)
3. 구관할 구역의 버스정류소(「여객자동차 운수사업법 시행규칙」에 따른 버스정류소를 말한다)
4. 삭제 〈2019. 3. 11.〉
5. 해수욕장(「부산광역시 해운대구 해수욕장 관리 조례」에 적용되는 해수욕장을 말한다)
6. 구민의 건강증진을 위하여 지정한 거리 및 특화거리
7. 가스충전소 및 주유소
8. 그린레일웨이
9. 「하천법」에 따른 하천구역의 보행로 및 산책로
10. 「도로교통법」에 따른 어린이 보호구역
11. 그 밖에 구민의 통행이 많은 곳으로 구청장이 간접흡연 피해방지를 위해 필요하다고 인정하는 장소

제12조(과태료) ① 구청장은 제5조에 따라 지정된 금연구역에서 흡연을 한 사람에게는 「부산광역시 금연환경 조성에 관한 조례」 제8조 제1항에 따른 과태료를 부과한다.
② 제1항에 따른 과태료의 부과·징수절차 등에 관한 사항은 「질서위반행위 규제법」에 따른다.

- 지정된 금연구역에서 흡연을 한 사람에 대하여 부산광역시의 경우는 5만원의 과태료를 부과하도록 되어 있는데, 해운대구 조례에서는 과태료의 금액을 적시하지 않고 '「부산광역시 금연환경 조성에 관한 조례」 제8조 제1항에 따른 과태료를 부과한다.'고 되어 있다. 부산광역시와 마찬가지로 5만원의 과태료를 부과하겠다는 뜻이다.
- 위 사례의 조례에서 살펴본 것과 같이 광역 자치단체와 기초 자치단체가 중첩되는 관할구역을 대상으로 각각 금연구역을 지정하고 동일한 금액의 과태료를 부과하도록 되어 있는 것이다.
- 그렇다면 광역 자치단체인 부산광역시와 소속 기초 자치단체인 해운대구에서 동일한 장소에 대하여 동시에 금연구역으로 지정하면 어떤 문제점이 있을까?
- 예를 들어, 부산광역시가 흡연으로 인한 피해 방지와 주민의 건강증진을 위해 부산 지역의 상징인 해운대 해수욕장을 금연구역으로 지정하고, 해운대구에서도 그 관할구역 안에 있는 해운대 해수욕장을 금연구역으로 지정해서 운영한다면 이중 지정이 된다.

> 실제로 2011년 11월 부산광역시는 부산 시내 3곳의 공원과 7개 해수욕장, 그리고 버스정류소 10m 이내를 금연구역으로 지정했고, 해운대구는 다음해 1월 해운대해수욕장과 동백섬, 송정해수욕장, 버스정류소를 금연구역으로 지정했다.

- 해운대 해수욕장은 부산광역시 및 해운대구라는 두 개의 지방자치단체에 의하여 동시에 중복해서 금연구역으로 지정되었기 때문에 해운대 해수욕장에서 흡연을 한 사람은 부산광역시와 해운대구의 '금연구역 지정 등에 관한 조례'를 각각 두 번 위반하게 된다.
- 이 경우 위반 행위자에 대해서는 두 곳의 지방자치단체가 각각 5만원의 과태료를 부과·징수할 수 있을까?
- 이와 같은 중복 지정 또는 중복 규제의 문제를 피하기 위해서 부산광역시와 같은 광역 자치단체에 대하여는 조례 제정권을 제한해야 한다는 주장도 있지만, 현행 법제에서 광역

자치단체의 자치입법권을 특별히 제한할 만한 근거가 없다. 우리나라에서 주민은 기초 자치단체 소속이기도 하지만 동시에 광역 자치단체 소속 주민이기도 하기 때문이다.

- 한편, 「지방자치법」 제30조에 따라 광역 자치단체의 조례가 기초 자치단체의 조례에 우선하기 때문에 중복되는 경우 기초 자치단체의 '금연구역 과태료 조례'는 무효라는 주장도 있으나, 이 규정은 모든 사안에 적용되는 것이 아니라 (1) 광역 자치단체로부터 위임받은 사무, (2) 광역 자치단체와 기초 자치단체가 공동으로 수행하는 사무, (3) 법령에서 광역 자치단체의 자치법규로 정하도록 규정한 사무 등에 있어서만 적용된다.

지방자치법

제30조(조례와 규칙의 입법한계) 시·군 및 자치구의 조례나 규칙은 시·도의 조례나 규칙을 위반하여서는 아니 된다.

- 또한, '금연구역 과태료 조례'의 근거가 되는 「국민건강증진법」 제9조 등에서는 광역 자치단체와 기초 자치단체를 구분하지 않고 "지방자치단체"에 금연구역의 지정 및 과태료 부과권을 부여하고 있어서 「지방자치법」 제30조가 적용되지 않는다.
- 형벌에 대한 이중처벌 금지 원칙에 준하여 과태료에 대해서도 하나의 위반행위로 인하여 둘 이상의 중복 처벌을 하는 것은 부당하다는 점에는 이의가 없는 것 같다. 즉, 둘 중 하나의 조례만 적용 가능한 것이다.
- 다만, 독립된 법인으로서 광역 자치단체와 기초 자치단체가 각각 법률에 근거하여 합법적으로 제정·운영하고 있는 '금연구역 지정 등에 관한 조례'에 대하여 둘 중 하나의 조례만 적용되도록 하는 근거가 무엇인지 궁금하지 않을 수 없다. 특히, 부과하는 과태료의 금액에 차이가 있는 경우는 더욱 문제된다.
- 좀 더 복잡한 사례를 들어 보자.
- 서울 지역의 경우 서울특별시를 비롯하여 대부분의 소속 기초 지방자치단체가 '간접흡연 피해방지조례'라는 이름으로 관련 조례를 제정·운영하고 있는데, 아래 사례의 두 조례에서 보듯이 서울특별시는 과태료 부과금액이 10만원인데 반해(제10조 제1항), 서울특별시 소속 자치구인 ○○구의 경우 과태료 부과금액이 5만원으로 2배의 차이가 난 경우가 있었다. 문제가 더욱 복잡해진 것이다.

구 서울특별시 간접흡연 피해방지조례

제5조(금연구역의 지정 등) ① 서울특별시장(이하 “시장”이라 한다)은 시민의 건강보호를 위하여 다음 각 호에 해당하는 장소를 금연구역으로 지정할 수 있다.

1. 「도시공원 및 녹지 등에 관한 법률」에 따른 도시공원 및 「어린이놀이시설 안전관리법」에 따른 어린이놀이터
2. 「교육환경 보호에 관한 법률」에 따른 절대보호구역
3. 시 관할 구역의 버스정류소
4. 시민의 건강증진을 위하여 지정한 거리 및 특화거리
5. 가스충전소 및 주유소
6. 그 밖에 시장이 간접흡연 피해방지를 위해 필요하다고 인정하는 장소

제10조(과태료) ① 시장은 제5조 제4항을 위반하여 금연구역에서 흡연을 한 사람은 10만원의 과태료를 부과·징수한다.

② 제1항에 따른 과태료의 부과·징수 절차는 「질서위반행위규제법」에 따른다.

구 서울특별시 ○○구 간접흡연 피해방지조례

제5조(금연구역의 지정 등) ① 구청장은 구민의 건강보호를 위하여 다음 각 호에 해당하는 장소를 금연구역으로 지정할 수 있다.

1. 「도시공원 및 녹지 등에 관한 법률」에 따른 도시공원 및 「어린이놀이시설 안전관리법」에 따른 어린이놀이터
2. 「교육환경 보호에 관한 법률」에 따른 절대보호구역
3. 금천구 관할 구역의 버스정류소(정류소 표지판으로부터 10m 이내 지역)
4. 구민의 건강증진을 위하여 지정한 거리 및 특화거리
5. 가스충전소 및 주유소
6. 공공청사의 건물 출입구부터 20m 이내의 구역
7. 그 밖에 구청장이 간접흡연 피해방지를 위해 필요하다고 인정하는 장소

제11조(과태료) ① 구청장은 제5조 제4항을 위반하여 금연구역에서 흡연을 한 자에게 5만원의 과태료를 부과·징수한다.

② 제1항의 규정에 의한 과태료처분에 불복이 있는 자는 그 처분의 고지를 받은 날부터 60일 이내에 부과권자에게 이의를 제기할 수 있다.

③ 제1항의 규정에 의한 과태료처분을 받은 자가 제2항의 규정에 의하여 이의를 제기한 때에는 부과권자는 이의제기를 받은 날로부터 14일 이내에 관할법원에 그 사실을 통보하여야 한다. 그 통보를 받은 관할법원은 「질서위반행위규제법」에 의한 과태료 재판을 한다.

④ 제2항의 규정에 의한 기간 내에 이의를 제기하지 아니하고 과태료를 납부하지 아니한 때에는 지방세 체납처분의 예에 의하여 이를 징수한다.

- 이와 관련하여 과태료의 부과·징수에 관한 기본법이라고 할 수 있는 「질서위반행위규제법」 제13조 제1항에 따라 '가장 중한 과태료'를 부과하면 된다는 주장이 있다.

질서위반행위규제법

제13조(수개의 질서위반행위의 처리) ① 하나의 행위가 2 이상의 질서위반행위에 해당하는 경우에는 각 질서위반행위에 대하여 정한 과태료 중 가장 중한 과태료를 부과한다.
② 제1항의 경우를 제외하고 2 이상의 질서위반행위가 경합하는 경우에는 각 질서위반행위에 대하여 정한 과태료를 각각 부과한다. 다만, 다른 법령(지방자치단체의 조례를 포함한다. 이하 같다)에 특별한 규정이 있는 경우에는 그 법령으로 정하는 바에 따른다.

- 「질서위반행위규제법」 제13조 제1항은 하나의 위반행위가 둘 이상의 질서위반행위에 해당하는 경우에 이중처벌을 방지하려는 것으로, 동일한 장소에서 흡연을 하면 광역 자치단체의 조례 및 기초 자치단체의 조례에서 각각 규정하고 있는 질서위반행위에 해당한다. 그렇다면, 위 규정에 따라 부산광역시와 해운대구의 경우 과태료가 동일하기 때문에 5만원을 부과하면 되고, 서울특별시와 ○○구의 경우 가장 중한 10만원의 과태료가 부과된다.

- 결국, 위 사안에 있어서 광역 자치단체의 조례와 기초 자치단체의 조례가 모두 유효하며, 하나의 흡연 행위가 광역 자치단체의 조례와 기초 자치단체의 조례를 동시에 위반한다고 결론을 내리지 않을 수 없다. 다만, 「질서위반행위규제법」 제13조 제1항에 따라 '가장 중한 과태료'를 부과하는 것이 맞는지에 대해서는 의문이 든다.

- 우선, 「질서위반행위규제법」 제13조를 적용하기에 앞서 광역 자치단체와 기초 자치단체의 해당 조례가 동시에 제정된 것이 적절한 것인지 고려해볼 필요가 있다고 생각한다.

시사점

- 동일한 위반행위에 대하여 광역 자치단체와 기초 자치단체가 동시에 과태료를 부과할 수 있도록 조례가 제정되어 있다면, 문제는 조례를 제정하게 한 법률의 규정에 있다고 생각한다.

- 우리나라에서는 대부분의 자치법규가 법령의 위임 규정에 따라 마련되는데, 해당 법령에서 광역 자치단체와 기초 자치단체를 구분하지 않고 단순히 "지방자치단체의 조례로 정한다."와 같은 방식으로 위임하고 있는 것이 가장 주된 이유 중의 하나라고 본다.

국민건강증진법

제9조(금연을 위한 조치) ⑤ 지방자치단체는 흡연으로 인한 피해 방지와 주민의 건강 증진을 위하여 필요하다고 인정하는 경우 조례로 다수인이 모이거나 오고가는 관할 구역 안의 일정한 장소를 금연구역으로 지정할 수 있다.

⑥ 누구든지 제4항부터 제7항까지의 규정에 따라 지정된 금연구역에서 흡연하여서는 아니 된다.

제34조(과태료) 다음 각 호의 어느 하나에 해당하는 자에게는 10만원 이하의 과태료를 부과한다.

1. 제8조의4제2항을 위반하여 금주구역에서 음주를 한 사람
2. 제9조 제8항을 위반하여 금연구역에서 흡연을 한 사람

- 「지방자치법」상 광역 자치단체와 기초 자치단체는 독립한 법인으로서 독자적인 자치입법권이 보장되는데도 불구하고 해당 법령에서 광역 자치단체와 기초 자치단체를 특정하지 않고 단순히 지방자치단체의 조례로 위임하게 되면 결국 중복적인 자치입법이 초래될 수 있기 때문이다.

- 특히, 주민의 권리 제한 또는 의무 부과와 관련이 있는 사항을 법령에서 지방자치단체의 조례로 위임하는 경우에는 그 대상이 되는 지방자치단체가 광역 자치단체인지 또는 기초 자치단체인지 그 범위를 명확하게 구분하는 것이 바람직하다고 본다.

- 한편, 경우에 따라서는 동일한 위반행위에 대하여 광역 자치단체와 기초 자치단체가 동시에 과태료를 부과할 수 있도록 하는 것이 필요한 상황이 있다는 주장도 있다.

- 예를 들어, 부산광역시가 '금연구역 과태료 조례'를 제정하기 전에 이 지역의 대부분 기초 자치단체가 관련 조례 제정을 하지 않고 있었으며, 이처럼 관련 조례가 없는 지역에서는 광역 자치단체의 조례가 그 공백을 메꾸는 역할을 하게 된다.

- 그러나 이와 같은 입법 공백을 막기 위한 불가피한 선택이라는 주장에 있어서도 단점이 있다.

- 앞서 제2강에서 공부한 것과 같이 지방자치단체의 사무배분의 기준 원칙에 따라 광역 자치단체와 기초 자치단체의 사무가 각각 배분되는데, 이와 같은 사무배분의 원칙에 따라 광역 자치단체와 기초 자치단체의 조례 제정권도 구분된다.

- 즉, 「지방자치법」 제14조 제1항의 취지에 따라 금연구역의 지정 및 과태료 부과 등과 같이 주민의 건강과 직접 관련 있는 사안이 기초 자치단체의 사무에 해당하는지 또는 광역 자치단체의 사무에 해당하는지 단정할 수는 없으나, 만일 기초 자치단체가 그 사무의 수행을 게을리 한다고 해서 광역 자치단체에 그 사무에 대한 조례를 제정할 수 있는 권한이 부여된다고

볼 수는 없다고 본다. 사무배분의 원칙상 기초 자치단체를 대신하여 광역 자치단체가 이를 대신할 수 있는 것은 아니다.

지방자치법

제14조(지방자치단체의 종류별 사무배분기준) ① 제13조에 따른 지방자치단체의 사무를 지방자치단체의 종류별로 배분하는 기준은 다음 각 호와 같다. 다만, 제13조 제2항 제1호의 사무는 각 지방자치단체에 공통된 사무로 한다.

1. 시·도
   가. 행정처리 결과가 2개 이상의 시·군 및 자치구에 미치는 광역적 사무
   나. 시·도 단위로 동일한 기준에 따라 처리되어야 할 성질의 사무
   다. 지역적 특성을 살리면서 시·도 단위로 통일성을 유지할 필요가 있는 사무
   라. 국가와 시·군 및 자치구 사이의 연락·조정 등의 사무
   마. 시·군 및 자치구가 독자적으로 처리하기에 부적당한 사무
   바. 2개 이상의 시·군 및 자치구가 공동으로 설치하는 것이 적당하다고 인정되는 규모의 시설을 설치하고 관리하는 사무
2. 시·군 및 자치구
   제1호에서 시·도가 처리하는 것으로 되어 있는 사무를 제외한 사무. 다만, 인구 50만 이상의 시에 대하여는 도가 처리하는 사무의 일부를 직접 처리하게 할 수 있다.

- 결국, 법령에서 특정 사무에 대하여 지방자치단체의 조례로 정하도록 위임하면서 그 대상이 되는 지방자치단체가 광역 자치단체인지 또는 기초 자치단체인지 그 범위를 명확하게 구분하지 않은 입법이 잘못이다.
- 만일 상위 법령의 규정에 따라 광역 자치단체와 기초 자치단체 모두 '금연구역 과태료 조례'와 같이 동일한 관할 구역을 대상으로 하는 조례를 제정하였다면 실무 차원에서라도 문제를 조율하는 과정이 필요하다고 생각한다.
- 예를 들어, 광역 자치단체와 기초 자치단체의 조례 제정에 따라 각각 금연구역을 지정하는 경우 해당 광역 자치단체와 기초 자치단체의 담당 실무자들이 협의해서 금연구역 지정이 중복되지 않게 조정하는 것이 바람직하다. 소관 기초 자치단체의 금연구역 지정을 우선하되, 광역 자치단체는 해당 기초 자치단체가 빠뜨린 구역이 있거나 가급적 조례 등 자치법규가 마련되어 있지 않은 기초 자치단체를 대상으로 금연구역을 지정하는 것도 하나의 방법이 될 수 있다.
- 물론, 중앙행정기관에서도 금연구역 지정 관련 '지침' 등을 통해 광역 자치단체와 기초 자치단체의 금연구역 지정 등이 중복되지 않도록 하는 것이 바람직하다고 생각한다.

금연제도와 관련하여 그 밖에 참고할 사항

- 우리나라는 국가의 법령에 따라 전국적 범위에서 지정하는 '국가의 금연구역'과 지방자치단체의 조례에 따라 지정하는 '자치단체의 금연구역'이 별개로 운영되고 있다.

- 「국민건강증진법」 제9조 제4항은 국가가 전국적 범위에서 지정 및 운영하는 금연구역 제도이다. 이 규정에 따르면, 전국의 모든 공공기관과 의료기관의 건물·정원·주차장 등 시설 전체를 금연구역으로 지정했으며, 심지어 일정한 넓이 이상인 휴게음식점영업소와 일반음식점영업소 및 제과점영업소도 이에 포함된다.

국민건강증진법

제9조(금연을 위한 조치) ④ 다음 각 호의 공중이 이용하는 시설의 소유자·점유자 또는 관리자는 해당 시설의 전체를 금연구역으로 지정하고 금연구역을 알리는 표지를 설치하여야 한다. 이 경우 흡연자를 위한 흡연실을 설치할 수 있으며, 금연구역을 알리는 표지와 흡연실을 설치하는 기준·방법 등은 보건복지부령으로 정한다.

1. 국회의 청사
2. 정부 및 지방자치단체의 청사
3. 「법원조직법」에 따른 법원과 그 소속 기관의 청사
4. 「공공기관의 운영에 관한 법률」에 따른 공공기관의 청사
5. 「지방공기업법」에 따른 지방공기업의 청사
6. 「유아교육법」·「초·중등교육법」에 따른 학교[교사(校舍)와 운동장 등 모든 구역을 포함한다]
7. 「고등교육법」에 따른 학교의 교사
8. 「의료법」에 따른 의료기관, 「지역보건법」에 따른 보건소·보건의료원·보건지소
9. 「영유아보육법」에 따른 어린이집
10. 「청소년활동진흥법」에 따른 청소년수련관, 청소년수련원, 청소년문화의집, 청소년특화시설, 청소년야영장, 유스호스텔, 청소년이용시설 등 청소년활동시설
11. 「도서관법」에 따른 도서관
12. 「어린이놀이시설 안전관리법」에 따른 어린이놀이시설
13. 「학원의 설립·운영 및 과외교습에 관한 법률」에 따른 학원 중 학교교과교습학원과 연면적 1천제곱미터 이상의 학원
14. 공항·여객부두·철도역·여객자동차터미널 등 교통 관련 시설의 대합실·승강장, 지하보도 및 16인승 이상의 교통수단으로서 여객 또는 화물을 유상으로 운송하는 것
15. 「자동차관리법」에 따른 어린이운송용 승합자동차
16. 연면적 1천제곱미터 이상의 사무용건축물, 공장 및 복합용도의 건축물

17. 「공연법」에 따른 공연장으로서 객석 수 300석 이상의 공연장
18. 「유통산업발전법」에 따라 개설등록된 대규모점포와 같은 법에 따른 상점가 중 지하도에 있는 상점가
19. 「관광진흥법」에 따른 관광숙박업소
20. 「체육시설의 설치·이용에 관한 법률」에 따른 체육시설로서 1천명 이상의 관객을 수용할 수 있는 체육시설과 같은 법 제10조에 따른 체육시설업에 해당하는 체육시설로서 실내에 설치된 체육시설
21. 「사회복지사업법」에 따른 사회복지시설
22. 「공중위생관리법」에 따른 목욕장
23. 「게임산업진흥에 관한 법률」에 따른 청소년게임제공업소, 일반게임제공업소, 인터넷컴퓨터게임시설제공업소 및 복합유통게임제공업소
24. 「식품위생법」에 따른 식품접객업 중 영업장의 넓이가 보건복지부령으로 정하는 넓이 이상인 휴게음식점영업소, 일반음식점영업소 및 제과점영업소와 같은 법에 따른 식품소분·판매업 중 보건복지부령으로 정하는 넓이 이상인 실내 휴게공간을 마련하여 운영하는 식품자동판매기 영업소
25. 「청소년보호법」에 따른 만화대여업소
26. 그 밖에 보건복지부령으로 정하는 시설 또는 기관

⑧ 누구든지 제4항부터 제7항까지의 규정에 따라 지정된 금연구역에서 흡연하여서는 아니 된다.

제34조(과태료) ③ 다음 각 호의 어느 하나에 해당하는 자에게는 10만원 이하의 과태료를 부과한다.

2. 제9조 제8항을 위반하여 금연구역에서 흡연을 한 사람

- 이와 같은 국가 차원의 전국적 금연구역에 대해서도 앞서 살펴본 자치단체가 지정 및 운영하는 금연구역과 마찬가지로 10만원 이하의 과태료를 부과한다(같은 법 제34조).

- 국가 차원의 전국적 금연구역 지정 및 운영과 관련하여 몇 가지 사회적 이슈가 된 사안이 있다.

- 먼저, 앞서 살펴본 것처럼 「국민건강증진법」 제9조 제4항에 따라 전국의 모든 공공기관과 의료기관의 건물·정원·주차장 등 시설 전체를 금연구역으로 지정했지만, 경찰서·검찰청·법원 등 사법 절차와 관련된 기관과 대형 병원 등 뭔가 '걱정거리'가 있는 사람들이 모이는 장소는 금연구역으로 지정하지 않고 사실상 '흡연구역'이 돼 버렸다는 것이다.

- 사법기관이나 병원 등은 이를 이용하는 사람들의 특성상 흡연을 허용하지 않을 수 없다는 것이며, 실제로 해당 시설의 관리자는 금연구역을 지정하지 않는 경우가 대부분이어서 재떨이와 담배꽁초 수거함도 곳곳에 버젓이 놓여 있는 실정이라고 한다.

- 문제는 국가기관이나 대형 병원 등이 「국민건강증진법」을 위반하고도 처벌을 받지 않고 있다는 것이다. 같은 법 제34조 제1항 제2호에 따르면 금연구역을 지정하지 않으면 그 관리자에게도 500만원 이하의 과태료를 부과하도록 되어있기 때문이다.

국민건강증진법

제34조(과태료) ① 다음 각호의 1에 해당하는 자는 500만원 이하의 과태료에 처한다.

2. 제9조 제9항에 따른 시정명령을 따르지 아니한 자

제9조(금연을 위한 조치) ⑨ 특별자치시장·특별자치도지사·시장·군수·구청장은 제4항 각 호에 따른 시설의 소유자·점유자 또는 관리자가 다음 각 호의 어느 하나에 해당하면 일정한 기간을 정하여 그 시정을 명할 수 있다.

1. 제4항 전단을 위반하여 금연구역을 지정하지 아니하거나 금연구역을 알리는 표지를 설치하지 아니한 경우

- 단속권한에 대해서도 논란이 된 적이 있다.

- 원칙적으로 공공기관 직원들이 흡연자를 제지할 권한이 없다는 것이다. 경찰서·검찰청·법원 등 사법 절차와 관련된 기관에서는 「국민건강증진법」 외에 「경범죄 처벌법」에 따라 경찰관이 흡연 단속을 할 수 있었지만, 2013년 3월 법 개정으로 금연구역에서의 흡연 단속이 「경범죄 처벌법」에서 제외되었기 때문에 보건복지부 또는 지역 보건소 담당 직원들만 단속할 수 있게 돼 있기 때문이다.

- 금연구역이 지정된 시설은 심지어 경찰·법원·검찰 공무원도 관할 보건소에 민원을 넣는 방식으로 흡연자를 규제해야 하는데, 보건소 직원이 출동할 때까지 그 흡연자가 기다리고 있을 리 만무하기 때문에 단속에 한계가 있다.

- 참고로, 현행 「국민건강증진법」 제34조에서는 과태료 부과·징수는 보건복지부장관과 지방자치단체의 장이 하도록 되어 있다.

국민건강증진법

제34조(과태료) ④ 제1항부터 제3항까지의 규정에 따른 과태료는 대통령령으로 정하는 바에 따라 보건복지부장관, 시·도지사 또는 시장·군수·구청장이 부과·징수한다.

과태료란 무엇인가?

- 과태료(過怠料)란 벌금이나 과료(科料)와 달리 형벌의 성질을 가지지 않는 법령위반에 대하여 과해지는 금전벌(金錢罰)의 일종이다. 형벌을 부과하기에는 그 위반의 정도가 경미하고 그 위반행위로 인해 직접적으로 행정목적이나 사회공익을 침해하는 것이 아니라 간접적으로 행정목적 달성에 지장을 줄 위험성이 있을 정도의 단순한 의무태만(negligence)에 대해서 부과하는 일종의 금전벌이다.

- 현행법상 과태료를 정하는 법률의 규정은 적지 않으나, 각각의 성질에 따라 이에 적용되는 법원칙이나 절차는 같지 않다. 종전의 이론에 따라 과태료의 성질을 크게 나누면 다음과 같다.

- 질서벌로서의 과태료 : 법률에 의하여 과해진 형식적인 의무위반자에 대하여 제재(制裁)로 과해지는 것으로 「특허법」(제232조) 「민법」(제97조) 「상법」(제28조·제86조의9·제635조·제636조) 「민사소송법」(제301조·제311조·제360조) 「민사집행법」(제75조) 등 공법·사법에 널리 인정되고 있으며, 「지방자치법」 제156조 제2항에서는 "사기나 그 밖의 부정한 방법으로 사용료·수수료 또는 분담금의 징수를 면한 자에 대하여는 그 징수를 면한 금액의 5배 이내의 과태료를, 공공시설을 부정사용한 자에 대하여는 50만원 이하의 과태료를 부과하는 규정을 조례로 정할 수 있다."고 규정하고 있는데, 이 규정도 대표적인 질서벌의 유형에 해당한다고 할 수 있다.

- 징계벌로서의 과태료 : 일정한 직업을 가진 사람이 직무상의 의무에 위반하였을 경우에 과해지는 것으로 「공증인법」(제83조) 「변호사법」(제90조·제117조) 「법무사법」(제48조) 등에 규정되어 있다. 징계벌로서의 과태료는 그 직업을 감독하는 관청이 부과하는 것이 일반적이다.

- 집행벌로서의 과태료 : 행정상의 의무이행을 게을리하는 사람에게 그 의무의 이행을 강제하기 위하여 부과하는 것이나, 현행법상 그 예가 거의 없다. 입법실무에서는 이런 경우 일반적으로 '이행강제금'으로 규정하는 것 같다.

- 자치입법에서 논의의 대상이 되는 과태료는 첫 번째, 즉 질서벌로서의 과태료로 한정된다.

- 행정상의 의무위반에 대하여 과하는 제재로서의 벌을 행정벌이라고 하며, 이는 그 처벌내용에 따라 행정형벌과 행정질서벌로 나누어진다. 행정벌 중 「형법」에 정해진 형(징역,

벌금 등)에 처하는 것을 행정형벌이라고 하며, 과태료가 부과되는 경우를 행정질서벌이라고 한다.

- 행정형벌은 행정상의 의무를 위반함으로써 직접적으로 행정목적을 침해하는 경우에 과하여지는 것임에 반하여, 행정질서벌은 행정상의 신고·등록 등의 의무를 태만히 하는 것과 같이 간접적으로 행정목적의 달성에 장해를 미칠 위험성이 있는 행위에 과해지게 된다.

- 과태료는 형벌과 달리 원칙적으로 「형법」이 적용되지 않으며, 과태료를 받는 경우에도 전과로 되지 않고 다른 형벌과 누범관계가 생기지 않는다.

- 과태료는 형벌이 아니므로 그 과벌절차(科罰節次)도 「형사소송법」에 의하지 않으며, 종전에는 각 법률에 특별한 규정이 없는 한 「비송사건절차법」에 따르도록 하는 등 과태료의 부과·징수절차가 통일되어 있지 않았으나, 「질서위반행위규제법」이 제정·시행되어 과태료에 관한 부과·징수, 재판 및 집행 등의 절차에 관하여 통일적·일원적으로 규정하고 있다.

- 과태료의 부과 대상 행위에 대해서는 개별 법령(조례 포함)에서 규정하고 있다.

[참고자료 : 과태료와 구별되는 개념]

- **벌금**은 범인으로부터 일정액의 금액을 징수하는 형벌을 말한다. 「형법」상 그 금액은 5만원 이상으로 되어 있으며, 벌금을 납입하지 않는 경우에는 노역장에 유치하여 작업에 복무하게 된다(형법 제45조 및 제69조).
- **과료**는 벌금과 같이 범인으로부터 일정액의 금액을 징수하는 형벌이지만, 그 금액의 범위에서 벌금과 구별이 된다. 「형법」상 과료는 2천원 이상 5만원 미만으로 규정되어 있다. 과료는 가장 가벼운 형벌로서 주로 경범죄에 대하여 과하게 된다(형법 제41조, 제47조 및 형사소송법 제477조 제1항).
- **범칙금**은 「도로교통법」 등을 위반한 범칙자가 통고처분에 의해 국고에 납부해야 할 금전을 말한다. 범칙금제도는 일정한 금액의 범칙금 납부를 통고하고, 그 통고를 받은 자가 기간 내에 이를 납부한 경우에는 해당 범칙행위에 대해 공소가 제기되지 않고, 범칙금을 납부하지 않았을 때에는 이후 형사처벌의 절차가 진행된다(도로교통법 제162조, 제163조, 제164조 및 제165조).
- **과징금**은 행정법상의 의무불이행으로 인해 발생한 경제적 이익을 상쇄하거나 의무불이행에 대해 행정처분에 갈음하여 부과하는 제재적 금전부담을 말한다. 과징금은 행정벌과 구분된다. 「독점규제 및 공정거래에 관한 법률」 제8조, 「물환경보전법」 제43조 등 많은 법률에 과징금 규정이 도입되어 있다.

질서위반행위와 과태료의 기본법제

- 「질서위반행위규제법」은 과태료의 부과·징수, 재판 및 집행 등의 절차에 관한 기본법이 된다.

- 과태료의 부과·징수, 재판 및 집행 등의 절차에 대하여 다른 법률에서 이 법에 대한 특례를 둘 수 없으며, 다른 법률의 규정 중 이 법의 규정에 저촉되는 것은 효력이 없다(법 제5조). 행정질서벌에 대한 기본법으로서의 위치를 분명히 규정하고 있다.

질서위반행위규제법

제5조(다른 법률과의 관계) 과태료의 부과·징수, 재판 및 집행 등의 절차에 관한 다른 법률의 규정 중 이 법의 규정에 저촉되는 것은 이 법으로 정하는 바에 따른다.

- 「질서위반행위규제법」 제5조에 따라 과태료의 부과·징수, 재판 및 집행 등의 절차가 마련되어 있어서 지방자치단체의 조례 등 자치법규에서 과태료의 부과·징수, 재판 및 집행 등의 절차에 대하여 별도로 규정할 필요가 없다.

과태료의 부과대상 및 요건 : 질서위반행위 법정주의

- 과태료 부과 대상은 질서위반행위이다. 여기서 '질서위반행위'란 법률상의 의무를 위반하여 과태료가 부과되는 행위를 말한다(법 제2조).

질서위반행위규제법

제2조(정의) 이 법에서 사용하는 용어의 뜻은 다음과 같다.

1. <u>"질서위반행위"란 법률(지방자치단체의 조례를 포함한다. 이하 같다)상의 의무를 위반하여 과태료를 부과하는 행위를 말한다.</u> 다만, 다음 각 목의 어느 하나에 해당하는 행위를 제외한다.
   가. 대통령령으로 정하는 사법(私法)상·소송법상 의무를 위반하여 과태료를 부과하는 행위
   나. 대통령령으로 정하는 법률에 따른 징계사유에 해당하여 과태료를 부과하는 행위

- 질서위반행위는 과태료 부과의 근거가 되는 개별 법률에서 규정하는 의무를 위반하는 행위이기 때문에, 질서위반행위가 되기 위해서는 우선 개별 법률에서 의무사항을 규정해야 한다. 법률유보의 원칙에 따라 의무사항을 법률이 아닌 하위법령에서 규정하는 것은 불가능하며, 「질서위반행위규제법」에서도 '법률상의 의무'라고 명시하고 있기 때문이다. 다만, 법률에서 규정하면서 구체적인 범위를 정해서 하위법령으로 위임하는 것은 가능하다. 결국 질서위반행위는 법률에서 창설해야 한다는 의미로 보아야 한다.

- 한편, 여기서의 법률에는 「지방자치법」도 포함되므로 같은 법 제34조 제1항에 따라 과태료의 부과대상이 되는 질서위반행위를 조례로 정할 수 있다고 보아야 한다. 이에 대해서는 후술한다.

지방자치법

제34조(조례위반에 대한 과태료) ① 지방자치단체는 조례를 위반한 행위에 대하여 조례로써 1천만원 이하의 과태료를 정할 수 있다.
② 제1항에 따른 과태료는 해당 지방자치단체의 장이나 그 관할 구역의 지방자치단체의 장이 부과·징수한다.

- 또한, 「질서위반행위규제법」 제2조 제1호에서 '법률(지방자치단체의 조례를 포함한다. 이하 같다)상의 의무를 위반'으로 규정하고 있기 때문에 법률이 아니라 조례에서 의무사항을 규정해도 질서위반행위가 된다고 보아야 한다.

- 그런데, 질서위반행위를 법률 외에 '조례'에서 창설하는 것에 대하여 반대하는 의견이 있다. 이와 관련해서는 「지방자치법」 제34조에 따른 과태료 부분에서 다시 하기로 한다.

- 한편, 「질서위반행위규제법」 제2조 제1호에서는 질서위반행위에 포함되지 않는 것을 열거하고 있다.

- 법 제2조 제1호 단서 및 시행령 제2조는 ① 사법(私法)상의 과태료, ② 소송법상의 과태료, ③ 징계벌로서 부과되는 과태료 등에 대해서는 「질서위반행위규제법」이 적용되지 않는 것으로 되어 있다.

질서위반행위규제법

제2조(정의) 이 법에서 사용하는 용어의 뜻은 다음과 같다.

1. "질서위반행위"란 법률(지방자치단체의 조례를 포함한다. 이하 같다)상의 의무를 위반하여 과태료를 부과하는 행위를 말한다. **다만, 다음 각 목의 어느 하나에 해당하는 행위를 제외한다.**
   가. 대통령령으로 정하는 사법(私法)상·소송법상 의무를 위반하여 과태료를 부과하는 행위
   나. 대통령령으로 정하는 법률에 따른 징계사유에 해당하여 과태료를 부과하는 행위

질서위반행위규제법 시행령

제2조(질서위반행위에서 제외되는 행위) ① 「질서위반행위규제법」 제2조 제1호 가목에서 "대통령령으로 정하는 사법(私法)상·소송법상 의무를 위반하여 과태료를 부과하는 행위"란 「민법」, 「상법」 등 사인(私人) 간의 법률관계를 규율하는 법 또는 「민사소송법」, 「가사소송법」, 「민사집행법」, 「형사 소송법」, 「민사조정법」 등 분쟁 해결에 관한 절차를 규율하는 법률상의 의무를 위반하여 과태료를 부과하는 행위를 말한다.

② 법 제2조 제1호 나목에서 "대통령령으로 정하는 법률에 따른 징계사유에 해당하여 과태료를 부과하는 행위"란 「공증인법」·「법무사법」·「변리사법」·「변호사법」 등 기관·단체 등이 질서 유지를 목적으로 구성원의 의무 위반에 대하여 제재를 할 수 있도록 규정하는 법률에 따른 징계사유에 해당하여 과태료를 부과하는 행위를 말한다.

질서위반행위의 성립과 과태료의 부과 : 과태료 법정주의

- 과태료의 부과에 대해서도 법정주의가 적용된다. 따라서 법률에 따르지 않고는 어떤 행위에 대해서도 질서위반행위로 과태료를 부과할 수 없다(질서위반행위규제법 제6조). 한편, 여기서의 법률에는 「지방자치법」도 포함되므로 같은 법 제34조 제1항에 따라 조례 위반행위에 대하여 조례에서 과태료를 부과할 수 있다고 보아야 한다. 이에 대해서도 후술한다.

질서위반행위규제법

제6조(질서위반행위 법정주의) 법률에 따르지 아니하고는 어떤 행위도 질서위반행위로 과태료를 부과하지 아니한다.

지방자치법

제34조(조례 위반에 대한 과태료) ① 지방자치단체는 조례를 위반한 행위에 대하여 조례로써 1천만원 이하의 과태료를 정할 수 있다.

② 제1항에 따른 과태료는 해당 지방자치단체의 장이나 그 관할 구역의 지방자치단체의 장이 부과·징수한다.

- 「질서위반행위규제법」 제2조 제1호에서 '법률(지방자치단체의 조례를 포함한다. 이하 같다)'로 규정하고 있기 때문에 법률 외에도 개별 조례에서 과태료를 부과할 수 있다고 보아야 한다. 「지방자치법」 제34조에 따른 과태료 부분에서 다시 후술하기로 한다.
- 결국, 「질서위반행위규제법」에서는 과태료의 부과대상이 되는 질서위반행위도 반드시 법률 또는 조례에서 규정하도록 하고, 이와 같은 질서위반행위에 대한 과태료 부과도 법률 또는 조례로 정하도록 한 것이다. 형벌에 관한 죄형법정주의에 상응하는 원칙이라고 할 수 있다.
- 그런데, 「질서위반행위규제법」 제6조의 제목은 다소 적합하지 않은 것으로 본다. 이 규정은 과태료의 부과를 반드시 법률 또는 조례로 규정하라는 취지로 질서위반행위 법정주의가 아니라 '과태료 법정주의'가 더 적합하다고 생각한다. 질서위반행위 법정주의는 「질서위반행위규제법」 제2조 제1호에서 규정하고 있다.
- 질서위반행위가 성립하려면 고의 또는 과실이 있어야 한다. 「질서위반행위규제법」 제7조는 질서위반행위에 행위자의 고의 또는 과실이 없는 경우에는 과태료를 부과하지 않는다고 되어 있다.

질서위반행위규제법

제7조(고의 또는 과실) 고의 또는 과실이 없는 질서위반행위는 과태료를 부과하지 아니한다.

- 또한, 질서위반행위가 성립하려면 위법성의 인식이 있어야 한다. 「질서위반행위규제법」 제8조는 자신의 행위가 위법하지 않은 것으로 오인하고 한 질서위반행위는 그 오인에 정당한 이유가 있으면 과태료가 부과되지 않는다고 되어 있다.
- 14세 미만자의 질서위반행위에 대한 과태료는 원칙적으로 면제된다. 「질서위반행위규제법」 제9조는 14세가 되지 않은 자의 질서위반행위에 대하여는 과태료가 부과되지 않지만, 다만 다른 법률에 특별한 규정이 있는 경우에는 부과될 수 있다고 규정하고 있다.

질서위반행위규제법

제9조(책임연령) 14세가 되지 아니한 자의 질서위반행위는 과태료를 부과하지 아니한다. 다만, 다른 법률에 특별한 규정이 있는 경우에는 그러하지 아니하다.

- 심신장애인의 질서위반행위에 대하여는 과태료 감면을 한다. 「질서위반행위규제법」 제10조는 심신장애로 인하여 행위의 옳고 그름을 판단할 능력이 없거나 그 판단에 따른 행위를 할 능력이 없는 자의 질서위반행위는 과태료를 부과하지 않으며(제1항), 심신장애로 인하여 행위의 옳고 그름을 판단할 능력이 미약한 자의 질서위반행위는 과태료를 감면하되(제2항), 스스로 심신장애를 일으킨 자에 대하여는 과태료 감면의 대상에서 제외한다(제3항).

질서위반행위규제법

제10조(심신장애) ① 심신(心神)장애로 인하여 행위의 옳고 그름을 판단할 능력이 없거나 그 판단에 따른 행위를 할 능력이 없는 자의 질서위반행위는 과태료를 부과하지 아니한다.
② 심신장애로 인하여 제1항에 따른 능력이 미약한 자의 질서위반행위는 과태료를 감경한다.
③ 스스로 심신장애 상태를 일으켜 질서위반행위를 한 자에 대하여는 제1항 및 제2항을 적용하지 아니한다.

- 여기서 '심신장애'란 「형법」 제10조에 규정된 심신장애와 같은 의미로서 생물학적 요인으로 인하여 정신병 또는 비정상적 정신 상태와 같은 정신적 장애가 있는 외에 심리학적 요인으로 인한 정신적 장애로 말미암아 사물에 대한 변별능력과 그에 따른 행위통제능력이 결여되거나 감소되었음을 요하므로, 정신적 장애가 있는 자라고 하여도 범행 당시 정상적인 사물변별 능력이나 행위통제능력이 있었다면 심신장애로 볼 수 없다(법무부, 『질서위반행위규제법 해설』 참고).

- 그 밖에 「질서위반행위규제법」상 과태료의 부과와 관련하여 (1) 법인인 경우의 특례(제11조) (2) 다수인의 질서위반행위 가담(제12조) (3) 복수의 질서위반행위의 특례(제13조) (4) 과태료의 시효(제15조) 등을 규정하고 있다.

질서위반행위규제법

제11조(법인의 처리 등) ① 법인의 대표자, 법인 또는 개인의 대리인·사용인 및 그 밖의 종업원이 업무에 관하여 법인 또는 그 개인에게 부과된 법률상의 의무를 위반한 때에는 법인 또는 그 개인에게 과태료를 부과한다.

② 제7조부터 제10조까지의 규정은 「도로교통법」 제56조 제1항에 따른 고용주등을 같은 법 제160조 제3항에 따라 과태료를 부과하는 경우에는 적용하지 아니한다.

제12조(다수인의 질서위반행위 가담) ① 2인 이상이 질서위반행위에 가담한 때에는 각자가 질서위반행위를 한 것으로 본다.

② 신분에 의하여 성립하는 질서위반행위에 신분이 없는 자가 가담한 때에는 신분이 없는 자에 대하여도 질서위반행위가 성립한다.

③ 신분에 의하여 과태료를 감경 또는 가중하거나 과태료를 부과하지 아니하는 때에는 그 신분의 효과는 신분이 없는 자에게는 미치지 아니한다.

제13조(수개의 질서위반행위의 처리) ① 하나의 행위가 2 이상의 질서위반행위에 해당하는 경우에는 각 질서위반행위에 대하여 정한 과태료 중 가장 중한 과태료를 부과한다.

② 제1항의 경우를 제외하고 2 이상의 질서위반행위가 경합하는 경우에는 각 질서위반행위에 대하여 정한 과태료를 각각 부과한다. 다만, 다른 법령(지방자치단체의 조례를 포함한다. 이하 같다)에 특별한 규정이 있는 경우에는 그 법령으로 정하는 바에 따른다.

제15조(과태료의 시효) ① 과태료는 행정청의 과태료 부과처분이나 법원의 과태료 재판이 확정된 후 5년간 징수하지 아니하거나 집행하지 아니하면 시효로 인하여 소멸한다.

② 제1항에 따른 소멸시효의 중단·정지 등에 관하여는 「국세기본법」 제28조를 준용한다.

「지방자치법」과 과태료

- 「지방자치법」에서 과태료와 직·간접적으로 관련된 규정은 제28조·제34조·제49조 및 제156조 등 4개의 조문이 있다.

- 먼저, 「지방자치법」 제28조는 과태료의 부과·징수와 직접 관련되어 있지는 않지만, 제1항 단서인 "다만, 주민의 권리 제한 또는 의무 부과에 관한 사항이나 벌칙을 정할 때에는 법률의 위임이 있어야 한다."는 규정으로 인하여 과태료 제도에 있어서 중요한 역할을 하고 있다.

지방자치법

제28조(조례) ① 지방자치단체는 법령의 범위에서 그 사무에 관하여 조례를 제정할 수 있다. 다만, 주민의 권리 제한 또는 의무 부과에 관한 사항이나 벌칙을 정할 때에는 법률의 위임이 있어야 한다.

- 즉, 과태료도 대표적인 의무 부과의 한 유형에 해당하기 때문에 조례에서 과태료를 규정하는 경우에는 법률에서 위임을 받아 규정해야 한다.

- 과태료와 관련하여 위 규정에 대한 해석은 매우 복잡하다. 다만, 조례에서 과태료를 규정할 수 있는 범위와 관련하여 (1) 상위 법률에서 조례로 정하도록 위임을 준 경우에만 과태료 부과가 가능하다는 주장, (2) 비록 조례로 정하도록 명시적인 위임 규정이 없더라도 최소한 법률에 과태료를 부과할 수 있는 근거는 있어야 한다는 주장 등으로 구분할 수 있으며, 이와 같은 주장들은 모두 "상위 법률의 근거가 없는 순수한 자치 조례에서는 과태료 규정이 불가능하다."는 점에서 의견이 일치한다.

- 한편, 「지방자치법」 제28조 제1항 단서의 법률유보원칙에 따라 과태료의 부과대상이 되는 질서위반행위 및 과태료의 부과는 반드시 법적인 근거가 있어야 한다는 주장이 있는데, 과태료 제도 자체는 의무를 부과하는 것이 맞지만, 과태료 부과의 대상이 되는 질서위반행위 자체만으로는 의무 부과에 해당한다고 할 수 없다. 과태료 부과가 뒤따를 때에만 질서위반행위에 강제력이 부여되기 때문이다.

- 실제로 법률에서의 근거 또는 위임 규정 없이 대통령령·총리령·부령 등 하위규정이나 조례·규칙 등 자치법규에서도 의무를 부과하는 것은 얼마든지 가능하다. 강제력이 수반되지 않는 의무부과는 법률의 위임 없이 가능하며, 실제로 입법례가 많다. 다만, 위반에 따른 처벌 등 강제력이 수반되는 의무 부과인 경우에는 반드시 법률의 위임이 있어야 하는 것이다.

- 「질서위반행위규제법」 제2조 제1호에서는 명시적으로 과태료의 부과대상이 되는 질서위반행위는 법률 및 조례로만 정하도록 규정하고 있다.

- 두 번째, 「지방자치법」 제34조는 조례 위반에 대한 과태료 부과에 대한 내용을 규정하고 있는데, 지방자치단체는 조례를 위반한 행위에 대하여 조례로써 1천만원 이하의 과태료를 정할 수 있으며(제1항), 그 과태료는 해당 지방자치단체의 장이나 그 관할 구역 안의 지방자치단체의 장이 부과·징수한다(제2항).

지방자치법

제34조(조례위반에 대한 과태료) ① 지방자치단체는 조례를 위반한 행위에 대하여 조례로써 1천만원 이하의 과태료를 정할 수 있다.

② 제1항에 따른 과태료는 해당 지방자치단체의 장이나 그 관할 구역 안의 지방자치단체의 장이 부과·징수한다.

- 문언상 「지방자치법」 제34조 제1항은 과태료의 부과 대상이 되는 질서위반행위를 '조례를 위반한 행위'라고 규정하고 있기 때문에 「질서위반행위규제법」 제2조 제1호에서 살펴본 것과 같이 과태료의 부과 대상이 되는 질서위반행위를 조례에서 직접 규정하도록 한 것으로 보인다.
- 결국, 「지방자치법」 제34조 제1항은 같은 법 제28조 단서와 충돌하는 면이 있다. 이에 대해서는 뒤의 「지방자치법」 제34조에 따른 과태료 부분에서 다시 살펴보기로 한다.
- 세 번째, 「지방자치법」 제49조는 행정사무 감사권 및 조사권에 대하여 규정하면서 지방의회가 감사 또는 조사를 위하여 지방자치단체의 장 또는 관계 공무원이나 그 사무에 관계되는 자를 출석하게 하여 증인으로서 선서한 후 증언하게 하거나 참고인으로서 의견을 진술하도록 요구할 수 있으며(제4항), 여기서 서류제출을 요구받은 자가 정당한 사유 없이 서류를 정하여진 기한까지 제출하지 아니한 경우 또는 출석요구를 받은 증인이 정당한 사유 없이 출석하지 아니하거나 선서 또는 증언을 거부한 경우에는 500만원 이하의 과태료를 부과할 수 있도록 하고 있다(제5항). 아울러, 이와 같은 과태료 부과절차는 제34조를 따른다고 규정하고 있다(제6항).

지방자치법

제49조(행정사무 감사권 및 조사권) ① 지방의회는 매년 1회 그 지방자치단체의 사무에 대하여 시·도에서는 14일의 범위에서, 시·군 및 자치구에서는 9일의 범위에서 감사를 실시하고, 지방자치단체의 사무 중 특정 사안에 관하여 본회의 의결로 본회의나 위원회에서 조사하게 할 수 있다.

② 제1항의 조사를 발의할 때에는 이유를 밝힌 서면으로 하여야 하며, 재적의원 3분의 1 이상의 연서가 있어야 한다.

③ 지방자치단체 및 그 장이 위임받아 처리하는 국가사무와 시·도의 사무에 대하여 국회와 시·도의회가 직접 감사하기로 한 사무 외에는 그 감사를 각각 해당 시·도의회와 시·군 및 자치구의회가 할 수 있다. 이 경우 국회와 시·도의회는 그 감사결과에 대하여 그 지방의회에 필요한 자료를 요구할 수 있다.

④ 제1항의 감사 또는 조사와 제3항의 감사를 위하여 필요하면 현지확인을 하거나 서류제출을 요구할 수 있으며, 지방자치단체의 장 또는 관계 공무원이나 그 사무에 관계되는 자를 출석하게 하여 증인으로서 선서한 후 증언하게 하거나 참고인으로서 의견을 진술하도록 요구할 수 있다.
⑤ 제4항에 따른 증언에서 거짓증언을 한 자는 고발할 수 있으며, 제4항에 따라 서류제출을 요구받은 자가 정당한 사유 없이 서류를 정하여진 기한까지 제출하지 아니한 경우, 같은 항에 따라 출석요구를 받은 증인이 정당한 사유 없이 출석하지 아니하거나 선서 또는 증언을 거부한 경우에는 500만원 이하의 과태료를 부과할 수 있다.
⑥ 제5항에 따른 과태료 부과절차는 제34조를 따른다.
⑦ 제1항의 감사 또는 조사와 제3항의 감사를 위하여 필요한 사항은 「국정감사 및 조사에 관한 법률」에 준하여 대통령령으로 정하고, 제4항과 제5항의 선서·증언·감정 등에 관한 절차는 「국회에서의 증언·감정 등에 관한 법률」에 준하여 대통령령으로 정한다.

- 「지방자치법」 제49조 제6항은 과태료 부과절차에 대하여 "「지방자치법」 제34조에 따른다."고 되어 있는데, 그 의미를 생각해볼 필요가 있다.

- 과태료의 부과 대상이 되는 질서위반행위는 「지방자치법」 제49조 제5항에서 규정하고 있기 때문에 같은 법 제34조 제1항을 적용할 여지가 없다. 따라서 비록 제49조 제6항의 문언상 '제34조 제2항'으로 특정하지 않고 '제34조'로 규정하고 있더라도 과태료의 부과절차에 해당하는 「지방자치법」 제34조 제2항의 규정만이 적용된다고 보아야 한다.

- 그런데, 「질서위반행위규제법」의 제정·시행으로 과태료의 부과절차 등을 이 법에서 정하고 있고 다른 법률에서 특례를 정하지 못하도록 되어 있기 때문에(같은 법 제5조) 「지방자치법」 제49조 제6항은 특별한 의미가 없어서 삭제하는 것이 바람직하다.

- 마지막으로, 「지방자치법」 제156조는 사용료·수수료 또는 분담금의 징수에 관한 사항을 조례로 정하되, 사기나 그 밖의 부정한 방법으로 사용료·수수료 또는 분담금의 징수를 면한 자에 대하여는 그 징수를 면한 금액의 5배 이내의 과태료를, 공공시설을 부정사용한 자에 대하여는 50만원 이하의 과태료를 각각 부과하는 규정을 조례로 정할 수 있도록 하고 있다(제2항).

지방자치법

제156조(사용료의 징수조례 등) ① 사용료·수수료 또는 분담금의 징수에 관한 사항은 조례로 정한다. 다만, 국가가 지방자치단체나 그 기관에 위임한 사무와 자치사무의 수수료 중 전국적으로 통일할 필요가 있는 수수료에 관한 사항은 다른 법령의 규정에도 불구하고 대통령령으로 정하는 표준금액으로

징수하되, 지방자치단체가 다른 금액으로 징수하고자 하는 경우에는 표준금액의 100분의 50의 범위에서 조례로 가감 조정하여 징수할 수 있다.
② 사기나 그 밖의 부정한 방법으로 사용료·수수료 또는 분담금의 징수를 면한 자에 대하여는 그 징수를 면한 금액의 5배 이내의 과태료를, 공공시설을 부정사용한 자에 대하여는 50만원 이하의 과태료를 부과하는 규정을 조례로 정할 수 있다.
③ 제2항에 따른 과태료의 부과·징수, 재판 및 집행 등의 절차에 관한 사항은 「질서위반행위규제법」에 따른다.

- 「지방자치법」 제156조 제2항에 따른 과태료를 세분화하면, 먼저 과태료 부과 대상이 되는 질서위반행위의 유형은 (1) 사기나 그 밖의 부정한 방법으로 사용료·수수료 또는 분담금의 징수를 면한 행위, (2) 공공시설을 부정사용한 행위 등이고, 과태료의 부과 금액은 ① 징수를 면한 금액의 5배 이내의 과태료, ② 50만원 이하의 과태료 등으로 구분할 수 있다.

- 그런데, 「지방자치법」 제156조 제2항은 "…(전략) 규정을 조례로 정한다."고 되어 있다. 여기서 조례로 정하라는 것은 무슨 뜻일까?

- 이미 과태료의 부과 대상이 되는 질서위반행위와 과태료 금액은 법률에서 정하고 있지만, 이와 같은 과태료 제도를 적용할 수 있는 구체적인 대상이 확정되어 있지 않다. 따라서 사용료·수수료 및 분담금의 징수 대상이 되는 공공시설이나 공공서비스 또는 재산 중 어느 경우에 과태료를 부과할 것인지의 선택을 지방자치단체의 장이 정하는 규칙이나 행정규칙 등으로 결정할 것이 아니라, 주민의 대표기관인 지방의회가 통제할 수 있도록 조례에서 정하라는 것으로 이해할 수 있다.

- 「지방자치법」 제156조 제2항에 따른 과태료 제도는 같은 법 제49조에 따른 과태료와 마찬가지로 「지방자치법」 제34조에 따른 과태료와 달리 질서위반행위 및 과태료 부과 근거가 개별적·구체적으로 마련되어 있다. 다만, 과태료를 적용하는 대상 공공시설 등을 선정하는 내용을 조례의 형식으로 정하라는 것으로 볼 수 있다.

과태료를 조례에서 규정하는 방식

- 「지방자치법」 제34조에 따른 과태료를 제외하고, 일반적으로 조례에서 과태료를 규정하는 방식을 살펴보기로 한다.

- 「지방자치법」 제28조 제1항 단서에 따른 법률유보원칙에 충실하면 의무 부과에 해당하는 과태료는 법률에 반드시 규정이 있어야 하기 때문에, 조례로 위임하는 규정 등 특별한 경우를 제외하고는 조례에서 별도로 규정할 필요가 없다. 과태료의 부과대상이 되는 질서위반행위 및 과태료 부과가 대부분 법률 및 그 하위법령에서 직접 규정되어 있기 때문이다.

- 다만, 과태료 제도를 규정하고 있는 법령에서 특별히 조례로 정하도록 위임한 경우 또는 과태료의 부과·징수 사무의 수행에 필요한 사항을 규정할 필요가 있는 경우에는 가급적 조례의 형식으로 정한다. 주민에게 미치는 영향이 적지 않기 때문이다.

- 여기서는 법령에서 조례로 정하도록 위임을 한 경우의 사례를 들어보자.

- 「도로법」 제117조 제1항부터 제3항까지의 규정은 500만원 이하의 과태료, 300만원 이하의 과태료, 50만원 이하의 과태료 등으로 각각 구분하여 질서위반행위 및 그에 따른 과태료 부과금액을 규정하고 있음을 알 수 있다. 그리고 제4항에서는 과태료의 부과·징수에 관하여 대통령령으로 정하도록 위임하고 있다.

도로법

제117조(과태료) ① 다음 각 호의 어느 하나에 해당하는 자에게는 500만원 이하의 과태료를 부과한다.
1.~3. (각호 생략)
② 다음 각 호의 어느 하나에 해당하는 자에게는 300만원 이하의 과태료를 부과한다. 이 경우 제1호 및 제2호에 대한 과태료는 대통령령으로 정하는 기준에 따라 도로관리청이 속하는 지방자치단체의 조례로 정할 수 있다.
1. ~ 7. (각호 생략)
③ 다음 각 호의 어느 하나에 해당하는 자에게는 50만원 이하의 과태료를 부과한다.
1. ~ 3. (각호 생략)
④ 이 법에서 규정한 사항 외에 제1항부터 제3항까지의 규정에 따른 과태료는 대통령령으로 정하는 바에 따라 해당 도로관리청이 부과·징수한다.

- 이에 따라 「도로법 시행령」 제105조는 과태료의 부과기준을 별표 7로 정하되, 다만 지방자치단체의 장이 관리청인 도로는 별표 7 제2호가목·나목 및 제3호에 따른 과태료 부과기준의 범위에서 해당 지방자치단체의 조례로 과태료부과기준을 따로 정할 수 있다고 되어 있다.

도로법 시행령

제105조(과태료의 부과기준) 법 제117조 제1항부터 제3항까지의 규정에 따른 과태료의 부과기준은 별표 7과 같다. 다만, 행정청이 도로관리청인 도로의 경우에는 별표 7 제2호가목·나목 및 제3호에 따른 과태료 부과기준의 범위에서 해당 지방자치단체의 조례로 과태료 부과기준을 따로 정할 수 있다.

- 「도로법 시행령」 제105조 단서는 지방자치단체마다 과태료의 부과기준 중 일부를 별도로 정할 것인지 여부를 결정하고, 만일 별도로 정하기로 했다면 시행령의 부과기준 범위에서 조례로 정하라는 뜻으로 이해할 수 있다.
- 아래의 사례는 「도로법 시행령」 제105조 단서에 따라 별도로 과태료 부과·징수 관련 조례를 제정한 것이다. 이 조례의 가장 중요한 규정은 제3조 제1항에 따른 질서위반행위 및 과태료의 부과 금액이 된다.

○○시 도로무단점용자에 대한 과태료 부과·징수조례

제1조(목적) 이 조례는 「도로법」 제117조 제2항의 규정에 의하여 도로를 무단점용한 자에 대한 과태료 부과징수에 관한 사항을 규정함을 목적으로 한다.

제3조(과태료) ① 시장은 정당한 사유 없이 도로를 무단점용하여 다음 각 호의 어느 하나에 해당하는 행위를 한 자에게 20만원 이하의 과태료를 부과·징수할 수 있다.

1. 도로점용허가 면적을 초과하여 점용한 경우
2. 도로점용허가를 받지 아니하고 물건 등을 도로에 일시 적치한 경우

② 과태료의 부과·징수는 공평한 방법으로 하여야 하며 부과기준은 규칙으로 정한다.

③ 제1항의 과태료 부과징수·처분 및 이에 대한 이의신청은 「질서위반행위규제법」 규정을 준용한다.

「지방자치법」 제34조에 따른 과태료

(1) 의미

- 「지방자치법」 제34조에 따른 과태료는 (1) 조례 위반행위에 대하여 (2) 조례로써 1천만원 이하의 과태료를 부과할 수 있도록 규정한 것이다.

지방자치법

제34조(조례위반에 대한 과태료) ① 지방자치단체는 조례를 위반한 행위에 대하여 조례로써 1천만원 이하의 과태료를 정할 수 있다.
② 제1항에 따른 과태료는 해당 지방자치단체의 장이나 그 관할 구역 안의 지방자치단체의 장이 부과·징수한다.

- 이 규정을 법문 그대로 해석하면 (1) 조례를 위반한 행위, 즉 「질서위반행위규제법」 제2조 제1호에 따라 조례에서 직접 질서위반행위를 규정하고 (2) 조례로써 1천만원 이하의 과태료를 규정, 즉 「질서위반행위규제법」 제6조에 따라 「지방자치법」 제34조 제1항을 근거로 조례에서 직접 과태료를 부과할 수 있다는 것을 분명히 한 것이다.
- 이와 같은 해석에 따르면, 「지방자치법」 제34조 제1항은 과태료의 부과에 관하여 별도로 개별 법률의 구체적인 위임을 필요로 하지 않는다는 이야기가 된다. 즉, 법률에서 과태료에 대하여 조례로 위임하는 규정이 없는 경우에도 조례로써 독자적으로 질서위반행위 및 그에 대한 과태료 부과 금액을 각각 규정할 수 있다는 것이다.
- 이는 「지방자치법」 제34조 제1항이 자치 조례에서의 과태료를 허용한다는 것과 같은 의미를 갖게 된다. 왜냐하면, 법률에서 과태료에 대하여 전혀 규정하지 않은 상황에서 조례로써 질서위반행위 및 과태료 부과 금액을 자유롭게 규정하는 것은 법률의 위임이나 근거가 없는 순수한 자치 조례에서 가능하기 때문이다(이하에서는 부르기 편하게 "자치 조례의 과태료"라고 한다).

(2) 「지방자치법」 제28조 제1항 단서와 자치 조례의 과태료

- 이와 같은 해석은 「지방자치법」 제28조 제1항 단서와 충돌 문제가 발생한다. 즉, 주민의 권리 제한 또는 의무 부과에 관한 사항이나 벌칙을 정할 때에는 법률의 위임이 있어야 하는데, 과태료의 부과는 대표적인 의무 부과에 해당하며, 또한 벌칙과 유사한 것으로 인정되기 때문이다.

지방자치법

제28조(조례) ① 지방자치단체는 법령의 범위에서 그 사무에 관하여 조례를 제정할 수 있다. 다만, 주민의 권리 제한 또는 의무 부과에 관한 사항이나 벌칙을 정할 때에는 법률의 위임이 있어야 한다.

- 자치 조례의 과태료에 대한 해석과 관련하여 「지방자치법」 제34조 제1항과 법 제28조 제1항 단서는 어떤 관계가 있을까?

- 이에 대하여는 「지방자치법」 제34조 제1항이 제28조 제1항 단서에 대한 특례 규정이 아니고, 제28조 제1항 단서의 범위에서만 질서위반행위를 조례로 규정할 수 있다는 것이 다수의견이다. 법제처의 유권해석에서도 이와 같은 취지로 해석하고 있음을 알 수 있다.

〈「수도권 대기환경개선에 관한 특별법」 제28조의2 등 관련 :
법제처 08-0340, 2008.12.2, 환경부 환경전략실 기후대기정책관 교통환경과〉

…(전략) 「지방자치법」 제27조(현 제34조)에 따라 조례위반 행위자에게 과태료를 부과할 수 있으려면 우선 조례에 의한 의무부과가 전제되어야 할 것이고, 조례로 의무를 부과하기 위해서는 「지방자치법」 제22조(현 제28조)에 따라 법률의 위임이 필요한바, ① 법률에서 과태료 부과원인이 되는 의무를 부과하면서 처벌조항만을 조례에 위임하였거나 ② 법률에서 의무부과를 조례로 위임한 경우에 한하여 과태료를 조례로 정할 수 있다고 할 것인데, … (후략)

- 즉, 「지방자치법」 제34조 제1항에 따른 과태료는 법률의 근거 없이 임의적으로 조례로써 질서위반행위 및 과태료를 부과할 수 있다는 것이 아니라, 조례로 의무를 부과하려면 「지방자치법」 제28조 제1항 단서에 따라 법률 위임이 필요하기 때문에 ① 법률 자체에서 질서위반행위를 규정하되 처벌조항만 조례로 위임한 경우 ② 법률에서 질서위반행위를 조례로 위임한 경우에만 자치 조례의 과태료가 가능하다는 것이다.

- 이와 같은 다수의견 및 유권해석상의 '자치 조례의 과태료'를 대상으로 하는 조례의 요건에 대하여는 이해하기 힘든 부분이 있다.

- 첫째, 위 유권해석에서 ① 법률에서 질서위반행위를 규정하되 처벌조항만 조례로 위임한 경우 ② 법률에서 질서위반행위를 조례로 위임한 경우에만 제34조에 따른 과태료가 가능하다는 내용은 그 의미가 불분명하지만, 무엇보다 반드시 법률의 위임을 전제하고 있어서 「지방자치법」 제34조 제1항에서 의도하고 있는 순수한 의미에서의 자치 조례의 과태료와 거리가 있다.

- 즉, ① 법률에서 질서위반행위를 규정하되 처벌조항만 조례로 위임한 경우 ② 법률에서 질서위반행위를 조례로 위임한 경우 등은 제34조에 따른 자치 조례의 과태료가 아니라, 앞서 살펴본 것과 같이 법령에 따른 일반적인 과태료 규정에 해당한다는 것이다. 법률에서 질서위반행위만 규정하고 처벌조항을 조례로 위임한 경우 또는 질서위반행위를 조례로 정하도록 한 것은 전혀 새로운 유형의 과태료가 아니라, 현행 과태료제도의 전형적인 규정방식에 해당한다.

- 예를 들어, 「도로법 시행령」 제105조에 따른 '과태료 부과·징수 조례'는 「지방자치법」 제34조에 따른 자치 조례의 과태료와 아무런 관련이 없다. 「도로법 시행령」 제105조에 따른 '과태료 부과·징수 조례'는 처음부터 질서위반행위를 법률에서 규정하였고, 과태료 금액도 법률에서 직접 규정하고 있기 때문이다. 다만, 구체적임 범위를 정하여 조례로 정하도록 위임 규정을 두었을 뿐이다. 그런데 위 유권해석 및 다수의견의 입장에서는 이 경우도 「지방자치법」 제34조에 따른 자치 조례의 과태료에 해당한다.

- 둘째, 「지방자치법」 제34조 제1항에서 같은 법 제28조 제1항 단서의 규정을 배제한다는 명시적인 규정은 없으나, 이는 엄연히 제28조 제1항 단서에 대한 특례 규정이라고 보아야 한다.

- 「지방자치법」 제28조가 법률유보원칙에 대한 중요한 규정인 것은 맞지만, 조례 위반 행위에 대해서 1천만원 이하의 과태료를 조례로 정할 수 있다는 같은 법 제34조 제1항의 규정 자체도 법률유보 조항으로 볼 수 있다. 반드시 "제28조 제1항 단서에도 불구하고~~"와 같은 명시적인 규정이 없더라도 자치 조례의 과태료 규정은 제28조 제1항 단서의 규정에 대한 특례적인 내용을 담고 있어서 제28조 제1항 단서의 규정보다 우선한다는 해석이 가능하다.

- 셋째, 법제처 유권해석 및 다수의견은 「지방자치법」 제34조 제1항에 따른 과태료에 대하여 "조례에 따른 의무부과가 전제되어야 하고, 이는 「지방자치법」 제28조 제1항 단서에 따라 법률의 위임이 필요하다"는 전제를 하고 있다. 이와 같은 해석은 자치 조례의 과태료 제도를

「지방자치법」 제28조 제1항 단서의 범위 안에서만 해석하려는 것으로 수긍하기 어렵다.

- 만일, 위 유권해석 및 다수의견과 같이 「지방자치법」 제34조 제1항에 따른 과태료는 반드시 「지방자치법」 제28조 제1항 단서의 규정을 전제로 해야만 한다면, 굳이 「지방자치법」 제34조 제1항과 같은 규정이 필요하지 않다고 본다.

- 그럼에도 불구하고 굳이 「지방자치법」 제34조 제1항과 같은 규정을 둔 데에는 나름 이유가 있을 것으로 본다. 자치 조례의 실효성을 담보하기 위한 필요최소한의 조치로서 자치 조례의 과태료를 도입한 것으로 생각한다.

- 넷째, 연혁적인 면에서 보아도 위 유권해석과 다수의견처럼 자치 조례의 과태료의 범위를 지나치게 제한하는 것은 부당하다.

- 현행 「지방자치법」 제34조 제1항이 1994년 3월 개정되기 전에는 제20조로 되어 있었는데, 이 규정은 지방자치단체의 조례로써 3월 이하의 징역 또는 금고, 10만원 이하의 벌금·구류·과료 또는 50만원 이하의 과태료를 정할 수 있도록 되어 있었다.

지방자치법 : 1994.3.16., 법률 제4741호로 개정되기 전의 것

제20조(벌칙의 위임) 시·도는 당해 지방자치단체의 조례로써 3월 이하의 징역 또는 금고, 10만원 이하의 벌금, 구류, 과료 또는 50만원 이하의 과태료의 벌칙을 정할 수 있다.

- 현행 「지방자치법」 제34조 제1항은 종전 제20조의 징역·금고·벌금 등의 행정형벌을 모두 삭제하고, 1천만원 이하의 과태료로 통일하여 규정한 것임을 알 수 있다. 당시 국회 검토 자료를 보면, 징역·금고·벌금의 부과의 전제가 되는 위반행위 및 형벌에 대하여 법률의 근거 없이 조례로 규정하도록 하는 것은 죄형법정주의 원칙에 위반된다는 이유로 관련 규정을 정비한 것으로 되어 있다.

- 법률 개정의 취지가 죄형법정주의 원칙에 맞게 정비한 것이라면, 죄형법정주의 원칙에 위반되는 요소가 있는 부분은 삭제하되, 자치 조례의 과태료를 통해 지방자치단체의 자치 조례에 대한 실효성을 담보하기 위해 배려한 것이라고 할 것이다.

- 다섯째, 위 유권해석 및 다수의견에 따르면 「지방자치법」 제34조 제1항에 따른 과태료는 최소한 법률에 근거가 있어야 하고 그 범위를 벗어날 수 없다는 것을 전제로 하고 있다.

- 그런데, 「지방자치법」 제34조 제1항에서는 조례로 규정할 수 있는 과태료의 부과금액을 1천만원 이하로 제한하고 있는 반면, 개별 법률에서는 과태료 부과 금액이 1천만원 이상으로 되어 있는 경우도 있어서 과태료 부과금액 관련 규정이 상충되는 결과를 낳게 된다. 상위 법률에서 1천 만원 이상의 과태료를 부과하도록 한 상태에서 조례는 1천 만원 이하의 과태료만 부과할 수 있다는 것이 부합되지 않는 것이다.

- 결국, 「지방자치법」 제34조 제1항에 따른 과태료는 법률의 위임이 없는 자치 조례에서 질서위반행위를 직접 규정하고 이에 대하여 1천만원 이하의 과태료를 부과할 수 있도록 한 것임을 간접적으로 알 수 있다.

- 마지막으로, 질서위반행위 및 과태료에 대한 일반원칙상 자치 조례의 과태료의 범위를 지나치게 제한하는 것은 부당하다.

- 자치 조례의 과태료에 대한 「지방자치법」 제34조 제1항은 과태료의 부과 대상이 되는 질서위반행위를 법률이 아닌 조례에서 직접 창설적으로 규정할 수 있도록 하고, 과태료의 부과도 법률이 아닌 조례에서 1천만원 이하의 범위에서 규정할 수 있도록 특례를 둔 것으로, 「질서위반행위규제법」 제2조 제1호에 따른 질서위반행위 법정주의 및 법 제6조에 따른 과태료 법정주의를 확인한 것이라고 할 것이다.

- 이 부분에 대해서 다시 한 번 정리해보자.

(3) 「질서위반행위규제법」과 자치 조례의 과태료

- 다수의 의견은 과태료의 부과대상인 질서위반행위 및 과태료의 부과를 자치 조례로 정할 수 없다는 것이다.

- 개별 조례에서 독자적으로 질서위반행위를 규정할 수 있게 하면 결국 조례의 규정만으로 과태료를 부과할 수 있기 때문에 「지방자치법」 제28조 제1항 단서에 위반된다는 것이다. 즉, 과태료를 부과하는 것은 주민에 대한 의무부과로서 법률의 위임이 있는 경우에만 조례로 질서위반행위를 규정할 수 있다는 것이다.

- 그러나 「질서위반행위규제법」 제2조 제1호에서 명시적으로 <u>법률 외에 지방자치단체의 조례에서 질서위반행위를 규정할 수 있다</u>고 되어 있음에도 불구하고 굳이 "조례로는 불가능하다."고 하는 것은 자치입법의 규율범위를 지나치게 좁게 보려는 것이 아닌가 싶다.

자치 조례에서 과태료의 부과대상인 질서위반행위를 규정한다는 것은 꿈도 꾸지 말라는 뜻으로 받아들일 수 있다.

- 행정질서벌에 해당하는 과태료의 부과대상이 되는 질서위반행위는 조례에서 창설할 수 없는 것일까?

- 다수의견은 「질서위반행위규제법」 제2조 제1호에서 법률 외에 조례로 질서위반행위를 규정할 수 있도록 한 것은, 「지방자치법」 제28조 제1항 단서의 규정에 따라 과태료의 부과대상이 되는 질서위반행위를 법률의 위임 없이 조례에서 직접 규정할 수는 없으며, (1) 법률에서 구체적인 범위를 정하여 조례로 정하도록 위임한 경우 또는 (2) 구체적인 위임이 없더라도 법률에 개괄적인 근거가 있는 경우에만 조례에서도 질서위반행위를 규율할 수 있다고 주장한다.

- 하지만, 법령 등의 위임에 관한 일반원칙에 따라 법률에서 과태료 규정을 두면서 구체적인 범위를 정해서 조례로 정하도록 한 경우 또는 법률에서 과태료 부과대상이 되는 질서위반행위에 대한 위임 근거를 두고 있는 경우에는 당연히 관련 사항을 조례로 규정할 수 있다.

- 따라서 다수의견에 대해서는 「질서위반행위규제법」 제2조 제1호에서 질서위반행위를 '법률상의 의무'를 위반하여 과태료를 부과하는 행위라고 규정하는 것만으로 충분하고 굳이 괄호 안에 조례를 포함할 필요가 없다는 비판이 가능하다.

질서위반행위규제법

제2조(정의) 이 법에서 사용하는 용어의 뜻은 다음과 같다.

1. "질서위반행위"란 법률(지방자치단체의 조례를 포함한다. 이하 같다)상의 의무를 위반하여 과태료를 부과하는 행위를 말한다. 다만, 다음 각 목의 어느 하나에 해당하는 행위를 제외한다.

- 또한, 다수의견에서는 조례 외에도 법률의 위임을 받아 시행령 등 하위법령에서 과태료를 부과하는 경우도 상당수인데, 「질서위반행위규제법」에서 조례상의 의무 위반만을 특별히 규정하고 있는 이유를 설명하지 못한다.

- 예를 들어, 아래의 「개발제한구역의 지정 및 관리에 관한 특별조치법」 제34조 제1항에서는 과태료의 대상이 되는 질서위반행위를 법률에서 직접 규정하지 않고 "대통령령으로 정하는 경미한 행위"로 규정하고 있으며, 이와 같은 위임규정에 따라 같은 법 시행령 제42조 제1항에서 질서위반행위를 상세하게 규정하고 있음을 알 수 있다.

개발제한구역의 지정 및 관리에 관한 특별조치법

제34조(과태료) ① 제12조 제3항에 따라 신고하지 아니하고 대통령령으로 정하는 경미한 행위를 한 자에게는 500만원 이하의 과태료를 부과한다.

② 제1항에 따른 과태료는 대통령령으로 정하는 바에 따라 시장·군수·구청장이 부과·징수한다.

개발제한구역의 지정 및 관리에 관한 특별조치법 시행령

제42조(과태료) ① 법 제34조 제1항에서 "대통령령으로 정하는 경미한 행위"란 제19조 각 호의 신고사항을 말한다.

② 법 제34조 제1항 및 제2항에 따른 과태료의 부과기준은 별표 6과 같다.

- 결국, 다수의견에 따르면 「개발제한구역의 지정 및 관리에 관한 특별조치법」 제34조 제1항은 「질서위반행위규제법」상의 질서위반행위에 해당하지 않는다.

- 「질서위반행위규제법」 제2조 제1호에서 질서위반행위는 원칙적으로 법률에서 규정하거나 구체적인 범위를 정해서 조례로 정하도록 위임한 경우만을 의미한다는 다수의견에서 보면, 「개발제한구역의 지정 및 관리에 관한 특별조치법」 제34조 제1항은 대통령령으로 질서위반행위의 유형을 정하도록 위임하고 있기 때문에 문제가 있는 것이다.

- 결국, 「질서위반행위규제법」 제2조 제1호에서 질서위반행위를 법률과 조례로만 규정하도록 되어 있는 것은 질서위반행위에 대한 사항을 법률 외에도 자치 조례에서 창설할 수 있다는 뜻으로 이해하여야 한다.

(4) 소결

- 이러한 점에서 「지방자치법」 제34조 제1항과 같이 다소 포괄적인 규정이나마 근거 규정을 두고 있다면, 같은 법 제28조 제1항 단서의 예외로서 과태료의 부과 대상인 질서위반행위 및 과태료 금액을 조례로 정하도록 하는 것이 가능하다고 본다.

- 조례는 주민의 대표기관인 지방의회가 제정하는 법규인 점에서 지방자치단체의 자치 법규이며 법률에 준하는 성질을 가지므로 조례에 대한 법률의 위임은 법규명령에 대한 법률의 위임과 같이 반드시 구체적으로 범위를 정하여 할 필요가 없고 포괄적인 것으로 족하기 때문이다[헌법재판소 1995. 4. 20. 결정 92헌마264,279(병합)].

- 참고로, 종전의 「지방자치법」 제20조(현행 제34조)가 죄형법정주의를 고려하여 개정되었으나 당시 형벌규정을 조례로 규정할 수 있는지에 대해 이를 인정하는 견해도 적지 않았다. 즉, (1) 헌법 제117조 제1항에 따라 조례로써 형벌규정을 제정할 수 있는 권능을 직접 수권하였다고 보는 '헌법수권설', (2) 조례는 주민의 대표기관인 의회에 의하여 제정되는 자주법이므로 법률에 준하여야 한다는 '조례법률설' 등에 따를 경우 조례로써 행정형벌의 규정을 두는 것도 가능하다는 것이다.

- 따라서 행정형벌이 아닌 행정질서벌의 경우에는 「지방자치법」 제34조 제1항의 규정으로 조례로써 질서위반행위 및 과태료를 부과할 수 있는 충분한 근거가 될 것이라고 생각한다.

- 그런데 「지방자치법」 제34조에 따른 자치 조례에서의 과태료 부과는 그 사례를 찾아보기가 쉽지 않다.

- 「지방자치법」 제34조 제1항에 따른 자치 조례의 과태료를 정할 때에도 같은 법 제28조 제1항 단서에 부합되도록 법률의 위임이 있어야 한다는 다수의견이 크게 반영된 결과라고 생각한다. 법률유보원칙이라는 '위압감'으로 인하여 자치 조례의 과태료 창설을 망설이게 하는 것이 아닌가 생각한다.

- 참고로 과태료에 관한 사례는 아니지만 주민의 권리 제한 또는 의무 부과에 관한 사항을 조례로 제정할 경우에는 그 조례의 성질을 묻지 아니하고 법률의 위임이 있어야 하고 그러한 위임 없이 제정된 조례는 효력이 없다는 대법원 판례가 있다(대법원 2007. 12. 13., 선고, 2006추52, 판결).

자치 조례의 과태료를 바라보는 시각

- 「지방자치법」 제34조 제1항에 따른 과태료 허용범위에 대한 다수의견은 같은 법 제28조 제1항 단서에 따라 주민의 권리·의무에 관한 사항을 조례로 정하려면 최소한 법률에 규정이 있어야 한다는 요건은 포기할 수 없기 때문에 질서위반행위는 반드시 법률에 관련 근거가 있어야 한다는 것이다. 반면에 필자는 「지방자치법」 제34조 제1항의 규정은 같은 법 제28조 제1항 단서에 대한 특례로서 법률에 아무런 근거가 없더라도 질서위반행위 및 과태료의 부과금액을 각각 조례로써 정할 수 있다고 주장하는 것이다.

- 다만, 「지방자치법」 제28조 제1항 단서와의 관계에서 제34조 제1항에 따른 과태료의 허용 범위가 상당 부분 제한되는 것으로 해석될 가능성이 있음을 부인하기 어렵다.

- 따라서 「지방자치법」 제34조 제1항에 따른 자치 조례의 과태료를 적극 활용하기 위해서는 같은 법 제28조 제1항 단서에 따른 법률유보원칙의 적용을 명문의 규정을 두어 다소 완화할 필요가 있다.

- 이와 관련하여 「지방자치법」 제28조 제1항 단서 조항의 법률유보원칙 규정이 헌법 제117조 제1항에서 법령의 범위 안에서 자치법규(조례)를 제정할 수 있도록 한 것보다 강화하여 법률의 위임을 반드시 요구함으로써 자치입법권을 제약하는 측면이 있다는 점을 언급하고 싶다.

대한민국헌법

제117조 ① 지방자치단체는 주민의 복리에 관한 사무를 처리하고 재산을 관리하며, 법령의 범위안에서 자치에 관한 규정을 제정할 수 있다.

지방자치법

제28조(조례) ① 지방자치단체는 법령의 범위에서 그 사무에 관하여 조례를 제정할 수 있다. 다만, 주민의 권리 제한 또는 의무 부과에 관한 사항이나 벌칙을 정할 때에는 법률의 위임이 있어야 한다.

- 또한, 조례는 주민의 대표기관인 지방의회가 제정하는 지방자치단체의 자치법규이며 법률에 준하는 성질을 가지므로 조례에 대한 법률의 위임은 법규명령에 대한 법률의 위임과 같이 지나치게 구체적으로 범위를 정하여 할 것은 아니라고 본다.

- 따라서 「지방자치법」 제28조 제1항 단서의 법률유보원칙의 적용을 다소 완화하여 해석할 필요가 있으며, 같은 법 제34조 제1항에 따른 자치 조례의 과태료를 넓게 인정하는 것이 바람직하다고 생각한다.

- 「지방자치법」 제34조 제1항은 법률이 아닌 자치법규로써 질서위반행위 및 1천만원 이하의 과태료를 직접 규정할 수 있도록 일반적 수권규정을 둔 것이며, 여기서 조례의 입법형식으로 과태료를 정할 수 있도록 한 것은 일반적인 정부의 행정입법과 달리 조례는 주민에 의하여 직접 선출된 대표기관에 의하여 정해지는 것이기 때문이다.

- 아울러 「지방자치법」 제34조 제1항에 따른 자치 조례 과태료의 무분별한 남발은 해당

조례안의 재의요구와 재의요구 지시 및 대법원 제소 등 자치법규의 통제를 통하여 충분히 제어할 수 있을 것으로 생각하며, 우려할 만한 것이 되지 못한다.

- 오히려 자치 조례의 과태료와 같은 자율적 규제 기능이 없어서 지방자치단체가 정책을 수행하는 데에 곤란을 겪는 문제를 더욱 심각하게 고려해야 할 것으로 생각한다.

- 지난 1994년「지방자치법」제20조(현 제34조)를 개정하는 과정에서 시·도의 조례로써 정하던 징역 또는 금고, 벌금·구류 또는 과태료 등의 벌칙 규정을 삭제하는 대신 1천만원 이하의 과태료로 전환한 것은 죄형법정주의 위반 소지를 없애는 조치뿐만 아니라, 시·군 및 자치구를 포함한 모든 지방자치단체가 조례의 효과적인 의무이행 확보방안으로서 최대 50만원에 불과하던 과태료 상한금액을 1천만원으로 상향하여 실효성있는 과태료 부과권을 마련하려던 취지가 숨어있던 것으로 생각한다.

- 아무쪼록「지방자치법」제34조 제1항에 따른 자치 조례의 과태료를 잘 활용하여 효과적인 자치법규 체계가 마련될 수 있도록 법률유보의 원칙과 자치 조례의 과태료가 잘 융합할 수 있는 길을 제시하는 연구 및 법제개선이 필요하다고 본다.

- 가끔 애완동물 관리 소홀이나 경로효친을 해치는 사회 풍속사범, 무분별한 애정행각 등에 대해 외국의 지방자치단체에서는 상당한 액수의 벌금 또는 과태료를 부과하고 있다는 뉴스를 들을 때마다「지방자치법」제34조 제1항에 따른 자치 조례의 과태료 제도가 이용되지 못하는 우리나라의 현실을 다시 한 번 생각하지 않을 수 없다.

법제관이
풀어주는
자치입법 해설

소송사무와 자치법규

CHAPTER 8 소송사무와 자치법규

- 지방자치단체의 소송사무가 점점 증가하고 있다. 소송사무는 특별한 경우가 아니면 담당 공무원이 소송수행자가 되어 처리한다. 다만, 변호사강제에 따라 소송수행에 제한이 따른다.

- 지방자치단체가 당사자가 되는 민사소송은 원칙적으로 지방자치단체의 장이 직접 수행하거나 변호사가 소송대리인이 될 수 있다. 다만, 1심 단독판사가 심리·재판하는 사건에 대해서는 소속 직원이 소송수행자가 될 수 있다.

- 행정소송 중 항고소송은 행정청이 피고가 되기 때문에 지방자치단체 소속 직원이 소송수행자가 될 수 있으나, 당사자소송은 민사소송과 마찬가지로 1심 단독판사가 심리·재판하는 사건에 대해서만 소속 직원이 소송수행자가 될 수 있다.

- 판례는 지방자치단체를 당사자로 하는 민사소송 및 당사자소송에서 1심 단독판사가 심리·재판하는 사건을 제외하고는 원칙적으로 변호사강제주의가 적용된다고 판시하고 있다.

- 국가를 당사자 또는 참가인으로 하는 국가소송 및 행정소송에 대하여는 「국가소송법」이 제정되어 있어서 변호사강제주의가 배제되지만, 기관위임사무를 제외한 지방자치단체의 사무와 관련한 소송에 대하여는 이 법이 적용되지 않는다.

- 소송사무와 관련한 자치법규로 '소송수행자 포상금 지급조례', '소송비용 지원조례', '소송사무처리 규칙' 등이 있다.

"도지사나 시장·군수가 직접 소송을 수행해야 한다고?"

- 지방자치단체 또는 지방자치단체의 장을 대상으로 하는 쟁송이 늘고 있다. 물론, 지방자치단체 또는 지방자치단체의 장이 쟁송의 주체가 되는 경우도 종종 볼 수 있다. 쉽게 말해 원고·피고가 되어 법정에 불려가는 사례가 늘고 있다는 것이다.
- 이처럼 쟁송의 대상이 되거나 그 주체가 되는 경우 당사자 적격과 함께 그 소송수행자의 적합 여부가 문제될 수 있다.
- 해당 쟁송을 지방자치단체의 장이 직접 수행해야 하는지 아니면 소속 직원을 소송수행자로 지정할 수 있는지의 문제이다. 물론, 지방재정이 충분해서 변호사를 선임하면 소송수행자 지정 문제를 거론할 필요도 없이 간단하다.
- 실제로 지방재정이 어느 정도인지에 따라 다소 다를 수 있으나, 대부분의 지방자치단체에서는 어느 광역 자치단체의 '소송사무처리 규칙'처럼 소송수행자는 특별한 경우가 아니면 원칙적으로 담당 공무원이 된다.

구분	심급별	소송수행자	근거
행정소송	1심·2심·3심	• 원칙적으로 공무원이 직접 수행한다. • 사건의 내용이 복잡하고 전문적인 법률지식을 필요로 하거나 행정 또는 재정에 중대한 영향을 미칠 사건에는 변호사를 선임한다.	• 「국가를 당사자로 하는 소송에 관한 법률」 제5조 제1항
민사소송	1심 중 단독판사가 재판하는 경우 (가소·가단)	• 원칙적으로 공무원이 직접 수행한다. • 사건의 내용이 복잡하고 전문적인 법률지식을 필요로 하거나 행정 또는 재정에 중대한 영향을 미칠 사건에는 변호사를 선임한다.	• 「민사소송법」 제88조 제1항
	1심 중 합의부사건 및 2심·3심	• 변호사를 선임한다.	
기타	헌법재판소·대법원 전속관할	• 변호사를 선임한다.	
	행정심판원회 관할	• 원칙적으로 공무원이 직접 수행한다. • 사건의 내용이 복잡하고 전문적인 법률지식을 필요로 하거나 행정 또는 재정에 중대한 영향을 미칠 사건에는 변호사를 선임한다.	

- 이와 같은 소송수행자의 문제는 소위 "변호사강제주의"와 직접 관련이 있다.

- 지방자치단체의 쟁송을 행정심판위원회에 의한 행정심판과 법원에 의한 민사소송·행정소송 등으로 구분하여 살펴보기로 한다.

- 먼저, 헌법 제107조 제3항에서 재판의 전심절차로서 행정심판을 할 수 있도록 하고, 행정심판의 절차는 법률로 정하되, 사법절차가 준용되어야 한다고 규정하고 있다.

대한민국헌법

제107조 ① 법률이 헌법에 위반되는 여부가 재판의 전제가 된 경우에는 법원은 헌법재판소에 제청하여 그 심판에 의하여 재판한다.
② 명령·규칙 또는 처분이 헌법이나 법률에 위반되는 여부가 재판의 전제가 된 경우에는 대법원은 이를 최종적으로 심사할 권한을 가진다.
③ 재판의 전심절차로서 행정심판을 할 수 있다. 행정심판의 절차는 법률로 정하되, 사법절차가 준용되어야 한다.

- 이에 따라 제정된 「행정심판법」은 청구인과 피청구인을 대심(對審) 구조로 하고 행정청은 피청구인으로 하는데, 같은 법 제2조 제4호는 "행정청"을 행정에 관한 의사를 결정하여 표시하는 국가 또는 지방자치단체의 기관, 그 밖에 법령 또는 자치법규에 따라 행정권한을 가지고 있거나 위탁을 받은 공공단체나 그 기관 또는 사인(私人)을 말한다고 규정하고 있다.

행정심판법

제2조(정의) 이 법에서 사용하는 용어의 뜻은 다음과 같다.
4. "행정청"이란 행정에 관한 의사를 결정하여 표시하는 국가 또는 지방자치단체의 기관, 그 밖에 법령 또는 자치법규에 따라 행정권한을 가지고 있거나 위탁을 받은 공공단체나 그 기관 또는 사인(私人)을 말한다.

- 따라서 행정심판에 있어서는 행정청인 지방자치단체의 장이 피청구인이 되어 심판청구를 수행하면 된다. 물론, 행정청인 지방자치단체의 장은 「행정심판법」 제18조 제2항에 따라 그 보좌기관 및 보조기관 등 그 소속 직원을 자유롭게 소송수행자로 지정하여 소송수행을 하게 할 수 있다.

행정심판법

제18조(대리인의 선임) ① 청구인은 법정대리인 외에 다음 각 호의 어느 하나에 해당하는 자를 대리인으로 선임할 수 있다.

1. 청구인의 배우자, 청구인 또는 배우자의 사촌 이내의 혈족
2. 청구인이 법인이거나 제14조에 따른 청구인 능력이 있는 법인이 아닌 사단 또는 재단인 경우 그 소속 임직원
3. 변호사
4. 다른 법률에 따라 심판청구를 대리할 수 있는 자
5. 그 밖에 위원회의 허가를 받은 자

② 피청구인은 그 소속 직원 또는 제1항 제3호부터 제5호까지의 어느 하나에 해당하는 자를 대리인으로 선임할 수 있다.

- 반대로 지방자치단체 또는 지방자치단체의 장이 행정심판의 청구인이 되는 경우에는 어떻게 될까?

- 「행정심판법」 제13조 제1항은 청구인 적격과 관련해서 취소심판은 처분의 취소 또는 변경을 구할 법률상 이익이 있는 자가 청구할 수 있다고 규정하고 있는데, 청구인은 행정청과 같은 행정기관이 아닌 자연인 또는 법인이 된다.

행정심판법

제13조(청구인 적격) ① 취소심판은 처분의 취소 또는 변경을 구할 법률상 이익이 있는 자가 청구할 수 있다. 처분의 효과가 기간의 경과, 처분의 집행, 그 밖의 사유로 소멸된 뒤에도 그 처분의 취소로 회복되는 법률상 이익이 있는 자의 경우에도 또한 같다.

② 무효등확인심판은 처분의 효력 유무 또는 존재 여부의 확인을 구할 법률상 이익이 있는 자가 청구할 수 있다.

③ 의무이행심판은 처분을 신청한 자로서 행정청의 거부처분 또는 부작위에 대하여 일정한 처분을 구할 법률상 이익이 있는 자가 청구할 수 있다.

- 따라서 국가기관 또는 다른 지방자치단체의 장으로부터 처분을 받은 경우 법인격을 갖는 지방자치단체가 청구인이 되어 행정심판을 제기하여야 하는데, 「지방자치법」 제114조에 따라 지방자치단체의 장은 지방자치단체를 대표하고, 그 사무를 총괄하기 때문에 특별한 규정이 없다면 지방자치단체가 청구인이 되는 행정심판은 원칙적으로 해당 지방자치단체의 장이 심판사무를 수행해야 한다.

지방자치법

제114조(지방자치단체의 통할대표권) 지방자치단체의 장은 지방자치단체를 대표하고, 그 사무를 총괄한다.

● 이와 관련하여 지방자치단체의 장의 효과적인 업무수행을 위하여 「행정심판법」 제18조 제1항 제2호에서는 청구인이 법인인 경우 법정대리인 외에 그 소속 임직원을 대리인으로 선임할 수 있다고 규정하고 있어서 지방자치단체가 청구인이 되는 행정심판사건에서도 지방자치단체의 장은 그 소속 직원을 심판업무수행자로 자유롭게 선임할 수 있다.

행정심판법

제18조(대리인의 선임) ① 청구인은 법정대리인 외에 다음 각 호의 어느 하나에 해당하는 자를 대리인으로 선임할 수 있다.

1. 청구인의 배우자, 청구인 또는 배우자의 사촌 이내의 혈족
2. 청구인이 법인이거나 제14조에 따른 청구인 능력이 있는 법인이 아닌 사단 또는 재단인 경우 그 소속 임직원
3. 변호사
4. 다른 법률에 따라 심판청구를 대리할 수 있는 자
5. 그 밖에 위원회의 허가를 받은 자

● 그렇다면, 민사소송·행정소송 등 소송에 있어서는 어떻게 될까?

민사소송법과 변호사강제

● 「민사소송법」 제87조에 따르면 법률에 따라 재판상 행위를 할 수 있는 대리인 외에는 변호사가 아니면 소송대리인이 될 수 없다고 되어 있다.

민사소송법

제87조(소송대리인의 자격) 법률에 따라 재판상 행위를 할 수 있는 대리인 외에는 변호사가 아니면 소송대리인이 될 수 없다.

- 여기서 "법률에 따라 재판상 행위를 할 수 있는 대리인"이란 해당 법인에 있어서 그 대표자 등을 말한다. 지방자치단체의 경우에는 「지방자치법」 제114조에 따라 해당 지방자치단체의 대표권을 갖는 지방자치단체의 장이 법률에 따라 재판상 행위를 할 수 있는 자가 된다.

- 다만, 「민사소송법」 제88조 제1항에서는 단독판사가 심리·재판하는 사건 가운데 그 소송목적의 값이 일정한 금액 이하인 사건에서 당사자와 밀접한 생활관계를 맺고 있고 일정한 범위안의 친족관계에 있는 사람 또는 당사자와 고용 등의 관계에서 그 사건에 관한 통상 사무를 처리·보조하여 오는 등 일정한 관계에 있는 사람이 법원의 허가를 받은 때에는 제87조를 적용하지 아니 한다고 되어 있다.

민사소송법

제88조(소송대리인의 자격의 예외) ① 단독판사가 심리·재판하는 사건 가운데 그 소송목적의 값이 일정한 금액 이하인 사건에서, 당사자와 밀접한 생활관계를 맺고 있고 일정한 범위안의 친족관계에 있는 사람 또는 당사자와 고용계약 등으로 그 사건에 관한 통상사무를 처리·보조하여 오는 등 일정한 관계에 있는 사람이 법원의 허가를 받은 때에는 제87조를 적용하지 아니한다.
② 제1항의 규정에 따라 법원의 허가를 받을 수 있는 사건의 범위, 대리인의 자격 등에 관한 구체적인 사항은 대법원규칙으로 정한다.
③ 법원은 언제든지 제1항의 허가를 취소할 수 있다.

- 「민사소송법」 제88조 제2항의 위임에 따라 대법원규칙인 「민사소송규칙」 제15조에서는 단독판사가 심리·재판하는 사건에서 변호사가 아닌 사람도 법원의 허가를 받아 소송대리인이 될 수 있으며(제1항), 법원의 허가를 받을 수 있는 사람을 (1) 당사자의 배우자 또는 4촌 안의 친족으로서 당사자와의 생활관계에 비추어 상당하다고 인정되는 경우 (2) 당사자와 고용, 그 밖에 이에 준하는 계약관계를 맺고 그 사건에 관한 통상사무를 처리·보조하는 사람으로서 그 사람이 담당하는 사무와 사건의 내용 등에 비추어 상당하다고 인정되는 경우(제2항)로 제한하고 있다.

민사소송규칙

제15조(단독사건에서 소송대리의 허가) ① 단독판사가 심리·재판하는 사건으로서 다음 각 호의 어느 하나에 해당하는 사건에서는 변호사가 아닌 사람도 법원의 허가를 받아 소송대리인이 될 수 있다.
1. 「민사 및 가사소송의 사물관할에 관한 규칙」 제2조 단서 각 호의 어느 하나에 해당하는 사건

2. 제1호 사건 외의 사건으로서 다음 각 목의 어느 하나에 해당하지 아니하는 사건
   가. 소송목적의 값이 소제기 당시 또는 청구취지 확장(변론의 병합 포함) 당시 1억원을 넘는 소송사건
   나. 가목의 사건을 본안으로 하는 신청사건 및 이에 부수하는 신청사건(다만, 가압류·다툼의 대상에 관한 가처분 신청사건 및 이에 부수하는 신청사건은 제외한다)

② 제1항과 법 제88조 제1항의 규정에 따라 법원의 허가를 받을 수 있는 사람은 다음 각호 가운데 어느 하나에 해당하여야 한다.

1. 당사자의 배우자 또는 4촌 안의 친족으로서 당사자와의 생활관계에 비추어 상당하다고 인정되는 경우
2. 당사자와 고용, 그 밖에 이에 준하는 계약관계를 맺고 그 사건에 관한 통상사무를 처리·보조하는 사람으로서 그 사람이 담당하는 사무와 사건의 내용 등에 비추어 상당하다고 인정되는 경우

- 「민사소송법」 제88조 제1항 및 「민사소송규칙」 제15조에 따라 지방자치단체를 당사자로 하는 민사소송에서 소속 공무원이 소송사무를 수행할 수 있는지 애매한 부분이 있다.

- 이와 관련하여 지방자치단체의 경우에는 변호사를 소송대리인으로 선임하는 경우를 제외하고는 지방자치단체의 장이 직접 소송수행을 해야 한다는 견해가 있다.

- 즉, 「지방자치법」 제114조에 따라 특별시장·광역시장·도지사 및 시장·군수·구청장이 특별시·광역시·도 및 시·군·구를 대표하고, 그 사무를 통할하는 것으로 되어 있기 때문에 지방자치단체를 소송의 당사자로 하는 민사소송의 경우에는 해당 지방자치단체의 장이 소송을 직접 수행하거나 「민사소송법」 제87조에 따라 변호사로 하여금 대리하게 할 수 밖에 없다는 것이다.

- 하지만, 법인격을 가진 지방자치단체에 대해서만 「민사소송규칙」 제15조 제2항 제2호의 적용을 배제하는 것은 지나치게 부당한 해석이라고 생각한다.

- 「민사소송규칙」 제15조 제2항 제2호에 따르면 당사자와 고용, 그 밖에 이에 준하는 계약관계를 맺고 그 사건에 관한 통상 사무를 처리·보조하는 사람으로서 그 사람이 담당하는 사무와 사건의 내용 등에 비추어 상당하다고 인정되는 경우 소송대리인으로 지정이 가능하기 때문에, 지방자치단체 소속 공무원은 해당 지방자치단체와 공무 제공의 계약을 맺은 것으로 보아 담당 직원을 소송수행자로 지정할 수 있다고 보아야 한다. 실무에서도 법원의 허가를 받아 소송수행자를 지정하고 있다.

- 그런데, 이처럼 지방자치단체 소속 직원이 소송수행자로 지정할 수 있는 경우는 단독판사가 심리·재판하는 사건으로 한정된다는 점이 문제이다.

- 즉, 단독판사가 심리·재판하는 사건이 아닌 경우에는 제1심 재판에 있어서도 지방자치단체 소속 직원의 소송수행이 불가능하며, 제1심 단독판사의 심리·재판 사건에서 지방자치단체 소속 직원이 소송수행자로 지정되었다고 하더라도 제2심 이후에는 더 이상 소속 직원을 통한 소송수행이 불가능하다.

- 「민사소송법」 제88조 제1항에 따라 변호사가 아닌 사람은 단독판사가 심리·재판하는 사건 가운데 그 소송목적의 값이 일정한 금액 이하인 사건에 한하여 법원의 허가를 얻어 소송대리인이 될 수 있을 뿐이며, 단독판사의 심리·재판 사건 외의 재판에서는 소송대리를 할 수 없기 때문에 상소제기의 대리권조차도 없다고 할 것이다. 대법원도 재판예규에서 문답방식으로 이를 확인하고 있다.

소송대리인의 권한범위 : 대법원재판예규 제871호, 2002.6.27, 일부개정

[문] 1심 단독판사가 당사자로부터 상소 제기의 특별수권이 되어 있는 변호사 아닌 소송대리인의 소송대리 허가를 할 경우에 그 소송대리인의 소송대리권의 범위(특히 상소제기)에 관하여 아래와 같은 이견이 있을 수 있는바, 어느 것이 타당할 것인지.

〈갑설〉

「민사소송법」 제87조에 의하면 법률에 의하여 재판상의 행위를 할 수 있는 대리인 이외에는 변호사가 아니면 소송대리인이 될 수 없고, 다만 동조 동항 단서에 의하여 변호사가 아닌 사람은 1심 단독판사가 심리·재판하는 사건 가운데 그 소송목적의 값이 일정한 금액 이하인 사건에 한하여 법원의 허가를 얻어 소송대리인이 될 수 있을 뿐 단독판사 이외의 법원에서는 소송대리를 할 수 없는 것이므로 1심 단독판사의 허가가 있다 할지라도 상소제기의 대리권까지는 없다.

〈을설〉

「민사소송법」 제88조 제1항을 변호사가 아닌 사람은 1심 단독판사가 심리·재판하는 사건 가운데 그 소송목적의 값이 일정한 금액 이하인 사건에 한하여 법원의 허가를 얻어 소송대리인이 될 수 있다는 뜻으로 해석한다 하더라도 적어도 그 사건에 대한 상소의 제기만은 1심 단독판사 이외의 법원에서의 소송대리가 아니므로 그 법원의 허가를 얻은 경우라면 상소의 제기만은 할 수 있다.

[답] "갑설"이 옳다.

지방자치단체의 비변호사에 대한 소송대리 위임 가부 : 대법원재판예규 제871호, 2002. 6.27, 일부개정

[문] 민사합의사건 또는 단독판사가 심리·재판하는 사건 가운데 그 소송목적의 값이 일정한 금액을 초과하는 사건에 있어서 지방자치단체(도)가 당사자인 경우에 그 대표자(도지사)가 변호사 아닌 자에게 소송행위를 위임하였다면 법원에서는 이를 허가할 수 있는지의 여부

[답] 근거가 될 명문규정이 없으므로 허가할 수 없다.

- 결국, 지방자치단체의 경우 「민사소송법」 제88조 제1항에 따라 예외적으로 일정 금액 이하의 제1심 단독판사 심리·재판인 사건을 제외하면 소속 직원으로 하여금 소송을 수행하게 할 방법이 없다. 같은 법 제87조에 따라 지방자치단체의 장이 직접 소송을 수행하거나 변호사인 소송대리인을 써야만 한다.

- 국가나 다른 법인과 달리 유독 지방자치단체에 「민사소송법」 제87조에 따른 변호사 강제주의의 적용이 철저한 것은 다른 법인과 달리 지방자치단체의 경우에는 "법률에 따라 재판상 행위를 할 수 있는 대리인"이 지방자치단체의 장외에 별도로 규정되어 있지 않기 때문이다.

- 즉, 일반 회사의 경우에는 임직원을 「상법」에 따른 대표이사·지배인 등으로 하여금 등재한 후 소송을 수행하게 할 수 있고, 그 밖에 공공기관의 경우에도 일반 회사에 준하여 등기에 등재된 이사 등으로 소송을 수행하게 할 수 있다. 국가의 경우에는 뒤에서 보는 것과 같이 「국가를 당사자로 하는 소송에 관한 법률」에 따라 언제든지 법무부가 행정청의 직원을 소송수행자로 지정할 수 있다.

- 그런데, 지방자치단체의 경우 「지방자치법」 제114조에 따라 지방자치단체의 장만이 해당 지방자치단체의 대표권을 갖게 되어 지방자치단체의 장 이외의 다른 사람이 소송을 수행할 수 있는 여지를 막아버렸다. 일반 회사의 경우와 달리 지방자치단체는 대표이사·지배인 등이 없으며, 등기로 소송사무 수행자를 지정할 수도 없다.

- 결국, 이처럼 지방자치단체에 대해서만 변호사강제주의가 엄격하게 적용되는 이유는 「국가를 당사자로 하는 소송에 관한 법률」과 같은 법규가 지방자치단체를 당사자로 하는 소송에 대해서 마련되어 있지 않기 때문이기도 하다.

- 지방자치단체 또는 지방자치단체의 장을 당사자로 하는 민사소송에서의 변호사강제주의에 대해서 잠시 후 다시 살펴보기로 한다.

행정소송법과 변호사강제

- 행정소송에 있어서는 변호사강제주의가 어디까지 적용될까?

- 현행 「행정소송법」에서는 행정소송의 종류를 (1) 항고소송 : 행정청의 처분등이나 부작위에 대하여 제기하는 소송 (2) 당사자소송 : 행정청의 처분등을 원인으로 하는 법률관계에 관한 소송 그 밖에 공법상의 법률관계에 관한 소송으로서 그 법률관계의 한쪽 당사자를 피고로 하는 소송 (3) 민중소송 : 국가 또는 공공단체의 기관이 법률에 위반되는 행위를 한 때에 직접 자기의 법률상 이익과 관계없이 그 시정을 구하기 위하여 제기하는 소송 (4) 기관소송 : 국가 또는 공공단체의 기관 상호간에 있어서의 권한의 존부 또는 그 행사에 관한 다툼이 있을 때에 이에 대하여 제기하는 소송 등 네 가지로 구분하고 있다(법 제3조).

행정소송법

제3조(행정소송의 종류) 행정소송은 다음의 네가지로 구분한다.

1. 항고소송 : 행정청의 처분등이나 부작위에 대하여 제기하는 소송
2. 당사자소송 : 행정청의 처분등을 원인으로 하는 법률관계에 관한 소송 그 밖에 공법상의 법률관계에 관한 소송으로서 그 법률관계의 한쪽 당사자를 피고로 하는 소송
3. 민중소송 : 국가 또는 공공단체의 기관이 법률에 위반되는 행위를 한 때에 직접 자기의 법률상 이익과 관계없이 그 시정을 구하기 위하여 제기하는 소송
4. 기관소송 : 국가 또는 공공단체의 기관상호간에 있어서의 권한의 존부 또는 그 행사에 관한 다툼이 있을 때에 이에 대하여 제기하는 소송. 다만, 헌법재판소법 제2조의 규정에 의하여 헌법재판소의 관장사항으로 되는 소송은 제외한다.

- 먼저, 행정소송의 피고에 대해서 살펴보기로 한다. 항고소송은 취소소송, 무효등 확인소송 및 부작위위법확인소송이 이에 해당하는데, 이와 같은 항고소송의 피고는 법률에 특별한 규정이 없는 한 그 처분등을 행한 행정청이 된다(같은 법 제13조).

행정소송법

제13조(피고적격) ① 취소소송은 다른 법률에 특별한 규정이 없는 한 그 처분등을 행한 행정청을 피고로 한다. 다만, 처분등이 있은 뒤에 그 처분등에 관계되는 권한이 다른 행정청에 승계된 때에는 이를 승계한 행정청을 피고로 한다.

② 제1항의 규정에 의한 행정청이 없게 된 때에는 그 처분등에 관한 사무가 귀속되는 국가 또는 공공단체를 피고로 한다.

- 항고소송에 해당하는 행정소송의 피고는 앞서 살펴본 행정심판의 경우와 동일하다. 다만, 「행정심판법」 제18조 제2항과 같이 그 소속 직원을 대리인으로 선임할 수 있다는 규정이 없다는 점이 다르다.

- 「행정소송법」에서 국가 또는 지방자치단체를 항고소송의 피고로 규정하지 않고 처분등을 한 행정청을 피고로 규정하고 있기 때문에, 행정청 소속 보좌기관 및 보조기관 등 소속 직원은 그 소송사무를 수행할 수 있다. 행정청인 행정기관 또는 지방자치단체의 장의 보조·보좌기관은 해당 행정청을 구성하는 일부분이기 때문이다.

- 다만, 국가의 경우에는 「국가를 당사자로 하는 소송에 관한 법률」(이하 "국가소송법") 제5조에서 특례를 직접 규정하고 있다.

국가를 당사자로 하는 소송에 관한 법률

제5조(행정소송 수행자의 지정 및 소송대리인의 선임) ① 행정청의 장은 그 행정청의 직원 또는 상급 행정청의 직원(이 경우에는 미리 해당 상급 행정청의 장의 승인을 받아야 한다)을 지정하여 행정소송을 수행하게 할 수 있다.

② 행정청의 장은 변호사를 소송대리인으로 선임하여 행정소송을 수행하게 할 수 있다.

- 행정소송 중 항고소송에서는 지방자치단체가 아닌 지방자치단체의 장이 피고가 되기 때문에 해당 지방자치단체 소속 공무원이 소송수행자가 되는 것이 무방하다. 단독판사의 심리·재판의 사건 여부를 불문하고 모든 심급의 사건에 대한 소송수행이 가능하다.

- 항고소송에 해당하는 행정소송에서 지방자치단체가 소송의 원고가 되는 경우는 어떨까? 즉, 국가기관 또는 다른 지방자치단체의 장으로부터 처분을 받은 경우 법인격을 갖는 지방자치단체가 원고가 되는 경우를 살펴보기로 하다.

- 「행정소송법」 제12조는 "취소소송은 처분등의 취소를 구할 법률상 이익이 있는 자가 제기할 수 있다."고만 규정하고 있고 그 소송대리 등에 있어서 별도의 규정을 두고 있지 않다. 이 규정에 따라 지방자치단체가 항고소송인 행정소송의 원고가 되며, 소송대리에 대하여 특별한 규정이 없기 때문에 그 지방자치단체를 대표하며 사무를 총괄하는 그 지방자치단체의 장이 소송사무를 직접 수행하거나 변호사인 소송대리인을 써야 한다. 지방자치단체의 소속 공무원이 소송사무를 수행할 수 없다.

행정소송법

제12조(원고적격) 취소소송은 처분등의 취소를 구할 법률상 이익이 있는 자가 제기할 수 있다. 처분등의 효과가 기간의 경과, 처분등의 집행 그 밖의 사유로 인하여 소멸된 뒤에도 그 처분등의 취소로 인하여 회복되는 법률상 이익이 있는 자의 경우에는 또한 같다.

- 결국, 항고소송에 해당하는 행정소송에서 지방자치단체가 소송의 원고가 되는 경우에는 「민사소송법」 제87조에 따른 변호사강제주의가 직접 적용된다.
- 다음으로, 행정소송 중 당사자소송은 항고소송에 해당하는 행정소송에서 지방자치단체가 해당 소송의 원고가 되는 경우와 유사하다.
- 즉, 「행정소송법」 제39조는 "당사자소송은 국가·공공단체 그 밖의 권리주체를 피고로 한다."고 규정하고 있어서 당사자소송의 원고 및 피고는 각각 행정청이 아닌 법인격으로서의 해당 지방자치단체가 되기 때문에 앞서 살펴본 항고소송에 해당하는 행정소송에서 지방자치단체가 소송의 원고가 되는 경우와 같다. 다시 말해서 「민사소송법」 제87조에 따른 변호사강제주의가 직접 적용된다.

행정소송법

제39조(피고적격) 당사자소송은 국가·공공단체 그 밖의 권리주체를 피고로 한다.

- 그 밖에 행정소송 중 민중소송과 기관소송은 해당 소송의 성격에 따라 각각 취소소송, 무효등확인소송 또는 부작위위법확인소송 및 당사자소송을 준용하기 때문에(같은 법 제46조), 앞서 살펴본 항고소송 및 당사자소송에서 원고 및 피고가 되는 경우와 동일하다. 해당 소송마다 준용되는 소송의 성격에 따라 적용하면 된다.

행정소송법

제46조(준용규정) ① 민중소송 또는 기관소송으로써 처분등의 취소를 구하는 소송에는 그 성질에 반하지 아니하는 한 취소소송에 관한 규정을 준용한다.

② 민중소송 또는 기관소송으로써 처분등의 효력 유무 또는 존재 여부나 부작위의 위법의 확인을 구하는 소송에는 그 성질에 반하지 아니하는 한 각각 무효등 확인소송 또는 부작위위법확인소송에 관한 규정을 준용한다.

③ 민중소송 또는 기관소송으로서 제1항 및 제2항에 규정된 소송외의 소송에는 그 성질에 반하지 아니하는 한 당사자소송에 관한 규정을 준용한다.

변호사강제주의 관련 대법원 판례

- 대법원은 변호사강제주의를 엄격하게 적용하고 있다. 즉, 민사소송 및 행정소송 중 당사자소송에 있어서 제1심 단독판사 심리·재판인 사건을 제외하고는 원칙적으로 변호사강제주의가 적용된다고 판시하고 있다.

(1) 민사소송 : 대법원 2006.3.9, 판결 2005다72041

- 원고는 피고 아산시를 상대로 하여 원고가 피고 소유의 도로 일부분을 20년간 소유의 의사로 평온·공연하게 점유하였다고 주장하며 취득시효 완성을 원인으로 하는 소유권이전등기 절차의 이행을 구하는 민사소송을 제기하였다.
- 이에 대하여 1심법원은 "피고 아산시는 취득시효 완성 후의 제3자에 해당하므로 원고가 피고 아산시를 상대로 취득시효 완성을 주장할 수 없다"는 피고의 주장을 받아들여 원고의 청구를 기각하였고, 항소심 역시 동일한 판단으로 원고의 항소를 기각하였다.
- 이에 원고가 상고를 제기하였다.
- 이 사건 소송 과정에서 피고 아산시는 그 소속 공무원들을 소송수행자로 지정하여 소송을 진행하였으며, 원고는 피고 아산시와는 별도로 공동피고 이○○를 상대로 건물철거 등을 구하였으나 이 부분은 위 청구와 전혀 별개의 청구이다.
- 이에 대하여 대법원은 직권으로 다음과 같이 판단한다고 하면서, 원심판결 중 피고 아산시에 대한 부분을 파기하고 항소심 법원에 환송하였다.

〈대법원 2006.3.9., 판결 2005다72041〉

기록에 의하면 원심 법원에서 피고 아산시가 소송수행자로 지정한 변호사 아닌 담당 공무원이 피고 아산시를 대리하여 소송을 수행하였음을 알 수 있다. 그러나 지방자치단체는 「국가소송법」의 적용 대상이 아니어서 같은 법 제3조, 제7조에서 정한 바와 같은 소송수행자의 지정을 할 수 없다. 또한, 단독판사의 사물관할에 속하는 일정한 사건에 관하여는 「민사소송법」 제88조가 정하는 제한된 범위 안에서 변호사 아닌 사람에 의한 소송대리가 허용되지만, 그 항소심에서는 합의부가 심판하므로 당연히 「민사소송법」 제87조가 정하는 변호사대리의 원칙에 따라 변호사 아닌 사람의 소송대리는 허용되지 않는다. 따라서 원심에서 변호사 아닌 담당 공무원으로 하여금 소송수행자로서 소송대리를 하도록 한 것은 「민사소송법」 제424조 제1항 제4호가 규정하는 '소송대리권의 수여에 흠이 있는 경우'에 해당하는 위법이 있다.

(2) 당사자소송 : 대법원 2006.6.9, 판결 2006두4035

- 피고 인천광역시는 공익사업(중학교 설치사업)을 위하여 중앙토지수용위원회의 수용재결을 거쳐 원고 소유의 토지를 수용하였다.
- 원고는 위 수용재결에서 나타난 손실보상금이 적다며 중앙토지수용위원회에 이의신청을 하였으나 기각되자 손실보상금이 증액되어야 한다고 주장하며 「공익사업을 위한 토지 등의 취득 및 보상에 관한 법률」 제85조 제2항에 따라 사업시행자인 피고 인천광역시를 상대로 손실보상금의 증액을 구하는 「행정소송법」 제3조 제2호에 따른 당사자소송을 제기하였다.
- 이에 대하여 1심 법원은, 손실보상금산정에 잘못이 없다는 취지로 원고의 청구를 기각하였고, 항소심 역시 동일한 판단으로 원고의 항소를 기각하였다.
- 이에 원고가 상고를 제기하였다.
- 이 사건 소송 과정에서 피고 인천광역시는 그 소속 공무원들을 소송수행자로 지정하여 소송을 진행하였다. 다만, 이 사건의 경우 중학교 설치사업에 해당하는 교육·학예에 관한 사무로서 교육감이 대표자에 해당하므로, 정확히는 인천광역시 교육청 소속 공무원들이 소송을 수행하였다.
- 이에 대하여 대법원은 다음과 같은 취지로 원심판결을 파기하고 항소심 법원에 환송하였다.

〈대법원 2006.6.9., 판결 2006두4035〉

기록에 의하면 원심에서 변호사 아닌 피고 소속 공무원이 피고를 대리하여 소송을 수행하였음을 알 수 있는바, 지방자치단체는 「국가소송법」의 적용대상이 아니어서 같은 법률 제3조, 제7조에서 정한 바와 같은 소송수행자의 지정을 할 수 없고, 또한 「민사소송법」 제87조가 정하는 변호사대리의 원칙에 따라 변호사 아닌 사람의 소송대리는 허용되지 않는 것이므로, 원심이 변호사 아닌 피고 소속 공무원으로 하여금 소송수행자로서 피고의 소송대리를 하도록 한 것은 「민사소송법」 제424조 제1항 제4호가 정하는 '소송대리권의 수여에 흠이 있는 경우'에 해당하는 위법이 있는 것이다.

(3) 민사소송과 당사자소송에서 변호사강제주의

- 위 사례의 판례 중 첫 번째는 민사소송이 분명하다. 원고가 지방자치단체 소유의 도로 일부를 20년간 소유의 의사로 평온·공연하게 점유하였다는 취지로 「민법」 제245조에 따른 점유로 인한 부동산 소유권 취득을 주장하고 있기 때문이다.

- 반면에, 두 번째 판례는 행정소송 중 당사자 소송이다. 즉, 「공익사업을 위한 토지 등의 취득 및 보상에 관한 법률」 제85조 제1항 전단에 따르면, 사업시행자·토지소유자 또는 관계인은 같은 법 제34조에 따른 재결에 대하여 불복이 있는 때에는 재결서를 받은 날부터 60일 이내에, 이의신청을 거친 때에는 이의신청에 대한 재결서를 받은 날부터 30일 이내에 각각 행정소송을 제기할 수 있다고 되어 있기 때문이다.

- 다만, 같은 법 제85조 제2항은 제기하고자 하는 행정소송이 보상금의 증감에 관한 소송인 경우 당해 소송을 제기하는 자가 토지소유자 또는 관계인인 때에는 사업시행자를, 사업시행자인 때에는 토지소유자 또는 관계인을 각각 피고로 한다고 되어 있으므로 여기서 행정소송은 「행정소송법」 제3조 제2호에 따른 당사자소송에 해당된다고 보아야 할 것이다.

공익사업을 위한 토지 등의 취득 및 보상에 관한 법률

제85조(행정소송의 제기) ① 사업시행자, 토지소유자 또는 관계인은 제34조에 따른 재결에 불복할 때에는 재결서를 받은 날부터 60일 이내에, 이의신청을 거쳤을 때에는 이의신청에 대한 재결서를 받은 날부터 30일 이내에 각각 행정소송을 제기할 수 있다. 이 경우 사업시행자는 행정소송을 제기하기 전에 제84조에 따라 늘어난 보상금을 공탁하여야 하며, 보상금을 받을 자는 공탁된 보상금을 소송이 종결될 때까지 수령할 수 없다.

② 제1항에 따라 제기하려는 행정소송이 보상금의 증감(增減)에 관한 소송인 경우 그 소송을 제기하는 자가 토지소유자 또는 관계인일 때에는 사업시행자를, 사업시행자일 때에는 토지소유자 또는 관계인을 각각 피고로 한다.

- 결국, 위 두 사례의 판례에서는 지방자치단체가 민사소송 또는 당사자소송(행정소송)에서 「민사소송법」상의 변호사강제주의를 적용하여 지방자치단체가 소송의 당사자가 된 경우 해당 지방자치단체는 ① 그 대표자인 지방자치단체의 장이 직접 해당 소송을 수행하거나, ② 변호사를 대리인으로 선임하여 소송을 수행하게 하거나, ③ 제1심 단독판사의 심리·재판사건 중에서 일정한 소가(訴價) 이하의 사건에 대하여 법원의 허가를 받아 그 소속 공무원으로 하여금 소송을 수행하게 하는 것만이 가능하다는 것이다.

- 여기서 ③의 경우에도 소가의 제한이 있을 뿐만 아니라, 항소심 사건에서는 이러한 소속 공무원에 대한 대리인 허가가 제한됨을 주의하여야 한다.

국가를 당사자로 하는 소송상의 특례

- 지방자치단체에 대해서만 변호사강제주의 적용이 문제되는 것은 국가에 대해서는 소송상의 대리인에 대한 특례를 정한 법률이 별도로 있기 때문이다.
- 반면에, 지방자치단체를 당사자 등으로 하는 (가칭) 「지방자치단체를 당사자로 하는 소송에 관한 법률」과 같은 법률이 없고 「지방자치법」에도 이에 관한 규정이 없기 때문에 지방자치단체를 당사자 등으로 하는 소송에는 「민사소송법」 제87조가 직접 적용되는 것이다.
- 「국가를 당사자로 하는 소송에 관한 법률」(국가소송법)은 국가를 당사자 또는 참가인으로 하는 소송 및 행정소송에 필요한 사항을 규정함으로써 소송의 효율적인 수행과 소송사무의 적정한 관리를 도모함을 목적으로 하고 있다.

(1) 적용 범위

- 국가소송법의 적용대상은 국가소송과 행정소송이 된다(법 제1조).

국가를 당사자로 하는 소송에 관한 법률

제1조(목적) 이 법은 국가를 당사자 또는 참가인으로 하는 소송 및 행정소송(행정청을 참가인으로 하는 경우를 포함한다. 이하 같다)에 필요한 사항을 규정함으로써 소송의 효율적인 수행과 소송사무의 적정한 관리를 도모함을 목적으로 한다.

- 흔히 국가를 당사자 또는 참가인으로 하는 소송을 국가소송으로 부른다. 여기서 국가소송의 범위에 대해서 알아볼 필요가 있는데, (1) 행정심판은 소송이 아니기 때문에 이 법의 적용대상에서 제외되고, (2) 민사소송은 국가가 원고 또는 피고가 되는 경우 모두 해당된다. (3) 행정소송은 국가소송과 별도로 규정하고 있기 때문에, 결국 국가소송은 민사소송에 있어서 국가가 원고 또는 피고가 되는 경우를 말한다. 물론, 국가를 참가인으로 하는 민사소송도 포함된다.

- 국가소송과 별도로 행정소송을 규정한 것은 국가를 당사자로 하는 소송의 상당수가 행정소송이기 때문으로 보인다. 또한, 행정소송 중 항고소송은 '국가'가 아니라 '행정청'이 소송의 피고가 되기 때문에 구분하기 쉽게 하려는 것으로 볼 수도 있다.

- 여기서 "행정소송"이란 특별히 그 범위를 제한하고 있지 않기 때문에 「행정소송법」 제3조의 항고소송·당사자소송·민중소송 및 기관소송이 모두 포함된다.

- 4 가지 행정소송에 있어서 국가가 피고가 되는 경우는 물론, 원고가 되는 경우에도 모두 이 법이 적용된다. 따라서 행정소송에서 원고가 국가가 되는 경우는 물론, 행정청 또는 국가가 피고가 되는 경우에도 이 법이 적용된다.

- 다만, 행정소송의 범위에 대하여 당사자를 국가인 경우로 한정하느냐 행정청인 경우를 포함하느냐 문제될 수 있겠으나, 국가소송법 제1조에서 행정청을 참가인으로 하는 경우를 포함한다고 되어 있기 때문에 행정청을 피고로 하는 경우도 포함한다고 보아야 할 것이다.

- 이처럼 행정소송의 당사자를 국가로 한정할 것인지, 행정청으로 확대 해석할 것인지가 문제되는 것은 국가소송법의 제명에서 보는 것과 같이 이 법의 적용대상인 소송의 당사자 또는 참가인이 "국가"로 한정되는 것으로 오인되기 쉽기 때문이다.

- 연혁적인 측면에서 볼 때, 1997년 12월 13일 법률 제5427호로 개정된 법률에서 제2조의2를 추가하여 행정청의 범위를 명시적으로 규정하고 있기 때문에 행정소송의 당사자로서 행정청이 포함되는 것이 당연하다고 하겠으나, 제명 자체가 오해의 소지가 있음은 분명하다.

국가를 당사자로 하는 소송에 관한 법률

제2조의2(행정청의 범위) 이 법의 적용을 받는 행정청에는 법령에 따라 행정권한의 위임 또는 위탁을 받은 행정기관, 공공단체, 그 기관 또는 사인(私人)이 포함된다.

- 이와 같이 행정소송의 당사자를 국가 외에 행정청인 경우로 확대할 경우 국가로부터 행정권한을 위임·위탁받은 지방자치단체 또는 지방자치단체의 장의 경우도 이 법이 적용된다고 할 것이다.

(2) 행정청의 범위

- 「국가소송법」이 적용되는 국가소송은 국가를 당사자로 하는 민사소송을 말한다. 당연히 지방자치단체를 당사자로 하는 민사소송은 이 법의 적용이 배제된다.
- 결국, 지방자치단체를 당사자로 하는 민사소송에 있어서는 「민사소송법」 제87조에 따른 변호사강제주의가 적용된다.
- 행정소송에 있어서는 어떻게 될까?
- 「국가소송법」 제2조의2는 행정청의 범위와 관련하여 "법령에 의하여 행정권한의 위임 또는 위탁을 받은 행정기관·공공단체, 그 기관 또는 사인이 포함된다."고 규정되어 있다.
- 따라서 지방자치단체를 당사자로 하는 행정소송의 경우 해당 소송과 관련된 사무의 처리 권한이 법령에 의하여 국가로부터 위임된 경우에는 「국가소송법」의 적용을 받는다. 이 경우 「민사소송법」 제87조에 따른 변호사강제주의의 적용이 배제되고 「국가소송법」에 따라 언제든지 소송수행자 지정이 가능하게 된다.
- 그렇다면, 지방자치단체 또는 그 장을 당사자로 하는 행정소송의 경우 해당 소송과 관련된 사무의 처리 권한이 법령에 의하여 국가로부터 위임된 경우가 아니라면, 즉 기관위임사무가 아니라 자치사무 또는 단체위임사무의 범위에 해당하는 경우에는 어떻게 될까?
- 이와 관련하여 아래와 같이 연도 미상의 법무부 유권해석이 있다.

〈지방자치단체의 소송대리 : 연도미상, 법무부〉

【질의요지】

1. 「국가를 당사자로 하는 소송에 관한 법률」 제5조의 "행정청"에는 지방자치단체가 포함되는지의 여부.
2. 지방자치단체를 당사자로 하는 행정소송에 있어서 「법원조직법」 제7조 및 「민사소송법」 제80조의 규정에 의하면 지방자치단체의 장은 그 소속 공무원을 소송수행자로 지정할 수 없는 것으로 사료되는바 귀견여하.

【회답】

1. 「국가를 당사자로 하는 소송에 관한 법률」은 그 명칭 때문에 마치 "지방자치단체"를 당사자로 하는 경우에 적용되지 않는 것처럼 보기 쉬우나 ① 동 법의 체계는 "국가"를 당사자 혹은 참가인으로 하는 경우(제1조

내지 제4조)와 "행정청"을 당사자 혹은 참가인으로 하는 경우를 구분하고 있고(제5조) ② 외국의 입법례(특히 우리나라의 입법체계 및 법문과 동일한 일본의 「국의 이해에 관계가 있는 소송에 대한 법무대신의 권한 등에 관한 법률」 제5조에서도 "행정청"에 지방자치단체가 포함되는 것을 전제로 하고 있음) 및 우리나라의 입법관례(행정소송법 참조)와 행정법이론상 "행정청"이라고 할 때에는 지방자치단체까지 포함되는 것이므로 결국 「국가를 당사자로 하는 소송에 관한 법률」 제5조의 "행정청"에는 지방자치단체도 포함된다고 해석한다.

2. 「국가를 당사자로 하는 소송에 관한 법률」 제5조는 「행정소송법」 제14조에 대한 특별규정이므로 행정소송의 소송수행자 지정 문제는 「법원조직법」 제7조 및 「민사소송법」 제80조의 제한을 받지 않는다고 해석한다.

- 위와 같은 유권해석에 수긍하기가 어렵다.
- 위 해석에 따르면, 지방자치단체 또는 지방자치단체의 장을 당사자로 하는 행정소송의 경우 해당 소송과 관련된 권한이 국가로부터 위임을 받은 것인지 여부를 불문하고 「국가소송법」의 적용을 받게 되며, 이 경우 「민사소송법」 제87조에 따른 변호사강제주의의 적용이 배제되고 「국가소송법」에 따라 소송수행자 지정이 가능하다는 결론이 도출된다.
- 위 해석이 합당하다면 앞서 살펴본 대법원 판례인 당사자소송(대법원 2006.6.9, 판결 2006두4035) 사건은 결론이 잘못된 것이라고 보아야 한다. 지방자치단체를 당사자로 하는 행정소송인 당사자소송에서 지방자치단체의 장 또는 변호사인 소송대리인이 아닌 소속 공무원을 소송수행자로 지정한 것이 잘못이라는 이유로 파기 환송된 것이기 때문이다.
- 위 유권해석의 논거를 살펴보면, ① 「국가소송법」의 체계는 "국가"를 당사자 혹은 참가인으로 하는 경우(제1조 내지 제4조)와 "행정청"을 당사자 혹은 참가인으로 하는 경우를 구분하고 있고(제5조) ② 일본의 입법례 및 우리나라의 입법관례와 행정법이론상 "행정청"이라고 할 때에는 지방자치단체까지 포함되는 것이므로, 결국 「국가소송법」 제5조의 "행정청"에는 지방자치단체도 포함된다는 것이다.
- 먼저, 「국가소송법」의 체계상 "국가"를 당사자 혹은 참가인으로 하는 경우와 "행정청"을 당사자 혹은 참가인으로 하는 경우를 구분하는 것과 행정청의 범위에 지방자치단체 또는 지방자치단체의 장이 포함되는 것은 아무런 관련이 없다.
- 국가소송은 그 당사자가 법인격을 갖는 국가가 당사자가 되는 것이고, 행정소송은 그 당사자가 국가 또는 행정청이 되기 때문에 조문을 구분한 것에 불과하며, 지방자치단체 또는 지방자치단체의 장을 행정청에 포함시키겠다는 취지와 아무런 관련이 없다.

- 한편, 우리나라의 입법관례와 행정법이론상 "행정청"이라고 할 때에는 지방자치단체의 장까지 포함되는 것으로 보는 것이 원칙인 것은 분명하다.

- 즉, 「행정기본법」을 비롯한 「행정절차법」·「행정심판법」·「행정소송법」 등에서 "행정청"을 행정에 관한 의사를 결정하여 표시하는 국가 또는 지방자치단체의 기관 그 밖에 법령 또는 자치법규에 의하여 행정에 관한 의사를 결정하여 표시하는 권한을 가지고 있거나 그 권한을 위임 또는 위탁받은 공공단체나 그 기관 또는 사인을 말한다고 정의하고 있다.

행정기본법

제2조(정의) 이 법에서 사용하는 용어의 뜻은 다음과 같다.
2. "행정청"이란 다음 각 목의 자를 말한다.
가. 행정에 관한 의사를 결정하여 표시하는 국가 또는 지방자치단체의 기관
나. 그 밖에 법령등에 따라 행정에 관한 의사를 결정하여 표시하는 권한을 가지고 있거나 그 권한을 위임 또는 위탁받은 공공단체 또는 그 기관이나 사인(私人)

- 하지만, 「국가소송법」에서는 별도로 행정청에 대한 용어의 정의를 하고 있지 않으며 「행정기본법」 등에서 규정하는 "행정청"을 인용하고 있지도 않다. 특히, 「국가소송법」 제1조에서 국가를 당사자 또는 참가인으로 하는 소송 및 행정소송을 대상으로 한다고 되어 있는 상황에서 단순히 "행정청"으로만 규정하고 있다면 국가의 기관에 해당하는 행정청으로 생각하지 지방자치단체의 기관인 행정청까지 생각하기는 쉽지 않다.

- 설사 유권해석의 의견에 수긍하더라도 문제가 있다. 즉, "행정청"이란 행정에 관한 의사를 결정하여 표시하는 국가 또는 지방자치단체의 기관이기 때문에 지방자치단체는 해당하지 않고 지방자치단체의 장만 해당한다. 따라서 행정소송에 있어서 지방자치단체가 당사자인 경우에는 「국가소송법」 적용이 배제되고 지방자치단체의 장이 당사자인 경우에만 적용된다.

- 결국, 지방자치단체 또는 지방자치단체의 장을 당사자로 하는 행정소송의 경우 해당 소송과 관련된 사무처리의 권한을 국가로부터 위임받은 경우가 아니라면, 즉 기관위임사무가 아니면 「국가소송법」은 적용될 여지가 없다. 이 경우 「민사소송법」 제87조에 따른 변호사강제주의가 적용되고 「국가소송법」에 따른 소송수행자 지정이 불가능하게 된다. 대법원의 판례 취지도 이와 같다.

(3) 소송수행의 방법

- 「국가소송법」 제2조는 국가소송에서는 법무부장관이 국가를 대표하도록 하되, 법무부장관은 법무부의 직원·검사·공익법무관 또는 소관 행정청의 직원을 소송수행자로 지정하여 국가소송을 수행하게 할 수 있다. 물론, 변호사를 선임하는 것도 가능하다.(법 제3조)

국가를 당사자로 하는 소송에 관한 법률

제2조(국가의 대표자) 국가를 당사자 또는 참가인으로 하는 소송(이하 "국가소송"이라 한다)에서는 법무부장관이 국가를 대표한다.

제3조(국가소송 수행자의 지정 및 소송대리인의 선임) ① 법무부장관은 법무부의 직원, 각급 검찰청의 검사(이하 "검사"라 한다) 또는 「공익법무관에 관한 법률」에서 정한 공익법무관(이하 "공익법무관"이라 한다)을 지정하여 국가소송을 수행하게 할 수 있다.

② 법무부장관은 행정청의 소관사무나 감독사무에 관한 국가소송에서 필요하다고 인정하면 해당 행정청의 장의 의견을 들은 후 행정청의 직원을 지정하여 그 소송을 수행하게 할 수 있다.

③ 제2항의 지정을 받은 사람은 해당 소송에 관하여 법무부장관의 지휘를 받아야 한다.

④ 법무부장관은 변호사를 소송대리인으로 선임(選任)하여 국가소송을 수행하게 할 수 있다.

- 반면에, 「국가소송법」 제5조는 행정소송의 경우 행정청의 장이 그 행정청의 직원 또는 상급 행정청의 직원을 지정하여 행정소송을 수행하게 하고, 소송수행에 있어 법무부장관의 지휘를 받아야 하며, 법무부장관은 필요하다고 인정될 때에는 법무부의 직원·검사 또는 공익법무관을 지정하여 행정소송을 수행하게 할 수 있다(법 제6조). 물론, 변호사를 선임하는 것도 가능하다.

국가를 당사자로 하는 소송에 관한 법률

제5조(행정소송 수행자의 지정 및 소송대리인의 선임) ① 행정청의 장은 그 행정청의 직원 또는 상급 행정청의 직원(이 경우에는 미리 해당 상급 행정청의 장의 승인을 받아야 한다)을 지정하여 행정소송을 수행하게 할 수 있다.

② 행정청의 장은 변호사를 소송대리인으로 선임하여 행정소송을 수행하게 할 수 있다.

제6조(행정청의 장에 대한 법무부장관의 지휘 등) ① 행정소송을 수행할 때 행정청의 장은 법무부장관의 지휘를 받아야 한다.

② 법무부장관은 행정소송에 관하여 필요하다고 인정되면 법무부의 직원, 검사 또는 공익법무관을 지정하여 그 소송을 수행하게 할 수 있으며, 제5조 제1항 또는 제2항에 따라 행정청의 장이 지정하거나 선임한 사람을 해임하게 할 수 있다.

- 앞서 살펴본 법무부의 유권해석에 따르면, 「국가소송법」 제5조에 따라 행정소송에 있어서 지방자치단체 또는 그 장은 소속 공무원으로 하여금 소송수행을 하게 할 수 있지만, 대법원의 판례 취지에 따르면 「국가소송법」 제5조에 따라 소송수행자를 지정하는 것은 국가의 기관인 행정청과 기관위임사무에 있어서의 지방자치단체의 장으로 제한된다.

- 다만, 현재 행정실무에서는 국가소송법 제6조 및 '국가를 당사자로 하는 소송업무 처리지침'(법무부예규)에 따라 법무부장관의 소송지휘를 받는 것 같다. 지난 2018년 김제 지평선산업단지에 설치된 폐기물처리장의 용량변경신청 거부처분취소소송에서 도지사가 대법원 상고에 관하여 법무부 지휘를 요청하였고, 법무부장관은 상고포기를 지시하여 결국 상고를 포기하여 주민들의 거센 질타를 받았다고 한다.

국가를 당사자로 하는 소송업무 처리지침(법무부예규)

제3조의2(행정소송사건에서의 사전지휘) 행정소송사건에서 법무부장관의 사전지휘를 요하는 소송행위는 다음 각 호와 같다.

1. 소의 제기·취하
2. 상소의 제기·포기·취하
3. 조정권고안 수용·불수용
4. 화해권고결정에 대한 이의신청 제기·포기
5. 이송신청
6. 소송 참가·탈퇴
7. 청구의 변경
8. 중간확인의 소 제기
9. 집행정지 결정(법원의 직권결정은 포함하고 잠정결정은 제외한다)에 대한 즉시항고·재항고의 제기·포기
10. 소송비용액확정결정 신청(소송대리인을 선임한 사실이 없는 경우는 제외한다)
11. 소송비용액확정결정에 대한 즉시항고·재항고의 제기·포기(인용되지 않은 액수가 법원보관금(인지대·송달료 등)의 환급 등의 사유로 소액인 경우는 제외한다)
12. 기타 법무부장관이 필요하다고 인정하는 행위

“지방자치단체를 당사자로 하는 소송의 특례가 필요하다”

- 일반적으로 변호사강제주의를 채택할 경우 법률지식이 없거나 부족한 소송 당사자들의 권리를 효과적으로 보호한다는 긍정적인 측면이 있기는 하지만, 변호사강제주의는 당사자들이 재판청구권을 직접 행사하는 것을 제한하고 당사자들에게 소송비용을 증가시키는 측면이 있다.

- 특히, 열악한 지방자치단체의 재정 상태와 지방자치단체 또는 지방자치단체의 장을 대상으로 하는 소송이 폭증하고 있는 현실을 감안하면, 유독 지방자치단체에 대해서만 변호사강제주의를 지나치게 강제할 경우 문제는 더욱 심각하다.

- 2002년 「민사소송법」을 전부개정하는 과정에서도 입법예고를 통해 변호사강제주의 도입이 진지하게 논의되다가 위헌의견이나 「변리사법」 등과의 상충문제 등을 이유로 전면 도입은 연기되었다.

- 그럼에도 불구하고 「국가소송법」에 대칭되는 (가칭) 「지방자치단체를 당사자로 하는 소송에 관한 법률」이 마련되지 않은 것은 부당하다고 하지 않을 수 없다. 국가를 당사자로 하는 소송보다 지방자치단체 또는 지방자치단체의 장을 당사자로 하는 소송이 더 많다. 앞으로 더 많아질 것으로 보인다.

- 지방자치단체 또는 지방자치단체의 장을 당사자로 하는 소송의 경우 소송수행자 지정에 대해서 「국가소송법」과 같은 특별법 또는 「지방자치법」상의 특례규정을 두지 않은 것은, 달리 특별한 이유가 있어서라기보다는 단순한 법적 미비라고 생각한다.

- 「지방자치법」 제114조에 따라 지방자치단체의 장이 지방자치단체를 대표하고 그 사무를 총괄하기 때문에 지방자치단체의 장이 「민사소송법」 제87조에 따라 소송사무를 수행하고, 달리 이에 대한 특례 규정 또는 특별법이 없기 때문에 변호사강제주의가 심각한 제약이 되지 않을 수 없다.

- 실무상의 혼란을 막고 소송수행자와 관련한 분쟁을 예방하기 위하여 입법적으로 해결할 필요가 있다.

- 「국가소송법」 또는 「지방자치법」에 지방자치단체 또는 지방자치단체의 장을 당사자로 하는 소송에서 그 소속 직원을 소송수행자로 지정할 수 있는 명시적인 규정을 두거나 (가칭) 「지방자치단체를 당사자로 하는 소송에 관한 법률」을 제정하는 조치가 필요하다.

지방자치단체의 소송사무처리 관련 규정

- 지방자치단체의 소송사무 처리에 적용할 수 있는 일반 법률은 없다.
- 지방자치단체의 소송사무에 관한 사항은 「소송사무처리 규칙」의 형식으로 운영하고 있다. 조례의 형식이 아닌 규칙의 형식으로 운영하는 것은 지방자치단체의 장의 통할 대표권(법 제114조), 즉 지방자치단체의 장은 지방자치단체를 대표하고 그 사무를 총괄한다는 권한으로부터 유래한 것으로 보인다.
- 소송사무는 지방자치단체의 대표권 행사의 하나로 볼 수 있고, 지방자치단체의 장이 「지방자치법」 제29조에 따라 그 권한에 속하는 사무에 관하여 규칙의 형식으로 제정하기 때문에 「소송사무처리 규칙」의 입법형식이 적합하다고 본다.

지방자치법

제29조(규칙) 지방자치단체의 장은 법령 또는 조례의 범위에서 그 권한에 속하는 사무에 관하여 규칙을 제정할 수 있다.
제114조(지방자치단체의 통할대표권) 지방자치단체의 장은 지방자치단체를 대표하고, 그 사무를 총괄한다.

- 이와 같은 「소송사무처리 규칙」의 적용 대상이 되는 것은 지방자치단체 또는 지방자치단체의 장을 당사자로 하는 소송이다. 지방자치단체는 법인격이 있어서 민사소송에서 원고 및 피고가 된다. 지방자치단체의 장은 행정청으로 항고소송 등 행정소송에서 피고가 된다. 따라서 지방자치단체뿐만 아니라 지방자치단체의 장을 당사자로 하는 것임을 분명히 하는 것이 바람직하다.

소송사건의 해당 요건

- 일반적으로 「소송사무처리 규칙」의 주된 규율 대상은 "소송사건"이다.
- 소송사건은 (1) 해당 지방자치단체와 그 장은 물론, 소속행정기관의 장을 당사자 등으로 할 것 (2) 지방자치단체 등을 참가인 또는 이해관계인으로 할 것 (3) 행정소송 및 민사소송에 해당할 것 등을 요건으로 한다. 행정심판은 소송사건이 아니다.

○○도 소송사무처리 규칙

제1조(목적) 이 규칙은 ○○도를 당사자로 하는 소송사건의 처리에 필요한 사항을 규정함을 목적으로 한다.

제2조(정의) 이 규칙에서 사용하는 용어의 정의는 다음 각 호와 같다.

1. "소송사건"이란 ○○도 또는 ○○도지사와 그 소속행정기관의 장 등을 당사자, 참가인 또는 이해관계인으로 하는 행정소송(헌법재판소 관할 심판을 포함한다. 이하 같다), 민사소송, 중재사건 및 신청사건 등을 말한다.

- 소송사건의 당사자는 통상 해당 지방자치단체와 그 장이 되지만, 해당 지방자치단체의 소속행정기관도 당사자가 될 수 있다. 소속행정기관은 주어진 권한범위 안에서 처분 등 대외적인 의사표시를 할 수 있기 때문에 행정청이 될 수 있으며, 이 경우 행정소송의 피고가 된다. 물론, 민사소송에서는 해당 지방자치단체가 피고가 된다.

- 「지방자치법」에서는 소속행정기관을 ⑴ 직속기관(자치경찰기관, 소방기관, 교육훈련기관, 보건진료기관, 시험연구기관 및 중소기업지도기관 등) ⑵ 사업소 ⑶ 출장소 ⑷ 합의제행정기관 ⑸ 자문기관 등으로 규정하고 있다(법 제126조~제130조).

- 소송사건의 당사자에 하부행정기관도 포함될 것인지 문제가 된다. 일반구와 읍·면·동 등 하부행정기관은 처분 등 대외적인 의사표시를 할 수 있기 때문에 행정청이 될 수 있으며, 이 경우 행정소송의 피고가 된다. 물론, 민사소송에서는 해당 지방자치단체가 피고가 된다.

- 「행정심판법」에서는 지방자치단체의 장을 당사자로 하는 행정심판에 대하여는 그 소속 직원을 대리인으로 할 수 있도록 하고 있어서 소송사무의 처리에 있어서 특별히 문제될 것이 없다.

- 소송사건의 대상은 행정소송과 민사소송을 원칙으로 한다. 대부분의 행정소송은 지방자치단체의 장을 피고로 하고, 민사소송은 지방자치단체를 피고로 한다. 지방자치단체의 장을 피고로 하든지 지방자치단체를 피고로 하든지 간에 해당 소송사건은 지방자치단체의 장이 수행한다. 다만, 행정소송 중 항고소송에서는 변호사강제주의와 관계없이 소속 직원이 소송수행자가 될 수 있으나, 행정소송 중 당사자소송 및 민사소송에 있어서는 「민사소송법」 제87조에 따른 변호사강제주의가 적용된다.

- 소송사건의 대상에 헌법재판소 관할 심판을 포함하는 사례가 늘고 있다. 지방자치단체 차원에서 헌법소원을 비롯한 헌법재판을 신청하는 경우가 늘고 있기 때문이다.

- 「헌법재판소법」 제25조 제2항에서는 "각종 심판절차에서 당사자인 국가기관 또는 지방자치단체는 변호사 또는 변호사의 자격이 있는 소속 직원을 대리인으로 선임하여 심판을 수행하게 할 수 있다."고 하여 지방자치단체의 장이 직접 수행하지 않는 이상 변호사강제주의를 채택하고 있다. 따라서 변호사 자격이 있는 경우가 아니면 소속 직원을 소송수행자로 지정이 불가능하다.

헌법재판소법

제2조(관장사항) 헌법재판소는 다음 각 호의 사항을 관장한다.

1. 법원의 제청(提請)에 의한 법률의 위헌(違憲) 여부 심판
2. 탄핵(彈劾)의 심판
3. 정당의 해산심판
4. 국가기관 상호간, 국가기관과 지방자치단체 간 및 지방자치단체 상호간의 권한쟁의(權限爭議)에 관한 심판
5. 헌법소원(憲法訴願)에 관한 심판

제25조(대표자·대리인) ① 각종 심판절차에서 정부가 당사자(참가인을 포함한다. 이하 같다)인 경우에는 법무부장관이 이를 대표한다.

② 각종 심판절차에서 당사자인 국가기관 또는 지방자치단체는 변호사 또는 변호사의 자격이 있는 소속 직원을 대리인으로 선임하여 심판을 수행하게 할 수 있다.

- 그 밖에 소송사건의 대상에 각종 중재사건 또는 신청사건을 포함시키는 경우가 있으나, 중재사건 또는 신청사건에서 변호사강제주의가 별도로 문제되는 경우는 없다.

- 기관위임사무와 관련하여 국가를 당사자로 하는 소송사무를 수행하거나 필요한 자료를 제출하는 경우에 그 방법·절차·직무의 범위 등은 「국가소송법」이 정하는 바에 따른다. 따라서 국가를 당사자로 하는 소송사무의 처리에 대하여 「소송사무처리 규칙」에서 별도로 규정할 것은 없다.

- 만일 국가와 지방자치단체 또는 그 장을 동시에 당사자로 하는 소송의 경우에는 어떻게 될까? 간혹 국가배상소송 등에서 원고가 국가와 지방자치단체를 동시에 피고로 지정하는 경우가 있으며, 이와 같은 상황을 가정해 보자.

- 소송의 당사자가 다른 만큼, 국가소송을 담당하는 행정청 또는 그 소속 직원은 「국가소송법」에서 정하는 바에 따르면 되고, 지방자치단체의 소속 직원은 해당 지방자치단체의 「소송사무처리 규칙」에서 정하는 바에 따르면 된다.

소송수행자 : 공무원

- 소송수행자는 소송을 총괄하는 부서의 장이 지정하되, 개별 소송사건별 및 심급별로 해당 업무를 담당하는 직원 2명 이상을 소송수행자로 지정하는 것이 관례이다.

- 특히, 변호사강제주의가 적용되는 관계로 1심 단독판사가 심리·재판하는 민사소송 또는 행정소송 중 당사자소송을 공무원이 직접 수행할 경우에는 소송대리인 허가신청서를 작성하여 법원의 사전허가를 받아야 하며, 소송수행자는 소송대리인 허가신청서와 소송위임장을 변론기일 전에 법원에 제출하여야 한다.

○○도 소송사무처리 규칙

제7조(소송수행자의 지정) ① 소송총괄부서의 장은 개별 소송사건별, 심급별로 소송주관부서의 팀장(사무관 이상)을 포함하여 직원 2명 이상을 소송수행자로 지정하여야 한다.

② 소송주관부서의 장은 단독판사가 심판하는 민사소송을 공무원이 직접 수행할 경우에 별지 제1호서식의 소송대리인 허가신청서를 작성하여 법원의 사전허가를 받아야 하며, 소송수행자는 소송대리인 허가신청서와 별지 제2호서식의 소송위임장을 변론기일 전에 법원에 제출하여야 한다.

③ 소송주관부서의 장은 행정소송을 공무원이 직접 수행할 경우에는 「국가를 당사자로 하는 소송에 관한 법률 시행규칙」(이하 "시행규칙"이라 한다)의 별지 제31호서식에 따라 소송수행자를 지정하고, 소송수행자로 지정된 사람은 변론기일 전에 소송수행자지정서를 관할법원에 제출하여야 한다.

- 당사자소송이 아닌 그 밖의 행정소송에서 해당 지방자치단체의 장이 행정청으로서 피고가 되는 경우 소속 직원이 직접 수행하며, 이 경우 법원의 허가를 받을 필요는 없으나 별도의 소송수행자를 지정하여야 하고, 소송수행자로 지정된 사람은 변론기일 전에 소송수행자 지정서를 관할 법원에 제출하여야 한다.

- 소송수행자로 지정된 사람은 소송대리인과 동일한 권한을 가지기 때문에 소송수행자와 소송대리인의 의무를 함께 규정하는 것이 바람직하다.

○○도 소송사무처리 규칙

제9조(소송수행자 및 소송대리인의 의무) ① 소송수행자 또는 소송대리인(이하 "소송수행자등"이라 한다)은 해당 소송사무에 관한 다음 각 호의 직무를 성실히 수행하여야 한다.

1. 소장, 상소장 등의 제출
2. 답변서, 준비서면 및 서증 등의 제출
3. 지정된 변론기일에 출석 및 진술
4. 소송진행사항보고(별지 제3호서식), 소송종결보고(별지 제4호서식) 및 패소원인분석표(별지 제5호서식) 제출
5. 그 밖에 도지사의 위임사항과 지시사항

② 소송수행자등은 모든 소송을 수행할 때 소송총괄부서의 장에게 보고하고, 지휘를 받아야 한다.

③ 소송수행자등은 소송에 중요한 사항이 있는 때 또는 의문사항이 있는 때에는 지체 없이 소송총괄부서의 장에게 보고하고, 지휘를 받아야 한다.

④ 소송수행자등은 판결이 선고되면 불변기일(○○도 또는 소송대리인에게 판결문이 송달된 다음날부터 14일을 말한다) 이내에 항소 여부를 결정하고, 불변기일 3일 전까지 소송총괄부서의 장에게 보고하여 지휘를 받아야 한다.

⑤ 행정소송에 응소하는 경우 소송수행자등은 다음 각 호에 관하여 소송총괄부서의 장과 관할 검찰청 검사장(이하 "검사장"이라 한다)의 지휘를 받아야 한다.

1. 항소·상고의 제기와 포기 또는 그 취하, 「민사소송법」 제360조 제1항 단서 및 같은 법 제395조에 따른 항소 또는 상고를 하지 아니할 취지의 합의
2. 반소, 소의 취하, 화해, 청구의 포기·인낙(認諾), 「민사소송법」 제73조에 따른 소송탈퇴
3. 신청사건 결정 시 패소한 사건에 대한 즉시항고의 여부
4. 법원의 조정권고안에 대한 수용 또는 불수용 의견
5. 화해권고결정에 대한 이의신청 여부
6. 청구의 변경과 확장 등

⑥ 소송주관부서의 장은 제5항에 따른 지휘를 받을 때에는 시행규칙 별지 제32호서식에 따라 검사장에게 소송사무보고를 하여야 한다.

⑦ 신청사건을 승소한 때에는 결정문이 송달된 날부터 7일 이내에 검사장에 보고하고, 패소한 때에는 결정문이 송달된 날부터 3일 이내에 검사장의 지휘를 받아 7일 이내에 즉시 항고 여부를 결정하여야 한다.

- 항소 또는 상고와 같은 상소심의 경우 판결문을 받은 날부터 불변기간 안에 항소장 또는 상고장을 법원에 제출하여야 하는데, 민사소송 및 당사자소송에서는 변호사가 아닌 소송수행자의 대리권이 제한되기 때문에 주의하여야 한다. 즉, 단독판사의 심리·재판 사건 외의 법원에서는 소송수행자가 소송대리를 할 수 없기 때문에 1심 단독판사의 허가가 있다고 할지라도 상소제기의 대리를 할 권한이 없다고 할 것이다.

- 따라서 민사소송 또는 당사자소송의 경우에는 아래 사례의 규칙 제10조 제1항과 같이 소송수행자가 직접 항소장 또는 상고장을 제출할 수 없으며, 상소제기를 하려면 별도의 소송대리인을 선임하여야 한다.

○○도 소송사무처리 규칙

제10조(상소심의 소송수행) ① 소송수행자등은 법원의 판결에 불복사유가 있는 때에는 판결문을 송달받은 날부터 불변기간 내에 항소장 또는 상고장을 원심법원에 제출하여야 한다.

② 소송수행자등은 제1항에 따라 항소장 또는 상고장을 제출한 후 법원으로부터 소송기록접수통지서가 송달되면 송달된 날부터 20일 이내에 항소 또는 상고에 따른 이유서를 작성하여 관할 법원에 제출하여야 한다.

③ 항소심에서 원고가 패소판결에 불복하여 상고를 한 때에는 원고의 상고이유서를 송달받은 날부터 10일 이내에 답변서를 제출하여야 한다.

소송대리인 : 변호사

- 대부분의 지방자치단체는 소송대리인의 선임기준을 「소송사무처리 규칙」에서 직접 규정하고 있다.
- 아래의 별표 사례는 해당 지방자치단체 또는 지방자치단체의 장이 피고인 소송사건에서 소송대리인의 선임기준을 나타내고 있다. 물론, 해당 지방자치단체 또는 지방자치단체의 장이 원고인 경우에는 이와 다른 선임기준이 적용될 것이다.

구분	심급별	소송수행자	근거
행정소송	1심·2심·3심	• 원칙적으로 공무원이 직접 수행한다. • 사건의 내용이 복잡하고 전문적인 법률지식을 필요로 하거나 행정 또는 재정에 중대한 영향을 미칠 사건에는 변호사를 선임한다.	「국가를 당사자로 하는 소송에 관한 법률」 제5조 제1항
민사소송	1심 중 단독판사가 재판하는 경우 (가소·가단)	• 원칙적으로 공무원이 직접 수행한다. • 사건의 내용이 복잡하고 전문적인 법률지식을 필요로 하거나 행정 또는 재정에 중대한 영향을 미칠 사건에는 변호사를 선임한다.	「민사소송법」 제88조 제1항
	1심 중 합의부사건 및 2심·3심	• 변호사를 선임한다.	

- 위 사례의 별표를 보면 행정소송은 1심부터 3심까지 원칙적으로 공무원이 직접 수행하되, 복잡하고 전문적인 법률지식을 필요로 하는 경우는 변호사를 선임하도록 되어 있다. 여기서 해당 선임기준의 근거를 「국가소송법」 제5조를 적시하고 있으나, 앞서 살펴본 것과 같이 기관위임사무에 한해서 「국가소송법」이 적용되고 나머지는 「행정소송법」이 적용된다고 보아야 한다.

- 한편, 민사소송은 1심 중 단독판사가 재판하는 경우 원칙적으로 공무원이 직접 수행하되, 복잡하고 전문적인 법률지식을 필요로 하는 경우는 변호사를 선임하도록 되어 있다. 1심 합의부사건과 2심 및 3심 사건은 변호사를 선임한다. 「민사소송법」상의 변호사강제주의가 적용되기 때문이다.

- 위 사례의 별표에는 규정되어 있지 않지만, 행정소송 중 당사자소송은 민사소송과 동일하게 취급되어야 하기 때문에 당사자소송에 대해서는 민사소송의 예에 따라 소송사무를 처리하면 된다.

- 소송대리인의 선임행위는 어떤 절차를 거칠까?

- 대부분의 지방자치단체에서는 소송사무를 총괄하는 부서가 소송 주관부서인 법제부서와 협의하여 선임하도록 하고 있다. 이 경우 중요 소송에 대해서는 별도로 '소송심의위원회'의 심의를 거치도록 하고 있다. 소송대리인 선임과 관련한 특혜 의혹 등을 염두에 둔 조치로 보인다.

- 그런데, 이와 같은 소송대리인의 선임절차에 대하여는 「소송사무처리 규칙」이 아니라 대부분의 지방자치단체가 별도로 '고문변호사 위촉 또는 운영 조례'를 제정하여 운영하고 있다. 소송대리인의 선임에 따른 비용 지급 등 예산이 소요되지 않을 수 없고, 외부인에 해당하는 변호사에게 해당 지방자치단체의 특정 사무 처리를 맡기는 것이기 때문에 이처럼 규칙이 아닌 조례로 규정하는 것이 바람직하다.

○○도 고문변호사 제도의 운영 등에 관한 조례

제6조(소송대리인) ① 도 또는 도지사를 당사자로 하는 소송의 대리인을 고문 변호사로 선임할 수 있다.

② 도지사는 다음 각 호의 어느 하나에 해당하는 경우에는 외부변호사를 소송대리인으로 선임할 수 있다.

1. 2개 이상의 타 기관과의 공동대응이 필요한 경우
2. 대구·경북 권역 이외에서 제기된 소송의 경우
3. 그 밖에 행정 또는 재정에 중대한 영향을 미치는 사건이라고 인정되는 경우

③ 도지사는 소송대리인으로 선임된 고문변호사에게 소송비용을 지급하며, 소송비용에 관한 사항은 별도로 정한다.

소송비용과 변호사 보수

- 소송비용은 소송에 관하여 생긴 비용 가운데 법이 정하는 범위 안의 것으로 제한된다.

- 민사소송의 소송비용에 대하여는 「민사소송비용법」에서 규정하고 있다. 즉, 이 법에서는 소송비용을 (1) 소송에 필요한 서류의 서기료(書記料) 및 도면의 작성료 (2) 증인·감정인·통역인·번역인에 대한 일당 및 여비와 특별요금 (3) 증거조사에 요하는 법관과 서기의 일당·여비와 숙박료 기타 통신비·공고비(公告費)·송달료 등을 규정하고 있다.

- 그 밖에 「민사소송법」 제109조 제1항은 소송을 대리한 변호사에게 당사자가 지급하였거나 지급할 보수는 대법원규칙이 정하는 금액의 범위 안에서 소송비용으로 인정한다고 규정하고 있다.

민사소송법

제109조(변호사의 보수와 소송비용) ① 소송을 대리한 변호사에게 당사자가 지급하였거나 지급할 보수는 대법원규칙이 정하는 금액의 범위안에서 소송비용으로 인정한다.
② 제1항의 소송비용을 계산할 때에는 여러 변호사가 소송을 대리하였더라도 한 변호사가 대리한 것으로 본다.

- 결국, 소송비용은 「민사소송비용법」상의 법정 비용과 「민사소송법」 제109조 제1항에 따른 변호사 보수를 합산한 것이 된다.

- 일반적으로 소송비용 중에서 「민사소송법」 제109조 제1항에 따른 변호사 보수가 가장 큰 비중을 차지하며, 그 구체적인 산정방식에 대해서는 대법원규칙인 「변호사 보수의 소송비용 산입에 관한 규칙」에서 정하고 있다.

- 다른 소송비용은 법정 비용으로써 특별히 문제되는 경우가 없지만, 소송비용 중 가장 큰 부분을 차지하는 변호사 보수는 최소한 지급방법 및 절차 등을 해당 지방자치단체의 자치법규에서 직접 규정하는 것이 바람직하다.

- 지방자치단체는 소송비용에 관하여 '고문변호사 조례'에서 규정하는 곳도 있고 '소송사무 규칙'에서 규정하는 곳도 있는데, 가급적 조례에서 직접 정하는 것이 바람직하다.

○○시 고문변호사 등 운영 조례

제제5조(소송비용 등) ① 고문변호사가 수임한 소송사건의 비용은 별표 1, 별표 2의 지급기준에 따라 심급단위별로 지급한다.

② 변호사 등에게 예산의 범위에서 월 30만원 이내의 수당을 지급한다.

③ 제1항의 비용 중 착수금·승소사례금과 제2항의 수당은 「부가가치세법」에 따라 부가가치세를 가산하여 지급한다.

④ 임기가 종료된 변호사 등이 임기 중에 수임한 사건은 사건 종료 시까지 소송을 수행하게 할 수 있으며 소송비용은 제1항에 따른다.

⑤ 시 소속 공무원이 정당한 공무수행과 관련하여 손해배상청구 등 민사소송 및 형사 고소·고발된 경우에 시장은 해당 공무원의 신청에 따라 고문변호사에게 사건을 위임하거나, 1천만원(부가가치세를 포함한다) 이내에서 변호활동비(착수금, 승소사례금을 말한다)를 지원할 수 있으며, 그 지원 요건은 민사소송 및 형사 고소·고발된 당시의 시 소속 공무원으로서 다음 각 호와 같다.

1. ○○시 소송심의위원회가 고소·고발 또는 공소 제기된 피의 사실이 직무수행에 불가피하게 수반된 행위로서 신속하게 변호인의 도움이 필요하다고 인정하거나 과실이 경미하다고 인정하는 등의 사유로 고문변호사에게 사건을 위임하도록 결정한 경우. 이 경우에 공무원 개인의 위법 행위로 법원이 확정판결한 때에는 고문변호사의 소송사건 비용을 해당 공무원이 전액 자부담 납부하여야 한다.
2. 고소·고발된 경우에 불기소 처분 중 혐의 없음, 죄가 안됨, 각하로 확정된 경우
3. 공소가 제기된 경우에는 「형사소송법」에 따라 무죄판결이 확정되거나, 같은 법 제328조 제1항 제1호 또는 제4호의 사유로 공소기각결정이 확정된 경우
4. 민사소송의 경우 시의 정책적 결정에 따른 행위이거나 공무원의 고의·과실이 없다고 인정되어 판결이 확정된 경우

○○도 소송사무처리 규칙

제15조의2(소송비용) ① 소송대리인이 수임한 소송사건의 착수금은 별표 2와 별표 3의 지급기준 및 일람표를 참고하여 각 심급(審級)단위별로 지급하되, 소송목적의 값(병합된 사건은 하나의 사건으로 보아 소송목적의 값을 합산하되, 특별한 사정이 있는 경우 소송총괄부서의 장이 달리 정할 수 있다)은 고문 변호사등이 도에 청구서 등을 제출한 시점을 기준으로 한다. 다만, 착수금 지급 이후에 소가확장 등의 변동사항이 발생한 경우에는 추가 지급하지 않고, 실질적인 변론 내용 등이 기재된 답변서를 제출하기 전에 소취하로 사건이 종결된 경우에는 지급하지 않는다.

- 일부 지방자치단체에서는 '중요소송'을 지정해서 별도의 기준에 따른 보수를 지급하는 경우가 있는데, 이와 관련하여 주의할 점이 있다.

- 소송을 수행하는 데 있어서 특별한 전문지식이 필요하거나 그 사건이 통상의 사건과는 달리

매우 복잡하고 까다로운 경우, 해당 소송의 결과에 따라 그 지방자치단체에 미치는 영향이 큰 경우 등이 중요소송에 해당된다.

- 중요소송을 지정하고 이에 대하여 보수 등 특별한 대우가 필요한 것은 당연하다. 다만, 다른 소송사건과의 차별되는 사안인 만큼 중요소송 지정의 타당성과 보수의 금액에 대하여 특혜의 시비가 있는 만큼, 중요소송 지정 절차를 강화해서 가급적 '소송심의위원회'의 심의·의결을 거쳐 지정 여부를 결정할 수 있도록 하는 것이 바람직하고, 개략적이나마 중요소송의 지정기준을 조례 또는 규칙에 마련하는 것도 필요하다.

- 마지막으로, 자치법규에서는 소송비용의 범위를 구체적으로 규정하고 있는 경우가 적은데, 소송비용의 회수 등 관련 규정을 정확하게 적용할 수 있도록 소송비용의 정의 규정을 두는 것이 바람직하다.

승소사례금의 기준 및 적용

- 변호사의 보수 중에서 승소사례금 관련 분쟁이 적지 않다.

- 일부 지방자치단체는 승소사례금과 관련한 잦은 다툼 때문에 승소사례금의 기준을 조례 또는 규칙 등 자치법규에 직접 정하는 경우도 있다.

고문변호사 운영 조례

제5조(소송비용 등) ① 고문변호사가 수임한 소송사건 착수금은 별표 1과 별표 2의 지급기준에 따라 각 심급 단위별로 지급하되, 소송목적의 값은 고문변호사가 군에 청구서 등을 제출한 시점을 기준으로 하고 추후 변동 시 추가 지급하지 아니한다. 다만, 병합된 사건은 이 건과 단일사건으로 보아 합산한 소송목적의 값을 기준으로 소송비용을 지급한다.
② 고문변호사가 수임한 소송사건(본안사건에 한정한다)에서 승소한 경우에는 승소사례금을 지급하고, 그 밖의 소송비용이 드는 경우에는 별표 1의 각 지급기준에 따라 지급한다.

- 입법례에 따르면 승소사례금의 주요 기준으로 (1) 해당 사건의 심급 중 가장 높은 소송물 가액을 기준으로 하여 60퍼센트 이상 승소한 것으로 소송이 최종 확정된 경우에만 사례금을 지급하되, 착수금에 승소비율을 곱한 금액으로 한다. (2) 소의 취하, 청구의 포기·인낙의 경우에는

착수금의 50퍼센트 이내로 한다. 다만, 변론이 2회 이하 속행된 경우에는 사례금을 지급하지 아니한다. (3) 중재 시에는 착수금에 경제적 이익의 비율을 곱한 금액으로 한다. (4) 상소된 사건은 각 심급별로 60퍼센트 이상 승소한 경우에 승소비율에 의한 사례금을 각각 산출하여 이를 합산 지급한다. (5) 소송사건이 상급심에 계류 중인 때에 해당 변호사가 그 사건의 소송대리를 스스로 사임한 경우에는 하급심에서 승소하였더라도 승소사례금은 지급하지 아니한다. 등으로 되어 있다.

- 이와 같은 승소사례금 지급기준과 소송대리인 선임계약 상의 승소사례금 기준이 일치하지 않을 경우 소송대리인 선임계약상의 승소사례금 기준이 우선 적용된다고 보아야 한다. 자치법규상의 지급기준은 승소사례금 지급을 위한 방침 또는 표준약관의 성격이 있다고 보아야 하며, 구체적인 사안마다 효력의 강제력이 발생하는 것은 아니다.

- 일반적으로 '조정'은 화해(和解)의 성립 또는 인낙(認諾)과 유사한 법적 효과가 있는 것으로 본다. 그런데 아래의 사례와 같이 일부 지방자치단체의 승소사례금 지급기준에서 조정에 관한 규정이 누락된 것은 입법적 불비가 아닐 수 없다.

사건별 승소사례금의 지급기준	소송비용 청구 시 구비서류
가. 심급별로 60퍼센트 이상 승소할 경우 착수금에 승소비율을 곱한 금액을 지급한다. 나. 화해의 성립, 청구의 포기, 인낙, 소취하(쌍방취하를 포함한다), 피고경정의 경우에는 착수금(제4조 제1항의 규정에 따라 산정한 금액)의 100분의 50으로 한다. 다만, 변론이 3회 미만 속행된 경우와 조건부 취하의 경우에는 승소사례금을 지급하지 아니한다. 다. 변론 없이 종결된 사건의 경우에는 승소사례금을 지급하지 아니한다.	• 청구서 • 사건확정증명원 • 소취하서 중 해당 서류

- 승소사례금 지급기준을 정하는 경우 조정에 대해서도 화해 등과 동일한 대우를 하는 것이 마땅하기 때문에 관련 기준을 명확하게 규정하는 것이 바람직하다.

- 해석상으로는 조정에 대해서도 승소사례금을 지급하는 것이 합당하다고 하더라도, 지방자치단체의 예산이 소요되는 만큼 단순한 해석에 따라 처리하는 것보다는 관련 규정을 보완하되, 입법조치가 마련될 때까지 상당한 기간이 소요되는 경우에는 '소송심의위원회'의 심의·의결을 거쳐 승소사례금 지급을 결정하는 것이 바람직하다고 생각한다.

소송비용의 회수

- 소송비용의 회수 등이 정확하지 못해서 담당 직원의 징계 및 개인변상을 포함한 잘잘못 여부가 논란이 되는 경우가 있다. 소송사무의 처리 못지않게 실무상 중요한 것이 소송비용의 회수 등 사후관리 부분이다.

- 해당 소송의 종결에 따른 소송비용의 회수의 방법과 범위 등에 관해서는 '소송사무처리 규칙'에 규정하고 있는 경우가 대부분이다.

- 원칙적으로 소송사건에서 승소 또는 상대방의 소의 취하로 종결된 경우에 소송비용을 회수한다.

- 자치법규의 입법례에 따르면 소송비용을 회수하는 방법은 (1) 법원의 소송비용액확정 결정을 받은 때에는 지체 없이 징수를 결정하고, (2) 회수 대상자가 고지기간 안에 소송비용을 납부하지 아니할 때에는 강제집행으로 이를 회수하며, (3) 승소가 확실히 예상되는 소송사건이나 승소가 확정된 소송사건에 대하여는 가압류 등의 보전처분으로 채권을 확보하고, 회수 대상자의 주거지를 파악하여 정리하며, (4) 회수 대상자가 소송비용의 변제능력이 없는 때에는 변제를 받을 때까지 채무자의 재산증식이나 소득원의 발생 여부를 확인하여 회수하여야 한다.

- 다만, (2)의 경우 법률에서 강제집행권을 지방자치단체에게 부여하고 있지 않기 때문에 실제 강제집행권을 행사할 수는 없다.

- 아울러, 대부분의 자치법규에서 소송비용의 회수와 관련하여 (1) 추심할 금액이 소송비용액확정 결정신청 비용보다 소액인 경우 (2) 채무자의 무자력(無資力) 등으로 추심이 불가능하다고 인정되는 경우 (3) 다수 당사자 소송에서 개인별로 추심할 금액이 소액인 경우에는 소송비용의 추심을 포기할 수 있도록 되어 있다.

- 소송비용의 추심을 포기하는 경우 가급적 '소송심의위원회'의 심의·의결을 거치도록 하는 것이 바람직하다.

- 종전에 상당수 지방자치단체가 소송비용의 추심 포기 관련 규정을 조례나 규칙이 아닌 훈령 형식의 「소송사무처리 규정」에서 규정하고 있었다.

- 특히, 소송비용의 회수 대상자가 다수인에 해당하는 경우 소송비용의 회수를 면제해 달라는 집단 요구 또는 지방의회 청원 등을 통한 민원제기의 대상이 돼왔다. 또한 소송비용의 회수가

그리 녹록하지 않은 실정이어서 규정 등 행정규칙을 근거로 부실채권을 정리한다는 심정으로 소송비용의 추심 포기를 하는 곳도 있다.

- 그러나 지방자치단체의 재산의 포기에 해당하는 소송비용의 추심 포기에 대하여 조례·규칙 등 자치법규가 아닌 훈령 등 내부규정으로 규율하는 것은 바람직하지 않다고 본다.

- 정리하면, 대부분의 지방자치단체에서 소송비용에 관해 '소송사무처리 규칙'에서 대부분 규정하고 있는 것으로 보이는데, 소송비용의 추심포기 등 재산의 관리에 관한 사항이므로 가급적 주민의 대표기관인 의회의 통제를 받는 조례의 방식으로 규정하는 것이 바람직하다는 생각이다.

공무원의 소송비용 지원

- 지방자치단체 소속 공무원 개인을 당사자로 하는 소송을 지원하거나 그 소송비용 중 일부를 지원하는 규정이 늘고 있다.

- 아래의 사례와 같이 대부분의 지방자치단체가 '고문변호사 운영 조례' 등에서 소속 공무원이 정당한 공무수행과 관련하여 손해배상청구 등 민사소송 및 고소·고발 등 형사입건된 경우에 그 자치단체의 정책적 결정에 따른 행위이거나 공무원의 고의나 중대한 과실이 없다고 인정되는 사건에 한하여 소송비용의 일부를 지원할 수 있도록 하고 있다.

○○시 고문변호사 운영 조례

제7조(직무관련사건 변호비용 지원 및 회수) ① 시장은 시 소속 공무원이 정당한 공무수행 과정에서 형사사건으로 고소·고발을 당하거나, 민사소송 제소를 당한 때에는 해당 공무원을 위해 변호사를 선임하고 총 일천만원 이내의 범위에서 판결 확정시까지 변호비용을 지원할 수 있다.
② 제1항의 지원을 받은 공무원은 형사사건의 유죄판결이 확정되거나 민사소송에서 고의 또는 중대한 과실로 패소하여 그 판결이 확정된 경우 변호비용을 반납하여야 한다.
③ 공무원의 직무관련 사건에 대한 변호비용 지원 및 회수 등에 관한 절차는 시장이 규정으로 정한다.

- 소속 공무원에 대한 소송비용 지원은 「지방재정법」 제17조를 위반한 부당한 보조에 해당하는 것이 아닌지 문제가 될 뿐만 아니라 '제 식구 감싸기'라는 비판적 시각도 있다.

- 그러나 공무원이 직무를 수행하는 과정에서 고소·고발 등으로 수사가 개시되었거나 형사소송이 계속된 경우 그 행위가 범죄에 해당하지 아니하여 불기소처분을 받거나 무죄의 판결을 받았다면, 그러한 공무원의 형사사건에 대하여 비용을 지원하는 것은 지방자치단체의 업무 수행에 따라 발생할 수 있는 위험으로부터 공무원 개인의 부담을 덜고, 공무집행의 안정성을 보장하는 것이라 볼 수 있다. 손해배상 등 민사소송 또한 마찬가지이다.

- 따라서 지방자치단체가 소속 공무원 개인을 당사자로 하는 소송을 지원하거나 그 소송비용 중 일부를 지원하는 것은 공무원의 인사·후생복지 및 교육에 해당되는 지방자치단체의 고유한 사무의 성격이 있으며, 이와 관련한 규정을 제정하는 경우 반드시 법률의 위임이 필요한 것은 아니라고 할 것이다.

- 다만, 모든 공무원은 법규를 준수하며 성실히 그 직무를 수행하여야 하기 때문에 공무원에 대한 소송비용의 지원 대상인 사건 또는 범죄를 일정한 경우로 제한해야 하며, 지원 여부를 결정하는 적정한 기관이나 절차 및 유죄의 판결을 받은 경우 지원액의 필요적 환수 등에 관하여도 명확하게 규정하는 것이 바람직하다고 할 것이다.

- 한편, 지방자치단체가 소속 공무원 개인을 당사자로 하는 소송을 지원하거나 그 소송비용 중 일부를 지원하는 것은 지방자치단체의 예산으로 공무원의 소송사건을 대신 처리하고 비용을 지원하는 만큼, 아래의 사례와 같이 규칙으로 정하는 것보다는 주민의 대표기관인 의회의 통제를 받는 조례의 방식으로 규정하는 것이 바람직하다.

○○도 소송사무처리 규칙

제15조의3(소송비용 등의 지원 및 환수) ① 소송총괄부서의 장은 공무원(전출자, 파견자, 퇴직자를 포함한다. 이하 이 조, 별표 4 및 별지 제8호 서식에서 같다)이 다음 각 호의 어느 하나에 해당하는 직무집행을 이유로 민사소송의 피고가 되거나 수사과정의 피의자가 된 경우에는 그 소송비용 등을 지원할 수 있다.
1. 도의 정책적 결정에 따른 직무 집행
2. 고의 또는 중대한 과실이 없는 직무 집행
3. 「지방공무원 적극행정 운영규정」 제2조 제2호의 적극행정에 따른 직무집행

② 공무원이 제1항에 따른 지원을 받으려는 경우에는 민사소송 또는 수사과정에서 쟁점이 된 직무를 주로 담당하는 부서장(이하 "담당부서장"이라 한다)에게 별지 제8호서식의 확약서를 제출하여야 한다.

③ 담당부서장은 다음 각 호의 어느 하나에 해당하는 경우에는 지원한 소송비용 등(제13조의2제4항에 따른 착수금을 포함한다)을 환수하여야 한다.
1. 민사소송에서 고의 또는 중대한 과실이 있는 직무 집행을 이유로 패소 판결이 확정된 경우

> 2. 형사소송에서 유죄판결(선고유예를 포함한다)이 확정된 경우
> 3. 수사과정에서 위법한 직무 집행을 이유로 기소유예 처분을 받은 경우
>
> ④ 공무원이 파견된 기관의 직무수행과 관련하여 제1항에 따른 지원을 받으려는 경우에는 민사소송, 형사소송 또는 수사과정이 확정 또는 종결 된 이후에 파견된 기관의 장의 신청과 경기도 소송심의 위원회의 결정에 따라 변호사 비용을 지원할 수 있다.
>
> ⑤ 그 밖에 공무원에 대한 소송비용 등의 구체적인 지원 및 환수의 기준과 절차는 별표 4와 같다.

- 참고로, 「교원의 지위 향상 및 교육활동 보호를 위한 특별법」 제14조의2에서는 학교폭력이 발생하거나 교육활동과 관련하여 분쟁이 발생한 경우에 교원에게 법률 상담을 제공하기 위하여 변호사 등 법률전문가가 포함된 법률지원단을 구성·운영하도록 하고 있다.

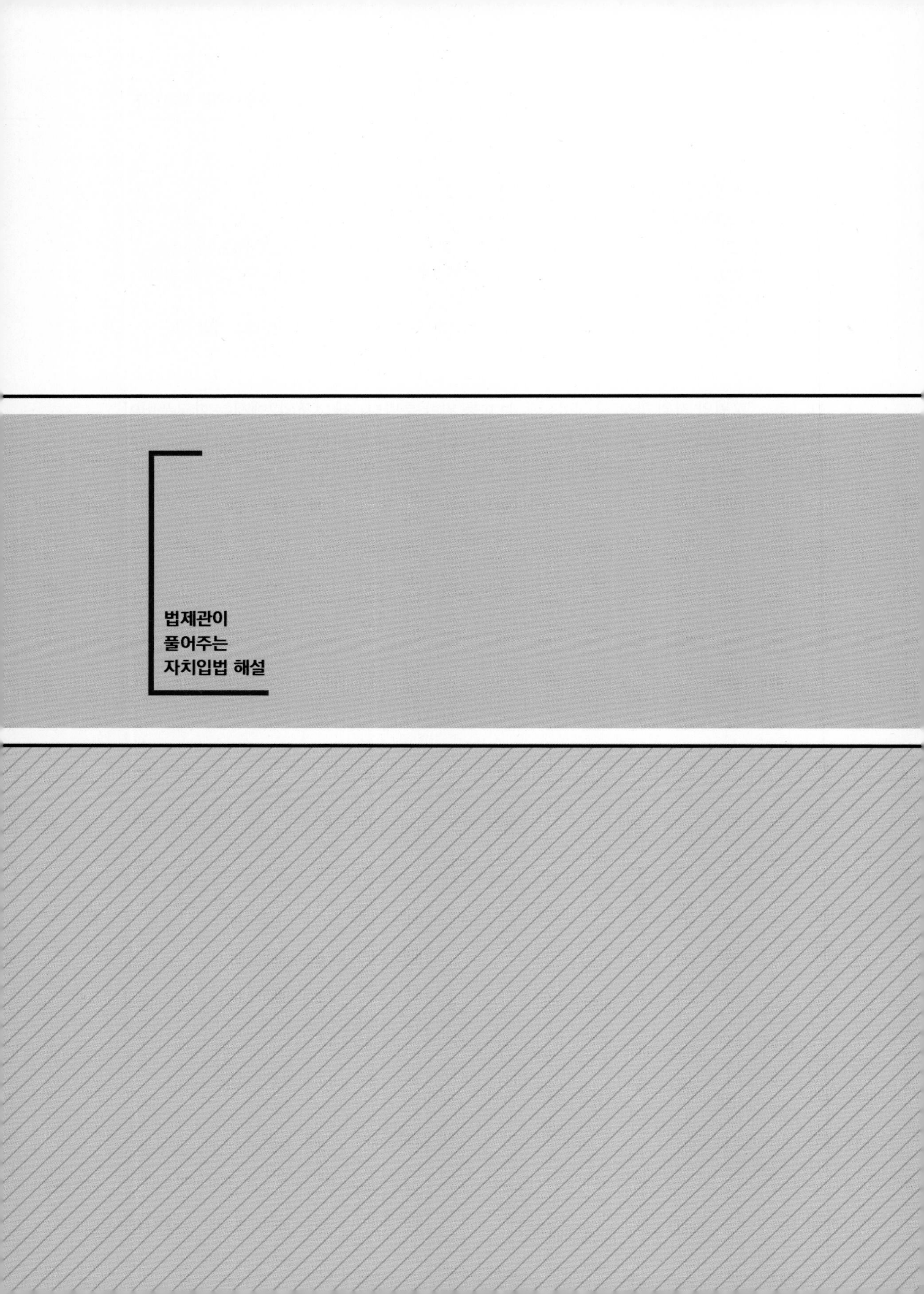
법제관이
풀어주는
자치입법 해설

자치법규의 부칙

CHAPTER

9 자치법규의 부칙

- 자치법규의 제정 또는 개정 과정에서 부칙 규정을 두지 않는 경우가 있으나, 크게 문제될 것은 없다. 부칙이 없어도 해당 자치법규는 공포 후 20일이 지나면 효력이 발생한다.

- 일정 기간 동안만 특별한 효력을 갖게 할 목적으로 제정된 자치법규는 그 부칙에서 유효기간에 관한 규정을 두어 존속기한이 도래하면 자동적으로 해당 자치법규를 실효시킬 수 있다.

- 조례의 유효기간이 도과하면 이를 수습하기가 쉽지 않기 때문에 유효기간에 관한 세심한 주의를 기울여야 한다. 유효기간을 연장하려면 부칙의 유효기간을 개정하면 된다.

- 동일한 사안에 대해 적용례와 경과조치를 동시에 두는 것은 특별한 경우를 제외하고는 바람직하지 않다. 적용례와 경과조치는 동전의 양면과 같아서 특별한 경우가 아니면 하나만 규정해도 된다.

- 부칙에서 적용례 또는 경과조치를 규정하는 것은, 일반적으로 행정처분은 '처분시법주의'가 적용되는 것이 원칙이지만 그렇지 않는 경우도 있어서 자치법규의 개정에 따른 법규의 적용문제가 복잡해질 가능성이 크기 때문에 입법적으로 확정시키려는 것이다. 적용례나 경과조치를 두는 것이 법적분쟁을 피하는 가장 쉽고 간편한 조치이다.

- 조례를 폐지·제정하거나 전부개정하는 경우 개별적 경과조치 외에 일반적 경과조치만 두는 경우가 있으나, 일반적 경과조치만으로는 종전의 부칙이 되살아나지 않기 때문에 종전의 부칙 중에서 되살릴 필요가 있는 부칙은 개별적으로 해당 자치법규에서 다시 규정해야만 한다.

자치법규에 부칙이 없다면?

- 자치법규를 입안하였다면 입안한 자치법규를 어떻게 시행하고 적용할 것인지 부칙을 두어서 정하게 된다.

- 상당수 자치법규는 부칙에서 시행일에 관한 규정만 두고 있는 경우를 볼 수 있는데, 법령에 비해 적용관계 등이 비교적 단순하기 때문인 것 같다. 그래서 자치법규의 부칙으로 시행일만 두면 되는 것 아니냐고 생각하는 분도 많다.

- 그런데, 부칙을 두지 않는 경우도 있었다. 이처럼 부칙이 없는 자치법규도 시행하는 데 크게 문제될 것은 없다.

- 만일 자치법규에 부칙이 없다면, 가장 시급한 문제는 해당 자치법규를 언제 시행할 것인지의 문제일 것이다.

- 「지방자치법」은 이와 같은 예외적인 상황을 대비해서 제32조 제8항은 "조례와 규칙은 특별한 규정이 없으면 공포한 날부터 20일이 지나면 효력을 발생한다."고 규정하고 있다.

지방자치법

제32조(조례와 규칙의 제정 절차 등) ⑧ 조례와 규칙은 **특별한 규정이 없으면** 공포한 날부터 20일이 지나면 효력을 발생한다.

- 먼저, 자치법규인 조례와 규칙은 공포의 절차를 거쳐야 한다는 점은 분명하다. 따라서 해당 자치법규의 부칙이 있는지 없는지에 관계없이 공포 행위가 없으면 해당 자치법규는 시행될 여지가 없다.

- 여담이지만, 이러한 점을 고려해서 일부 지방자치단체에서는 의회를 통과하여 집행부에 이송한 조례안이 맘에 들지 않는 경우 재의요구나 대법원 제소 등의 절차를 밟지 않고 조례안을 '조용히' 잠재우는 방식으로 조례의 시행을 보류하는 경우가 종종 있었다. 물론, 「지방자치법」

제32조 제6항에 따라 지방의회의 의장이 지방자치단체의 장을 대신하여 공포할 수 있지만, 이 규정과 관계없이 경우에 따라서는 집행부의 '뭉개는 전략'이 통하는 경우도 있다. 이런저런 이유 등으로 상당한 시일 동안 조례안의 공포가 진행되지 않는 것을 보면 아이러니가 아닐 수 없다.

지방자치법

제32조(조례와 규칙의 제정 절차 등) ④ 지방의회는 제3항에 따라 재의요구를 받으면 조례안을 재의에 부치고 재적의원 과반수의 출석과 출석의원 3분의 2 이상의 찬성으로 전(前)과 같은 의결을 하면 그 조례안은 조례로서 확정된다.

⑤ 지방자치단체의 장이 제2항의 기간에 공포하지 아니하거나 재의요구를 하지 아니하더라도 그 조례안은 조례로서 확정된다.

⑥ 지방자치단체의 장은 제4항 또는 제5항에 따라 확정된 조례를 지체 없이 공포하여야 한다. 이 경우 제5항에 따라 조례가 확정된 후 또는 제4항에 따라 확정된 조례가 지방자치단체의 장에게 이송된 후 5일 이내에 지방자치단체의 장이 공포하지 아니하면 지방의회의 의장이 공포한다.

- 어떻든 자치법규에 부칙 규정이 없더라도 해당 자치법규를 공포하기만 하면 이를 시행하는 데 문제는 없다. 다시 말해서 부칙이 없어도 "공포한 날부터 20일이 지나면" 효력을 발생한다.
- 결국, 「지방자치법」 제32조 제8항에서 "조례와 규칙은 특별한 규정이 없으면"이 뜻하는 것은 자치법규에 부칙 규정이 없거나 부칙 규정이 있더라도 해당 자치법규의 시행일에 관한 규정이 없는 경우를 뜻한다고 보아야 할 것이다.

시행일의 규정방식

- 제1강에서 이미 살펴본 것과 같이 어떤 까닭인지 알 수는 없으나, 대부분의 자치법규에서는 특별한 경우가 아니면 시행일을 '공포한 날'로 규정하고 있다.
- 여기서는 좀 더 극단적인 경우를 살펴보기로 하자.
- 군(郡)에서 도농복합형태의 시(市)로 승격한 어느 지방자치단체의 사례를 보면, 어느 정도까지 '공포한 날'부터 시행하는 것을 선호하는지 단적으로 알 수 있다.

- 아래의 '도농복합형태의 시 설치 등에 관한 법률'을 보면, 2013년 6월 4일 해당 법률을 법률 제11850호로 제정 및 공포하면서 그 부칙에서 2013년 9월 23일부터 이 법률을 시행하도록 규정하고 있음을 알 수 있다.

경기도 ○○시 도농복합형태의 시 설치 등에 관한 법률

제1조(목적) 이 법은 「지방자치법」 제7조 제2항에 따라 경기도 ○○군을 도농복합형태의 시인 경기도 ○○시로 설치함으로써 지역 주민의 편익 증진과 균형 있는 지역발전을 도모함을 목적으로 한다.

부칙 〈법률 제11850호, 2013.6.4〉

제1조(시행일) 이 법은 2013년 9월 23일부터 시행한다.

- 일반적으로 군에서 시로 승격하는 경우 해당 법률 제정에 맞춰 군의 조례·규칙 등 자치법규를 시의 자치법규로 변경하는 입법조치가 필요하다. 이 사례에 있어서 해당 법률이 공포된 2013년 6월 4일부터 3개월 가까운 여유가 있었음에도 불구하고 해당 지방자치단체는 시 승격 당일인 2013년 9월 23일에 관련 자치법규 제정안을 모두 공포하는 엄청난 입법절차를 밟게 되었다.
- 시 승격 당일에 해당 지방자치단체의 시보에는 제1호부터 제234호까지 조례 234개가 제정 및 공포되었는데, 하나같이 공포일과 시행일이 동일한 것으로 되어 있다. 아래의 사례는 그 중에서 제1호로 공포한 조례를 소개한 것이다.

○○시 시정조정위원회 조례

제1조(목적) 이 조례는 ○○시정의 기본적인 계획 및 시책과 법령에서 규정된 지방위원회의 기능에 관한 사항에 대하여 자문·심의·연구·의결하기 위하여 ○○시 시정조정위원회의 구성과 운영 등에 관한 사항을 규정함을 목적으로 한다.

부　칙(제정 2013. 9.23. 조례 제1호)

이 조례는 공포한 날부터 시행한다.

- 조례 234건, 규칙 91건, 훈령 36건 및 예규 3건 등 모두 364건이나 되는 자치법규가 당일의 공보에 게재되었다고 하니 그 두께는 물론이고 공보발행의 담당자가 얼마다 힘들었을지 짐작이 된다.

- 어차피 군(郡) 의회에서 제정한 조례를 반드시 시(市)의 명칭이 기재된 공보에 게재해야 할 까닭은 없다. 물론, 상징적인 의미에서 시 승격 날짜에 맞춰 한꺼번에 모든 자치법규를 공포하는 것도 나름 의미가 있으나, 시 승격 이전에 군(郡)의 공보에 차근차근 관련 조례 제정안을 미리 공포하는 것이 행정기관 및 주민들에게 미리 준비할 수 있는 기간을 준다는 의미에서 더 바람직하다고 생각한다.

- 이처럼 상위 법령 등에서 특정한 날부터 시행하는 것으로 결정된 경우에는 그에 따른 자치법규의 부칙에서 그 특정한 날을 시행일로 직접 규정하는 것이 바람직하다.

- 이미 제1강에서 말하였지만, 공포한 날부터 시행하는 것은 소급효가 있는 것이나 마찬가지이다. 공포한 자치법규가 게재된 공보가 배포되는 시간은 오전 9시를 전후한 반면, 그 자치법규의 시행은 당일 0시부터 출발하기 때문에 엄격하게 말하면 9시간 가까이 소급효가 있는 것이다.

- 부칙에서 자치법규의 시행일을 규정하는 경우에는 그 표현과 해석에 있어서 주의할 점이 있다.

- 아래의 사례에서 부칙의 적용이 ④만 다르고, 나머지의 규정은 모두 같다. 「행정기본법」 제7조 제2호의 "법령등을 공포한 날부터 일정 기간이 경과한 날부터 시행하는 경우 법령등을 공포한 날을 첫날에 산입하지 아니한다."는 『초일불산입』의 원칙에 따라 기간계산에 있어서 첫 날짜는 산입하지 않기 때문에 ①의 '공포한 날부터'의 문구와 나머지 규정의 '공포 후'의 문구는 내용상 아무런 차이가 없다. 아울러, 한자어로 '경과한 날'은 우리말로 '지난 날'에 해당하기 때문에 이 또한 같은 뜻이 된다.
  다만, '20일이 경과한 날'이나 '20일이 지난 날'은 20일의 기간계산에서 그 마지막 날의 24시가 되는 시각을 말하지만, '20일이 되는 날'은 20일의 기간계산에서 그 마지막 날이 된다.

부칙에서 시행일 규정방식 : 예시

부 칙

① 제1조(시행일) 이 조례는 공포한 날부터 20일이 경과한 날부터 시행한다.
② 제1조(시행일) 이 조례는 공포 후 20일이 경과한 날부터 시행한다.
③ 제1조(시행일) 이 조례는 공포 후 20일이 지난 날부터 시행한다.
④ 제1조(시행일) 이 조례는 공포 후 20일이 되는 날부터 시행한다.

- 자치법규에서 일부 조항의 시행일을 별도로 규정하려면 다음의 사례에서 보는 것과 같이 해당 부칙의 시행일 규정의 단서에서 직접 해당 날짜를 명시하면 된다.

사례 : ○○시 조례

부 칙

제1조(시행일) 이 조례는 공포 후 20일이 경과한 날부터 시행한다. 다만, 제4조 및 제5조의 개정규정은 공포 후 3개월이 경과한 날부터 시행하고, 제9조의 개정규정은 2023년 1월 1일부터 시행한다.

"자치법규에 유효기간을 왜 두어야 하지요?"

- 유효기간은 해당 자치법규 전체 또는 특정 조문에 대해 효력의 기한(期限)을 설정하는 것으로 '존속기한'으로 표현하기도 한다. 말 그대로 해당 기한 또는 날짜가 되면 해당 자치법규 또는 조문은 효력을 상실한다.

- 간혹 조례의 유효기간 마지막 날짜가 지나버린 것도 모르고 있다가 한참을 지나서 '아차' 싶어 한바탕 소동이 나는 경우를 보게 된다.

- 그런데, '지방세 감면 조례'와 같은 세금과 관련한 조례에 유효기간이 설정되어 있어서 문제가 된다. 예를 들어 2021년 12월 31일까지 유효기간이 설정되어 있는 조례의 시한이 한참 지난 2023년 5월쯤 알고 나면 담당자로서는 정신이 아찔하지 않을 수 없을 것이다. 그 동안 근거 규정인 조례가 없는 상태에서 조세감면을 했으니, 어떻게 이를 정리할 것인지 난감하게 되는 것이다.

○○시 시세의 감면에 관한 조례

제1조(목적) 이 조례는 「지방세특례제한법」 제4조에 따라 ○○시 시세의 감면에 관한 사항을 규정함으로써 공평과세를 실현하고 지역사회의 건전한 발전에 이바지함을 목적으로 한다.

부 칙

제1조(시행일) 이 조례는 2018년 1월 1일부터 시행한다.
제2조(적용시한) 이 조례는 2020년 12월 31일까지 적용한다.

- 이런 사태에 직면하여 가장 먼저 보이는 반응은 "어차피 유효기간을 계속 연기할 거면서 굳이 유효기간을 둔 것은 누구를 골탕먹이려는 의도가 있는 것이 아니냐"는 것이다. 일면 수긍이 가지 않을 수 없다.

- 실제로 대부분의 유효기간이 설정되어 있는 조례는 상당수 그 유효기간을 늘리는 내용의 조례 개정을 통해 적용시한을 연장하고 있는 실정이기 때문이다. 물론, 유효기간이 설정되어 있지 않더라도 언제든지 해당 조례를 폐지하거나 관련 규정을 삭제할 수 있음은 당연하다.

- 이처럼 불편하고 간혹 '대형사고'가 발생하는 데도 유효기간을 설정하는 것은 무슨 까닭일까?

- 실제로 자치법규는 그 법규를 폐지하지 않는 한 원칙적으로 계속하여 적용된다는 것을 전제로 만들어진다. 그리고 자치법규를 더 이상 적용할 필요가 없으면 그 자치법규를 폐지하여 정리하는 것이 원칙이다. 그러나 일정기간 동안만 해당 지방자치단체의 주민에게 특별한 효력을 갖는 자치법규는 애초부터 한시법적인 성격이 있기 때문에 일정기간만 효력이 있다는 뜻을 미리 예고하는 의미에서 유효기간을 두는 것이 필요하다.

- 만일 그 자치법규의 내용이 해당 주민들에게 이득을 주는 것이라면 유효기간까지만 이득을 부여하고 그 이후에는 폐지할 것이니까 너무 섭섭하거나 반대하지 말라는 의미가 있으며, 반대로 불이익을 주는 것이라면 유효기간까지만 참으라는 부탁의 의미가 있다고도 할 수 있다.

- 유효기간이 설정된 자치법규를 '한시조례' 또는 '한시규칙'이라고 부르기도 한다.

- 그런데 지방세 감면과 같이 지방재정에 직접적인 영향을 미치는 경우에는 상위 법률에서 직접 조세 감면의 시한을 설정함으로써 지방자치단체의 무분별하고 계속적인 조세 감면을 억제하려는 취지로 해당 조례에 유효기간을 두는 경우도 있다.

- 이 경우 자치법규에 설정된 유효기간은 지방재정의 건전성 확보를 위해 지방자치단체가 제로베이스(Zero- Base) 수준에서 조세감면에 대한 정책 결정을 하라는 의도로 볼 수 있다.

- 「지방세특례제한법」 제4조 제1항은 "지방자치단체는 다음 각 호의 어느 하나에 해당하는 때에는 3년의 기간 이내에서 지방세의 세율경감, 세액감면 및 세액공제를 할 수 있다."고 되어 있다. 이 규정에 따라 지방세 감면 조례는 3년 이내의 한시조례가 되는 것이다.

지방세특례제한법

제4조(조례에 따른 지방세 감면) ① 지방자치단체는 다음 각 호의 어느 하나에 해당하는 때에는 3년의 기간 이내에서 지방세의 세율경감, 세액감면 및 세액공제(이하 이 조 및 제97조의2에서 "지방세 감면"이라 한다)를 할 수 있다. 이 경우 이 법에서 정한 지방세 감면은 추가로 확대할 수 없다.

1. 서민생활 지원, 농어촌 생활환경 개선, 대중교통 확충 지원 등 공익을 위하여 지방세의 감면이 필요하다고 인정될 때
2. 특정지역의 개발, 특정산업·특정시설의 지원을 위하여 지방세의 감면이 필요하다고 인정될 때

- 물론, 문제가 없는 것은 아니다. 지방자치단체가 지방세 감면을 완전히 폐지하지 않을 것은 너무나 당연하고, 또한 해당 한시조례에 설정된 유효기간이 도과하기 전에 유효기간을 연장하는 조치가 당연히 예정되어 있는데도 이를 한시조례로 해야만 하는지 불만이 없지 않다.

- 특별한 사정이 없다면 해당 지방세 감면 조례를 실효시키지 않으며, 유효기간을 연장하는 부칙 개정을 통해 조례의 효력이 지속될 것이 분명한데도 불구하고 매번 부칙상의 유효기간만 연장하는 것이 의미가 있는지 다시 생각해볼 여지가 없는 것은 아니다.

- 하지만, 상위법에서 한시적 운영을 규정하고 있는 만큼, 이에 따라 제정하는 자치법규는 그 형식을 한시조례로 하는 것이 합당하다.

"유효기간이 지나버리면 어떻게 해야 하나요?"

- 유효기간이 설정되어 있는 자치법규를 관리하는 공무원은 특히 그 조례의 유효기간이 도과하는 일이 없도록 세심한 주의를 기울여야 한다. 유효기간이 설정된 자치법규 관리자의 막중한 책임 중의 하나이다.

- 아래의 사례와 같이 부칙 제2조에서 2011년 12월 31일까지 유효기간이 설정되어 있는 한시조례는 존속기한이 도래하기 전에 부칙을 개정하는 방식으로 유효기간을 연장하면 된다. 아래의 예시에서는 유효기간을 2년 연장하는 입법을 예로 든 것이다.

○○시 시세의 감면에 관한 조례

제1조(목적) 이 조례는 「지방세특례제한법」 제4조에 따라 ○○시 시세의 감면에 관한 사항을 규정함으로써 공평과세를 실현하고 지역사회의 건전한 발전에 이바지함을 목적으로 한다.

부 칙

제1조(시행일) 이 조례는 2011년 1월 1일부터 시행한다.
제2조(유효기간) 이 조례는 2011년 12월 31일까지 그 효력을 가진다.

○○시 시세의 감면에 관한 조례 일부개정조례 : 예시

조례 제1163호 ○○시 시세의 감면에 관한 조례 전부개정조례 부칙 제2조 중 "2011년 12월 31일"을 "2013년 12월 31일"로 한다.

부 칙

제1조(시행일) 이 조례는 공포한 날부터 시행한다.

- 만일 계속 효력을 지속하려던 조례의 유효기간이 지나버렸다면 어떻게 수습해야 하는 것일까?
- 그 절차와 방식이 아주 복잡하지만, 다시는 이런 일이 생겨서는 안 된다는 차원에서 경각심을 불러일으킬 만한 실제 사례를 소개하고자 한다.
- 아래의 사례는 어느 기초 자치단체 소관 '시세의 감면에 관한 조례'의 개정 과정을 나타내고 있다.

○○시 시세의 감면에 관한 조례

제1조(목적) 이 조례는 「지방세특례제한법」 제4조에 따라 ○○시 시세의 감면에 관한 사항을 규정함으로써 공평과세를 실현하고 지역사회의 건전한 발전에 이바지함을 목적으로 한다.

부 칙 〈전부개정 2010. 12. 31, 조례 제1163호〉

제1조(시행일) 이 조례는 2011년 1월 1일부터 시행한다.
제2조(유효기간) 이 조례는 2011년 12월 31일까지 그 효력을 가진다.

.... 유효기간 공백(2012.1.1. ~ 2012.12.12.) ....

부 칙 〈전부개정 2012. 12. 13, 조례 제1287호〉

제1조(시행일) 이 조례는 공포한 날부터 시행한다.

제2조(유효기간) 이 조례는 2014년 12월 31일까지 그 효력을 가진다. 다만, 「지방세특례제한법」에서 정한 적용시한이 있는 경우에는 그 적용 시한을 따른다.

제3조(○○시 시세 감면 조례 유효기간에 관한 특례) ① 조례 제1163호 ○○시 시세 감면 조례 전부개정조례를 다음과 같이 개정한다.

부칙 제2조 중 "2011년 12월 31일"을 "2013년 2월 28일"로 한다.

② 제1항의 개정규정에도 불구하고 조례 제1163호 ○○시 시세 감면 조례 전부개정조례 부칙 제2조의 개정규정은 이 조례가 시행되는 날까지만 유효한 것으로 본다.

- 위 조례는 당초 2010년 12월 31일 조례 제1163호로 전부개정하면서 다음해 1월 1일부터 시행하게 하되, 유효기간을 1년으로 하여 2011년 12월 31일까지로 정한 것을 알 수 있다. 그런데, 조례의 유효기간이 지났음에도 불구하고 유효기간의 연장 조치를 하지 않아 조례의 효력이 상실된 상황에서 2012년 12월 13일 조례 제1287호로 전부개정하고, 그 시행일을 공포한 날부터 시작하되, 유효기간을 2014년 12월 31일까지로 설정한 것을 알 수 있다.

- 위 조례의 개정 흔적을 살펴보면, 유효기간이 설정된 조례의 유효기간을 연장하지 않은 상황에서 그 적용시한이 지나면 얼마나 난감하고 복잡한 상황이 벌어지는지 적나라하게 보여준다. 바로 위 조례 제1287호 부칙 제3조가 그것이다.

- 우선, 위 조례 제1287호 부칙 제3조에서는 유효기간의 공백이 문제된다.

- 위 사례의 조례에서는 2012년 1월 1일부터 같은 해 12월 12일까지가 공백의 기간이 되는데, 실제로 이 기간에 조세 감면의 근거가 되는 조례가 없음에도 불구하고 계속해서 조세감면의 조치가 이루어졌다. 조세 감면의 근거 규정이 없었다면 해당 조세 감면행위는 무효가 된다. 법적 근거 없는 행정행위는 당연히 무효가 된다.

- 이와 같은 유효기간의 공백을 메꾸기 위해 가장 쉽게 떠올릴 수 있는 방법은 조례를 개정하면서 소급효를 규정하는 것이다. 예를 들어, 다음과 같이 시행일을 규정하면 된다.

○○시 시세의 감면에 관한 조례

부 칙 〈전부개정 2012. 12. 13, 조례 제1287호〉

제1조(시행일) 이 조례는 2012년 1월 1일부터 소급하여 시행한다.

- 하지만, 법규를 소급하여 시행하는 것은 원칙적으로 금지된다. 자치법규에서 가장 금기시되는 입법방식의 하나이다.

- 위 사례의 조례에서는 차선의 방책으로 조례 제1287호 부칙 제3조와 같이 우회적인 개정방식을 통해 소급효가 있는 시행의 문제를 해결하려고 한 것으로 보인다. 즉, 당초 조례의 존속기한에 해당하는 2011년 12월 31일 이전에 해당 조례의 부칙을 개정했어야 함에도 불구하고 개정하지 않았기 때문에 '타임머신'을 타고 과거로 회귀하여 해당 조례의 부칙을 개정한 것이다.

- 조례 제1287호 부칙 제3조 제1항이 이에 해당하는 규정이다. 중요한 것은 유효기간의 연장을 통해 존속기한을 "2013년 2월 28일"로 하여, 종전 조례와의 유효기간을 이어주려고 한 것으로 보이나, 반드시 2013년 2월 28일로 할 필요는 없다. 최소한 새롭게 개정하는 날짜인 "2012년 12월 13일"이후로만 설정되면 된다.

○○시 시세의 감면에 관한 조례

부 칙 〈전부개정 2012. 12. 13, 조례 제1287호〉

제3조(○○시 시세 감면 조례 유효기간에 관한 특례) ① 조례 제1163호 ○○시 시세 감면 조례 전부개정조례를 다음과 같이 개정한다.
부칙 제2조 중 "2011년 12월 31일"을 "2013년 2월 28일"로 한다.

- 이제 종전의 조례와 새롭게 전부개정한 조례의 유효기간의 연속성을 유지하도록 한 조치는 완료하였으나, 다소 중복되는 기간, 즉 2012년 12월 13일부터 제2013년 2월 28일까지의 기간이 중복되기 때문에 이 기간에 있어서 유효기간의 중복을 없애는 조치가 필요하다.

- 위 사례에서는 다음과 같이 조례 제1287호 부칙 제3조 제2항에서 유효기간의 중복을 없애는 조치를 하고 있음을 알 수 있다.

○○시 시세의 감면에 관한 조례

부칙 〈전부개정 2012. 12. 13, 조례 제1287호〉

제1조(시행일) 이 조례는 공포한 날부터 시행한다.

제3조(○○시 시세 감면 조례 유효기간에 관한 특례) ② 제1항의 개정규정에도 불구하고 조례 제1163호 ○○시 시세 감면 조례 전부개정조례 부칙 제2조의 개정규정은 이 조례가 시행되는 날까지만 유효한 것으로 본다.

- 이와 같은 복잡한 조례의 개정방식이 적합한지, 법원칙에 어긋나는 것은 아닌지 쉽게 판단할 수 없다.
- 무엇보다, 계속 적용되어야 할 조세 감면 조례의 유효기간이 아무런 조치 없이 도과한 것은 너무나 큰 과실(過失)이 아닐 수 없다. 그렇다고 해서 조례의 유효기간이 도과하였다는 이유만으로 해당 지방자치단체 소관 전체의 조세감면 내역을 무효로 하고 다시 관련 조례를 제정한 후 조세를 부과·징수 및 정산의 절차를 밟는다는 것은 정말 '어처구니없는 일'이 아닐 수 없다. 또한, 조세 감면 조례는 주민의 권리를 제한하거나 의무를 부과하는 것과 직접적인 관계가 없으며, 해당 지방자치단체의 진정한 의도는 조세 감면 조례를 계속하여 변함없이 유지하는 것이다.
- 일반 법원칙 중의 『오표시무해의 원칙』과 같다고 할 수 있다.
- 소위 『오표시무해의 원칙(誤表示無害의 原則)』이란 「민법」상의 원칙으로 표의자가 표시를 잘못하였음에도 불구하고 상대방이 표의자의 진의를 올바르게 인식한 경우 표의자가 의도했던 대로 그 효과가 발생하므로 표의자에게 해가 되지 않는다는 것이다. 이는 로마법에서 기원한 "오표시는 해(害)가 되지 않는다."는 법언에서 유래한다. 법률행위해석 방법 중 자연적 해석에 해당된다.
- 결국, 조세 감면 조례의 존속기한 도과에 따라 소급하여 해당 자치법규의 오류를 수정하는 조치를 하지 않을 수 없는데, 굳이 해당 법규의 시행일에 관하여 직접 소급효를 규정하는 것보다는, 다소 어렵고 복잡하며 이해하기가 힘들지만, 위 사례와 같이 부칙에서 특례의 조치를 하는 것이 그리 나쁜 것은 아니라고 본다.
- 이러한 유효기간의 특별한 개정은 자치법규에 유효기간이 설정되어 있음에도 불구하고 이를 태만히 한 공무원 스스로의 반성이면서, 동시에 존속기한이 도과되기 전에 개정의 입법조치를 하였어야 했다는 사실을 다시 한 번 일깨워주고, 아울러 이를 사후에라도 뒤늦게 조치를 했다는 부끄러운 이력(history)을 분명하게 남긴다는 점에서 나름 의미가 있다고 생각한다.

다른 조례 또는 규칙을 개정하는 부칙

- 자치법규에서 다른 자치법규를 개정하는 것은 (1) 다른 조례나 규칙을 폐지하는 것과 (2) 다른 조례 또는 규칙의 일부를 개정하는 경우로 구분할 수 있다. (1)의 경우에는 부칙의 제목을 '다른 조례의 폐지' 또는 '다른 규칙의 폐지'로 하고, (2)의 경우에는 부칙의 제목을 '다른 조례의 개정' 또는 '다른 규칙의 개정'으로 규정한다.

- 자치법규에서 다른 조례 또는 규칙을 폐지하거나 개정하는 경우에는 해당 자치법규가 조례인 경우에는 조례만 폐지하거나 개정할 수 있고, 다른 입법형식인 규칙이나 훈령·예규·고시 등을 폐지하거나 개정할 수는 없다. 마찬가지로 해당 자치법규가 규칙인 경우에는 규칙만 폐지하거나 개정할 수 있다.

- 부칙으로 다른 조례나 규칙을 폐지하거나 개정하려는 경우에는 해당 자치법규와 폐지 또는 개정의 대상이 되는 다른 조례 또는 규칙 사이에 특별한 관련성이 있어야 한다. 아무런 관련이 없다면 다른 자치법규에서 임의적으로 폐지 또는 개정할 수 없고, 각각의 해당 조례나 규칙을 직접 개정하는 절차를 밟아야 한다.

- 여기서 '특별한 관련성'이 무엇인지, 어느 정도의 관련성이 있어야 다른 조례 또는 규칙을 폐지 또는 개정할 수 있는지 문제가 된다.

- 우선, 다른 조례 또는 규칙의 폐지와 관련하여서는 실질적이고 구체적인 관련성이 인정되어야 하는데, ① A 조례나 규칙의 제정 또는 개정으로 더 이상 B 조례나 규칙을 존치할 필요가 없어서 B 조례나 규칙을 폐지하는 경우 ② 자치법규를 전부개정하는 대신 새로운 대체적 자치법규를 제정하면서 종전의 자치법규를 폐지하는 경우 ③ 둘 이상의 자치법규를 통합하여 새로운 자치법규를 제정하면서 종전의 자치법규를 폐지하는 경우 등이 이에 해당한다.

- 한편, 다른 조례 또는 규칙을 개정하는 경우 그 세부내용과 관련해서는 좀 더 정교하고 미세한 기준이 요구되는데, ① 해당 조례나 규칙의 개정으로 개정된 제명과 용어 또는 조문 등을 인용하고 있는 다른 자치법규의 해당 부분을 정리하는 경우 ② 다른 조례나 규칙에서 규율하고 있던 사항 중 일부를 해당 조례 또는 규칙에서도 규율하도록 하기 위해서 해당 사항을 추가하는 내용의 개정을 함에 따라 그 다른 조례나 규칙을 정리하는 경우 ③ 기구나 조직의 신설을 위하여 조례나 규칙을 개정함에 따라 신설된 기구의 소관 업무와 관련하여 다른 조례나 규칙 중 해당 사항을 변경하기 위한 경우 등이 이에 해당한다.

- 다른 조례나 규칙의 개정 또는 폐지와 관련해서 가장 흔하게 볼 수 있는 사례는 '행정기구 및 정원 조례'라고 할 수 있다.

- 아래의 '행정기구 및 정원 조례'에서 보는 것과 같이 지방자치단체의 기구나 조직의 신설 또는 폐지·변경 등으로 인해 다른 조례를 폐지하거나 관련 조례의 규정을 개정할 필요가 있는 때에 그 부칙에서 다른 조례의 폐지 또는 개정을 함께 규정한다. 다른 조례를 폐지하는 경우에는 아래의 조례 부칙 제3조와 같이 폐지 조례에 따른 적용례(내용상 경과조치로 보임) 또는 경과조치도 해당 조례의 부칙에서 직접 규정하여야 한다는 점을 유의하여야 한다.

행정기구 및 정원조례

부 칙

제1조(시행일) 이 조례는 공포한 날부터 시행한다.
제2조(다른 조례의 폐지) 다음 각호의 조례는 이를 각각 폐지한다.
1. ○○도농촌진흥원설치조례
2. ○○도보건환경연구원설치및운영조례
3. ~ 22. (생 략)

제3조(다른 조례의 폐지에 따른 수수료 등의 적용례) 부칙 제2조의 규정에 의하여 폐지되는 조례에 규정되어 있는 수수료·사용료 등의 부과·징수에 관한 사항은 새로운 조례가 제정될 때까지는 종전의 조례가 정한 바에 의한다. 이 경우 부과·징수권자는 제4조의 규정에 의하여 사무를 승계한 기관의 장이 된다.

제5조(다른 조례의 개정) ① ○○도세계화추진협의회조례 중 다음과 같이 개정한다.
제3조 제3항 중 "내무국장, 산업경제국장, 국제통상협력실장"을 "자치행정국장, 경제투자관리실장"으로 한다.
제8조 제1항 중 "국제협력담당관"을 "경제투자관리실장"으로 한다.
② ○○도수출지원기금융자조례 중 다음과 같이 개정한다.
제12조 제5항 중 "국제협력실장"을 "경제투자관리실장"으로 하고, "통상담당관"을 "외자유치과장"으로 한다.
③ ○○도여성발전위원회설치및운영조례중 다음과 같이 개정한다.
제3조 제3항 중 "여성정책실장"을 "여성정책국장"으로 한다.

"적용례와 경과조치를 둘 다 두면 되는 것 아닌가요?"

- 많은 분들이 자치법규에 있어서 부칙 규정의 핵심은 적용례와 경과조치라고 한다. 나아가 적용례와 경과조치가 '자치입법의 꽃'으로서 이 부분을 얼마나 잘 입안하는지에 따라 실력을 가늠할 수 있다고 언급하시는 분들도 많다.

- 반면에 대다수의 자치입법 담당자들은 부칙에서 적용례나 경과조치를 둔다는 것 자치가 골치 아프고, 괜히 아는 체하는 것보다는 대충 얼버무리고 가는 것이 낫다는 생각을 하고 있다는 인상을 강하게 받는다. 적용례와 경과조치를 너무 어렵게 생각하고 있기 때문이 아닌가 생각이 된다.

- 이 책에서는 자치법규의 부칙에서 가장 중요한 적용례와 경과조치의 사용례와 입안방법에 대해서 집중 탐구하기로 한다.

- 어느 기초 자치단체의 '주택조례' 일부개정에 대한 입법예고에서부터 이야기를 시작해보기로 한다.

- 입법예고 내용을 살펴보면, '주택조례'의 제8조에 제5호를 새롭게 신설하는 것이 주요 개정내용인데, 그 개략적인 내용은 원룸형 주택인 경우 면적 40제곱미터당 1대 이상에 상응하는 주차장을 설치하게 한다는 것이다.

○○시 주택조례 일부개정조례안

○○시 주택조례 일부를 다음과 같이 개정한다.

제8조에 제5호를 다음과 같이 신설한다.

5. 「주택법 시행령」 제3조 제1항 제2호에 따른 원룸형 주택용 면적 40제곱미터당 1대 (준주거지역 또는 상업지역에서 건설하는 경우 전용면적 80제곱미터당 1대) 이상의 주차장을 설치하여야 한다.

부 칙

제1조(시행일) 이 조례는 공포한 날부터 시행한다.

제3조(건축허가 및 사업계획 승인에 관한 적용례) 제8조 제5호의 개정규정은 이 조례 시행 후 최초로 건축허가(주택법 시행령 제15조 제2항에 따른 건축허가를 말하며, 이하 "건축허가"라 한다) 및 주택건설사업계획승인을 신청하는 경우부터 적용한다.

제5조(원룸형 주택의 주차장 설치기준에 관한 경과조치) 이 조례 시행 전에 건축허가 및 주택건설사업계획 승인 신청되어 진행 중인 사항은 제8조 제5호의 개정규정에도 불구하고 종전의 규정에 따른다.

- 이처럼 새로운 의무를 부과하는 규정을 신설함에 따라 부칙 제3조 및 제5조에서는 각각 적용례 및 경과조치를 규정하는 것으로 되어있는데, 부칙 제3조의 적용례에서는 "제8조 제5호의 개정규정은 이 조례 시행 후 최초로 건축허가 및 주택건설사업계획승인을 신청하는 분부터 적용한다."고 되어 있고, 반면에 부칙 제5조의 경과조치는 "이 조례 시행 전에 건축허가 또는 주택건설사업계획승인이 신청되어 진행 중인 사항은 제8조 제5호의 개정규정을 적용하지 않는다."는 뜻으로 규정되어 있다.

- 일부 자치입법 사례에서 적용례와 경과조치의 관계가 애매하고 어떻게 규정해야 할지 모르겠다는 핑계로 이처럼 동일한 사안에 대해 적용례와 경과조치를 동시에 규정하는 경우가 간혹 있다.

- 위 사례에서는 원룸형 주택에 대해 새롭게 주차장 설치 의무를 부과하는 내용의 규정을 신설하면서 개정된 내용을 조례 시행 후 최초로 건축허가 및 주택건설사업계획승인을 신청하는 분부터 적용한다는 것과 조례 시행 전에 건축허가 또는 주택건설사업계획승인이 이미 신청되어 진행 중인 사항은 그 개정규정을 적용하지 않겠다는 것은 같은 의미임을 알 수 있다. 동전의 양면과 같다. 결국 위 입법예고안은 동일한 내용을 두 번이나 규정한 셈이 된 것이다.

- 그렇다면 자치법규에서 적용례와 경과조치를 입안하는 방법과 기준은 무엇일까?

적용례와 경과조치(1)

- 적용례와 경과조치라는 말 자체가 쉽지 않다. 얼핏 봐도 우리말 같지가 않을 뿐더러, 왠지 정밀한 적용에 필요한 계산을 해서 창의적인 부칙 규정을 만들어야 해야 할 것만 같은 부담이 있다.

- 예를 들어 외국인을 갑자기 만났을 때 "How do you do?"라고 해야 할지 "Nice to meet you!"라고 해야 할지 1초도 안 되는 순간에 수많은 고민만 하다가 부끄럽게 "Hello!"라고 속삭이는 경험이 있을 것이다. "How do you do?" "Nice to meet you!" "Hello!"를 그 의미를 따지고 개별적으로 암기하는 것보다 상황을 만들어 한 번씩 써보는 것이 가장 좋은 외국어 공부법이 아닐까?

- 마찬가지로 필자의 경험상 부칙에서 적용례와 경과조치를 가장 쉽게 구분하고 이해할 수 있는 방법은 가장 단순하면서 쉬운 대표 사례만 기억해 두었다가 부칙 규정을 접할 때마다 그 기억을 되새김해보는 것이다.

- 그런데 부칙의 적용례와 경과조치에 있어서 확립된 원칙은 없다. 자치법규의 개정방식이나 개정되는 내용 등에 따라 천차만별이고 이에 대한 의견도 또한 각자 다르다. 큰 틀에서 자치법규의 입안에 도움이 될 만한 부분만을 정리해보기로 한다.

- 먼저, 일반적으로 개정되는 자치법규가 새로운 의무를 부과하거나 신청절차 등을 변경하는 경우에는 적용례와 경과조치 중 하나만 규정하면 된다. 앞서 소개한 원룸형 주택에 있어서 일정 면적 이상에 대해 주차장 설치의무를 부과하는 것이 대표적인 사례이다.

- 서식이나 신청절차 등을 변경하는 경우도 마찬가지이다. 규칙을 개정해서 신청 서식을 A에서 B로 변경했다면 적용례나 경과조치가 필요하다. 이미 종전의 서식에 따라 신청을 하였으나 아직 신청에 따른 인허가를 받지 못한 사람에 대해서는 종전 규정에 따른 A 서식의 신청을 인정할 것인지 아니면 새롭게 B 서식의 신청을 해야 하는지 결정해 주어야 한다. 다음에 예시된 것과 같은 부칙 제2조의 적용례 또는 경과조치 중에서 하나만 규정하면 된다.

서식 변경에 따른 부칙의 적용례 또는 경과조치 : 예시

부 칙

제1조(시행일) 이 규칙은 공포 후 20일이 지난 날부터 시행한다.
제2조(적용례) 제○조 및 별지서식의 개정규정은 이 규칙 시행 후 최초로 신청하는 분부터 적용한다.
제2조(경과조치) 제○조의 개정규정에도 불구하고 이 조례 시행 당시 신청한 분에 대해서는 종전규정에 따른다.

- 다음으로 종전 제도의 내용을 변경하는 경우를 생각할 수 있다.

- 아래의 사례와 같이 어느 지방자치단체가 '도시계획 조례'의 별표 20을 개정하여 용도지역 및 자연취락지구 안에서의 건축물의 용도·종류 및 규모 등의 제한 내용을 변경했다고 하자.

현 행	개 정 안
[별표 20] 농림지역안에서 건축할 수 있는 건축물 (제30조 제20호 관련) 농림지역안에서는 영 별표 21 제1호의 각목의 건축물과 영 별표 21 제2호의 규정에 의하여 다음 각 호의 건축물을 건축할 수 있다. 1.~ 8. (생 략) 9. 「건축법 시행령」 별표 1 제22호의 분뇨 및 쓰레기처리시설	[별표 20] 농림지역안에서 건축할 수 있는 건축물 (제30조 제20호 관련) 농림지역안에서는 영 별표 21 제1호의 각목의 건축물과 영 별표 21 제2호에 따라 다음 각 호의 건축물을 건축할 수 있다. 1.~ 8. (현행과 같음) 9. 「건축법 시행령」 별표 1 제22호의 분뇨 및 쓰레기처리시설(다만, 같은 호 나목 및 다목은 공공기관이 설치하거나 시장이 필요하다고 인정하는 시설에만 해당된다)

- 위 별표 20 제9호 개정내용은, 종전에는 농림지역 안에서 분뇨 및 쓰레기처리시설을 모두 설치할 수 있도록 허용하던 것을 조례 개정을 통해 '분뇨 및 쓰레기처리시설 중 같은 호 나목 및 다목에 해당하는 고물상과 폐기물처리시설은 공공기관이 설치하거나 시장이 필요하다고 인정하는 시설'만 설치가 허용되도록 변경한 것이다.

- 이처럼 허가의 범위가 축소되는 등 자치법규의 개정으로 종전 제도의 내용을 변경하는 경우 적용례와 경과조치를 어떻게 규정할까?

- 일각에서는 적용례만으로 부족하고 경과조치도 규정하여야 한다는 주장이 있다. 즉, 위 사례에서 "별표 20 제9호의 개정규정은 이 조례 시행 후 최초로 건축허가를 신청하는 분부터 적용한다."와 같은 적용례와 함께 "별표 20 제9호의 개정규정에도 불구하고 이 조례 시행 당시 건축허가를 신청한 분은 종전의 규정에 따른다."는 경과조치도 함께 규정하여야 한다는 것이다.

- 개정된 자치법규에 따라 건축이 가능한 분야가 축소된 만큼, 종전의 규정을 신뢰하고 일정한 절차를 밟은 사람에 대해 기득권 보전 차원에서 경과조치를 두어야 한다는 뜻으로 보인다. 반면에, 농림지역 안에서 분뇨 및 쓰레기처리시설을 설치할 수 있는 제도가 개정 자치법규에 따라 근본적인 변화를 초래해서 전혀 다른 제도로 바뀐 것은 아니며, 단순히 그 허용의 범위 또는 조건이 일부 달라진 것이기 때문에 적용례만 두면 충분하다는 의견도 있다.

- 즉, 위 사례에서 "별표 20 제9호의 개정규정은 이 조례 시행 후 최초로 건축허가를 신청하는 분부터 적용한다."와 같은 적용례를 두면 이 조례 시행 당시 이미 건축허가의 신청을 한 부분은

종전 규정에 따르고, 새롭게 신청을 하는 분부터 개정규정에 따르라는 취지로 해석된다는 것이다.

- 개정된 자치법규에 따라 종전의 제도에 폐지 등 근본적인 변화가 없고, 다소 변경이 생긴 경우에는 적용례만 두어도 충분하다. 이러한 점에서 앞서 살펴본 오피스텔의 자동차 주차장 설치 의무와 같이 새롭게 제도·규제를 도입하거나 시작하는 것과 마찬가지로 적용례만 두어도 크게 문제되지 않을 것으로 보인다.

- 만일 위 '도시계획 조례'의 별표 20 제9호가 삭제되면 어떻게 될까? 이 경우에는 종전의 자치법규에 따라 건축허가를 할 수 있다고 믿었던 사람들의 권리관계를 분명하게 규정할 필요가 있는 만큼, 적용례만으로는 부족하고 경과조치를 반드시 두어야 할 것으로 본다.

- 결국, 적용례나 경과조치를 두는 방법은 사안별로 다를 수 있으나 개정을 전후로 해당 자치법규에 어떤 변화가 있는지, 개정된 후의 자치법규만으로 종전의 기득권자 보호가 충분한지 여부 등을 종합적으로 고려하여 규정하여야 한다.

- 이상의 적용례 또는 경과조치에 대한 설명을 요약하면 다음과 같다.
  (1) 새롭게 제도·규제 등을 신설하는 경우 → 적용례만으로 가능 (2) 서식을 포함한 신청방법·절차 등이 변경된 경우 → 적용례만으로 가능 (3) 제도의 폐지가 아닌 내용의 변경에 해당하는 경우 → 적용례만으로 가능 (4) 제도의 전부 또는 일부의 폐지를 수반하는 내용의 변경에 해당하는 경우 → 적용례만으로 부족하고 경과조치가 반드시 필요

적용례와 경과조치(2)

- 앞에서 적용례와 경과조치를 두는 방식에 대해 도식화를 해보았으나, 적용례와 경과조치가 그렇게 녹록하지 만은 않다. 다음과 같이 아주 쉽고 단순한 사례를 들어보자.

- 용식이가 호박전 붙이는데 일가견의 솜씨가 있다고 하자. 2022년 3월 도지사는 명품음식 발굴 및 육성을 위해 분야별 음식명인을 지정하고, 지정된 사람에게는 도지사가 인정하는 음식명인 휘장을 할 수 있도록 하되, 만일 음식명인이 아닌 사람이 이를 허위로 게시하면 500만원의 과태료에 처하기로 했다고 가정을 해보자. 이 제도의 주요 내용을 조례로 규정하면 다음과 같다.

명품음식 발굴 및 육성 조례

- 2022.1.1. 제정, 조례 제○○○호

제1조(목적) 이 조례는 ○○도의 대표적인 명품음식을 발굴하고 육성하는 데에 필요한 사항을 정함으로써 ○○도 전통의 맛을 보전·계승하고 관광산업과 연계하여 지역 경제발전에 이바지하는 데 기여하는 것을 목적으로 한다.

제10조(음식명인) 도지사는 다음 각 호의 음식에 대하여 ○○도를 대표하는 음식명인을 지정하고, 해당 음식명인의 음식점 등에는 도지사 지정 음식명인임을 나타내는 표시를 할 수 있다.

1. 호박전
2. (이하 생략)

제12조(과태료) ① 도지사는 제10조에 따라 음식명인으로 지정되지 않은 사람이 도지사 지정 음식명인임을 나타내는 표시를 한 때에는 「지방자치법」 제34조에 따라 500만원의 과태료를 부과한다.
② 제1항에 따른 과태료의 부과 및 징수에 관하여는 「질서위반행위규제법」에 따른다.

- 다소 급조된 느낌이 물씬 나는 조례이지만, 어떻든 이 조례에 따라 용식이가 2022년 3월 호박전 음식명인으로 지정되어 도지사 지정 음식명인임을 나타내는 표시를 음식점 앞에 걸어두었다고 하자.

- 그러던 중 2022년 10월, ○○도 및 시·군의 주요 현안 조정회의에서 명품음식 발굴 및 육성 제도가 당초 취지대로 운영되지 못하는 이유가 도지사가 직접 사무를 수행하기 때문으로 지역의 특성을 살리기 위해 시장·군수에게 권한을 위임할 필요성이 인정되었고, 이에 따라 다음과 같이 조례를 개정하면서 별도의 적용례나 경과조치의 부칙 규정을 두지 않았다고 한다.

경기도 명품음식 발굴 및 육성 조례

- 2022.1.1. 제정, 조례 제○○○호
- 2023.1.1. 개정, 조례 제○○○호

제1조(목적) 이 조례는 ○○도의 대표적인 명품음식을 발굴하고 육성하는 데에 필요한 사항을 정함으로써 ○○도 전통의 맛을 보전·계승하고 관광산업과 연계하여 지역 경제발전에 이바지하는데 기여하는 것을 목적으로 한다.

제10조(음식명인) 도지사는 다음 각 호의 음식에 대하여 ○○도를 대표하는 음식명인을 지정하고, 해당 음식명인의 음식점 등에는 도지사 지정 음식명인임을 나타내는 표시를 할 수 있다.

1. 호박전
2. (이하 생략)

제12조(과태료) ① 도지사는 제10조에 따라 적법하게 음식명인으로 지정되지 않은 사람이 도지사 지정 음식명인임을 나타내는 표시를 한 때에는 「지방자치법」 제34조에 따라 500만원의 과태료를 부과한다.

② 제1항에 따른 과태료의 부과 및 징수에 관하여는 「질서위반행위규제법」에 따른다.

제13조(권한의 위임) 다음 각 호에 해당하는 도지사의 권한은 시장·군수에게 위임한다.

〈조문 신설 : 2023.1.1., 조례 제○○○호〉

1. 제10조에 따른 음식명인의 지정 및 지정 음식명인임을 나타내는 표시
2. 제12조에 따른 과태료의 부과·징수

- 2023년 3월 10일, 평소 용식이와 유감이 많으면서 자치법규에 식견이 높았던 공무원 A씨는 우연히 용식이네 호박전 전문음식점에 들렀다가 식당에 걸린 "도지사 지정 음식명인"이라는 표시를 목격하고는 의미 있는 미소를 띠었다. 그는 당장 좋아하던 호박전을 포기하고 관할 시청에 용식이를 고발하게 되었다.

- 우선, 행정권한의 위임이 있는 경우에는 그 사무의 권한과 책임이 위임받은 기관에 이전된다는 점을 생각해보자. 종전에 도지사의 권한이었던 음식명인의 지정과 표시 및 과태료 처분권한이 2023년 1월 1일자로 관할 시장으로 이전하게 된다. 그리고 그날부터 ○○도 관할구역 안에서는 새로운 법규에 따라 명품음식 발굴 및 육성 제도가 운영된다. 그래서 자치입법 전문가인 공무원 A가 보았을 때 용식이는 명확히 조례 위반자로서 500만원의 과태료의 처벌을 받을 것이 분명하다.

- 즉, 조례 제13조에 따라 관련 권한이 시장에게 위임되었으므로, 용식이는 시장으로부터 음식명인을 지정받고 시장이 음식명인 지정과 표시를 해야 하는데도 불과하고, 종전 조례에 따라 도지사로부터 지정받은 음식명인임을 표시한 것이므로, 500만원의 과태료 처분이 합당하다고 볼 수 있다.

- 효율적인 사업수행을 위해 권한 위임을 하였던 당초의 입법취지와 달리 애매한 사람을 범법자로 만든 꼴이 되었다. 억울한 용식이가 원망해야 할 대상은 공무원 A보다는 해당 조례를 개정하여 권한 위임을 하면서도 적용례나 경과조치를 두지 않은 담당 공무원이 아닐까?

- 그렇다면 용식이가 처벌을 받지 않으면서, 호박전 음식점을 계속 운영할 수 있도록 하려면 어떤 내용의 적용례 또는 경과조치를 두었어야 할까?

- 우선, 적용례가 되었든 경과조치가 되었던 하나만 두었더라면 아무런 문제가 없다는 주장이 있다. 아래의 부칙 제2조와 같은 적용례를 두면 제13조의 개정규정은 이 조례 시행 후 최초로 음식명인을 선정하는 분부터 적용하겠다는 것을 뜻하며, 이를 반대해석하면 이 조례 시행 당시 이미 음식명인으로 지정된 사람은 개정규정이 아니라 종전 규정에 따른 조치가 모두 유효하다는 것을 의미하기 때문에 비록 도지사가 지정하고 음식명인의 표시를 하였더라도 현행 조례에서도 적법한 것으로 된다는 것이다. 물론, 부칙 제2조의 적용례 규정을 반대해석하면 부칙 제3조의 경과조치 규정이 된다.

명품음식 발굴 및 육성 조례

- 2022.1.1. 제정, 조례 제○○○호
- 2023.1.1. 개정, 조례 제○○○호

부 칙 〈2023.1.1, 조례 제○○○호〉

제1조(시행일) 이 조례는 공포 후 20일이 경과한 날부터 시행한다.

제2조(적용례) 제13조의 개정규정은 이 조례 시행 후 최초로 음식명인을 선정하는 분부터 적용한다.

제3조(경과조치) 제13조의 개정규정에도 불구하고 이 조례 시행 당시 이미 음식명인으로 선정된 사람은 종전규정에 따른다.

- 이와 다른 견해에서는 적용례의 규정만으로는 부족하다고 주장한다. 위 개정 내용에 따르면 종전의 규정에 따라 도지사가 지정하고 음식명인의 표시를 한 것과 해당 시장·군수가 지정하고 음식명인의 표시를 하는 것은 전혀 다른 제도가 된다는 것이다. 따라서 적용례만 두면 새로운 제도의 적용 시점만을 규정하는 것이 되므로, 종전의 제도에 따른 기득권자의 권리보장을 위한 경과조치 규정은 반드시 필요하다는 것이다.

- 어느 주장이 맞는지 확인하기에 앞서, 적용례나 경과조치를 두어야 하는 이유에 대해서 다시 한 번 살펴볼 필요가 있다는 생각이 든다.

적용례나 경과조치를 두어야 하는 까닭

- 앞에서 자치법규를 제정 또는 개정하는 경우 부칙에서 적용례 또는 경과조치 규정을 두어야 한다는 점을 알았다. 그렇다고 해서 매번 자치법규를 개정할 때마다 적용례나 경과조치를 두어야 하는 것은 아니다. 어떤 경우에는 적용례나 경과조치가 전혀 필요하지 않은 경우도 있다.

- 이처럼 부칙에 적용례나 경과조치를 두어야 하는 경우를 정확하게 이해하기 위해서는, 오히려 적용례나 경과조치를 왜 두어야 하는지를 생각해보는 것이 우선이다. 적용례나 경과조치를 두어야만 하는 이유를 안다면 언제 두어야 할지 판단하기 쉽기 때문이다.

- 법령이나 자치법규를 막론하고 현재의 법규를 준수해야 하는 것은 당연하다. 즉, 법령이나 자치법규는 시대의 흐름에 맞춰 제정되거나 개정되기 마련이므로 새롭게 제정되거나 개정된 법령 또는 자치법규를 준수하고 개정규정에 따라 살아가면 아무런 문제가 없다.

- 하지만, 사람들이 생활하다보면 바빠서 규정이 변경되었는지 알지 못하는 경우도 있을 뿐만 아니라, 개정규정에 따르는 것이 지나치게 비용이 많이 들거나 이미 종전 규정에 적합한 사람에 대해서까지 굳이 개정규정을 적용할 필요가 없는 경우가 있기 마련이다.

- 이처럼 법령이나 자치법규를 개정하는 경우 그 적용관계를 분명하게 해줄 필요가 있는 것은 법규의 적용에 있어서 『처분시법주의』가 원칙이기 때문이다. 일반적으로 「형법」에 따른 형벌은 개인적인 잘못을 단죄하는 것으로 어떠한 행위를 하는지와 그 행위 당시의 법 규정 등이 중요하며 나중에 법규를 개정해서 소급해서 처벌하는 것은 불가능하기 때문에 『행위시법주의』가 원칙이지만, 공공복리와 행정의 적정성을 우선하는 행정법에 있어서는 그 위반행위 당시의 정황이나 법규도 중요하지만, 무엇보다 현재의 법 규정이 중요하다. 지금의 법규를 준수하지 못하면 행정목적을 달성하지 못하고, 심지어는 국가의 안전과 국민의 생명이 위협받을 수 있기 때문이다.

- 따라서 위반행위에 따른 불이익 처분의 경우에는 『행위시법주의』가 적용되지만, 신청에 따른 처분이 대부분인 일반적인 행정처분은 적용례나 경과조치 등 특별한 규정이 없는 경우 개정법규가 적용되는 『처분시법주의』가 원칙이다.
  2021년 제정된 「행정기본법」 제14조 제2항에서 이 내용을 명확히 규정하고 있다.

행정기본법

제14조(법 적용의 기준) ① 새로운 법령등은 법령등에 특별한 규정이 있는 경우를 제외하고는 그 법령등의 효력 발생 전에 완성되거나 종결된 사실관계 또는 법률관계에 대해서는 적용되지 아니한다.
② 당사자의 신청에 따른 처분은 법령등에 특별한 규정이 있거나 처분 당시의 법령등을 적용하기 곤란한 특별한 사정이 있는 경우를 제외하고는 처분 당시의 법령등에 따른다.
③ 법령등을 위반한 행위의 성립과 이에 대한 제재처분은 법령등에 특별한 규정이 있는 경우를 제외하고는 법령등을 위반한 행위 당시의 법령등에 따른다. 다만, 법령등을 위반한 행위 후 법령등의 변경에 의하여 그 행위가 법령등을 위반한 행위에 해당하지 아니하거나 제재처분 기준이 가벼워진 경우로서 해당 법령등에 특별한 규정이 없는 경우에는 변경된 법령등을 적용한다.

- 「행정기본법」 제14조 제2항에서는 일반적 행정처분인 당사자의 신청에 따른 처분은 처분시법주의가 원칙임을 규정하고, 제3항에서는 제재처분의 경우 행위시법주의를 원칙으로 한다는 점을 규정하고 있다.

- 따라서 적용례 또는 경과조치는 자치법규의 개정에 따라 신·구 자치법규의 법질서 사이에서 제도의 변화가 불가피한 상황에서 해당 개정법규의 효력발생을 어느 시점부터 적용할 것인지(적용례) 또는 종전의 법규 적용을 받던 사안에 대해 기득권을 인정하거나 과도적인 조치를 하는 등의 적용관계를 분명하게 하는 것(경과조치)인지의 문제라고 할 수 있다.

- 이처럼 논란이 많고 복잡한 법적 분쟁이 예견되는 문제에 있어서 매우 쉽고 간단하며 모두를 시원하게 만족할 수 있는 입법적인 기술이 있음에도 불구하고 이를 규정하지 않는 것은 담당 공무원의 태만에 해당하는 것이다.

- 만에 하나 있을지도 모를 사태 또는 법적 분쟁을 미연에 방지하는 것이야말로 자치입법의 기본이 된다고 생각한다. 귀찮고 아무런 일이 없을 것 같아도 개정법규의 적용관계를 면밀히 살펴보고 부칙 규정 여부를 검토하는 자세가 자치입법의 법제전문가가 갖춰야 할 기본 항목이라고 생각한다.

- 그렇다면, 앞서 살펴본 법제관의 호박전 사건을 비롯한 모든 사안에 있어서 적용례만으로 개정 자치법규를 적용하고 기존의 권리자를 보호하는 데 충분하다고 생각되면 적용례만 두되, 관련 규정의 폐지 또는 해당 제도의 인허가권자 변경 등으로 개정 후 자치법규 및 적용례 규정만으로는 기존의 권리자 보호가 충분하지 않다고 생각되는 경우 경과조치 규정을 반드시 두는 것이 바람직하다고 할 수 있다.

실습 : 적용례 또는 경과조치를 두는 방법

- 개별 조례의 개정에 따라 그 부칙에 적용례 또는 경과조치를 둔 입법례를 살펴보는 공부 방법은 제한적인 면이 있다. 개별 사안마다 존재하는 고유한 특수성을 간과할 수 있으며, 자치법규 전반적인 분야에 걸친 통찰력을 제시하는 데에 한계가 있기 때문이다.

- 따라서 여기서는 하나의 조례 전체를 대상으로 하고자 한다. 이 조례의 각각의 조문을 개정하는 것을 전제로 했을 때 그 부칙에 적용례 또는 경과조치를 두어야 할지 또는 말아야 할지, 그리고 두는 경우에는 어떤 방식과 내용으로 규정할 것인지 살펴보기로 한다.

- 여기서 실습의 대상으로 삼을 조례는 '통합관리기금 설치 및 운영 조례'이다.

- 먼저, 이 조례의 제명이나 제1조의 목적 규정 또는 제2조의 정의 규정을 개정하는 경우 적용례나 경과조치를 둘 까닭은 거의 없다.

○○도 통합관리기금 설치 및 운용 조례

제1조(목적) 이 조례는 ○○도가 설치·운용중인 각종 기금의 여유자금을 효율적으로 활용하기 위하여 ○○도통합관리기금을 설치하고, 그 운용·관리에 필요한 사항을 규정함을 목적으로 한다.

- 정의 규정은 그 규정방식에 따라 간혹 해당 조례의 적용 범위가 달라지기 때문에 용어의 개정에 따라 부칙에서 적용례나 경과조치를 두어야 하는 경우가 있다. 그런데 이 조례에서는 여유자금·도금고 및 기금운용관 등 어떤 용어가 개정되더라도 특별히 적용관계의 변동이 수반되지 않을 것으로 판단된다.

○○도 통합관리기금 설치 및 운용 조례

제2조(정의) 이 조례에서 사용하는 용어의 정의는 다음과 같다.

1. "여유자금"이란 회계연도의 예상수입에서 기금의 설치목적 달성에 필요한 해당 연도의 예상 지출요소를 제외하고 남는 자금을 말한다.
2. "도금고"란 「지방재정법」 제77조에 따라 ○○도(이하 "도"라 한다)가 지정한 금고를 말한다.
3. "기금운용관"이란 도에서 설치·운용하고 있는 각 기금의 기금운용관을 말한다.

- 여기서 여유자금의 범위가 확대되거나 축소된다고 해서 개정 전의 조례와 개정 후의 조례 사이에 적용관계가 변경될 여지가 없다. 조례의 개정에 따라 당연히 여유자금의 범위는 바뀌는 것이고 그 바뀐 범위에 맞춰 통합관리기금을 조성하면 되기 때문이다. 또한, 지방자치단체의 금고나 공무원의 직위가 변경된다고 해서 적용관계에 있어서 문제가 될 여지는 없다. 변경된 금고나 공무원의 직위 그대로 업무를 수행하면 되기 때문이다.

- 이처럼 주민이나 행정의 대상과 직접 관련 없이 행정기관 내부의 제도변경에 불과한 사항은 별도의 적용례나 경과조치를 둘 필요가 없는 경우가 많다는 것을 알 수 있다.

- 다음으로, 이 조례 제3조는 기금의 조성에 관한 내용인데, 기금 관련 조례에서 '기금의 조성' 규정은 기금의 재원이 되는 항목을 규정하고 있다.

○○도 통합관리기금 설치 및 운용 조례

제3조(기금의 조성) ○○도통합관리기금(이하 "통합기금"이라 한다)은 다음 각 호의 재원으로 조성한다.

1. 다른 기금으로부터의 여유자금
2. 일반회계 및 특별회계로부터의 전입금
3. 통합기금으로 인한 수익금
4. 그 밖의 수입금

- 여기서 기금의 조성 내용이 변경되면 조례 개정 전후에 어떤 적용관계가 형성될까? 예를 들어 위 제3조 제1호의 규정이 삭제되거나 같은 조에 "기부금"과 같은 항목이 새롭게 추가된다고 했을 때 그 법규 적용관계에 있어서 변화가 없다는 것을 알 수 있다. 즉, 제3조의 경우 기존의 특정 항목이 삭제되거나 추가되더라도 그 자체로 법규의 적용관계에 변화가 생기지 않고, 단지 개정된 조례의 시행일부터 개정된 사항을 반영해서 기금을 조성하면 된다.
  당장 기금 조성의 항목을 개정 조례의 시행일에 정확하게 맞추기 어렵다면 제3조의 개정규정의 시행일만 늦추면 된다. 굳이 부칙에서 적용례나 경과조치를 둘 필요는 없다.

- 이 조례 제4조는 기금의 용도에 관한 내용인데, 여기서 기금의 용도가 변경되면 조례 개정 전후에 어떤 적용관계가 형성될까?

○○도 통합관리기금 설치 및 운용 조례

제4조(통합기금의 용도) ① 통합기금은 다음 각 호의 어느 하나에 해당하는 용도로 운용한다.

1. 지역개발기반시설 사업에 필요한 자금의 융자
2. 공기업 및 특별회계에 대한 자금의 융자
3. 도의 다른 기금에 대한 자금의 융자
4. 지역경제 활성화 및 지역주민의 복지증진을 위하여 필요한 사업에 대한 자금의 융자
5. 통합기금의 운용·관리를 위한 경비
6. 그 밖에 ○○도지사가 필요하다고 인정하는 사업에 대한 자금의 융자 등

② 제1항에 따른 융자는 통합기금에 예탁하고 있는 각 기금의 목적사업 수행에 지장이 없는 범위에서 운용하여야 한다.

- 예를 들어 위 제4조 제1항 제1호의 규정이 삭제되거나 "자동차 구매를 위한 자금의 융자"의 명목이 새롭게 추가된다고 했을 때 그 법규 적용관계에 있어서 일부 변화가 생긴다는 것을 알 수 있다. 먼저, 제4조의 개정으로 기금의 용도가 새롭게 추가되었다면 개정 조례의 시행일부터 추가된 용도에 맞게 운용하면 되기 때문에 적용관계에 변화가 없다는 것을 알 수 있다.

- 그런데, 제4조의 개정으로 기금의 용도가 삭제되었다면 문제가 달라진다. 즉, 기금을 운용하는 입장에서 볼 때에는 시행일부터 개정 조례에 맞춰 삭제된 용도로 운용하지 않으면 그만이지만, 삭제된 기금의 용도에 따라 자금을 융자받은 사람의 입장에서는 갑자기 조례 개정으로 그 법규의 적용관계에 변화가 생긴다. 즉, 개정 조례의 시행과 동시에 자금의 융자가 중단될 우려가 있다. 따라서 이 경우에는 아래의 예시와 같이 적용례 또는 경과조치를 두어서 개정된 법규의 적용관계를 명확히 할 필요가 있다.

○○도 통합관리기금 설치 및 운용 조례 : 제4조 제1항 각 호 중 하나가 삭제된 경우

제4조(통합기금의 용도) ① 통합기금은 다음 각 호의 어느 하나에 해당하는 용도로 운용한다.

1. 지역개발기반시설 사업에 필요한 자금의 융자
2. 공기업 및 특별회계에 대한 자금의 융자
3. 도의 다른 기금에 대한 자금의 융자
4. 지역경제 활성화 및 지역주민의 복지증진을 위하여 필요한 사업에 대한 자금의 융자
5. 통합기금의 운용·관리를 위한 경비

6. 그 밖에 ○○도지사가 필요하다고 인정하는 사업에 대한 자금의 융자 등

② 제1항에 따른 융자는 통합기금에 예탁하고 있는 각 기금의 목적사업 수행에 지장이 없는 범위에서 운용하여야 한다.

부 칙

제1조(시행일) 이 조례는 공포 후 2개월이 경과한 날부터 시행한다.

제2조(적용례) 제4조 제1항의 개정규정은 이 조례 시행 후 최초로 자금을 융자하는 분부터 적용한다.

제2조(경과조치) 제4조 제1항의 개정규정에도 불구하고 이 조례 시행 당시 융자받은 자금에 대하여는 종전의 규정에 따른다.

- 이 조례 제5조는 기금운용관에게 그 여유자금의 예탁을 강제하는 규정으로 소속 공무원에 대한 의무사항을 규정한 것으로서 그 내용이 어떻게 개정되더라도 적용관계에 변화가 생기지 않는다. 행정기관 내부에서 이뤄지는 것에 불과하다. 따라서 그 개정에 따른 적용례 또는 경과조치를 둘 필요가 없다.

○○도 통합관리기금 설치 및 운용 조례

제5조(통합기금에의 예탁의무) 기금운용관은 각 기금의 설치·운용에 관한 조례의 규정에도 불구하고 그 여유자금을 통합기금에 예탁하여야 한다.

- 이 조례 제6조 제1항은 제5조에 따라 기금운용관이 여유자금을 통합기금에 예탁하는 경우 그 예탁기간을 1년 이상으로 하도록 하였는데, 만일 그 예탁기간의 최소한도를 변경하면 법규의 적용관계에 변화가 생긴다는 점을 알 수 있다.

○○도 통합관리기금 설치 및 운용 조례

제6조(예탁기간 및 이자율 등) ① 제5조에 따라 통합기금에 예탁하는 자금의 예탁기간은 1년 이상으로 한다.

② 각 기금의 통합기금 예탁자금에 대한 이자율은 국·공채의 이자율 수준과 기금 등의 금융자산운용 수익률 등을 고려하여 제7조에 따른 ○○도 지방재정계획심의위원회의 심의를 거쳐 정한다.

- 비록 같은 지방자치단체 소속 기금과 기금간의 예탁이지만, 그 운용 주체가 독립되어 명백히 분리되기 때문에 예탁기간이 변경되면 적용관계가 변경되지 않을 수 없다. 예를 들어, 최소한의 예탁기간이 1년에서 2년으로 상향 조정되면 기존에 예탁한 기금의 여유자금 중 일부는 개정된 규정에 위반될 수 있다. 즉, 개정 조례의 시행과 동시에 기존에 2년 미만으로 예탁기간이 설정된 기금의 여유자금 중 일부는 개정 규정에 위반된다.

- 따라서 이 경우에는 아래의 예시와 같이 적용례 또는 경과조치를 두어서 개정된 법규의 적용관계를 명확히 할 필요가 있다. 물론, 이와 같은 적용례나 경과조치를 두지 않으면 개정 조례의 시행과 동시에 해당 예탁된 여유자금은 예탁 계약을 해지하고 예탁기간을 2년 이상으로 하여 새롭게 예탁을 체결하거나 예탁 계약의 기간을 2년 이상으로 변경해야 한다.

○○도 통합관리기금 설치 및 운용 조례 : 제6조 제1항이 개정된 경우

제6조(예탁기간 및 이자율 등) ① 제5조에 따라 통합기금에 예탁하는 자금의 예탁기간은 1년 이상으로 한다.

② 각 기금의 통합기금 예탁자금에 대한 이자율은 국·공채의 이자율 수준과 기금 등의 금융자산운용 수익률 등을 고려하여 제7조에 따른 ○○도 지방재정계획심의위원회의 심의를 거쳐 정한다.

부칙

제1조(시행일) 이 조례는 공포 후 2개월이 경과한 날부터 시행한다.

<u>**제2조(적용례)** 제6조 제1항의 개정규정은 이 조례 시행 후 최초로 여유자금을 예탁하는 분부터 적용한다.</u>

<u>**제2조(경과조치)** 제6조 제1항의 개정규정에도 불구하고 이 조례 시행 당시 이미 예탁한 여유자금에 대하여는 종전의 규정에 따른다.</u>

- 이 조례 제7조는 위원회 규정이다. 위원회 규정을 개정하는 것은 주로 위원회의 구성 및 운영방법 또는 위원회의 심의사항이 대부분이다. 이 조례의 경우 위원회의 심의사항만을 규정하고 있어서 그 심의사항을 추가하거나 기존의 심의사항을 삭제하더라도 그 법규의 적용관계에 변화가 생기지 않는다. 개정 조례의 시행일 이후부터 개정된 내용에 맞춰 위원회의 심의사항을 확대하거나 축소하면 그만이다.

○○도 통합관리기금 설치 및 운용 조례

제7조(기금심의위원회) 통합기금의 운용 및 관리에 관한 다음 각 호의 심의사항은 「○○도 지방재정계획 및 공시심의 위원회 조례」에 따른 ○○도 지방재정계획심의위원회가 그 기능을 대행하여 심의한다.
1. 통합기금운용계획의 수립 및 변경
2. 통합기금 예산 및 결산보고서
3. 예탁금 및 융자금의 이자율과 기간의 조정
4. 통합기금 자금 융자규모의 적정성
5. 그 밖에 예탁여부 심사 등 통합기금에 관한 주요 사항

- 참고로, 위원회의 구성방법이나 운영방법에 있어서 변화가 있는 경우에도 특별히 문제될 것은 없다. 개정 조례의 시행일 이후 조속한 시일 안에 개정된 내용에 맞춰 위원회 구성을 하고, 운영방식을 바꾸면 되기 때문이다.

- 이 조례 제8조 및 제9조는 통합기금의 회계공무원을 지정하고 해당 회계공무원의 직무를 규정하는 것으로서 소속 공무원에 대한 임명 또는 직무사항을 규정한 것이므로 그 내용이 어떻게 개정되더라도 적용관계에 변화가 생기지 않는다. 행정기관 내부에서 이뤄지는 것에 불과하다. 따라서 그 개정에 따른 적용례 또는 경과조치를 둘 필요가 없다.

○○도 통합관리기금 설치 및 운용 조례

제8조(회계공무원) 통합기금의 효율적인 운용을 위하여 도 소속 공무원 중에서 다음 각 호와 같이 회계공무원을 지정한다.
1. 통합기금운용관 : 기획조정실장
2. 분임기금운용관 : 통합관리기금담당 과장 또는 담당관
3. 기금출납원 : 통합기금관리담당사무관

제9조(통합기금의 운용·관리) ① 통합기금운용관 및 분임기금운용관은 통합기금을 명확히 관리하기 위하여 필요한 대장을 갖추어 두되, 각종 대장의 기능을 전산으로 처리하는 경우에는 그 전산입력 자료로 갈음할 수 있다.
② 통합기금은 「지방재정법」 제34조 제3항에 따라 세입·세출 예산 외로 처리할 수 있다.
③ 통합기금의 금융자산은 도금고에 예치·관리하여야 한다.

- 이 조례 제10조는 통합기금의 운용계획 수립 및 결산보고에 관한 사항으로 소속 공무원에 대한 직무사항을 규정한 것으로서 그 내용이 어떻게 개정되더라도 적용관계에 변화가 생기지 않는 것이 원칙이다.

○○도 통합관리기금 설치 및 운용 조례

제10조(기금운용계획 및 결산보고) ① 도지사는 매 회계연도 개시 50일 전까지 기금운용계획을 수립하여야 하며, 출납폐쇄 후 80일 이내에 통합기금 결산보고서를 작성하여야 한다.
② 도지사는 매 회계연도마다 기금운용계획서와 통합기금 결산보고서를 ○○도의회에 제출하여야 한다.

- 행정기관 내부에서 이뤄지는 것에 불과하므로 그 개정에 따른 적용례 또는 경과조치를 둘 필요가 없다. 다만, 제10조 제2항은 도지사로 하여금 결산보고서 등을 의회에 제출하도록 하고 있는데, 그 제출시기 또는 제출해야 하는 내용이 변경된 경우에는 기관과 기관과의 대외적인 행위가 매개되는 관계로 적용관계가 변경된다. 따라서 제출시기를 매 회계연도가 아닌 6개월마다로 변경하거나 제출해야 하는 내용에 회계검사 내용을 추가하면 집행부로서는 제출의 시기 및 범위에 있어서 적용관계가 변경되기 때문에 아래의 예시와 같이 적용례 또는 경과조치를 두어서 적용관계를 명확히 할 필요가 있다.

○○도 통합관리기금 설치 및 운용 조례 : 제10조 제2항이 개정된 경우

제10조(기금운용계획 및 결산보고) ① 도지사는 매 회계연도 개시 50일 전까지 기금운용계획을 수립하여야 하며, 출납폐쇄 후 80일 이내에 통합기금 결산보고서를 작성하여야 한다.
② 도지사는 매 회계연도마다 기금운용계획서와 통합기금 결산보고서를 ○○도의회에 제출하여야 한다.

부칙

제1조(시행일) 이 조례는 공포 후 2개월이 경과한 날부터 시행한다.
제2조(적용례) 제10조 제2항의 개정규정은 이 조례 시행 후 최초로 시작되는 회계연도부터 적용한다.
제2조(경과조치) 제10조 제2항의 개정규정에도 불구하고 이 조례 시행 당시의 회계연도에는 종전의 규정에 따른다.

- 이 조례 제11조는 예탁금의 기한 전 상환의 내용에 관한 소속 공무원의 직무사항을 규정한 것으로서 그 내용이 어떻게 개정되더라도 적용관계에 변화가 생기지 않는 것이 원칙이다. 행정기관 내부에서 이뤄지는 것에 불과하다. 따라서 그 개정에 따른 적용례 또는 경과조치를 둘 필요가 없다.

○○도 통합관리기금 설치 및 운용 조례

제11조(예탁금의 기한 전 상환) ① 각 기금운용관은 기금운용상 불가피한 사유가 있는 경우에는 예탁기간의 만료전이라도 예탁금을 상환 받을 수 있다.
② 기금운용관은 제1항에 따라 예탁금을 상환 받으려는 때에는 상환 받으려는 날의 15일 전에 미리 그 취지를 통합기금운용관에게 알려야 한다.

- 다만, 제11조 제2항은 예탁금을 기한 전에 상환하려면 상환 받으려는 날의 15일 전에 미리 통지하도록 하고 있는데, 만일 그 통지 시기가 변경된 경우에는 기관과 기관과의 대외적인 행위가 매개되는 관계로 적용관계가 변경된다. 만일 통지 시기를 상환 받으려는 날의 전날 1개월 전까지로 연장하게 되면 상환을 받으려는 기금 및 그 운용자로서는 그 시기를 놓치면 상환 자체를 받을 수 없어 그 법규의 적용관계가 변경되기 때문에 아래의 예시와 같이 적용례 또는 경과조치를 두어서 적용관계를 명확히 할 필요가 있다.

○○도 통합관리기금 설치 및 운용 조례 : 제11조 제2항이 개정된 경우

제11조(예탁금의 기한 전 상환) ① 각 기금운용관은 기금운용상 불가피한 사유가 있는 경우에는 예탁기간의 만료전이라도 예탁금을 상환 받을 수 있다.
② 기금운용관은 제1항에 따라 예탁금을 상환 받으려는 때에는 상환 받으려는 날의 15일 전에 미리 그 취지를 통합기금운용관에게 알려야 한다.

부칙

제1조(시행일) 이 조례는 공포 후 2개월이 경과한 날부터 시행한다.
제2조(적용례) 제11조제2항의 개정규정은 이 조례 시행 후 최초로 상환 신청을 하는 예탁금부터 적용한다.
제2조(경과조치) 제11조제2항의 개정규정에도 불구하고 이 조례 시행 당시 이미 상환 신청을 한 예탁금에 대하여는 종전의 규정에 따른다.

- 마지막으로, 이 조례 제12조는 기금의 존속기한이다. 기금의 존속기한 규정은 해당 기금의 존립 근거가 되므로 가장 중요한 규정 중의 하나이다.

○○도 통합관리기금 설치 및 운용 조례

제12조(기금의 존속기한) 이 기금의 존속기한은 2021년 12월 31일까지로 한다.

- 「지방자치단체 기금관리기본법」 제4조에서는 기금의 존속기한은 5년 이내에서 조례로 명시하되, 사업수행에 필요한 재원조성 등에 5년 이상이 소요될 것으로 예상되는 경우에는 존속기한을 10년 이내로 정할 수 있다고 되어 있다. 물론, 존속기한이 경과된 이후에도 기금의 존치 필요성이 있는 경우에는 조례를 개정하여 기금의 존속기한을 연장하거나 단축할 수 있다.

- 여기서 기금의 존속기한이 변경되는 내용으로 조례가 개정되면 기금의 수명이 단축되거나 연장되기 때문에 법규의 적용관계에 일부 변화가 생길 여지가 있다. 수명의 연장은 해당 기금 자체 또는 다른 주체와의 적용관계에 직접적인 영향이 없으나, 수명이 단축되는 경우는 해당 기금의 수명이 예정보다 단축되는 관계로 해당 기금에 예치된 예탁금 및 그 운용자금 등 거의 모든 관련 주체에게 직접적인 적용관계의 변화가 생긴다.

- 예를 들어, 기금의 존속기한을 2021년 12월 31일에서 2020년 12월 31일까지로 1년 단축하면 해당 기금에 예치된 예탁금 및 그 운용자금 등 거의 모든 관련 주체에 대해서도 이에 걸 맞는 특례를 둘 필요가 있다. 이처럼 법규의 개정으로 인해 예상하지 못한 사태가 발생하는 경우에 그 적용상의 틈을 메꾸기 위해 부칙을 두어야 하는데, 종전의 적용례 또는 경과조치로 규율하기 힘들다.

- 예상보다 기금의 존속이 단축되기 때문에 법규 적용에 있어서 틈이 생긴 여백을 다른 제도로 메꾸어야 하기 때문에 다음과 같이 특례 또는 적용특례라는 부칙을 둔다.

○○도 통합관리기금 설치 및 운용 조례 : 존속기한이 단축되는 경우

제12조(기금의 존속기한) 이 기금의 존속기한은 2021년 12월 31일까지로 한다.

부칙

제1조(시행일) 이 조례는 공포 후 2개월이 경과한 날부터 시행한다.
제2조(적용특례) 제12조의 개정규정에 따라 기금의 존속기한이 단축되는 경우 해당 기금에 예치된 예탁금과 기금의 운용 목적으로 융자된 자금의 존속기한은 2020년 12월 31일까지로 한다.

- 참고로, 부칙의 특례 규정은 자치법규를 제정하거나 개정할 때 정책적인 관점이나 특수한 상황을 전제로 하여 한정된 기간이나 대상 등에 대하여 종전의 자치법규에 따르도록 하는 것도 곤란하고 곧바로 새로운 자치법규를 적용하기 곤란하여 잠정적으로 종전의 자치법규 및 새로운 자치법규와 다른 별개의 제도를 도입하여 운용할 필요가 있을 때에 두는 규정이다.

일반적 경과조치

- 조례를 폐지·제정하거나 전부개정 하는 경우에는 변경된 내용에 대하여 개별적인 경과조치를 둘 뿐만 아니라 종전 규정의 집행 전반과 관련되는 일반적인 경과조치를 두는 것이 관례처럼 되었다.

○○도 도시계획조례

제1조(목적) 이 조례는 「국토의 계획 및 이용에 관한 법률」, 같은 법 시행령, 같은 법 시행규칙 및 관계 법령에서 조례로 정하도록 한 사항과 그 시행에 관하여 필요한 사항을 규정함을 목적으로 한다.

부 칙 〈2003.7.9. 제정〉

제1조(시행일) 이 조례는 공포한 날부터 시행한다.

제2조(다른 조례의 폐지) 이 조례 시행과 동시에 2000. 10. 27. 제정되어 2001. 1. 8. 개정된 ○○도도시계획조례(조례 제3087호) 및 ○○도건설종합심의회조례는 이를 폐지한다.

제3조(일반적인 경과조치) 이 조례 시행 당시 종전의 규정에 의한 처분·절차 그 밖의 행위는 이 조례의 규정에 의하여 행하여진 것으로 본다.

제4조(취락지구등에 대한 경과조치) 영 부칙 제10조 제2항의 규정에 의하여 종전의 규정에 의하여 지정된 다음 각호의 왼쪽의 준도시지역 취락지구·산업촉진지구·시설용지지구는 오른쪽의 개발진흥지구로 각각 지정된 것으로 본다.

1. 취락지구 → 주거개발진흥지구
2. 산업촉진지구중 산업입지및개발에관한법률에 의한 농공단지 및 공업배치및공장설립에관한법률에 의한 공장과 이에 부수되는 근로자주택 → 산업개발진흥지구
3. 산업촉진지구중 화물유통촉진법에 의한 물류시설, 유통단지개발촉진법에 의한 유통단지 및 유통산업발전법에 의한 공동집배송단지 및 집배송 센터와 그 관련시설 → 유통개발진흥지구
4. 시설용지지구(법 부칙 제14조 제2항의 규정에 의한 도시계획시설로 보지 아니하는 지구) → 관광·휴양개발진흥지구

제5조(도시계획시설등에 대韓 경과조치) 영 부칙 제11조 제1항의 규정에 의하여 종전의 규정에 의하여 지정된 다음 각호의 왼쪽의 광장은 오른쪽의 광장으로 각각 지정된 것으로 본다.
1. 미관광장중 중심대광장 → 일반광장중 중심대광장
2. 미관광장중 근린광장 → 일반광장중 근린광장
3. 미관광장중 경관광장 → 경관광장

- 일반적 경과조치는 해당 조례의 폐지·신설 또는 전부개정으로 새롭게 시행되는 조례의 시행 당시 종전의 규정에 따라 행하여진 처분·절차, 그 밖의 행위는 새롭게 시행되는 조례의 규정에 따라 행하여진 것으로 본다는 내용이다. 즉, 종전의 규정에 따른 처분·절차, 그 밖의 행위를 새로운 규정에 따른 것으로 간주하는 역할을 한다. 신법과 구법의 총체적 변경 사이에서 종전의 권리의무관계 등의 효력을 인정하려는 것으로 보인다.

- 일반적 경과조치를 규정하는 이유는 무엇일까?

- 조례의 개정방식에는 일부개정과 전부개정의 방식이 있으며, 일부개정의 경우에는 기존의 조례에 잇달아 새로운 조례의 개정 내용이 추가되고 이 과정에서 기존의 조례 내용은 그 효력을 계속 유지한다는 점에 이론이 없다. 반면에, 전부개정의 경우에는 종전의 조례가 새로운 조례로 전면 대체되는 것으로 이해되고 있으며, 이 경우 종전 조례의 효력을 계속 유지하는지 여부에 대해 논란이 지속되고 있다.

- 또한, 조례의 폐지방식으로는 아예 조례를 폐지하는 방식인 순수 폐지방식과 조례를 폐지한 후 다시 동일한 명칭의 조례를 제정하는 방식인 폐지·제정방식이 있는데, 어떤 방식에 의하건 종전의 조례는 모두 소멸되어 효력을 상실하는 것이 원칙이다.

- 따라서 조례를 폐지·제정하거나 전부개정하는 경우에는 종전 조례의 규정에 따른 법규의 집행 전반과 관련되는 일반적인 경과조치를 두지 않으면 그동안의 종전 조례에 따른 법률관계가 한꺼번에 소멸될 우려가 있는 것이다. 이러한 이유로 일반적 경과조치를 두고 있는 듯하다.

- 그렇다면, 위 사례와 같이 조례를 폐지·제정하거나 또는 전부개정하는 경우 부칙에서 일반적 경과조치를 두면 종전의 부칙이 모두 살아나는 것일까?

- 일반적 경과조치 규정에 따라 종전의 조례에 따른 종전의 조례 본칙 규정에 따른 처분·절차, 그 밖의 행위를 새로운 규정에 따른 것으로 간주하는 것은 가능하지만, 종전의 부칙 규정까지 경과조치의 대상이 되는 것인지 논란이 있다.

- 아예 조례를 폐지하는 방식인 순수 폐지방식과 조례를 폐지한 후 다시 동일한 명칭의 조례를 제정하는 방식인 폐지·제정방식 중 어떤 방식에 의하건 종전의 부칙은 모두 소멸되어 효력을 상실하는 것이 원칙이다. 비록 일반적 경과조치를 두더라도 부칙의 규정을 되살릴 수 없다는 데에 의견이 일치되어 있다.

- 결국, 위 '도시계획 조례'의 사례와 같이 조례의 폐지·제정의 방식으로 개정하는 경우 그 부칙에서 일반적 경과조치를 두었다는 이유만으로 이미 폐지된 조례의 부칙이 되살아날 수는 없다.

- 다만, 폐지·제정의 방식으로 개정하는 경우 일반적 경과조치를 개별적 경과조치와 같이 구체적인 범위를 정해서 규정하면 그 효력을 부인할 수 없다고 본다.

- 아래 사례의 조례에서는 종전의 '옥외광고물관리심의원회 설치 및 운영 조례'를 폐지하고 '옥외광고물 등 관리 조례'를 제정하는 방식을 취하고 있는데, 종전의 '옥외광고물관리심의원회 설치 및 운영 조례'는 폐지되었기 때문에 그 조례뿐만 아니라 그 조례에 부속되는 부칙의 규정도 모두 소멸되는 것이 원칙이다.

○○도 옥외광고물 등 관리 조례

제1조(목적) 이 조례는 「옥외광고물 등 관리법」 및 같은 법 시행령에서 위임된 사항과 그 시행에 필요한 사항을 규정함을 목적으로 한다.

부칙 〈2012.10.2. 제정〉

제1조(시행일) 이 조례는 공포한 날부터 시행한다.

제2조(다른 조례의 폐지) 「○○도옥외광고물관리심의위원회 설치 및 운영에 관한 조례」는 폐지한다.

제3조(일반적 경과조치) 이 조례 시행 당시 종전의 규정에 따라 표시되었거나 허가증 또는 신고증명서를 발급받은 광고물등에 대해서는 이 조례의 시행에도 불구하고 그 광고물등의 표시기간(2년 미만인 경우에는 2년으로 본다)까지는 종전의 규정에 따라 표시할 수 있다.

제4조(특정구역 지정 등에 관한 경과조치) 이 조례 시행 당시 종전의 규정에 따라 시장·군수가 특정구역의 지정 및 표시방법의 완화·강화한 사항에 대하여는 제19조 제1항 및 제22조 제1항에 따라 도지사가 특정구역의 지정 및 표시방법의 완화·강화한 것으로 본다.

제5조(안전점검에 대한 경과조치) 제26조 제1호에 따라 새로이 안전점검 대상이 된 광고물등은 이 조례의 시행에도 불구하고 그 광고물등의 표시기간까지는 종전의 규정에 따라 안전점검을 받은 것으로 본다.

- 다만, 폐지된 조례 및 그 부칙에 따른 광고물 등의 표시와 허가증 또는 신고증명서에 대해서는 새롭게 제정된 '옥외광고물 등 관리 조례'의 시행에도 불구하고 2년의 잠정기간 동안 그 효력을 인정하려고 부칙 제3조에서 일반적 경과조치를 두고 있음을 알 수 있다. 이 규정에 따라 종전의 '옥외광고물관리심의원회 설치 및 운영 조례' 및 그 부칙에 따른 광고물 등의 표시와 허가증 또는 신고증명서에 대해서는 2년간 그 효력이 인정된다. 다른 일반적 경과조치보다 범위가 특정되어 규정하고 있어서 해당 제도와 관련된 종전의 본칙 및 부칙의 규정이 되살아나는 것으로 볼 수 있다.

- 다음으로 전부개정에 있어서 일반적 경과조치 규정과 종전 규정의 부칙에 대한 효력 문제를 살펴볼 필요가 있다.

- 앞서 제1강에서 이미 살펴본 것과 같이 조례의 개정방식에는 일부개정과 전부개정의 방식이 있으며, 일부개정의 경우에는 기존의 부칙에 잇달아 새로운 부칙이 추가되고 이 과정에서 기존의 부칙은 그 효력을 계속 유지한다는 점에 이론이 없다. 반면에, 전부개정의 경우에는 종전의 조례가 새로운 조례로 대체되는 것으로 이해되고 있으며, 이 경우 종전 부칙이 효력을 계속 유지하는지 여부에 대해 논란이 지속되고 있다.

- 대법원 판례는 전부개정은 기존 법규를 폐지하고 새로운 법규를 제정하는 것과 마찬가지여서 종전의 본칙은 물론 부칙 규정도 모두 소멸하므로 "특별한 사정이 없는 한" 종전의 부칙도 모두 실효된다고 보고 있다. 결국, 대법원 판례에 따르면 전부개정을 하는 경우에는 새로운 조례에서 일반적 경과조치를 두었다고 하더라도 종전의 부칙 규정이 모두 살아나지 않는다는 것을 뜻한다.

- 한편, 대법원 판례에서 말하는 "특별한 사정이 없는 한"에서 '특별한 사정'이란 전부개정 된 법규에서 종전 법규의 부칙을 계속 적용한다는 규정을 두지 않는 경우에도 종전의 경과규정이 실효되지 않고 계속 적용된다고 보아야 할 예외적인 특별한 사정을 말한다고 설명하고 있다(대법원 2008.11.27., 선고 2006두19419). 이 경우 예외적인 특별한 사정이 있는지는 종전 경과규정의 입법경위·취지, 전부개정된 법령의 입법취지 및 전반적 체계, 종전 경과규정이 실효된다고 볼 경우 법률상 공백상태가 발생하는지 여부, 기타 제반 사정 등을 종합적으로 고려하여 개별적·구체적으로 판단하여야 한다(대법원 2019.10.31.선고 2017두74320).

- 이에 대하여 헌법재판소는 입법자의 실수 그 밖의 이유로 부칙 조항이 전문개정(전부개정과 같은 의미임) 법규에 반영되지 못한 이상 전문개정 법규의 시행 이후에는 전문개정 법규의 일반적 효력에 의하여 더 이상 유효하지 않게 된 것으로 보아야 한다고 판단하여 대법원 판례와

같은 "특별한 사정이 없는 한"의 전제조건까지 부인하고 있다(헌재 전원재판부 2009헌바123, 2012.5.31.).

- 대법원 판결이든 헌법재판소 결정이든 세부적인 내용 분석까지 하고 싶지는 않다. 다만, 자치법규의 전부개정에 있어서도 폐지·제정의 방식과 마찬가지로 원칙적으로 종전의 부칙이 폐지되며, 단지 일반적 경과조치와 같은 규정을 부칙에 두었다는 이유만으로 종전의 부칙 규정이 되살아나는 것은 아니다.
- 따라서 자치법규에 있어서 폐지·제정 또는 전부개정 방식에서 그 부칙에 일반적 경과조치를 두는 것은 종전의 자치법규 중에서도 종전의 본칙 규정에 따른 처분·절차, 그 밖의 행위와 관련해서만 의미가 있다. 기존의 부칙 중에서 유효한 효력을 부여해야 할 필요가 있는 부칙 규정은 해당 자치법규의 부칙에서 다시 규정하여야 한다는 점을 명심해야 한다.

조세 감면 조례에서의 일반적 경과조치 문제

- 조례를 폐지·제정하거나 전부개정하는 경우 일반적 경과조치를 두는 것이 관례인데, 일부 자치법규에서 일부개정 조례 등의 부칙에서도 일반적 경과조치 규정을 두는 사례가 있다.
- 아래 사례의 '도세 감면 조례'와 같이 대부분의 지방자치단체에서 운용하는 지방세 감면 조례에 있어서는 다른 조례와 달리 유독 일부개정 조례임에도 불구하고 그 개정 조례의 부칙에서 일반적 경과조치를 둔 경우를 볼 수 있다.

○○도 도세 감면조례

제1조(목적) 이 조례는 「지방세특례제한법」 제4조에 따라 ○○도 도세의 감면·추징 등에 관한 사항을 규정함으로써 공평과세를 실현하고 지역사회의 건전한 발전에 이바지함을 목적으로 한다.

부칙 〈2009.12.31. 일부개정〉

제1조(시행일) 이 조례는 2010년 1월 1일부터 시행한다.

제2조(적용례) 제17조 제4항의 규정은 취득세의 경우에는 2010년 6월 30일까지 취득하는 미분양주택에 대하여 적용하고, 등록세는 2010년 6월 30일까지 등기하는 미분양 주택에 대하여 적용한다.

제3조(적용시한) 제17조 제4항의 규정은 2010년 6월 30일까지 적용한다.

제4조(일반적 경과조치) 이 조례 시행 당시 종전의 규정에 의하여 부과 또는 감면하였거나 부과 또는 감면하여야 할 도세에 대하여는 종전의 규정에 의한다.

- 위 '도세 감면 조례' 일부개정 조례의 부칙 제4조의 의미는 무엇일까? 예를 들어 2009년 12월 31일에 개정된 규정은 이 조례 제17조 제4항이 전부이고, 이에 대해서 "이 조례 시행 당시 종전의 규정에 의하여 부과 또는 감면하였거나 부과 또는 감면하여야 할 도세에 대해서는 종전의 규정에 의한다."는 규정은 개별적 경과조치를 둔 것으로 보아야 할 것이다.

- 즉, 위 조례의 부칙 제4조는 "이 조례 시행 당시 종전의 규정에 따라 부과 또는 감면하였거나 부과 또는 감면하여야 할 도세에 대하여는 제17조 제4항의 개정규정에도 불구하고 종전의 규정에 따른다."는 내용으로 개별적 경과조치로 규정하는 것이 합당하다. 다만, 입법상의 착오 등으로 인하여 해당 조문의 제목을 '일반적 경과조치'로 표현한 것 같다.

- 일반적 경과조치는 자치법규를 폐지·제정 또는 전부개정하는 경우에만 사용하는 부칙 규정으로, 일부개정하는 경우 그 부칙을 일반적 경과조치의 방식으로 규정하는 것은 바람직하지 않다.

- 한편, 조세 감면 조례에서의 일반적 경과조치의 해석과 관련해서 대법원은 아래와 같이 그 의미를 가장 넓게 판시하고 있는데, 이와 같은 판시 내용에 따라 상당수 지방자치단체가 조세 환급이나 조례의 개정 등 실무적으로 심각한 문제를 안고 있다.

〈취득세등부과처분취소 : 대법원 2011.1.27, 선고, 2008두15039, 판결〉

구 경기도 도세감면 조례(2008. 12. 30. 조례 제3827호로 전부 개정되기 전의 것) 부칙 제4항의 이 조례 시행 당시 종전의 규정에 의하여 감면하였거나 감면되어야 할 도세에 대하여는 종전의 규정에 따른다.'는 경과규정은 위 조례의 시행 후에 과세요건이 완성된 경우에도 유리한 종전 규정의 적용에 관한 납세의무자의 정당한 신뢰를 보호하기 위하여 종전 규정을 적용할 수 있다는 의미로 해석하여야 한다. … (중략) …

원고가 2006. 2. 28. 이 사건 건물 등을 취득할 당시 시행중이던 구 경기도 도세감면 조례(2003. 12. 29. 조례 제3307호로 전부 개정되어 2008. 12. 30. 조례 제3827호로 전부 개정되기 전의 것, 이하 '신 조례'라 한다) 제9조 제2호는 유료노인복지시설을 설치하기 위한 부동산의 취득에 대하여 취득세와 등록세의 100분의 50만을 경감하는 것으로 규정하고 있으나, 원고가 1996. 6. 13. 용인시장으로부터 이 사건 건물 등을 포함한 '삼성노블카운티'를 건축하는 유료노인복지시설 설치사업계획에 대한 승인을 받은 후 1996. 9. 9. 건축허가를 받을 당시 시행중이던 구 경기도 도세감면 조례(이하 '구 조례'라 한다)는 신 조례와 달리 유료노인복지시설을 설치하기 위한 부동산의 취득에 대하여 취득세와 등록세 전액을 면제하도록 규정하고 있었기 때문에, 원고는 구 조례에 따라 장차 이 사건 건물 등의 취득에 대하여도 취득세 및 등록세가 전액 면제될 것으로 신뢰하였을 것인 점, 신 조례 부칙 제4항의 '이 조례 시행 당시 종전의 규정에 의하여 감면하였거나 감면되어야 할 도세에 대하여는 종전의 규정에 따른다'는 경과규정은 신 조례의 시행 후에 과세요건이 완성된 경우에도 유리한 종전 규정의 적용에 관한 납세의무자의 정당한 신뢰를 보호하기 위하여 종전 규정을 적용할 수 있다는 의미로 해석하여야 하는 점 등을 고려하면, 이 사건 건물 등의 취득에 대하여는 원고가 이 사건 건물 등을 건축하기 위하여 용인시장으로부터 유료노인복지시설 설치사업계획에 대한 승인 및 건축허가를 받을 당시 시행 중이던 구 조례에 따라 취득세 및 등록세 전액이 면제되어야 한다.

- 위 판례의 사례를 시간대로 재구성하면 ① 원고가 1996년 6월 13일 이 사건 건물을 포함한 유료노인복지시설 설치사업계획에 대한 승인을 받음 ② 원고가 1996월 9월 9일 건축허가를 받을 당시 시행 중이던 '구 조례'는 유료노인복지시설을 설치하기 위한 부동산의 취득에 대하여 취득세와 등록세 전액을 면제하도록 규정 ③ 원고는 2006년 2월 28일 이 사건 토지를 취득 ④ 원고가 이 사건 토지를 취득하던 당시에는 '신 조례'가 적용되었으며, 당시 신 조례(2008. 12. 30. 조례 제3827호로 전부 개정되기 전의 것)는 유료노인복지시설을 설치하기 위한 부동산의 취득에 대하여 취득세와 등록세의 50%만 경감하는 것으로 조례를 개정한 것이며, 개정 당시의 부칙 제4항은 "이 조례 시행 당시 종전의 규정에 의하여 감면하였거나 감면되어야 할 도세에 대하여는 종전의 규정에 따른다."고 되어 있다.

- 위 판례의 취지에 따르면, 조례의 개정으로 취득세와 등록세를 100% 감면에서 50% 감면으로 변경하면서 일반적 경과조치로서 "이 조례 시행 당시 종전의 규정에 의하여 감면하였거나 감면되어야 할 도세에 대하여는 종전의 규정에 따른다."라는 규정을 두었다면 나중에 해당 과세요건을 완성하더라도 그 일반적 경과조치의 규정으로 인해서 개정 전에 해당하는 100% 감면을 해야 한다는 논리이다. 도저히 납득이 가지 않는 판시 내용에 따라 일부 지방자치단체가 같은 취지로 지방세 감면 조례를 개정해서 특례 규정을 두려고 하고 있다.

- 위 조례에서 감면의 대상이 되는 것은 취득세와 등록세이다. 「지방세기본법」 제34조 제1항 제1호는 "취득세는 과세물건을 취득하는 때에 지방세를 납부할 의무가 성립한다."고 되어 있다.

- 따라서 「지방세기본법」 제34조 제1항 제1호의 규정을 고려할 때, 이 사건의 일반적 경과조치에 해당하는 "이 조례 시행 당시 종전의 규정에 의하여 감면하였거나 감면하여야 할 지방세에 대하여는 종전의 규정에 의한다."라는 경과조치는 전부개정된 조례 시행 당시 종전의 감면규정에 따라 이미 감면을 받았거나 (최소한) 과세물건의 취득이라는 과세요건을 만족해서 향후 감면해주어야 할 지방세가 있다면 전부개정된 조례에서 감면규정을 폐지하거나 감면 비율을 줄였더라도 종전 규정을 계속 적용하여 100% 감면하겠다는 취지로 해석되어야지, 판례처럼 전부개정된 조례의 시행 후 언제든지 과세요건이 완성되면 아주 오래전의

종전규정에 따라 감면해주겠다는 취지로 해석하기는 어렵다.

- 판례의 취지대로라면, 1996년 설치사업계획 승인 또는 건축허가 당시 유료노인복지시설을 설치하기 위한 부동산의 취득에 대하여 취득세와 등록세 전액을 면제하도록 하는 규정이 있었다는 이유만으로 향후 100년이 지난 뒤에 관련 부동산을 취득하게 되면 나중에 관련 규정이 폐지되거나 감면 비율이 변경되더라도 이에 상관없이 언제든지 100% 감면을 해줘야 한다는 것인데, 상식적으로 납득하기 어렵다.
- 위 판례는 일반적 경과조치의 규정을 지나치게 확대 해석하고 있다.
- 당초 지방세 감면의 특수성을 고려하여 일반적 경과조치 규정을 둔 것인데, 판례는 이 규정의 해석을 지나치게 확대하여 판시함으로써 이제 지방세 감면에 있어서 일반적 경과조치 규정을 어떻게 마련할 것인지 고민이 되지 않을 수 없다. 가급적 일반적 경과조치를 두지 않고 개별적 경과조치만 두는 문제를 진지하게 고민해야 할 필요가 있다.

법제관이 풀어주는
자치입법 해설

법제관이
풀어주는
자치입법 해설

지방교육자치의 특례

CHAPTER 10 지방교육자치의 특례

- 법 적용 및 효력에 있어서 가장 중요한 원칙이 특별법 우선의 원칙이며, 교육자치입법에서는 지방교육자치법이 「지방자치법」에 대하여 특별법의 지위에 있다.

- 헌법에서는 교육자치에 관하여 법률로 정하도록 하고 있으며, 지방교육자치법은 일반 지방자치를 결합한 혼합형 교육자치를 원칙으로 하고 있다.

- 지방교육자치법에 따른 재의요구와 관련하여 교육감은 교육부장관의 재의요구 요청을 받은 경우에는 반드시 이에 따르도록 하고 있어서 실질적으로는 재의요구 명령의 방식으로 운영되고 있다.

- 지방교육자치법은 교육·학예에 관한 사무를 광역자치단체의 사무로 규정하여 광역자치단체에는 시·도지사(일반자치)와 교육감(교육자치)이 각각 대표기관으로서 역할을 한다.

- 기초자치단체는 교육·학예에 관한 사무를 수행할 수 없지만 그 사무를 지원하는 사무나 교육·학예에 관한 교부금 및 교육경비의 보조를 위한 조례의 제·개정은 가능하다.

- 지방교육자치법에 따라 조례의 방식으로 특별부과금을 부과·징수할 수 있으나, 그 부과의 대상 및 요건 등이 명확하지 않아 법률유보원칙에 위배될 소지가 있으며, 아직 특별부과금 조례가 제정된 사례는 없다.

이상한 甲論乙駁

- 법의 적용 또는 법의 효력을 둘러싸고 다투는 경우를 자주 본다. 사례를 말씀드리면, 수도권의 어느 신도시 지역에 숙박시설인 대규모 호텔을 신축하는 문제를 두고 두 곳의 부서장이 눈을 부라리고 으르렁 대는 상황이 있었다.

- 여기서 호텔이란 관광숙박시설로서, 관광숙박시설의 건설과 확충을 촉진하여 외국관광객 유치 확대와 관광산업의 발전 및 경쟁력 강화에 이바지하는 것을 목적으로 2012년 7월 27일 「관광숙박시설 확충을 위한 특별법」이 제정·시행되고 있다. 이 법의 이름과 내용이 동일한 형태의 법률이 이미 2002년 한·일 월드컵 당시 제정·시행되었다가 2006년에 폐지된 적이 있는데, '한류' 열기에 따른 관광객의 급증 등으로 숙박시설 확충 차원에서 이 법을 다시 제정한 것이다. 이법은 부칙 제2조에서 2015년 12월 31일까지 효력을 가진다고 규정하고 있어서 소위 '한시법'에 해당한다.

- 그런데, 수도권의 '어느 신도시 지역'이라는 이곳이 하필이면 택지개발에 따라 개발된 토지였던 모양이다. 택지개발은 「택지개발촉진법」에 따라 시행되는데, 이 법은 도시지역의 시급한 주택난을 해소하기 위하여 주택건설에 필요한 택지의 취득·개발·공급 및 관리 등에 관하여 특례를 규정하기 위한 법률로 1981년 1월 1일 제정·시행되고 있다.

- 문제는 이곳 호텔 신축 예정지가 「관광숙박시설 확충을 위한 특별법」의 시행령 등에서 규정하는 요건에 맞아 호텔 신축을 위한 특혜로서 각종 규제가 완화되는 동시에, 「택지개발촉진법」에 따른 각종 취득·개발·공급 및 관리에 있어서 제한되고 있다는 것이다. 복수의 법규가 중첩되는 지역으로 법의 충돌이 발생한 것이다. 두 법 중 어느 법이 우선하느냐의 싸움이었다.

- 한참을 두 분의 담당자, 즉 택지개발 담당 부서장 甲과 문화관광 담당 부서장 乙이 서로 자신의 관련 법규 효력이 우선한다고 입씨름을 하더니, 마침내 이렇게 자신의 주장을 각각 정리하였다.

- 우선, 甲은 이 사건에 적용되는 법령은 「택지개발촉진법」과 「관광숙박시설 확충을 위한 특별법」의 시행령과 그 행정규칙인데, 법 적용의 원칙인 '상위법 우선의 원칙'에 따라 「택지개발촉진법」이 우선적 효력이 있으며, 따라서 택지개발에 따른 각종 규제가 그대로 적용된다는 입장으로 주장을 마무리 했다.

- 반면에, 乙은 「관광숙박시설 확충을 위한 특별법」의 시행령과 그 행정규칙은 상위법에 위임 근거가 있기 때문에 법령 상호간에 우열이 없어 동급이므로 '상위법 우선의 원칙'이 적용될 여지가 없으며, 오히려 「택지개발촉진법」은 1981년에 제정된 것이고 「관광숙박시설 확충을 위한 특별법」은 2012년에 제정된 것이므로 '신법 우선의 원칙'에 따라 후자의 효력이 우선한다고 반박했다.

- 상당수 독자 분들은 법제관이 갑자기 이 이야기를 왜 하는 것인지 황당해 하실 것으로 본다. 너무나 '어이없다'고 생각하실 것이고, 간혹 흥미진진한 '갑론을박'으로 여기는 분들도 있을 것이다.

- 甲과 乙, 두 사람의 주장 중 어느 주장이 타당할까? 그리고 이곳 부지에 들어설 호텔은 택지개발에 따른 규제가 우선할 것인가, 아니면 관광숙박시설 확충을 위한 규제완화가 우선할 것인가?

'법 적용의 주요원칙'에 대한 일반적인 오해

- 둘 중 하나의 손을 들어주는 결정보다는 다음과 같은 비유로써 결론을 대신하고자 한다.

- 요즘에는 어떻게 기술되어 있는지 알 수 없으나, 중고등학교 사회 교과서에 '법 적용의 주요원칙'에 관한 부분이 있었다.

- 기억을 되살려보면, 법 상호간에 내용이 다르거나 그 효력이 충돌할 때 어떤 법을 적용할지 고민이 되는 경우에 적용되는 원칙이 있다고 전제하면서 3가지 중요한 원칙이 기술되었던 것으로 기억한다.
  첫 번째 원칙은 '상위법 우선의 원칙'이다. 상위의 법규는 하위의 법규보다 우선되어야 한다는 원칙이다. 두 번째는 '신법 우선의 원칙'이다. 법령이 새로 제정되거나 개정되어 법령 내용의 충돌이 생겼을 때 신법이 구법보다 우선된다는 원칙이다. 그리고 세 번째 원칙이 '특별법 우선의 원칙'인데, 특정한 사람·사물·행위 또는 지역에 국한되는 특별법이 일반법보다 우선적용된다는 원칙이다.

- 그런데, 법제업무를 하면서 이와 같은 교과서의 기술 내용이 조금 이상하다는 것을 깨닫게 되었다. 매우 중요한 것처럼 보이는 3가지의 '법 적용의 주요원칙'이 실상에 있어서는 별로 의미가 없는 것이고, 오로지 한 가지 원칙만이 의미가 있다는 점을 알게 된 것이다.

- 즉, 위 3가지 주요원칙에는 다음과 같은 '알맹이'가 빠져있었던 것이다. 우선, '상위법 우선의 원칙'은 모법이 서로 다른 법령에서는 적용되지 않고 모법이 동일한 법령 상호간에만 적용되며, 같은 법령에 있어서 상위 법규가 하위 법규에 비해 우선적 효력이 있다는 것이다. 예를 들어, '건축법'이 그 시행령인 '건축법 시행령'에 비해 우선적 효력이 있고, 하위 법규인 '건축법 시행령'은 '건축법'의 내용을 위반할 수 없다는 것이다. 반대로, 모법이 다른 법령 사이에서는 이 원칙이 적용될 여지가 없다. '건축법'과 '수도법 시행령'은 비록 법률과 시행령이지만 모법이 동일한 법령의 범위에 들지 않기 때문에 그 효력에 대해서 우선 적용 여부를 논할 수 없다.

- 결국, 앞서 갑론을박이 된 「관광숙박시설 확충을 위한 특별법 시행령」과 「택지개발 촉진법」은 처음부터 비교의 대상이 되지 않기 때문에 상위법 우선의 원칙이 적용될 여지가 없다.

- 두 번째 원칙인 '신법 우선의 원칙'도 마찬가지이다.

- 신법 우선의 원칙은 하나의 동일한 법령의 범위에서 특정한 조문의 규정이 순차적으로 개정되었다면, 마지막에 개정된 내용만이 유효하다는 것이다. '지방자치법'의 제10조를 2012년과 2013년 연속하여 두 번 개정했다면 2013년에 개정된 제10조의 개정 규정만이 유효하고 2012년에 개정된 것은 현행성에 뒤지므로 효력을 잃는다는 것이다. 같은 법률에 규정되어 있더라도 제10조와 제12조는 적용 관계에 있어서 배타성이 없기 때문에 이 원칙이 적용될 여지가 없다. 물론, 서로 다른 법률인 '건축법'과 '수도법'의 경우에는 말할 필요도 없다.

- 결국, 앞서 갑론을박이 된 「관광숙박시설 확충을 위한 특별법」이 2012년에 제정된 것과 「택지개발촉진법」이 1981년에 제정된 것은 처음부터 비교의 대상이 되지 않기 때문에 신법 우선의 원칙이 적용될 여지가 없다.

- 따라서 우리가 배웠던 법 적용의 주요원칙 중에서 '상위법 우선의 원칙'과 '신법 우선의 원칙'은 실상 그 효력이나 적용의 측면에서는 그다지 문제되는 경우가 거의 없음을 알 수 있다. 물론, 구법을 폐지하고 신법을 제정하는 경우와 같이 예외적으로 그 적용 문제를 고려할 필요가 없지 않으나, 법 적용의 주요원칙 중에는 오로지 '특별법 우선의 원칙'만이 의미가 있다고 단언할 수 있다.

- 실제로 '특별법 우선의 원칙'은 법 적용 및 해석에 있어서 매우 중요한 기능을 하고 있다. 법제 실무에서는 오로지 어떤 법규가 일반법이고 어떤 법규가 특별법에 해당하는지에 대한 '갑론을박'이 있을 뿐이다.

- 법 적용을 잘 하기 위해서는, 무엇보다 어느 법규가 특별법 또는 특별규정에 해당하는지를 찾아내는 것이 중요하다.

- 비근한 예로 군대 안에서 폭행사건이 발생하였다고 할 때, 일반법인 「형법」이 아니라 군대 안에서의 폭행에 있어서 특별법인 「군형법」이 우선 적용된다는 점을 재빨리 확인하는 것이 급선무다. 「형법」이 적용되는 것으로 알 고 '형법'만 뒤적거리고 있다면 잘못된 길을 걷는 것과 같다.

교육 분야 자치입법에서의 일반법 vs. 특별법

- 지방교육청 공무원을 대상으로 교육 관련 자치입법 강의를 하다보면 당혹스러운 경우가 적지 않다. 한참 강의에 열중하다보면 강의 대상이 시도 공무원이고 강의 과목이 일반 자치입법인 것으로 착각하는 경우가 많다. 그만큼 일반 자치입법과 교육 자치입법은 유사한 부분과 공통사항이 많다.

- 교육 분야의 자치입법에 있어서는 무엇보다 일반 자치입법과의 차이점 및 그 적용관계를 분명히 하는 것이 가장 중요하다. 사안마다 특별법과 일반법 관계를 분명히 해서 적용할 법규를 확정하는 것이 시급하다는 뜻이다.

- 일반 자치입법과 교육 자치입법의 관계를 단적으로 가장 잘 규정하고 있는 것이 「지방교육자치에 관한 법률」 제3조이다.

- 제3조 전단에서는 "지방자치단체의 교육·학예에 관한 사무를 관장하는 기관의 설치와 그 조직 및 운영 등에 관하여 이 법에서 규정한 사항을 제외하고는 그 성질에 반하지 않는 한 「지방자치법」의 관련 규정을 준용한다."고 되어 있는데, 쉽게 말해서 지방자치단체의 교육·학예에 관한 사항은 「지방자치법」이 일반법이고, 「지방교육자치에 관한 법률」은 특별법의 지위에 있다는 것을 확인한 것이다.

지방교육자치에 관한 법률

제3조(「지방자치법」과의 관계) 지방자치단체의 교육·학예에 관한 사무를 관장하는 기관의 설치와 그 조직 및 운영 등에 관하여 이 법에서 규정한 사항을 제외하고는 그 성질에 반하지 않는 한 「지방자치법」의

관련 규정을 준용한다. 이 경우 "지방자치단체의 장" 또는 "시·도지사"는 "교육감"으로, "지방자치단체의 사무"는 "지방자치단체의 교육·학예에 관한 사무"로, "자치사무"는 "교육·학예에 관한 자치사무"로, "행정안전부장관"·"주무부장관" 및 "중앙행정기관의 장"은 "교육부장관"으로 본다.

- 따라서 교육·학예에 관한 사항은 먼저 관련 근거를 「지방교육자치에 관한 법률」에서 찾되, 이 법에서 찾을 수 없으면 「지방자치법」의 관련 규정을 찾으면 된다.
- 결국, 지방교육에 관한 자치입법에 있어서는 「지방교육자치에 관한 법률」 제3조만 잘 이해하면 절반은 성공한 셈이 된다. 「지방자치법」 및 지방의 일반 자치입법에 관한 사항에 지방교육자치에 관한 특례만 알고 있다면 쉽게 해결되기 때문이다.

교육 분야 자치입법에 있어서 기본법

- 「지방교육자치에 관한 법률」은 교육의 자주성 및 전문성과 지방교육의 특수성을 살리기 위하여 지방자치단체의 교육·과학·기술·체육 그 밖의 학예에 관한 사무를 관장하는 기관의 설치와 그 조직 및 운영 등에 관한 사항을 규정함으로써 지방교육의 발전에 이바지함을 목적으로 한다(법 제1조).
- 이와 같은 「지방교육자치에 관한 법률」의 입법 목적은 교육자치에 관한 헌법적 보장과 밀접한 관련이 있다.
- 헌법 제31조 제4항은 "교육의 자주성·전문성·정치적 중립성 및 대학의 자율성은 법률이 정하는 바에 의하여 보장된다."고 규정하고 있다. 헌법 제31조 제4항에 따른 교육의 자주성과 전문성 및 정치적 중립성을 보장하기 위해서 교육자치를 확대하여 실시해야 하며, 지방교육자치는 이처럼 헌법에서 보장하는 교육자치의 연장선이라는 데에 대체적으로 의견이 일치하고 있는 듯하다.

제31조 ④ 교육의 자주성·전문성·정치적 중립성 및 대학의 자율성은 법률이 정하는 바에 의하여 보장된다.

- 지방교육자치가 반드시 헌법이 보장하는 교육자치의 유일한 대안일 수는 없다. 헌법 제31조 제4항에 따라 법률이 정하는 바에 따라 지방교육자치가 아닌 다른 유형의 교육자치가 얼마든지 가능하다고 할 수 있다. 대학이나 학교 등 교육기관의 자치부터 학생의 자율권을 보장하는 자치, 학부모와 교직원의 협력을 통한 자치 등이 가능하다. 다만, 현재 우리나라의 「지방교육자치에 관한 법률」에서는 교육자치의 대표적인 실현 수단을 '지방교육자치'로 규정하여 교육자치의 범주를 지방자치와 결합한 것이다.

- 헌법상의 지방자치 제도의 연장선에서 지역적 구분을 기준으로 하는 현행 지방교육자치가 적합한 선택이었는지 판단하기는 쉽지 않다. 다만, 「지방교육자치에 관한 법률」의 폐지 또는 개정을 통해 교육 공동체를 전제로 하여 그 구성원인 학교·교육기관이나 학부모·학생 등을 중심으로 하는 새로운 교육자치가 반드시 불가능한 것은 아니다. 이와 같은 교육 공동체 중심의 교육자치는 지역적인 기반을 토대로 주민의 일반적인 생활영역을 대상으로 하는 현행 지방교육자치와 구별하여 소위 '기능적 교육자치'의 하나로 볼 수 있다.

- 「지방교육자치에 관한 법률」은 제1장(총칙), 제2장(교육위원회), 제3장(교육감), 제4장(교육재정), 제5장(지방교육에 관한 협의), 제6장(교육감 선거), 제7장(교육위원 선거) 등 모두 66개의 조문으로 구성되어 있었는데, 2016년 말 법 개정으로 제2장(교육위원회)과 제7장(교육위원 선거)이 모두 삭제(24개 조문)되어 현재는 42개의 조문으로 되어 있다.

- 「지방자치법」이 제12장 211개의 조문으로 구성되어 있는 것에 비하면 '단출하다'는 느낌까지 든다. 하지만, 앞서 살펴본 바와 같이 「지방교육자치에 관한 법률」은 「지방자치법」에 대해서 특별법적인 지위가 있기 때문에, 교육 자치입법에 있어서는 「지방교육자치에 관한 법률」과 「지방자치법」이 중첩 또는 선별적으로 적용되어 교육 자치입법에 있어서 기본 규정은 42개보다는 훨씬 많다고 할 수 있다.

- 즉, 「지방교육자치에 관한 법률」 전체 규정과 「지방자치법」의 211개 규정 중 일부가 함께 적용된다고 보아야 한다.

지방교육자치에 관한 다른 특별 법규

- 「지방자치법」과 「지방교육자치에 관한 법률」은 일반법과 특별법의 관계에 있다. 이처럼 일반법과 특별법의 관계로 인하여 「지방자치법」과 「지방교육자치에 관한 법률」의 하위법령

상호 간에도 일반법과 특별법의 관계가 형성된다.

- 우선, 일반법인 「지방자치법」의 하위법령으로 「지방자치법 시행령」이 있는 반면, 특별법인 「지방교육자치에 관한 법률」의 하위법령으로 「지방교육자치에 관한 법률 시행령」이 있다.

- 또한, 「지방자치법」 제68조·제103조와 제125조에 따라 지방자치단체의 행정기구의 조직과 운영에 관한 대강과 지방공무원의 정원의 기준 등에 관하여 규정하는 대통령령인 「지방자치단체의 행정기구와 정원기준 등에 관한 규정」이 있는 반면, 「지방교육자치에 관한 법률」 제30조부터 제34조까지의 규정에 따라 지방교육행정기관의 행정기구 조직 및 운영에 관한 사항과 정원기준 등에 관하여 규정하는 대통령령인 「지방교육행정기관의 행정기구와 정원기준 등에 관한 규정」이 있다.

- 이처럼 일반법과 특별법의 관계는 법률의 하위법령에까지 확대되어 적용된다.

- 한편, 지방자치단체의 재정 및 재산 관리에 관한 「지방재정법」, 「공유재산 및 물품 관리법」 및 지방세 관련 법규 등의 개별 법령은 지방 교육자치의 분야에도 그대로 적용된다고 할 것이다.

- 지방교육경비와 관련해서는 「지방교육재정교부금법」 및 「지방자치단체의 교육경비 보조에 관한 규정」 등이 있고, 그 밖에도 지방 교육자치의 분야에 적용되는 법규가 많이 있다.

교육관련 조례에 대한 재의요구 문제

- 최근 서울시 '기초학력 보장 지원에 관한 조례안'에 대해 서울시교육감이 재의요구를 하자 서울시 의회에서 재의결하였고, 이에 서울시교육감이 대법원에 제소했다는 뉴스를 보았다.

- 교육 자치입법은 교육·학예 분야에 한정되어 있지만, 교육에 대한 높은 국민적 관심과 함께 교육계의 성향을 중심으로 한 '진영 대결'의 양상까지 보이고 있어 결코 단순하지가 않다. 특히, '학생 인권조례'나 '사립학교 관리 조례' 등 굵직한 사안들은 교육 조례의 내용 자체보다는 이를 처리하는 절차 등에 있어서 논란이 더 컸던 것으로 기억한다.

- 일반 지방자치단체의 장과 마찬가지로 교육감도 지방의회의 의결에 대하여 재의요구권을 행사할 수 있다.

지방교육자치에 관한 법률

제28조(시·도의회 등의 의결에 대한 재의와 제소) ①교육감은 교육·학예에 관한 시·도의회의 의결이 법령에 위반되거나 공익을 현저히 저해한다고 판단될 때에는 그 의결사항을 이송받은 날부터 20일 이내에 이유를 붙여 재의를 요구할 수 있다. 교육감이 교육부장관으로부터 재의요구를 하도록 요청받은 경우에는 시·도의회에 재의를 요구하여야 한다.

② 제1항의 규정에 따른 재의요구가 있을 때에는 재의요구를 받은 시·도의회는 재의에 붙이고 시·도의회 재적의원 과반수의 출석과 시·도의회 출석의원 3분의 2이상의 찬성으로 전과 같은 의결을 하면 그 의결사항은 확정된다.

③ 제2항의 규정에 따라 재의결된 사항이 법령에 위반된다고 판단될 때에는 교육감은 재의결된 날부터 20일 이내에 대법원에 제소할 수 있다.

④ 교육부장관은 재의결된 사항이 법령에 위반된다고 판단됨에도 해당교육감이 소를 제기하지 않은 때에는 해당교육감에게 제소를 지시하거나 직접 제소할 수 있다.

⑤ 제4항의 규정에 따른 제소의 지시는 제3항의 기간이 지난 날부터 7일 이내에 하고, 해당교육감은 제소 지시를 받은 날부터 7일 이내에 제소하여야 한다.

⑥ 교육부장관은 제5항의 기간이 지난 날부터 7일 이내에 직접 제소할 수 있다.

⑦ 제3항 및 제4항의 규정에 따라 재의결된 사항을 대법원에 제소한 경우 제소를 한 교육부장관 또는 교육감은 그 의결의 집행을 정지하게 하는 집행정지결정을 신청할 수 있다.

- 그런데, 위 규정과 관련하여 '일반법-특별법' 관계에 있어서 복잡한 법률관계가 형성된다. 교육 자치입법의 일반법에 해당하는 「지방자치법」에서 조례안의 재의요구에 관한 규정은 제32조와 제120조 및 제192조의 3개 조문으로 되어 있다.

- 먼저, 「지방자치법」 제32조 제3항 전단은 "지방자치단체의 장은 이송받은 조례안에 대하여 이의가 있으면 제2항의 기간에 이유를 붙여 지방의회로 환부(還付)하고, 재의(再議)를 요구할 수 있다."고 되어 있는 반면, 제120조 제1항은 "지방자치단체의 장은 지방의회의 의결이 월권이거나 법령에 위반되거나 공익을 현저히 해친다고 인정되면 그 의결사항을 이송받은 날부터 20일 이내에 이유를 붙여 재의를 요구할 수 있다."고 되어 있다. 재의요구에 대해서 비슷하지만 서로 다른 2개의 규정을 두고 있는 것이다.

- 한편, 제192조 제1항은 "지방의회의 의결이 법령에 위반되거나 공익을 현저히 해친다고 판단되면 시·도에 대해서는 주무부장관이, 시·군 및 자치구에 대해서는 시·도지사가 해당 지방자치단체의 장에게 재의를 요구하게 할 수 있고,"라고 되어 있어 지방자치단체의 장에 대한 재의요구의 지시에 대해 규정하고 있다.

지방자치법

제32조(조례와 규칙의 제정 절차 등) ③ 지방자치단체의 장은 이송받은 조례안에 대하여 이의가 있으면 제2항의 기간에 이유를 붙여 지방의회로 환부(還付)하고, 재의(再議)를 요구할 수 있다. 이 경우 지방자치단체의 장은 조례안의 일부에 대하여 또는 조례안을 수정하여 재의를 요구할 수 없다.

제120조(지방의회의 의결에 대한 재의 요구와 제소) ① 지방자치단체의 장은 지방의회의 의결이 월권이거나 법령에 위반되거나 공익을 현저히 해친다고 인정되면 그 의결사항을 이송받은 날부터 20일 이내에 이유를 붙여 재의를 요구할 수 있다.

제192조(지방의회 의결의 재의와 제소) ① 지방의회의 의결이 법령에 위반되거나 공익을 현저히 해친다고 판단되면 시·도에 대해서는 주무부장관이, 시·군 및 자치구에 대해서는 시·도지사가 해당 지방자치단체의 장에게 재의를 요구하게 할 수 있고, 재의 요구 지시를 받은 지방자치단체의 장은 의결사항을 이송받은 날부터 20일 이내에 지방의회에 이유를 붙여 재의를 요구하여야 한다.

- 일반 지방자치의 자치입법에서 재의요구에 대한 상세한 내용은 제11강에서 다시 살펴보기로 한다.

- 위 3개의 재의 관련규정을 이렇게 정리할 수 있다.
즉, 「지방자치법」 제120조 제1항은 조례안을 포함한 지방의회의 의결 사항 전체에 대한 재의요구권을 대상으로 한 반면, 제32조 제3항은 지방의회의 조례안 의결에 대한 재의요구권을 대상으로 하고 있어 제32조 제3항이 제120조 제1항에 대해 특별법적 지위를 갖는다고 보아야 한다.

- 제32조 제3항과 제120조 제1항의 차이점은 전자의 경우 재의요구의 사유가 '이의가 있으면'으로 포괄적인데 비해, 후자의 경우는 '월권이거나 법령에 위반되거나 공익을 현저히 해친다고 인정되면'으로 한정되어 있다. 결국, 지방자치단체의 장이 행사하는 지방의회의 의결에 대한 재의요구권은 조례안인 경우 「지방자치법」 제32조 제3항에 따라, 조례안을 제외한 그 밖의 것(예산안은 제121조에서 별도로 규정)인 경우 제120조 제1항에 따라 할 수 있다고 보아야 할 것이다.

- 그렇다면, 「지방자치법」 제192조는 어떤 관계가 있을까?
제192조는 국가 또는 상급 지방자치단체의 지도·감독권 행사의 하나로, 제32조 제3항 또는 제120조 제1항에 따른 재의요구 사유 중 법령에 위반되거나 공익을 현저히 해치는 것으로 인정되면 해당 지방자치단체의 장의 재의요구권 발동과 관계없이 재의요구를 지시할 수 있도록 한 것이다. 따라서 제192조는 제32조 제3항과 제120조 제1항에 대한 특별규정으로

보아야 한다.

- 이제, 「지방교육자치에 관한 법률」 제28조 제1항과 「지방자치법」 제32조 제3항, 제120조 제1항 및 제192조가 어떤 관계가 있는지 살펴볼 차례가 되었다.

- 우선, 「지방교육자치에 관한 법률」 제28조 제1항 전단은 "교육감은 교육·학예에 관한 시·도의회의 의결이 법령에 위반되거나 공익을 현저히 저해한다고 판단될 때에는 그 의결사항을 이송받은 날부터 20일 이내에 이유를 붙여 재의를 요구할 수 있다."고 되어 있어서 교육감의 재의요구권을 규정하고 있음을 알 수 있다.

- 그런데 이 규정에 따른 교육감의 재의요구 사유는 「지방자치법」 제32조 제3항 또는 제120조 제1항의 규정과는 달리 제192조 제1항과 유사하다. 즉, 교육감의 재의요구권을 규정하면서 「지방자치법」 제32조 제3항 또는 제120조 제1항에 따른 일반 지방자치단체의 장의 재의요구 사유와 달리 오히려 국가 또는 상급 지방자치단체의 지도·감독권 행사에 해당하는 재의요구 지시의 사유와 동일하게 규정하고 있는 것이다.

- 앞서 살펴본 바와 같이 「지방교육자치에 관한 법률」 제3조는 이 법과 「지방자치법」을 특별법과 일반법의 관계로 규정하고 있다. 따라서 「지방교육자치에 관한 법률」에 「지방자치법」에서 정한 규정에 대한 특례가 있다면 「지방교육자치에 관한 법률」의 규정이 우선해서 적용되어야 한다.

- 따라서 「지방교육자치에 관한 법률」 제28조 제1항 전단은 교육감의 일반적 사항에 대한 재의요구권을 규정하고 있기 때문에 「지방자치법」 제120조 제1항에 따른 일반적 재의요구권의 규정은 적용이 배제된다고 할 것이다.

- 그렇다면, 조례안의 의결에 대한 재의요구권을 규정하고 있는 「지방자치법」 제32조 제3항과는 어떻게 될까?

- 「지방교육자치에 관한 법률」이 특별법적인 지위를 갖기 때문에 조례안의 재의요구권에 대해서도 우선적 효력이 있다는 주장과, 「지방교육자치에 관한 법률」 제28조 제1항 전단은 일반적 사항에 대한 재의요구권을 규정한 「지방자치법」 제120조에 대한 특례를 규정한 것이고, 조례안에 대한 재의요구권을 규정한 제32조 제3항에 대한 명시적인 특례가 없기 때문에 조례안의 재의요구권에 대해서는 「지방자치법」 제32조 제3항이 우선적 효력을 갖는다는 주장이 모두 가능하다.

- 비록 「지방교육자치에 관한 법률」이 「지방자치법」에 대해 특별법적인 지위를 갖는다고 하더라도 일반법에 대해서 우선적 효력을 갖기 위해서는 해당 규정에 대한 명시적인 특례조치가 필요하다. 애매하고 포괄적인 규정만으로 일반법의 규정을 배제할 수는 없다. 「지방교육자치에 관한 법률」 제3조에서도 "…이 법에서 규정한 사항을 제외하고는 그 성질에 반하지 않는 한 「지방자치법」의 관련 규정을 준용한다."고 규정하고 있어서 이를 뒷받침하고 있다.

- 특히, 「지방자치법」 제32조 제3항에 따른 조례안에 대한 재의요구권은 조례의 적법성과 합목적성 등을 종합적으로 보장하기 위하여 특별히 인정한 것이므로 이를 배제하는 명시적 규정이 없는 한 교육 분야의 자치입법에서 이 규정을 적용하지 않는 것은 부당하다고 할 것이다.

- 결국, 일반법과 특별법의 관계에 따라 관련 규정의 효력 관계를 도식화 하면, 우선 「지방자치법」 제32조 제3항은 제120조 제1항에 대해서 우선적 효력이 있고, 제192조 제1항은 제32조 제3항 및 제120조 제1항에 대해 우선적 효력이 있으며, 「지방교육자치에 관한 법률」 제28조 제1항 전단은 「지방자치법」 제120조 제1항에 대해서는 우선적 효력이 있지만, 같은 법 제32조 제3항에 대해서는 우선적 효력이 없고 「지방자치법」 제32조 제3항이 「지방교육자치에 관한 법률」 제28조 제1항 전단에 대해서 우선적 효력이 있다고 보아야 할 것이다.

조례안의결무효확인[대법원 2017. 1. 25., 선고, 2016추5018, 판결]

교육자치법 제3조는 지방자치단체의 교육·학예에 관한 사무를 관장하는 기관의 설치와 그 조직 및 운영 등에 관하여 이 법에서 규정한 사항을 제외하고는 그 성질에 반하지 않는 한 지방자치법의 관련 규정을 준용하도록 규정하고, 제28조 제4항은 교육감이 재의요구 요청을 받아들여 재의요구를 하였음에도 시·도의회에서 재의결된 사항이 법령에 위반되는 경우에는 교육부장관이 해당 교육감에게 제소를 지시하거나 직접 제소할 수 있도록 규정하고 있는데, 교육자치법 제28조 제4항에서 교육감이 재의요구를 한 경우 교육부장관이 제소할 수 있도록 한 취지가 교육감이 재의요구를 하지 아니한 경우에는 교육부장관의 제소권한을 부정하기 위한 것으로 보기 어렵고, 지방자치법 제172조 제7항(현 제192조 제8항)을 준용하여 교육감이 재의요구를 거부한 경우에도 의결된 사항이 법령에 위반되는 경우 교육부장관이 제소할 수 있도록 하여 조례의 법령 위반 여부에 대한 사법심사를 받도록 하는 것이 지방자치단체의 교육·학예에 관한 사무의 성질에 반한다거나 교육자치법의 취지에 부합하지 아니한다고 볼 수도 없다.

- 결론적으로, 교육감이 교육 조례안의 의결에 대한 재의요구권을 발동하려면 「지방자치법」 제32조 제3항에 따라야 한다. 그리고 교육관련 조례안이 아닌 일반 의결 사항에 대한 재의요구권을 발동하려는 경우에는 「지방교육자치에 관한 법률」 제28조 제1항 전단에 따라야 한다.

자율적 재의요구의 문제점

- 이상 검토한 「지방교육자치에 관한 법률」 제28조 제1항 전단에 따른 재의요구권은 그 성격상 자율적 재의요구로 구분할 수 있다.

- 교육감이 교육 조례안의 의결에 대한 재의요구권을 발동하려면 「지방자치법」 제32조 제3항에 따라야 하기 때문에 조례안의 의결에 대하여 '이의가 있으면' 재의요구를 할 수 있다.

- 여기서 '이의가 있으면'이란 재의요구의 사유에 특별한 제한이 없다는 것을 말한다. 해당 의결 사항이 월권이거나 법령에 위반되거나 공익을 해치는 경우는 물론, 재정적·행정적 사유로 인하여 집행이 곤란하다고 인정되는 경우, 효과적인 정책 수립 및 집행에 있어서 바람직하지 않은 경우 등 재의요구 사유가 광범위하다. 대법원에 제소하는 것을 '재의결된 사항이 법령에 위반된 경우'로 제한하고 있는 것과 비교되는 부분이다.

- 교육감이 교육 조례안이 아닌 일반 의결 사항에 대한 재의요구권을 발동76하려는 경우에는 「지방교육자치에 관한 법률」 제28조 제1항 전단에 따라야 하기 때문에 '해당 의결사항이 법령에 위반되거나 공익을 현저히 저해한다고 판단되는 경우'에만 자발적으로 재의요구를 할 수 있다. 지방자치단체의 장이 일반 조례안이 아닌 일반 의결 사항에 대한 재의요구권을 발동하려는 경우 「지방자치법」 제120조 제1항에 따라 '해당 의결사항이 월권이거나 법령에 위반되거나 공익을 현저히 저해한다고 판단되는 경우'에 재의요구를 할 수 있도록 한 것에 비해서 '월권인 경우'가 제외되어 있다.

- 그런데, 「지방교육자치에 관한 법률」 제28조 제1항 전단에 따른 자율적 재의요구권을 사안에 따라 구분하고 분석하기는 했지만, 그 해석도 명쾌하지 않을뿐더러 생각하면 할수록 "왜 이렇게 복잡한 구조를 갖게 되었을까?"갸우뚱하게 된다. 일반법에 해당하는 「지방자치법」 제32조 제3항, 제120조 제1항 및 제192조 제1항 등에서 재의 및 제소에 관하여 이미 잘 정돈하여 규정하고 있는 상황에서 굳이 「지방자치법」의 규정과 중복되면서 한편으로는

약간씩 차이가 나는 내용의 특별 규정을 다시 규정하고 있는 이유를 알 수 없다.

- 생각건대, 「지방교육자치에 관한 법률」 제28조 제1항 전단을 규정함으로써 얻는 것은 오로지 「지방자치법」 제120조 제1항에 따른 재의요구에 비해서 '월권인 경우'의 사유를 제외하는 것 밖에는 차이점이 없고, 여기서 '월권인 경우'는 넓은 의미에서 법령을 위반한 것에 포함될 수도 있기 때문에 실질적으로는 차이점이 없는 것이나 마찬가지이다.
- 그렇다고 단순한 입법상의 착오는 아닌 것 같다. 자율적 재의요구권에 관한 이 규정은 1991년 법률 제4347호로 「지방교육자치에 관한 법률」이 제정되던 당시부터 계속 존재하고 있는 것이다.

강제적 재의요구 명령의 문제점

- 「지방교육자치에 관한 법률」 제28조의 규정을 둔 취지는 제1항 전단에 따른 자율적 재의요구를 염두에 둔 것은 아닌 것 같고, 오히려 제1항 후단의 규정에서 그 의의를 찾아야 할 것으로 본다.
- 「지방교육자치에 관한 법률」 제28조 제1항 후단에서는 "교육감이 교육부장관으로부터 재의요구를 하도록 요청받은 경우에는 시·도의회에 재의를 요구하여야 한다."고 규정하고 있다. 일반 자치입법에 있어서 「지방자치법」 제192조에 따른 국가 또는 상급 지방자치단체의 지도·감독권 행사와 유사한 것을 내용으로 규정하고 있다.
- 앞서 살펴본 「지방교육자치에 관한 법률」 제28조 제1항 전단에 따른 자율적 재의요구에 비해, 같은 항 후단의 규정은 성격상 강제적 재의요구 명령으로 구분할 수 있다.
- 이와 같은 강제적 재의요구 명령은 「지방자치법」 제192조에 따른 국가 또는 상급 지방자치단체의 지도·감독권 행사에 대한 특례 규정이다.
- 「지방자치법」 제192조에 따라 주무부장관 또는 시·도지사가 시·도 또는 시·군·구에 재의를 요구하려면 지방의회의 의결이 '법령에 위반되거나 공익을 현저히 해친다고 판단되어야' 가능하다. 반면에, 「지방교육자치에 관한 법률」 제28조 제1항 후단에 따르면 교육부장관이 교육감에게 재의요구를 요청하는데 아무런 제한이 없고, 교육감이 교육부장관으로부터 재의요구를 하도록 요청받으면 반드시 이에 따르도록 강제하고 있다.

- 이와 같은 강제적 재의요구 명령은 실질적인 면에서는 교육자치의 독자성을 지나치게 제한하고 있는 것이 아닌지 문제되고 있다.

- 일반 지방자치에 비해 지방 교육자치 분야의 자치입법 사항이 어떻게 다른지 구체적으로 알 수는 없으나, 국가 또는 상급 지방자치단체의 지도·감독권 행사에 비해 교육부장관의 교육감에 대한 명령권이 굳이 이처럼 포괄적이어야 할 필요성이 있는지 의문이 가지 않을 수 없다. 오히려 전문성이 강하고 헌법 제34조 제1항에 따라 자주성과 독립성이 좀 더 보장되어야 할 교육자치에 대하여 유독 강제적 재의요구 명령을 더욱 강화시키는 것은 바람직하지 않다고 할 수 있다.

광역 자치단체와 교육·학예 사무의 관장

- 헌법상 교육자치의 보장을 위한 구체적인 방법으로 「지방교육자치에 관한 법률」에서는 일반 사무와 교육·학예에 관한 사무를 구분하되, 교육자치 사무의 주체를 시·도의 광역 자치단체로 제한하고 있다. 즉, 제2조는 "지방자치단체의 교육·과학·기술·체육 그 밖의 학예에 관한 사무는 특별시·광역시 및 도의 사무로 한다."고 규정하고 있다.

지방교육자치에 관한 법률

제2조(교육·학예사무의 관장) 지방자치단체의 교육·과학·기술·체육 그 밖의 학예(이하 "교육·학예"라 한다)에 관한 사무는 특별시·광역시 및 도(이하 "시·도"라 한다)의 사무로 한다.

- 이 규정에 따라 광역 자치단체의 소관 중에서 일반 지방자치단체의 장은 교육·학예에 관한 사무의 관할권에서 배제되며, 시·군 및 자치구와 같은 기초 자치단체는 교육·학예에 관한 사무를 관장할 수 없다.

- 교육·학예에 관한 사무에 대한 광역 자치단체의 관장 원칙에 따라 몇 가지 주의할 점이 있다.

- 우선, 교육·학예에 관한 사무의 관장 규정으로 인하여 자치입법에 있어서 지방자치단체의 대표권이 분리되는 점을 주의해야 한다.

- 「지방자치법」 제114조는 "지방자치단체의 장은 지방자치단체를 대표하고, 그 사무를 총괄한다."고 되어 있고, 「지방교육자치에 관한 법률」 제18조는 "시·도의 교육·학예에 관한

사무의 집행기관으로 시·도에 교육감을 둔다."고 되어 있다. 이 규정들을 종합하면 시·도의 광역 자치단체에 해당하는 법인에는 2명의 대표자를 두되, 교육·학예에 관한 사무에 있어서는 교육감이 대표자가 되고, 교육·학예에 관한 사무를 제외한 나머지는 시·도지사가 대표자가 된다는 점을 의미한다.

지방자치법

제114조(지방자치단체의 통합대표권) 지방자치단체의 장은 지방자치단체를 대표하고, 그 사무를 총괄한다.

지방교육자치에 관한 법률

제18조(교육감) ① 시·도의 교육·학예에 관한 사무의 집행기관으로 시·도에 교육감을 둔다.

② 교육감은 교육·학예에 관한 소관 사무로 인한 소송이나 재산의 등기 등에 대하여 해당 시·도를 대표한다.

- 이러한 점에서 시·도지사와 같은 광역 자치단체의 장을 '일반 자치단체의 장'으로 부르고, 교육감을 '교육 자치단체의 장'으로 부르는 것도 의미가 있다. 현행 법제에서 교육감도 지방자치단체의 장이 분명하다는 점을 기억해야 한다.

- 따라서 「공유재산 및 물품관리법」 등 개별법에서 특별한 규정이 없이 '지방자치단체의 장'이라고 되어 있으면, 일반 지방자치단체의 장뿐만 아니라 교육감도 포함되는 것으로 해석되어야 한다. 물론, 교육감은 그 권한 또는 사무의 범위가 교육·학예에 관한 분야로 제한되고, 일반 지방자치단체의 장은 나머지 분야를 망라하는 것으로 보아야 한다.

- 또한, 광역 자치단체의 자치입법에 있어서는 일반 조례에서 사무의 집행기관을 모두 시·도지사로 규정하는 반면, 교육·학예에 관한 조례에서는 그 사무의 집행기관을 '교육감'으로 규정하여야 한다.

- 그런데, 자치입법에 있어서 일반 사무인지 교육·학예에 관한 사무인지 그 구분이 애매한 경우에는 어떻게 입법하는 것이 바람직할까?
  이처럼 사무의 주체가 누구인지 구분이 애매하여 이에 대한 다툼도 늘고 있는 추세이다. 특히, 시·도지사를 정점으로 하는 일반 자치행정기구와 교육감을 정점으로 하는 교육 자치행정기구 상호간에 원만한 관계가 형성되지 못하면, 기관 갈등으로 이어질 가능성도 배제할 수 없다.

- '학교 밖 청소년' 문제와 관련하여 그 사무의 주체를 둘러싸고 일반 사무인지 교육·학예에 관한 사무인지 논란이 된 적이 있는데, 다음과 같이 입법적으로 해결한 사례가 있다. 즉, 일반 지방자치단체의 장이 교육 지방자치단체의 장과 협력하여 사무를 처리하도록 조정한 것이다.

구 ○○도 학교 밖 청소년 지원에 관한 조례

제1조(목적) 이 조례는 학교 밖 청소년을 유해환경으로부터 보호하고 학업에 복귀하고 자립하여 건강한 사회구성원으로 성장할 수 있도록 지원에 필요한 사항을 규정함을 목적으로 한다.

제2조(용어의 정의) 이 조례에서 사용하는 용어의 정의는 다음과 같다.

1. "학교 밖 청소년"이라 함은 퇴학 및 미진학 등으로 인하여 정규학교(「초·중등교육법」 제2조의 규정에 의한 학교)의 교육을 받지 않는 모든 청소년(미진학 청소년, 근로청소년, 북한이탈주민 및 다문화가족 청소년 등)을 말한다.

제3조(도지사의 책무) ○○도지사(이하 '도지사'라 한다)는 ○○도교육감(이하 '교육감'이라 한다)과 협력하여 학교 밖 청소년을 유해환경으로부터 보호하고 특성에 맞는 교육적, 사회적 및 직업적 지원을 받을 수 있도록 필요한 시책을 마련하고 행정적·재정적 노력을 하여야 한다.

제13조(지역사회 협력체계 구축) 도지사는 교육감과 협력하여 학교 밖 청소년의 교육 및 자립 지원을 위하여 교육청, 경찰청 등 유관기관과 청소년 지원기관 및 관련 사회단체 등과 긴밀히 협력하여야 하며, 필요한 경우 협의체를 구성하여 운영할 수 있다.

- 위 조례가 제정된 이후 「학교밖 청소년 지원에 관한 법률」이 제정되어 이 사무를 국가의 경우에는 여성가족부, 지방자치단체의 경우에는 일반자치단체의 사무로 정하면서 관련 조례도 개정되었다.

- 한편, 광역 자치단체는 일반사무와 교육사무의 대표자가 각각 별도로 있기 때문에 사무의 관장뿐만 아니라 해당 사무와 관련한 계약 및 소송이나 재산의 등기 등에 있어서 구분하여 처리하여야 한다. 이와 관련, 「지방교육자치에 관한 법률」 제18조제2항은 "교육감은 교육·학예에 관한 소관 사무로 인한 소송이나 재산의 등기 등에 대하여 당해 시·도를 대표한다."고 되어 있다.

- 따라서 특정 지방자치단체를 상대로 소송을 제기하거나 소송이 제기된 경우 원고 또는 피고는 해당 지방자치단체로 동일하지만, 그 소송 사무의 수행을 위한 대표자는 시·도지사와 교육감으로 각각 구분되어 처리해야 하며, 그 밖에 그 소송 사무의 처리를 위한 규정도 각자 소관의 '규칙' 등으로 마련해야 한다.

- 또한, 동일한 지방자치단체 소속의 시·도지사와 교육감이 각자의 행정기관을 대표하여 업무방식 등에 관한 기관협약 등을 체결하는 것은 문제가 되지 않지만, 각자가 당사자가 되어 민사상의 계약체결 등 법률행위를 하는 것은 불가능하다. 법인격이 있는 지방자치단체가 당사자가 되어야 하므로 시·도지사와 교육감 등 행정기관 사이의 계약은 대외적 효력이 없고 무효가 된다.

- 참고로, 「지방교육자치에 관한 법률」 제18조 제2항에서 "교육감은 교육·학예에 관한 소관 사무로 인한 소송이나 재산의 등기 등에 대하여 당해 시·도를 대표한다."고 규정한 취지는 교육감에게 등기 사무를 맡긴 것뿐만 아니라 해당 재산에 대한 전속적인 관리권을 부여한 것으로 보아야 한다.

- 예를 들어, 공립학교는 그 재산의 등기 등이 모두 해당 지방자치단체의 소유로 등기 및 관리되는 것이 원칙이다. 그런데, 그 재산 관리의 대표자가 교육감으로 기재되어 있다면 일반 지방자치단체의 장은 이 재산에 대한 관리권이 배제된다. 즉, 재산에 대한 등기 사무를 관장하도록 하면서 해당 재산에 대한 독점적 관리권을 부여한 것으로 볼 수 있다.

- 또한, 「학교용지 확보 등에 관한 특례법」에 따라 시·도지사와 교육감이 반반씩 부담하여 해당 지방자치단체 소유의 학교 용지를 취득한다고 하더라도 일반 지방자치단체의 장은 해당 학교용지에 대한 관리권이 없기 때문에 교육감이 해당 학교용지의 처분권을 포함한 전속적인 관리권을 행사할 수 있다고 보아야 할 것이다.

학교용지 확보 등에 관한 특례법

제4조(학교용지의 확보 및 경비의 부담) ① 특별시·광역시·특별자치시·도 또는 특별자치도(이하 "시·도"라 한다)인 개발사업시행자는 제3조에 따른 학교용지를 확보하여 시·도 교육비특별회계 소관 공유재산(公有財産)으로 하여야 한다.

② 시·도 외의 개발사업시행자는 제3조에 따른 학교용지를 시·도에 공급하고, 시·도는 학교용지를 확보하여 시·도 교육비특별회계 소관 공유재산으로 하여야 한다.

④ 제1항과 제2항에 따라 시·도가 학교용지를 확보하는 데에 드는 경비는 시·도의 일반회계와 제5조의4에 따른 학교용지부담금특별회계에서 2분의 1을, 시·도 교육비특별회계에서 2분의 1을 각각 부담한다.

⑤ 시·도지사는 제4항에 따라 부담하는 금액을 각각 시·도의 일반회계와 제5조의4에 따른 학교용지부담금특별회계 예산에 계상하여 시·도 교육비특별회계로 전출하여야 한다.

기초 자치단체와 교육·학예 지원 사무

- 시·도의 광역 자치단체와 달리 시·군 등 기초 자치단체의 경우 「지방교육자치에 관한 법률」 제2조에 따라 교육·학예에 관한 사무에서 배제된다. 따라서 자치입법에 있어서 시·군 또는 자치구의 조례에서 교육·학예에 관한 사무에 대한 규정을 둘 수 없고, 이는 사무의 관할범위를 벗어나 무효가 된다.

- 그렇다면, 기초 자치단체의 경우 교육·학예에 관한 사무에서 완전히 배제되는 것일까?

- 먼저, 지방자치단체의 사무 범위를 규정하고 있는 「지방자치법」 제13조 제2항과의 관계를 살펴볼 필요가 있다. 즉, 「지방자치법」 제13조 제2항 제5호는 "교육·체육·문화·예술의 진흥"을 지방자치단체의 대표적인 자치사무로 규정하고 있다. 특히, 같은 호의 가목은 "어린이집·유치원·초등학교·중학교·고등학교 및 이에 준하는 각종 학교의 설치·운영·지도"를 명시적으로 적시하고 있다.

지방자치법

제13조(지방자치단체의 사무범위) ② 제1항에 따른 지방자치단체의 사무를 예시하면 다음 각 호와 같다. 다만, 법률에 이와 다른 규정이 있으면 그러하지 아니하다.

5. 교육·체육·문화·예술의 진흥
   가. 어린이집·유치원·초등학교·중학교·고등학교 및 이에 준하는 각종 학교의 설치·운영·지도

- 위 규정에 따라 기초 자치단체도 그 사무의 범위에서 교육·학예에 관한 사무를 관장할 수 있다는 주장이 있다.

- 생각건대, 「지방자치법」과 「지방교육자치에 관한 법률」은 일반법과 특별법의 관계에 있다. 따라서 특별한 규정이 없다고 하더라도 「지방교육자치에 관한 법률」 제2조에서는 교육·학예에 관한 사무를 시·도의 광역 자치단체 사무로 분리하여 관장하도록 규정하고 있기 때문에 기초 자치단체는 관할권이 배제된다고 할 것이다. 또한, 지방자치단체의 자치사무 범위를 규정하고 있는 「지방자치법」 제13조 제2항 각 호 외의 부분 단서에서도 "다만, 법률에 이와 다른 규정이 있으면 그러하지 아니하다."고 규정하고 있기 때문에 논란의 여지가 없다.

- 이러한 논지에서 기초 자치단체가 대학을 설립할 수 있는지 여부에 대해 논란이 될 수 있으나, 「지방교육자치에 관한 법률」 제2조의 취지 등에 따라 이를 부인하여야 할 것이다.

군립대학(郡立大學) 설립가능 여부 : 법제처 유권해석 10-0264, 2010.9.17.

「지방자치법」 제9조(현 제13조)제2항 제5호에서는 지방자치단체의 교육·체육·문화·예술의 진흥에 관한 사무의 하나로 초·중·고등학교 및 이에 준하는 각종 학교의 설치·운영·지도를 규정하고 있고, 같은 법 제121조에서는 지방자치단체의 교육·과학 및 체육에 관한 사무를 분장하기 위하여 별도의 기관을 두고 이에 필요한 사항은 별도의 법률로 정한다고 하고 있습니다. 이에 따라 「지방교육자치에 관한 법률」 제2조에서는 지방자치단체의 교육·과·기술·체육 그 밖의 학예에 관한 사무(이하 "교육·학예"라 함)는 특별시·광역시 및 도(이하 "시·도"라 함)의 사무로 한다고 규정하고, 같은 법 제18조에서는 시·도의 교육·학예에 관한 사무의 집행기관으로 시·도에 교육감을 둔다고 규정하고 있습니다. 먼저, 「고등교육법」 제3조에서는 설립·경영의 주체에 따라 대학을 국립·공립·사립으로 나누면서, 특별히 공립대학에 대해서는 시립학교와 도립학교로 구분할 수 있다고 하여 두 가지 설립형태만을 규정하고 있는바, 문언상 지방자치단체가 설립·경영하는 공립학교는 그 형태를 광역지방자치단체인 특별시, 광역시(市)에서 설립하는 시립학교와 도(道)에서 설립하는 도립학교에 한정하는 것으로 볼 수 있습니다. … (중략) …
또한, 「고등교육법」 제7조 제1항에서는 국가 및 지방자치단체는 대학이 그 목적을 달성하는데 필요한 재원을 지원·보조할 수 있다고 규정하고 있으나, 「지방자치법」 제9조 제2항 제5호에서는 지방자치단체의 교육·체육·문화·예술의 진흥에 관한 사무의 하나로 '초·중·고등'학교 및 이에 준하는 각종 학교의 설치·운영·지도를 규정하고 있을 뿐 '대학'의 설치·운영에 관하여는 명시적으로 규정하고 있지 않고, 「지방교육자치에 관한 법률」 제2조 및 제18조에서는 교육·학예에 관한 사무를 '광역'지방자치단체인 '시·도'의 사무로 하고, 그러한 사무의 집행기관으로 시·도에 교육감을 두도록 규정하고 있을 뿐이므로, 기초지방자치단체인 군(郡)이 대학을 설치·운영하는 것이 「고등교육법」 제7조 제1항에 따른 지방자치단체의 대학 재정지원의 범위에 포함된다고 보기는 어렵습니다.

- 한편, 기초 자치단체가 원칙적으로 교육·학예에 관한 사무에서 배제되는 것은 사실이나, 개별 법규 또는 사안에 따라 이를 허용하는 경우가 있다. 교육감의 사무 위임과 교부금 및 교육경비 지원의 측면에서 검토하면 다음과 같다.

- 먼저, 「지방교육자치에 관한 법률」 제26조 제2항에서는 행정권한의 위임 및 위탁에 관한 특례를 규정하고 있는데, 교육감으로부터 위임받은 범위에서 기초 자치단체의 교육·학예에 관한 사무의 처리를 포함한 관여가 가능하다고 보는 견해가 있다.
  제26조 제2항 전단에서는 "교육감은 교육규칙으로 정하는 바에 따라 그 권한에 속하는 사무의 일부를 해당 지방자치단체의 장과 협의하여 구·출장소 또는 읍·면·동의 장에게 위임할 수 있다."고 되어 있기 때문에 교육감으로부터 위임을 받은 사무에 있어서는 해당 지방자치단체의 관여가 가능하다고 볼 수 있는 여지가 없지 않다.

지방교육자치에 관한 법률

제26조(사무의 위임·위탁 등) ① 교육감은 조례 또는 교육규칙으로 정하는 바에 따라 그 권한에 속하는 사무의 일부를 보조기관, 소속교육기관 또는 하급교육행정기관에 위임할 수 있다.
② 교육감은 교육규칙으로 정하는 바에 따라 그 권한에 속하는 사무의 일부를 해당지방자치단체의 장과 협의하여 구·출장소 또는 읍·면·동(특별시·광역시 및 시의 동을 말한다. 이하 이 조에서 같다)의 장에게 위임할 수 있다. 이 경우 교육감은 해당사무의 집행에 관하여 구·출장소 또는 읍·면·동의 장을 지휘·감독할 수 있다.

- 법리적인 측면에서 행정권한의 위임은 그 책임과 권한을 원천적으로 위임을 받는 기관에게 이전하는 것이기 때문에 기초 자치단체에 교육·학예에 관한 일정한 권한 부여로 볼 수 있다. 그런데, 이 규정의 후단에서는 다시 위임에 따른 특례 규정을 두고 있다. 즉, "이 경우 교육감은 해당사무의 집행에 관하여 구·출장소 또는 읍·면·동의 장을 지휘·감독할 수 있다."고 규정하여 교육·학예에 관한 권한을 위임하더라도 교육감의 지휘·감독을 보장하고 있는 것이다.

- 교육자치의 행정적 효율성을 기하되 교육자치의 독립성 보장을 위한 조치라고 보이며, 이 규정에 따라 기초 자치단체의 교육·학예에 관한 관여를 최대한 배제하려는 취지가 있다고 할 수 있다.

기초 자치단체와 교부금 및 경비의 보조

- 두 번째, 기초 자치단체의 교육·학예에 관한 교부금 및 교육경비 지원에 관하여는 「지방교육자치에 관한 법률」 제37조에 근거가 있다.

- 제37조 제1항은 "의무교육에 종사하는 교원의 보수와 그 밖의 의무교육에 관련되는 경비는 「지방교육재정교부금법」에서 정하는 바에 따라 국가 및 지방자치단체가 부담한다."고 규정하고, 제2항은 "의무교육 외의 교육에 관련되는 경비는 「지방교육재정교부금법」에서 정하는 바에 따라 국가·지방자치단체 및 학부모 등이 부담한다."고 되어 있다.

지방교육자치에 관한 법률

제37조(의무교육경비 등) ① 의무교육에 종사하는 교원의 보수와 그 밖의 의무교육에 관련되는 경비는 「지방교육재정교부금법」에서 정하는 바에 따라 국가 및 지방자치단체가 부담한다.
② 제1항의 규정에 따른 의무교육 외의 교육에 관련되는 경비는 「지방교육재정교부금법」에서 정하는 바에 따라 국가·지방자치단체 및 학부모 등이 부담한다.

- 광역 자치단체의 입장에서는 일반사무나 교육사무나 동일한 자방자치단체의 소관 사무로서 경비 부담의 의무가 있다고 하겠지만, 기초 자치단체의 입장에서는 교육·학예에 관한 사무의 관장을 배제한 상태에서 경비 부담의 의무만 진다는 불만이 있을 수 있다. 비록 교육·학예에 관한 사무는 교육감의 소관이지만, 해당 기초 자치단체 주민의 이해관계와 밀접한 관련이 있기 때문에 기초 자치단체가 재정적 책임을 일부 분담하는 것이 불합리하다고 할 수만은 없다.
- 현행 「지방교육재정교부금법」에서는 국가와 지방자치단체의 의무교육 및 의무교육 외의 교육 관련 경비 부담에 관하여 상세하게 규정하고 있다. 특히 법 제11조는 광역과 기초 자치단체의 부담을 상세하게 규정하면서 제8항에서는 "시·도 및 시·군·자치구는 대통령령으로 정하는 바에 따라 관할구역 안에 있는 고등학교 이하 각급학교의 교육에 소요되는 경비를 보조할 수 있다."고 하여 대통령령으로 상세한 경비 부담의 기준을 정하도록 하였다.

지방교육재정교부금법

제1조(목적) 이 법은 지방자치단체가 교육기관 및 교육행정기관(그 소속기관을 포함한다. 이하 같다)을 설치·경영하는데 필요한 재원(財源)의 전부 또는 일부를 국가가 교부하여 교육의 균형있는 발전을 도모함을 목적으로 한다.

제11조(지방자치단체의 부담) ① 시·도의 교육·학예에 필요한 경비는 해당 지방자치단체의 교육비특별회계에서 부담하되, 의무교육과 관련된 경비는 교육비특별회계의 재원 중 교부금과 제2항에 따른 일반회계로부터의 전입금으로 충당하고, 의무교육 외 교육과 관련된 경비는 교육비특별회계 재원 중 교부금, 제2항에 따른 일반회계로부터의 전입금, 수업료 및 입학금 등으로 충당한다.
② 공립학교의 설치·운영 및 교육환경 개선을 위하여 시·도는 다음 각 호의 금액을 각각 매 회계연도 일반회계예산에 계상하여 교육비특별회계로 전출하여야 한다. 추가경정예산에 따라 증감되는 경우에도 또한 같다.
1. 지방세법 제151조에 따른 지방교육세에 해당하는 금액
2. 담배소비세의 100분의 45[도(道)는 제외한다]

3. 서울특별시의 경우 특별시세 총액(지방세기본법 제8조 제1항 제1호에 따른 보통세 중 주민세 사업소분 및 종업원분, 같은 항 제2호에 따른 목적세 및 같은 법 제9조에 따른 특별시분 재산세, 지방세법 제71조 제3항 제3호 가목에 따라 특별시에 배분되는 지방소비세에 해당하는 금액은 제외한다)의 100분의 10, 광역시 및 경기도의 경우 광역시세 또는 도세 총액(지방세기본법 제8조 제2항 제2호에 따른 목적세, 지방세법 제71조 제3항 제3호 가목에 따라 광역시 및 경기도에 배분되는 지방소비세에 해당하는 금액은 제외한다)의 100분의 5, 그 밖의 도 및 특별자치도의 경우 도세 또는 특별자치도세 총액(지방세기본법 제8조 제2항 제2호에 따른 목적세, 지방세법 제71조 제3항 제3호 가목에 따라 그 밖의 도 및 특별자치도에 배분되는 지방소비세에 해당하는 금액은 제외한다)의 1천분의 36

③ 특별시장·광역시장·특별자치시장·도지사 및 특별자치도지사(이하 "시·도지사"라 한다)는 제2항 각 호에 따른 세목의 월별 징수내역을 다음 달 말일까지 해당 시·도의 교육감에게 통보하여야 한다.

④ 시·도는 제2항 각 호에 따른 세목의 월별 징수액 중 같은 항에 따라 교육비특별회계로 전출하여야 하는 금액의 100분의 90 이상을 다음 달 말일까지 교육비특별회계로 전출하되, 전출하여야 하는 금액과 전출한 금액의 차액을 분기별로 정산하여 분기의 다음 달 말일(마지막 분기는 분기의 말일로 한다)까지 전출하여야 한다.

⑤ 예산액과 결산액의 차액으로 인한 전출금(轉出金)의 차액은 늦어도 다음다음 회계연도의 예산에 계상하여 정산하여야 한다.

⑥ 시·도의 교육감은 제2항부터 제5항까지에 따른 일반회계로부터의 전입금으로 충당되는 세출예산을 편성할 때에는 미리 해당 시·도지사와 협의하여야 한다.

⑦ 시·도교육위원회는 제6항에 따라 편성된 세출예산을 감액하려면 미리 해당 교육감 및 시·도지사와 협의하여야 한다.

⑧ 시·도 및 시·군·자치구는 대통령령으로 정하는 바에 따라 관할구역에 있는 고등학교 이하 각급학교의 교육에 드는 경비를 보조할 수 있다.

⑨ 시·도 및 시·군·자치구는 관할구역의 교육·학예 진흥을 위하여 제2항 및 제8항 외에 별도 경비를 교육비특별회계로 전출할 수 있다.

⑩ 시·도지사는 제2항부터 제5항까지에 따른 교육비특별회계로의 회계연도별·월별 전출 결과를 매년 2월 28일까지 교육부장관에게 제출하고, 교육부장관은 매년 3월 31일까지 국회 소관 상임위원회에 보고하여야 한다.

- 「지방교육재정교부금법」 제11조 제8항에 따라 시·도 및 시·군·자치구의 고등학교 이하 각급학교의 교육에 드는 경비의 보조 기준을 정하고 있는 것이 「지방자치단체의 교육경비 보조에 관한 규정」이다.

지방자치단체의 교육경비 보조에 관한 규정

제1조(목적) 이 영은 「지방교육재정교부금법」 제11조 제8항에 따라 특별시·광역시·도·특별자치도 및 시·군·구(지방자치단체인 구를 말한다. 이하 같다)가 그 관할구역안에 있는 고등학교이하 각급학교의 교육에 소요되는 경비를 보조함에 있어 필요한 사항을 규정함을 목적으로 한다.

제2조(보조사업의 범위) 특별시·광역시·도·특별자치도 및 시·군·구(이하 "지방자치단체"라 한다)가 관할구역안에 있는 고등학교이하 각급학교의 교육에 소요되는 경비중 보조할 수 있는 사업(이하 "보조사업"이라 한다)은 다음 각 호와 같다.

1. 학교의 급식시설·설비사업
2. 학교의 교육정보화사업

2의2. 학교의 교육시설개선사업 및 환경개선사업

3. 학교교육과정 운영의 지원에 관한 사업
4. 지역주민을 위한 교육과정 개발 및 운영에 관한 사업
5. 학교교육과 연계하여 학교에 설치되는 지역주민 및 청소년이 활용할 수 있는 체육·문화공간 설치사업
6. 기타 지방자치단체의 장이 필요하다고 인정하는 학교교육여건 개선사업

- 이 규정 제2조에서는, 지방자치단체가 하는 보조사업의 범위에 관하여 관할구역 안에 있는 고등학교 이하 각급학교의 교육에 소요되는 경비 중 (1) 학교의 급식시설·설비사업 (2) 학교의 교육정보화사업 (3) 학교의 교육시설개선사업 및 환경개선사업 (4) 학교교육과정 운영의 지원에 관한 사업 (5) 지역주민을 위한 교육과정 개발 및 운영에 관한 사업 (6) 학교교육과 연계하여 학교에 설치되는 지역주민 및 청소년이 활용할 수 있는 체육·문화공간 설치사업 (7) 기타 지방자치단체의 장이 필요하다고 인정하는 학교교육여건 개선사업 등 7가지로 제한하고 있다. 비록 교육·학예에 관한 일반 지방자치단체의 교부금 및 경비 지원을 강제하더라도 지나치게 방만한 지원을 제한하려는 취지로 이해할 수 있다.

- 기초 자치단체가 학교급식 무상지원을 내용으로 하는 조례를 제정할 수 있는지 여부가 논란이 되었으나, 법제처는 지방교육재정교부금법령에 위반되지 않는다고 법령해석을 한 바 있다.

기초 자치단체의 학교급식무상지원 조례 제정 가능 : 법제처 09-0403, 2010.1.15.

우선, 기초지방자치단체가 학교급식경비의 지원에 관한 사무를 그 조례로 제정할 수 있는지에 대하여 살펴보면, 통상 학교급식에 관한 사무는 학교급식의 실시, 지원, 운영 평가 및 감독 등 학교급식의 전반에 걸친 사무에 해당한다고 할 것이고, 이는 지방자치단체의 교육·학예 사무의 일부로서 광역지방자치단체의 사무에 해당한다고 할 것입니다.

… (중략) …
「지방교육재정교부금법」 제11조 제6항의 위임에 따라 교육경비 보조에 대하여 규정하고 있는 「지방자치단체의 교육경비 보조에 관한 규정」 제2조 제1호에서는 기초지방자치단체는 학교의 급식시설·설비사업에 대해서만 그 비용을 보조하도록 규정되어 있으나, 같은 조 제6호에서는 기초지방자치단체의 장이 필요하다고 인정하는 학교교육여건 개선사업에 대해서도 그 비용을 보조할 수 있도록 규정하고 있는바, 일반적으로 학교급식경비 지원사무는 학생의 건강보호 및 증진을 통한 학교교육의 적정성을 보장하기 위한 것이므로 학교교육여건 개선사업의 범주에 포함되는 것으로 보아야 할 것이므로, 급식시설·설비사업비용 외의 다른 학교급식경비(식품비 및 급식운영비)에 대한 비용지원을 통한 무상급식 조례가 지방교육재정교부금법령에 위반되는 것으로 보기도 곤란하다고 할 것입니다.

- 또한 기초 자치단체가 '관내 고등학교 학생 교육비 지원 조례안'을 제정하여 주민들의 자녀에게 수업료, 입학금을 지원할 수 있는지에 대하여 대법원은 "수업료, 입학금 그 자체에 관한 사무는 교육·학예에 관한 사무로서 지방자치단체 중 특별시·광역시·도의 사무에 해당한다고 할 것이나, 수업료, 입학금의 지원에 관한 사무는 학생 자녀를 둔 주민들의 수업료, 입학금 등에 관한 부담을 경감시킴으로써 청소년에 대한 기본적인 교육여건을 형성함과 동시에 청소년이 평등하게 교육을 받을 수 있도록 하는 사무로서 지방자치단체 고유의 자치사무"라고 보아 가능하고 판시했다.

조례안재의결무효확인[대법원 2013. 4. 11., 선고, 2012추22, 판결]

1. 수업료, 입학금 그 자체에 관한 사무는 교육·학예에 관한 사무로서 지방자치단체 중 특별시·광역시·도의 사무에 해당하나, 수업료, 입학금의 지원에 관한 사무는 학생 자녀를 둔 주민의 수업료, 입학금 등에 관한 부담을 경감시킴으로써 청소년에 대한 기본적인 교육여건을 형성함과 동시에 청소년이 평등하게 교육을 받을 수 있도록 하는 것이므로, 이와 같은 사무는 지방자치단체 고유의 자치사무인 지방자치법 제9조 제2항 제2호에서 정한 주민의 복지증진에 관한 사무 중 주민복지에 관한 사업[(가)목] 및 노인·아동·심신장애인· 청소년 및 부녀의 보호와 복지증진[(라)목]에 해당되는 사무이다.
2. 화천군의회가 의결한 '화천군 관내 고등학교 학생 교육비 지원 조례안'에 대하여 화천군수가 도의 자치사무에 관한 것이라는 등의 이유로 재의를 요구하였으나 군의회가 조례안을 재의결하여 확정한 사안에서, 수업료, 입학금의 지원에 관한 사무는 지방자치단체 고유의 자치사무인 지방자치법 제9조 제2항 제2호에서 정한 주민의 복지증진에 관한 사무에 속하고, 이러한 사무의 성격을 고려하여 농어업인 삶의 질 향상 및 농어촌지역 개발촉진에 관한 특별법 제23조는 지방자치단체에 수업료 등에 대한 경비 지원에 관한 권한을 부여하고 있고, 위 조례안 제4조는 군수에게 교육비 지원 대상 선정에 일정한 재량권을 부여하고 있는 등 관계 법률과 조례안의 규정 내용 및 위 조례안에 따른 교육비 지원사무에

들 비용이 화천군 예산에서 차지하는 비율 등을 고려할 때, 위 조례안 제6조 제3항이 교육비 지원대상에 해당하는 경우에는 군수로 하여금 교육비를 지급하도록 규정하였다는 이유만으로 집행기관인 지방자치단체장 고유의 재량권을 침해하였다거나 예산배분의 우선순위 결정에 관한 지방자치단체장의 권한을 본질적으로 침해하여 위법하다고 볼 수 없다.

- 정리하면, 교육·학예 그 자체 사무인지 아니면 교육·학예를 지원하는 사무인지를 구분하여 교육·학예 그 자체사무는 광역자치단체 관할 사무이지만, 교육·학예를 지원하는 사무는 일반 지방자치단체에서도 수행할 수 있는 사무라는 것이다.

기초 자치단체의 교육공무원 해외 연수 지원

- 지방자치단체의 교육 경비 보조에 관한 사항은 보조금의 일종으로 보아야 한다. 따라서 그 보조금의 예산 및 관리에 관하여는 원칙적으로 「지방재정법」 제17조와 「지방자치단체 보조금 관리에 관한 법률」 이 적용되며, 해당 지방자치단체의 보조금 관리 조례에서 정하는 바에 따른다.

지방재정법

제17조(기부 또는 보조의 제한) ① 지방자치단체는 그 소관에 속하는 사무와 관련하여 다음 각 호의 어느 하나에 해당하는 경우와 공공기관에 지출하는 경우에만 개인 또는 법인·단체에 기부·보조, 그 밖의 공금 지출을 할 수 있다. 다만, 제4호에 따른 지출은 해당 사업에의 지출근거가 조례에 직접 규정되어 있는 경우로 한정한다.

1. 법률에 규정이 있는 경우
2. 국고 보조 재원(財源)에 의한 것으로서 국가가 지정한 경우
3. 용도가 지정된 기부금의 경우
4. 보조금을 지출하지 아니하면 사업을 수행할 수 없는 경우로서 지방자치단체가 권장하는 사업을 위하여 필요하다고 인정되는 경우

② 제1항 각 호 외의 부분 본문에서 "공공기관"이란 해당 지방자치단체의 소관에 속하는 사무와 관련하여 지방자치단체가 권장하는 사업을 하는 다음 각 호의 어느 하나에 해당하는 기관을 말한다.

1. 그 목적과 설립이 법령 또는 법령의 근거에 따라 그 지방자치단체의 조례에 정하여진 기관
2. 지방자치단체를 회원으로 하는 공익법인

지방자치단체 보조금 관리에 관한 법률

제1조(목적) 이 법은 지방보조금 예산의 편성, 교부 신청과 결정 및 사용 등의 기본적인 사항을 규정함으로써 지방보조금 예산의 효율적인 편성 및 집행 등 지방보조금 예산의 투명하고 적정한 관리를 목적으로 한다.

제2조(정의) 이 법에서 사용하는 용어의 뜻은 다음과 같다.

1. "지방보조금"이란 지방자치단체가 법령 또는 조례에 따라 다른 지방자치단체, 법인·단체 또는 개인 등이 수행하는 사무 또는 사업 등을 조성하거나 이를 지원하기 위하여 교부하는 보조금 등을 말한다. 다만, 출자금 및 출연금과 국고보조재원에 의한 것으로서 지방자치단체가 교부하는 보조금은 제외한다.
2. "지방보조사업"이란 지방보조금이 지출되거나 교부되는 사업 또는 사무를 말한다.
3. "지방보조사업자"란 지방보조사업을 수행하는 자를 말한다.
4. "지방보조금수령자"란 지방자치단체 및 지방보조사업자로부터 지방보조금을 지급받은 자를 말한다.

제3조(다른 법률과의 관계) ① 지방보조금 예산의 편성·집행 등 그 관리에 관하여는 다른 법률에 규정이 있는 것을 제외하고는 이 법에서 정하는 바에 따른다.

② 개인정보의 보호에 관하여는 이 법에 특별한 규정이 있는 경우를 제외하고는 「개인정보 보호법」에서 정하는 바에 따른다.

③ 이 법을 적용할 때 교육·과학 및 체육에 관한 사항 또는 교육비 특별회계에 관하여는 "지방자치단체의 장" 또는 "시·도지사"는 "교육감"으로, "행정안전부장관"은 "교육부장관"으로 본다.

- 기초 자치단체의 경우 교육·학예에 관한 사무에 대하여 관장할 수가 없기 때문에 교육 경비에 대한 보조를 더욱 철저히 관리하기 위하여 「지방자치단체의 교육경비 보조에 관한 규정」 제2조에 따른 시행방법과 기준을 정한 '교육경비 보조 조례'를 별도로 제정·운영하고 있다.

○○시 교육경비 보조에 관한 조례

제1조(목적) 이 조례는 ○○시 관내에 있는 고등학교 이하 각급학교의 교육에 소요되는 경비의 일부를 보조함에 있어 효율적이고 합리적인 예산지원 등에 필요한 사항을 규정함을 목적으로 한다.

제2조(보조사업의 범위) ○○시 관내에 있는 고등학교 이하 각급학교의 교육에 소요되는 경비 중 보조할 수 있는 사업(이하 "보조사업"이라 한다)은 다음 각 호의 어느 하나와 같다.

1. 학교의 급식시설사업
2. 학교의 교육정보화사업
3. 지역사회의 특색교육사업
4. 교육경쟁력 강화사업

5. 학교교육과 연계하여 학교에 설치되는 지역주민 및 청소년이 활용할 수 있는 체육·문화공간 설치사업
6. 도서관 활성화 및 학교 교육여건 개선사업
7. 중·고등학교 원어민교사 지원사업
8. 농·산·어촌 방과 후 학교 지원사업
9. 학교 급식비 지원사업

- 그런데, 일부 기초 자치단체에서 '교육경비 보조 조례'를 개정해서 '선진교육제도 보급을 위한 교사의 교육연수 지원 등 역량제고 사업'의 명목으로 고등학교 이하 각급학교 교직원의 국·내외 연수에 소요되는 경비를 해당 기초 지방자치단체가 보조할 수 있도록 하는 움직임이 있었다.

- 이 부분에 있어서도 다른 지방자치단체에서 도입하면 그 적법 여부와 합목적성, 재정적 한계성 및 적용 가능성 등을 고려하지 않고 무조건 '베끼기'식으로 확산되고 있어서 이 문제로 시끄러운 기초 자치단체가 적지 않다. 법적으로 옳고 그름을 떠나 자치입법 분야에서 가장 좋지 않은 현상이 아닐 수 없다.

- 무엇보다, 기초 자치단체가 그 소속 직원이 아닌 다른 자치단체인 시·도 소속 직원에 대하여 국·내외 연수에 소요되는 경비를 보조하려는 취지가 이해되지 않는다.

- 앞서 살펴본 것과 같이 아무리 해당 기초 자치단체 관할구역 안에 소재한 학교라 하더라도 해당 교직원의 소속은 광역 자치단체에 속하기 때문에 해당 기초 자치단체와는 무관하다. 민간으로 비하면 자기 회사가 아닌 다른 회사 소속 직원의 연수비용을 지원하겠다는 것인데, 필자로서는 전혀 이해가 되지 않는 부분이다. 재정상태가 엄청 좋아서 돈이 지나치게 넘쳐나서 주체할 수 없을 지경이라도 법적으로 문제가 될 소지가 크다.

- 기초 자치단체는 「지방교육자치에 관한 법률」 제2조에 따라 교육·학예에 관한 사무 관할권이 없다. 다만, 「지방자치단체의 교육경비 보조에 관한 규정」 등에 따라 경비의 보조가 가능하더라도 같은 영 제2조 각 호에서 규정하고 있는 범위에서 보조가 가능할 뿐이고, 이를 위반할 수 없다. 그런데 '선진교육제도 보급을 위한 교사의 교육연수 지원 등 역량제고 사업'은 같은 영 제2조 각 호에 따른 보조사업 그 어디에도 해당하지 않기 때문에 이 사업을 추진할 수 없다.

- 한편, 일부 기초 자치단체는 다음과 같이 '교육경비 보조 조례'의 적용 대상에 유치원을 추가하고, 사립유치원의 지원경비와 방과후과정도 지원할 수 있도록 하고 있는 경우가 있다.

○○시 교육경비 보조에 관한 조례

제1조(목적) 이 조례는「지방교육재정교부금법」 제11조 제8항과「지방자치단체의 교육경비 보조에 관한 규정」·「저출산·고령사회기본법」및「유아교육법」에 따라 ○○시 관내 고등학교 이하 각급 학교의 교육에 소요되는 교육경비의 보조에 필요한 사항을 지원함에 있어 공정하고 효율적인 예산지원 등에 필요한 사항을 규정함을 목적으로 한다.

제2조(용어의 정의) 이 조례에서 사용되는 용어의 뜻은 다음과 같다.

1. "각급 학교"는 ○○시에 소재하는「유아교육법」제2조에 따른 유치원과 「초·중등교육법」제2조에 따른 학교를 말한다.
2. "교육경비"는 학교교육을 운영하는데 필요한 경비를 말한다.

제4조(보조사업의 범위) ① 각급 학교의 교육경비 중 보조할 수 있는 사업(이하 "보조사업"이라 한다)은 다음 각 호와 같다.

1. 학교의 급식시설·설비사업
2. 학교의 교육정보화사업
3. 학교의 교육시설 개선사업 및 환경개선 사업
4. 학교교육과정 운영의 지원에 관한 사업
5. 지역주민을 위한 교육과정 개발 및 운영에 관한 사업
6. 학교교육과 연계하여 학교에 설치되는 지역주민 및 청소년이 활용할 수 있는 체육·문화 공간 설치사업
7. 특수목적을 가진 학교의 설립 및 학급의 설치와 관련한 사업
8. 혁신교육사업
9. 「유아교육법시행령」 제32조와 제33조에 따른 사립유치원 지원경비와 방과 후 과정 운영 등 지원경비

② 제1항에 따라 지원하는 교육경비 보조사업 중 인건비에 대한 부담은 제외한다. 다만, 국·도비 등 재정지원 사업과 교육과정 운영사업, 그 밖에 시장이 필요하다고 인정하는 교육여건 개선 사업 중 역점시책과 관련된 사업은 예외로 한다.

- 「유아교육법」 제2조 제2호에서는 "유치원"이란 유아의 교육을 위하여 이 법에 따라 설립·운영되는 학교를 말한다고 규정하고 있어 유치원도 각급학교에 해당한다.

- 그렇다면, 각급학교에 해당하는 유치원에 대하여도 다른 고등학교 이하의 학교와 마찬가지로 기초 자치단체의 경비 보조에 있어서 「지방자치단체의 교육경비 보조에 관한 규정」 등에 따른 제한 규정이 적용된다고 보아야 한다.

교육감의 보조기관 등

- 교육감 소속으로 보조기관, 교육기관 및 하급행정기관을 둘 수 있다.

- 보조기관이란 교육감을 수장으로 하는 행정조직 안에서 계선기관의 역할을 수행하는 기관으로서, 교육감의 밑에서 그를 도와 업무를 집행하는 하급집행기관, 즉 부교육감과 실장·국장·과장 등을 말한다. 보조기관은 보좌기관과 구별된다. 보조기관은 어디까지나 계선기관(line)인 반면, 보좌기관은 계선기관을 보좌하는 참모기관(staff)인 것이다.

- 교육감 소속으로 보조기관을 둔다. 「지방교육자치에 관한 법률」 제30조 제1항은 교육감 밑에 국가공무원으로 보하는 부교육감 1인을 두되, 인구가 800만명 이상이면서 학생이 150만명 이상인 시·도는 2인의 부교육감을 두도록 되어 있다. 부교육감은 「국가공무원법」 제2조의2에 따른 고위공무원단에 속하는 일반직공무원 또는 장학관으로 보하되, 해당 시·도의 교육감이 추천한 사람을 교육부장관의 제청으로 국무총리를 거쳐 대통령이 임명한다.

지방교육자치에 관한 법률

제30조(보조기관) ① 교육감 소속하에 국가공무원으로 보하는 부교육감 1인(인구 800만명 이상이고 학생 150만명 이상인 시·도는 2인)을 두되, 대통령령으로 정하는 바에 따라 「국가공무원법」 제2조의2의 규정에 따른 고위공무원단에 속하는 일반직공무원 또는 장학관으로 보한다.
② 부교육감은 해당 시·도의 교육감이 추천한 사람을 교육부장관의 제청으로 국무총리를 거쳐 대통령이 임명한다.
③ 부교육감은 교육감을 보좌하여 사무를 처리한다.
④ 제1항의 규정에 따라 부교육감 2인을 두는 경우에 그 사무 분장에 관한 사항은 대통령령으로 정한다. 이 경우 그중 1인으로 하여금 특정 지역의 사무를 담당하게 할 수 있다.
⑤ 교육감 소속하에 보조기관을 두되, 그 설치·운영 등에 관하여 필요한 사항은 대통령령으로 정한 범위 안에서 조례로 정한다.

- 이 법률에 따르면, 부교육감을 제외한 그 밖의 보조기관의 설치·운영에 관하여 필요한 사항은 대통령령으로 정하는 범위에서 조례로 정하도록 되어 있다(제30조 제5항). 물론, 여기서 말하는 대통령령은 「지방교육행정기관의 행정기구와 정원기준 등에 관한 규정」이다.

- 한편, 이 법률에 교육감 소속으로 보좌기관을 둘 수 있다는 규정은 없다. 정책보좌관, 정책특보 또는 담당관 등 보좌기능에 대해서는 침묵하고 있다. 보조기관에 대한 예시적 규정에

치중하다보니 보좌기관에 대한 내용이 없는 것으로 보이며, 보좌기관에 대한 별도의 규정이 없다고 해서 보좌기관의 설치가 불가능한 것은 아니다.

- 실제로 「지방교육행정기관의 행정기구와 정원기준 등에 관한 규정」 제9조에서는 본청에 두는 부교육감·실장·국장·과장 및 담당관 등 보조·보좌기관의 직급기준 등을 별표 2로 정하고, 이에 따라 본청에 두는 보조·보좌기관의 직급 등은 해당 시·도의 교육규칙으로 정한다고 되어 있다. 이 규정에 따라 해당 교육행정기관에서는 보좌기관의 직급기준과 인원 등을 상세하게 규정하고 있다.

- 「지방교육자치에 관한 법률」 제31조에 따라 교육감의 권한대행·직무대리에 관하여는 「지방자치법」 제124조를 준용한다. 권한대행 및 직무대리에 대하여는 제3강에서 설명하였다.

- 교육감은 소속 교육기관을 설치·운영할 수 있다. 「지방교육자치에 관한 법률」 제32조는 "교육감은 그 소관 사무의 범위 안에서 필요한 때에는 대통령령 또는 조례가 정하는 바에 따라 교육기관을 설치할 수 있다."고 규정하고 있다.

- 이에 따라 「지방교육행정기관의 행정기구와 정원기준 등에 관한 규정」에서는 교육기관을 각급학교를 제외한 본청 소속의 '직속기관'으로 규정하면서, 이 규정 제12조 제2항에서는 "직속기관과 교육지원청 소속 기관의 장의 직급, 하부조직 및 그 사무 분장에 관한 사항은 해당 시·도의 조례 또는 조례의 위임에 따른 교육규칙으로 정한다."고 되어 있다.

- 그리고, 「지방교육자치에 관한 법률」 제34조에 따라 시·도의 교육·학예에 관한 사무를 분장하기 위하여 1개 또는 2개 이상의 시·군 및 자치구를 관할 구역으로 하는 하급교육행정기관인 교육지원청을 두고 있다. 교육지원청에 교육장을 두되 장학관으로 보하고, 그 밖에 교육지원청의 조직과 운영 등에 관하여 필요한 사항은 대통령령으로 정하도록 되어 있다.

- 여기서 하나 짚고 넘어갈 것은 교육장을 '장학관'으로 보한다고 되어 있는데, 같은 법 제24조에서 교육감후보자의 자격이 종전에 교육경력으로 한정하던 것을 교육행정경력도 추가한 점에서 개선을 검토해 보아야 한다.

지방교육 재정

- 교육·학예에 관한 경비는 (1) 교육에 관한 특별부과금·수수료 및 사용료 (2) 지방교육재정교부금 (3) 해당 지방자치단체의 일반회계로부터의 전입금 (4) 유아교육지원특별회계에 따른 전입금 (5) 그 밖의 수입으로서 교육·학예에 속하는 수입을 재원으로 하여 충당한다. 이 중에서 특별부과금은 특별한 재정수요가 있는 때에 조례가 정하는 바에 따라 부과·징수하되, 특별부과를 필요로 하는 경비의 총액을 초과하여 부과할 수 없다(법 제36조, 제40조).

지방교육자치에 관한 법률

제36조(교육·학예에 관한 경비) 교육·학예에 관한 경비는 다음 각 호의 재원(財源)으로 충당한다.
1. 교육에 관한 특별부과금·수수료 및 사용료
2. 지방교육재정교부금
3. 해당지방자치단체의 일반회계로부터의 전입금
4. 유아교육지원특별회계에 따른 전입금
5. 제1호 내지 제4호 외의 수입으로서 교육·학예에 속하는 수입

제40조(특별부과금의 부과·징수) ① 제36조의 규정에 따른 특별부과금은 특별한 재정수요가 있는 때에 조례로 정하는 바에 따라 부과·징수한다.
② 제1항의 규정에 따른 특별부과금은 특별부과가 필요한 경비의 총액을 초과하여 부과할 수 없다.

- 「지방교육자치에 관한 법률」 제36조 제1호 및 제40조에 따라 교육·학예에 관한 경비의 재원이 되는 특별부과금은 '특별한 재정 수요'가 있는 경우에 조례가 정하는 바에 따라 부과·징수한다.

- 특별부과금은 말 그대로 주민에게 특별한 부담이 되는 금전적 부담이 될 수 있음에도 불구하고 부과·징수의 대상이나 그 한계 및 부과방식에 대하여 전혀 규정하고 있지 않아서 위헌의 소지가 있다고 본다. 헌법 제37조의 규정에 따라 헌법에서 직접 법률로 정하도록 규정하고 있는 사항과 의회유보의 원칙과 관련하여 국가공동체와 그 구성원에게 기본적이고도 중요한 의미를 갖는 영역은 반드시 법률에서 직접 규정해야 하는바, 주민에게 직접 금전적 부담을 주는 특별부과금에 대하여 부과의 요건과 대상 및 부과요율을 법률에서 정하지 않고 조례로 정하도록 한 것은 문제가 있다.

- 이처럼 국민의 권리의무에 관련된 사항은 직접 법률에서 규정하거나 최소한의 근거를 두고 구체적인 범위를 정해서 조례 등으로 위임하여야 하기 때문에 위 규정은 헌법상 '법률유보

원칙'에 어긋날 소지가 있다.

- 「지방교육자치에 관한 법률」 제36조 제1호 및 제40조에 따라 부과할 수 있는 특별부과금의 사례는 아직 찾을 수 없다.

- 개인적인 관심으로 몇 번이나 전국의 시·도 교육청의 교육 조례를 뒤져본 적이 있는데 번번이 찾는데 실패했다.

- 시·도의 교육·학예에 관한 경비를 경리하기 위하여 교육비특별회계를 두어야 한다(지방교육자치법 제38조). 시·도의 지방자치단체는 일반 사무와 교육·학예에 관한 사무로 이원화되어 있고, 이를 총괄하는 대표자도 시·도지사와 교육감으로 각각 구분되어 있다. 해당 사무에 소요되는 경비를 동일한 회계 또는 계좌에서 경리하게 한다면, 자칫 양측 대표자 간의 충돌과 갈등이 발생할 수 있다.

지방교육자치에 관한 법률

제38조(교육비특별회계) 시·도의 교육·학예에 관한 경비를 따로 경리하기 위하여 당해 지방자치단체에 교육비특별회계를 둔다.

- 이 점에서 헌법상의 교육자치를 실질적으로 보장하는 데 있어서 「지방교육자치에 관한 법률」 제38조는 매우 중요한 역할을 하고 있는 것이다.

- 따라서 시·도의 교육청은 해당 사무에 관한 경비를 지불하기 위해서는 반드시 소관 교육비특별회계에서 지불해야 한다. 해당 사무에 관한 경비의 전부 또는 일부를 국가 또는 다른 지방자치단체나 다른 지방자치단체의 장이 지원하더라도 해당 금원을 소관 교육비특별회계의 수입으로 납입한 다음 그 회계에서 지출해야 한다.

- 이와 관련 해당 시·도의 지방자치단체가 취득하는 학교용지를 취득하는 사무에 관한 경비의 지급에 있어서도 주의할 것이 있다.

- 현행 「학교용지 확보 등에 관한 특례법」 제4조 제1항 및 제2항에서는 취득한 학교용지는 시·도 교육비특별회계 소관 공유재산으로 하여야 한다고 되어 있는데, 이는 학교용지의 취득 등 확보에 관한 사무에 소요되는 경비가 소관 교육비특별회계에서 지불되어야 함을 간접적으로 확인하고 있다.

학교용지 확보 등에 관한 특례법

제4조(학교용지의 확보 및 경비의 부담) ① 특별시·광역시·특별자치시·도 또는 특별자치도(이하 "시·도"라 한다)인 개발사업시행자는 제3조에 따른 학교용지를 확보하여 시·도 교육비특별회계 소관 공유재산(公有財産)으로 하여야 한다.

② 시·도 외의 개발사업시행자는 제3조에 따른 학교용지를 시·도에 공급하고, 시·도는 학교용지를 확보하여 시·도 교육비특별회계 소관 공유재산으로 하여야 한다.

④ 제1항과 제2항에 따라 시·도가 학교용지를 확보하는 데에 드는 경비는 시·도의 일반회계와 제5조의4에 따른 학교용지부담금특별회계에서 2분의 1을, 시·도 교육비특별회계에서 2분의 1을 각각 부담한다.

⑤ 시·도지사는 제4항에 따라 부담하는 금액을 각각 시·도의 일반회계와 제5조의4에 따른 학교용지부담금특별회계 예산에 계상하여 시·도 교육비특별회계로 전출하여야 한다.

- 왜냐하면 시·도지사가 일반회계에서 직접 지불하는 금액은 일반회계 소관 공유재산이 되어 그 관리의 대표자는 교육감이 아닌 시·도지사가 되기 때문이다. 다소 불편하더라도 우선 교육비특별회계에 입금 조치를 한 후 교육감이 해당 특별회계에서 직접 지불해야만 교육비특별회계 소관 공유재산이 되는 것이다.

법제관이
풀어주는
자치입법 해설

자치법규의 통제와 그 규율범위

CHAPTER 11

자치법규의 통제와 그 규율범위

- 대부분의 지방자치단체 집행기관은 조례안 재의요구 시 조례안이 위법한지 여부에만 집착하고 있으나, 지방재정에 미치는 영향, 다른 정책과의 조화 여부, 주민의 의사와 주민에게 미치는 영향 등이 더욱 중요할 수 있다는 점을 유의할 필요가 있다.

- 「지방자치법」은 지방의회의 조례안 의결에 대해 재의요구 및 대법원 제소 등의 견제방법을 규정하고 있으나, 조례안 의결에 대해 이의가 있는 경우 재의요구할 수 있도록 되어 있는 재의요구가 가장 효과적인 지방의회 견제수단이 된다.

- 재의요구는 (1) 조례안에 대한 재의요구 (2) 일반 의결사항에 대한 재의요구 (3) 재정 관련 의결사항에 대한 재의요구 등 세 가지로 구분한다. 일반 의결사항에 대한 재의요구 규정이 다른 두 가지에 비해 일반법적인 효력이 있다.

- 재의요구를 했으나 지방의회에서 재의결된 사항이 법령에 위반된다고 인정되면 대법원에 제소할 수 있다. 대법원 제소의 대상이 되는 것은 해당 조례안 전부가 아니라 재의요구의 대상이 되는 규정이다.

- 조례안에 대한 대법원 제소는 '조례안 재의결 무효확인소송'이 된다.

- 조례의 규율범위로 (1) 법령의 범위에서 규율해야 하고, (2) 지방자치단체의 소관사무(자치사무+단체위임사무)에 관한 사항을 규정해야 하며, (3) 주민의 권리제한, 의무부과, 벌칙을 정할 때에는 법률의 위임이 있어야 하고, (4) 하위 자치단체는 상위 자치단체의 조례에 위반되지 않는 범위에서 규율해야 하며, (5) 집행기관과 의결기관 상호간의 권한분리 및 배분원칙을 준수해야 한다는 5가지 원칙이 있다.

- 또한, 조례제정 시에는 행정기본법의 제2장 '행정의 법원칙'을 준수해야 한다.

- 이 번 강의의 제목을 '자치법규의 통제와 그 규율범위'로 정하면서 새삼 자치법규의 현 주소와 근본적인 문제점에 대해 다시 한 번 생각하지 않을 수 없었다.
- 자치입법은 「지방자치법」 제28조 제1항으로 시작해서 그 조문으로 끝이 난다. 잘 알려진 것과 같이 제28조 제1항 단서는 주민의 권리 제한 또는 의무 부과에 관한 사항이나 벌칙을 정할 때에는 법률의 위임이 있어야 한다고 규정하면서, 아울러 제1항 본문에서는 조례의 제정 범위를 '법령의 범위'로 제한하고 있는 것이다.

지방자치법

제28조(조례) ① 지방자치단체는 법령의 범위에서 그 사무에 관하여 조례를 제정할 수 있다. 다만, 주민의 권리 제한 또는 의무 부과에 관한 사항이나 벌칙을 정할 때에는 법률의 위임이 있어야 한다.

- 자치입법의 이론과 실제를 불문하고 대부분의 자료나 강의에서는 자치법규의 규율범위가 가장 먼저 등장한다. 주요 내용도 엇비슷하다. 조례인 자치법규의 경우 (1) 법령의 범위에서 규율해야 하고, (2) 지방자치단체의 소관 사무(자치사무+단체위임사무)에 관한 사항을 규정해야 하며, (3) 주민의 권리제한, 의무부과, 벌칙을 정할 때에는 법률의 위임이 있어야 하고, (4) 하위 자치단체는 상위 자치단체의 조례에 위반되지 않는 범위에서 규율해야 하며, (5) 집행기관과 의결기관 상호간의 권한분리 및 배분원칙을 준수해야 한다는 것이다.
- 기존의 판례와 사례를 중심으로 엮으면 자치법규의 규율범위만으로도 한권의 책이 될 수 있다. 하지만, 자치법규의 규율범위에 대해서는 쓰기가 꺼려지는 분야이다.
- 솔직히 고백하면 기존의 연구와 자료가 너무나 완벽해서 자치법규의 규율범위 부분은 굳이 쓰고 싶지 않았다. 그래서 미루고 미루다가 마지막까지 밀리게 되었는데, 그마저 여의치 않게 되었다. 제11강에서는 자치법규의 규율범위는 기본적인 사항만 정리 차원에서 기술하고 주로 자치법규의 통제에 관해서 이야기하려고 하기 때문이다.
- 기존의 연구와 자료가 너무나 완벽해서 자치법규의 규율범위 부분을 쓰기가 싫다고 했지만, 실무에 접하면서 느낀 것은 자치법규의 규율범위가 그렇게 중요하지 않다는 점도 있다. 중요하기는커녕, 오히려 자치법규에 대한 소극적이고 제한적인 범위설정이 되어서 창의적이고 적극적인 입법을 가로막고 있다는 생각마저 든다.

- 주민을 위해 진짜로 필요하며 효과적인 행정을 위한 자치법규를 고민하기도 전에 그 규율범위부터 신경 쓰게 되면 자연스럽게 자치법규의 입안을 위축시키고 창의적인 발상을 제한하지 않을 수 없다.

- 조례를 비롯한 자치법규의 실상을 생각하면, 자치법규의 규율범위를 그렇게까지 치켜세울 필요가 없다는 생각도 든다.

- 조례가 자치법규의 최고 규범이라 하더라도 주민의 권리의무와 관련된 사항은 정할 수 없다. 각종 인·허가를 비롯한 자격제도는 물론이고, 과징금이나 벌금 등 실무행정법상 중요한 제도는 규율할 수 없다는 한계가 있기 때문이다.

- 그럼에도 불구하고 그 동안 자치법규의 규율범위를 자치입법에 있어서 준수해야 할 가장 중요하고 근본이 되는 것으로 생각하고, 심지어는 그렇게까지 '숭상'했던 것은 무슨 까닭일까?

- 단순히 권위적인 행정문화의 관점에서 중앙정부와 국가법령의 수준을 지방정부와 자치법규에 비해서 높이려는 것 이상의 이유가 숨어있다고 생각한다. 그 이유를 찾는 과정에서 이 강의를 시작한다.

"우리는 오로지 위법한지 여부만 궁금합니다"

- 자치법규 중에서 조례의 제·개정안에 대하여 필자가 접하는 질의의 대부분은 해당 조문이 위법한지 여부를 묻는 것이다. 해당 조문이 상위법령에 위반된 것이 아닌지, 조례의 규율범위를 벗어난 위법한 것은 아닌지에 관한 질문이다.

- 조례라 하더라도 규율하는 내용이 많지 않을 뿐만 아니라, 지방의회 의원들도 무턱대고 조례안을 발의하지 않고 세심한 주의를 하기 때문에 쉽게 위법 여부를 판단하거나 단언적으로 이야기할 수 없는 부분이 많다. 이럴 경우 조바심이 난 질문자는 대뜸 위법한지 여부만 알려달라고 한다.

- 아래의 사례는 '청소년수련관 설치 및 운영 조례'로서 이 조례 제11조 제2항에 제3호의2 규정을 새롭게 신설하는 것이 위법한 것이 아닌지 질문을 받은 적이 있었다.

○○시 청소년수련관 설치 및 운영 조례

제1조(목적) 이 조례는 「청소년기본법」 제18조와 「청소년활동진흥법」 제11조에 따라 청소년의 복지를 증진하고 수련활동과 정서함양 등 건전한 청소년 육성을 지원하기 위하여 ○○시 청소년수련관의 설치 및 운영에 필요한 사항을 규정함을 목적으로 한다.

제11조(사용료 등) ① 수련관 시설의 사용료는 별표 2의 기준에 따라 허가 시에 납부하여야 한다.

② 다음 각 호의 어느 하나에 해당하는 경우에는 사용료의 전부 또는 일부를 감면할 수 있다.

1. ○○시(이하 "시"라 한다)가 주최·주관하는 청소년 관련 행사
2. 시 관할구역의 학교, 공공기관, 청소년 단체에서 실시하는 청소년 대상 비영리 목적의 행사
3. 정신적, 신체적, 문화적, 경제적으로 특별한 보호를 필요로 하는 청소년 및 청소년 단체의 이용

3의2. 대한빙상연맹에 등록된 선수로서 시장이 정하는 강사에게 지도·훈련을 받는 경우

4. 그밖에 시장이 필요하다고 인정하는 경우

- 얼핏 봐서도 청소년수련관 시설의 이용에 대한 사용료를 감면하는 경우로 대한빙상연맹 등록 선수가 지도·훈련을 받는 경우를 추가하는 것이 적합한 것 같지는 않아 보인다.

- 이와 같은 질문에 대해 위법하다는 답변이 쉽게 나오지 않으면 질문하신 분은 당혹스러워 하거나 실망한 기색이 역력한 경우가 많다.

- 그런 상황에서 "당신은 어떻게 생각하느냐?"고 물으면, 그렇잖아도 해당 시설의 경비가 많이 들어서 적자가 커지고 있어서 더 이상의 사용료 감면은 곤란하고, 대한빙상연맹 등록 선수에 대해서만 감면하게 되면 육상연맹이나 축구협회 등 다른 분야의 선수에 대해서도 감면 규정을 신설하지 않을 수 없으며, 특히 다른 지방자치단체 소속 선수 등이 몰려와서 정작 ○○시 주민인 청소년들의 시설 이용이 제한된다는 것이다.

- 질문하신 분이 오히려 너무나 정확하고 명확하게 해당 조례의 문제점을 잘 말해줘서 깜짝 놀라게 된다. 그럼에도 불구하고 필자에게 무슨 대답을 원하느냐고 물으면 답변은 항상 "우리는 오직 위법한지 여부만이 중요하다."는 것이다.

- 위법해야 조례안을 발의한 지방의원도 수긍하게 할 수 있고, 궁극적으로 재의요구나 대법원 제소의 절차까지 갈 수 있다는 것이다.

- 이런 경우도 있다. 아래의 사례는 '도시계획조례' 제19조 제1항 제2호 일부를 개정하는 경우이다. 이처럼 조례를 개정하면 공익을 현저히 해치는 것이 아닌지 묻는 경우도 많다.

- 아래 사례의 규정을 보면 개발행위 허가의 조건이 종전의 '경사도 17도 미만'에서 '경사도 22도 미만'으로 완화된 것을 알 수 있다. 개발행위 허가의 조건이 완화된 것으로 해당 주민의 입장에서는 이익이 되는 셈이며, 일종의 규제완화에 해당한다고 할 수 있다.

〈○○시 도시계획조례 개정안〉

현　행	개정안
제19조(개발행위허가의 기준) ① 영 별표 1의2 제1호에 따라 시장은 다음 각 호의 요건을 모두 갖춘 토지에 한하여 개발행위를 허가할 수 있다. 1. (생　략) 2. 경사도가 17도 미만, 도시지역 외 지역은 22도 미만인 경우. 다만, 도시지역의 주거·상업·공업지역에서 경사도 17도 이상인 경우와 도시지역 외 지역 중 계획관리지역에서 경사도가 22도 이상인 경우에는 26조에 따르며, 경사도 산정방식은 시장이 따로 정할 수 있다.	제19조(개발행위허가의 기준) ① ―――――――――――――――――――――――――――――――――. 1. (현행과 같음) 2. 경사도가 22도 미만인 토지. 다만, 경사도가 22도 ――.

- 그런데 막상 해당 조문의 문제보다 질문하시는 분이 뜬금없이 공익을 현저히 해치는 것이 아니냐고 묻는 그 의미와 배경을 파악하는 데 진땀을 흘린다.

- 질문하신 분 스스로가 위 조례가 「국토의 계획 및 이용에 관한 법률」의 위임에 따라 제정된 것으로 위 개정규정이 위법이 아닌 것은 너무나 당연하다고 생각했다고 한다. 그렇지만, 이와 같은 개정규정이 입법화되면 지나친 난개발과 산림훼손 등 부작용이 우려되어 대다수의 주민 및 시민단체가 개정안에 반대하고, 집행부도 반대 입장이라는 것이다.

- 따라서 질문하신 분은 위 개정안이 위법하지는 않지만, 재의요구에 대비해서 「지방자치법」 제120조의 규정에 따라 재의요구 사유로 '공익을 현저히 해치는 경우'에 해당하는지 검토한다는 것이다.

- 첫 번째 사례는 무조건 조례가 위법한지 여부만 찾는 경우이고, 두 번째 사례는 위법하지 않다면 대안으로 공익을 현저히 해치는 것이 아닌지를 찾으려는 경우이다.

- 이처럼 대다수의 지방자치단체 집행부에서 지방의회 또는 지방의원이 발의한 조례안을 문제 삼으려면 무조건 해당 조례안이 위법하다는 것을 입증해야 한다고 생각하는 것 같다. 만일

위법하지 않다면 대안으로 '공익 침해'라는 근거라도 찾으려고 한다.

- 아직도 상당수 지방자치단체의 집행부는 조례안의 제·개정을 막기 위해서는 반드시 위법하다는 것을 입증해야 한다는 강박관념이 있는 것 같다. 위법하지도 않은 조례안의 제정을 저지하는 것은 불가능하거나, 최소한 지방의회와의 관계에서 결례가 된다고까지 생각하는 것 같다.

조례안에 대한 가장 효과적인 견제방법 : 재의요구

- 현행 규정 중에서 위법한 조례안에 대해서만 통제할 수 있다는 규정은 없다.
- 다만, 「지방자치법」 제28조를 근거로 하여 자치법규의 규율범위를 벗어난 조례안을 위법하다고 판정하고, 위법한 조례안에 대해서는 제·개정을 저지하거나 통제를 할 수 있다는 생각이 지배하고 있는 것이다.
- 현행 「지방자치법」 체제에서는 자치법규의 통제방법으로 집행부의 재의요구 및 대법원 제소의 두 가지를 두고 있다. 물론, 대법원 제소는 재의요구를 거쳐 지방의회에서 재의결된 조례안이 법령에 위반된다고 인정되면 대법원에 소(訴)를 제기하는 것이다. 자치법규에 있어서는 재의요구가 대법원 제소의 전제조건이라고 할 수 있다.
- 대법원 제소가 재의결된 조례안이 법령에 위반되는 경우만을 대상으로 하는 반면, 조례안의 재의요구는 법령에 위반되는 것을 요건으로 하지 않는다. 「지방자치법」 제32조 제3항에서는 지방자치단체의 장은 지방의회로부터 이송받은 조례안에 대하여 '이의가 있으면' 재의를 요구할 수 있다고 되어 있기 때문에 조례안이 반드시 법령에 위반하거나 자치법규의 규율범위를 벗어나 위법할 것을 요건으로 하지 않는다.

지방자치법

제32조(조례와 규칙의 제정 절차 등) ① 조례안이 지방의회에서 의결되면 지방의회의 의장은 의결된 날부터 5일 이내에 그 지방자치단체의 장에게 이송하여야 한다.

② 지방자치단체의 장은 제1항의 조례안을 이송받으면 20일 이내에 공포하여야 한다.

③ 지방자치단체의 장은 이송받은 조례안에 대하여 이의가 있으면 제2항의 기간에 이유를 붙여 지방의회로 환부(還付)하고, 재의(再議)를 요구할 수 있다. 이 경우 지방자치단체의 장은 조례안의 일부에 대하여 또는 조례안을 수정하여 재의를 요구할 수 없다.

④ 지방의회는 제3항에 따라 재의요구를 받으면 조례안을 재의에 부치고 재적의원 과반수의 출석과 출석의원 3분의 2 이상의 찬성으로 전(前)과 같은 의결을 하면 그 조례안은 조례로서 확정된다. (이하 생략)

- 여기서 '이의가 있으면'이 무엇을 뜻하는지 알아볼 필요가 있다. 지방자치단체의 장의 재의요구권에 대한 대법원의 판례나 법제처의 유권해석의 전례가 없는 관계로 관련 참고자료가 없지만, 문자 그대로 '그 사유에 제한이 없이 반대하면'이라고 해석해야 할 것이다.

- 따라서 (1) 법령에 위반하는 것을 포함하여 자치법규의 규율범위 중 어느 하나를 위반한 경우는 물론이고, (2) 해당 조례안의 내용이 지방자치단체의 주요 정책방향과 부합되지 않는 경우, (3) 해당 조례안을 시행하는 데 과도한 재정적 부담이 예상되는 경우, (4) 해당 조례안이 시행되면 주민의 불편이 예상되는 경우, (5) 해당 조례안의 내용 중 일부가 형평성에 위반될 소지가 있는 경우, (6) 심지어 해당 조례안을 시행하면 어떤 결과가 나올지 알 수 없기 때문에 조례의 제·개정을 확신할 수 없는 경우까지 그 사유를 열거하기 힘들 정도다.

- 이처럼 대법원에의 제소와 달리 재의요구 사유를 제한하지 않은 이유는 무엇일까?

- 입법정책적인 고려가 있겠지만, 무엇보다 지방자치제도의 본질적 기능에서 그 이유를 찾을 수 있다. 지방자치제도는 지방자치단체의 의사를 내부적으로 결정하는 최고의결기관으로 지방의회를, 외부에 대하여 지방자치단체의 대표로서 지방자치단체의 의사를 표명하고 그 사무를 통할하는 집행기관으로 지방자치단체의 장을 두도록 설계되어 있다. 지방의회는 행정사무의 감사 및 조사권 등을 통하여 지방자치단체의 장의 본연의 기능인 사무집행을 감시·통제할 수 있게 하고, 이에 대응하여 지방자치단체의 장은 지방의회의 본연의 기능인 조례안 의결에 대한 재의요구권으로 지방의회의 조례안 의결권 행사에 제동을 가할 수 있게 함으로써 상호 견제와 균형을 유지하도록 하고 있다. 대통령의 거부권과 마찬가지로 지방자치단체의 장에게 부여한 통치행위와 유사한 권한으로 볼 수 있다.

- 이처럼 지방자치제도의 본질적 기능인 상호 견제와 균형의 원리에서 도입된 조례안의 재의요구제도가 본래적인 기능을 다하지 못하고 있다는 아쉬움이 있다. 지방자치단체의 집행부는 재의요구권을 대법원 제소와 같은 제도로 생각하고 있는 듯하다.

- 재의요구권은 「지방자치법」 제32조 제3항에 따라 실제로 재의요구권을 발동하는 순간에만 효력이 있는 것은 아니다. 상임위원회 및 본회의 등 지방의회의 심의 과정에서 집행부의 의견을 제시하고 협의하는 과정에서도 "결국, 집행부로서는 재의요구권을 발동하지 않을 수 없다."는 중요한 협상카드가 될 수 있다.

- 대부분의 지방자치단체 또는 그 소속 공무원이 이와 같은 재의요구 사유와 방식을 모르지는

않을 것이라고 생각한다. 아마 집행부는 행정사무의 감사를 비롯한 지방의회의 감시·통제 등 반격을 의식하거나 지방의회와의 관계 개선이라는 아름다운 변명(?)으로 애써 외면하고 있는 것은 아닐까?

- 그래서 앞의 '청소년수련관 설치 및 운영 조례'와 같이 대부분의 경우에는 그 조례안이 의회를 통과하더라도 재정 또는 정책 등 본질적인 문제에 대해서는 애써 눈을 감고, 부차적인 사항인 위법한지 여부에만 매달리는 것이다. 이미 집행부 자신이 재의요구의 사유를 누구보다 잘 알고 있음에도 불구하고 전문가의 의견을 들어 위법 논리를 정리하고, 심지어는 법제처의 유권해석이나 의견제시를 구하고 있는 것이다.

- 물론, 해당 조례안의 재의요구 또는 문제점을 제시하는 데 위법 사유가 있으면 더욱 논리가 풍성해진다. 그리고 향후 대법원 제소를 앞두고 대응논리를 정리하는 데 큰 도움이 되는 것은 사실이다.

- 하지만, 대법원 제소는 그만두고 당장 지방의회의 의결에 대응하는 것이 급선무다. 전문가의 의견 또는 법제처의 유권해석이나 의견제시에서 "위법하다고 할 수 없다."는 논지가 나오면 집행부는 당장 재의요구를 포기하고, 반대로 지방의회 쪽에서는 '그거 봐라'는 식이 된다.

- 이러한 점에서 자치입법의 현실을 생각할 때 전문가나 법제처 등 관련 기관에서도 위법 여부만 적시할 것이 아니라, 이와는 별개로 재정·정책 등 다방면의 사유를 검토하여 재의요구 여부를 결정할 것을 권고하는 것이 바람직하다고 본다. 물론 법제처 등 관련기관은 지방자치단체에서 위법한지 여부만을 물어보면 위법 여부만 의견제시할 수밖에 없고, 재의요구가 가능하지 여부와 같은 문제에 관여할 수는 없다. 다만, 자문이나 의견제시를 하는 과정에서 반드시 위법 여부만이 중요한 것이 아니라는 점을 다시 확인시켜주었으면 하는 바람이 있다.

- 결국, 재의요구라는 훌륭한 견제장치를 두고도 집행부가 이를 제대로 활용하지 못하고 있다고 본다. 지금은 조례안의 위법 사유를 찾기에 앞서 "돈이 없다." 또는 "정책적으로 바람직하지 않다."며 문제 있는 조례안에 제동을 걸어야 한다.

- 반대를 위한 반대가 아니라, 지방자치단체의 재정을 진심으로 걱정하고 주민의 입장에서 주민을 위하고 미래세대를 생각한다면 이처럼 외면하는 일은 있을 수 없다. 아닌 것은 아니라고 당당하게 말할 수 있는 용기가 필요하다.

조례안 재의요구의 한계 문제

- 지방자치단체의 장의 조례안에 대한 재의요구권은 일종의 통치행위와 유사하고, 법령에서 그 한계를 두고 있지 않아 재의요구권 발동 자체에 대한 사법부에의 제소 또는 행정심판을 생각하기 어렵다. 결국, 재의요구권이 행사되면 지방의회는 재의결을 강행하거나 재의결을 포기할 수 있을 뿐이다.

- 여기서 조례안의 재의요구권이 통치행위와 유사하다고 하더라도 내재적인 한계가 있다는 주장이 있다.

- 즉, 지방자치단체의 장이 직접 발의한 조례안에 대해 지방의회가 수정하지 않은 채 원안의결을 한 경우에는 재의요구권이 제한된다는 것이다. 「지방자치법」상 조례안 발의권은 지방의회 의원과 지방자치단체의 장에게 있고, 지방자치단체의 장이 자신이 발의한 조례안에 대해 스스로 거부권을 행사하는 것은 금반언(禁反言)의 원칙에 위반된다는 것이다.

- 이와 관련해서 예전의 내무부 당시의 유권해석이 있다. 이 해석에서는 지방자치단체의 장이 직접 발의한 조례안이 원안의결된 경우에는 재의요구가 허용되지 않으나, 이 경우 내무부장관이나 시·도지사 등 상급기관이 재의요구를 지시하면 이에 따라야 한다는 취지로 답변을 하고 있다.

〈지방자치단체장의 재의요구에 관한 질의 : 내무부1993.7.6, 오산시의회〉

【질의요지】

- 지방자치단체장이 제출한 조례안에 대하여 지방의회가 수정 없이 원안대로 의결하여 지방자치단체의 장에게 이송하였는바, 동 조례안이 법령에 위반된다는 이유로 「지방자치법」(이하 "법"이라 한다) 제19조 제3항 및 법 제159조 제1항의 규정에 의거 재의를 요구할 수 있는지 여부

【회답】

- 법 제19조 제3항의 규정에 의한 지방자치단체장의 재의요구는 지방의회에서 의결된 조례안에 대하여 이의가 있을 때에 이송받은 날로부터 15일 이내 재의를 요구할 수 있다고 규정하고 있으나, <u>지방자치단체장이 제출한 조례안을 지방의회가 수정 없이 원안대로 의결한 경우에는 법 제19조 제3항의 규정에 의한 지방자치단체장의 직권재의요구는 원칙적으로 허용되지 아니한다 할 것이나,</u>
- 법 제159조 제1항의 규정에 의한 재의요구는 상급기관의 지도·감독 측면에서 내무부장관 또는 시·도지사에게 부여된 재의요구 지시권으로서 지방의회의 의결이 법령에 위반되거나 공익을 현저히 해한다고 판단될

때에는 시·도에 대하여는 내무부장관이, 시군 및 자치구에 대하여는 시·도지사가 재의를 요구하게 할 수 있도록 규정하고 있으므로

- 지방자치단체장이 제출한 조례안에 대하여 수정 없이 원안대로 의결하였다 하더라도 내무부장관 또는 시·도지사가 법 제21조의 규정에 의거 조례안을 보고 받은 후 그 의결사항이 법 제159조 제1항의 사유에 해당한다고 판단될 때에는 지방자치단체의 장으로 하여금 재의를 요구하게 할 수 있으며, 재의를 요구받은 지방자치단체의 장은 지방의회에 이유를 붙여 재의를 요구하여야 할 것이므로, 질의내용과 같이 지방자치단체장이 발의한 조례안에 대하여 의회가 수정 없이 의결한 경우에 있어서도 법 제159조 제1항의 규정에 의한 재의요구는 가능하다 할 것입니다.

- 「지방자치법」이 조례안에 대한 재의요구권에 대해서 다른 재의요구권과 달리 그 대상에 제한을 두지 않은 것은 지방자치에 있어서 상호 견제와 균형의 원리에 근거를 두고 있기 때문인데, 위 사례와 같이 지방자치단체의 장이 스스로 발의한 조례안에 대해 재의요구를 하는 것은 이 원칙에 반하는 면이 없지 않다.

- 하지만, 「지방자치법」 제32조 제3항에서 재의요구의 대상이나 제한에 대해 특별히 규정하지 않은 상황에서 지방자치단체의 장이 발의한 조례안이라고 해서 재의요구를 제한하는 것은 부당하다. 특히, 지방자치단체의 장의 재·보선 등으로 집행부의 수장이 변경되거나 관련 법령이나 정책 또는 주변여건의 변경 등으로 이미 발의한 조례안을 수용하기 어려운 경우에는 비록 집행부에서 마련한 조례안이라고 해도 재의요구가 가능하다고 보는 것이 바람직하다.

- 한편, 조례안에 대한 재의요구권은 단 한번만 사용할 수 있다. 「지방자치법」 제32조 제4항은 "지방의회는 재의 요구를 받으면, 재의에 부치고 재적의원 과반수의 출석과 출석의원 3분의 2 이상의 찬성으로 전(前)과 같은 의결을 하면 그 조례안은 조례로서 확정된다."고 규정하고 있다. 그리고 제32조 제5항에 따라 조례안을 공포하지 않거나 이송 받은 후 20일 이내에 재의요구권을 행사하지 않아도 그 조례안은 조례로서 확정된다.

- 이처럼 조례안이 재의결되어 조례로서 확정되면 지방자치단체의 장도 재의요구권을 행사할 수 없을 뿐만 아니라, 해당 조례안이 법령에 위반하거나 공익을 현저히 해치는 경우에 해당하더라도 「지방자치법」 제192조에 따라 주무부장관 또는 시·도지사는 재의요구 지시를 할 수 없다.

〈지방자치법상 재의요구와 관련된 질의 : 법제처 1991.12.31, 내무부〉

【질의요지】

「지방자치법」 제98조의 규정에 의하여 재의 요구된 지방의회의 의결사항이 재의결되었으나, 그 재의결된 사항이 법령에 위반되거나 공익을 현저히 해한다고 판단될 때에는 동법 제159조의 규정에 의하여 내무부장관은 시·도지사에게, 시·도지사는 시장·군수 및 자치구의 구청장에게 재의요구를 할 수 있는지의 여부

【회답】

「지방자치법」 제98조의 규정에 의하여 재의 요구된 지방의회의 의결사항이 재의결되어 확정되었다면 그 재의결된 사항에 대하여는 동법 제159조의 규정에 의하여 내무부장관은 시·도지사에게, 시·도지사는 시장·군수 및 자치구의 구청장에게 재의를 요구할 수 없다고 할 것입니다.

재의요구의 세 가지 방식

- 「지방자치법」은 지방의회의 의결에 대한 재의요구의 방식을 세 가지로 구별해서 규정하고 있다.
- 조례안의 의결에 대한 재의요구는 앞서 살펴본 것과 같이 법 제32조 제3항에서 규정하고 있다. 법 제120조 제1항은 지방의회의 의결이 월권이거나 법령에 위반되거나 공익을 현저히 해친다고 인정되면 재의요구를 할 수 있도록 하여 일반 의결사항에 대한 재의요구를 규정하고 있다.
- 그리고 법 제121조 제1항은 지방의회의 의결이 예산상 집행할 수 없는 경비를 포함하고 있다고 인정되면 재의요구를 할 수 있도록 하여 재정과 관련이 있는 의결사항에 대한 재의요구를 규정하고 있다.

지방자치법

제32조(조례와 규칙의 제정 절차 등) ① 조례안이 지방의회에서 의결되면 지방의회의 의장은 의결된 날부터 5일 이내에 그 지방자치단체의 장에게 이송하여야 한다.

② 지방자치단체의 장은 제1항의 조례안을 이송받으면 20일 이내에 공포하여야 한다.

③ 지방자치단체의 장은 이송받은 조례안에 대하여 이의가 있으면 제2항의 기간에 이유를 붙여 지방의회로 환부(還付)하고, 재의(再議)를 요구할 수 있다. 이 경우 지방자치단체의 장은 조례안의 일부에 대하여 또는 조례안을 수정하여 재의를 요구할 수 없다.

④ 지방의회는 제3항에 따라 재의 요구를 받으면 조례안을 재의에 부치고 재적의원 과반수의 출석과 출석의원 3분의 2 이상의 찬성으로 전(前)과 같은 의결을 하면 그 조례안은 조례로서 확정된다. (이하 생략)

제120조(지방의회의 의결에 대한 재의 요구와 제소) ① 지방자치단체의 장은 지방의회의 의결이 월권이거나 법령에 위반되거나 공익을 현저히 해친다고 인정되면 그 의결사항을 이송받은 날부터 20일 이내에 이유를 붙여 재의를 요구할 수 있다.

② 제1항의 요구에 대하여 재의한 결과 재적의원 과반수의 출석과 출석의원 3분의 2 이상의 찬성으로 전과 같은 의결을 하면 그 의결사항은 확정된다.

③ (생략)

제121조(예산상 집행 불가능한 의결의 재의 요구) ① 지방자치단체의 장은 지방의회의 의결이 예산상 집행할 수 없는 경비를 포함하고 있다고 인정되면 그 의결사항을 이송받은 날부터 20일 이내에 이유를 붙여 재의를 요구할 수 있다.

② 지방의회가 다음 각 호의 어느 하나에 해당하는 경비를 줄이는 의결을 할 때에도 제1항과 같다.

1. 법령에 따라 지방자치단체에서 의무적으로 부담하여야 할 경비
2. 비상재해로 인한 시설의 응급 복구를 위하여 필요한 경비

③ 제1항과 제2항의 경우에는 제120조 제2항을 준용한다.

- 이와 같이 「지방자치법」에 따른 재의요구는 (1) 조례안의 의결에 대한 재의요구(제32조 제3항), (2) 일반 의결사항에 대한 재의요구(제120조 제1항), (3) 재정 관련 의결사항에 대한 재의요구(제121조 제1항) 등 세 가지로 요약할 수 있다.

- 지방의회의 의결에 대해서 이처럼 세 가지로 구분한 이유를 확실히 알 수 없다. 다만, 상호 견제와 균형의 원리에 따라 지방자치단체의 장에게 지방의회의 의결에 대한 재의요구권을 주더라도 사안에 따라 차등해서 권한을 부여할 필요성이 인정된 때문이 아닌가 생각할 뿐이다. 결국, 재의요구의 사유가 무엇인지가 가장 중요한 판별 기준이 된다는 뜻이다.

- (1) 조례안의 의결에 대한 재의요구는 특별한 사유가 필요 없이 '이의가 있으면' 재의요구를 할 수 있는 반면, (2) 일반 의결사항에 대한 재의요구는 (a) 지방의회의 의결이 월권이거나 (b) 법령에 위반되거나 (c) 공익을 현저히 해친다는 사유가 있는 경우에 한해서 재의요구를 할 수 있으며, (3) 재정 관련 의결사항에 대한 재의요구는 예산상 집행할 수 없는 경비를 포함하는 경우에 한해서 재의요구를 할 수 있다.

- 결국, 일반 의결에 대한 재의요구를 규정하고 있는 「지방자치법」 제120조 제1항의 규정이 일반적인 경우에 해당하고, 해당 의결이 조례안인 경우에는 같은 법 제32조 제3항에 따라,

해당 의결이 재정과 관련된 경우에는 같은 법 제121조 제1항에 따라 각각 재의요구를 하는 것으로 해석해야 한다.

- 즉, 「지방자치법」 제120조 제1항은 일반 규정이고 같은 법 제32조 제3항 및 제121조 제1항은 특별 규정에 해당한다.

- 여기서 조례안의 내용이 재정과 관련된 경우, 즉 해당 조례안이 예산상 집행할 수 없는 경비를 포함하고 있다고 인정되는 경우에는 「지방자치법」 제32조 제3항에 따라 재의요구를 할 것인지, 아니면 같은 법 제121조 제1항에 따라 재의요구를 할 것인지 문제될 수 있다. 다양한 안건의 의결 중 조례안의 의결에 대하여는 별도로 규정하고 있는 점과 조례안에 대한 재의요구에 대해서는 특별한 사유의 제한 없이 쉽게 재의요구를 할 수 있도록 한 취지를 고려할 때 「지방자치법」 제32조 제3항에 따른 재의요구가 합당하고 본다.

- 따라서 세 가지 재의요구 제도에 대해서는 (1) 조례안의 의결에 대한 재의요구(제32조 제3항) → (2) 재정 관련 의결사항에 대한 재의요구(제121조 제1항) → (3) 일반 의결사항에 대한 재의요구(제120조 제1항)의 순서에 따라 우선적 효력이 인정된다고 할 것이다.

- 한편, 일반 의결사항에 대한 재의요구의 대상이 되는 일반 의결사항이 무엇인지 궁금할 수 있다.

  우선, 「지방자치법」 제47조 제1항 각 호에서 11가지의 지방의회 의결사항이 규정되어 있는데, 이 의결사항이 원칙적으로 해당한다. 또한, 제2항에서는 지방의회에서 의결되어야 할 사항을 별도로 조례로 규정할 수 있도록 하고 있어서 이 규정에 따라 개별 조례에서 규정하고 있는 의결사항은 모두 「지방자치법」 제120조 제1항에 따른 일반 의결사항에 대한 재의요구의 대상이 된다. 물론, 「지방자치법」 외에 개별 법률에서 지방의회의 의결을 거치도록 규정하고 있는 경우도 있다.

지방자치법

제47조(지방의회의 의결사항) ① 지방의회는 다음 각 호의 사항을 의결한다.

1. 조례의 제정·개정 및 폐지
2. 예산의 심의·확정
3. 결산의 승인
4. 법령에 규정된 것을 제외한 사용료·수수료·분담금·지방세 또는 가입금의 부과와 징수
5. 기금의 설치·운용

6. 대통령령으로 정하는 중요 재산의 취득·처분
7. 대통령령으로 정하는 공공시설의 설치·처분
8. 법령과 조례에 규정된 것을 제외한 예산 외의 의무부담이나 권리의 포기
9. 청원의 수리와 처리
10. 외국 지방자치단체와의 교류·협력
11. 그 밖에 법령에 따라 그 권한에 속하는 사항

② 지방자치단체는 제1항의 각 호의 사항 외에 조례로 정하는 바에 따라 지방의회에서 의결되어야 할 사항을 따로 정할 수 있다.

- 이상의 세 가지 재의요구에 대해서는 지방자치단체의 지도·감독 차원에서 특별 규정을 두고 있다.

- 「지방자치법」 제192조 제1항은 지방의회의 의결이 (1) 법령에 위반되거나 (2) 공익을 현저히 해친다고 판단되면 시·도에 대하여는 주무부장관이, 시·군 및 자치구에 대해서는 시·도지사가 재의를 요구하게 할 수 있다고 하여 상급기관의 재의요구 지시제도를 규정하고 있다. 물론, 여기서 '지방의회의 의결'에는 앞서 살펴본 세 가지 재의요구 사안 모두가 포함된다.

지방자치법

제192조(지방의회 의결의 재의와 제소) ① 지방의회의 의결이 법령에 위반되거나 공익을 현저히 해친다고 판단되면 시·도에 대해서는 주무부장관이, 시·군 및 자치구에 대해서는 시·도지사가 해당 지방자치단체의 장에게 재의를 요구하게 할 수 있고, 재의 요구 지시를 받은 지방자치단체의 장은 의결사항을 이송받은 날부터 20일 이내에 지방의회에 이유를 붙여 재의를 요구하여야 한다.

② 시·군 및 자치구의회의 의결이 법령에 위반된다고 판단됨에도 불구하고 시·도지사가 제1항에 따라 재의를 요구하게 하지 아니한 경우 주무부장관이 직접 시장·군수 및 자치구의 구청장에게 재의를 요구하게 할 수 있고, 재의 요구 지시를 받은 시장·군수 및 자치구의 구청장은 의결사항을 이송받은 날부터 20일 이내에 지방의회에 이유를 붙여 재의를 요구하여야 한다.

- 재의요구 지시의 사유 중 두 번째에 해당하는 '공익을 현저히 해치는 경우'의 판단 기준은 일률적으로 말하기 어렵고, 폭넓게 인정하지 않을 수 없다. 따라서 법령에 위반된 것은 아니지만 전국적인 규모에서 또는 해당 시·도의 관할 범위에서 관련 사무 처리기준 등에 비추어 볼 때 그 의결사항을 유지하는 것이 바람직하지 않으면 재의요구의 지시를 할 수 있다고 할 것이다.

- 이와 관련한 판례 및 유권해석 등이 부족한 상황이며, 향후 판례 및 유권해석 등이 쌓이게 되면 '공익을 현저히 해치는 경우'의 판단 기준을 세분화할 수 있을 것으로 기대한다.

- 한편, 주무부장관 또는 시·도지사의 재의요구 지시가 있으면, 하급기관은 이를 거부할 수 없고 그 지시에 따를 수밖에 없다. 「지방자치법」 제192조 제1항은 "재의 요구 지시를 받은 지방자치단체의 장은 의결사항을 이송받은 날부터 20일 이내에 지방의회에 이유를 붙여 재의를 요구하여야 한다."고 규정하고 있기 때문이다.

- 조례안에 대한 재의요구의 지시와 관련하여 주의할 점이 있다.

- 주무부장관 또는 시·도지사의 재의요구 지시가 있기 전에 해당 지방자치단체의 장이 그 조례안을 공포하는 경우가 간혹 있다. 실무상 상급기관에게 조례안을 보고하는 과정 또는 그 보고에 대한 상급기관의 검토가 진행되는 중에 조례안을 공포하는 경우가 그것이다. 지방의회의 의결을 거친 조례안이 공포되면 다시 재의요구를 할 수 없기 때문에 재의요구의 지시도 불가능하다고 보아야 한다.

- 이에 대하여 실무자들은 「지방자치법」 제32조 제2항에 따른 공포 또는 재의요구의 선택기간이 20일로 제한되어 충분한 검토가 어렵다고 토로하기도 한다.

- 그러나 조례안을 조속히 확정할 필요성이 있으며, 법률의 경우에는 15일의 기간 안에 거부권을 행사 여부를 결정하도록 되어 있는 점을 고려할 때 재의요구 기한을 늘리기가 쉽지 않다. 어려움이 있더라도 의결된 조례안에 대한 상급기관에의 보고를 서두르고, 특히 문제가 있는 조례안에 대해서는 미리미리 사전보고 등을 통해 충분히 대비할 수 있도록 운영의 묘미를 살리는 수밖에는 없다.

대법원에의 제소

- 대법원에의 제소에 대해 「지방자치법」은 세 가지 제도를 두고 있다. 즉, (1) 지방자치단체의 장이 재의요구를 한 것에 대해 지방의회가 재의결한 경우(제120조 제3항), (2) 주무부장관 또는 시·도지사가 재의요구를 지시한 것에 대해 지방의회가 재의결한 경우(제192조), (3)주무부장관 또는 시·도지사로부터 재의요구 지시를 방은 지방자치단체의 장이 재의를 요구하지 아니하거나 재의 요구 지시를 받기 전에 조례안을 공포한 경우(제192조 제8항)이다.

○○광역시 장사 지방자치법등에 관한 조례

제120조(지방의회의 의결에 대한 재의요구와 제소) ③ 지방자치단체의 장은 제2항에 따라 재의결된 사항이 법령에 위반된다고 인정되면 대법원에 소(訴)를 제기할 수 있다. 이 경우에는 제192조 제4항을 준용한다.

제192조(지방의회 의결의 재의와 제소) ① 지방의회의 의결이 법령에 위반되거나 공익을 현저히 해친다고 판단되면 시·도에 대해서는 주무부장관이, 시·군 및 자치구에 대해서는 시·도지사가 해당 지방자치단체의 장에게 재의를 요구하게 할 수 있고, 재의 요구 지시를 받은 지방자치단체의 장은 의결사항을 이송받은 날부터 20일 이내에 지방의회에 이유를 붙여 재의를 요구하여야 한다.

② 시·군 및 자치구의회의 의결이 법령에 위반된다고 판단됨에도 불구하고 시·도지사가 제1항에 따라 재의를 요구하게 하지 아니한 경우 주무부장관이 직접 시장·군수 및 자치구의 구청장에게 재의를 요구하게 할 수 있고, 재의 요구 지시를 받은 시장·군수 및 자치구의 구청장은 의결사항을 이송받은 날부터 20일 이내에 지방의회에 이유를 붙여 재의를 요구하여야 한다.

③ 제1항 또는 제2항의 요구에 대하여 재의한 결과 재적의원 과반수의 출석과 출석의원 3분의 2 이상의 찬성으로 전과 같은 의결을 하면 그 의결사항은 확정된다.

④ 지방자치단체의 장은 제3항에 따라 재의결된 사항이 법령에 위반된다고 판단되면 재의결된 날부터 20일 이내에 대법원에 소를 제기할 수 있다. 이 경우 필요하다고 인정되면 그 의결의 집행을 정지하게 하는 집행정지결정을 신청할 수 있다.

⑤ 주무부장관이나 시·도지사는 재의결된 사항이 법령에 위반된다고 판단됨에도 불구하고 해당 지방자치단체의 장이 소를 제기하지 아니하면 시·도에 대해서는 주무부장관이, 시·군 및 자치구에 대해서는 시·도지사(제2항에 따라 주무부장관이 직접 재의 요구 지시를 한 경우에는 주무부장관을 말한다. 이하 이 조에서 같다)가 그 지방자치단체의 장에게 제소를 지시하거나 직접 제소 및 집행정지결정을 신청할 수 있다.

⑥ 제5항에 따른 제소의 지시는 제4항의 기간이 지난 날부터 7일 이내에 하고, 해당 지방자치단체의 장은 제소 지시를 받은 날부터 7일 이내에 제소하여야 한다.

⑦ 주무부장관이나 시·도지사는 제6항의 기간이 지난 날부터 7일 이내에 제5항에 따른 직접 제소 및 집행정지결정을 신청할 수 있다.

⑧ 제1항 또는 제2항에 따라 지방의회의 의결이 법령에 위반된다고 판단되어 주무부장관이나 시·도지사로부터 재의 요구 지시를 받은 해당 지방자치단체의 장이 재의를 요구하지 아니하는 경우(법령에 위반되는 지방의회의 의결사항이 조례안인 경우로서 재의 요구 지시를 받기 전에 그 조례안을 공포한 경우를 포함한다)에는 주무부장관이나 시·도지사는 제1항 또는 제2항에 따른 기간이 지난 날부터 7일 이내에 대법원에 직접 제소 및 집행정지 결정을 신청할 수 있다.

⑨ 제1항 또는 제2항에 따른 지방의회의 의결이나 제3항에 따라 재의결된 사항이 둘 이상의 부처와 관련되거나 주무부장관이 불분명하면 행정안전부장관이 재의 요구 또는 제소를 지시하거나 직접 제소 및 집행정지 결정을 신청할 수 있다.

- 먼저, 첫 번째 유형에 해당하는 「지방자치법」 제120조 제3항 전단은 "지방자치단체의 장은 제2항에 따라 재의결된 사항이 법령에 위반된다고 인정되면 대법원에 소(訴)를 제기할 수 있다."고 되어 있다.

- 이 규정에 따르면, 지방자치단체의 장이 직접 재의요구하는 경우에는 세 가지 재의요구 제도 중에서 오로지 「지방자치법」 제120조 제1항에 따른 일반 의결의 재의요구에 대해서만 대법원 제소가 가능하고, 조례안 또는 재정 관련 의결에 대해서는 적용되지 않는다는 해석도 가능하다. 왜냐하면, 「지방자치법」 제32조 및 제121조에는 대법원 제소에 대해 전혀 규정하고 있지 않으며, 오로지 같은 법 제120조 제3항에서만 규정하고 있기 때문이다.

- 그러나 일반법과 특별법의 관계에 따라, 비록 「지방자치법」 제32조 및 제121조에서는 대법원 제소에 대해 규정하고 있지 않더라도 일반 규정에 해당하는 제120조 제3항의 규정이 적용된다고 보아야 한다. 따라서 조례안 또는 재정 관련 의결에 대해서도 재의요구를 한 사항이 지방의회에서 재의결되고 그것이 법령에 위반된다고 인정되면 대법원에 제소할 수 있다고 보아야 한다.

- 두 번째 유형에 해당하는 「지방자치법」 제192조 제4항 전단은 "지방자치단체의 장은 제3항에 따라 재의결된 사항이 법령에 위반된다고 판단되면 재의결된 날부터 20일 이내에 대법원에 소를 제기할 수 있다."고 되어 있다.

- 주무부장관 또는 시·도지사가 재의요구를 지시하고, 이 지시에 따라 해당 지방자치단체의 장이 재의요구를 한 사항이 지방의회에서 재의결되면 그 지방자치단체의 장이 대법원에 직접 제소할 수 있도록 한 것이다.

- 그런데, 첫 번째 유형과 달리 두 번째 유형에서는 당초부터 해당 지방자치단체의 장이 재의요구의 뜻이 없었다고 볼 수 있다. 주무부장관 또는 시·도지사가 재의요구를 지시하였기 때문에 재의요구를 한 것이며, 따라서 재의결 사항이 법령에 위반되더라도 해당 지방자치단체의 장은 대법원 제소를 포기할 가능성이 있다.

- 이에 따라 「지방자치법」 제192조 제5항은 "주무부장관이나 시·도지사는 재의결된 사항이 법령에 위반된다고 판단됨에도 불구하고 해당 지방자치단체의 장이 소(訴)를 제기하지 아니하면 그 지방자치단체의 장에게 제소를 지시하거나 직접 제소할 수 있다."고 규정하고 있다.

- 세 번째 유형인 「지방자치법」 제192조 제8항은 "지방의회의 의결이 법령에 위반된다고 판단되어 주무부장관 또는 시·도지사로부터 재의요구 지시를 받은 지방자치단체의 장이 재의를 요구하지 아니하거나 재의 요구 지시를 받기 전에 조례안을 공포한 경우에는 주무부장관이나 시·도지사는 제1항 또는 제2항에 따른 기간이 지난 날부터 7일 이내에 직접 제소할 수 있다"고 규정하고 있다.

- 이는 법령에 위반되는 조례안에 대해 지방자치단체의 장이 재의요구를 하지 않거나 상급기관의 재의요구를 무시하거나 재의요구를 할 기회가 없게 조례안을 공포한 경우에 주무부장관 또는 시·도지사가 대법원에 직접 제소할 수 있도록 한 것이다.

- 대법원 제소는 원칙적으로 법령에 위반되는 경우로 사유를 한정하고 있다. 여기서 법령에 위반되는 경우가 무엇인지 쟁점이 된다.

- 일반적으로 '법령에 위반되는 경우'라고 하면 구체적으로 특정한 법률 또는 하위법령을 위반한 것으로 생각할 수 있는데, 대법원 제소의 경우에는 이처럼 좁게 해석할 필요는 없다고 본다. 평등원칙·불소급원칙 등 헌법과 행정기본법 등 행정법상의 각종 기본원칙을 위반한 경우에도 대법원 제소가 가능하다.

- 또한, 앞서 살펴본 조례의 규율범위에 해당하는 원리, 즉 (1) 법령의 범위 안에서 규율해야 하고, (2) 지방자치단체의 소관 사무(자치사무+단체위임사무)에 관한 사항을 규정해야 하며, (3) 주민의 권리제한, 의무부과, 벌칙을 정할 때에는 법률의 위임이 있어야 하고, (4) 하위 자치단체는 상위 자치단체의 조례에 위반되지 않는 범위에서 규율해야 하며, (5) 집행기관과 의결기관 상호간의 권한분리 및 배분원칙 등을 위반하면 '법령에 위반되는 경우'에 해당한다고 보아야 할 것이다.

- 실제로 대법원의 판례를 보면, 이처럼 '법령에 위반되는 경우'를 넓게 해석하여 사안을 판시하고 있음을 알 수 있다.

- 따라서 현행 규정에서 대법원 제소의 대상을 '법령에 위반되는 경우'로 규정하는 것은 바람직하지 않다고 본다. 다소 애매하지만 '위법한 사항이 있는 경우'와 같이 좀 더 포괄적으로 규정하는 것이 바람직하다고 본다. 현행 규정은 '법령에 위반되는 경우'를 너무 좁게 해석할 우려가 있기 때문이다.

- 지금까지 내용을 종합하여 대법원에 제소하는 경과를 요약하면 다음과 같은 도식이 가능하다.

(1) **조례안의 의결에 대한 재의요구** : '이의가 있으면' 재의요구 → 지방의회에서 재의결된 사항이 법령에 위반되는 경우만 대법원 제소
(2) **일반 의결사항에 대한 재의요구** : (a) 지방의회의 의결이 월권이거나 (b) 법령에 위반되거나 (c) 공익을 현저히 해친다는 사유가 있는 경우에만 재의요구 → 지방의회에서 재의결된 사항이 법령에 위반되는 경우만 대법원 제소
(3) **재정 관련 의결사항** : 예산상 집행할 수 없는 경비를 포함하는 경우 재의요구 → 지방의회에서 재의결된 사항이 법령에 위반되는 경우만 대법원 제소
(4) **상급기관의 재의요구 지시** : (a) 법령에 위반되거나 (b) 공익을 현저히 해친 경우 재의 요구 지시 및 재의요구 → 지방의회에서 재의결된 사항이 법령에 위반되는 경우만 대법원 제소
(5) 조례안 재의요구 미실시, 상급기관의 재의요구 지시 무시 → 지방의회에서 의결된 사항이 법령에 위반되는 경우만 대법원 제소

조례안 재의결 무효확인 소송 vs. 조례안 무효확인 소송

- 대법원 제소에 관한 「지방자치법」 제120조 및 제192조의 관련 규정을 살펴보면, 대법원 제소에 있어서 가장 중요한 사항을 확인할 수 있다. 즉, 대법원에의 제소의 대상이 되는 것은 해당 조례안이 아니라 '재의결된 사항'이라는 것이다.

지방자치법

제120조(지방의회의 의결에 대한 재의요구와 제소) ③ 지방자치단체의 장은 제2항에 따라 재의결된 사항이 법령에 위반된다고 인정되면 대법원에 소(訴)를 제기할 수 있다. 이 경우에는 제192조 제4항을 준용한다.

제192조(지방의회 의결의 재의와 제소) ④ 지방자치단체의 장은 제3항에 따라 재의결된 사항이 법령에 위반된다고 판단되면 재의결된 날부터 20일 이내에 대법원에 소를 제기할 수 있다. 이 경우 필요하다고 인정되면 그 의결의 집행을 정지하게 하는 집행정지결정을 신청할 수 있다.

⑤ 주무부장관이나 시·도지사는 재의결된 사항이 법령에 위반된다고 판단됨에도 불구하고 해당 지방자치단체의 장이 소를 제기하지 아니하면 시·도에 대해서는 주무부장관이, 시·군 및 자치구에 대해서는 시·도지사(제2항에 따라 주무부장관이 직접 재의 요구 지시를 한 경우에는 주무부장관을 말한다. 이하 이 조에서 같다)가 그 지방자치단체의 장에게 제소를 지시하거나 직접 제소 및 집행정지결정을 신청할 수 있다.

- 여기서 '재의결된 사항'이 무엇을 뜻하는지 살펴보면, 재의결된 조례안 그 자체와 다르다는 점은 분명하며, 당초 지방의회에서 의결된 조례안에 대해 지방자치단체의 장이 재의요구를 하고 해당 재의요구 사항을 지방의회가 다시 의결한 것을 '재의결된 사항'으로 표현한 것으로 보아야 할 것이다.
- 이 점에서 대법원에 제소하는 경우 당초 지방의회에서 의결된 조례안 중에서 지방자치단체의 장이 재의요구의 대상으로 삼은 조문 및 그 재의요구 사유가 대법원 제소의 대상이 된다는 주장이 가능하다.
- 대법원 판례도 이와 같은 취지로 판시하고 있다.

〈조례안의결무효확인청구 : 대법원 2007.12.13, 선고, 2006추52, 판결〉

조례안재의결 무효확인소송에서의 심리대상은 지방의회에 재의를 요구할 당시 이의사항으로 지적되어 재의결에서 심의의 대상이 된 것에 국한된다(대법원 1992. 7. 28. 선고 92추31 판결 참조). 그런데 이 사건 조례안 제36조 [별표 4]에 대하여는 재의요구당시 이의사항으로 지적되지 않았으므로(갑 제2호증) 이 부분은 심판대상이 아니다.

- 이러한 점에서 볼 때, 재의요구의 사유로 '법령에 위반되는 경우'를 발굴하는 것은 의미가 있다.
- 그렇다면 앞서 "굳이 법령 위반 사유에 집착할 필요가 없다."고 한 주장이 잘못되었다고 반박하실 분들이 많을 것 같다. 사실 여기까지 참아주신 것만으로도 감사할 따름이다(^-^).
- 물론, 법령 위반 사유를 발굴하면 좋다는 데 동의한다. 다만, 법령 위반 사유가 없거나 미약함에도 불구하고 다른 재의요구 사유를 등한시하고 오로지 법령 위반 사유에만 집착하는 것에 대해 문제 제기 차원에서 한 주장이었다.
- 대법원 제소는 극히 이례적인 경우이고 대부분의 경우 지방자치단체의 장이 재의요구를 하는 수순에서 정리되는 경우가 많으며, 이처럼 법령 위반 사유를 찾기 어려운 지경이라면 굳이 대법원 제소까지 갈 필요도 없다는 것이다.
- 어떻든 대법원에 제소할 수 있는 것은 '재의결된 사항'이기 때문에 해당 소송의 명칭은 '조례안 재의결 무효확인 소송'이 된다.

- 그런데 간혹 소송의 제목이 '조례안의결 무효확인소송'이라고 표현된 경우가 있다. 「지방자치법」 제192조 제8항에 따라 예외적으로 조례안이 의결되고 재의요구를 하지 않거나 재의요구전에 바로 공포된 경우에 주무부장관이나 시·도지사가 직접 제소한 경우이다.

지방자치법

제192조(지방의회 의결의 재의와 제소) ⑧ 제1항 또는 제2항에 따라 지방의회의 의결이 법령에 위반된다고 판단되어 주무부장관이나 시·도지사로부터 재의 요구 지시를 받은 해당 지방자치단체의 장이 재의를 요구하지 아니하는 경우(법령에 위반되는 지방의회의 의결사항이 조례안인 경우로서 재의 요구 지시를 받기 전에 그 조례안을 공포한 경우를 포함한다)에는 주무부장관이나 시·도지사는 제1항 또는 제2항에 따른 기간이 지난 날부터 7일 이내에 대법원에 직접 제소 및 집행정지 결정을 신청할 수 있다.

- 즉, 의결된 조례안에 대한 주무부장관이나 시·도지사의 재의요구 지시를 따르지 않거나 의결된 조례안에 대해 상급기관에 보고하여 재의여부를 검토할 시간을 갖지 않고 바로 공포한 경우에는 예외적으로 주무부장관이나 시·도지사가 직접 대법원에 제소할 수 있으므로, 이 경우에는 재의결된 사항이 아니라 당초 의결된 조례안을 대상으로 하기 때문에 '조례안의결 무효확인소송'이라고 표현한 것이다.

- 그런데 상급기관의 재의요구 지시를 받고도 재의요구를 하지 않아 주무부장관이나 시·도지사가 직접 제소를 하는 경우에도 당초 재의요구를 지시한 '이의사항'으로 지적한 것에 한정된다는 대법원 판결이 있다.

〈조례안의결무효확인 : 대법원 2015. 5. 14., 선고, 2013추98, 판결〉

조례안재의결 무효확인소송에서의 심리대상은 지방자치단체의 장이 지방의회에 재의를 요구할 당시 이의사항으로 지적하여 재의결에서 심의의 대상이 된 것에 국한된다(대법원 1992. 7. 28. 선고 92추31 판결, 대법원 2007. 12. 13. 선고 2006추52 판결). 이러한 법리는 주무부장관이 지방자치법 제172조 제7항에 따라 지방의회의 의결에 대하여 직접 제소함에 따른 조례안의결 무효확인소송에도 마찬가지로 적용된다고 할 것이므로, 조례안의결 무효확인소송의 심리대상은 주무부장관이 재의요구 요청에서 이의사항으로 지적한 것에 한정된다.

- 그런데 재의요구지시를 받기 전에 공포한 경우라면 대법원 제소시 심리대상은 무엇이 될까? 이 경우에는 재의요구사항이나 재의요구지시사항이 없기 때문에 실제로는 상급기관이 대법원에 제소할 때 위법사항으로 적시하여 제소한 사항이 될 수밖에 없을 것이다.

- 참고로, 대법원에서 일부가 무효라고 판단되는 경우 결국 조례안 전부를 무효로 판단한다는 점, 조례도 국법체계의 전체를 구성하는 법규범이라는 점, 재의요구전에 공포된 조례를 대상으로 소제기된 경우 등을 종합적으로 볼 때 제192조에서 '재의결된 사항'을 '재의요구사항' 또는 '재의요구지시사항'으로서 재의결된 사항으로 한정하는 것은 부적절하다는 생각이다.

조례 무효확인 소송

- 한편, 조례안 재의결에 대한 대법원 제소와 구분할 것이 있다.
- 「지방자치법」에 따른 조례안 재의결에 대한 대법원 제소와 달리, 이미 공포되어 시행되고 있는 조례에 대한 무효확인의 소송이 있다. 헌법 제107조 제2항은 "명령·규칙 또는 처분이 헌법이나 법률에 위반되는 여부가 재판의 전제가 된 경우에는 대법원은 이를 최종적으로 심사할 권한을 가진다."고 규정하고 있어서 재판의 전제로서 조례의 무효확인을 구하는 소송이 가능하다.

대한민국헌법

제107조 ① 법률이 헌법에 위반되는 여부가 재판의 전제가 된 경우에는 법원은 헌법재판소에 제청하여 그 심판에 의하여 재판한다.
② 명령·규칙 또는 처분이 헌법이나 법률에 위반되는 여부가 재판의 전제가 된 경우에는 대법원은 이를 최종적으로 심사할 권한을 가진다.
③ 재판의 전심절차로서 행정심판을 할 수 있다. 행정심판의 절차는 법률로 정하되, 사법절차가 준용되어야 한다.

- 이와 같이 헌법 제107조 제2항에 따른 소송은 '조례 무효확인 소송' 형식으로 제기한다.

〈조례등무효확인 : 서울고법 2010.3.30, 선고, 2009누22852, 판결 : 상고〉

[1] 甲 중학교에 재학중인 학생과 학부모 등이 '서울특별시립학교 설치 조례 일부개정조례' 중 甲 중학교 교명 부분의 무효확인을 구한 사안에서, 위 조례 중 甲 중학교의 교명에 관한 부분은 항고소송의 대상이 되는 행정처분에 해당하고, 甲 중학교에 재학중인 학생들은 그 부분의 무효확인을 구할 수 있는 이해관계를 가진다고 보아 원고 적격을 인정한 사례

[2] 甲 중학교에 재학중인 학생들이 '서울특별시립학교 설치 조례 일부개정조례' 중 甲 중학교 교명 부분의 무효확인을 구한 사안에서, 서울특별시의회가 甲 중학교의 교명을 정하는 과정에서 재량권의 범위를 현저히 일탈하는 중대한 위법을 저질렀다거나 그 하자가 객관적으로 명백하다고 볼 수 없는 점 등에 비추어 위 무효확인 청구는 이유 없다고 한 사례

[3] 甲 중학교에 재학중인 학생과 학부모 등이 서울특별시교육위원회에서 가결한 甲 중학교의 교명을 '乙 중학교'로 하여 신설하는 내용의 개정조례안을 서울특별시교육감이 공포하지 않고 있는 것에 대하여 위법하다는 확인을 구한 사안에서, 그 부작위위법확인청구는 부적법하다고 한 사례

- 한편, 조례안 재의결 무효확인 소송 또는 조례의 무효확인소송과 달리 행정청이 한 처분의 취소소송 등에서도 해당 처분의 근거가 되는 조례 등 자치법규의 무효를 직접 판단할 수 있으니 주의해야 한다.

- 아래의 사례는 지난 2012년 국민적 관심이 컸던 것으로 준 대규모점포에 대한 영업시간제한을 규정한 조례에 대해 무효확인을 한 판례이다.

〈영업시간제한 처분취소 : 서울행법 2012.6.22, 선고, 2012구합11676, 판결 : 항소〉

유통산업발전법이 시장·군수·구청장에게 대형마트 등의 영업시간 제한 및 의무휴업을 명할 수 있도록 하면서 필요성 판단과 시행 여부 및 범위설정에 대한 재량권을 부여하고 있음에도 조례가 특별한 부가요건도 없이 유통산업발전법에 따른 대형마트 등에 대한 영업시간 제한 및 의무휴업 범위의 최대치를 의무적으로 명하도록 구청장에게 강제하는 것은 시장·군수·구청장에게 대형마트 등의 영업시간 제한 및 의무휴업의 시행과 관련한 판단의 여지 내지 재량권을 부여함으로써 공익상 필요와 충분한 형량을 할 수 있도록 한 유통산업발전법의 취지에 반하여 지방자치단체장에게 부여된 판단재량을 박탈하는 것이고, 헌법상 보장된 영업의 자유 등을 제한하는 것으로서 무효라고 판시.

대법원 제소와 직·간접 관련 사항

- 대법원에 제소하는 것은 지방의회에서 재의결(예외적으로 의결)된 사항이 '법령에 위반된 경우'로 되어 있다. 법령에 위반되는지 여부와 관련해서 가장 쟁점이 되는 것은 재량적 성격을 갖는 정책적 결정에 대해 대법원에 제소를 할 수 있는지 여부에 관한 것이다.

- 이 문제는 앞서 제4강에서 살펴본 보조사업의 대상과 관련해서 「지방재정법」 제17조 제1항

제4호의 '권장사업'에 해당하는지 여부에 대한 판단기준을 다시 소개하는 것으로 대신하고자 한다.

- 즉, 판례에 따르면 지방자치단체가 해당 사업을 수행하지 않는다면 상당한 비용이 소요되어 그 비용을 민간에 부담시키게 된다면 경제적 부담으로 인해 그 사업이 사실상 어렵게 되는 경우를 「지방재정법」 제17조 제1항 제4호의 '권장사업'으로 예시하고 있다(대법 2008추87 참고).

- 그런데, 판례 중에는 '권장사업'에 해당하는지 여부와 관련해서 보조금 지출 대상인 단체의 성격, 실제 보조금이 지출될 사업의 내용, 해당 사업이 지방 재정에 미치는 영향, 해당 사업에 대해 지방자치단체 주민이 갖는 일반적 인식 등 객관적 요소를 종합적으로 고려하여 판단하여야 한다고 판시함으로써 권장사업에 대한 일반적인 원칙 또는 기준의 제시를 부인하는 경우도 있다(대법 2012추176).

〈조례안 의결 무효확인의 소 : 대법원 2013.5.23, 선고, 2012추176, 판결〉

지방재정법이 제17조에서 지방자치단체의 개인 또는 단체에 대한 보조금 등 공금 지출을 원칙적으로 금지하면서 위와 같은 예외 사유를 허용하고 있는 취지는, 지방자치단체의 재정운용에 대한 자율적 권한 행사의 영역을 존중하되, 그 권한 행사는 주민의 복리에 어긋나거나 재정의 건전성 및 효율성을 해치지 않아야 한다는 한계를 설정하려는 데 있다. 이러한 지방재정법 제17조의 규정 취지 및 '권장 사업'의 문언상 의미에 비추어 볼 때, 지방자치단체 보조금의 대상이 된 개인 또는 단체의 사업이 지방재정법 제17조 제1항 제4호 및 제2항에서 정한 '지방자치단체가 권장하는 사업'인지 여부는 보조금 지출 대상인 단체의 성격, 실제 보조금이 지출될 사업의 내용, 해당 사업이 지방 재정에 미치는 영향, 해당 사업에 대해 지방자치단체 주민이 갖는 일반적 인식 등 객관적 요소를 종합적으로 고려하여 판단하여야 한다.
이와 같은 법리에 따라 이 사건 조례안에 관하여 살펴보면, ~(중략) 이 사건 조례안이 정한 사업이 서울시가 권장하는 사업에 해당한다고 볼 수는 없다.

- 결국, 위에서 소개한 판례는 해당 조례안에 포함되어 있는 사업이 「지방재정법」 제17조 제1항 제4호의 '권장사업'에 해당하는지 여부를 판단하고는 있으나, 그 판단의 근거를 보면 법령에 위반한 것이라고 할 수 없고 일반적인 인식을 근거로 하여 판단하는 것은 아닌지 의문이 든다.

- 물론, 해당 법령인 「지방재정법」 제17조 제1항 제4호의 '권장사업' 규정이 모호하게 되어 있어서 이를 해석하는 과정에서 일반적인 기준을 제시한 것이라고 볼 수도 있다.

- 어떻든 위 판례의 판시 사항에서 판단의 근거로 제시하는 내용은 '권장사업'에 해당하는지 여부를 판별할 수 있는 법적인 원칙이나 기준이 될 수 없고, 다만 권장사업의 해당 여부에 대한 판별을 위한 가이드라인이 될 수는 있을 뿐이다. 그럼에도 불구하고 해당 조례의 무효 여부를 법원에서 결정한다면, 결국 법령에 위반한지 여부가 아닌 정책결정의 합리성에 대한 판단이 될 우려도 있다는 것이다.

- 한편, 조례안을 비롯한 지방의회의 의결 절차에 대해 무효를 주장하는 경우가 많다. 이와 같은 무효 주장의 대부분은 지방의회의 표결방식 또는 절차상의 흠결을 이유로 해당 의결에 대해 무효를 주장한다.

- 물론, 이와 같은 지방의회의 의결 절차에 대한 흠결을 이유로 지방의회 또는 집행부에서 소송을 제기하는 것은 대법원 제소에 관한 「지방자치법」 제120조 및 제192조의 규정과 아무런 관련이 없다. 따라서 민사소송의 방식으로 제기하여야 한다.

- 집행부에서 지방의회의 의결 절차에 대한 흠결을 이유로 다투는 경우 기관 대(對) 기관 상호간의 다툼이 되기 때문에 「행정소송법」상 기관소송에 해당하여야 하나, 기관소송을 개별 법률에서 인정하고 있는 경우에만 가능하고 「지방자치법」에 특별한 규정이 없기 때문에 민사소송에 의하지 않을 수 없다. 참고로 지방의회의원이 지방의회를 상대로 기관소송을 제기할 없다는 대법원 판례도 있다.(2002구합471)

행정소송법

제3조(행정소송의 종류) 행정소송은 다음의 네가지로 구분한다.

1. 항고소송 : 행정청의 처분등이나 부작위에 대하여 제기하는 소송
2. 당사자소송 : 행정청의 처분등을 원인으로 하는 법률관계에 관한 소송 그 밖에 공법상의 법률관계에 관한 소송으로서 그 법률관계의 한쪽 당사자를 피고로 하는 소송
3. 민중소송 : 국가 또는 공공단체의 기관이 법률에 위반되는 행위를 한 때에 직접 자기의 법률상 이익과 관계없이 그 시정을 구하기 위하여 제기하는 소송
4. **기관소송 : 국가 또는 공공단체의 기관상호간에 있어서의 권한의 존부 또는 그 행사에 관한 다툼이 있을 때에 이에 대하여 제기하는 소송. 다만, 헌법재판소법 제2조의 규정에 의하여 헌법재판소의 관장사항으로 되는 소송은 제외한다.**

제45조(소의 제기) 민중소송 및 기관소송은 법률이 정한 경우에 법률에 정한 자에 한하여 제기할 수 있다.

- 결국, 재의요구를 거친 의결안에 대해 지방의회의가 '재의결한 사항'은 대법원에 제소하고, 지방의회의 의결 절차 등을 위반한 경우에는 현행 법률에 아무런 규정이 없다는 이유로 민사소송을 제기하도록 하는 것이 바람직한지 의문이 든다. 「지방자치법」 또는 「행정소송법」 등을 개정해서 특별한 제소 방안을 마련하는 것도 바람직하다.

- 참고로, 지방의회의 의결 절차에 대한 흠결은 대부분 해당 지방의회의 회의규칙을 위반한 경우가 대부분인데, 지방의회의 회의체 운영을 위한 자율적 규정을 위반하였다는 이유로 소송을 제기하는 것은 제한되어야 한다고 생각한다. 법률을 위반한 것이 아니고 자체적인 규정을 위반하였기 때문에 자율적인 해결이 우선되어야 하며, 해당 법원의 입장에서도 위법 및 무효 여부를 판단하기가 쉽지 않기 때문이다.

지방자치법

제83조(회의규칙) 지방의회는 회의의 운영에 관하여 이 법에서 정한 것 외에 필요한 사항을 회의규칙으로 정한다.

- 다만, 지방의회의 의결 절차에 대한 흠결이 「지방자치법」의 규정을 직접 위반한 경우에는 법원의 직접적인 판단 대상이 된다. 예를 들어, 「지방자치법」 제74조를 위반해서 무기명투표로 표결해야할 사항을 기명투표로 한 경우에는 해당 의결 내용이 무효가 될 소지가 매우 크다.

지방자치법

제74조(표결방법) 본회의에서 표결할 때에는 조례 또는 회의규칙으로 정하는 표결방식에 의한 기록표결로 가부(可否)를 결정한다. 다만, 다음 각 호의 어느 하나에 해당하는 경우에는 무기명투표로 표결한다.

1. 제57조에 따른 의장·부의장 선거
2. 제60조에 따른 임시의장 선출
3. 제62조에 따른 의장·부의장 불신임 의결
4. 제92조에 따른 자격상실 의결
5. 제100조에 따른 징계 의결
6. 제32조, 제120조 또는 제121조, 제192조에 따른 재의 요구에 관한 의결
7. 그 밖에 지방의회에서 하는 각종 선거 및 인사에 관한 사항

자치법규의 규율범위와 관련하여…

- 이제 자치법규의 규율범위에 대한 다섯 가지 원칙에 대해서 살펴볼 것이다.

- 제11강을 시작하면서 변명처럼 말씀드린 것과 같이 자치법규의 규율범위에 대해 그렇게 좋아하지 않는다. 자치법규의 규율범위를 획정하는 것보다는, 지금은 창의적이고 지역에 생생한 자치법규를 장려하는 것이 무엇보다 중요한 시기라는 것이 한결같은 생각이다.

- 여기서는 그 간 법제처 주관 지방자치단체 순회 법률교육 강의에서 주로 강조했던 내용 중 일부만을 추려서 간략하게 소개하고자 한다. 세부내용은 이 책 제10강까지 또는 법제처의 간행물을 참고하시면 된다.

규율범위 1 : 법령의 범위에서 규율

- 헌법 제117조 제1항과 「지방자치법」 제28조 제1항에 따라 조례는 "법령의 범위"에서 규정할 수 있다.

- 여기서 '법령'이란 헌법과 법률, 그리고 하위법령으로서 법규명령과 법규명령으로 기능하는 행정규칙을 포함한다. 개별 법령의 특정 조항뿐만 아니라 법령의 전체적인 입법취지를 고려하여 이와 모순·저촉되지 않는 범위 안에서 조례를 입안해야 한다.

〈강남구청과 대통령간의 권한쟁의 : 전원재판부 2001헌라1, 2002.10.31〉

헌법 제117조 제1항에서 규정하고 있는 '법령'에 법률 이외에 헌법 제75조 및 제95조 등에 의거한 '대통령령', '총리령' 및 '부령'과 같은 법규명령이 포함되는 것은 물론이지만, 헌법재판소의 "법령의 직접적인 위임에 따라 수임행정기관이 그 법령을 시행하는데 필요한 구체적 사항을 정한 것이면, 그 제정형식은 비록 법규명령이 아닌 고시, 훈령, 예규 등과 같은 행정규칙이더라도, 그것이 상위법령의 위임한계를 벗어나지 아니하는 한, 상위법령과 결합하여 대외적인 구속력을 갖는 법규명령으로서 기능하게 된다고 보아야 한다"고 판시 한 바에 따라, 헌법 제117조 제1항에서 규정하는 '법령'에는 법규명령으로서 기능하는 행정규칙이 포함된다.

- 또한, 여기에서의 '법령'에는 국제법규도 포함한다고 보아야 한다. 헌법 제6조 제1항은 "헌법에 의하여 체결·공포된 조약과 일반적으로 승인된 국제법규는 국내법과 같은 효력을 가진다."고 규정하고 있어서 자치법규는 국제법규를 위반할 수 없다.

〈경상남도학교급식조례재의결무효확인 : 대법원 2008.12.24, 선고, 2004추72, 판결〉

학교급식을 위해 우리 농수축산물을 우선적으로 사용하도록 하고 우리 농수축산물을 사용하는 자를 선별하여 식재료나 식재료 구입비의 일부를 지원하는 것 등을 내용으로 한 광역지방자치단체의 조례안이, 국내산품의 생산보호를 위하여 수입산품을 국내산품보다 불리하게 대우하는 것에 해당하는 것으로서 내국민대우원칙을 규정한 '1994년 관세 및 무역에 관한 일반협정' 제3조 제1항, 제4조에 위배되어 위법한 이상, 위 조례안에 대한 재의결은 효력이 없다고 한 사례.

- 한편, 「지방자치법」 제28조 제1항 본문에서 말하는 '법령의 범위에서'란 상위법령이 있는 경우를 전제로 '그 상위 법령에 위반되지 않는 범위에서'를 의미한다고 보아야 한다. 법령의 범위에서의 의미를 법령이 반드시 있어야만 조례 등 자치법규의 입법이 가능한 것으로 해석하는 것은 지방자치단체의 자치입법권을 지나치게 제한하고 있어서 수용하기 곤란하다.

〈재의결무효확인 : 대법원 2004.7.22, 선고, 2003추51, 판결〉

헌법 제117조 제1항은 "지방자치단체는 주민의 복리에 관한 사무를 처리하고 재산을 관리하며, 법령의 범위 안에서 자치에 관한 규정을 제정할 수 있다."고 규정하고, 지방자치법 제15조 본문은 "지방자치단체는 법령의 범위 안에서 그 사무에 관하여 조례를 제정할 수 있다."고 규정하는바, 여기서 말하는 '법령의 범위 안에서'란 '법령에 위반되지 않는 범위 내에서'를 가리키므로 지방자치단체가 제정한 조례가 법령에 위반되는 경우에는 효력이 없다(대법원 2002. 4. 26. 선고 2002추23 판결, 2003. 9. 23. 선고 2003추13 판결 등 참조).

- 조례가 법령에 위반되는지 여부는 법령과 조례의 각 규정 취지, 규정의 목적과 내용 및 효과 등을 비교하여 양자 사이에 모순·저촉이 있는지 여부에 따라서 개별적·구체적으로 판단하여야 한다(2017추5039 판결 참조).

- 자치법규를 입안하다보면 이미 법령이 규율하고 있는 사항을 법령의 위임 없이 조례가 다른 내용으로 규율할 수 있는가 문제될 수 있다.

- 이와 관련해서 일반적으로 (1) 법령이 이미 존재하는 경우에도 조례가 법령과 별도의 목적에 따라 규율함을 의도하는 것으로서 그 적용에 의하여 법령의 규정이 의도하는 목적과 효과를 전혀 저해하지 않는 경우 (2) 양자가 동일한 목적에서 출발한 것이라고 할지라도 법령이 반드시 전국에 걸쳐 일률적으로 규율하려는 취지가 아니고 각 지방자치단체가 지역 실정에 맞게 별도로 규율하는 것을 용인하는 취지라고 해석될 경우에는 그 조례가 법령에 위반되는 것은 아니라고 보고 있다.

〈조례안재의결무효확인 : 대법원 1997.4.25, 선고, 96추244, 판결〉

지방자치단체는 법령에 위반되지 아니하는 범위 내에서 그 사무에 관하여 조례를 제정할 수 있는 것이고, 조례가 규율하는 특정사항에 관하여 그것을 규율하는 국가의 법령이 이미 존재하는 경우에도 조례가 법령과 별도의 목적에 기하여 규율함을 의도하는 것으로서 그 적용에 의하여 법령의 규정이 의도하는 목적과 효과를 전혀 저해하는 바가 없는 때, 또는 양자가 동일한 목적에서 출발한 것이라고 할지라도 국가의 법령이 반드시 그 규정에 의하여 전국에 걸쳐 일률적으로 동일한 내용을 규율하려는 취지가 아니고 각 지방자치단체가 그 지방의 실정에 맞게 별도로 규율하는 것을 용인하는 취지라고 해석되는 때에는 그 조례가 국가의 법령에 위반되는 것은 아니다. 당해 조례안에 의하여 생활보호법 소정의 자활보호대상자 중 일부에 대하여 생계비를 지원한다고 하여 생활보호법이 의도하는 목적과 효과를 저해할 우려는 없다고 보여지며, 비록 생활보호법이 자활보호대상자에게는 생계비를 지원하지 아니하도록 규정하고 있다고 할지라도 그 규정에 의한 자활보호대상자에게는 전국에 걸쳐 일률적으로 동일한 내용의 보호만을 실시하여야 한다는 취지로는 보이지 아니하고, 각 지방자치단체가 그 지방의 실정에 맞게 별도의 생활보호를 실시하는 것을 용인하는 취지라고 보아야 할 것이라는 이유로, 당해 조례안의 내용이 생활보호법의 규정과 모순·저촉되는 것이라고 할 수 없다고 본 사례.

규율범위 2 : 소관사무의 원칙

- 지방자치단체는 "그 사무에 관하여"조례를 제정할 수 있기 때문에, 원칙적으로 조례는 지방자치단체의 소관 사무의 범위를 넘을 수 없다.
- 지방자치단체의 사무는 그 관할구역의 자치사무(고유사무)와 법령에 의하여 자치단체에 속하는 사무(단체위임사무)를 처리하므로, 이러한 사무에 대해서는 조례를 제정할 수 있으나, 국가사무 또는 국가로부터 지방자치단체의 장에게 위임된 기관위임사무는 지방자치단체의 사무가 아니므로 그에 대해 조례를 제정할 수 있다는 특별한 위임 근거가 없으면 조례를 제정할 수 없다.
- 지방자치단체의 사무의 구분 및 조례의 제정에 관한 소관 사무의 원칙에 대해서는 제2강에서 이미 상세하게 설명하였기 때문에 여기서 더 이상의 설명은 생략한다.

규율범위 3 : 주민의 권리의무 및 벌칙 등의 법률유보원칙

- 주민의 권리제한 또는 의무부과에 관한 사항이나 벌칙을 정할 때에는 법률의 위임이 있어야 한다. 「지방자치법」 제28조 제1항 단서에 대하여, 헌법 제117조 제1항에서 법령의 범위 안에서 조례를 제정할 수 있도록 한 규정보다 강화하여 법률의 위임을 요구함으로써 헌법의 취지를 제약하고 자치입법권을 침해하는 위헌적인 규정이라는 주장도 있다.

- 그러나 「지방자치법」 제28조 제1항 단서는 국민의 기본권 제한과 관련하여 법률유보 원칙을 선언한 헌법 제37조 제2항의 "국민의 모든 자유와 권리는 국가안전보장, 질서유지 또는 공공복리를 위하여 필요한 경우에 한하여 법률로 제한할 수 있으며, 제한하는 경우도 자유와 권리의 본질적인 내용을 침해할 수는 없다."는 규정에 근거한 것으로 합헌으로 보는 것이 타당하며, 판례의 입장도 같다.

〈전라북도공동주택입주자보호조례안무효확인 : 대법원 1995.5.12, 선고, 94추28, 판결〉

지방자치법 제15조는 원칙적으로 헌법 제117조 제1항의 규정과 같이 지방자치단체의 자치입법권을 보장하면서, 그 단서에서 국민의 권리제한·의무부과에 관한 사항을 규정하는 조례의 중대성에 비추어 입법정책적 고려에서 법률의 위임을 요구한다고 규정하고 있는바, 이는 기본권 제한에 대하여 법률유보원칙을 선언한 헌법 제37조 제2항의 취지에 부합하므로 조례제정에 있어서 위와 같은 경우에 법률의 위임근거를 요구하는 것이 위헌성이 있다고 할 수 없다.

〈조례안재의결무효확인청구 : 대법원 2009.5.28, 선고, 2007추134, 판결〉

영유아보육법이 보육시설 종사자의 정년에 관한 규정을 두거나 이를 지방자치단체의 조례에 위임한다는 규정을 두고 있지 않음에도 보육시설 종사자의 정년을 규정한 '서울특별시 중구 영유아 보육조례 일부개정조례안' 제17조 제3항은, 법률의 위임 없이 헌법이 보장하는 직업을 선택하여 수행할 권리의 제한에 관한 사항을 정한 것이어서 그 효력을 인정할 수 없으므로, 위 조례안에 대한 재의결은 무효라고 한 사례.

- 죄형법정주의 원칙에 따라 조례로써 벌칙을 정하는 때에도 법률의 위임이 있어야 하는데, 헌법 제12조 제1항에서는 "누구든지 … 법률과 적법한 절차에 의하지 아니하고는 처벌, 보안처분 또는 강제노역을 받지 아니한다."고 규정하고 있으며, 이에 따라 「지방자치법」 제28조 제1항 단서에서는 "조례로 … 벌칙을 정할 때에는 법률의 위임이 있어야 한다."고 규정하고 있다.

- 종전의 「지방자치법」 제20조는 "시·도는 당해 지방자치단체의 조례로써 3월 이하의 징역 또는 금고, 10만원 이하의 벌금·구류·과료 또는 50만원 이하의 과태료의 벌칙을 정할 수 있다."고 규정하고 있었으나, 이 조항에 대해서 당시에 범죄구성요건의 범위를 정하지 않고 처벌 상한만을 정하여 형벌권을 포괄적으로 위임하는 것은 위헌 소지가 있고 죄형법정주의에 위배된다는 논란이 지속적으로 제기되어 1994년 3월 이 법 개정 당시 여·야 합의로 위 형벌조항을 삭제하고 대신 조례의 실효성을 높이기 위하여 조례 위반행위에 대하여 과태료를 부과할 수 있도록 하면서 과태료 상한액을 1천만원으로 상향 조정하였다.

- 현행법상 조례로써 행정질서벌인 과태료를 부과하는 문제에 대해서는 제7강에서 상세히 설명하였으므로 여기에서는 생략한다.

- 조세법률주의와 관련하여 헌법 제59조는 "조세의 종목과 세율은 법률로 정한다."라고 규정하고 있고, 지방세에 관해서는 「지방세기본법」 등 관련 법률에서 과세요건과 세율을 규정하면서 조례로써 과세요건 등을 확정할 수 있도록 부분적으로 조세 입법권을 위임하고 있다.

규율범위 4 : 상위 자치단체의 자치법규 우위

- 「지방자치법」 제30조는 "시·군 및 자치구의 조례나 규칙은 시·도의 조례나 규칙에 위반해서는 아니 된다."라고 규정하여 광역 자치단체의 자치법규가 기초 자치단체의 자치법규에 대해 우월적 효력을 가진다는 것을 명시적으로 규정하고 있다.

제30조(조례와 규칙의 입법한계) 시·군 및 자치구의 조례나 규칙은 시·도의 조례나 규칙을 위반해서는 아니 된다.

- 이 규정은 「지방자치법」 제2조 제1항에서 지방자치단체의 종류를 광역 자치단체와 기초 자치단체로 구분하면서, 동시에 같은 법 제3조 제1항에서 지방자치단체를 법인으로 한다고 규정하고 있는 점을 고려할 때 지방자치단체의 독립성과 자주성을 인정하는 취지에 맞지 않는다.

지방자치법

제2조(지방자치단체의 종류) ① 지방자치단체는 다음의 두 가지 종류로 구분한다.

1. 특별시, 광역시, 특별자치시, 도, 특별자치도
2. 시, 군, 구

제3조(지방자치단체의 법인격과 관할) ① 지방자치단체는 법인으로 한다.

- 따라서 「지방자치법」 제30조는 기초 자치단체의 모든 사무에 적용되는 것이 아니라 (1) 광역 자치단체로부터 위임받은 사무, (2) 광역 자치단체와 기초 자치단체가 공동으로 수행하는 사무, (3) 법령에서 광역 자치단체의 자치법규로 정하도록 규정한 사무와 관련된 기초 자치단체의 자치법규는 각각 상급 자치단체의 자치법규를 위반해서는 안 된다는 의미로 해석되어야 한다.
- 아래의 사례에서 기초 자치단체의 '지방공무원 복무 조례' 제23조 제3항에서는 여자공무원의 여성보건휴가에 대해 유급으로 규정하고 있는 반면, 그 상급 자치단체의 '지방공무원 복무 조례' 제20조 제5항에서는 무급의 생리휴가로 특정을 하고 있음을 알 수 있다. 이 경우 기초 자치단체의 조례 규정이 광역 자치단체의 조례 규정을 위반하여 무효라고 할 수 있을까?

○○시 지방공무원 복무 조례

제1조(목적) 이 조례는 ○○시지방공무원의 복무에 관한 사항을 규정함을 목적으로 한다.

제23조(특별휴가) ③ 여자공무원은 매 생리기와 임신한 경우의 검진을 위하여 매월 1일의 여성보건휴가를 얻을 수 있다.

○○도 지방공무원 복무 조례

제1조(목적) 이 조례는 ○○도지방공무원의 복무에 관한 사항을 규정함을 목적으로 한다.

제20조(특별휴가) ⑤ 여성공무원은 월1회의 무급 생리휴가와 임산부 정기건강진단을 받는데 필요한 여성보건휴가를 얻을 수 있다.

- 참고로, 앞의 사례에서 기초 자치단체의 '지방공무원 복무 조례' 제23조 제3항에서 여자공무원의 여성보건휴가에 대해 유급 또는 무급으로 명시하고 있지는 않지만, 「지방공무원 복무규정」 등의 취지상 특별휴가는 특별한 규정이 없는 한 유급이 원칙이고, 무급으로 할 경우 무급임을 표시해야 하기 때문에 이 지방자치단체의 경우 유급의 취지로 규정한 것으로 보아야 한다.

지방공무원 복무규정

제6조(휴가의 종류) ① 공무원의 휴가는 연가·병가·공가(公暇) 및 특별휴가로 구분한다.

제7조의7(특별휴가) ① 공무원의 특별휴가는 이 영에서 정하는 바에 따른다. 다만, 이 영에서 정하지 아니하는 사항은 지방자치단체의 조례로 정하는 바에 따른다.

- 위 「지방공무원 복무규정」 제7조의7 제1항의 규정에 따라 특별휴가에 대하여 이 규정에 정하지 않은 사항은 지방자치단체가 개별적으로 조례로 정해야 하고, 특별휴가의 경우 지방자치단체 소속 공무원의 복지 등을 고려해 해당 지방자치단체별로 정하면 된다.

- 결국, 지방자치단체 소속 공무원의 복지에 관한 사항은 (1) 광역 자치단체로부터 위임받은 사무, (2) 광역 자치단체와 기초 자치단체가 공동으로 수행하는 사무, (3) 법령에서 광역 자치단체의 자치법규로 정하도록 규정한 사무 중 어디에도 해당하지 않기 때문에 위 기초 자치단체의 '지방공무원 복무 조례' 제23조 제3항은 유효하다고 보아야 한다.

규율범위 5 : 집행기관과 의결기관의 권한분리 및 배분원칙

- 우리나라최고 의결기관으로서 지방의회를 두고 있으며, 그 사무를 총괄하는 집행기관으로서 지방자치단체의 장을 두고 있다.

- 이러한 기관대립형은 지방의회와 지방자치단체의 장 사이의 견제와 균형이 중요한 의미를 가지는데, 「지방자치법」은 지방의회와 지방자치단체의 장에게 각각의 권한을 부여하는 권한의 분리와 배분 원칙에 입각해 있다. 최근 전부개정으로 「지방자치법」 제4조에서 '따로 법률로 정하는 바에 따라 지방자치단체의 장의 선임방법을 포함한 자치단체의 기관구성 형태를 달리 할 수 있다'고 규정하여 앞으로는 주민투표를 거쳐 기관대립형과 다른 형태의 기관구성이 될 수 있는 여지가 있다.

- 권한의 분리와 배분의 취지에 따라 「지방자치법」에 명시적인 규정은 없으나 자치법규의 규율범위에 있어서 지방의회와 지방자치단체의 장 각각의 전속적인 권한을 침해하는 내용을 규정할 수는 없다는 한계가 주어진다.

- 특히, 지방자치단체의 장의 전속적인 권한에 대하여 지방의회가 조례의 제정을 통해 관여하는

경우 문제가 되는데, (1) 지방자치단체의 장의 권한이 "조례"에 의하여 비로소 부여되는 경우에는 조례에 지방자치단체의 장의 권한에 대해 견제나 제한을 가하는 규정을 둘 수 있다(이 경우에도 동의 등 사후적·소극적인 관여만 가능하고 사전적·적극적인 관여는 할 수 없다).

- 그러나 조례가 아닌 상위 법령에서 지방자치단체의 장에게 권한을 부여하는 경우에는, 그 법령에서 권한행사에 대한 의회의 동의를 받도록 하는 등의 견제나 제약을 함께 규정하고 있거나 그러한 제약을 조례에 정할 수 있다고 규정하고 있지 않으면, 하위법규인 조례로써 지방자치단체의 장의 전속적인 권한을 제약하는 규정을 두는 것은 권한의 분리와 배분의 원칙에 위배되는 위법한 규정이 될 것이다.

- 또한, 지방의원은 지방의회의 구성원으로서 지방의회의 본회의 및 위원회에서의 의결과 안건의 심사처리에 있어서 발의권·질문권·토론권 및 표결권을 가지며, 지방자치단체에 대한 행정 감사 및 조사를 담당하여 실시하는 권한이 있으나, 이는 지방의회의 구성원으로서의 의회의 권한행사를 수행하는 권한이지 지방의원 개개인의 자격으로 가지는 권한은 아니다.

- 따라서 지방의원이 지방의회의 본회의 및 위원회의 활동과 아무런 관련 없이 지방의원 개인의 자격으로 집행기관의 사무집행에 간섭하는 것은 법령이 규정하는 지방의회의 권한 밖의 일로서 집행기관과의 권한관계를 침해하여 위법하다고 보아야 한다(대법원 1992. 7. 28 선고 92추31판결 참고).

- 몇 가지 중요한 판례를 사안별로 구분해서 소개하면 다음과 같다.

(1) 지방의회 의장 또는 지방의원의 관여 불허

〈광주광역시북구행정기구설치조례일부개정조례안에대한수정안재의결무효확인청구 : 대법원 2005.8.19, 선고, 2005추48, 판결〉

지방자치법령은 지방자치단체의 장으로 하여금 지방자치단체의 대표자로서 당해 지방자치단체의 사무와 법령에 의하여 위임된 사무를 관리·집행하는 데 필요한 행정기구를 설치할 고유한 권한과 이를 위한 조례안의 제안권을 가지도록 하는 반면 지방의회로 하여금 지방자치단체의 장의 행정기구의 설치권한을 견제하도록 하기 위하여 지방자치단체의 장이 조례안으로서 제안한 행정기구의 축소, 통폐합의 권한을 가지는 것으로 하고 있으므로, 지방의회의원이 지방자치단체의 장이 조례안으로서 제안한 행정기구를 종류 및 업무가 다른 행정기구로 전환하는 수정안을 발의하여 지방의회가 의결 및 재의결하는 것은 지방자치단체의 장의 고유 권한에 속하는 사항의 행사에 관하여 사전에 적극적으로 개입하는 것으로서 허용되지 아니한다.

〈인천광역시동구주민자치센터설치및운영조례안재의결무효확인청구 : 대법원 2000.11.10, 선고, 2000추36, 판결〉

지방자치법상 지방자치단체의 집행기관과 지방의회는 서로 분립되어 제각각 그 고유권한을 행사하되 상호견제의 범위 내에서 상대방의 권한 행사에 대한 관여가 허용되는 것이므로, 집행기관의 고유권한에 속하는 인사권의 행사에 있어서도 지방의회는 견제의 범위 내에서 소극적·사후적으로 개입할 수 있을 뿐 사전에 적극적으로 개입하는 것은 허용되지 아니하고, 또 집행기관을 비판·감시·견제하기 위한 의결권·승인권·동의권 등의 권한도 지방자치법상 의결기관인 지방의회에 있는 것이지 의원 개인에게 있는 것이 아니므로, 지방의회가 재의결한 조례안에서 구청장이 주민자치위원회 위원을 위촉함에 있어 동장과 당해 지역 구의원 개인과의 사전 협의절차가 필요한 것으로 규정함으로써 지방의회 의원 개인이 구청장의 고유권한인 인사권 행사에 사전 관여할 수 있도록 규정하고 있는 것 또한 지방자치법상 허용되지 아니하는 것이다.

(2) 사전적·적극적 집행기관의 고유권한 침해 인정

〈개정조례안재의결무효확인 : 대법원 2003.9.23, 선고, 2003추13, 판결〉

지방자치법은 지방자치단체의 의사를 내부적으로 결정하는 최고의결기관으로 지방의회를, 외부에 대하여 지방자치단체의 대표로서 지방자치단체의 의사를 표명하고 그 사무를 통할하는 집행기관으로 단체장을 독립한 기관으로 두고, 의회와 단체장에게 독자적인 권한을 부여하여 상호 견제와 균형을 이루도록 하고 있으므로, 법률에 특별한 규정이 없는 한 조례로써 견제의 범위를 넘어서 상대방의 고유권한을 침해하는 규정을 제정할 수 없는 것인바, 지방의회는 조례의 제정 및 개폐, 예산의 심의·확정, 결산의 승인, 기타 같은 법 제35조에 규정된 사항에 대한 의결권을 가지는 외에 같은 법 제36조 등의 규정에 의하여 지방자치단체사무에 관한 행정사무감사 및 조사권 등을 가지므로, 이처럼 법령에 의하여 주어진 권한의 범위 내에서 집행기관을 견제할 수 있는 것이지 법령에 규정이 없는 새로운 견제장치를 만드는 것은 집행기관의 고유권한을 침해하는 것이 되어 허용할 수 없다.

〈조례안재의결무효확인 : 대법원 1996.5.14, 선고, 96추15, 판결〉

[1] 지방재정법에서 공유재산심의회의 구성과 운영에 관하여 당해 지방자치단체의 조례로 정하도록 위임한 취지는 공유재산심의회의 구성과 운영에 있어서 각 지방자치단체의 특수성을 고려하여 그 실정에 맞게 조직하도록 한 것이고, 따라서 당해 지방자치단체의 공유재산심의회의 구성, 즉 공유재산심의회 위원의 정수 및 그 위원의 구성비를 어떻게 정할 것인지는 당해 지방의회가 조례로써 정할 입법재량에 관한 문제로서 조례제정권의 범위 내라고 할 것인바, 지방의회가 개정조례안에서 "시 공유재산심의회는 12명의 위원으로 구성하며 위원은 시의원 9명, 관계 공무원 3명으로 한다"고 규정한 것은, 시 공유재산심의회 위원 12명 중 9명을 시의원으로 구성하도록 함으로써 시의회의 참여비율이 상대적으로 높은 것은 틀림없으나, 이는 지방의회의 입법재량에 속하는 문제로서 이것만 가지고는 개정 조례안이 상호견제와 균형의 원칙에 입각한 집행기관과 의결기관과의 권한분리 및 배분의 범위를 유월한 위법이 있다고는 할 수 없다.

[2] 지방자치법은 지방의회와 지방자치단체의 장에게 독자적 권한을 부여하고 상호견제와 균형을 이루도록 하고 있으므로, 법률에 특별한 규정이 없는 한 조례로써 견제의 범위를 넘어서 고유권한을 침해하는 규정을 할 수 없고, 일방의 고유권한을 타방이 행사하게 하는 내용의 조례는 지방자치법에 위배된다. 그러므로 지방의회가 집행기관의 인사권에 관하여 소극적, 사후적으로 개입하는 것은 그것이 견제의 범위 안에 드는 경우에는 허용되나, 집행기관의 인사권을 독자적으로 행사하거나 동등한 지위에서 합의하여 행사할 수 없고, 사전에 적극적으로 개입하는 것도 원칙적으로 허용되지 아니한다. 따라서 지방의회 의장과 의원 개인의 지위 및 권한에 비추어 볼 때 집행기관의 인사권에 의장 개인의 자격으로는 관여할 수 있는 권한이 없고, 조례로서 이를 허용할 수도 없다. 그렇다면 공유재산심의회 위원 중 9명을 시의원으로 구성하고 그 위원이 될 시의원을 의장이 추천하여 시장이 위촉하도록 한 것은 사실상 인사권을 공동 행사하자는 것으로서, 공유재산심의회가 시장의 자문에 응하여 또는 자발적으로 시장의 의사결정에 참고가 될 의견을 제공하는 것에 불과하고 시장이 그 의견에 기속되는 것은 아니라고 하더라도, 공유재산심의회의 활동은 지방자치단체의 집행사무에 속하고, 그에 대한 책임은 궁극적으로 집행기관의 장이 지게 되는 것임에 비추어 볼 때, 공유재산심의회 위원이 될 시의원 9명을 의장이 추천하게 하는 것은 집행기관의 인사권에 사전에 적극적으로 개입하는 것으로서 특별한 사정이 없는 한 허용될 수 없다.

〈조례안재의결무효확인 : 대법원 2017. 12. 13., 선고, 2014추644, 판결〉

상위 법령에서 지방자치단체의 장에게 기관구성원 임명·위촉권한을 부여하면서도 임명·위촉권의 행사에 대한 지방의회의 동의를 받도록 하는 등의 견제나 제약을 규정하고 있거나 그러한 제약을 조례 등에서 할 수 있다고 규정하고 있지 아니하는 한, 당해 법령에 의한 임명·위촉권은 지방자치단체의 장에게 전속적으로 부여된 것이라고 보아야 한다. 따라서 하위 법규인 조례로써는 지방자치단체장의 임명·위촉권을 제약할 수 없고, 지방의회의 지방자치단체 사무에 대한 비판, 감시, 통제를 위한 행정사무감사 및 조사권 행사의 일환으로 위와 같은 제약을 규정하는 조례를 제정할 수도 없다.

전라북도지사가 도지사 임명 출연기관장 등에 대한 도의회의 인사검증을 내용으로 하는 '전라북도 출연기관 등의 장에 대한 인사검증 조례안'에 따른 출연기관 등의 장에 대한 도의회의 인사검증은 상위 법령의 근거 없이 조례로써 도지사의 임명·위촉권을 제약하는 것이므로 허용되지 않고, 자료제출에 관한 조례 규정은 법률의 위임 없이 주민의 의무부과에 관한 사항을 조례로 규정한 것이므로 지방자치법 제22조 단서에 위반되어 허용되지 않으며, 이와 같은 것이 허용되지 않는 이상 개인정보제출에 관한 조례 규정은 개인정보 보호법 제15조 제1항 제3호, 지방자치법 제40조 제1항 및 제41조 제4항의 허용범위를 벗어난다는 이유로, 위 조례안 중 인사검증, 자료제출, 개인정보제출에 관한 조례 규정이 위법하여 조례안에 대한 재의결은 전부의 효력이 부정된다고 한 사례.

〈조례안재의결무효확인 : 대법원 2014. 11. 13., 선고, 2013추111, 판결〉

지방자치법령은 지방자치단체의 장으로 하여금 지방자치단체의 대표자로서 당해 지방자치단체의 사무와 법령에 의하여 위임된 사무를 관리·집행하는 데 필요한 행정기구를 설치할 고유권한과 이를 위한 조례안의 제안권을 가지도록 하는 반면 지방의회로 하여금 지방자치단체장의 행정기구 설치권한을 견제하도록 하기 위하여 지방자치단체의 장이 조례안으로써 제안한 행정기구를 축소·통폐합할 권한을 가지도록 하고 있다. 이에 더하여, 지방자치법 제116조에 그 설치의 근거가 마련된 합의제 행정기관은 지방자치단체의 장이 통할하여 관리·집행하는 지방자치단체의 사무를 일부 분담하여 수행하는 기관으로서 그 사무를 독립하여 수행한다 할지라도 이는 어디까지나 집행기관에 속하는 것이지 지방의회에 속한다거나 집행기관이나 지방의회 어디에도 속하지 않는 독립된 제3의 기관에 해당하지 않는 점, 행정기구규정 제3조 제1항의 규정에 비추어 지방자치단체의 장은 집행기관에 속하는 행정기관 전반에 대하여 조직편성권을 가진다고 해석되는 점을 종합해 보면, 지방자치단체의 장은 합의제 행정기관을 설치할 고유의 권한을 가지며 이러한 고유권한에는 그 설치를 위한 조례안의 제안권이 포함된다고 봄이 타당하므로, 지방의회가 합의제 행정기관의 설치에 관한 조례안을 발의하여 이를 그대로 의결, 재의결하는 것은 지방자치단체장의 고유권한에 속하는 사항의 행사에 관하여 지방의회가 사전에 적극적으로 개입하는 것으로서 위 관련 법령에 위반되어 허용되지 아니한다.

위와 같은 법리와 앞서 본 사실관계에 비추어 보면, 피고가 지방자치법 제116조에 정한 합의제 행정기관의 성격을 갖는 이 사건 편집위원회를 설치하는 내용의 이 사건 조례안을 발의하여 의결하고 그에 대한 원고의 재의 요구에도 이를 그대로 재의결한 것은 원고의 고유권한에 속하는 사항의 행사에 관하여 사전에 적극적으로 개입하여 이를 침해한 것이므로 법령에 위반된다.

(3) 집행기관 권한에 소극적 관여는 인정

〈옴부즈만조례안재의결무효확인 : 대법원 1997.4.11, 선고, 96추138, 판결〉

집행기관의 구성원의 전부 또는 일부를 지방의회가 임면하도록 하는 것은 지방의회가 집행기관의 인사권에 사전에 적극적으로 개입하는 것이어서 원칙적으로 허용되지 않지만, 지방자치단체의 집행기관의 구성원을 집행기관의 장이 임면하되 다만 그 임면에 지방의회의 동의를 얻도록 하는 것은 지방의회가 집행기관의 인사권에 소극적으로 개입하는 것으로서 지방자치법이 정하고 있는 지방의회의 집행기관에 대한 견제권의 범위 안에 드는 적법한 것이므로, 지방의회가 조례로써 옴부즈맨의 위촉(임명)·해촉시에 지방의회의 동의를 얻도록 정하였다고 해서 집행기관의 인사권을 침해한 것이라 할 수 없다.

〈조례안재의결무효확인 : 대법원 2021. 9. 16., 선고, 2020추5138, 판결〉

전라북도의회가 의결한 '전라북도교육청 행정기구 설치 조례 일부 개정조례안'에 대하여 전라북도 교육감이 재의를 요구하였으나 전라북도의회가 위 조례 개정안을 원안대로 재의결함으로써 확정한 사안에서, 위 조례 개정안은 직속기관들이 전라북도교육청 소속임을 분명하게 하기 위하여 해당 직속기관의 명칭에 '교육청'을 추가하거나 지역 명칭을 일부 변경하는 것에 불과한데, 관계 법령의 규정 내용에 따르면, 직속기관의 명칭을 결정하는 것이 교육감의 고유 권한에 해당한다고 볼 만한 근거가 없는 반면, 지방의회가 '이미 설치된 교육청의 직속기관'의 명칭을 변경하는 것은 사후적·소극적 개입에 해당하므로, 위 조례 개정안이 자치사무에 관하여 법령의 범위 안에서 조례를 제정할 수 있는 '지방의회의 포괄적인 조례 제정 권한'의 한계를 벗어난 것이라고 보기는 어렵다는 이유로, 위 조례 개정안이 교육감의 지방교육행정기관 조직편성권을 부당하게 침해한다고 볼 수 없다고 한 사례.

(4) 사후적 또는 감독적 집행기관 사업에 관여 허용

〈조례안재의결무효확인의소 : 대법원 2009.8.20, 선고, 2009추77, 판결〉

헌법 제117조 제1항과 지방자치법 제22조에 의하면 지방자치단체는 법령의 범위 안에서 그 사무에 관하여 자치조례를 제정할 수 있고, 지방자치법은 의결기관으로서의 지방의회와 집행기관으로서의 지방자치단체장에게 독자적 권한을 부여하는 한편, 지방의회는 행정사무감사와 조사권 등에 의하여 지방자치단체장의 사무집행을 감시 통제할 수 있게 하고 지방자치단체장은 지방의회의 의결에 대한 재의요구권 등으로 의회의 의결권행사에 제동을 가할 수 있게 함으로써 상호 견제와 균형을 유지하도록 하고 있으므로, 지방의회는 자치사무에 관하여 법률에 특별한 규정이 없는 한 조례로써 위와 같은 지방자치단체장의 고유권한을 침해하지 않는 범위 내에서 조례를 제정할 수 있다고 할 것이다 (대법원 1992. 7. 28. 선고 92추31 판결, 대법원 2000. 6. 13. 선고 99추92 판결 등 참조).
그런데 이 사건 조례안은 지방자치단체장이 경로당에 대한 지원계획을 수립하고, 예산 편성 전까지 그에 대해 군의회와 협의하여야 한다고 규정하고 있기는 하나, 지방자치단체장이 반드시 그 협의 결과에 따라야 하는 등의 법적 구속은 없을 뿐만 아니라, 오히려 지방자치단체 사무의 원활한 집행을 위해서는 집행기관과 입법기관의 협력이 필요하다는 점에 비추어 보면, 이 사건 조례안이 지방자치단체장의 고유한 집행권을 침해하는 것으로 보기는 어렵다. 따라서 이를 전제로 한 원고의 주장은 받아들일 수 없다.

〈조례안 재의결 무효확인 : 대법원 2011.2.10, 선고, 2010추11, 판결〉

이 사건 조례안이 지방자치단체 사무의 민간위탁에 관하여 지방의회의 사전 동의를 받도록 한 것은 지방자치단체장의 민간위탁에 대한 일방적인 독주를 제어하여 민간위탁의 남용을 방지하고 그 효율성과 공정성을 담보하기 위한 장치에 불과하고, 민간위탁의 권한을 지방자치단체장으로부터 박탈하려는 것이 아니므로, 지방자치단체장의 집행권한을 본질적으로 침해하는 것으로 볼 수 없다. 또한 지방자치단체장이 동일 수탁자에게 위탁사무를 재위탁하거나 기간연장 등 기존 위탁계약의 중요한 사항을 변경하고자 할 때 지방의회의 동의를 받도록 한 목적은 민간위탁에 관한 지방의회의 적절한 견제기능이 최초의 민간위탁 시뿐만 아니라 그 이후에도 지속적으로 이루어질 수 있도록 하는 데 있으므로, 이에 관한 이 사건 조례안 역시 지방자치단체장의 집행권한을 본질적으로 침해하는 것으로 볼 수 없다.
나아가 재위탁 등에 관하여 지방의회의 동의를 받을 기한이나 수탁기관의 적정 여부를 판단할 기한의 설정이 다소 부적절하다는 점만으로 지방자치단체장의 집행권한을 본질적으로 침해한다고 단정할 수도 없다.

법제관이
풀어주는
자치입법 해설

특별 지방자치단체

CHAPTER

12 특별지방자치단체

- 이제 지방자치단체는 보통 지방자치단체와 특별 지방자치단체로 구분된다.

- 특별지방자치단체는 2개 이상의 지방자치단체가 특정한 목적을 위하여 상호 협의로 규약을 정하여 해당 지방의회의 의결을 거쳐 행정안전부장관의 승인을 받아 설치할 수 있다.

- 특별지방자치단체는 지방자치단체조합과 달리 조례를 만들 수 있고, 지방자치단체로서의 역할을 수행한다.

- 교육·학예에 관한 사무를 공동으로 수행하기 위한 특별지방자치단체는 설치할 수 없다.

- 특별지방자치단체는 세금을 부과할 수 없고, 경비는 각 구성 지방자치단체가 분담하며, 지방교부세 대상이 아니다.

- 2023년 8월 현재 특별지방자치단체는 없다.

특별지방자치단체의 설치

- 2021년 1월 12일 「지방자치법」이 전부개정(2022. 1. 13. 시행)되면서 제12장으로 '특별지방자치 단체'가 신설되고 13개 조문이 새롭게 추가되었다.

- 특별지방자치단체 규정이 들어가면서 지방자치제도에 대한 큰 변화가 일어날 수 있다는 생각이 든다. 최초의 특별지방자치단체로 '부울경메가시티연합' 등장하면서 더욱 그렇게 생각했다. 하지만 2023년 3월 최초이자 유일한 특별지방자치단체는 사라지고 말았다.

- 사실 종전에도 특별지방자치단체를 설치할 수 있는 근거는 있었다. 구 「지방자치법」제2조 제3항에서 특별지방자치단체 설치근거를 두고, 제4항에서 '특별지방자치단체의 설치·운영에 관하여 필요한 사항은 대통령령으로 정한다.'고 위임하였다. 그런데, 대통령령으로 특별한 규정을 하지 않았던 것이다.

- 그렇다면 특별지방자치단체는 무엇일까?

- 현행 「지방자치법」 제2조 및 제199조에 따르면 특별지방자치단체란 "2개 이상의 지방자치단체가 공동으로 특정한 목적을 위하여 광역적으로 사무를 처리할 필요가 있을 때에 설치하는 지방자치단체"를 말한다.

- 특별지방자치단체는 2 이상의 지방자치단체가 공동으로 특정한 사무를 처리하기 위하여 규약을 만들어 각각의 지방의회 의결을 받은 다음 행정안전부장관의 승인을 받아 설치한다.

지방자치법

제2조(지방자치단체의 종류) ① 지방자치단체는 다음의 두 가지 종류로 구분한다.

1. 특별시, 광역시, 특별자치시, 도, 특별자치도
2. 시, 군, 구

② 지방자치단체인 구(이하 "자치구"라 한다)는 특별시와 광역시의 관할 구역의 구만을 말하며, 자치구의 자치권의 범위는 법령으로 정하는 바에 따라 시·군과 다르게 할 수 있다.

③ 제1항의 지방자치단체 외에 특정한 목적을 수행하기 위하여 필요하면 따로 특별지방자치단체를 설치할 수 있다. 이 경우 특별지방자치단체의 설치 등에 관하여는 제12장에서 정하는 바에 따른다.

제12장 특별지방자치단체

제199조(설치) ① 2개 이상의 지방자치단체가 공동으로 특정한 목적을 위하여 광역적으로 사무를 처리할 필요가 있을 때에는 특별지방자치단체를 설치할 수 있다. 이 경우 특별지방자치단체를 구성하는 지방자치단체(이하 "구성 지방자치단체"라 한다)는 상호 협의에 따른 규약을 정하여 구성 지방자치단체의 지방의회 의결을 거쳐 행정안전부장관의 승인을 받아야 한다.

특별지방자치단체의 법적 성격

- 특별지방자치단체는 '공동의 사무처리'와 '특정한 목적의 수행'을 위해 '법인'으로 설립한다는 점에서 「지방자치법」제176조에 따라 2개 이상의 지방자치단체가 공동으로 사무를 처리할 필요가 있을 때에 설립할 수 있는 '지방자치단체조합'과 비슷하다.

지방자치법

제176조(지방자치단체조합의 설립) ① 2개 이상의 지방자치단체가 하나 또는 둘 이상의 사무를 공동으로 처리할 필요가 있을 때에는 규약을 정하여 지방의회의 의결을 거쳐 시·도는 행정안전부장관의 승인, 시·군 및 자치구는 시·도지사의 승인을 받아 지방자치단체조합을 설립할 수 있다. 다만, 지방자치단체조합의 구성원인 시·군 및 자치구가 2개 이상의 시·도에 걸쳐 있는 지방자치단체조합은 행정안전부장관의 승인을 받아야 한다.

② 지방자치단체조합은 법인으로 한다.

- 그런데 특별지방자치단체는 단체장과 의회를 두고 조례를 제정할 수 있지만, 지방자치단체조합은 조합장과 조합회의를 두고 조례를 제정할 수 없다는 큰 차이가 있다.

- 또한,「지방자치법」제2조 제1항에서는 지방자치단체를 광역자치단체(특별시, 광역시, 특별자치시, 도, 특별자치도)와 기초자치단체(시, 군, 구)의 두가지 종류로 구분하고, 제3항에서는 제1항의 지방자치단체 외에 특정한 목적을 수행하기 위하여 필요하면 따로 특별지방자치단체를 설치할 수 있으며, 특별지방자치단체의 설치에 관하여는 제12장에서 정하는 바에 따르도록 하고 있다.

- 이러한 「지방자치법」체계는 제2조 제1항의 지방자치단체 즉 '보통지방자치단체'에 대비하여,

제3항에서 지방자치단체의 한 종류 내지 유형으로 '특별지방자치단체'를 규정한 것으로 볼 수 있다.

- 정리하면, 지방자치단체에는 종래 광역 자치단체와 기초 자치단체의 2종류인 보통지방자치단체와 새롭게 '특별지방자치단체'라는 유형이 가능하고, 특별지방자치단체는 지방자치단체 조합과 달리 지방자치단체의 역할을 수행한다는 것이다.

특별지방자치단체와 구성 지방자치단체와의 관계

- 「지방자치법」제199조 제1항에 따르면, 특별자방자치단체는 2개 이상의 지방자치단체가 상호협의에 따라 규약을 정해서 각각의 지방의회 의결을 거쳐 행정안전부장관의 승인을 받아 설치할 수 있다. 여기서 2개 이상의 지방자치단체를 '구성 지방자치단체'라고 한다.

- 특별지방자치단체와 구성 지방자치단체는 지방자치단체라는 지위에서는 동일하다고 볼 수 있으나, 구성 지방자치단체간의 협의에 따른 규약 제정과 해당 지방의회의 의결을 거쳐 특별지방자치단체가 설치된다는 점, 보통지방자치단체는 지방자치단체의 명칭, 관할 구역, 사무 등이 법률로 정해지고, 지방의회의 조직·운영, 집행기관의 조직·운영 등에 관한 사항은 조례로 정하도록 하고 있지만 특별지방자치단체는 이러한 사항을 모두 규약으로 정하도록 하고 있다는 점 등에서 구성 지방자치단체에 종속되는 관계에 있다.

지방자치법

제202조(규약 등) ① 특별지방자치단체의 규약에는 법령의 범위에서 다음 각 호의 사항이 포함되어야 한다.

1. 특별지방자치단체의 목적
2. 특별지방자치단체의 명칭
3. 구성 지방자치단체
4. 특별지방자치단체의 관할 구역
5. 특별지방자치단체의 사무소의 위치
6. 특별지방자치단체의 사무
7. 특별지방자치단체의 사무처리를 위한 기본계획에 포함되어야 할 사항
8. 특별지방자치단체의 지방의회의 조직, 운영 및 의원의 선임방법
9. 특별지방자치단체의 집행기관의 조직, 운영 및 장의 선임방법
10. 특별지방자치단체의 운영 및 사무처리에 필요한 경비의 부담 및 지출방법

11. 특별지방자치단체의 사무처리 개시일
12. 그 밖에 특별지방자치단체의 구성 및 운영에 필요한 사항
② 구성 지방자치단체의 장은 제1항의 규약을 변경하려는 경우에는 구성 지방자치단체의 지방의회 의결을 거쳐 행정안전부장관의 승인을 받아야 한다. 이 경우 국가 또는 시·도 사무의 위임에 관하여는 제199조 제4항 및 제5항을 준용한다.

- 특별지방자치단체는 그 성립과 권한의 범위에 있어서 구성 지방자치단체에 종속되지만, 설립된 이후에는 규약으로 정하는 사무를 처리하기 위한 범위에서는 독자적인 의사에 따라 권한을 행사할 수 있다.

특별지방자치단체도 조례를 정할 수 있다고~

- 「지방자치법」제210조는 특별지방자치단체에게 보통지방자치단체에 관한 「지방자치법」의 많은 규정을 준용하고 있는데, 이 준용규정에 따라 특별지방자치단체는 같은 법 제28조에 따라 규약으로 정하는 사무에 관하여 조례를 제정할 수 있다.

지방자치법

제210조(지방자치단체에 관한 규정의 준용) 시·도, 시·도와 시·군 및 자치구 또는 2개 이상의 시·도에 걸쳐 있는 시·군 및 자치구로 구성되는 특별지방자치단체는 시·도에 관한 규정을, 시·군 및 자치구로 구성하는 특별지방자치단체는 시·군 및 자치구에 관한 규정을 준용한다. 다만, 제3조, 제1장제2절, 제11조부터 제14조까지, 제17조 제3항, 제25조, 제4장, 제38조, 제39조, 제40조 제1항 제1호 및 제2호, 같은 조 제3항, 제41조, 제6장제1절제1관, 제106조부터 제108조까지, 제110조, 제112조 제2호 후단, 같은 조 제3호, 제123조, 제124조, 제6장제3절(제130조는 제외한다)부터 제5절까지, 제152조, 제166조, 제167조 및 제8장제2절부터 제4절까지, 제11장에 관하여는 그러하지 아니하다.

- 특별지방자치단체의 조례와 구성 지방자치단체의 조례간 충돌이 문제되는 경우에는 동등한 지위에 있는 법규간의 충돌을 해결하는 일반원칙에 따라 "신법 우선의 원칙"과 "특별법 우선의 원칙"이 적용될 수 있다.

- 다만, 특별지방자치단체의 규약이나 조례에서 특별지방자치단체가 수행하는 사무의 범위

내에서는 특별지방자치단체의 조례가 우선한다와 같이 조례 간 우선순위를 규정하면 해결될 것이다.

- 앞으로 특별지방자치단체 조례를 제정하고자 한다면, 이 책의 자치입법강의를 전체적으로 공부한다면 도움이 될 것이다. 특히 부칙의 경과조치의 필요성은 매우 중요하다.

특별지방자치단체의 사무

- 특별지방자치단체의 사무는 '규약상 사무'와 '준용 사무'로 구별할 수 있다.
- '규약상 사무'는 다시 특별지방자치단체의 규약으로 정하는 고유목적사무(자치사무)와 국가 또는 시·도의 위임사무로 나눌 수 있다.
- 특별지방자치단체의 '고유목적사무'는 ① 공동목적의 광역적 사무(제199조 제1항), ②법령의 범위에서 규약으로 정하는 사무(제202조 제1항), ③ 기본계획의 수립과 변경에 관한 사무(제203조 제1항), ④ 조례의 제정과 개정·폐지, 예산의 심의·확정, 결산의 승인 등의 사무(제204조 제3항), ⑤ 집행기관의 조직 구성에 관한 사무(제205조 제3항), ⑥ 사무처리상황 등의 통지사무(제207조), ⑦ 특별지방자치단체 가입 및 탈퇴사무(제208조 제2항)로 볼 수 있다.
- 또한, 특별지방자치단체는 「지방자치법」 제199조 제4항에 따라 구성 지방자치단체의 장이 관계 중앙행정기관의 장 또는 시·도지사에게 사무의 위임을 요청하여 국가 또는 시·도 위임사무를 수행할 수 있다.
- 특별지방자치단체가 국가 또는 시·도의 위임사무를 처리하기 위해서는 국가 또는 시·도의 재정지원이 필수적인데, 「지방자치법」 제206조 제3항은 재정지원의 법적 근거를 두고 있다.
- 다만, 구성 지방자치단체가 아닌 주변의 기초자치단체가 사무를 위임하는 경우도 있을 수 있는데, 이에 대해서는 비용지원의 근거가 없지만 위임 일반원칙에 따라 처리하면 될 것이다.

지방자치법

제199조(설치) ④ 특별지방자치단체를 설치하기 위하여 국가 또는 시·도 사무의 위임이 필요할 때에는 구성 지방자치단체의 장이 관계 중앙행정기관의 장 또는 시·도지사에게 그 사무의 위임을 요청할 수 있다.

⑤ 행정안전부장관이 국가 또는 시·도 사무의 위임이 포함된 규약에 대하여 승인할 때에는 사전에 관계 중앙행정기관의 장 또는 시·도지사와 협의하여야 한다.

제206조(경비의 부담) ① 특별지방자치단체의 운영 및 사무처리에 필요한 경비는 구성 지방자치단체의 인구, 사무처리의 수혜범위 등을 고려하여 규약으로 정하는 바에 따라 구성 지방자치단체가 분담한다.

② 구성 지방자치단체는 제1항의 경비에 대하여 특별회계를 설치하여 운영하여야 한다.

③ 국가 또는 시·도가 사무를 위임하는 경우에는 그 사무를 수행하는 데 필요한 재정적 지원을 할 수 있다.

- 특별지방자치단체의 사무에는 '고유목적사무' 외에 '준용사무'가 있다.

- '준용사무'는「지방자치법」 제210조의 준용 규정에 따라 특별지방자치단체의 사무로 인정되는 사무를 말한다. 「지방자치법」규정 중 시·도에 관한 규정 및 시·군 및 자치구에 관한 규정을 준용하도록 하면서, 다만, 단서에서 준용에서 제외되는 조항을 열거하고 있다. 따라서 준용 제외조항을 뺀「지방자치법」의 나머지 규정 중 시·도 또는 시·군 및 자치구가 해석상 포함되는 조항에 대해서는 특별지방자치단체도 적용된다.

- 지방자치법 조문 순서대로 준용여부를 살펴보면,

1. 지방자치단체의 기능과 사무에 관한 규정은 준용 제외된다. 「지방자치법」제3절 지방자치단체의 기능과 사무 중 제15조(국가사무의 처리 제한)만 특별지방자치단체에 준용하고, 나머지 제11조(사무배분의 기본원칙)44), 제12조(사무처리의 기본원칙)45), 제13조(지방자치단체의 사무 범위)46), 제14조(지방자치단체의 종류별 사무배분기준)은 특별지방자치단체에는 적용하지 않고 있다. 이는 특별지방자치단체는 '2개 이상 지방자치단체의 공동으로 특정한 목적을 위하여 광역적 사무' 및 '국가 또는 시·도 위임 사무'를 "규약"에서 정하므로 「지방자치법」상 사무의 일반조항에 대한 준용을 제외한 것으로 볼 수 있다. 다만 국가사무의 처리제한(제15조)은 준용에서 제외하지 않아, 특별지방자치단체도 법률에 특별한 규정이 없는 한 국가사무를 처리할 수 없도록 하고 있다.
2. 주민의 자격 및 권리 중 선거참여할 권리(제17조3항), 주민소환권(제25조) 및 제4장(선거) 규정

준용 제외된다(나머지 주민의 자격과 권리에 관한 조항은 준용). 「지방자치법」제2장의 주민의 자격과 권리 및 의무에 관한 규정 중 선거참여권 및 주민소환권의 규정의 준용을 제외하고 나머지 조항에 대해서는 준용하고 있다. 선거에 관한 제4장의 규정도 준용을 제외한다. 따라서 주민의 자격(제16조), 정책결정 및 집행과정 참여권(제17조 제1항), 주민의 행정혜택을 받을 권리(제17조 제2항), 주민투표권(제18조), 조례제개정폐지 청구권(제19조), 규칙의 제개정 폐지 의견제출권(제20조), 주민의 감사청구권(제21조), 주민소송권(제22조), 손해배상금지급 청구권(제23조), 변상명령(제24조), 주민에 대한 정보공개(제26조), 주민의 비용분담의무(제27조)가 준용되어 특별지방자치단체의 사무가 될 수 있다.

3. 조례와 규칙에 관한 제3장은 전체가 준용되어 특별지방자치단체는 조례 규칙 제·개정 및 폐지 사무를 수행할 수 있다. 조례제정권(제28조), 규칙제정권(제29조), 조례와 규칙의 입법한계(제30조), 지방자치단체를 신설하거나 격을 변경할 때의 조례 규칙 시행(제31조), 조례와 규칙의 제정 절차(제32조), 조례와 규칙의 공포 방법(제33조), 조례 위반에 대한 과태료(제34조) 및 조례규칙 제개정폐지 보고(제35조)는 특별지방자치단체에 준용된다.

4. 지방의회에 관한 임기, 의정활동비, 월정수당 및 정책지원 전문인력 규정을 제외한 제5장 전체 규정 준용된다. 지방의회에 관한 제5장 규정의 대부분(지방의회의 조직, 지방의회의원, 권한, 소집과 회기, 의장과 부의장, 위원회, 회의, 청원, 의원의 사직·퇴직과 자격심사, 질서, 징례, 사무기구와 직원)을 특별지방자치단체에 준용함에 따라 특별지방자치단체가 관련 사무를 수행할 수 있다.

5. 지방자치단체의 장에 관한 규정은 대부분 특별지방자치단체의 장의 경우에도 준용하므로, 이에 관하여 특별지방자치단체는 그 사무(집행권)를 수행한다. 지방자치단체의 장에 관한 "인수위원회, 지방자치단체의 장의 명칭, 선거와 임기, 지방자치단체의 폐지·설치·분리·합병과 지방자치단체의 장, 주민등록 이전에 따른 지방자치단체의 장의 퇴직, 지방자치단체의 폐지·설치·분리·합병과 지방자치단체의 장직의 상실로 인한 퇴직, 부지사·부시장·부군수·부구청장, 지방자치단체의 장의 권한대행 등, 소속 행정기관(자문기관 제외), 하부행정기관, 교육·과학 및 체육에 관한 기관" 규정을 제외한 제6장의 규정 준용된다.

6. 재무에 관해서는 제7장의 규정 중 지방세(제152조)를 제외한 모든 규정이 준용된다.

7. 제8장 지방자치단체 상호간의 관계에서 지방자치단체 상호간의 협력(제164조)과 지방자치단체 상호간의 분쟁조정(제165조), 사무위탁(제168조)의 규정 준용된다. 다만 지방자치단체분쟁

조정위원회의 설치, 구성과 운영, 행정협의회, 지방자치단체조합에 관한 규정은 특별지방자치단체에 준용하지 않는다.

8. 제9장 국가와 지방자치단체 간의 관계 전체 준용된다. 국가와 지방자치단체 간의 관계에 관한 전체 규정을 특별지방자치단체에 준용한다. 따라서 국가와 지방자치단체의 협력 의무, 지방자치단체의 사무에 대한 지도와 지원, 지도 및 감독, 협의와 조정, 시정명령과 직권취소, 직무이행명령, 감사, 지방의회 의결의 재의와 제소에 관한 특별지방자치단체의 사무를 수행할 수 있다.

9. 제10장 국제교류 및 협력 전체가 준용되어 특별지방자치단체는 국제교류, 협력, 통상과 투자유치를 위하여 협력을 추진할 수 있으며, 국제기구 지원과 해외사무소의 설치와 운영을 할 수 있다.

특별지방자치단체의 재정과 지방교부세

- 지방자치단체 재원의 확충은 사무의 이양과 함께 지방자치제도의 핵심적인 사항이다.
- 특별지방자치단체는 지방자치단체 재원의 근원인 세금을 거둘 수 없다. 지방세의 부과 및 징수에 관한 규정인 제152조를 준용 대상에서 제외하고 있기 때문에 지방세를 부과 및 징수할 수 없다.
- 하지만, 「지방자치법」 제206조에서는 특별지방자치단체의 운영 및 사무 처리에 필요한 경비는 규약으로 정하는 바에 따라 구성 지방자치단체가 분담하고, 구성 지방자치단체는 특별회계를 설치하여 운영하도록 하며, 국가 또는 시·도가 사무를 위임하는 경우에는 그 사무를 수행하는 데 필요한 재정적 지원을 할 수 있도록 규정하고 있다. 따라서 특별지방자치단체는 구성 지방자치단체의 분담금과 사무위임에 따른 국가 등의 지원금을 재원의 근원으로 하고 있다고 볼 수 있다.
- 한편, 「지방교부세법」제2조 제2호는 지방교부세 대상인 지방자치단체를 "「지방자치법」 제2조 제1항 및 제2항에 따른 특별시·광역시·특별자치시·도·특별자치도·시·군·구(자치구를 말한다.)와 같은 법 제176조 제1항에 따른 지방자치단체조합을 말한다."고 규정하고 있다. 따라서 문언대로 해석하면 지방자치단체조합은 지방교부세의 교부를 받을 수 있는 지위에 있지만, 특별지방자치단체는 아니다.

지방교부세법

제2조(정의) 이 법에서 사용하는 용어의 뜻은 다음과 같다.

1. "지방교부세"란 제4조에 따라 산정한 금액으로서 제6조, 제9조, 제9조의3 및 제9조의4에 따라 국가가 재정적 결함이 있는 지방자치단체에 교부하는 금액을 말한다.
2. "지방자치단체"란 「지방자치법」 제2조 제1항 및 제2항에 따른 특별시·광역시·특별자치시·도·특별자치도 및 시·군·자치구와 같은 법 제176조 제1항에 따른 지방자치단체조합을 말한다.

- 그런데 「지방자치법」제211조에서는 다른 법률에서 지방자치단체를 인용하는 경우 규약으로 정하는 사무를 처리하기 위한 범위에서는 특별지방자치단체를 인용하는 것으로 보도록 규정하고 있다.
- 여기서 「지방자치법」제211조에 따라 「지방교부세법」제2조 제2호의 '지방자치단체'가 특별지방자치단체를 포함하는지 문제될 수 있다.

지방자치법

제211조(다른 법률과의 관계) ① 다른 법률에서 지방자치단체 또는 지방자치단체의 장을 인용하고 있는 경우에는 제202조 제1항에 따른 규약으로 정하는 사무를 처리하기 위한 범위에서는 특별지방자치단체 또는 특별지방자치단체의 장을 인용한 것으로 본다.

- 살피건대,「지방교부세법」상 지방자치단체는 "「지방자치법」 제2조제1항 및 제2항에 따른 특별시·광역시·특별자치시·도·특별자치도 및 시·군·자치구와 같은 법 제176조제1항에 따른 지방자치단체조합을 말한다."라고 규정하는 반면, 「지방세기본법」에서 지방자치단체는 "특별시·광역시·특별자치시·도·특별자치도·시·군·구(자치구를 말한다. 이하 같다)를 말한다."라고 규정하고 있다.
- 이러한 차이를 고려하면 「지방교부세법」상 지방자치단체의 경우 특별지방자치단체를 의도적으로 제외했다고 볼 수 있다.
- 이러한 점을 고려하여 현재 국회에는 특별지방자치단체를 지방교부세의 대상으로 명시적으로 규정하는 「지방교부세법」개정안이 제출되어 있다.

이상으로 자치입법 강의를 마친다

- 여기까지 읽고 따라오신 분들은 분명 한 단계 업그레이드된 자치입법 전문가가 될 것이라고 자부한다. 이 책은 처음부터 순서대로 공부할 필요는 없다. 목차를 보면서 궁금한 부분이나 필요한 부분을 찾아서 읽어보는 것이 더 쉬운 방법이다.
- 이 책을 접한 모든 분들에게 행복한 날들이 가득하길 빈다.

법제관이 풀어주는
자치입법 해설

법제관이
풀어주는
자치입법 해설

부 록

APPENDIX

부록 자치입법의 절차와 방법

I 자치입법절차 흐름도

- 집행부 발의안 : 조례, 규칙, 훈령, 예규

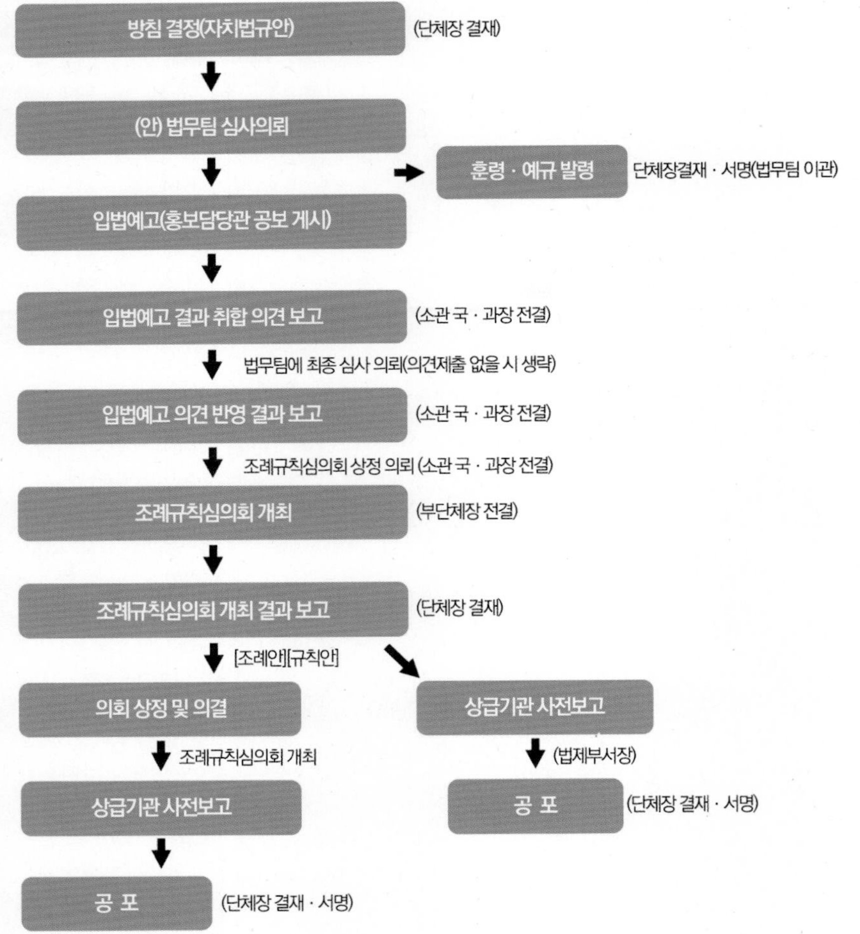

- 의원 발의안 : 조례

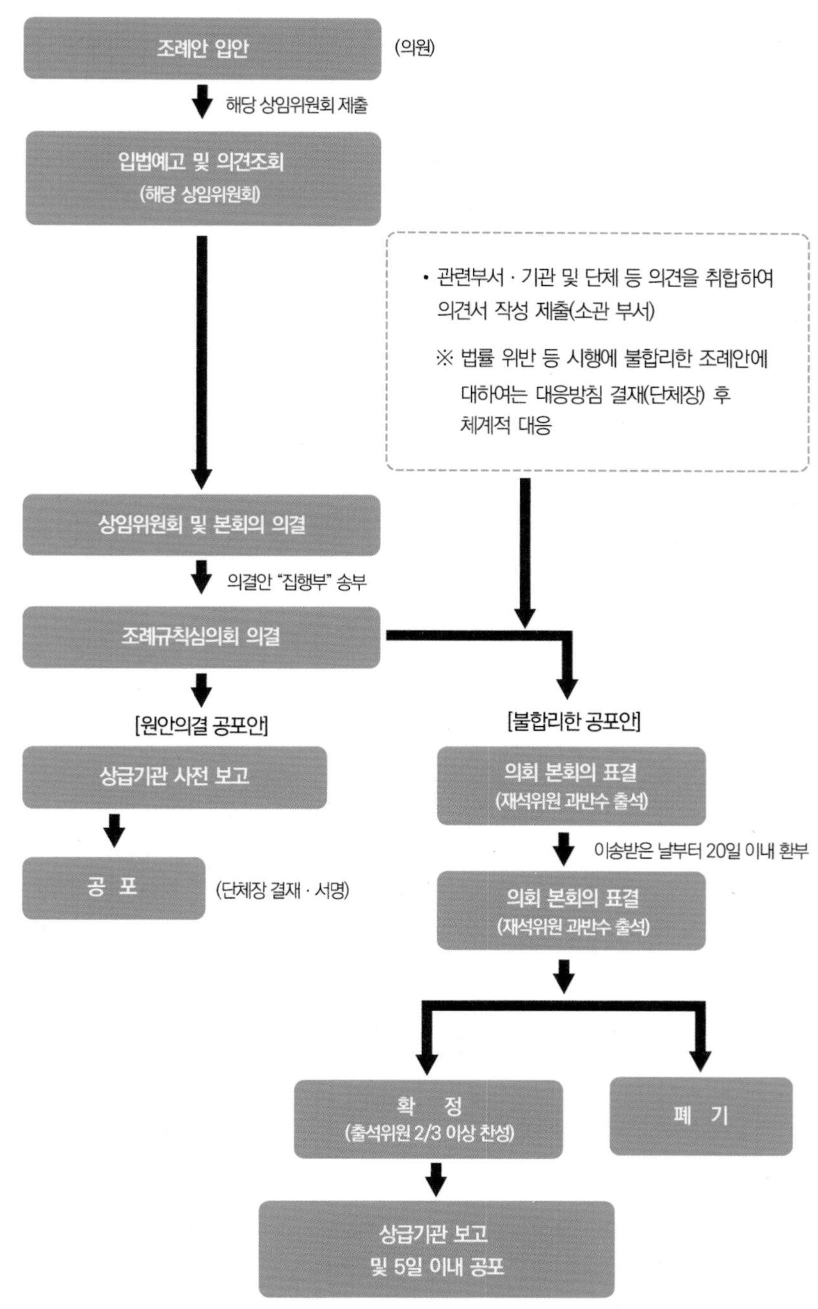
조례안 입안
(의원)
해당 상임위원회 제출
입법예고 및 의견조회
(해당 상임위원회)
• 관련부서 · 기관 및 단체 등 의견을 취합하여 의견서 작성 제출(소관 부서)
※ 법률 위반 등 시행에 불합리한 조례안에 대하여는 대응방침 결재(단체장) 후 체계적 대응
상임위원회 및 본회의 의결
의결안 "집행부" 송부
조례규칙심의회 의결
[원안의결 공포안]
상급기관 사전 보고
공 포
(단체장 결재 · 서명)
[불합리한 공포안]
의회 본회의 표결
(재석위원 과반수 출석)
이송받은 날부터 20일 이내 환부
의회 본회의 표결
(재석위원 과반수 출석)
확 정
(출석위원 2/3 이상 찬성)
폐 기
상급기관 보고
및 5일 이내 공포

Ⅱ 자치법규(안) 작성 방법

자치법규(조례·규칙) 및 훈령·예규의 제정·개정·폐지 시 작성하는 관련 서식에 대한 작성예시이니 법제사무처리 시 활용하시기 바랍니다.

1. 기본사항

● 서식규격

- 용지종류 : A4(국배판 210㎜×297㎜)
- 용지방향 : 좁게
- 용지여백 : 위·아래쪽(16.0㎜), 왼·오른쪽(25.0㎜), 머리·꼬리말(12.7㎜)
- 문단정렬방식 : 양쪽정렬(조문 작성 시 Enter key 기능 사용 금지)
- 줄 간격 : 230%

2. 서식 작성 예시 : 아래 예시문 참고

※ 자치법규(조례·규칙) 및 훈령·예규를 제정·개정·폐지할 때에는 반드시 「법제사무처리 규칙」을 준수하시기 바랍니다.

□□시 ○○○○ 조례 전부(일부)개정(예시)

● 개정이유

• ____
____.

• ____
____.

● 주요내용

1. ____. (안 제○조 제○항)
2. ____.
가. _____________. (안 제○조부터 제○조까지)

● 개정 조례안 : 붙임

● 신·구조문대비표 : 붙임

● 관계 법령발췌서 : 붙임

• 「△△△△법」 제○조·제○조부터 제○조까지 및 제○조

• 「△△△△법 시행령」 제○조·제○조 및 제○조

• 「△△△△법 시행규칙」 제○조·제○조·제○조 및 제○조

● 관련 사업계획서 : 붙임 (또는 해당 없음)

● 예산수반사항 : 비용추계서 붙임 (또는 해당 없음)

● 사전예고 결과 : 붙임 (또는 해당 없음)

• 입법예고·공청회 결과 등

● 그 밖의 참고사항 : 붙임

- 방침결정 문서 : 붙임 생략
- 소비자정책심의위원회 결과
- 관련 부서 사전협의 결과
- 규제심사 : 규제개혁위원회와 협의결과

□□시 조례 제　　호

□□시 ○○○○ 조례 전부(일부)개정조례안

□□시 ○○조례 전부(일부)를 다음과 같이 개정한다.

제명 “□□시 ○○조례”를 “□□시 ○○조례”로 한다.

제7조 제3항 중 “□□시 ○○○ ○○○○조례”를 “「□□시 ○○○ ○○○○조례」”로 한다.

제8조의 제목 “(시립보육시설의 설치)”를 “(국공립보육시설의 설치)”로 하고, 같은 조 중 “시립보육시설”을 “국공립보육시설”로 한다.

제10조 중 “시립보육시설”을 “국공립보육시설”로 한다.

제11조를 다음과 같이 한다.

제11조(보육시설 이용 우선순위) 법 제28조 제1항에 따라 시장, 사회복지법인 그 밖의 비영리법인이 설치한 보육시설을 우선적으로 이용할 수 있는 대상자는 다음과 같다.

1. 「국민기초생활 보장법」에 따른 수급자
2. 「한부모가족지원법」 제5조에 따른 보호대상자의 자녀
3. 「국민기초생활 보장법」 제24조에 따른 차상위계층의 자녀

제12조를 삭제한다.

제13조를 다음과 같이 신설한다.

제13조(지도 및 명령) 법 제41조에 따라 시장은 보육사업의 원활한 수행을 위하여 보육시설 설치·운영자 및 보육시설종사자에 대하여 필요한 지도와 명령을 할 수 있다.

부칙

이 조례는 공포한 날부터 시행한다.

소관 관·과·소		○○○○과
입안자	관·과·소장 직위·성명	○○○○과장 ○ ○ ○
	담 당 직위·성명	○○○○팀장 ○ ○ ○
	담 당 자 성명(전화)	○ ○ ○ (625-)

신·구조문대비표

현 행	개 정 안
□□시 ○○조례	□□시 ○○조례
제7조(회의) ① ~ ② (생 략) ③ 회의에 출석한 위원에 대하여는 예산의 범위에서 □□시 ○○○ ○○○○조례가 정하는 바에 따라 수당과 여비를 지급할 수 있다.	제7조(회의) ① ~ ② (현행과 같음) ③ ---------------------------------- 「□□시 ○○○○○○○조례」 ---------------------------------.
제8조(시립보육시설의 설치) 시장은 시립보육시설을 설치함에 있어 저소득층 밀집지역, 중소기업 밀집지역, 보육시설이 부족한 지역에 우선적으로 설치하는 등 지역별로 균형있게 배치하여야 한다.	제8조(국공립보육시설의 설치) ---------- 국공립보육시설 ---------------------------------------.
제10조(보육시설운영위원회의 구성) 법 제25조 제1항에 따라 시립보육시설의 장은 보육시설 운영의 자율성을 높이고 지역사회와의 연계를 강화하여 지역실정과 특성에 맞는 보육을 실시할 수 있도록 하기 위하여 보육시설에 보육시설운영위원회를 구성·운영할 수 있다.	제10조(보육시설운영위원회의 구성) ---------------- 국공립보육시설 ---------------------------------------.
제11조(보육시설 이용 우선순위) 법 제28조 제1항의 규정에 의하여 시장, 사회복지법인 그 밖의 비영리법인이 설치한 보육시설을 우선적으로 이용할 수 있는 저소득층의 자녀는 다음과 같다. 1. 「한부모가족지원법」에 의하여 보호대상자로 선정된 영유아 2. 「국민기초생활보장법 시행령」 제36조의 규정에 의한 차상위 계층 가구의 영유아 3. 그 밖에 가계의 소득수준 등을 고려하여 여성부장관이 정하는 영유아	제11조(보육시설 이용 우선순위) 법 제28조 제1항에 따라 시장, 사회복지법인 그 밖의 비영리법인이 설치한 보육시설을 우선적으로 이용할 수 있는 대상자는 다음과 같다. 1. 「국민기초생활 보장법」에 따른 수급자 2. 「한부모가족지원법」 제5조에 따른 보호대상자의 자녀 3. 「국민기초생활 보장법」 제24조에 따른 차상위계층의 자녀
제12조(비용의 보조) 법 제36조의 규정에 의하여 시장은 예산의 범위 안에서 비용의 전부 또는 일부를 보조한다.	〈삭 제〉
〈신 설〉	제13조(지도 및 명령) 법 제41조에 따라 시장은 보육사업의 원활한수행을 위하여 보육시설 설치·운영자 및 보육시설종사자에 대하여 필요한 지도와 명령을 할 수 있다.

□□시 ○○○○조례 폐지

● 폐지이유

• ____

____________________________________.

• ____

____________________________________.

● 주요내용

• "동 조례 폐지"

● 폐지 조례안 : 붙임

• 현행 조례전문

● 그 밖의 참고사항 : 붙임

• 방침결정 문서 : 붙임 생략

□□시 조례 제 호

□□시 ○○○○ 조례 폐지조례안

□□시 ○○조례는 이를 폐지한다.

부칙

이 조례는 공포한 날부터 시행한다.

<table>
<tr><td colspan="2">소관 실·과·소</td><td>○○○○과</td></tr>
<tr><td rowspan="3">입
안
자</td><td>실·과·소장
직위·성명</td><td>○○○○과장
○ ○ ○</td></tr>
<tr><td>담 당
직위·성명</td><td>○○○○팀장
○ ○ ○</td></tr>
<tr><td>담 당 자
성명(전화)</td><td>○ ○ ○
(625-)</td></tr>
</table>

법제관이 풀어주는 자치입법 해설

인 쇄	2023년 10월 10일
발 행	2023년 10월 10일
저 자	오용식·이상수
펴 낸 곳	㈜초이스디자인
출 판 등 록	2008년 10월 29일(제2008-000190호)
주 소	세종특별자치시 도움8로 91, 세종마치 401호
전 화	070-4941-4464
팩 스	044-868-2636
e-mail	choicedn71@hanmail.net
정 가	47,000원
I S B N	979-11-965574-4-7(13350)